En couverture : Base d'un pied de *Raphia farinifera*.
Cet arbre est exploité pour la production de vin,
de bois de construction et pour la confection de
mobilier, de paniers et de sacs.
(Cliché Jean-Pierre Warnier)

Mise en page : Françoise PÉETERS

LE MANKON
Langue bantoue des Grassfields
(Province Nord-Ouest du Cameroun)

LANGUES ET CULTURES AFRICAINES

Collection dirigée par
Luc BOUQUIAUX

Le continent africain, sauf sur sa frange septentrionale et méditerranéenne, compte essentiellement des civilisations à tradition orale. Là même où existe de longue date une tradition écrite, comme c'est le cas dans les pays arabes ou en Éthiopie, la possession de l'écriture et de la culture qu'elle véhicule reste presque entièrement l'apanage d'une petite élite politique et religieuse. Bien des civilisations se sont développées puis ont disparu sans que la moindre trace en subsiste. Aujourd'hui, plus que jamais avec l'impact du monde industrialisé dominant, des langues et des cultures s'éteignent. Partout, la mutation est profonde, rapide, souvent brutale, rarement heureuse.

Depuis que les Occidentaux ont pénétré cet univers de paroles éphémères, il s'en est trouvé quelques-uns pour ne pas les ignorer ou les mépriser, voire s'obstiner à en goûter les richesses. Des premiers voyageurs ou explorateurs éclairés du siècle dernier aux chercheurs d'aujourd'hui, une collecte de ce patrimoine culturel s'est poursuivie plus ou moins rigoureuse, mais toujours irremplaçable.

La collection d'ouvrages présentée ici se veut une pierre ajoutée à l'édifice commun. Elle rassemblera des travaux de spécialistes, linguistes, ethnolinguistes, ethnologues et non d'amateurs. Sa vocation est de réunir des documents, certes, mais surtout des études approfondies sur des langues et cultures d'Afrique encore peu ou mal connues, certaines n'ayant même pas de nom français. On y traitera des sociétés traditionnelles dans leurs rapports avec leur passé et la sagesse ancestrale, mais aussi de leurs aspirations vers le monde moderne et des difficultés qu'elles rencontrent à s'y adapter.

de langues sénégalo-guinéennes (bassari-bedik-konyagi), 3 Fasc., 1280 p.

16. Didier MORIN, 1991 – *Le Ginnili (Éthiopie et République de Djibouti)*, 146 p.
17. Stefan SEITZ, 1994 – *Pygmées d'Afrique Centrale* (traduit de l'allemand par Luc Bouquiaux et Gloria Lex), 356 p.
18. Alain KIHM et Claire LEFEBVRE (éds), 1993 – *Aspects de la grammaire du fOngbè. Études de phonologie, de syntaxe et de sémantique*, 162 p.
19. Didier MORIN, 1995 – *« Des paroles douces comme la soie » : Introduction aux contes dans l'aire couchitique (bedja, saho, afar, somali)*, 384 p.
20. Yves MOÑINO, 1995 – *Le proto-Gbaya. Essai de linguistique comparative historique sur vingt-et-une langues d'Afrique centrale*, XIV-725 p.
21. Didier MORIN, 1997 – *Poésie traditionnelle des Afars*, XVI-231 p.
22. Anne-Marie. BROUSSEAU, 1998 – *Réalisations argumentales et classes de verbes en fongbè*, 196 p.
23. Jan STRYBOL, 1998 – *Peuplement, habitat et structures agraires au sud de la Bénoué : le cas du pays mumuye*, VIII-90 p.
24. Gladys GUARISMA, 1999 – *Complexité morphologique, simplicité syntaxique*, 383 p.
25. Didier MORIN, 1999 – *Le texte légitime. Pratiques littéraires orales traditionnelles en Afrique du Nord-Est*, xv-293 p.
26. Pascal BACUEZ, 2001 – *De Zanzibar à Kilwa. Relations conflictuelles en pays swahili*, XXXII-260 p.
27. Henri GUILLAUME, 2001 – *Du miel au café, de l'ivoire à l'acajou. La colonisation de l'interfluve Sangha-Oubangui et l'évolution des rapports entre chasseurs-collecteurs pygmées Aka et agriculteurs (Centrafrique, Congo) 1880-1980*, XIV-784 p.
28. Luc BOUQUIAUX, 2001 – *Dictionnaire birom (langue Plateau de la famille Niger-Congo). Nigeria Septentrional. I. Birom-français-anglais*, 436 p.
29. Luc BOUQUIAUX, 2001 – *Dictionnaire birom (langue Plateau de la famille Niger-Congo). Nigeria Septentrional. II. Lexiques français, anglais, hausa-birom*, 180 p.
30. Luc BOUQUIAUX, 2001 – *Dictionnaire birom (langue Plateau de la famille Niger-Congo). Nigeria septentrional. III. Dictionnaire thématique*, 280 p.
31. Jean Georges KAMBA MUZENGA, 2003 – *Substitutifs et possessifs en Bantou*, 288 p.
32. Salamatou Alhassoumi SOW, 2003 – *Le Gaawoore, parler des Peuls Gaawoobe (Niger occidental)*, 120 p.
33. Véronique DE COLOMBEL, 2005 – *L'idiot, l'infirme, l'orphelin et la vieille femme. Contes ouldémés (Nord-Cameroun)*, XVI-785 p.
34. Véronique DE COLOMBEL, 2005 – *La langue ouldémé (Nord-Cameroun). Grammaire, texte, dictionnaire*, 244 p.
35. Marie-Françoise ROMBI et Jacqueline M.C. THOMAS, 2005 – *Un continuum prédicatif : le cas du gbanzili (République Centrafricaine)*, 383 p.

LANGUES ET CULTURES AFRICAINES

———————— 36 ————————

Jacqueline LEROY

LE MANKON
Langue bantoue des Grassfields

(Province Nord-Ouest du Cameroun)

SELAF n° 437

PEETERS

PARIS
2007

LACITO
Laboratoire de Langues et Civilisations à Tradition Orale
UMR 7107 du CNRS
7, rue Guy Môquet – 94800 Villejuif (France)

D. 2007/0602/18
ISSN: 0775-9385
ISBN: 9789042918610 (Peeters-Leuven)
ISBN: 9782877239585 (Peeters-France)

© PEETERS PRESS - LOUVAIN-PARIS
Copyright scientifique SELAF-PARIS 2007

Dépôt légal: Janvier 2007

SOMMAIRE

INTRODUCTION

I. PHONOLOGIE

II. MORPHOPHONOLOGIE

III. NOMS, SYNTAGME NOMINAL, SUBSTITUTS, PRONOMS

IV. LE VERBE

V. L'ÉNONCÉ

SYMBOLES ET ABRÉVIATIONS

| |	forme structurelle
[ ]	forme phonétique
[	début d'une syllabe nucléaire
]	fin d'une syllabe nucléaire
–	frontière syllabique ou frontière de morphème
≠	finale absolue
//	limite de proposition

Tons

´	ton haut
`	ton bas
^	ton descendant
ˇ	ton montant
ˇ^	ton montant-descendant
↑	surélévation tonale
↓	abaissement tonal
B	ton bas
H	ton haut
BH	ton montant
HB	ton descendant
BHB	ton montant-descendant
HBH	ton descendant-montant

1, 2 etc.	numéraux de classes nominales
A	aspect achevé
Aux	auxiliaire
cl.	classe nominale
C	complément (autre que l'objet)
C[-F]	consécutif non futur
C[+F]	consécutif futur
Cd	conditionnel
Exh	exhortatif
Fo	fonctionnel objet
Foc	focalisateur
Fut	futur

I	aspect imperfectif
Is	indice sujet
Imp	impératif
Int	interjection
Loc	fonctionnel locatif, accord locatif
Ma	marque anaphorique
Me	marque énonciative (ou d'énoncé)
Mn	morphème numéral
Nég	négation
O	objet
Pa	préfixe d'accord
Pas	passé imperfectif
Pn	préfixe nominal
Pd	particule déictique
pers.	personne
pl.	pluriel
Pr	présent imperfectif
P_0	présent perfectif
P_1	passé proche
P_2	passé éloigné
R	relatif
Rel	morphème relatif
S	successif ou sujet
S_1, S_2, etc.	paradigme de pronoms ou d'indices sujets
sg.	singulier
V	base verbale

REMARQUE : Le mankon présente de nombreux amalgames. Dans la traduction mot à mot des exemples, les morphèmes ne sont pas tous systématiquement spécifiés. Tout dépend de la construction présentée.

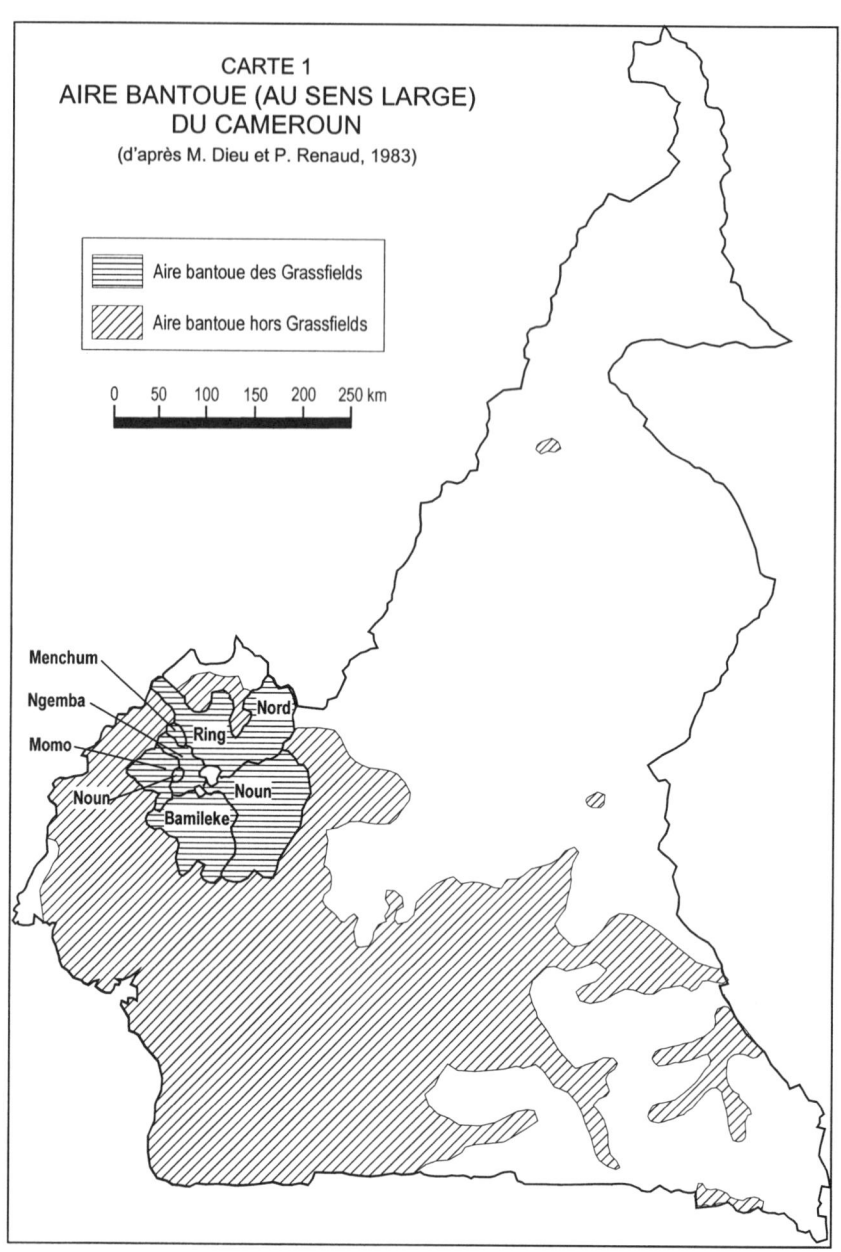

CARTE 1
AIRE BANTOUE (AU SENS LARGE)
DU CAMEROUN
(d'après M. Dieu et P. Renaud, 1983)

Aire bantoue des Grassfields

Aire bantoue hors Grassfields

0   50   100 150 200 250 km

Menchum
Ngemba
Momo
Noun
Nord
Ring
Noun
Bamileke

REMERCIEMENTS

Je tiens à remercier ici :

– Les Mankons pour leur accueil au cours de mes nombreux séjours parmi eux, et plus particulièrement le *fon* Angwafo III de Mankon pour son soutien et son amitié, et mes informateurs que je présenterai plus loin.

– Les autorités camerounaises qui, en me recrutant comme enseignante au CAST de Bambili en 1972-1974, en contribuant à mon recrutement à l'Université de Yaoundé en 1979, et en m'accordant toutes les autorisations requises, m'ont permis de mener mes recherches dans les meilleures conditions.

– Jacqueline Thomas et Luc Bouquiaux du CNRS pour m'avoir intégrée à leur équipe dès 1974 et m'avoir obtenu des soutiens financiers en 1977-1979.

– Ken Stallcup, premier linguiste rencontré sur le terrain en 1972, avec qui j'ai eu de nombreuses discussions alors que je découvrais le mankon, et qui m'a mise en relation avec Jan Voorhoeve (†) et Larry Hyman.

– Jan Voorhoeve et Larry Hyman qui m'ont permis de participer à leurs projets de recherche sur le Bantou des Grassfields dès 1974.

– Tous mes collègues du CNRS, et plus particulièrement ceux du groupe bantou du LACITO qui, par leurs commentaires et suggestions, m'ont permis de préciser certains aspects de mon travail.

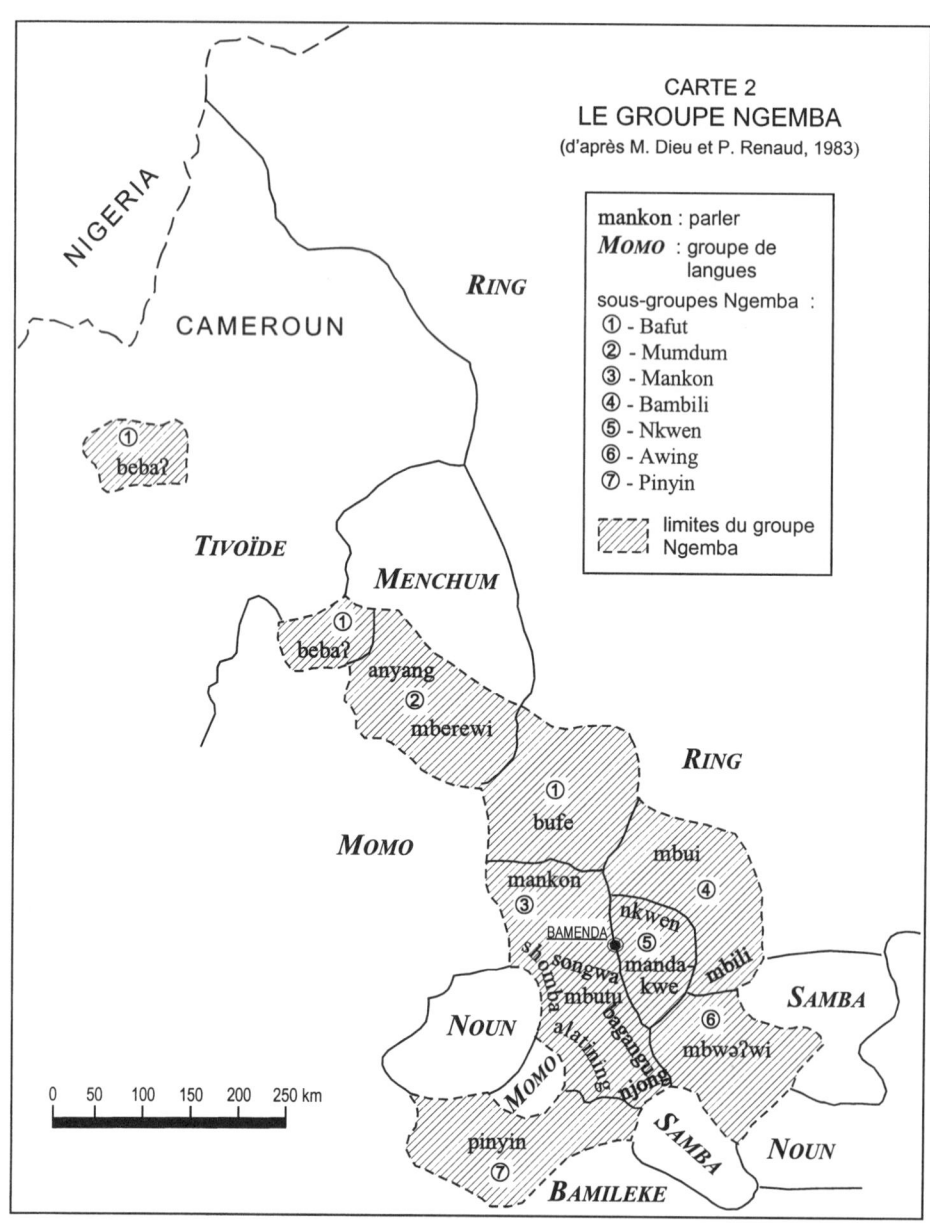

CARTE 2
LE GROUPE NGEMBA
(d'après M. Dieu et P. Renaud, 1983)

mankon : parler
MOMO : groupe de langues
sous-groupes Ngemba :
① - Bafut
② - Mumdum
③ - Mankon
④ - Bambili
⑤ - Nkwen
⑥ - Awing
⑦ - Pinyin

limites du groupe Ngemba

NIGERIA

CAMEROUN

RING

TIVOÏDE

MENCHUM

beba?

beba?

anyang

② mberewi

RING

MOMO

① bufe

mbui

mankon ③

④

nkwen ⑤

BAMENDA

manda-kwe

mbili

SAMBA

shomba

songwa bagangu

mbutu

alatining

njong

mbwa?wi ⑥

NOUN

MOMO

SAMBA

NOUN

0 50 100 150 200 250 km

pinyin ⑦

BAMILEKE

XIV

INTRODUCTION

1. LES MANKONS

Le territoire de la chefferie de Mankon, où se parle le mankon, se trouve dans le département de la Mezam, à cheval sur les arrondissements de Tuba et de Bamenda. Il s'étend en grande partie au nord-ouest de Bamenda, capitale de la province Nord-Ouest, l'une des deux provinces anglophones du Cameroun. De fait, Bamenda est en partie construite sur environ 3 à 5 % du territoire mankon.

A la fin du 19ème siècle, Mankon était une cité-état souveraine de quelque 6 000 habitants (Warnier 1975). L'habitat était alors regroupé. Mankon se composait de neuf clans exogames, eux-mêmes divisés en lignages. Un chef "sacré", dont les pouvoirs étaient principalement rituels et religieux, un conseil des chefs de lignages et des sociétés d'hommes assuraient la cohésion entre ces clans. Les lignages se définissaient, selon le principe segmentaire, par rapport à une lignée d'ancêtres auxquels ils rendaient un culte.

L'unité économique était la famille polygame qui tirait sa subsistance de l'agriculture. Ce sont les femmes qui cultivaient la terre. On cultivait la banane douce, la banane plantain, le taro, le maïs, l'arachide, diverses sortes de haricots et peut-être le sorgho. Les hommes contribuaient également à l'économie de la maisonnée : ils défrichaient les terres, aidaient les femmes à la récolte, tiraient du vin de palme des palmiers raphia, entretenaient la concession, élevaient du petit bétail, chassaient, pratiquaient quelque métier artisanal, ou faisaient du commerce. En effet, de par sa situation, la chefferie de Mankon avait un rôle important dans le commerce régional ; les hommes de Mankon prenaient une part active à ce commerce. La chefferie s'engageait également dans les échanges au loin de marchandises de prix : esclaves prélevés dans ses rangs, sel, étoffes, noix de cola, fusils, poudre en baril.

Le multilinguisme était courant à Mankon parce que 20 % des femmes mariées à des hommes de Mankon venaient d'une chefferie étrangère et parlaient leur langue à leurs enfants. De plus elles étaient assistées dans leur travail, comme tout autre femme à Mankon, par un enfant de leur chefferie qui, lui aussi, utilisait sa langue maternelle. Enfin, les commerçants de Mankon, pour resserrer les liens avec leurs partenaires étrangers, faisaient des échanges de personnel. Si bien qu'il était courant qu'à l'intérieur d'une même maisonnée on parlât plusieurs langues, et que beaucoup de locuteurs mankon fussent capables de parler, à côté de leur langue

1

maternelle, plusieurs autres langues. Ce multilinguisme était considéré comme un atout et était, par conséquent, favorisé.

Avec la colonisation allemande, l'habitat s'est dispersé. Le pouvoir des autorités traditionnelles (chefferie et clans) cède peu à peu la place à celui de l'administration moderne. L'organisation économique traditionnelle a été mise en question par le développement du travail des hommes dans les plantations côtières, par la disparition de certains métiers masculins (tels la chasse, le commerce, le travail à la forge, la défense de Mankon) par le développement d'un enseignement de type occidental.

D'après le recensement de 1968, il y avait alors 29 136 habitants à Mankon même. Depuis cette date, la population du Cameroun a au moins doublé. Il convient donc sans doute de multiplier ce chiffre par deux. Le nombre de locuteurs mankon est plus élevé car un certain nombre d'entre eux est dispersé dans le reste du Cameroun.

Actuellement, si certains quittent Mankon pour faire leurs études ou pour des raisons professionnelles, d'autres "déçus" par leur expérience hors Mankon reviennent. D'autre part, Bamenda, ville active, en plein essor, favorise le maintien de la population sur place. Beaucoup tirent leur revenu du petit commerce (épicerie polyvalente, bar, couture, mécanique, etc.) en complément de l'exploitation d'un lopin de terre.

L'agriculture garde une place importante dans l'économie locale : elle occupe environ 60 % de la population, et si les enfants sont moins disponibles que dans le temps à cause de leur scolarisation, ils continuent néanmoins à participer à certains travaux des champs et aux "corvées" ménagères (puisage de l'eau, ramassage du petit bois, transport de marchandises, etc.) après l'école. Sous l'impulsion d'organismes étrangers, l'élevage du petit bétail (poulets, lapins, moutons, chèvres, oies et surtout cochons) destiné à la vente prend de plus en plus d'importance.

Toutes ces transformations liées à la modernisation ont changé l'orientation du multilinguisme à Mankon : il est plus utile maintenant, pour un locuteur mankon, de connaître, à côté de sa propre langue, le pidgin parlé par un très grand nombre de Camerounais, ou l'anglais, langue officielle, plutôt que la langues des chefferies voisines.

2. CLASSIFICATION

2.1. Le groupe Ngemba

Le mankon appartient, avec dix-sept autres parlers, au groupe Ngemba. Tous ces parlers sont intercompréhensibles. Il est difficile d'évaluer le degré d'intercompréhension, car les déclarations des locuteurs varient avec leur âge et les contacts qu'ils ont avec les habitants des autres chefferies. En utilisant les deux critères suivants : 1. déclarations des locuteurs et 2. compréhension qu'un locuteur d'une vingtaine d'années a des autres langues ngemba, J. Leroy (1977: 16) distingue les sous-groupes suivants :

1. Bafut
   – bufe (afughe, bafut)
   – beba' (adm : mubadji ; + batadji, shishong, babadji, bebadji, bazhi, biba, baba'zhi)
2. Mundum
   – mberewi (adm : mundum I, bamundum I)
   – anyang (adm : mundum II, bamundum II)
3. Mankon
   – mankon (adm : ngemba, bandeng, bande, mankon ; + bande', nkune, mukohn)
   – songwa (bangwa, ngwa)
   – shomba (bamechom, alamatson)
   – mbutu (bambutu, alamatu)
   – bagangu (adm : akum)
   – njong (banjong)
   – alatining (alatening)[1]
4. Bambili
   – mbui (adm : bambui)
   – mbili (adm : bambili ; + mbele, mbegoe)
5. Nkwen
   – nkwen (bafreng)
   – mandankwe (munda, bamenda)
6. Awing
   – mbwe' wi (adm : awing ; + awi, bambuluwe)
   – bamukumbit (bamunkum)
7. Pinyin
   – pinyin (bapinyin, pelimpo)

En se basant sur la comparaison de vocabulaires, K. Williamson (1971) opère les regroupements suivants :

   1) pinyin, mankon, awing
   2) bafut
   3) nkwen, mandankwe, bambili, bambui
   4) bamukumbit

Dans son étude lexicostatistique, P. Piron (1995 : 19) suggère que bafut et bambili pourraient presque constituer une seule langue, de même mankon et awing. De plus elle suggère un regroupement de pinyin avec bafut et bambili.

Si on se sert de critères ayant trait au système des classes nominales de ces parlers, on obtient des sous-groupes différents. Par exemple, les systèmes de classes nominales du mankon et du mundum I sont plus proches l'un de l'autre que ne le sont les systèmes de classes du mankon et de l'akum. D'autre part, les sous-groupes établis d'après des critères tels que l'absence/présence de la classe 19, l'amalgame partiel des classes, la généralisation de l'emploi de la cl. 6 comme classe pluriel, se

---

[1] En 1977 j'avais placé par erreur l'alatining avec le pinyin.

3

chevauchent (*cf.* Leroy 1980). Quels que soient les critères utilisés, il ressort clairement que les parlers ngemba sont étroitement apparentés.

2.2. Classification externe du Ngemba

Le Ngemba appartient avec le Bamiléké et le Noun au groupe Mbam-Nkam dont l'unité génétique a été démontrée par Voorhoeve (1971). Le Mbam-Nkam constitue avec le Nord, le groupe Grassfields de l'Est. L'unité génétique du Grassfields de l'Est a pu être démontrée grâce à l'enquête du Groupe de Travail sur le Bantou des Grassfields (GTBG) sous la direction de L. Hyman et J. Voorhoeve en juillet-aôut 1974 (*cf.* Dieu et Renaud 1983 : 134-144 ; Hyman et Voorhoeve : 1980). Les travaux du GTBG en 1977-78, toujours sous la direction de Hyman et Voorhoeve ont permis par la suite de faire une reconstruction phonologique et lexicale du Proto-Grassfields de l'Est (*cf.* Elias *et al.* 1984).

Du point de vue de la morphologie nominale, les langues du Grassfields de l'Est partagent avec les langues bantoues au sens étroit des caractéristiques – présence d'une consonne nasale dans les préfixes des cl. 1 et 3 ; pas de distinction entre les cl. 6 et 6ª ; présence d'une consonne nasale au préfixe nominal de tous les noms du genre 9/10 ; ton B des préfixes nominaux – qu'on ne retrouve pas dans les autres langues du Bantou des Grassfields (*cf.* Stallcup 1980 : 55). Cependant du point de vue lexical, le Bantou des Grassfields constitue bien un groupe génétique[2].

Depuis les propositions faites par Greenberg (1963), les études menées sur les langues du Bantou des Grassfields ont renforcé l'hypothèse que ces langues sont étroitement apparentées au Bantou au sens étroit (Bantou de Guthrie).

La dernière proposition de subdivision du Bantou des Grassfields est celle de J. Watters (2003). Cette classification reprend celle de Watters et Leroy (1989) en y incluant des modifications proposées par Piron (1995) :

BANTOU DES GRASSFIELDS
1. ambele
2. MOMO OUEST (manta, busam, atong)
3. MENCHUM (modele-befang)
4. GRASSFIELDS (AU SENS ÉTROIT)
   A. MOMO (ngwo, ngie, ngishe, meta', moghamo, menka, mundani, ngamambo)
   B. RING
      I.   SUD (babungo, bamessing, bamunka, babessi)
      II. EST (lamso)
      III. CENTRE (mmen, kom, bum, babanki, kwo, oku)
      IV. OUEST (aghem)
   C. ndemli

---

[2] A noter que les caractéristiques concernant les préfixes nominaux des langues bantoues exposées ici ont été considérées, au moins à l'origine, comme suffisantes pour inclure une langue dans le Bantou, mais pas pour l'en exclure (*cf.* Williamson, 1971 : 250).

D. GRASSFIELDS DE L'EST
  I.   NORD (limbum, dzoninka, mfunte, yamba, mbe')
  II. MBAM-NKAM
      A) NUN (mungaka, bamun, bangante, bamenyam)
      B) NGEMBA (mundum, bafut, mankon, bambili, nkwen, pinyin, awing)
      C) BAMILEKE (ngombale, megaka, ngomba, ngyembong, yemba, ngwe, ghomala', fe'fe', kwa', nda'nda')

3. DOCUMENTATION

3.1. Enquêtes

Mes premières enquêtes sur le mankon remontent à 1972-74, période pendant laquelle j'avais un poste d'enseignement du français au CAST de Bambili (contrat local). En juillet-aôut 1974 j'ai participé à l'enquête sur les classes nominales dans les langues du Bantou des Grassfields, enquête organisée par L. Hyman.

Mon séjour à Mankon en 1977-78 m'a permis de commencer à enquêter sur le système verbal et la syntaxe en mankon. Parallèlement à ce travail j'ai recueilli des listes de vocabulaires dans treize parlers ngemba, nord et noun pour le projet de reconstruction du Proto-grassfields de l'Est de L. Hyman.

D'octobre 79 à janvier 89, étant en poste au département de linguistique à l'Université de Yaoundé, j'ai eu la chance de retrouver une de mes informatrices. J'ai pu travailler de temps en temps avec elle lorsque ses occupations professionnelles et familiales le lui permettaient. D'autre part, pendant les petites vacances universitaires, j'ai eu l'occasion de retourner à Mankon et continuer des enquêtes avec un autre de mes informateurs.

3.2. Informateurs

Mes principaux informateurs de référence ont été successivement :
- Joseph Angwafor, 20 ans, né à Mankon, de parents mankons (1973) qui arrêta de travailler avec moi quand il fut admis au CAST de Bambili.
- Christina Neh Ngang, 19 ans, cousine de Joseph Angwafor, née à Mankon, de parents mankons (1973-74).
- Peter Awah, une vingtaine d'années, né à Mankon de parents mankons, mais ayant passé son enfance sur la côte (juillet-septembre 1977), et qui n'était pas assez disponible pour travailler régulièrement avec moi.
- Prudentia Neh Nchoh, une vingtaine d'années, née à Mankon, de parents mankons, (octobre 1977-février 1978), qui travailla avec moi jusqu'à ce qu'elle trouve un emploi l'obligeant à voyager.

– Clement Che Zuah, une quarantaine d'années, instituteur ; de père mankon et de mère bafut. Il a été élevé à Bafut et est parfaitement bilingue mankon/bafut (mars-juillet 1978).

C'est avec Christina Neh Ngang (à Yaoundé) et avec Clement Che Zuah (à Mankon) que j'ai continué à travailler de 1979 à 1989.

Tous ces informateurs sont parfaitement bilingues mankon/anglais (ce qui était important puisque l'anglais était la langue d'enquête). Ils ont rapidement appris à faire une transcription phonétique (sauf les tons), ce qui leur a permis de faire certaines enquêtes en dehors de ma présence (comme, par exemple, le recueil des proverbes mené par Christina Neh Ngang). Connaissant bien leur culture et étant parfaitement intégrés dans la société mankon, ils savaient où trouver les informateurs occasionnels quand le besoin s'en présentait. Tous étaient motivés par leur travail d'informateur, patients et toujours prêts à faire des commentaires à bon escient. Je les remercie ici vivement de leur concours.

3.3. Types de documents

Les documents utilisés pour élaborer cette grammaire du mankon sont de deux types : spontanés ou recueillis grâce à des questionnaires.

Le premier type (données spontanées) comprend des contes, des chants, des proverbes, des cérémonies rituelles, des entretiens au sujet de techniques et de coutumes, des récits de vie, de courts énoncés illustrant l'emploi des termes dérivés (verbes, noms et participes). Ces documents ont été, pour la plupart, enregistrés sur le vif, puis transcrits avec l'aide des informateurs de référence.

Les documents d'où sont extraits les exemples utilisés dans le présent travail sont ceux dont j'ai pu vérifier la transcription tonale à partir de 1978. Il s'agit de :

– Onze contes (dits par quatre conteurs différents) : *Des enfants surveillent leur maïs* (17 p.) - *La femme à la longue dent* (14 p.) - *Bantcha* (11 p.) - *Pourquoi la maison fut abandonnée* (9 p.) - *Pourquoi les civettes mangent les poules* (14 p.) - *Le lion, le singe et l'antilope* (6 p.) - *Chef Caméléon* (8 p.) - *La perdrix des collines et la perdrix des bois* (4 p.) - *Les géants Fomingom et Tameting* (7 p.) - *Ngubi et Silum* (11 p.) - *Pourquoi la Fourmi ne dort pas* (2 p.)
– Trois récits de vie (recueillis auprès d'une femme de 32 ans, d'un jeune homme d'une vingtaine d'années, et d'un homme de 80 ans environ (71 p.)
– Un entretien sur les magies de guerre (7 p.)
– Une recette de cuisine (1 p.)
– Deux récits "à thème" : "si j'étais riche..." et "si les missionnaires n'étaient pas venus..." (25 p.)
– quatre-vingts "proverbes"
– une cinquantaine d'énoncés courts illustrant l'emploi des dérivés.

Le deuxième type (données non spontanées, recueillies grâce à des questionnaires) : il s'agit de données obtenues par traduction de l'anglais au mankon.

Il s'est très vite révélé nécessaire de créer des questionnaires adaptés aux spécificités du mankon. Ces questionnaires ont permis de systématiser l'étude de certains faits : par exemple les paradigmes des classes nominales, des accords, des conjugaisons ; les différents phénomènes de sandhi au niveau tant segmental que tonal, les possibilités dérivationnelles à partir des verbes, etc. Ils ont aussi permis d'exploiter de manière systématique certaines tournures trouvées dans les documents spontanés. Ces données non spontanées ont certes leurs limites, en particulier pour l'étude des faits énonciatifs puisqu'elles sont obtenues hors contexte. Les informateurs étaient néanmoins souvent capables de décrire une situation d'énonciation correspondant aux énoncés qu'ils produisaient. Elles présentent aussi un risque : celui du calque. Elles n'en sont pas moins nécessaires et complémentaires des données spontanées.

3.4. Présentation de la langue et choix théoriques

L'étude des langues des Grassfields de l'Est n'a vraiment commencé que dans les années 1960 avec les travaux de E. Dunstan sur le ngwe (Bamiléké) et J. Voorhoeve sur le medumba (Bamiléké). Les recherches se sont intensifiées à partir des années 1970 avec les travaux de L. Hyman sur le fe'fe' (Bamiléké), de G. Nissim sur le ghomala' (Bamiléké) et plus spécialement avec les travaux du Groupe de Travail du Bantou des Grassfields de 1974 à 1978. Toutes ces recherches ont abouti à des publications traitant principalement de la phonologie, de la tonologie et des systèmes de classes nominales de ces langues.

Le système verbal n'a été jusqu'ici que peu exploré et souvent que partiellement. Le travail le plus complet est sans doute celui de S. Anderson (1983) en ngyemboon (Bamiléké). En ce qui concerne la syntaxe, signalons le travail de M. Nkemnji (1995) sur le nweh, de F. Ayuninjam (1998) sur le mbili et de M. Fransen (1995) qui traite de quelques aspects de la syntaxe du limbum[3].

Toutes les études menées sur les langues des Grassfields de l'Est (et plus généralement du Bantou des Grassfields) ont prouvé l'importance de ces langues pour l'histoire des langues bantoues en général et l'intérêt qu'elles présentent pour la linguistique théorique et la typologie.

C'est en considération de ces divers enjeux que j'ai choisi d'écrire une grammaire descriptive du mankon aussi complète que me le permettaient les données recueillies[4].

---

[3] *Cf.* J. Watters (2003) pour la bibliographie complète la plus récente de toutes les publications sur les langues du Bantou des Grassfields.
[4] *Cf.* la bibliographie pour les publications sur le mankon.

Si on en juge par la phonologie, la morphophonologie, tant segmentale que tonale, et le système de classes nominales, le mankon se montre par rapport aux langues du groupe Grassfields de l'Est plus conservatrice. C'est ainsi, par exemple, que les morphèmes du mankon se sont moins "érodés" avec le temps que ceux des autres langues du groupe (ce qui se répercute sur le système tonal). De même le système des classes nominales est plus riche en mankon (et dans les autres langues du groupe Ngemba) que dans les langues des groupes bamiléké, noun et nord. Ces caractéristiques du mankon en font, en quelque sorte, une langue de transition entre les autres langues du Grassfields de l'Est et les langues bantoues au sens étroit. Peut-être en est-il de même pour le système verbal – l'étude de la dérivation verbale (Leroy : 1982) le laisse penser – et pour la syntaxe.

Le but de la présente étude étant de présenter au mieux les différents aspects de la grammaire du mankon, on a choisi de sélectionner l'approche théorique en fonction de la nature des problèmes rencontrés : c'est ainsi, par exemple, que si la phonologie segmentale relève plutôt de l'approche structuraliste, on a dû s'affranchir de ce cadre théorique et avoir recours aux concepts développés par l'approche autosegmentale pour rendre compte de l'extrême complexité de la tonologie. D'un autre côté, on a cherché à ce que la présentation et la terminologie permettent la comparaison avec les autres langues bantoues, tout en tenant compte des préoccupations actuelles des recherches typologiques en général. Enfin, en marge de cette description synchronique, on a souvent proposé des hypothèses d'ordre diachronique dans la mesure où ces hypothèses permettaient d'établir un rapport entre des faits qui semblent ne présenter aucun lien entre eux, si on se contente d'une approche exclusivement synchronique.

I. PHONOLOGIE

1. PRÉLIMINAIRES

L'unité qui sert de base à l'analyse phonologique est le morphème lexical (racine verbale ou nominale) dont la forme canonique est CV(C(V)).

Cependant plusieurs faits sont à exposer avant que ne commence la présentation du système phonologique.

1.1. Les morphèmes lexicaux n'apparaissent jamais "nus"

Le mankon est une langue à classes nominales, et les racines nominales sont obligatoirement précédées d'un préfixe nominal (Pn) marquant leur appartenance à telle ou telle classe. Sans ces préfixes, les racines n'ont pas de sens[1].

Quant aux racines verbales, elles doivent être, au minimum, suivies d'un suffixe flexionnel pour pouvoir apparaître dans un énoncé.

Ce sont donc des mots qui seront rapprochés, racines nominales précédées d'un préfixe nominal (qui peut être Ø-), racines verbales suivies du suffixe de l'impératif (les traductions françaises seront cependant à l'infinitif). Mais les commutations seront faites au sein des morphèmes lexicaux.

Notons que les morphèmes lexicaux CV(C(V)) ne permettent pas de présenter :
– la nasale syllabique intonée qui apparaît en position pré-initiale, *i.e.* devant les morphèmes lexicaux (*cf.* 2.).
– les archiphonèmes vocaliques **ɨ** et **a** (*cf.* 5.).

1.2. Les racines nominales complexes

Il a été dit plus haut que la forme canonique des morphèmes lexicaux était CV(C(V)). Il existe cependant des racines plus complexes : néanmoins, la structure CV(C(V)) en constitue toujours le "noyau".

A ce noyau peuvent donc s'ajouter des éléments "périphériques" préfixés ou suffixés qui ne sont en aucun cas, dans l'état actuel de la langue, des affixes dériva-

---

[1] *Cf.* III.1.

tionnels ou flexionnels. Ces éléments périphériques de structure syllabique N, V, ou CV, présentent un inventaire phonématique limité (nasale syllabique, **m**, **n**, **t**, **k**, **s**, **r** ; archiphonèmes fermé, **i**, et ouvert, **a**).

D'autre part, la racine peut être redoublée ou être le résultat du figement d'un syntagme associatif.

1.2.1. Eléments périphériques précédant le noyau

– ǹ

Comme mentionné en 1.1., il s'agit d'une nasale syllabique à ton bas. Il est probable qu'à l'origine cette nasale était un préfixe nominal (et que le noyau constituait à lui seul la racine), mais elle ne peut plus être considérée comme tel actuellement puisqu'elle coexiste avec des préfixes de classe : c'est ainsi que les préfixes nominaux des noms cités ci-dessous sont **fì-** (cl. 19) pour "toupie", et **nì-** (cl. 5) pour "plantain" (et que les racines sont actuellement respectivement **-ǹtsáʔá** "toupie" et **-ǹgɔ̀m** "plantain"). Cette nasale **ǹ** n'est pas attestée devant une C_1 nasale ou continue sourde. Dans les autres cas, elle partage le trait de localisation de la C_1. Son ton bas ne se manifeste que dans certains contextes tonals (*cf.* II.2.1.2.A. et II.2.3.2.B. remarque 4) :

fì-ǹ-tsáʔá	[**fìntsáʔá**]	"toupie" (cl. 19)[2]
nì-ŋ̀-gɔ̀m	[**nìŋgɔ̀m**]	"plantain" (cl. 5)

– à(n)

Onze noms appartenant à la cl. 1 commencent par **àn-**, la nasale partageant le trait de localisation de la C_1 du noyau CV(C(V)), et un nom de cette classe commence par **à-**. Ces noms forment leur pluriel en cl. 2. Le préfixe de cette classe, **b-**[3], se prépréfixe à l'élément **à(n)-** :

àntɔ̀	**bàntɔ̀**	"pot(s)"
àŋgábí	**bàŋgábí**	"antilope(s) *sp.*"
àŋgwè	**bàŋgwè**	"bambou(s) fendu(s)"
àkfúɲàm	**bàkfúɲàm**	"cochon(s)"[4]

Deux analyses sont possibles :

1. On considère que **à(n)-** est un préfixe nominal de cl. 1, caractérisant une sous-classe 1ᶜ (1ᶜ, puisque l'on a déjà la sous-classe 1ᵃ, caractérisée par le Pn Ø- (*i.e.* absence de préfixe), et la sous-classe 1ᵇ caractérisée par le Pn **ǹ-**)[5] :

---

[2] *Cf.* 1.4. pour la justification du cadre choisi (fin de question totale) pour citer les termes dans cette partie sur la phonologie.

[3] Le préfixe de cette classe est **bì-** devant une consonne : **bì-búʔú** "gorilles".

[4] Ce nom est issu d'un syntagme associatif : on ne sait pas quel sens peut avoir **àkfú**, mais **ɲàm** signifie "animal".

[5] Les noms appartenant à des sous-classes d'une même classe, par exemple ici les sous-classes 1ᵃ et 1ᵇ de la classe 1, se distinguent par leur préfixe nominal, mais ils entraînent les mêmes phénomènes d'accord et appartiennent à une même classe au pluriel (*cf.* III.1.).

cl. 1ᵃ : Ø-búʔú   "gorille"
cl. 1ᵇ : ŋ̀-kùm   "notable"
cl. 1ᶜ : àŋ-gábɪ́   "antilope *sp.*"

Ce préfixe **à(n)-** se maintiendrait au pluriel (alors que les préfixes **Ø-** de la cl. 1ᵃ, et **ǹ-** de la cl. 1ᵇ alternent avec le préfixe pluriel) de la même manière que le préfixe **ǹ-** des noms de la sous-classe 3ᵇ se maintient au pluriel derrière le Pn pluriel de la cl. 6 **mɪ̀-** :

    àŋ-gábɪ́ / b-àŋ-gábɪ́   "antilope(s) *sp.*"
    ŋ̀-kòm / mɪ̀-ŋ̀-kòm   "boîte(s)"

2. On considère que **à(n)-** est un élément périphérique, que les noms commençant par **à(n)-** appartiennent à la sous-classe 1ᵃ, et que leur Pn est en conséquence **Ø-** :

    Ø-àŋgábɪ́   "antilope(s) *sp.*" (cl. 1ᵃ)

C'est cette deuxième analyse qui a été adoptée ici, parce qu'elle fait l'économie d'un préfixe nominal supplémentaire.

– nɪ

Le ton de cet élément peut être haut (H) ou bas (B).
Les noms comportant cet élément se répartissent, au singulier, entre les classes 1ᵃ (dont le Pn est **Ø-**) et 19 (dont le Pn est **fɪ̀-**). En classe 19, le noyau CV(C(V)) est souvent, en plus, suivi d'un autre élément périphérique **-na** [nə] :

    Ø-nɪ́-náʔá   "caméléon" (cl. 1ᵃ)
    fɪ̀-nɪ́-dôm-nɔ́   "chenille *sp.*" (cl. 19)

– ka / kɪ

Les noms comportant cet élément se répartissent, au singulier, entre les classes 1ᵃ (dont le Pn est **Ø-**) et 7 (dont le Pn est **à-**) :

    Ø-kɪ̀-fèrɪ̀   "vent" (cl. 1ᵃ)
    à-kà-bàʔà   "poutre" (cl. 7)

Le timbre vocalique de cet élément est probablement conditionné à la fois par celui de la voyelle du préfixe et par celui de la voyelle du noyau CV(C(V)). [a] et [ɪ] représentent les extrémités d'un continuum de timbres centraux.

– ta / tɪ

Les noms comportant cet élément se trouvent, eux aussi, au singulier, en cl. 1ᵃ ou en cl. 7. Il se peut que, dans certains cas en cl. 1ᵃ, **ta-** soit issu de **tà, tàrɪ̀** "père" (*cf.* les trois premiers exemples ci-dessous), et qu'on ait eu affaire, à l'origine, à des syntagmes associatifs ; ce qui n'est plus le cas actuellement :

    Ø-tà-ŋ̂-gyé   "père de jumeaux"[6]
    Ø-tá-bàɣɪ̀   "fendeur" (*cf.* **bàɣɪ́** "fendre" ; **à-bàɣɪ̀** "morceau")
    Ø-tá-làm   "forgeron" (*cf.* **lám** "cuire" ; **à-làm** "forge")

---

[6] La nasale vélaire dans **tǎŋgyé** est probablement un préfixe nominal à l'origine ; on retrouve **ŋgyé** dans le nom **mâŋgyé** "mère de jumeaux", mais **ŋgyé** ne signifie pas "jumeau" et ne s'emploie pas seul.

Ø-tá-ʃwèn   "guêpe *sp*."
à-tá-tɔ́ŋ   "col de calebasse" (cl. 7)

Ce qui a été dit du timbre de **ka** / **ki** vaut pour celui de **ta** / **ti**.

– má / mà / mì

Les noms présentant cet élément appartiennent tous à la cl. 1ª. Il est probable que dans certains cas **má-** soit issu de **má** "mère" ou de **mɔ́n** "enfant", et qu'on ait donc eu affaire, à l'origine, à des syntagmes associatifs : par exemple, **mâŋgyé** "mère de jumeaux" (qui s'oppose à **tăŋgyé** "père de jumeaux" et à **màŋgyè** "femme"), ou encore **mântɔ́ʔɔ́**, nom dans lequel on reconnaît **ǹtɔ́ʔɔ́** "palais" et qui signifie "enfant du palais" (*i.e.* les enfants du chef). Mais une fois de plus, ces noms ne se comportent pas actuellement comme des syntagmes associatifs :

má-ŋ̀-gyé   "mère de jumeaux"
má-ǹ-tɔ́ʔɔ́   "enfant du palais"
má-kyèn   "piège"
má-ǹ-dzù   "arachide"
mà-ŋ̀-gyè   "femme"
mì-kárɔ́   "Blanc"
mì-tàn   "marché"
mì-zàm   "Mezam" (rivière)
mì-ɣàm   "saison des pluies"

Les éléments nV-, kV-, tV- et mV- s'excluent mutuellement. En revanche, **ǹ-** peut suivre n'importe lequel de ces éléments (notons néanmoins que **ǹ-** n'est pas attesté après kV-) :

fì-ní-ǹ-dʒì   "mouche" (cl. 19)
tà-ŋ́-gyé   "père de jumeaux" (cl. 1ª)
má-ǹ-tɔ́ʔɔ́   "enfant du palais" (cl. 1ª)

1.2.2. Eléments périphériques suivant le noyau

– a

Au plan phonologique, il s'agit de l'archiphonème **a** (*cf.* 5.) qui dans l'exemple ci-dessous se réalise [ə] :

nìbàŋ-ə̀   "sifflet" (cl. 5)

– na [nə]

Le ton de cet élément peut être H ou B :

ǹtàŋ-nɔ́   "trompette" (cl. 9)
ŋ̀gwèm-nɔ́   "criquet *sp*." (cl. 9)
ɣâŋ-nɔ́   "hirondelle" (cl. 1ª)
nìbàbì-nə̀   "aile" (cl. 5)
ǹdŏŋ-nə̀   "bambou" (cl. 3)

– **tɨ** / **ta** [tə]

        àɣábɨ̀-tɔ́   "aisselle" (cl. 7)

        àŋkə̀m-tɨ̀   "manche de houe" (cl. 1ᵃ)

        àkwɨ̀ʔɨ̀-tɨ́   "genou" (cl. 7)

        àʃyén-tɨ̀   "couteau" (cl. 7)

– **rɨ**

    Il n'a été relevé que deux noms comportant cet élément :

        àɣɔ̀ʔɔ̀-rɨ́   "crâne" (cl. 7)

        tɔ́ɣɨ́-rɨ́   "calebasse" (cl. 1ᵃ)

    Ces éléments **-a**, **-nV**, **-tV**, **-rV** s'excluent.

1.2.3. Un noyau peut être et précédé et suivi d'éléments périphériques

    (Ø)kɨ̀-tûŋ-nɔ́   "calebasse (pour boire)" (cl. 1ᵃ)

    (Ø)nɨ̀-màŋ-ɔ̀   "civette" (cl. 1ᵃ)

    (fɨ̀)nɔ́-n-dzâŋ-nɔ́   "oiseau *sp.*" (cl. 19)

REMARQUE 1 : les préfixes de classe ont été mis entre parenthèses.

1.2.4. Redoublement

    La complexité d'une racine nominale peut aussi être due à un redoublement complet ou partiel du noyau :

    nɨ̀mòrɨ́mòrɨ̀   "boue" (cl. 5)

    kúkù   "chique" (cl. 1ᵃ)

    fòfò   "poumon" (cl. 1ᵃ)

    àkàkà   "chenille *sp.*" (cl. 7)

1.2.5. Figement d'un syntagme associatif

    Cette possibilité a déjà été suggérée à propos des éléments **ta-** et **ma-**, et à propos du nom **àkfúɲàm** "porc" (cl. 1ᵃ) : **ɲàm** signifie "animal". Mais il n'est pas possible d'identifier le sens de **àkfú**.

1.3. Les racines verbales complexes

    Les racines verbales commencent toujours par le noyau CV(C(V)). Aucun élément lexical ne précède ce noyau. En revanche, le noyau peut être suivi d'un des éléments suivants : **sɨ**, **nɨ**, **tɨ**, **kɨ** et **rɨ**. Ces éléments sont formellement identiques aux suffixes dérivationnels présentés en IV.1.1.2.B., sauf **rɨ** qui n'existe pas en tant que suffixe dérivationnel :

dʒíɣí-ní	"éternuer"	túʔú-rí	"être rond"
tíʔí-tí	"tenir"	bá-ní	"être fou"[7]
fùŋ-kí	"être chauve"	bí-tí	"demander"
wúʔú-sí	"acclamer"	lì-sí	"marquer"

1.4. Cadre des rapprochements et plan de la présentation des phonèmes et tonèmes

La fin de tout énoncé assertif[8] est indiquée par une des deux marques énonciatives |a| ou |ɣe| (*cf.* V.2.1. pour l'utilisation de l'une ou de l'autre de ces marques) |a| se suffixe au dernier terme, quel qu'il soit, de l'énoncé, entraînant des phénomènes de sandhi (*cf.* II.1.1.). Pour éviter ces phénomènes de sandhi, les termes utilisés dans les rapprochements seront cités sous la forme qu'ils ont à la fin de l'énoncé interrogatif (question totale), lequel se distingue justement de l'énoncé assertif par l'absence des marques énonciatives[9].

La voyelle finale[10] qui est donnée dans la forme canonique CV(C(V)) n'apparaît qu'après les consonnes orales (et encore, certains locuteurs ne la prononcent pas, tout au moins à la finale des noms). Son timbre est déterminé par la consonne qui précède cette voyelle et aussi, dans le cas de la glottale **ʔ**, par la voyelle "nucléaire" :

– La C$_2$ est **b**, **r** ou **ɣ**

La voyelle finale est généralement [ɨ], voyelle centrale de premier degré d'aperture :

àbébɨ "bouc" **ŋgárɨ** "fusil" **àdzùɣɨ** "intestin"

REMARQUE 2 : après une voyelle radicale **u** et une C$_2$ **ɣ**, la voyelle épenthétique peut être [u] : à côté de [àdzùɣɨ] "intestin", par exemple, on peut donc avoir [àdzùɣu].

---

[7] Le **n** de cet élément périphérique, parce qu'il appartient à l'inventaire des C$_1$ et non à celui des C$_2$, se réalise toujours [n] (il n'est pas affecté par les phénomènes de sandhi décrits en II.1.5.). D'autre part le comportement tonal des verbes à éléments périphériques est le même que celui des verbes dérivés. On suppose donc que ces éléments périphériques sont d'anciens suffixes dérivationnels figés.

[8] En fait, seule la question totale n'est pas close par l'une de ces deux marques. En l'absence d'un terme pouvant servir de qualificatif générique aux autres types d'énoncés, on parlera provisoirement ici d'énoncé assertif pour ne pas alourdir le texte.

[9] En l'absence de la marque énonciative |a|, le dernier ton des termes ne se manifeste pas : ainsi |à-béb`| "bouc" se prononce [àbébɨ] en fin d'énoncé interrogatif, son dernier ton (B) ne se manifestant pas, mais [àbébə̀] en fin d'énoncé assertif, son dernier ton se manifestant sur la marque (réalisée [ə]). De même à côté de [lám] "cuire", on a [lámə̀] et à côté de [sùɣí] "laver", on a [sùɣə̂].

[10] Pour des raisons que nous verrons en II.1.4., on considère que cette voyelle est une voyelle épenthétique de relâchement en finale de nom ; mais qu'elle est la réalisation de l'archiphonème fermé **i**, manifestation phonologique d'un morphème flexionnel, en finale de verbe.

– La C_2 est **ʔ**

La voyelle est identique à la voyelle nucléaire si celle-ci est réalisée fermée : [**i, ɯ, u**]. Cependant si la voyelle nucléaire est **ɯ** la voyelle finale tend vers [**ɨ**] :

    àdìʔì "endroit"   bùʔù / bùʔɨ "termite"   mìlùʔù "vin"

Mais si la voyelle nucléaire est réalisée ouverte [**ɛ, a, ɔ**], les faits sont un peu plus complexes : la voyelle finale peut être identique à la voyelle radicale, légèrement plus fermée dans le cas d'une voyelle nucléaire **ɛ** ou être carrément [**ɨ**] :

    àtsèʔè / àtsèʔè / àtsèʔɨ   "tissu"
    àláʔá / àláʔɨ   "pays"
    ŋgɔʔɔ / ŋgɔʔɨ   "pierre"

Pour certains locuteurs, donc, seules les syllabes fermées par une consonne nasale sont acceptables. Pour d'autres, en revanche, les syllabes fermées par une consonne orale le sont aussi. Dans les rapprochements, la voyelle finale est transcrite phonétiquement, telle qu'elle se réalise effectivement :

CV	só	"désherber"[11]	àbó	"main"
CVC	lám	"cuir"	ǹdzàm	"hache"
CVCV	sùɣí/sùɣú	"laver"	vùɣì/vùɣù	"chauve-souris *sp.*"
	béʔé	"casser"	àtsèʔè	"tissu"

Les consonnes peuvent donc apparaître à l'initiale de syllabe : elles constituent l'inventaire des C_1. Elles peuvent aussi apparaître en finale de syllabe si elles sont nasales, ou à l'intervocalique si elles sont orales : ces consonnes, qu'elles soient en position finale ou à l'intervocalique appartiennent à un même inventaire, celui des C_2. Eventuellement, on parlera de syllabe fermée, même lorsque les morphèmes lexicaux se réalisent avec une voyelle finale. L'inventaire des consonnes qui apparaissent en première position (C_1) diffère assez de celui des consonnes qui apparaissent en deuxième position (C_2) pour qu'il soit justifié de les présenter séparément.

Les voyelles "nucléaires" apparaissent soit en syllabe ouverte, soit en syllabe fermée (*i.e.* suivie d'une C_2).

Sont traités successivement :

- les consonnes
  - présentation de la nasale syllabique qui apparaît en position pré-initiale, c'est-à-dire devant les morphèmes lexicaux CV(C(V)) choisis comme unité d'analyse
  - présentation des dix-sept consonnes C_1[12]
  - présentation des sept (consonnes) C_2
- les voyelles
  - présentation des voyelles dans les morphèmes grammaticaux : quatre voyelles simples, deux archiphonèmes.

---

[11] Rappelons que les verbes sont à l'impératif en mankon, et à l'infinitif en français.
[12] Quinze phonèmes et deux archiphonèmes.

- présentation des voyelles nucléaires : neuf voyelles simples, trois archiphonèmes, trois diphtongues antérieures et sept diphtongues postérieures.
- la fréquence des phonèmes
- les tons : au plan lexical (paradigmatique), il y a deux niveaux de tons pertinents : haut et bas. La présence des tons modulés est liée à la structure syllabique des morphèmes lexicaux : ils sont attestés, en général, sur les morphèmes
  lexicaux monosyllabiques, mais pas sur les morphèmes lexicaux qui, présentant
  une voyelle finale, se réalisent dissyllabiques : on peut donc parler de schème tonal qui se répartit sur une ou deux syllabes.

2. LA NASALE SYLLABIQUE

Il s'agit d'un archiphonème nasal.

Elle apparaît en position pré-initiale, c'est-à-dire devant les morphèmes lexicaux CV(C(V)). Elle est, selon les cas, séparable ou non de la racine. Ceci n'a aucune conséquence sur sa distribution et ses propriétés phoniques.

2.1. Distribution

Elle n'est pas attestée devant une consonne nasale ou continue sourde. Devant ces consonnes, elle fait place à l'archiphonème fermé **i** :

           ǹ-dá   "maison"

mais :   **ì-ɲàm**   "animal"   **ì-ʃú**   "poisson"

Ces noms appartiennent tous trois à la cl. 9, comme le prouvent les phénomènes d'accord qu'ils commandent, et le fait qu'ils forment leur pluriel en cl. 10. Mais la présence de **ǹ-** ou de **ì-** est conditionnée par des facteurs phoniques et non grammaticaux. Suivent d'autres exemples de l'emploi complémentaire de **ǹ-** et de **ì-** :

búʔú	"défricher"	**m̀-bùʔɔ́**	"fait de défricher"[13]
mǐ	"finir"	**ì-mǐɔ**	"fait de finir"
só	"sarcler"	**ì-sǒ**	"fait de sarcler"

Dans la colonne de gauche figurent des verbes (à l'impératif, la traduction française étant à l'infinitif) et dans la colonne de droite, les noms verbaux de cl. 9 qui en sont dérivés.

2.2. Réalisation homorganique

n partage le trait de localisation de la C_1 :

[m̀bùʔɔ́]	"fait de défricher"
[ǹtǒ]	"fait de percer"
[ǹdɔ̌ŋnə̀]	"bambou"
[ŋ̀kàmɔ́]	"fait de drainer"
[ŋ̀gárí]	"fusil"

Les exemples ci-dessus illustrent les réalisations labiale, alvéolaire et vélaire de **n**.

---

[13] [ə] est la réalisation de l'archiphonème ouvert **a** manifestation du suffixe dérivationnel |-á| (*cf.* 5.).

2.3. Durcissement de la C_1

Signalons, dès maintenant, que toute C_1 qui suit **n** doit être réalisée occlusive. Cette règle affecte les continues sonores **l**, **z** et **ɣ** qui se réalisent respectivement [**d**, **dz**, **g**] :

lám	"cuire"	[ǹdàmɔ́]	"fait de cuire"
zɔ́ʔɔ́	"frotter"	[ǹdzɔ̀ʔɔ́]	"fait de frotter"
ɣɔ́ʔɔ́	"écraser"	[ŋ̀gɔ̀ʔɔ́]	"fait d'écraser"

3. INVENTAIRE DES CONSONNES EN C_1

3.1. m

Son identité phonologique ressort des rapprochements suivants :

m/b	mì?í	"salir (eau)"	bì?í	"soulever"
	mé?é	"bêler"	bé?é	"casser"
	à-mùʔù	"rosée"	bùʔù	"termite *sp.*"
	mà?á	"lancer"	bà?á	"gratter"
	mì-mù?ù	"oreillons"	à-bù?ù [àbvù?ù]	"reste"
m/f	mé?é	"bêler"	féɣí	"souffler"
	mà?á	"lancer"	fà?á	"travailler"
	ì-mù	"intérieur"	fú	"rat"
m/n	mè [mè]	"moi"	né [né]	"Neh" (nom)
	mà?á	"lancer"	nà?á	"dire"[14]
	mù?ú	"déterrer"	nù?ú	"assaisonner"

m se réalise comme une occlusive nasale, bilabiale, sonore [m].

3.2. b

Son identité phonologique ressort des rapprochements suivants :

b/m   déjà envisagé à propos de **m**

b/f	bèɣí	fortifier"	féɣí	"souffler"
	bɔ̌ŋ	"retourner"	fɔ́ŋ	"manquer"
	bǎŋ	"être rouge"	fǎŋ	"attacher"
	bòrí	"frapper"	dórí	"être heureux"

b se réalise comme une occlusive bilabiale, sonore, orale [b].

Elle se réalise [bv], affriquée labio-dentale sonore devant **u**, en fonction de la nature de la C_2 (ou de son absence) **à-bú** [àbvú] "cendre", **à-bù?ù** [àbvù?ù] "reste" (*cf.* 3.16.4.B.).

Elle est fortement palatalisée devant **i**, en syllabe ouverte : **ǹ-bí** [m̀byí]"chèvre". En syllabe fermée, la palatalisation est beaucoup moins forte, ou même absente : **bìɣí** [byìɣí] ou [bìɣí] "renvoyer".

3.3. f

Son identité phonologique ressort des rapprochements suivants :

f/m   déjà envisagé à propos de **m**

f/b   déjà envisagé à propos de **b**

---

[14] Le sens de "dire" donné à **nà?á** est celui qu'il a en mundum I. En mankon **nà?á** est utilisé dans certains cas pour exprimer un ordre (*cf.* V.2.4.2. remarque 7).

f/s	féɣí	"souffler"	séɣí [ʃéɣí]	"prendre en grande quantité"
	fùʔú	"mesurer"	sùʔú	"montrer du doigt"
	fǎn	"faire une faute"	sán	"fendre"
	fɔ̀rí	"plumer"	sɔ̀rí	"dépecer"

f se réalise comme une fricative labio-dentale [f].

3.4. n

Son identité phonologique ressort des rapprochements suivants :

n/t	nǎŋ	"sauter"	táŋ	"marchander"
	nùʔú	"assaisonner"	tóʔó [túʔú]	"puiser de l'eau"
	nǒŋ	"être couché"	tɔ́ŋ	"appeler"
	nɔ́ [nó]	"boire"	tɔ́ [tó]	"percer"
n/d	à-nàrí	"paresseux"	dàrí	"ramper"
	nùʔú	"assaisonner"	dùʔú	"dégoûter"
n/l	né [né]	"Neh" (nom)	lé [lé]	"se décomposer"
	à-nàrì	"paresseux"	à-lárí	"paume"
	nùʔú	"assaisonner"	lúʔú [lvúʔú]	"branler"
	nɔ́ɣí	"viser"	lɔ̀ɣí	"prendre"
n/m	déjà envisagé à propos de m			
n/ɲ	né [né]	"Neh" (nom)	ìɲé [ìɲé]	"corps"
	mì-nàʔà	"sève"	fì-ɲàʔà	"fruit *sp.*"
	nàʔá	"dire"	ɲàʔá	"être sale"
	nùʔú	"assaisonner"	ɲùʔú	"presser"
	nǒŋ	"être couché"	ɲǒŋ	"coucher"

n se réalise comme une occlusive nasale, alvéolaire, sonore [n].

L'opposition n/ɲ est neutralisée devant i et (i, e). L'archiphonème (n/ɲ) se réalise [ɲ] : [ɲì] "crotter", [ɲíʔí] "se dépêcher".

3.5. t

Son identité phonologique ressort des rapprochements suivants :

t/n	déjà envisagé à propos de n			
t/d	tíʔí	"puis" (*Aux*)	dìʔí	"montrer"
	ǹ-tùrì	"pou"	dùrí	"être lourd"
	tǎŋ	"s'étirer"	dǎŋ	"enjamber"
	túm	"tirer sur"	dǔm	"grogner"
t/l	tíʔí	"puis" (*Aux*)	líʔí	"cultiver"
	tèrí	"être fier"	lérí	"flotter"
	à-tén	"calebasse"	lěn	"conserver"
	túɯí	"décider"	lúɯí	"marquer"

	táŋ	"marchander"	láŋ	"être tranquille"
	tŏn	"brûler"	lón	"mendier"
t/ts	téɣí	"poser debout"	tséɣí	"être tranchant"
	tárí	"remuer"	tsàrí	"siffler"
	túm	"tirer sur"	tsŭm	"percer"
	tɔ́ [tó]	"creuser"	tsɔ́ [tsó]	"rassembler"
	tɔ̀ʔɔ́	"pousser"	tsɔ́ʔɔ́	"retirer"
t/s	téɣí	"poser debout"	séɣí [ʃéɣí]	"prendre beaucoup"
	tùʔú	"être en retard"	sùʔú	"montrer du doigt"
	tăŋ	"s'étirer"	săŋ	"sécher"
	tɔ́ [tó]	"creuser"	sɔ́ [só]	"désherber"
	tɔ̀ʔɔ́	"pousser"	sɔ́ʔɔ́	"s'habiller"

t se réalise comme une occlusive, apico-alvéolaire, sourde, orale [t].
Il y a une seule attestation de **t** labio-dentalisée devant **u** [tfúɔ́] "payer" qui est d'ailleurs prononcée [tʃúɔ́] par certains locuteurs (*cf.* 3.16.4.B.).

3.6. d

Son identité phonologique ressort des rapprochements suivants :

d/n	déjà envisagé à propos de **n**
d/t	déjà envisagé à propos de **t**

d/l	dìʔí	"montrer"	líʔí	"cultiver"
	dúɣí	"maltraiter"	lùɣí	"identifier"
	dăŋ	"enjamber"	láŋ	"être tranquille"
	à-dɔ̀bì	"goître"	à-lóbí	"billon"
	dŭm	"geindre"	lŏm	"être chaud"
d/dz	dìʔí	"montrer"	dzìɣí [dʒìɣí]	"épingler"
	dúɣí	"maltraiter"	dzúɣí	"nourrir"
	dŏŋ	"emmancher"	dzŏŋ	"joindre"
	dŭm	"geindre"	ɨ̀-dzúm	"choses"
d/z	à-dèʔè	"dépôt"	nì-zèʔè	"pleurs"
	dàrí	"ramper"	zàrí	"tuer"
	dŏŋ	"emmancher"	zŏŋ	"suivre"
	dùʔú	"dégoûter"	zɔ́ʔɔ́[zúʔú]	"entendre"

d se réalise comme une occlusive apico-alvéolaire, sonore, orale [d].

3.7. l

Son identité phonologique ressort des rapprochements suivants :

l/n	déjà envisagé à propos de **n**
l/t	déjà envisagé à propos de **t**
l/d	déjà envisagé à propos de **d**

l/z	lém	"injurier"		zɛ̌m	"réveiller"
	lɔ́ŋ	"être suspendu"		zɔ̌ŋ	"plier"
	láŋ	"être tranquille"		záŋ	"faire mal"
	lón	"remplir"		zón	"acheter"
	lɔ́m	"provoquer"		zɔ̌m	"insulter"

l se réalise comme une latérale apico-alvéolaire, sonore [l].

Elle se réalise [d] après une nasale syllabique, ce qui entraîne la neutralisation de l'opposition l/d dans ce contexte : ǹ-lóm [ǹdóm] "mari".

Devant u, en fonction de la nature de la C_2 (ou de son absence), elle se réalise [lv] (ou [dv]) : l'articulation alvéolaire est suivie d'une friction labio-dentale sonore : lúʔú [lvúʔú] "branler" et ǹlùʔɔ́ [ǹdvùʔɔ́] "fait de branler" (cf. 3.16.4.B.).

3.8. ɲ

Son identité phonologique ressort des rapprochements suivants :

ɲ/ts	ɲèʔé	"oublier"	à-tsèʔè	"habit"
	ɲɔ̌m	"presser"	tsɔ́m	"goutter"
	ɲàʔá	"être sale"	tsàʔá	"rassembler"
	ɲùm	"temps"	à-tsùm	"étang"
ɲ/dz	ɲɔ̌ŋ	"piétiner"	dzɔ́ŋ	"porter"
	ɨ̀-ɲɔ̀ŋ	"cheveux"	à-dzɔ̀ŋ	"géant"
	ɨ̀-ɲàm	"animal"	à-dzàŋ	"espèce"
ɲ/s	ɲèʔé	"abandonner"	séʔé	"ramasser"
	ɲǎm	"mélanger"	sám	"se répandre"
	ɲɔ̌ŋ	"coucher"	sɔ̌ŋ	"tirer de"
	ɲɔ̀rɨ́	"écraser"	sɔ̀rɨ́	"dépecer"
ɲ/z	ɲèʔé	"abandonner"	nɨ̀-zèʔè	"pleurs"
	ɲɔ̌ŋ	"piétiner"	zɔ̌ŋ	"plier"
	ɲǎm	"mélanger"	záŋ	"faire mal"
	ɲɔ̌ŋ	"coucher"	zɔ̌ŋ	"suivre"
ɲ/n	déjà envisagé à propos de n			
ɲ/ŋ	ɲɔ̌m	"presser"	ŋɔ́m	"tordre"
	ɲàʔá	"être sale"	ŋáʔá	"ouvrir"

ɲ se réalise comme une occlusive nasale, pré-palatale, sonore [ɲ].

3.9. ts

Son identité phonologique ressort des rapprochements suivants :

ts/ɲ	déjà envisagé à propos de ɲ			
ts/dz	tsɛ̌n	"attendre"	dzɛ̌n	"uriner"
	tsɔ̌ŋ	"gâter"	dzɔ́ŋ	"porter"
	à-tsáŋ	"prison"	à-dzàŋ	"espèce"
	ɨ̀-tsùm	"étangs"	ɨ̀-dzúm	"choses"

22

ts/s	tséɣí	"être tranchant"	séɣí [ʃéɣí]	"prendre beaucoup"
	tsúŋ	"pétrir en boule"	súŋ	"avoir froid"
	tsáʔá	"danser en transe"	sáʔá	"raconter"
	tsɔ́ [tsó]	"rassembler"	sɔ́ [só]	"désherber"
	tsɔ́ʔɔ́	"retirer"	sɔ́ʔɔ́	"s'habiller"

ts/t déjà envisagé à propos de **t**

ts/k	à-tsé [àtsé]	"clan"	à-kè [àké]	"quoi ?"
	tsɔ̆ŋ	"gâter"	kɔ́ŋ	"ramper"
	tsùm	"percer"	kùm	"détruire"
	tsɔ̀ɣí	"tamponner"	kɔ̀ɣí	"enlever du feu"

ts se réalise comme une affriquée apico-prépalatale, sourde [ts].

Elle se réalise chuintante devant **i** et (**i, e**) noté **i** : tsìʔí [tʃìʔí] "secouer", ainsi que devant **u**, ceci en fonction de la nature de la C$_2$ (ou de son absence) : tsúʔú [tʃúʔú] "piler", et devant une diphtongue postérieure : tswém [tʃwém] "asseoir" (*cf.* 3.16.4. et 6.2.3.).

3.10. dz

Son identité phonologique ressort des rapprochements suivants :

dz/ɲ déjà envisagé à propos de **ɲ**

dz/ts déjà envisagé à propos de **ts**

dz/z	dzɛ̆n	"uriner"	zén	"voir"
	dzɔ́ŋ	"porter"	zɔ̆ŋ	"courber"
	à-dzàŋ	"façon"	à-záŋ	"feuille *sp.*"
	à-zúm	"chose"	ì-dzúm[15]	"choses"
	à-zɔ̀ŋ	"conflit"	à-dzɔ̀ŋ	"géant"

dz/d déjà envisagé à propos de **d**.

dz se réalise comme une affriquée, apico-prépalatale, sonore [dz].

Elle se réalise chuintante devant **i** et (**i, e**) : dzìɣí [dʒìɣí] "épingler", ainsi que devant **u**, en fonction de la nature de la C$_2$ (ou de son absence) : dzúŋ [dʒŭŋ] "déraciner", et devant une diphtongue postérieure : dzwé [dʒwí] "donner naissance à" (*cf.* 3.16.4. et 6.2.3.).

3.11. s

Son identité phonologique ressort des rapprochements suivants :

s/ɲ déjà envisagé à propos de **ɲ**

s/ts déjà envisagé à propos de **ts**

---

[15] L'alternance **z/dz** à l'initiale de la racine du nom "chose(s)" ne s'explique pas synchroniquement. Le **dz** de la forme plurielle est probablement dû à un ancien préfixe nominal nasal, remplacé de nos jours par le préfixe de cl. 8 **ì**. Cette alternance se retrouve dans d'autres parlers ngemba.

s/z	sế [sế]	"couper"		zě [zě]	"voler"
	syéɣí [ʃéɣí]	"prendre beaucoup"		zèɣí	"balayer"
	sǎŋ	"sécher"		záŋ	"sentir"
	sùɣí	"laver"		zùrí [ʒùrí]	"être rassasié"
	sɔbí	"injecter"		zɔbí	"chanter"

s/f déjà envisagé à propos de **f**

s se réalise comme une fricative apico-prépalatale, sourde [s].

Elle se réalise chuintante devant **i** et (**i**, **e**) : **síʔí** [ʃíʔí] "descendre", ainsi que devant **u**, ceci en fonction de la nature de la C₂ (ou de son absence) : **ìsúrí** [ìʃúrí] "fond" et devant une diphtongue antérieure : **syèɣí** [ʃèɣí] "être glissant", ou postérieure : **swébí** [ʃwébí] "couper en petits morceaux" (*cf.* 3.16.4. et 6.2.).

3.12. z

Son identité phonologique ressort des rapprochements suivants :

z/ɲ déjà envisagé à propos de **ɲ**

z/dz déjà envisagé à propos de **dz**

z/s déjà envisagé à propos de **s**

z/l déjà envisagé à propos de **l**

z/ɣ	zén	"voir"		ɣěn	"aller"
	záŋ	"faire mal"		ɣǎŋ	"attacher"
	à-zúm	"chose"		mì-ɣúm [mìwúm]	"dix"
	zɔ́ʔɔ́	"frotter"		ɣɔ́ʔɔ́	"moudre"

z se réalise comme une fricative apico-prépalatale, sonore [z].

Elle se réalise [dz] après une nasale syllabique, ce qui entraîne la neutralisation de l'opposition z/dz dans ce contexte : **zɔ́ʔɔ́** [zɔ́ʔɔ́] "frotter", **ǹzɔ̀ʔɔ́** [ǹdzɔ̀ʔɔ́] "le fait de frotter".

Elle se réalise chuintante devant **i** et (**i**, **e**) : **zí** [ʒí] "savoir", ainsi que devant **u**, en fonction de la nature de la C₂, (ou de son absence) : **zúrí** [ʒúrí] "être rassasié", et devant une diphtongue postérieure : **zwèbí** [ʒwèbí] "peler" (*cf.* 3.16.4. et 6.2.3.).

3.13. ŋ

Son identité phonologique ressort des rapprochements suivants :

ŋ/k	ŋáʔá	"ouvrir"		káʔá	"se solidifier"
ŋ/ɣ	ŋáʔá	"ouvrir"		ɣáʔá	"être abondant"

ŋ/ɲ déjà envisagé à propos de **ɲ**

ŋ se réalise comme une occlusive nasale, vélaire, sonore [ŋ]. ŋ a une distribution lacunaire : il n'est attesté que devant **a** et **ə** et ce dans quatre morphèmes lexicaux.

REMARQUE 3 : devant les diphtongues postérieures, les oppositions entre nasales sont neutralisées. L'archiphonème correspondant (noté ŋ) se réalise [ŋ] : [ìŋwì] "machette", [ŋwɔ́rí] "tordre".

3.14. k

k/ŋ	déjà envisagé à propos de ŋ		
k/ɣ	à-kɛ̀ [àkɛ̀]	"quoi ?"	í-ɣé [íɣé]	"où ?"

k/ɣ

à-kɛ̀ [àkɛ̀]	"quoi ?"	í-ɣé [íɣé]	"où ?"
kǔɨ	"courir"[16]	ɣǔɨ	"faire"
kùrɨ̀	"termite"	à-ɣùrɨ̀	"calebasse"
ká?á	"se solidifier"	ɣá?á	"être abondant"
kán	"se fatiguer"	ɣán	"errer"
ɨ̀-kùm	"nom"	nɨ̀-ɣúm [nɨ̀wúm]	"dix"
kɔ̌ŋ	"aimer"	ɣɔ́ŋ	"rester longtemps"

k/t déjà envisagé à propos de t.

k se réalise comme une occlusive, vélaire, sourde, orale [k].

Devant u, en fonction de la nature de la C₂ (ou de son absence), elle se réalise [kf] (l'articulation vélaire est suivie d'une friction labio-dentale) ou [pf], affriquée labio-dentale. Il s'agit de variantes individuelles : kúrɨ́ [kfúrɨ́] ou [pfúrɨ́] "manger".

k est peu attestée devant les voyelles antérieures simples. Elle est fortement palatalisée devant i : ɨ̀-kɨ̀ [ŋ̀kyɨ̀] "eau". En revanche, elle est bien attestée devant les diphtongues antérieures :

kyén	"récolter (arachides)"
kyèɣɨ́	"démêler"
kyè?é	"éclairer"
kyérɨ́	"rester éveillé"
kyém	"égorger"
ɨ̀-kyé [ŋ̀kyé]	"charbon de bois"

3.15. ɣ

Son identité phonologique ressort des rapprochements suivants :

ɣ/ŋ déjà envisagé à propos de ŋ

ɣ/k déjà envisagé à propos de k

ɣ/z déjà envisagé à propos de z

Devant i, ɣ se réalise comme une semi-voyelle prépalatale [y] : ɣìɣɨ́ [yìɣɨ́] "manquer de respect". Devant u, elle se réalise comme une semi-voyelle labio-vélaire [w] ou comme une fricative labio-dentale sonore selon la nature de la C₂ (ou son absence) : ɣǔm [wǔm] "suggérer" ; ɣǔ [vǔ] "construire" (cf. 3.16.4.). Elle se réalise comme une fricative vélaire [ɣ] devant les autres voyelles : ɣá [ɣá] "donner". Elle est souvent légèrement labialisée devant o : ɨ̀-ɣòbɨ̀ [ɨ̀ɣwòbɨ̀] "jeunes personnes", et à un moindre degré devant ɔ.

Après une nasale syllabique, ɣ se réalise comme une occlusive vélaire [g] quelle que soit la voyelle qui la suit ; néanmoins, elle peut être légèrement palatalisée

---

[16] ɯɨ est une diphtongue postérieure.

devant **i** et elle est labiodentalisée devant **u** (d'où [**gv**] ou même [**bv**]) selon la nature de la C₂ (ou l'absence de C₂) et devant la diphtongue postérieure **wɔ** :

ǹ-ɣìɣɔ́ [ŋ̀gyìɣɔ́]	"fait de manquer de respect"
ǹ-ɣùmɔ́ [ŋ̀gùmɔ́]	"fait de suggérer"
ǹ-ɣùɔ́ [ŋ̀gvùɔ́]	"fait de construire"
ǹ-ɣǎ [ŋ̀gǎ]	"fait de donner"
ǹ-ɣwɔ̌ [ŋ̀gvwǒ]	"fait de tomber"

3.16. Discussion

3.16.1. ɲ

En raison de sa fréquence (ɲ est la consonne nasale la plus fréquente en position de C₁), et de sa distribution (elle est attestée devant toutes les voyelles sauf ɯ) et parce qu'elle s'oppose à **n** devant **ɛ**, **a** et les voyelles postérieures, on considère ɲ comme un phonème de plein droit. Il est vrai qu'il existe par ailleurs des [ɲ] qui sont la réalisation de l'archiphonème (**n**, **ɲ**) devant **i** et (**i**, **e**) (*cf.* 3.4.).

3.16.2. ts et dz

ts et **dz** sont analysés comme monophonématiques pour les raisons suivantes :
– réalisation : l'occlusion et la friction se font au même point d'articulation.
– fréquence : **ts** arrive en troisième ou quatrième[17] position. Il est mieux représenté que **t** qui n'arrive qu'en septième position.
– distribution : **ts** est attesté devant les deux voyelles centrales ɯ et ə alors que **s**, qui est pourtant un phonème au taux d'occurrence élevé, n'est attesté que devant ɯ.

Les arguments (fréquence et distribution) développés à propos de **ts** n'ont pas la même force pour **dz** : **dz** est mal représenté (onzième place), mais **d** ne l'est pas mieux (douzième place), **dz** et **z** ont la même distribution. Mais puisqu'on reconnaît l'existence d'un phonème **ts**, autant considérer **dz** comme son partenaire sonore.

3.16.3. Alternances consonantiques en C₁

L'alternance est un phénomène morphologique. Elle permet cependant d'identifier certains phonèmes en position de C₁, car les alternances consonantiques observées en position de C₁ ont un conditionnement phonique qui concorde avec les contextes d'apparition des phones suivants : [**g**] (et [**gy**], [**gw**], [**gv**]) / [**ɣ**] (et [**y**], [**w**], [**v**]) ; [**d**] / [**l**] ; [**dz**] / [**z**], en l'absence de toute alternance **n**-/Ø- ou V.

En effet, seuls sont attestés après une nasale homorganique [**g**] (et [**gy**], [**gw**], [**gv**]), [**d**] et [**dz**]. En revanche, en l'absence de cette nasale, on trouve [**ɣ**] (et [**y**], [**w**], [**v**]), [**l**], [**d**], [**z**] et [**dz**].

---

[17] Elle est en troisième position devant les voyelles simples et les diphtongues (*cf.* tableau (10)), et en quatrième position si on ne tient compte que des voyelles simples (*cf.* tableau (7)).

26

l et d s'opposent en l'absence d'une nasale homorganique précédente, ainsi que le font z et dz :

lí?í	"cultiver"	dì?í	"montrer"	
à-zɔ̀ŋ	"conflit"	à-dzɔ̀ŋ	"géant"	

Mais après une nasale homorganique, il y a neutralisation des oppositions l/d et z/dz, puisque seuls [d] et [dz] sont attestés dans ce contexte :

ǹ-dì?ɔ́	[ǹdì?ɔ́]	"montrer"
ǹ-lì?ɔ́	[ǹdì?ɔ́]	"cultiver"
ǹ-dzɔ̀ŋɔ́	[ǹdzɔ̀ŋɔ́]	"porter"
ǹ-zɔ̀ŋɔ́	[ǹdzɔ̀ŋɔ́]	"plier"

Ces exemples font appel à des formes où l et d d'une part, z et dz d'autre part, alternent. Mais c'est aussi d à l'exclusion de l, et dz à l'exclusion de z, qui sont attestées dans les cas où la nasale homorganique est inséparable de la racine. Il n'y a alors aucun moyen de savoir si, par exemple, ǹdá "maison" est au plan structurel |ǹ-dá`| ou |ǹ-lá`|.

La situation est légèrement différente dans le cas de la vélaire : ɣ et g ne s'opposent en aucun contexte : [ɣ] (ainsi que [ɥ], [w] et [v]) et [g] (ainsi que [gɥ], [gw] et [gv]) sont en distribution complémentaire : lorsque la nasale syllabique est inséparable de la racine, seule [g] est attestée après elle, à l'exclusion de [ɣ].

Toutes les alternances présentées ci-dessus relèvent d'un même processus et n'ont donc pas lieu d'être traitées différemment selon qu'elles aboutissent ou non à une neutralisation. C'est pour cela qu'au lieu de définir la vélaire sonore comme l'occlusive g, partenaire sonore de k, on l'a définie comme continue, soit ɣ, au même titre que l et z : en mankon, toute consonne orale qui suit n doit être occlusive, donc l continue alvéolaire se réalise [d], occlusive alvéolaire sonore, z continue prépalatale sonore se réalise [dz] occlusive (affriquée) prépalatale sonore et ɣ continue vélaire sonore se réalise [g] occlusive sonore vélaire. Ce processus de durcissement des continues n'affecte pas les continues sourdes f et s qui ne peuvent en aucun cas être précédées de n : n fait place à ɨ devant les fricatives sourdes : ɨsùɣɔ́ "fait de laver", ɨfù?ɔ́ "fait de récolter", ɨsá?á "crochet".

REMARQUE 4 :
- Définir les phonèmes comme occlusifs en se basant sur les réalisations attestées après la nasale homorganique ne poserait pas de problème pour g, puiqu'il n'y a pas d'opposition ɣ/g. Mais cette solution ne permettrait pas de prédire, parmi les d attestés après une nasale, ceux qui se réalisent [l] et ceux qui se réalisent [d] en l'absence de la nasale, et parmi les dz, ceux qui se réalisent [z] et ceux qui se réalisent [dz] en l'absence de la nasale.
- Considérer qu'on a d'une part des phonèmes l et z qui se durcissent après n, d'où une neutralisation entre l et d et entre z et dz, mais qu'on a d'autre part un phonème g qui se spirantise en l'absence de n ne permettrait pas d'exprimer que ces alternances relèvent sans aucun doute d'un même processus, le durcissement des continues sonores après la nasale n, seules des occlusives étant acceptables après cette consonne.

3.16.4. Phénomènes de constriction

3.16.4.A. Palatalisation des C_1

Nous avons vu au cours de la présentation des C_1, que les prépalatales orales se réalisaient chuintantes devant **i**, que le phonème vélaire ɣ se réalisait [y] et que **b** et **k** étaient fortement palatalisées devant cette voyelle en syllabe ouverte. On ne reviendra pas ici sur la palatalisation qui est un phénomène simple.

3.16.4.B. Constriction labio-dentale des C_1

La labio-dentalisation des C_1 a lieu devant **u**. Il s'agit cependant d'un phénomène plus complexe que la palatalisation des C_1 devant **i**, puisqu'il fait aussi intervenir la C_2.

Toutes les consonnes orales, sauf **f** et **d**, peuvent être labio-dentalisées. La non labio-dentalisation de **f** s'explique du fait que cette consonne se réalise toujours, de toute façon, comme une labio-dentale [f], celle de **d** peut être due au faible pourcentage d'occurrence de ce phonème (notons que [d] allophone de **l** après une nasale syllabique peut être labio-dentalisé). La labio-dentalisation de **t** est marginale dans la mesure où pour les deux formes où elle apparaît, on a aussi noté une deuxième prononciation : [tfú] ou [tʃú] "payer", [ǹtfù] ou [ǹtʃù] "pénis" : la première prononciation correspond à un **t** labio-dentalisé, la deuxième à un **ts** labio-dentalisé.

On parle de labio-dentalisation parce que les articulations labiale, alvéolaire et vélaire sont suivies d'une friction labio-dentale sourde ou sonore, selon les cas : **b** se réalise [bv] ; **t**, [tf] ; **l** [lv] (ou [dv] après une nasale) ; **k**, [kf], ou même [pf] (l'occlusive assimile le point d'articulation de la friction chez certains locuteurs) ; après **n**, ɣ se réalise [gv], ou même [bv] (tout comme **k**, ɣ assimile le point d'articulation de la friction chez les mêmes locuteurs qui ont [pf] et non [kf]), mais ɣ se réalise [v] en l'absence de **n** le précédant. ɣ ne se manifeste que si elle se durcit en [g] en présence d'une nasale syllabique précédente. En l'absence de cette nasale, ɣ ne se manifeste pas : la friction à elle seule fait office de C_1 sous la forme d'une fricative [v] ou [w] devant **u** et la diphtongue postérieure wɔ et [w] devant les autres diphtongues postérieures[18]. Suivent quelques exemples de friction labio-dentale :

[bvúrí]	"rester"
[tfú]	"payer"
[lvúʔú]	"branler"
[ǹdvùʔɔ́]	"fait de branler"
[kfúrí]/[pfúrí]	"manger"
[vùrí]	"craindre"
[ŋ̀gvùrɔ́]/[m̀bvùrɔ́]	"fait de craindre"

---

[18] En fait |ɣwáʔá| "penser" se réalise [wáʔá] par exemple. On peut donc considérer soit que ɣ n'est pas représenté, soit que c'est le premier élément de la diphtongue qui ne l'est pas.

Les prépalatales se réalisent chuintantes devant **u** : ts se réalise [tʃ] ; dz, [dʒ] ; s [ʃ] ; z, [ʒ] ([dʒ] après nasale) :

[tʃúʔú]	"piler"
[dʒŭŋ]	"déraciner"
[ʃŭŋ]	"tirer"
[ʒúrɨ]	"être rassasié"
[ǹdʒùrɔ́]	"fait d'être rassasié"

Comme dit plus haut, le phénomène de labio-dentalisation fait intervenir la C_2. Il existe quatre cas de figure.

3.16.4.B.a. La C_2 est une labiale, qu'il s'agisse de **b** ou de **m**

La C_1 n'est pas labio-dentalisée : la présence d'une consonne labiale en position de C_2 bloque donc la labio-dentalisation de la consonne en C_1.

Les trois voyelles postérieures sont alors attestées au plan phonétique :

[kúbɨ]	"enclore"	[à-kòbɨ̀]	"écorce"	[ɨ̀-kɔ̀bɨ̀]	"ceinture"
[ŋ̀-gúbɨ]	"poule"	[ŋ̀-gòbɨ̀]	"peau"		
[lùbɨ]	"giffler"	[à-lóbɨ]	"billon"		
[sóbɨ]	"couper"	[sɔ̀bɨ]	"injecter"		

REMARQUE 5 : **b** est le phonème ayant le plus faible taux d'occurrence en position de C_2, et il n'est pas facile de trouver des séries complètes d'opposition des trois voyelles postérieures devant cette consonne.

[nɨ̀-bùm]	"ventre"	[nɨ̀-bòm]	"œuf"	[m̀-bɔ́m]	"argile"
[lùm]	"Lum"	[lóm]	"mordre"	[lɔ́m]	"provoquer"
[kŭm]	"détruire"	[kŏm]	"toucher"	[kɔ́m]	"peler"
[nɨ̀-wúm]	"dix"	[ŋ̀-gòm]	"porc-épic"	[ŋ̀-gɔ̀m]	"tambour"

3.16.4.B.b. La C_2 est **n**, **ŋ**, ou **r**

La C_1 est labio-dentalisée (*cf.* la colonne de gauche). Les trois voyelles postérieures sont attestées au plan phonétique :

[kfŭn]	"frapper"	[kón]	"entrer"	[ɣɔ̀n]	"être malade"
[lvùn]	"être vieux"[19]	[lón]	"remplir"	[lɔ̀n]	"vouloir"
[dʒŭŋ]	"déraciner"	[dzŏŋ]	"joindre"	[à-dzɔ̀ŋ]	"géant"
[ʃùŋ]	"tirer"	[sóŋ]	"dire"[20]	[sɔ̆ŋ]	"retirer"
[vúŋ]	"marquer"	[ɣŏŋ]	"ourler"	[ɣɔ́ŋ]	"rester"
[bvúrɨ]	"rester"	[bòrɨ]	"frapper"	[bɔ́rɨ]	"être mou"
[kfúrɨ]	"manger"	[kórɨ]	"attacher"	[kɔ̀rɨ]	"ronfler"

---

[19] Certains locuteurs ont [lvùŋ] "être vieux" au lieu de [lvùn].

[20] Il y a deux prononciations pour "dire" : [sóŋ] mais aussi [súŋ]. Il y a d'autre part deux exceptions à la labio-dentalisation de s devant **uŋ** : il s'agit de : ɨ̀-sùŋ "ami" (cl. 1b) et sù "griffer".

3.16.4.B.c. La C_2 est ɣ ou ʔ

La C_1 est labio-dentalisée (*cf.* la colonne de gauche). Seules les deux voyelles postérieures [u] et [ɔ] sont attestées au plan phonétique :

[bvùɣí]	"disperser"	[búɣí]	"se lamenter"	[bɔ́ɣí]	"craindre"
[tʃùɣí]	"cracher"	[tsúɣí]	"picorer"	[tsɔ̀ɣí]	"tamponner"
[kfùɣí]	"émousser"	[kúɣí]	"élever"	[kɔ̀ɣí]	"ôter du feu"
[à-bvù ʔù]	"reste"	[à-bùʔù]	"esclave"	[nì-bɔ̀ʔɔ̀]	"citrouille"
[tʃúʔú]	"piler"	[tsúʔú]	"soigner"	[tsɔ́ʔɔ́]	"retirer"
[ʒùʔú]	"grogner"	[zúʔú]	"entendre"	[zɔ́ʔɔ́]	"frotter"

Les rapprochements donnés en 3.16.4.B.a. et b. illustrent l'existence des trois phonèmes vocaliques postérieurs. Nous voyons en 3.16.4.B.b. que la voyelle postérieure la plus fermée **u** entraîne la labio-dentalisation de la C_1, à condition qu'il y ait une C_2, **n**, **ŋ** ou **r** (si la C_2 est une labiale, il n'y a pas de labio-dentalisation, *cf.* en 3.16.4.B.a.). Compte tenu de ces faits, je propose l'analyse suivante des données en 3.16.4.B.c. :

La labio-dentalisation de la C_1 atteste que la voyelle [u] qui suit cette C_1 est le phonème **u**. En l'absence de labio-dentalisation de la C_1, [u] est considérée comme la réalisation du phonème **o** dans le contexte d'une C_2 ɣ ou ʔ.

Aux formes phonétiques données ci-dessus correspondent alors les formes phonologiques suivantes :

bùɣí	"disperser"	bóɣí	"se lamenter"	bɔ́ɣí	"craindre"
tsùɣí	"cracher"	tsóɣí	"picorer"	tsɔ̀ɣí	"tamponner"
kùɣí	"émousser"	kóɣí	"élever"	kɔ̀ɣí	"ôter du feu"
àbùʔù	"reste"	àbòʔò	"esclave"	nìbɔ̀ʔɔ̀	"citrouille"
tsúʔú	"piler"	tsóʔó	"soigner"	tsɔ́ʔɔ́	"retirer"
zùʔú	"grogner"	zóʔó	"entendre"	zɔ́ʔɔ́	"frotter"

3.16.4.B.d. Il n'y a pas de C_2

La C_1 est labio-dentalisée (*cf.* la colonne de gauche). Seules les deux voyelles postérieures [u] et [o] sont attestées :

[à-bvú]	"cendre"	[bǔ]	"plier"	[à-bó]	"main"
[ŋ̀-kfù]	"temps"	[à-kù]	"pied"	[à-kò]	"plantation"
[tʃú]	"fuir"	[ǹ-tsù]	"bouche"	[ǹ-tsò]	"guerre"
[ì-ʃú]	"poisson"			[à-só]	"houe"

Ici encore, la voyelle [u] des formes de la colonne de gauche est interprétée comme la réalisation de **u**, à cause de la labio-dentalisation de la C_1 ; la voyelle [u] des formes de la colonne du milieu, en l'absence de labio-dentalisation de la C_1, comme la réalisation du phonème **o** ; et la voyelle [o] des formes de la colonne de droite comme la réalisation de la voyelle ɔ.

Aux formes phonétiques données ci-dessus correspondent donc les formes phonologiques suivantes :

30

àbú	"cendre"	bǒ	"plier"	àbɔ́	"main"
ǹkù	"temps"	àkò	"pied"	àkɔ̀	"plantation"
tsú	"fuir"	ǹtsò	"bouche"	ǹtsɔ̀	"guerre"
ìsú	"poisson"			àsɔ́	"houe"

REMARQUE 6 : Quand la C₁ ne peut être labio-dentalisée (consonnes nasales, **f** et **d**), et que la C₂ est **ɣ**, **ʔ**, ou qu'il n'y a pas de C₂, l'opposition **u/o** est neutralisée : la voyelle des mots suivants peut donc aussi bien être **u** que **o** : [fùʔú] "moissonner" ; [mùʔú] "déraciner" ; [ɲùʔú] "assaisonner" ; [ɲùʔú] "presser" ; [fúɣí] "être blanc" ; [fú] "sortir".

REMARQUE 7 : Dans les sections qui ne portent pas sur la phonologie, on s'en tiendra à une transcription phonétique : les C₁ seront donc notées telles qu'elles se réalisent, modifiées, et les voyelles telles qu'elles sont effectivement prononcées.

3.17. Définition et classement des phonèmes

3.17.1. Définition

m	labial (**m/n**)	nasal (**m/b, f**)		
b	labial (**b/m**)	oral (**b/m**)	occlusif (**b/f**)	
f	labial (**f/s**)		continu (**f/m, b**)	

n	alvéolaire (**n/m, ɲ**)	nasal (**n/t, d, l**)		
t	alvéolaire (**t/b, ts**)	oral (**t/n**)	occlusif (**d/l**)	sourd (**t/d**)
d	alvéolaire (**d/b, dz**)	oral (**d/n**)	occlusif (**t/l**)	sonore (**d/t**)
l	alvéolaire (**l/z**)		continu (**l/n, t, d**)	

ɲ	prépalatal (**ɲ/n, ŋ**)	nasal (**ɲ/ts, dz, s, z**)		
ts	prépalatal (**ts/t**)	oral (**ts/ɲ**)	occlusif (**ts/s**)	sourd (**ts/dz**)
dz	prépalatal (**dz/d**)	oral (**dz/ɲ**)	occlusif (**ts/dz**)	sonore (**dz/ts**)
s	prépalatal (**s/f**)		continu (**s/ɲ, ts**)	sourd (**s/z**)
z	prépalatal (**z/l, ɣ**)		continu (**z/ɲ, dz**)	sonore (**z/s**)

ŋ	vélaire (**ŋ/ɲ**)	nasal (**ŋ/k, ɣ**)		
k	vélaire (**ɣ/ts**)	oral (**k/ŋ**)	occlusif (**k/ɣ**)	
ɣ	vélaire (**ɣ/z**)		continu (**ɣ/ŋ, k**)	

3.17.2. Classement

En regroupant les phonèmes qui présentent un trait pertinent commun, on constate que les consonnes en position de C₁ se répartissent en trois séries, et en quatre ordres :

<table>
<tr><td>SÉRIE</td></tr>
</table>

SÉRIE		ORDRE	
Nasale	**m, n, ɲ, ŋ**	Labial	**m, b, f**
Occlusive	**t, ts, k, b, d, dz**	Alvéolaire	**n, t, d, l**
Continue	**f, s, l, z, ɣ**	Prépalatal	**ɲ, ts, dz, s, z**
		Vélaire	**ŋ, k, ɣ**

Tableau 1 – Consonnes C_1

		LABIAL	ALVÉOLAIRE	PRÉPALATAL	VÉLAIRE
NASALE		**m**	**n**	**ɲ**	**ŋ**
OCCLUSIVE	sd		**t**	**ts**	**k**
	sn	**b**	**d**	**dz**	
CONTINUE	sd	**f**		**s**	
	sn		**l**	**z**	**ɣ**

Ce classement des consonnes en C_1 tient compte des rapprochements présentés plus haut, mais aussi du comportement syntagmatique des unités de ce système :
– ce sont les réalisations chuintantes de **ts, dz, s** et **z** dans certains contextes qui justifient leur appartenance à un même ordre prépalatal.
– l'alternance est un phénomène morphologique. Cependant il paraît normal que les consonnes qui alternent entre elles présentent au moins un trait commun (de même, il ne peut y avoir neutralisation d'une opposition que si les phonèmes qui participent à cette opposition présentent au moins un trait en commun) : puisque **l** alterne avec **d** (et qu'il y a neutralisation de l'opposition **l/d** après **n**) c'est son trait alvéolaire qui importe, et non son trait latéral. D'autre part, sont regroupées en une même série (continue sonore) **l, z,** et **ɣ** qui se durcissent en occlusives du même ordre après une nasale syllabique.
Précisons que lorsqu'il n'y a pas de phénomène d'alternance, ce sont les occlusives qui sont attestées après **n**, et non les continues (quant à [**g**], il n'est attesté qu'après **n**).
– enfin ce classement des C_1 tient aussi compte de l'organisation du système réduit des consonnes en C_2 (*cf.* 4.8.2.).

4. INVENTAIRE DES CONSONNES EN C$_2$

Rappelons que les C$_2$ orales sont suivies d'une voyelle, qui, dans le cas des verbes à l'impératif, porte un ton flexionnel. Les C$_2$ nasales, en revanche, apparaissent en finale de syllabe (le ton flexionnel de l'impératif se réalise alors sur la racine verbale).

4.1. m

Son identité phonologique ressort des rapprochements suivants :

m/b	lím	"attacher"	líbí	"garrotter"
	bém	"accepter"	bèbí	"éclater"
	kăm	"drainer"	kàbí	"être sale"
	kŭm	"détruire"	kúbí	"enclore"
	zɔ̌m	"insulter"	zɔ̀bí	"chanter"
m/n	lém	"injurier"	lèn	"conserver"
	tsə́m	"goutter"	tə́n	"couper"
	ɣăm	"parler"	ɣán	"errer"
	kŭm	"détruire"	kŭn [kfŭn]	"frapper du poing"
	kǒm	"toucher"	kón	"entrer"
	lɔ́m	"provoquer"	lɔ́n	"mendier"

m se réalise comme une occlusive nasale bilabiale sonore [**m**].

4.2. b

Son identité phonologique ressort des rapprochements suivants :

b/m	déjà envisagé à propos de **m**			
b/r	tsyébí [tʃébí]	"hacher"	tsyèrí [tʃèrí]	"couper"
	tsùbí	"mouiller"	tsúrí	"rester en arrière"
	bábí	"réchauffer"	bàrí	"porter sur son dos"
	kúbí	"enclore"	kúrí [kfúrí]	"manger"
	sɔ̀bí	"injecter"	sɔ̀rí	"dépecer"

b se réalise comme une occlusive orale bilabiale sonore [**b**].

4.3. n

Son identité phonologique ressort des rapprochements suivants :

n/r	lĕn	"conserver"	lérí	"flotter"
	fɔ̃n	"fermer"	fɔ́rí	"jouer"
	sán	"fendre"	sàrí	"déchirer"
	kŭn [kfŭn]	"frapper du poing"	kúrí [kfúrí]	"manger"

kón	"entrer"		kórí	"attacher"
sɔ́n	"progresser"		sɔ̀rí	"dépecer"

n/m déjà envisagé à propos de **m**

n/ŋ	fɔ̆n	"fermer"		fɔ́ŋ	"manquer"
	bǎn	"clouer"		bǎŋ	"être rouge"
	tón	"refuser"		tóŋ	"transpercer"
	tɔ̆n	"brûler"		tɔ̆ŋ	"appeler"

Dans le contexte utilisé pour faire les rapprochements, **n** se réalise comme une occlusive nasale, alvéolaire sonore [n], voir par exemple [lɛ̆n] "conserver", [fɔ̆n] "fermer", etc. Il peut aussi ne pas se réaliser : dans ce cas, on a [lɛ̆] "conserver", [fɔ̆] "fermer", etc. (pour les autres réalisations, *cf.* II.1.5.).

4.4. r

Son identité phonologique ressort des rapprochements suivants :

r/n déjà envisagé à propos de **n**

r/b déjà envisagé à propos de **b**

r/ɣ	fɛ̀rí	"se moucher"		féɣí	"souffler"
	bàrí	"porter sur le dos"		bàɣí	"fendre"
	kúrí [kfúrí]	"manger"		kùɣí [kfùɣí]	"émousser"
	kɔ̀rí	"ronfler"		kɔ̀ɣí	"tirer du feu"

r se réalise comme une vibrante apico-alvéolaire, sonore [r].

4.5. ŋ

Son identité phonologique ressort des rapprochements suivants :

ŋ/ɣ	bíŋ	"écraser"	bìɣí	"renvoyer"
	fúŋ	"être noir"	fúɣí	"sortir"
	bǎŋ	"être rouge"	bàɣí	"fendre"
	ɣúŋ [vúŋ]	"marquer"	ɣúɣí [vúɣí]	"être court"
	zɔ̆ŋ	"suivre"	zɔ́ɣí	"se chauffer"

ŋ/n déjà envisagé à propos de **n**

ŋ se réalise comme une occlusive nasale vélaire sonore [ŋ].

4.6. ɣ

Son identité phonologique ressort des rapprochements suivants :

ɣ/ŋ déjà envisagé à propos de **ŋ**

ɣ/r déjà envisagé à propos de **r**

ɣ/ʔ	bìɣí	"renvoyer"	bìʔí	"soulever"
	bèɣí	"fortifier"	béʔé	"casser"
	fùɣí	"être aveugle"	fùʔú	"mesurer"
	bàɣí	"fendre"	bàʔá	"gratter"
	fúɣí	"être blanc"	fúʔú	"dévaliser"
	lɔ̀ɣí	"prendre"	lɔ̀ʔɔ́	"maudire"

ɣ se réalise comme une occlusive orale vélaire sonore faible.

4.7. ʔ

Son identité phonologique ressort des rapprochements suivants :

ʔ/ɣ	déjà envisagé à propos de ɣ			
ʔ/r	léʔé	"éviter"	lérí	"flotter"
	sùʔú	"montrer du doigt"	sùrí	"remuer"
	káʔá	"se solidifier"	kárí	"enrouler"
	fúʔú	"dévaliser"	fúrí	"pourchasser"
	bɔ̀ʔɔ́	"vomir"	bɔ́rí	"être mou"
ʔ/b	bìʔí	"soulever"	lìbí	"garrotter"
	bèʔé	"casser"	bèbí	"éclater"
	báʔá	"tisser"	bábí	"réchauffer"
	tɔ̀ʔɔ́	"pousser"	tɔ́bí	"mélanger"

ʔ se réalise comme une occlusive glottale sourde [ʔ].

4.8. Définition et classement des phonèmes

4.8.1. Définition

m	labial (m/n)	nasal (m/b)
b	labial (b/r)	oral (b/m)

n	alvéolaire (n/m, ŋ)	nasal (n/r)
r	alvéolaire (r/b, ɣ)	oral (r/n)

ŋ	vélaire (ŋ/n)	nasal (ŋ/ɣ)
ɣ	vélaire (ɣ/r)	oral (ɣ/ŋ)

ʔ	glottal (ʔ/b, r, ɣ)

4.8.2. Classement

En regroupant les phonèmes qui présentent un trait pertinent en commun, on constate que les consonnes en position de C_2 se répartissent en deux séries et quatre ordres :

SÉRIE	
Nasale	**m, n, ŋ**
Orale	**b, r, ɣ**

ORDRE	
Labial	**m, b**
Alvéolaire	**n, r**
Vélaire	**ŋ, ɣ**
Glottal	**ʔ**

Tableau 2 – Consonnes C_2

	LABIAL	ALVÉOLAIRE	VÉLAIRE	GLOTTAL
NASALE	**m**	**n**	**ŋ**	
ORALE	**b**	**r**	**ɣ**	**ʔ**

REMARQUE 8 : **r** en position de C_2 et **l** en position de C_1 sont en distribution complémentaire (il s'agit donc des réalisations d'un même phonème) Le traitement des emprunts à l'anglais illustre clairement la distribution complémentaire de **l** et **r** :

[**lóbà**] "rubber" (cl. 1ᵃ) [**bìrúsɔ̀**] "police" (cl. 1ᵃ)

[**à-làbɔ́**] "wrapper" (cl. 7) [**tébírɔ̀**] "table" (cl. 1ᵃ)

Il a été mentionné en 1.5. que certains locuteurs ne prononçaient pas de voyelle de relâchement après les consonnes orales (au moins pour les noms). Ils prononcent alors les C_2 orales **b, r, ɣ**, [**p**], [**ļ**] et [**k**] respectivement.

5. INVENTAIRE DES VOYELLES
DANS LES MORPHÈMES GRAMMATICAUX

Quatre voyelles, au maximum, peuvent s'opposer dans certains préfixes d'accord de structure CV. Il s'agit de **i**, **ə**, **a** et **o**.

ə se réalise [i], [ə] ou [a], et **o** se réalise [**u**].

Mais la plupart du temps les oppositions entre **i**, **ə** et **o** sont neutralisées. L'archiphonème correspondant (**i**, **ə**, **o**), noté **i**, est défini comme fermé. Il s'oppose alors à l'archiphonème ouvert, noté **a**.

L'archiphonème **i** se réalise [i] et l'archiphonème **a** se réalise [ə] dans les morphèmes de structure CV.

Les réalisations de ces deux archiphonèmes dans les morphèmes de structure V, que ces morphèmes soient des préfixes ou des suffixes, sont conditionnées par des phénomènes de sandhi. Elles seront donc présentées en II.1.

6. INVENTAIRE DES VOYELLES NUCLÉAIRES

Il existe des voyelles simples et des diphtongues.

6.1. Les voyelles simples

Il y a des lacunes dans la distribution de certaines voyelles et des cas de neutralisation importants qui doivent être bien mis en valeur, car ils semblent fondamentaux quant à l'économie du système vocalique.

L'existence de trois voyelles antérieures, **i**, **e**, **ɛ**, ressort exclusivement des rapprochements faits entre les morphèmes lexicaux ayant une C_2 **n**, et les morphèmes lexicaux sans C_2 ayant comme C_1 la labiale **b** ou la vélaire **k**. Dans tous les autres cas on se retrouve en présence d'une opposition à deux termes entre l'archiphonème (**i**, **e**) réalisé [i], et **ɛ**.

6.1.1. Le phonème i

Son identité phonologique ressort des rapprochements suivants :

i/e	tsĭn	[tʃĭn]	"unir"		tsĕn		"surveiller"[21]
	m̀bí	[m̀byí]	"chèvre"		nìbè	[nìbì]	"kola"
	m̀bì	[m̀byì]	"devant"		àbè	[àbì]	"profit"

REMARQUE 9 : En ce qui concerne les racines ne comportant pas de C_2, on a tenu compte, dans l'analyse phonologique, d'un phénomène de sandhi : en effet, lorsque les mots pour "chèvre" et "kola", entre autres, sont suivis d'une voyelle **a**, celle de la marque énonciative |a| par exemple, on observe les faits suivants :

|m̀bí` a| [m̀byê] "chèvre"
|nìbè´ a| [nìbɨɔ́] "kola"[22]

Dans le cas de "chèvre" **i** palatalise **b**, et est amalgamé à **a**, d'où la voyelle [ɛ]. Dans le cas de "kola" **e** se réalise [i] (mais **b** n'est pas palatalisé), et **a** se réalise [ə].

Si ce phénomène de sandhi est effectivement révélateur de l'opposition **i/e**, on peut ajouter le rapprochement suivant :

m̀kì [ŋ̀kyì] "eau" nìkè [nìkyì] "potasse"

En effet, en présence d'un **a** subséquent, on obtient les réalisations suivantes :

|m̀kì´ a| [ŋ̀kyĕ] "eau"
|nìkè´ a| [nìkyìɔ́] "potasse"[23]

Lorsque la C_1 n'est ni la labiale **b** ni la vélaire **k**, l'opposition **i/e** est neutralisée. L'archiphonème (**i**, **e**) noté **i** :

– se réalise [i] « palatalisant » se fondant avec **a** (d'où la voyelle [ɛ]) après les consonnes prépalatales :

[ì̀ʃí] "visage" |ìsí` a| [ì̀ʃyê]
[ʒí] "savoir" |zí´ a| [ʒé]

---

[21] Deux autres racines à C_2 **n** ont comme voyelle, **i** : **sĭn** [ʃĭn] "étirer" et **tín** "pousser".

[22] La présence de la marque énonciative permet au deuxième ton lexical de la racine de se manifester.

[23] En l'absence d'un **a** subséquent, la réalisation des racines des deux noms est [kyì], la réalisation [i] de **e** palatalisant fortement **k**.

[tʃí] "exister" |tsí′ a| [tʃé][24]

– se réalise [i] « non palatalisant » restant distinct de a (qui se réalise [ə]) après les consonnes autres que prépalatales :

[fí] "légume vert" |fí′ a| [fíə́]
[tǐ] "piétiner" |tǐ′ a| [tǐə́]
[mǐ] "être fini" |mǐ′ a| [mǐə́]

i/ɛ	sǐn [ʃǐn]	"étirer"	ìsén		"éléphant"
	tín	"pousser"	àtén		"calebasse"
	ǹbí [m̀byí]	"chèvre"	bé [bé]		"être"
	ǹkì [ŋ̀kyì]	"eau"	àkè [àkè]		"quoi ?"
i/(ɯ, ə)	tín	"piétiner"	tón		"couper"
	tsǐn [tʃǐn]	"unir"	nìtsə́n		"talon"
	ǹbí [m̀byí]	"chèvre"	nìbǘ		"fosse"
	ǹkì [ŋ̀kyì]	"eau"	ǹkɯ̀		"corde"
i/u	tǐn	"pousser"	lǔn [lvǔn]		"être vieux"
	tsǐn [tʃǐn]	"unir"	kǔn [kfǔn]		"trop assaisonner"
	ǹbí [m̀byí]	"chèvre"	àbú [àbvú]		"cendre"
	ǹkì [ŋ̀kyì]	"eau"	ǹkù [ŋ̀kfù]		"temps"

i se réalise comme une voyelle antérieure, étirée de premier degré d'aperture [i].
i entraîne :
– la réalisation chuintante des C₁ prépalatales
– la palatalisation forte des C₁ labiale **b** et vélaire **k** des morphèmes lexicaux ne présentant pas de C₂
– la réalisation [ɛ] de la séquence i + a (phénomène de sandhi).

6.1.2. Le phonème e

Son identité phonologique ressort des rapprochements suivants :

e/i	déjà envisagé à propos de i				
e/ɛ	ìbén	"chaume"	bèn		"gens"
	lěn	"regarder"	lěn		"conserver"
	dzěn	"uriner"	zén		"voir"
	tsěn	"surveiller"	ìsén		"éléphant"
	nìbè [nìbì]	"kola"	bé [bé]		"être"
	nìkè [nìkyì]	"potasse"	àkè [àkè]		"quoi?"
e/(ɯ, ə)	ìfén	"bracelet"	ìfə́n		"tibia"
	ìbén	"chaume"	nìbón		"sein"
	tsěn	"surveiller"	nìtsón		"talon"
	àbè [àbì]	"profit"	àbǘ		"fosse"
	nìkè [nìkyì]	"potasse"	ǹkɯ̀		"corde"

---

[24] Certains locuteurs prononcent **tsí** [tsí] en l'absence de **a** mais toujours [tʃé] en présence de **a**.

e/o	ìbén	"chaume"	àbòn	"plate-bande"
	ìfén	"bracelet"	àfòn	"lion"
	lén	"regarder""	lón	"remplir"
	nìkè [nìkyì]	"potasse"	àkò [àkù]	"pied"
	bě [bǐ]	"planter"	bǒ [bǔ]	"plier"

e se réalise [i] en syllabe ouverte, [e] devant une C_2 **n**.

6.1.3. L'archiphonème (i, e)

L'archiphonème (**i**, **e**), transcrit **i**, se réalise [i]. Il entraîne la réalisation chuintante des C_1 prépalatales.

L'identité phonologique de l'archiphonème (**i**, **e**) ressort des rapprochements suivants :

(i, e)/ε	lí		"voler"	lé	[lé]	"pourrir"
	tsí	[tʃí]	"exister"	tsé	[tsé]	"projeter"
	zí	[ʒí]	"savoir"	zě	[zě]	"dérober"
	mìʔí		"salir"	mèʔé		"bêler"
	àdìʔì		"endroit"	àdèʔè		"dépôt"
	líʔí		"cultiver"	léʔé		"éviter"
	síʔí	[ʃíʔí]	"descendre"	séʔé		"ramasser"
	bìɣí		"renvoyer"	bèɣí		"fortifier"
	tíɣí		"envoyer"	téɣí		"mettre debout"
	tsìɣí	[tʃìɣí]	"contrôler"	tséɣí		"être tranchant"
	àlíbí		"garrot"	àlébí		"aisselle"
	lím		"attacher"	lém		"injurier"

REMARQUE 10 : lorsque les morphèmes lexicaux comportent une C_2, c'est surtout devant les C_2 ɣ et ʔ que se manifeste l'opposition binaire (**i**, **e**)/ε. La C_2 **b** a un faible taux d'occurrence et il est parfois difficile de trouver des rapprochements satisfaisants. Il n'y a que deux attestations de (**i**, **e**) devant **m** : dans le verbe **lím** "attacher", et dans le nom, qui en est peut-être dérivé, **ǹdìm/bìlìm** "enfant consanguin". ε n'est pas attesté devant **ŋ**, (**i**, **e**) l'est, mais dans une seule racine **bíŋ** "écraser" ; (**i**, **e**) n'est pas attesté devant **r**, alors que ε l'est.

(i, e)/(ɯ, ə)	tǐ	"piétiner"	àtɯ̀	"arbre"
	lí	"voler"	ìlɯ́	"fourmi"
	bìʔí	"soulever"	bɯ̀ʔɯ̀	"termite"
	tíʔí	"puis" (*Aux*)	tɯ̀ʔɯ́	"être en retard"
	líʔí	"cultiver"	lɯ̀ʔɯ́	"poser"
	síʔí [ʃíʔí]	"descendre"	sɯ́ʔɯ́	"hoqueter"
	bìɣí	"renvoyer"	bɯ́ɣí	"être mauvais"
	tíɣí	"envoyer"	tɯ́ɣí	"décider"
	dzìɣí [dʒìɣí]	"ficher"	dzɯ́ɣí	"nourrir"
	sìbí [ʃìbí]	"haïr"	tsɯ̀bí	"mouiller"
	lím	"attacher"	lɯ̌m	"être doux"
	bíŋ	"écraser"	bèn	"retourner"
	àlíbí	"garrot"	àtəbì	"pousse"

En ce qui concerne les oppositions avec les voyelles postérieures, il convient d'opposer (i, e) à u, à o et à (u, o) :

(i, e)/u	ìsí [ìʃí]	"visage"	ìsú	[ìʃú]	"poisson"
	lí?í	"cultiver"	lú?ú	[lvú?ú]	"remuer"
(i, e)/o	bìlí	"aînés"	bìlò	[bìlù]	"petits-enfants"
	bi?í	"soulever"	bó?ó	[bú?ú]	"défricher"
	tsi?í [tʃi?í]	"secouer"	tsò?ó	[tsù?ú]	"secouer"
	bìɣí	"renvoyer"	bóɣí	[búɣí]	"se lamenter"
	tsìɣí [tʃìɣí]	"contrôler"	tsóɣí	[tsúɣí]	"picorer"
	àlíbí	"garrot"	àlóbí		"billon"
	sìbí [ʃìbí]	"haïr"	sóbí		"couper"
	ɣìbí [yìbí]	"se déplacer"	ìɣòbì		"enfants"
	lím	"attacher"	lóm		"mordre"
(i, e)/ (u, o)	fí	"légumes"	fú		"rat"
	mì?í	"salir (eau)"	mù?ú		"déraciner"

6.1.4. Le phonème ɛ

Son identité phonologique ressort des rapprochements suivants :

ɛ/i   déjà envisagé à propos de i
ɛ/e   déjà envisagé à propos de e
ɛ/(i, e) déjà envisagé à propos de (i, e)

ɛ/a	íɣé	[íɣé]	"où ?"	ɣá		"donner"
	ìɲé	[ìɲé]	"corps"	ɲá		"bruiner"
	tsé	[tsé]	"projeter"	tsă		"passer"
	ɣěn		"aller"	ɣán		"errer"
	lěn		"conserver"	lán		"être clair"
	zén		"voir"	zàn		"lancer"
	bén		"gens"	àbàn		"sac"
	mé?é		"bêler"	mà?á		"jeter"
	ìté?é		"pilier"	ìtá?á		"colline"
	nìlè?è		"igname sp."	àlá?á		"pays"
	sé?é		"ramasser"	sá?á		"raconter"
	bèɣí		"fortifier"	bàɣí		"fendre"
	téɣí		"poser debout"	táɣí		"piquer"
	tséɣí		"être tranchant"	tsàɣí		"avancer"
	ìféɣí		"froid"	nìfáɣí		"jumeau"
	fèrí		"se moucher"	fárí		"bloquer"
	tèrí		"être fier"	tárí		"remuer"
	bèbí		"éclater"	bábí		"réchauffer"
	àlèbì		"aine"	àlàbì		"pagne"
	fém		"être propre"	fám		"feuler"

	lém		"injurier"	lám	"cuire"
	tém		"se tenir debout"	tám	"attraper"
ɛ/ɔ	àkὲ	[àkὲ]	"quoi ?"	àkɔ̀	[àkɔ̀]	"plantation"
	lέ	[lě]	"pourrir"	lɔ̌	[lɔ̌]	"partir"
	tsέ	[tsé]	"projeter"	tsɔ́	[tsó]	"rassembler"
	sέ	[sé]	"couper"	sɔ́	[só]	"sarcler"
	ɣɛ̌n		"aller"	ɣɔ̌n	"être malade"
	lɛ̌n		"conserver"	lɔ̀n	"vouloir"
	àtέn		"calebasse"	tɔ̀n	"brûler"
	ìsέn		"éléphant"	sɔ́n	"progresser"
	bὲn		"gens"	ìbɔ́n	"enfants"
	bέʔέ		"casser"	bɔ̀ʔɔ́	"vomir"
	àtsὲʔὲ		"tissu"	tsɔ́ʔɔ́	"perdrix"
	ǹtέʔέ		"pilier"	ǹtɔ́ʔɔ̀	"palais"
	lέʔέ		"éviter"	lɔ̀ʔɔ́	"maudire"
	sέʔέ		"ramasser"	sɔ́ʔɔ́	"s'habiller"
	nìzὲʔὲ		"pleurs"	nìzɔ́ʔɔ́	"mariage"
	bὲɣɨ́		"fortifier"	bɔ́ɣɨ́	"craindre"
	féɣɨ́		"souffler"	fɔ́ɣɨ́	"calmer"
	léɣɨ́		"persuader"	lɔ̀ɣɨ́	"prendre"
	tséɣɨ́		"être tranchant"	tsɔ̀ɣɨ́	"tamponner"
	zὲɣɨ́		"balayer"	zɔ̀ɣɨ́	"se chauffer"
	fὲrɨ́		"se moucher"	fɔ̀rɨ́	"plumer"
	àlὲbɨ̀		"aîne"	àdɔ̀bɨ̀	"goître"
	tsὲbɨ́		"traiter"	àtsɔ́bɨ́	"crime"
	bém		"accepter"	bɔ̌m	"couvrir"
	lém		"injurier"	lɔ́m	"provoquer"
	zɛ̌m		"réveiller"	zɔ̌m	"insulter"

ɛ se réalise [e] en l'absence de C_2, et [ɛ] devant une C_2.

Conclusion :

Les preuves d'une opposition à trois termes **i, e, ɛ** sont ténues.

Dans la plupart des contextes, il y a seulement une opposition à deux termes entre l'archiphonème (**i, e**) et **ɛ**.

L'archiphonème (**i, e**) se réalise [i].

En l'absence de C_2, **e** se réalise [i] et **ɛ** se réalise [e].

Les voyelles antérieures ne sont pas représentées devant **ŋ** (exception faite de **bíŋ** "écraser"). Seule **ɛ** est représentée devant **m** et **r** (exception faite de **lím** "attacher" et **ǹdìm/bìlìm** "enfant consanguin").

Devant [i], réalisation de **i** ou de (**i, e**), les C_1 prépalatales se réalisent chuintantes (*cf.* 3.9. à 3.12), et **ɣ** se réalise [y] (*cf.* 3.15).

L'existence des trois voyelles centrales ɯ, ə, a ressort exclusivement des rappro-chements faits entre morphèmes lexicaux ayant une C_2 ŋ ou r. En l'absence de toute C_2, ou en présence d'une C_2 autre que ŋ ou r, l'opposition entre ɯ et ə est neutralisée. L'archiphonème (ɯ, ə) se réalise tantôt [ɯ], tantôt [ə].

6.1.5. Le phonème ɯ

Son identité phonologique ressort des rapprochements suivants :

ɯ/ə	búŋ	"danser"	bɜ̌ŋ		"retourner"
	fúŋ	"être noir"	fɜ́ŋ		"manquer"
	lúŋ	"lécher"	lɜ́ŋ		"être suspendu"
	kùrì	"termite *sp.*"	ǹkɜ̀rì		"histoire"
	tsúrí	"rester en arrière"	tsɜ́rí		"crier, cracher"
ɯ/a	búŋ	"danser"	bǎŋ		"être rouge"
	fúŋ	"être noir"	fáŋ		"être grand"
	sǔŋ	"souiller"	sǎŋ		"sécher"
	sùrí	"remuer"	sàrí		"déchirer"
	ǹtùrì	"pou"	tárí		"remuer"
	kùrì	"termite *sp.*"	àkàrì		"beignet"
	tsùrí	"jouer (*Kwi'fo*)[25]"	tsàrí		"siffler"
ɯ/u	sǔŋ	"souiller"	sǔŋ	[ʃǔŋ]	"tirer"
	tsúŋ	"faire une boule"	tsúŋ	[tʃúŋ]	"attacher"
	ǹɣùŋ	"nouvelle femme"	ǹɣúŋ	[ǹgvúŋ]	"mauvaise herbe"
	sùrí	"remuer"	ìsùrí	[ìʃùrí]	"fond"
	kùrì	"termite *sp.*"	kúrí	[kfúrí]	"manger"
ɯ/ (i, e)	búŋ	"danser"	bíŋ		"écraser"

Ce dernier rapprochement est le seul qu'on puisse faire pour illustrer l'opposition ɯ/ (i, e), puisque bíŋ "écraser" est le seul mot à C_2 ŋ ayant comme voyelle (i, e), et que (i, e) n'est pas attesté devant r.

ɯ se réalise comme une voyelle postérieure, non arrondie de premier degré d'aperture [ɯ]. ɯ tend à se réaliser [i] après ɣ, surtout en l'absence d'une C_2.

6.1.6. Le phonème ə

Son identité phonologique ressort des rapprochements suivants :
ə/ɯ déjà envisagé à propos de ɯ

ə/a	bɜ̌ŋ	"retourner"	bǎŋ	"être rouge"
	kɜ́ŋ	"ramper"	káŋ	"frire"
	tsɜ́rí	"cracher"	tsàrí	"siffler"
	ǹkɜ̀rì	"histoire"	àkàrì	"beignet"

---

[25] *Kwi'fo* est une société coutumière.

ə/o	bə̌ŋ	"retourner"		bóŋ	"fouiller"
	kə́ŋ	"ramper"		kóŋ	"noyer"
	fə́rí	"jouer"		fòrí	"inventer"
	àbə̀rì	"fou"		bòrí	"frapper"

ə se réalise comme une voyelle centrale, de deuxième degré d'aperture [ə].

6.1.7. L'archiphonème (ɯ, ə)

En l'absence de toute C₂ ou devant les C₂ ɣ et ʔ, (ɯ, ə) se réalise [ɯ].

Devant les C₂ n et m, (ɯ, ə) se réalise [ə].

Devant b, [ɯ] et [ə] sont en distribution complémentaire : [ɯ] est attestée après la C₁ ts, [ə] est attestée ailleurs. Mais comme il a été relevé, en tout et pour tout, quatre morphèmes lexicaux dont la voyelle est [ɯ] ou [ə] devant b, il est difficile de trouver des rapprochements entre morphèmes lexicaux à C₂ b.

Il est transcrit ɯ ou ə.

L'identité phonologique de (ɯ, ə) ressort des rapprochements suivants :

(ɯ, ə)/a	ìlɯ̀	"fourmi"		ìlà	"pont"
	ɣɯ̌	"faire"		ɣá	"donner"
	búɯɣí	"être mauvais"		bàɣí	"fendre"
	kúɯɣí	"être petit"		kàɣí	"cueillir"
	fɯ̀ʔɯ́	"mesurer"		fàʔá	"travailler"
	súʔɯ́	"hoqueter"		sáʔá	"raconter"
	tɯ̀ʔɯ́	"être en retard"		tàʔá	"déterrer"
	bə̌n	"rentrer"		bǎn	"haïr"
	fə̌n	"fermer"		fǎn	"faire une faute"
	kə̌n	"bloquer"		kǎn	"jurer"
	lə̌m	"être sucré"		lám	"cuire"
	ǹtə́m	"cœur"		ǹtàm	"balle"
	ɲə̌m	"presser"		ɲàm	"mélanger"
	kə́bí	"craquer"		kábí	"être sale"

(ɯ, ə) s'oppose à u (voyelle postérieure, fermée), à o (voyelle postérieure, mi-fermée) et à l'archiphonème (u, o) :

(ɯ, ə)/u	nìbɯ́	"fosse"	àbú	[àbvú]	"cendre"
	ǹkɯ̀	"corde"	ǹkù	[ǹkfù]	"temps"
	búɯɣí	"être mauvais"	bùɣí	[bvùɣí]	"disperser"
	kúɯɣí	"être petit"	kùɣí	[kfùɣí]	"émousser"
	lɯ̀ʔɯ́	"pauser"	lúʔú	[lvúʔú]	"remuer"
	súɯʔɯ́	"hoqueter"	súʔú	[ʃúʔú]	"sangloter"
	kɯ̀ʔɯ́	"environnement"	àkù?ù	[àkfùʔù]	"hanche"
	kə̌n	"bloquer"	kǔn	[kfṹn]	"trop assaisonner"

	ǹbə̀m	"tronc"	ǹbùm		"grain"[26]
	tsə́m	"goutter"	tsŭm		"percer"
	àtə̀bì	"pousse"	lùbí		"gifler"
	kə́bí	"casser"	kúbí		"enclore"
(ɯ, ə)/o	nkɯ̀	"corde"	àkò	[àkù]	"pied"
	àtɯ̀	"arbre"	àtò	[àtù]	"tête"
	búɣí	"être mauvais"	bóɣí	[búɣí]	"se lamenter"
	kúɣí	"être petit"	kòɣí	[kùɣí]	"gauler"
	dzúɣí	"nourrir"	àdzòɣì	[àdzùɣì]	"intestin"
	bùʔù	"termite"	nìbòʔò	[nìbùʔù]	"paquet"
	kúʔú	"être en retard"	tóʔó	[túʔú]	"puiser"
	ìfə̀n	"tibia"	àfòn		"lion"
	kə̆n	"bloquer"	kón		"entrer"
	lə̀m	"être sucré"	lóm		"mordre"
	bìlə̀m	"sorciers"	bìlóm		"maris"
	àkə̀bì	"mortier"	àkòbì		"écorce"
	tsɯ̀bí	"mouiller"	sóbí		"couper"
(ɯ, ə)/u, o)	fúɣí	"extraire"	fúɣí		"être blanc"
	fùʔí	"mesurer"	fùʔú		"moissonner"
(ɯ, ə)/i	déjà envisagé à propos de **i**				
(ɯ, ə)/e	déjà envisagé à propos de **e**				
(ɯ, ə)/(i, e)	déjà envisagé à propos de **(i, e)**				

6.1.8. Le phonème **a**

Son identité phonologique ressort des rapprochements suivants :

a/ɯ	déjà envisagé à propos de **ɯ**				
a/ə	déjà envisagé à propos de **ə**				
a/(ɯ, ə)	déjà envisagé à propos de **(ɯ, ə)**				
a/ɔ	ká	"cueillir"	kɔ́	[kó]	"attraper"
	bằŋ	"être rouge"	bɔ̆ŋ		"être bon"
	ɣăŋ	"attacher"	ɣɔ́ŋ		"rester longtemps"
	săŋ	"sécher"	sɔ̆ŋ		"retirer"
	táŋ	"marchander"	tɔ́ŋ		"appeler"
	záŋ	"sentir"	zɔ̆ŋ		"suivre"
	bàrí	"porter sur le dos"	bɔ́rí		"être mou"
	fárí	"bloquer"	fɔ̀rí		"plumer"
	sàrí	"déchirer"	sɔ̀rí		"dépecer"
	zàrí	"trier"	zɔ̀rí		"grogner"

---

[26] Rappelons que la C_1 n'est pas labiodentalisée lorsque la C_2 est labiale, soit **m** ou **b** (*cf.* 3.16.4.B.a.). ǹbùm "grain" se réalise donc [m̀bùm], lùbí "gifler" [lùbí], etc.

kárí	"enrouler"	kɔ̀rí	"ronfler"
fám	"feuler"	nìfɔ́m	"moëlle"
lám	"cuire"	lɔ́m	"provoquer"
kàm	"drainer"	kɔ́m	"peler"
àlàbɔ́	"pagne"	àdɔ̀bì	"goître"
ǹkábí	"argent"	ìkɔ̀bì	"ceinture"
àbàn	"sac"	ìbɔ́n	"enfants"
sán	"fendre"	sɔ́n	"progresser"
ɣán	"errer"	ɣɔ̆n	"être malade"
báɣí	"fendre"	bɔ́ɣí	"craindre"
tsàɣí	"avancer"	tsɔ̀ɣí	"tamponner"
kàɣí	"cueillir"	kɔ̀ɣí	"ôter du feu"
bà?á	"gratter"	bɔ̀?ɔ́	"vomir"
tà?á	"déterrer"	tɔ̀?ɔ́	"pousser"
sá?á	"raconter"	sɔ́?ɔ́	"s'habiller"
ká?á	"se solidifier"	kɔ́?ɔ́	"grimper"

a/ɛ   déjà envisagé à propos de ɛ.

a se réalise comme une voyelle d'aperture maximale, centrale ni étirée ni arrondie [a].

Conclusion :

L'existence des trois voyelles centrales ɯ, ə, a est bien attestée devant r et surtout devant ŋ. Dans les autres contextes, il y a une opposition à deux termes entre l'archiphonème (ɯ, ə) et a. (ɯ, ə) se réalise tantôt [ɯ], tantôt [ə].

Il existe trois voyelles postérieures attestées dans la grande majorité des contextes. A la différence de ce qui se passe dans les séries antérieure et centrale, les cas de neutralisation entre la voyelle fermée u et la voyelle mi-fermée o sont rares. Il y a neutralisation lorsque la C_1 n'est pas labio-dentalisable (nasale et f) et que la C_2 est ɣ ou ?, ou encore qu'il n'y a pas de C_2.

6.1.9. Le phonème u

Son identité phonologique ressort des rappochements suivants :

u/o	nìbùm		"ventre"	nìbòm		"œuf"
	ǹɣúbí	[ǹgúbí]	"poule"	ǹɣòbì	[ǹgòbì]	"peau"
	kŭn	[kfŭn]	"trop assaisonner"	kón		"entrer"
	dzùŋ	[dʒùŋ]	"déraciner"	dzòŋ		"joindre"
	búrí	[bvúrí]	"rester"	bòrí		"frapper"
	àbú	[àbvú]	"cendre"	bŏ	[bŭ]	"piétiner"
	ǹkù	[ǹkfù]	"temps"	àkò	[àkù]	"pied"
	bùɣí	[bvùɣí]	"se disperser"	bóɣí	[búɣí]	"se lamenter"
	tsú?ú	[tʃú?ú]	"piler"	tsó?ó	[tsú?ú]	"guérir"

u/ɔ	ìsú	[ìʃú]	"poisson"	àsɔ́	[àsó]	"houe"
	àbú	àbvú]	"cendre"	àbɔ́	[àbó]	"main"
	ǹkù	[ŋ̀kfù]	"temps"	kɔ́m		"peler"
	nìyúm	[nìwúm]	"dix"	ǹyɔ̀m	[ŋ̀gɔ̀m]	"tambour"
	lùn	[lvùn]	"être vieux"	lɔ̀n		"vouloir"
	sùŋ	[ʃùŋ]	"tirer"	sɔ̌ŋ		"retirer"
	yúŋ	[vúŋ]	"marquer"	yɔ́ŋ		"rester"
	kúrí	[kfúrí]	"manger"	kɔ̀rí		"ronfler"
	kùyí	[kfùyí]	"émousser"	kɔ̀yí		"ôter du feu"

u/ɯ   déjà envisagé à propos de ɯ

u/(ɯ, ə)   déjà envisagé à propos de (ɯ, ə)

u/i   déjà envisagé à propos de i

u/(i, e)   déjà envisagé à propos de (i, e)

    u se réalise comme une voyelle postérieure, arrondie de premier degré d'aperture [u]. Sous certaines conditions, elle "labio-dentalise" la C_1 qui la précède (*cf.* 3.16.4.B.).

6.1.10. Le phonème o

    Son identité phonologique ressort des rapprochements suivants :

o/u   déjà envisagé à propos de **u**

o/ɔ	àkòbì		"écorce"	àkɔ̀bì		"ceinture"
	sóbí		"couper"	sɔ̀bí		"injecter"
	lóm		"mordre"	lɔ́m		"provoquer"
	zǒm		"être sec"	zɔ̌m		"insulter"
	yǒŋ		"ourler"	yɔ́ŋ		"rester"
	kórí		"attacher"	kɔ̀rí		"ronfler"
	ǹtsò	[ǹtsù]	"bouche"	ǹtsɔ̀	[ǹtsò]	"guerre"
	àkò	[àkù]	"pied"	àkɔ̀	[àkò]	"plantation"
	kóyí	[kúyí]	"élever"	kɔ̀yí		"ôter du feu"
	zóʔó	[zúʔú]	"entendre"	zɔ́ʔɔ́		"frotter"

o/ə   déjà envisagé à propos de ə

o/(ɯ, ə)   déjà envisagé à propos de (ɯ, ə)

o/e   déjà envisagé à propos de e

o/(i, e)   déjà envisagé à propos de (i, e)

    o se réalise comme une voyelle postérieure, arrondie de premier degré d'aperture [u] en syllabe ouverte et devant les C_2 y et ʔ ; elle se réalise comme une voyelle postérieure, arrondie de deuxième degré d'aperture [o] dans les autres contextes.

6.1.11. L'archiphonème (**u, o**)

L'archiphonème (**u, o**), transcrit **u**, se réalise [**u**].

Son identité phonologique ressort des rapprochements suivants :

(**u, o**)/ɔ   **mùʔú**   "déraciner"   **mɔʔɔ́**   "un"

(**u, o**)/(**i, e**)   déjà envisagé à propos de (**i, e**)

(**u, o**)/(**ɯ, ə**)   déjà envisagé à propos de (**ɯ, ə**)

6.1.12. Le phonème ɔ

Son identité phonologique ressort des rapprochements suivants :

ɔ/**u**   déjà envisagé à propos de **u**

ɔ/**o**   déjà envisagé à propos de **o**

ɔ/(**u, o**)   déjà envisagé à propos de (**u, o**)

ɔ/**a**   déjà envisagé à propos de **a**

ɔ/ɛ   déjà envisagé à propos de ɛ

ɔ se réalise comme une voyelle postérieure, arrondie, de deuxième degré d'aperture [o] en syllabe ouverte ; elle se réalise [ɔ] dans les autres contextes.

Conclusion

On a vu à propos du phénomène de labio-dentalisation (3.16.4.B.) que les trois timbres postérieurs [u], [o], [ɔ] étaient attestés devant les C_2 **m, n, ŋ, b** et **r**, d'où, dans le contexte de ces C_2, une opposition ternaire.

Par contre devant les C_2 **ɣ** et **ʔ**, ou encore en l'absence de toute C_2, seuls deux timbres sont attestés : d'une part [u], d'autre part soit [ɔ] devant les C_2 **ɣ** et **ʔ**, soit [o] en l'absence de C_2.

Néanmoins, la labio-dentalisation de la C_1, quand elle est possible, permet de voir en certains [u] la réalisation de **u**, et en d'autres [u] celle de **o** ; les [o] attestés en l'absence de C_2 étant la réalisation de ɔ. Lorsque la labio-dentalisation de la C_1 n'est pas possible, [u] est la réalisation de l'archiphonème (**u, o**).

6.1.13. Discussion

L'interprétation qui a été choisie ici reste proche des données phonétiques : on a admis l'existence de trois voyelles centrales et la distribution lacunaire des voyelles antérieures devant **ŋ** et **r**. On a d'autre part, et en conséquence, admis des faits de neutralisation entre ordres devant certaines consonnes (ou en l'absence de C_2), d'où les archiphonèmes (**i, e**), (**ɯ, ə**) et marginalement (**u, o**).

Les voyelles d'arrière ne posent pas de problème (*cf.* la conclusion en 6.1.12. ci-dessus) : dans pour ainsi dire tous les contextes, on a une opposition à trois termes : **u, o, ɔ**. Devant certaines C_2, **u, o** et ɔ se réalisent respectivement [u], [o] et [ɔ]. Lorsqu'au plan phonétique il n'y a que deux timbres [u] d'un côté et [o] ou [ɔ] de l'autre, on peut néanmoins considérer, grâce au phénomène de labio-dentalisation, que certains [u] sont la réalisation de **u** et que d'autres sont celle de **o**.

La distribution des voyelles antérieures et des voyelles centrales ne présentent pas la régularité de celle des voyelles postérieures, et il est intéressant de traiter parallèlement ces deux séries.

On résume ci-après, sous forme de tableau, la distribution des phonèmes et des archiphonèmes antérieurs et centraux.

Tableau 3 – Distribution des voyelles et archiphonèmes antérieurs et centraux
(1ère hypothèse)

i	in	(im)	ib	iɣ	i?	(iŋ)			ɯ	ən	əm	ɯb, əb	ɯɣ	ɯ?	ɯŋ	ɯr
e	en														əŋ	ər
ε	εn	εm	εb	εɣ	ε?		εr		a	an	am	ab	aɣ	a?	aŋ	ar

En ce qui concerne les voyelles antérieures on a :
– une opposition à trois termes, seulement en l'absence de C_2 ou devant **n**
– une opposition à deux termes devant **m b**, **ɣ** et **?** (notons que, sauf devant **?**, le terme ouvert est, à divers degrés, plus largement attesté que le terme fermé)
– en tout et pour tout, une unique occurrence de **i** (et pas de **ε**) devant **ŋ**
– que des occurrences de **ε** devant **r**[27]

Or, c'est justement dans le contexte de **ŋ** et de **r** qu'on a une opposition ternaire pour les voyelles centrales (**ɯ**, **ə**, **a**). Partout ailleurs, on a une opposition binaire.

On pourrait donc introduire plus de symétrie dans le système vocalique, si on analysait **ə** et **ɯ** devant **ŋ** et **r** comme des réalisations de voyelles antérieures. On pourrait ainsi voir en [ə] la réalisation de **ε** devant **ŋ**, et en [ɯ] la réalisation de (**i**, **e**) devant **r** :

Tableau 4 – Distribution des voyelles et archiphonèmes antérieurs et centraux
(2ème hypothèse)

i	in	(im)	ib	iɣ	i?	(iŋ)	[ɯr]		ɯ	ən	əm	ɯb, əb	ɯɣ	ɯ?	ɯŋ	ər
e	en															
ε	εn	εm	εb	εɣ	ε?	[əŋ]	εr		a	an	am	ab	aɣ	a?	aŋ	ar

Selon cette analyse, le système vocalique comprendrait huit phonèmes. Il n'y aurait que deux voyelles centrales : une voyelle ouverte **a** et une voyelle fermée réalisée, selon les contextes, [ɯ] ou [ə]. La série antérieure comporterait trois phonèmes, mais serait le lieu d'une forte neutralisation entre ordres. La série postérieure comporterait, elle aussi, trois phonèmes, la neutralisation entre ordres étant ici marginale.

REMARQUE 11 : Il est possible qu'au plan historique, certaines des occurrences de **ɯ** et de **ə** soient issues de voyelles antérieures. Mais elles peuvent aussi être issues de voyelles postérieures... On n'en donnera ici qu'un exemple : il existe en mankon un verbe "sortir" (intr.) **fú**,

---

27 Il n'est question dans cette discussion que des voyelles simples. Notons cependant que les diphtongues postérieures à deuxième élément antérieur, **wi** et **we**, sont attestées aussi bien devant **r** que devant **b** (*cf.* 6.2.3.).

la voyelle **u** étant la transcription de l'archiphonème (**u**, **o**), et un verbe "sortir" (tr.) **fúɣí**. Le verbe **fúɣí** est le factitif de **fú**. Il est probable qu'à l'origine **fúɣí** était constitué du radical **fú** et d'un suffixe factitif CV (ou -VC) dont la voyelle était **i**, voyelle fermée, étirée : c'est sous l'influence de ce **i**, par un phénomène de métaphonie, que **u** aurait perdu son trait arrondi pour faire place à **ɯ** voyelle postérieure, fermée, étirée.

6.1.14. Définition et classement des phonèmes

6.1.14.A. Définition

i	antérieur	(**i/ɯ, u**)	**ɯ**	central	(**ɯ/i, u**)	**u**	postérieur	(**u/i, ɯ**)
	fermé	(**i/e, ɛ**)		fermé	(**ɯ/ə, a**)		fermé	(**u/o, ɔ**)
e	antérieur	(**e/ə, o**)	**ə**	central	(**ə/e, o**)	**o**	postérieur	(**o/ə, e**)
	mi-fermé	(**e/i, ɛ**)		mi-fermé	(**ə/ɯ, a**)		mi-fermé	(**o/u, ɔ**)
ɛ	antérieur	(**ɛ/a, ɔ**)	**a**	central	(**a/ɛ, ɔ**)	**ɔ**	postérieur	(**ɔ/a, ɛ**)
	ouvert	(**ɛ/i, e**)		ouvert	(**a/ɯ, ə**)		ouvert	(**ɔ/u, o**)

6.1.14.B. Classement

Tableau 5 – Voyelles simples

	ANTÉRIEURE	CENTRALE	POSTÉRIEURE
FERMÉ	**i**	**ɯ**	**u**
MI-FERMÉ	**e**	**ə**	**o**
OUVERT	**ɛ**	**a**	**ɔ**

Ce système comprend trois séries : antérieure, centrale, postérieure et trois ordres définis par leur degré d'aperture.

Chaque série comporte trois phonèmes qui s'opposent entre eux et aux phonèmes des autres séries dans certains contextes. Dans d'autres contextes, l'opposition entre les voyelles non-ouvertes (*i.e.* les voyelles fermées et mi-fermées) est neutralisée, d'où les archiphonèmes (**i**, **e**), (**ɯ**, **ə**) et (**u**, **o**). La distribution des (archi)phonèmes antérieurs est lacunaire devant **m**, **ŋ** et **r**.

6.2. Les diphtongues

RAPPEL : à propos des C₁, nous avons vu que **ɣ** se réalisait différemment selon la voyelle qui le suit : [y] devant **i**, [w] devant **u**, [v] devant **u** dans un contexte de labiodentalisation lié à la nature de la C₂ (C₂ n'est pas labiale) et [ɣ] devant les autres voyelles (*cf.* 3.15.). Toutes ces réalisations sont spirantes ou fricatives. En présence d'une nasale syllabique la précédant, **ɣ** se durcit en occlusive [g], accompagnée d'une friction palatale devant **i** et d'une friction labio-dentale devant **u** en cas de labio-dentalisation, d'où des alternances (à conditionnement phonologique) comme celles qui suivent :

IMPÉRATIF	NOM VERBAL	
[ɣá]	[ŋ̀gǎ]]	"donner"
[wùbɪ́]	[ŋ̀gùbɔ́]	"mâcher"
[yìbɪ́]	[ŋ̀gyìbɔ́]	"se déplacer"
[vùrɪ́]	[ŋ̀gvùrɔ́]	"craindre"

REMARQUE 12 : nous avons vu que ce phénomène de durcissement après **n** affectait toutes les continues sonores, soit **l**, **z** et **ɣ**. [l], [z] et [ɣ] ne sont pas attestées après la nasale **n**, que celle-ci soit séparable ou non de ce qui la suit, et [g] n'est attestée qu'après **n**.

Puisque [y] et [w] sont analysées comme des réalisations contextuelles de **ɣ**, il n'y a pas de C_1 **y** et **w** (ni de C_1 **v** et **g** par ailleurs)[28].

– Les séquences CyV et CwV

A côté des séquences CV (qu'elles soient suivies d'une C_2 ou non), il existe des séquences CyV et CwV. La présence de **y** et de **w** est pertinente comme l'illustrent les rapprochements suivants :

[káŋ]	"frire"	[kyáŋ]	"initier"
[lém]	"injurier"	[lyém]	"guetter"
[kárɪ́]	"enrouler"	[kwárɪ́]	"prendre"
[lém]	"injurier"	[lwém]	"chauffer"

Parallèlement, on trouve des rapprochements où, au plan phonétique [ɣ] s'oppose à [y] et à [w] :

[ɣǎŋ]	"lier"	[yǎŋ]	"être léger"
[ɣáʔá]	"être abondant"	[wáʔá]	"penser"

Cependant après la nasale **n**, on obtient (les formes rapprochées étant les noms verbaux correspondant aux verbes donnés ci-dessus) :

[ŋ̀gàŋɔ́]	"lier"	[ŋ̀gyàŋɔ́]	"être léger"
[ŋ̀gàʔá]	"être abondant"	[ŋ̀gwàʔá]	"penser"

Tout comme on obtient à partir de [lém] "injurier", [lyèm] "guetter" et [lwém] "chauffer" :

[ǹdèmɔ́]	"injurier"	[ǹdyèmɔ́]	"guetter"
[ǹdèmɔ́]	"injurier"	[ǹdwèmɔ́]	"chauffer"

Dans tous ces exemples, le processus de durcissement de la C_1 décrit en 3.16.3. entre en jeu. [yǎŋ] "être léger" et [wáʔá] "penser" sont en conséquence interprétés comme les réalisations respectives de **ɣyǎŋ** et de **ɣwáʔá** : en l'absence de **n**, **ɣ** ne se manifeste pas, mais en présence de **n** il se réalise occlusif [g]. Donc ici encore, il n'y a pas lieu de reconnaître des C_1 **w** et **y**.

---

[28] Il a été relevé un seul nom dont la racine commence par **y** et dont le préfixe est **ì** : **ìyèn** "feuille *sp.*" (cl. 3).

6.2.1. Interprétation des séquences CyV et CwV

Quatre hypothèses sont envisageables :

– Cy et Cw sont des groupes consonantiques :

Nous venons de rappeler pourquoi les [y] et [w] attestés en position de C_1 ont été interprétés non comme des phonèmes, mais comme des réalisations contextuelles du phonème ɣ.

Pourrait-on toutefois considérer que les [y] et [w] attestés en deuxième position (*i.e.* après une C_1) sont des phonèmes, et que Cy et Cw sont par conséquent des groupes consonantiques ?

On a écarté cette hypothèse pour les deux raisons suivantes :

1) la distribution restreinte de [y], qui n'est attesté que devant e, ɛ et a, incite à ne pas poser de phonème y. A partir du moment où on ne reconnaît pas l'existence d'un phonème consonantique y, il semble préférable de ne pas reconnaître non plus de phonème consonantique w (malgré la large distribution de [w]).

2) Cy et Cw seraient les seuls groupes consonantiques, puisque les affriquées ts et dz sont monophonématiques (*cf.* 3.16.2.).

– Il existe des séries palatalisée et labialisée :

Les consonnes palatalisées seraient, selon cette hypothèse, la labiale b, l'alvéolaire l ([d] en tant que réalisation de l), les prépalatales ts et s, les vélaires k et ɣ.

Les consonnes labialisées seraient toutes les C_1, sauf b, f et d (mais [d] allophone de l peut être labialisée) ; d'un autre côté, l'opposition entre les nasales est neutralisée au profit de ŋ devant les voyelles postérieures.

Dans les deux cas, les consonnes supposées palatalisées ou labialisées forment un ensemble trop hétéroclite pour constituer des séries palatalisée et labialisée.

– y et w sont respectivement les voyelles i et u :

Il n'y a pas d'opposition CyV/CiV ou CwV/CuV, donc on pourrait envisager que y et w sont des variantes combinatoires de i et de u devant une voyelle. Mais cette interprétation va à l'encontre des données tonales : les syllabes avec y et w ont le même comportement tonal que celles dont y et w sont absentes.

– on a affaire à des diphtongues. C'est cette hypothèse que l'on a retenue.

6.2.2. Les diphtongues antérieures yV

Sont attestées ye, yɛ et ya. Le deuxième élément de ces diphtongues domine le premier élément qui se réalise [y].

Dans la mesure du possible, on propose ci-après des rapprochements qui permettent d'opposer les diphtongues aux voyelles simples correspondant au deuxième élément des diphtongues.

6.2.2.A. ye

Cette diphtongue n'est attestée qu'en présence d'une C_2 **n** et après une C_1 vélaire **k** ou **ɣ**. De plus, trois des quatre mots qui contiennent cette diphtongue peuvent aussi se prononcer avec la diphtongue **yɛ**[29] :

kyén			"récolter (arachide)"
kyén	ou	**kyɛ́n**	"arbre *sp.*"
ǹkyèn	ou	**nkyɛ̀n**	nom de femme
ɣyěn [yěn]	ou	**ɣyɛ̌n** [yɛ̌n]	"venir"

On peut néanmoins opposer **ye** à **yɛ** grâce au rapprochement suivant :

    ìɣyèn [ìyèn] "feuille *sp.*"   **ǹɣyɛ̀n** [ǹgyɛ̀n] "herbe"

6.2.2.B. yɛ

byɛ́	[byé]	"être perdu"		**bé**	[bé]	"être"
lyɛ́	[lyé]	"dormir"		**lé**	[lé]	"se décomposer"
ǹkyɛ́	[ǹkyé]	"charbon de bois"		**àkɛ̀**	[àkè]	"quoi ?"
syɛ́	[ʃyé]	"trier"		**sé**	[sé]	"trancher"
byɛ́ɣí		"perdre"		**bèɣí**		"fortifier"
lyɛ́m		"guetter"		**lém**		"blesser"
àlyɛ̀n		"sève"		**lěn**		"garder"
tsyɛ́bí	[tʃébí]	"hacher"		**tsèbí**		"traiter"
syɛ̀ɣí	[ʃèɣí]	"être glissant"		**séɣí**		"prendre"
ɣyɛ̀bí	[yèbí]	"diviser"				
ɣyɛ̌n	[yěn]	"venir"		**yěn**		"aller"

Cette diphtongue se réalise [ye] en syllabe ouverte et [yɛ] en présence d'une C_2[30].

Les prépalatales se réalisent chuintantes devant la diphtongue **yɛ**[31] : après ces prépalatales le premier élément de la diphtongue [y] se manifeste en l'absence d'une C_2, mais pas forcément en présence d'une C_2 (*cf.* [ʃyé] "trier" mais [ʃèɣí] ou [ʃyèɣí] "être glissant").

6.2.2.C. ya

La diphtongue **ya** a une distribution restreinte : elle est attestée uniquement après la prépalatale **s** et les vélaires **k** et **ɣ**, et seulement en syllabe ouverte ou devant la C_2 **ŋ** :

mìsyà	[mìʃà]	"magie"	**fìsà**		"acné"
kyǎ		"ratisser"	**ká**		"cueillir"
ɣyá	[yá]	"soulever"	**ɣá**		"donner"
syǎŋ	[ʃǎŋ]	"disperser"	**sǎŋ**		"sécher"

---

[29] En présence de la marque |a| il y a aussi deux possibilités pour chacun de ces mots : **kyíŋɔ́** ou **kyɛ́** "arbre *sp.*", **ŋkyìŋɔ̀** ou **ǹkyɛ̀** nom de femme et **yìŋɔ̀** ou **yɛ̃̀** "venir".

[30] On a là le même phénomène qu'avec **ɛ** qui se réalise [e] en syllabe ouverte et [ɛ] devant une C_2.

[31] Donc [y], premier élément des diphtongues antérieures, tout comme [i] entraîne la réalisation chuintante des prépalatales.

kyáŋ	"initier"	**káŋ**	"frire"
ɣɣǎŋ [yǎŋ]	"être léger"	**ɣáŋ**	"ourler"

La prépalatale **s** se réalise chuintante [ʃ]. Après cette prépalatale le premier élément de la diphtongue [y] ne se manifeste pas, qu'il y ait une C_2 ou non.

6.2.3. *Les diphtongues postérieures* wv

Elles forment un ensemble plus hétéroclite que les diphtongues antérieures. Le deuxième élément peut être antérieur, central ou postérieur. Il domine le premier[32] qui se réalise [w] ou [ɥ].

On a vu à propos des voyelles postérieures, en 3.16.4., que la voyelle fermée **u** pouvait entraîner la réalisation chuintante des C_1 prépalalatales et la labio-dentalisation d'autres consonnes, ceci en fonction de la nature de la C_2.

Devant une diphtongue postérieure, par contre, les prépalatales sont toutes réalisées chuintantes, tandis qu'aucune des consonnes susceptibles d'être labiodentalisées ne le sont, à l'exception de **k** et de **ɣ** qui le sont devant la diphtongue **wɔ**, réalisée [wo] en l'absence de C_2.

Les diphtongues postérieures ne s'opposent donc pas par leur premier élément.

L'opposition entre les C_1 nasales est neutralisée devant les diphtongues postérieures. L'archiphonème **N** se réalise [ŋ]. (**N** est transcrit **ŋ** dans les rapprochements).

6.2.3.A. wi

nɨlwì [nɨlɥì]	"nez"
ǹtswì [ǹtʃɥì]	"maïs"

REMARQUE 13 : lorsque ces mots sont suivis de la marque énonciative |a|, on obtient respectivement [nɨlɥè] et [ǹtʃɥè] : il s'agit là d'un critère morphophonologique dont il a été tenu compte dans l'analyse phonologique (*cf.* 6.1.1.).

Alors qu'il y avait trois morphèmes lexicaux présentant la voyelle **i** devant la C_2 **n**, aucune occurrence de la diphtongue **wi** n'est attestée devant cette consonne. **wi** ne se trouve pas, non plus, devant **m** et **ŋ** (rappelons que devant chacune de ces deux consonnes, il n'a été trouvé que deux morphèmes lexicaux avec **i** : **bíŋ** "écraser" et **lím** "attacher"). En revanche, **wi** est attestée (deux occurrences) devant **r** alors que **i** ne l'est pas devant cette consonne :

swìrí	[ʃɥìrí]	"découvrir"
tswìrí	[tʃɥìrí]	"verser sur le sol"

6.2.3.B. we

swé	[ʃɥí]	"doigt"
ìŋwè	[ìŋwì]	"machette"

---

[32] Il existe une exception : en syllabe ouverte le premier élément de la diphtongue **wɯ** en domine le second (*cf.* 6.2.3.D.).

kwén		"remplir"
swén	[ʃwén]	"sucer"

REMARQUE 14 : lorsque les mots pour "doigt" et pour "machette" sont suivis de la marque énonciative |a|, on obtient respectivement [ʃɥíɔ́] et [ìŋwìɔ́], d'où l'interprétation de [i] comme réalisation de e (*cf.* 6.1.1.).

we est attestée en syllabe ouverte. Elle est alors réalisée [ɥi] ou [wi] en fonction de la C_1 (*cf.* les exemples ci-dessus). Elle est aussi attestée devant les C_2 **n**, **b**, et **r**. Devant **b** et **r**, elle s'oppose à la fois à **wi** et à **wɛ** :

tswébí	[tʃwébí]	"ôter d'un pot"	tswíbí	[tʃɥíbí]	"enlever"
tswébí	[tʃwébí]	"ôter d'un pot"	tswèbí	[tʃwèbí]	"ajouter de l'eau"
tswérí	[tʃwérí]	"goutter"	tswìrí	[tʃɥìrí]	"verser (sur le sol)"
tswérí	[tʃwérí]	"goutter"	tswérí	[tʃwérí]	"être fier"

Il y a d'autres rapprochements qui permettent d'opposer **we** à **wɛ**, mais pas à **wi** :

swén	[ʃwén]	"sucer"	swèn	[ʃwèn]	"détacher"
swébí	[ʃwébí]	"hacher"	swèbí	[ʃwèbí]	"tenir"
kwébí		"changer"	kwébí		"porter"
kwén		"remplir"	kwén		"rentrer"

Elle n'est pas attestée devant **ŋ** et **m** (il n'y a pas d'opposition entre **we** et **wɛ** devant **m**, mais la prononciation oscille entre [we] et [wɛ]).

Il y a neutralisation entre **wi** et **we** devant **ɣ** et **ʔ** en faveur de la réalisation [wi] : devant ces consonnes il y a donc une opposition à deux termes (tout comme pour les voyelles antérieures simples) :

twíɣí		"peler"	tíɣí		"envoyer"
swìɣí	[ʃɥìɣí]	"attiser"			
tswìʔí	[tʃɥìʔí]	"mâcher"	tsìʔí	[tʃìʔí]	"secouer"
kwìʔí		"ajouter"			

6.2.3.C. wɛ

ŋwɛ́	[ŋwɛ́]	"fondre"			
ǹɣwɛ́	[ǹgwɛ́]	"épouse"	íɣɛ́	[íɣɛ́]	"où ?"
twɛ́m		"faire traverser"			
lwɛ́m		"chauffer"	lɛ́m		"blesser"
kwɛ́n		"rentrer"			
tswèbí	[tʃwèbí]	"ajouter de l'eau"	tsèbí		"traiter"
tswérí	[tʃwérí]	"être fier"			
swèɣí	[ʃwèɣí]	"gâter"	séɣí		"prendre"
tswɛ́ʔé	[tʃwɛ́ʔé]	"déraciner"	àtsèʔè		"tissu"
kwɛ́ʔé		"empiler"			

wɛ se réalise [we] en syllabe ouverte et [wɛ] devant une C_2.

6.2.3.D. wɯ

kwɯ̌ [kɯ̌ɨ] "courir"
kwɯ́ɣɨ́ [kwɯ́ɣɨ́] "souffler"   kɯ́ɣɨ́ "être petit"
lwɯ́ɣɨ́ [lwɯ́ɣɨ́] "remplir"   lɯ̀ɣɨ́ "identifier"

En syllabe ouverte le premier élément de cette diphtongue se réalise [ɯ] et domine le deuxième élément (*cf.* [kɯ̌ɨ] "courir"), mais en syllabe fermée, il se réalise [w] et est dominé par le deuxième élément (*cf.* [kwɯ́ɣɨ́] "souffler" et [lwɯ́ɣɨ́] "remplir").

6.2.3.E. wə

kwə̌ŋ "ramasser"   kə́ŋ "ramper"
twə́ŋ "enterrer"

6.2.3.F. wa

lwá "lécher"   ɨ̀là "pont"
tswá [tʃwá] "tenir"   tsă "passer"
swàʔá [ʃwàʔá] "chasser"   sàʔá "gâter"
swáŋ [ʃwáŋ] "aiguiser"   săŋ "sécher"
tswǎŋ [tʃwǎŋ] "ajouter de l'eau"   àtsáŋ "prison"
kwàʔá "compter"   kàʔá "promettre"
ɣwáʔá [wáʔá] "penser"   ɣáʔá "être abondant"
ŋwàʔá "être multicolore"   ŋáʔá "ouvrir"
    màʔá "lancer"
    nàʔá "dire"

6.2.3.G. wɔ

kwɔ́ [kfwó] ou [pfwó] "mourir"   kɔ́ [kó] "attraper"
ɣwɔ́ [vwǒ] "tomber"   ɣɔ̀ [ɣò] "toi"
nìɣwɔ́ [nìvwó] "funérailles"
ǹɣwɔ́ [ŋ̀gvwó] "chien"
zwɔ́rɨ́ [ʒwɔ́rɨ́] "éclater"
ŋwɔ́rɨ́ "courber"
ŋwɔ̀n "personne"
kwɔ́ŋ "couvrir de terre"   kɔ̀ŋ "aimer"

wɔ se réalise [wo] en syllabe ouverte et [wɔ] devant une C₂.

REMARQUE 15 : la réalisation chuintante des C₁ prépalatales des mots suivants incite à penser que la voyelle représente peut-être une simplification de la diphtongue wɔ : [tʃɔ́ŋ] "copuler", [ʃóm] "battre", [ɨ̀ʃòm] "champ". En effet, il s'agit des seuls mots où une prépalatale se réalise chuintante devant une voyelle postérieure autre que u.

En conclusion :

Cette interprétation des séquences phonétiques [yV] et [wV] comme des diphtongues est peu économique du point de vue de l'inventaire des phonèmes vocaliques, puisqu'elle ajoute aux neuf voyelles simples dix diphtongues. Mais nous avons vu que l'interprétation de ces séquences comme des successions VV allait à l'encontre des données tonales.

REMARQUE 16 : les diphtongues peuvent avoir des origines diverses. En fait, une abondance de diphtongues en mankon n'est guère surprenante. Certaines de ces diphtongues peuvent être issues de diphtongues de la proto-langue. Mais il est certain qu'à l'origine les racines nominales CV(C(V)) présentaient en finale une voyelle au timbre distinctif. Les extensions et les flexions verbales devaient, elles aussi, se distinguer par leur timbre vocalique (*cf.* Meeussen 1967). Avant de disparaître, les voyelles finales du pré-mankon ont pu modifier les voyelles nucléaires, en créant, entre autres, des diphtongues. C'est une possibilité que suggèrent les paires de verbes données ci-dessous : ces verbes sont dans un rapport dérivationnel au plan sémantique, rapport qui va de pair au plan phonique, avec la présence d'une voyelle simple postérieure dans les verbes non dérivés et la présence d'une diphtongue postérieure avec deuxième élément antérieur, ou central, dans les verbes dérivés :

tó	"creuser"	twíɣí	"peler (en pressant)"
lón	"être plein"	lwúɣí	"remplir"
kón	"entrer"	kwén	"mettre dans"
		kwέn	"rentrer"
lòm	"être chaud"	lwὲm	"réchauffer"
kòm	"toucher"	kwὲm	"ficher (pieu)"
tóm	"traverser"	twém	"faire traverser"
sóbí	"couper"	swébí [ʃwébí]	"hacher"
kóɣí [kúɣí]	"élever (un enfant)"	kwúɣí	"attiser (un feu)"
zóʔó [zúʔú]	"entendre"	zwíʔítí [ʒɥíʔítí]	"écouter"
kòʔó [kùʔú]	"atteindre"	kwìʔí	"ajouter"
sòrí	"dépiauter"	ʃwìrí	"découvrir (une casserole)"
zóɣí	"se chauffer au soleil"	ʒwíɣí	"rester au même endroit"
kóɣí	"frotter"	kwéɣí	"tousser"
kóʔó	"grimper, chevaucher"	kwέʔέ	"empiler, couvrir (copulation)"
tsóʔó	"soulever"	tʃwέʔέ	"déraciner"

Tableau 6 – Les diphtongues

ANTÉRIEURES		POSTÉRIEURES		
		wi	wɯ	
ye		we	wə	
yɛ	ya	wɛ	wa	wɔ

57

7. FRÉQUENCE DES PHONÈMES

7.1. Fréquence des C_1

Suivent deux ensembles de calcul :
– des pourcentages calculés à partir d'une liste de 323 verbes dont la voyelle est simple.
– des pourcentages calculés à partir d'une liste de 444 verbes, qui inclut les verbes dont la voyelle est une diphtongue : 32 verbes à diphtongues antérieures et 89 verbes à diphtongues postérieures (les diphtongues antérieures ne changent pas grand chose par rapport aux voyelles simples, ce sont les diphtongues postérieures qui apportent les modifications les plus importantes).

Le choix des verbes, à l'exclusion des noms, se justifie par le souci d'éviter les neutralisations **l/d** et **z/dz** rencontrées dans les noms dont le préfixe nominal est une nasale syllabique inséparable de la racine, et d'éviter aussi avec certitude les noms dérivés (cl. 9) des verbes.

Les racines verbales se répartissent en deux classes tonales haut et bas. Une même séquence phonématique présentant un ton différent a été comptée deux fois (le sens de ces séquences est forcément différent). En revanche, une même séquence associée à des sens différents, non corrélée à une différence tonale n'a été comptée qu'une fois.

7.1.1. Premier ensemble de fréquences : devant voyelle simple

Les pourcentages pour les phonèmes sont les suivants (les phonèmes sont classés par ordre décroissant de leur taux d'occurrence) :

Tableau 7 – Fréquence des C_1 devant voyelle simple

b	12,38	**t**	8,97	**m**	2,16
k	11,45	**z**	6,81	**n**	1,85
l	9,9	**ɣ**	6,81	**ŋ**	0,92
ts	9,9	**ɲ**	4,02	**(n, ɲ)**	0,61
s	9,59	**d**	2,78		
f	8,97	**dz**	2,78		

(**n, ɲ**) est l'archiphonème nasal attesté devant **i** et (**i, e**) (*cf.* 3.4.).

Remarquons les plus fortes fréquences de **b** et de **k** par rapport aux autres phonèmes, ainsi que la très faible fréquence de **ŋ**.

Au sein de la corrélation de sonorité, les phonèmes sourds sont plus fréquents que les phonèmes sonores : le décalage est net entre **ts** et **dz**, **t** et **d**, moins marqué entre **s** et **z**.

58

Les fréquences par séries et par ordres sont les suivantes :

Tableau 8 – Fréquence par séries (1)

NASALE	9,57		
OCCLUSIVE	48,26	sd	30,32
		sn	17,94
CONTINUE	42,08	sd	18,56
		sn	23,52

Remarquons le faible pourcentage de la série nasale.

Tableau 9 – Fréquence par ordres (1)

LABIAL	23,51	(avec 3 phonèmes)
ALVÉOLAIRE	23,5	(avec 4 phonèmes)
PRÉPALATAL	33,1	(avec 5 phonèmes)
VÉLAIRE	19,18	(avec 3 phonèmes)

7.1.2. Second ensemble de fréquences : devant voyelle simple ou devant diphtongue

Les pourcentages pour les phonèmes sont les suivants (les phonèmes sont classés par ordre décroissant de leur taux d'occurrence) :

Tableau 10 – Fréquence des C_1 devant voyelle simple ou devant diphtongue

k	14,86	t	7,88	m	1,57
s	11,71	z	6,75	n	1,35
ts	11,48	f	6,53	N	0,90
b	10,13	ɲ	2,92	ŋ	0,67
l	9,23	dz	2,25	(n, ɲ)	0,45
ɣ	9,23	d	2,02		

(n, ɲ) est l'archiphonème nasal attesté devant **i** et (**i, e**) (*cf.* 3.4.), et N est l'archiphonème nasal attesté devant les diphtongues postérieures (*cf.* 6.2.3.).

En comparant ces fréquences avec celles du tableau 7, on s'aperçoit que la prise en compte des verbes à diphtongues (et surtout à diphtongues postérieures) modifie les taux et l'ordre relatif des phonèmes.

Certains phonèmes gardent leur rang : **m, t, d, ɲ, dz, z, n** et **ŋ**.

Certains phonèmes subissent une chute relativement importante du fait qu'ils ne sont pas attestés devant les diphtongues postérieures : il s'agit de **b** et **f**. Bien qu'attesté devant les diphtongues postérieures, **l** est légèrement rétrogradé.

En revanche, **k** vient en tête avec un taux nettement plus élevé que celui des autres phonèmes, ɣ monte au cinquième rang, et les prépalatales sourdes s et ts se retrouvent respectivement au deuxième et troisième rang.

Les fréquences par séries et par ordres sont les suivantes :

Tableau 11 – Fréquence par séries (2)

NASALE	7,86		
OCCLUSIVE	48,62	sd	34,22
		sn	14,4
CONTINUE	43,45	sd	18,24
		sn	25,21

Malgré la présence des diphtongues postérieures après N, le pourcentage des nasales reste faible. Il est même plus faible que lorsqu'on ne tient compte que des voyelles simples (*cf.* tableau 8).

Tableau 12 – Fréquence par ordres (2)

LABIAL	18,23	(avec 3 phonèmes)
ALVÉOLAIRE	20,48	(avec 4 phonèmes)
PRÉPALATAL	35,11	(avec 5 phonèmes)
VÉLAIRE	24,76	(avec 3 phonèmes)

En comparant ces fréquences à celles du tableau 9, on peut dire que les ordres qui profitent de l'existence des diphtongues postérieures sont les ordres prépalatal et surtout vélaire. L'ordre qui en profite le moins est l'ordre labial, puisque les diphtongues postérieures ne sont pas attestées après les consonnes de cet ordre.

7.2. Fréquence des C_2

La fréquence des consonnes en C_2 a été calculée à partir du même échantillon que pour les C_1.

Sur les 444 verbes, 383 ont une C_2, soit 86,26 % (les verbes à syllabe ouverte représentent 13,73 % de l'ensemble).

Les pourcentages pour les phonèmes sont les suivants (les phonèmes sont classés par ordre décroissant de leur taux d'occurrence) :

Tableau 13 – Fréquence des C_2

?	22,97	n	12,27
ɣ	17,49	m	11,74
ŋ	14,62	b	8,09
r	12,79		

Remarquons que **?**, qui n'est pas attestée en C_1, présente un taux d'occurrence nettement plus élevé que les autres phonèmes.

La fréquence par séries et par ordres est la suivante :

Tableau 14 – Fréquence par séries (3)

NASALE	38,63	(avec 3 phonèmes)
ORALE	38,37	(avec 3 phonèmes)

Tableau 15 – Fréquence par ordres (3)

LABIAL	19,83	(avec 2 phonèmes)
ALVÉOLAIRE	25,06	(avec 2 phonèmes)
VÉLAIRE	32,11	(avec 2 phonèmes)
GLOTTAL	22,97	(avec 1 phonème)

7.3. Comparaison entre les deux systèmes de C_1 et de C_2

Avec sept phonèmes, le système des consonnes en C_2 est beaucoup plus restreint que le système des consonnes en C_1 qui en comprend quinze.

Le système des C_2 n'a que deux séries : la série nasale est conservée, mais il y a neutralisation entre la série des occlusives et celle des continues. Ces deux séries sont remplacées dans le système des C_2 par une série unique : la série orale.

D'autre part, à l'intérieur de cette série orale il n'y a pas d'opposition entre sourdes et sonores.

L'ordre prépalatal est totalement absent du système des C_2. En revanche, la glottale est absente du système des C_1.

Alors que la fréquence de la série nasale est nettement plus faible que celles des autres séries dans le système des C_1, elle est pour ainsi dire à égalité avec celle de la série orale dans le système des C_2 (sans tenir compte de **?** pour laquelle l'opposition nasale / orale n'est pas pertinente).

La hiérarchie des ordres (labial, alvéolaire et vélaire) est la même dans les deux systèmes : 1. vélaire, 2. alvéolaire, 3. labial.

7.4. Fréquence des voyelles simples

La fréquence de ces voyelles a été calculée à partir d'une liste de 323 verbes.

Tableau 16 – Fréquence des phonèmes et des archiphonèmes

i	0,92		ɯ	3,40		u	10,83
e	1,23		ə	3,09		o	12,69
(i, e)	8,97		(ɯ, ə)	9,59		(u, o)	2,78
ɛ	9,28		a	21,05		ɔ	16,09

Tableau 17 – Fréquence des phonèmes et archiphonèmes par séries

	PHONÈME	ARCHIPHONÈME
ANTÉRIEURE	11,43	8,97
CENTRALE	27,54	9,59
POSTÉRIEURE	39,6	2,78

Tableau 18 – Fréquence des phonèmes et archiphonèmes par ordres

	PHONÈME	ARCHIPHONÈME
FERMÉ	15,15	
MI-FERMÉ	17,01	
FERMÉ, MI-FERMÉ		21,34
OUVERT	46,42	

7.5. Fréquence des voyelles simples et des diphtongues

Les taux d'occurrence des voyelles simples et des diphtongues, calculés toujours à partir du même échantillon de 444 verbes sont les suivants :

voyelles simples :	72,74
diphtongues antérieures :	7,20
diphtongues postérieures :	20,04

8. LES TONS[33]

Le contexte syntaxique utilisé pour l'identification des phonèmes (et ce surtout pour l'identification des C_2) n'est pas le meilleur pour l'analyse tonale, car il ne permet pas à certains tons de se manifester. Dans cette section sur les tons, les morphèmes lexicaux sont suivis de la marque énonciative |a| qui marque la fin de l'énoncé assertif (*cf.* ce qui a déjà été écrit à ce sujet en 1.4.). Ce morphème se suffixe au dernier terme de l'énoncé et parfois s'amalgame à lui. Il n'a pas de ton inhérent, mais permet au dernier ton du terme auquel il se suffixe ou s'amalgame de se manifester.

Les tons ont une fonction lexicale ou grammaticale. En ce qui concerne le lexique, il y a deux niveaux pertinents : haut et bas.

8.1. Les tons ponctuels

A chaque racine nominale CV(C(V)) sont associés deux tons. Il y a donc quatre possibilités de combinaison (le ton du préfixe nominal est bas dans tous les cas). Dans les exemples ci-après, la racine est séparée de son Pn et de la marque énonciative par un tiret :

-H H	súŋ-ə́	"oiseau"		-B B	kàŋ-ə̀	"écureuil"
	fú-ə́	"rat"			à-kù-ə̀	"pied"
-B H	à-tsὲʔ-έ	"tissu"		-H B	à-béb-ə̀	"bouc"
	nì-bì-ə́	"kola"			ɨ̀-lɨ́u-ə̀	"fourmi"

REMARQUE 17 : la marque |a| est réalisée [ə] dans tous les exemples, sauf dans le cas de "tissu" où elle est réalisée comme une voyelle identique à celle de la racine nominale. Le ton qu'elle porte appartient à la racine.

Les radicaux verbaux se répartissent en deux classes tonales haut et bas :

H	búʔ-ə̀	"défricher"		B	sùɣ-ə̂	"laver"
	dzúu-ə̀	"manger"			bì-ə̂	"planter"

REMARQUE 18 : la marque |a| est réalisée [ə]. Le ton qu'elle porte B ou <u>HB</u> est celui de la flexion (*cf.* la conjugaison pour l'alternance B/ <u>HB</u>).

8.2. Les tons modulés

Il existe en mankon des tons modulés qui sont la combinaison de deux (ou trois) tons ponctuels à valeur opposée sur une même syllabe : par exemple, les voyelles ɨ et a ne se manifestent pas segmentalement après une voyelle nucléaire non-fermée. Mais la présence de la marque énonciative |a| permet néanmoins au deuxième ton lexical des noms, ou à tous les tons flexionnels du verbe de se réaliser sur la racine :

---

[33] Dans cette partie sur les tons, les segments sont transcrits tels qu'ils se réalisent et non pas tels qu'ils ont été interprétés phonologiquement.

NOMS				VERBES			
-H B	|ǹ-dá` a|	ǹ-dâ	"maison"	-H	|só-í ` a|	sô	"désherbe!"
-B H	|fì-wè´ a|	fì-wě	"grêle"	-B	|lò-í ` a|	lǒ	"pars!"

Ces mots illustrent les tons modulés descendant HB (*cf.* "maison", "désherbe !"), montant BH (*cf.* "grêle") et montant-descendant BHB (*cf.* "pars !"). Le ton descendant-montant HBH, théoriquement admissible, n'est pas permis en mankon (*cf.* II.3.16.)

> REMARQUE 19 : en l'absence de la marque |a|, par exemple en fin d'une interrogation totale comme "Il lui a dit : "—" ?", on aurait : ǹ-dá "maison", fì-wè "grêle", só "désherbe!", lǒ "pars!".

8.3. La faille tonale

En syntagmatique, apparaît le phénomène de faille : il s'agit d'un changement de niveau pertinent entre tons non-bas. Il est dû à la non-réalisation directe d'un ton B encadré de tons H, soit : H(B)H. La réalisation des tons H est conditionnée par un ensemble de facteurs dont le détail sera exposé en II.2.3.8. et sv. Signalons d'ores et déjà que ce phénomène entraîne en mankon l'apparition d'un niveau supra-haut :

fúʊyí m ꜛík ꜜómɔ́[34] [⁻ ⁻ ⁻ ⁻]   "Sors les plateaux !"

lɔ̀yì mík ꜛómɔ́ [_ _ ⁻ ⁻]   "Prends les plateaux !"

Dans le premier énoncé la faille se traduit par le passage d'un ton supra-haut à des tons hauts (ꜛHꜜHH), et dans le deuxième énoncé par le passage d'un ton H à des tons supra-hauts (HꜛHH).

8.4. Le downdrift

Il existe un léger phénomène de downdrift (intonation descendante) plus ou moins accentué selon les locuteurs : dans une succession phonologique H B H, le deuxième ton H se réalise moins haut que le premier ton H. Ceci est dû à la présence du B entre les deux H (cette descente progressive est sensible dans les textes) :

mà fúrɔ̀ fúɔ́ [_ ⁻ _ ⁻ ⁻]   "... j'ai chassé le rat."

Au plan phonologique il y a deux niveaux, H et B, mais au plan phonétique, il y en a trois, car les tons H de **fúɔ́** "rat" se réalisent légèrement plus bas que le ton H de **fúrɔ̀** "chasser".

---

[34] NOTATION : la flèche ꜛ indique une réalisation supra-haute des tons hauts subséquents ; la flèche descendante ꜜ indique que les tons hauts subséquents se réalisent moins haut que les tons hauts précédents.

Le ton supra-haut résultant du phénomène de faille tonale peut lui-même être affecté par l'intonation descendante : il n'y a pas plus de niveau supra-haut absolu, qu'il n'y a de niveau haut, ou de niveau bas, absolu. Un ꜛH (supra-haut) qui suit un ton H légèrement abaissé par la présence d'un ton B précédent peut se réaliser légèrement plus bas qu'un ꜛH précédé exclusivement de tons H. C'est ainsi que les ꜛH du premier exemple ci-dessous peuvent se réaliser légèrement plus bas que le ꜛH du deuxième exemple :

  lɔ̀ỳ̀ mííʃꜛómɔ́ [__ _ ‾‾] "Prends les champs !"

  kúbɨ́ mꜛíʃꜜómɔ́ [‾‾‾ ‾‾] "Enclos les champs !"

Le phénomène de downdrift est minimisé lorsque le locuteur anticipe un ton supra-haut. Soient les deux énoncés suivants :

  bérɔ́ lámɔ̀ fɨ́   bɨ̀súŋɔ́   [‾‾‾ _ ‾ _ __]
  ils cuire légumes oiseaux
  "Ils ont cuit les légumes des oiseaux."

  bérɔ́ lámɔ̀ fɨ́   bɨ̀súŋ b ꜛíŋkꜜúmɔ́ [‾‾‾ _ ‾ _ ‾‾‾]
  ils cuire légumes oiseaux notables
  "Ils ont cuit les légumes des oiseaux des notables·"

Dans le premier énoncé, on a, au plan phonologique, une succession de deux tons, H ou B : H H H B H B H H. Mais au plan phonétique, le H de fɨ́ "légumes" se réalise légèrement moins haut que les H précédents à cause du B de lámɔ̀ "cuire". De même les H de bɨ̀súŋɔ́ "oiseaux" se réalisent légèrement moins haut que celui de fɨ́ "légumes".

Dans le deuxième énoncé on a, au plan phonologique, la suite tonale suivante : H H H B H B H ꜛHꜜH H, soit des tons H ou B et une faille tonale. Le H de fɨ́ "légumes" se réalise légèrement moins haut que les H précédents, à cause du B de lámɔ̀ "cuire". Mais le H de bɨ̀súŋ "oiseaux" se réalise au même niveau que celui de fɨ́ "légumes" malgré la présence du B du préfixe nominal de bɨ̀súŋ. Ceci est certainement dû au fait que le locuteur anticipe le ꜛHꜜ du préfixe nominal de b ꜛíŋkꜜúmɔ́ "des notables."

II. MORPHOPHONOLOGIE

1. MORPHOPHONOLOGIE SEGMENTALE

Avant, après ou entre les morphèmes (lexicaux ou grammaticaux) de structure CV(C(V)) peuvent intervenir des morphèmes de structure V, |a| ou |ɨ|[1], les tons variant d'un morphème à l'autre. Il s'agit de morphèmes grammaticaux.

1.1. Réalisation des morphèmes |a|

Suit une liste de morphèmes |a| :

á fonctionnel objet	á pronom sujet (cl. 7)
á fonctionnel locatif	à pronom sujet (cl. 1)
á conjonction	à préfixe nominal (cl. 7)
a morphème d'accord	á suffixe dérivationnel (verbo-nominal)
à ton H ou B (cl. 7)	a marque énonciative.

On illustrera les réalisations de ces morphèmes avec le possessif de cl. 7, |àz´-ɔ`| àzô "le tien" ou "ton".

1.1.1. Un morphème |a| se réalise [a]

En début d'énoncé, ou après une pause quelle qu'elle soit, un morphème |a| se réalise [a] :

|àz´-ɔ̀   á   bɔ̀ɲì`   a| àz↑ó↓´bɔ́ŋə̀[2]   "Le tien est bon."
7-tien   7   P₀+être bon   Me

Mais |a| connaît différentes réalisations quand il suit un autre morphème.

---

[1] Les voyelles de ces morphèmes sont, respectivement, l'archiphonème ouvert a et l'archiphonème fermé ɨ (*cf.* I.5.). Ce sont donc les réalisations de ces archiphonèmes qui sont présentées ici.
[2] RAPPEL : la flèche ↑ indique une réalisation supra-haute des tons hauts subséquents ; la flèche ↓ indique que les tons hauts subséquents se réalisent moins haut que les tons hauts précédents. Ici on a un ton modulé ↑H↓H sur le posessif.

1.1.2. Un morphème |a| se réalise [ə]

– après les C₂ **m, ŋ, b, r** et **γ** :

|àtsùm´ àzɔ̂ a|	àtsùmɔ́ zô	"Ton étang."[3]
|àláŋ´ àzɔ̂ a|	àlàŋɔ́ zô	"Ta chaise."
|àbéb` àzɔ̂ a|	àbébɔ̀ zô	"Ton bouc."
|àsyér` àzɔ̂ a|	àʃyérɔ̀ zô	"Ta feuille."
|àdzòγ´ àzɔ̂ a|	àdzùγɔ́ zô	"Ton viscère."

REMARQUE 1 : Dans la transcription de droite, la voyelle initiale du possessif est suffixée au nom. Mais la réalisation [ə] de a, ou encore l'amalgame entre i et a dans l'exemple donné en 1.1.3., etc. impliquent que les locuteurs ne marquent pas de pause entre le possessif et le nom.

– après les C₂ **n**, réalisée **[ŋ]**, et **ʔ**, à condition que la voyelle nucléaire soit fermée et / ou réalisée fermée :

|àfən` àzɔ̂ a|	àfùŋɔ̀ zô	"Ta serrure."[4]
|àfòn´ àzɔ̂ a|	àfùŋɔ́ zô	"Ton lion."
|àdíʔ´ àzɔ̂ a|	àdìʔɔ́ zô	"Ta place."
|àγúʔ´ àzɔ̂ a|	àγùʔɔ́ zô	"Ton cauri."
|àbòʔ` àzɔ̂ a|	àbùʔɔ̀ zô	"Ton esclave."

– après les morphèmes de structure CV (*i.e.* sans C₂) à condition que la voyelle nucléaire soit une voyelle mi-fermée ou fermée, à l'exception toutefois de **i** :

|àtúɪ´ àzɔ̂ a|	àtùɪɔ́ zô	"Ton arbre."
|àtó` àzɔ̂ a|	àtúɔ̀ zô	"Ta tête."
|àbè` àzɔ̂ a|	àbìɔ̀ zô	"Ton profit."

1.1.3. Un morphème |a| s'amalgame à i et à (i, e)

|a| et la voyelle nucléaire **i** ou **(i, e)**[5] d'un morphème de structure CV s'amalgament en [ɛ] :

|àɲì ` àzɔ̂ a|	[àɲὲ zô]	"Ton ongle."

1.1.4. |a| se réalise identique à la voyelle nucléaire

|a| se réalise identique à la voyelle nucléaire, si la voyelle nucléaire est ouverte et que la C₂ est **ʔ** :

|àláʔ` àzɔ̂ a|	àláʔà zô	"Ton pays."
|àtsὲʔ´ àzɔ̂ a|	àtsὲʔέ zô	"Ton tissu."
|àsɔ̀ʔ` àzɔ̂ a|	àsɔ̀ʔɔ̀ zô	"Ta spatule."

---

[3] Bien que le ton B initial du possessif soit encadré de tons H, il ne provoque pas de faille tonale. En fait il n'est pas représenté dans les réalisations (*cf.* remarque 11 en 2.3.8.).

[4] Les alternances vocaliques devant une C₂ n et les différentes réalisations de n sont présentées plus loin en 1.5.

[5] En présence de l'archiphonème (i, e), l'amalgame n'a lieu que si la consonne du morphème CV est une prépalatale (*cf.* I.6.1.1.).

1.1.5. Ni |a|, ni la C_2 n n'ont de réalisation segmentale propre

Si la voyelle nucléaire est ouverte et que la C_2 est **n**, |a| et **n** se manifestent dans la nasalisation de la voyelle nucléaire :

|àkwén´àzɔ̂ a|	àkwę̆ zô	"Ton os."[6]
|àbàn` àzɔ̂ a|	àbę̀ zô	"Ton sac."
|àfɔ̀n` àzɔ̂ a|	àfǫ̀ zô	"Ta campagne."

1.1.6. |a| n'est pas représenté

|a| n'est pas représenté si la voyelle nucléaire du morphème de structure CV est ouverte :

|àtsé` àzɔ̂ a|	àtsê zô	"Ton clan."
|àsɔ̀` àzɔ̂ a|	àsô zô	"Ta houe."

REMARQUE 2 : la marque énonciative et les suffixes, de par leur nature, ne peuvent jamais se trouver en tête d'énoncé ou après une pause. Ces morphèmes ne se réalisent donc jamais [**a**], sauf après un terme comme |àlá?`| "village" : |àlá?` a| → àlá?à.

1.2. Réalisation des morphèmes |i|

Suit une liste de morphèmes |i| :

ì préfixe nominal (cl. 3ª et 8)

ì pronom sujet (cl. 9)

í indice sujet (cl. 2, 3, 5, 6, 8, 10 et 19)

i morphème d'accord à ton H ou B (cl. 1, 3, 8, 9 et 10)

í` morphème d'accord locatif

i allomorphe de la nasale syllabique devant une fricative sourde.

i voyelle de la flexion de certaines formes verbales.

On illustrera ces réalisations avec le possessif de cl. 8, |ìts´-ɔ`| ìtsô "les tiens" ou "tes".

1.2.1. Un morphème | i | se réalise [i] en début d'énoncé

En début d'énoncé, ou après une pause quelle qu'elle soit, un morphème |i| se réalise [**i**] :

|ìts´-ɔ	í	bɔ̀ŋí`	a|	ìts↑ó↓´bɔ́ŋɜ̀	"Les tiens sont bons."
8-tien	8	P_0+être bon	Me		

Mais |i| connaît différentes réalisations s'il suit un autre morphème.

1.2.2. Un morphème | i | n'est pas représenté

– s'il suit un morphème de structure CV, ou un morphème dont la C_2 est **m** ou **ŋ** :

|ɨ̀ɲì ` ìtsɔ̂ a|	ɨ̀ɲì tsô	"Tes ongles."
|ìtú´ ìtsɔ̂ a|	ìtŭ tsô[7]	"Tes arbres."

---

[6] *Cf.* note 4.

|ìtú` ìtsɔ̂ a|	ìtû tsô	"Tes têtes."
|ìbè` ìtsɔ̂ a|	ìbì tsô	"Tes profits."
|ìtsé` ìtsɔ̂ a|	ìtsê tsô	"Tes clans."
|ìsɔ́` ìtsɔ̂ a|	ìsô tsô	"Tes houes."
|ìtsùm´ ìtsɔ̂ a|	ìtsŭm tsô	"Tes étangs."
|ìláŋ´ ìtsɔ̂ a|	ìlăŋ tsô	"Tes chaises."

– si la C$_2$ est **n**, réalisée [ŋ], et que la voyelle nucléaire est mi-fermée, réalisée fermée[8] :

|bìkwèn´ ìbɔ̂ a|	bìkwǐŋ bô	"Tes tambours."
|ìfən` ìtsɔ̂ a|	ìfŭuŋ tsô	"Tes serrures."
|ìfòn´ ìtsɔ̂ a|	ìfùŋ tsô	"Tes lions."

1.2.3. Un morphème | ɨ | se réalise [ɨ] après les C$_2$ orales **b**, **r**, **ɣ** et **ʔ**

|ìbéb` ìtsɔ̂ a|	ìbébɨ̀ tsô	"Tes boucs."
|ìʃyér` ìtsɔ̂ a|	ìʃyérɨ̀ tsô	"Tes feuilles *sp.*"
|ìdzòɣ` ìtsɔ̂ a|	ìdzùɣɨ̀ tsô	"Tes viscères."

Dans le cas de la C$_2$ **ʔ** la voyelle nucléaire doit être ouverte :

|ìlá?` ìtsɔ̂ a|	ìlá?ɨ̀ tsô	"Tes pays."
|ìtsè?´ ìtsɔ̂ a|	ìtsè?ɨ́ tsô	"Tes tissus."
|ìsɔ̀?` ìtsɔ̂ a|	ìsɔ̀?ɨ̀ tsô	"Tes spatules."

1.2.4. | ɨ | se réalise identique à la voyelle nucléaire

|ɨ| se réalise identique à la voyelle nucléaire si celle-ci est fermée et que la C$_2$ est **ʔ** :

|ìdí?´ ìtsɔ̂ a|	ìdì?í tsô	"Tes endroits."
|ìɣùʔ´ ìtsɔ̂ a|	ìɣùʔú tsô	"Tes cauris."
|ìbò?` ìtsɔ̂ a|	ìbù?ù tsô	"Tes esclaves."

1.2.5. Ni | ɨ | ni la C$_2$ **n** n'ont de réalisation segmentale propre

Si la C$_2$ est **n** et la voyelle nucléaire une voyelle ouverte, **n** et |ɨ|[9] se manifestent dans la nasalisation de la voyelle nucléaire (on a donc les mêmes réalisations qu'en présence d'un morphème |a| (*cf.* 1.1.5. ci-dessus) :

|ìkwén´ ìtsɔ̂ a|	ìkwẽ̌ tsô	"Tes os."
|ìbàn` ìtsɔ̂ a|	ìbɔ̰̀ tsô	"Tes sacs."
|ìfən` ìtsɔ̂ a|	ìfə̰̀ tsô	"Tes campagnes."

---

[7] Bien que le ton B initial du possessif soit encadré de tons H, il ne provoque pas de faille tonale. En fait il n'est pas représenté dans les réalisations (*cf.* remarque 11 en 2.3.8.).

[8] On n'a pas noté de noms à C$_2$ **n** dont la voyelle soit fermée.

[9] *I.e.* la voyelle (archiphonème) **ɨ** des morphèmes |ɨ|.

1.3. Réalisations des successions de morphèmes |a| et |ɨ|

Il existe deux cas de figure qui seront illustrés par la construction associative d'une part et par le syntagme à fonctionnel locatif |á|[10] d'autre part. Dans le premier cas, les morphèmes |á| et |ɨ| sont à l'intérieur du syntagme nominal, dans le deuxième, |á| est à l'initial du syntagme. Ceci explique peut-être les différences de réalisation.

1.3.1. Construction associative

Deux ordres sont possibles car |á| peut suivre, ou précéder |ɨ|. Dans cette construction c'est la deuxième voyelle qui domine la première.

Voici, tout d'abord, deux exemples où le morphème associatif et le préfixe nominal du deuxième nom sont de même timbre, soit a, soit ɨ. La séquence des |a| se réalise [ə] et la séquence des |ɨ| se réalise [u] (cf. 1.2.4. pour la réalisation [u] de |ɨ|) :

|à-bò?`     á  à-bə̀r`   a| àbù?ɔ́ bə̀rə̀   "L'esclave du fou."
7-esclave 7 7-fou   Me

|ɨ̀-bò?`     ɨ́  ɨ̀-bə̀r`   a| ɨ̀bù?ú bə̀rə̀   "Les esclaves des fous."
8-esclave 8 8-fou   Me

Dans le premier exemple ci-dessous, |a| suit |ɨ|, et cette séquence se réalise [ə]. En revanche dans le deuxième exemple, c'est |ɨ| qui suit |a|, et cette séquence se réalise [u]. Ce sont ces réalisations qui permettent de dire que le timbre de la deuxième voyelle domine celui de la première :

|ɨ̀-bò?`     ɨ́  à-bə̀r`   a| ɨ̀bù?ɔ́ bə̀rə̀   "Les esclaves du fou."
8-esclave 8 7-fou   Me

|à-bò?`     á  ɨ̀-bə̀r`   a| àbù?ú bə̀rə̀   "L'esclave des fous."
7-esclave 7 8-fou   Me

1.3.2. Syntagme à fonctionnel locatif | á |

Le **a** du locatif l'emporte sur la voyelle ɨ : a (locatif) + ɨ donne [a] ou [ə], selon que **a** est précédé d'une pause ou non :

|á ɨ̀-swóm´   a| á ʃ⁺ómɔ́   "Au champ."
Loc 3-champ Me

|à líʔɨ́`   á ɨ̀-swóm´   a| à lɨ̀ʔⁱɔ́ ʃ⁺ómɔ́   "Elle cultive au champ."
1   P₀+cultiver Loc 3-champ Me

REMARQUE 3 : les morphèmes associatifs |a| et |ɨ| ne peuvent jamais apparaître après une pause, tandis que le morphème locatif le peut. C'est peut-être pour cela que dans le cas de la construction associative la voyelle de l'associatif s'efface au profit de la voyelle qui la suit (voyelle qui étant celle du Pn du deuxième nom, peut apparaître après une pause), alors que dans le cas du syntagme locatif, la voyelle du morphème locatif l'emporte sur la voyelle qui la suit.

---

[10] Ce qui est dit du locatif |á| vaut pour le fonctionnel objet |á|.

1.4. Insertion / Élision de voyelle

En I.1.4. il a été brièvement question d'une "voyelle finale". On a vu que, dans le cadre des rapprochements utilisés pour identifier les phonèmes (fin de question totale), cette voyelle était présente après les C_2 orales, mais pas après les C_2 nasales, ceci aussi bien pour les verbes que pour les noms.

Pourquoi alors attribuer un statut différent à la voyelle finale selon qu'elle se trouve en fin de nom ou en fin de verbe ? En effet, on estime que dans le cas des noms, on a affaire à une voyelle épenthétique, tandis que dans le cas des verbes on estime que la voyelle de la flexion s'élide. Pourquoi ne pas avoir plutôt considéré que certains noms comportaient une voyelle finale, ou au contraire, que la flexion de certaines formes verbales se réduisait à un (des) ton(s) ?

Le choix fait dans le présent travail a été motivé par la différence de réalisation segmentale entre les noms et les verbes à racine CVn (les verbes étant conjugués au P_0 de l'indicatif) quand le terme qui les suit commence par une consonne (la consonne d'accord de l'anaphorique, pour les noms, et la consonne du Pn du nom en fonction de complément objet pour les verbes) :

Tableau 19 – Racines nominales CVn

|ǹ-kwén`|	ŋk↑wén ts↓â[11]	|bèn`|	bèm bâ
"petit bois"	"Les petits bois."	"personnes"	"Les personnes."
|nì-bɔ́n`|	nìb↑ɔ́ n↓â	|à-bàn`|	àbàn dzâ
"sein"	"Le sein."	"sac"	"Le sac."
|ì-fòn´|	ìfòn tsâ	|ì-bɔ́n`|	ìb↑ɔ́m b↓â[12]
"lions"	"Les lions."	"enfants"	"Les enfants."

On constate que les voyelles des racines ont une représentation directe et que la C_2 n partage le point d'articulation de la consonne initiale de l'anaphorique (sauf si cette consonne est une nasale, la C_2 n n'étant alors pas représentée).

Tableau 20 – Racines verbales CVn

|fèn-|	mà fíŋ mìbɔ̀ʔɔ́	|zén-|	mà zě̀ bè̀
"vendre"	"J'ai vendu des citrouilles."	"voir"	"J'ai vu des gens."
|kə̀n-|	mà kǔŋ bìbúʔɔ́	|sán-|	mà sǰ nìbìɔ́
"arrêter"	"J'ai arrêté des chimpanzés."	"fendre"	"J'ai fendu une kola."
|zón-|	mà zǔŋ físáŋɔ̀	|tɔ̀n-|	mà tǒ̀ mìsàɣɔ̀
"acheter"	"J'ai acheté un balai."	"griller"	"J'ai grillé des prunes."[13]

---

[11] Dans ce syntagme, la faille tonale est due à la non-réalisation directe du ton B final du nom (*cf.* 2.3.9.C.).

[12] *Cf.* la note précédente.

[13] Fruits oblongs et violacés.

On constate que la voyelle des racines verbales a un timbre plus fermé dans les réalisations que dans les formes structurelles. Quant à la C$_2$ **n**, ou elle se réalise [ŋ] quelle que soit la consonne intiale du nom objet (*cf.* tableau de gauche), ou elle se manifeste dans la nasalisation de la voyelle de la racine verbale (*cf.* tableau de droite). Or, ce sont, indépendamment de leur catégorie, les réalisations qu'ont les morphèmes CV**n** devant une voyelle (*cf. supra* en 1.2.2. et 1.2.5.).

C'est donc à cause de ces différences de réalisation entre noms et verbes qu'on a posé, au niveau segmental, une flexion verbale minimale |i|. La fin d'une question totale est le seul contexte où il n'y a pas de trace de cette flexion (*cf. infra* en 1.5.).

1.5. Phénomènes de sandhi en présence de la C$_2$ n

On a déjà eu un aperçu des alternances vocaliques au sein des racines liées à la présence d'une C$_2$ **n** et des différentes manifestations de **n**, en 1.1.2., 1.1.5., 1.2.2., 1.2.5. et 1.4. C'est sur ces phénomènes que l'on revient plus en détail dans cette section.

Pour les présenter, on prendra des verbes et des noms dans différents contextes :
– Fin de question totale (contexte subséquent = rien)
– Devant l'anaphorique (pour les noms), et devant des suffixes de dérivation (pour les verbes) (contexte subséquent = consonne)
– Devant la marque d'énoncé |a|[14] (contexte subséquent = voyelle)

On commencera cette présentation par les racines CV**n** dont la voyelle est fermée, puis on continuera avec celles dont la voyelle est mi-fermée, et on finira par celles dont la voyelle est ouverte.

1.5.1. La voyelle de la racine est fermée

Seuls sont attestés des verbes (mais pas de noms) avec une voyelle fermée. On utilise ci-dessous les verbes |ʃĭn| "étirer", |kfŭn| "frapper du poing, trop assaisonner", |lvŭn| "être vieux"[15], et/ou leurs dérivés.

Tableau 21 – Voyelle fermée

CVn	CVn /— C			CVn /— V
à ʃĭn "L'a-t-il étirée ?"	í ʃᵗí-n ↓ɔ́ "Elle s'est vite étirée."	à ʃìn-tɔ̂ "Il l'a étirée un peu."	í ʃᵗíŋ-k ↓ɔ́ "Elle s'est étirée peu à peu."	à ʃìŋɔ̂ "Il l'a étirée."
à kfŭn "L'a-t-il frappé ?"	bí kfᵗú-n ↓ɔ́ "Ils l'ont frappé ensemble."	à lvùn-tɔ̂ "Il est un peu vieux."	bí kfᵗúŋ-k ↓ɔ́ "Ils l'ont frappé séparément."	à kfùŋɔ̂ "Il l'a frappé."

---

[14] Les réalisations des racines CV**n** sont les mêmes que la voyelle soit **a** ou **i** (*cf.* 1.1.5. et 1.2.5.).
[15] Les C$_1$ de ces trois racines verbales sont transcrites ici telles qu'elles se réalisent.

Que constate-t-on ?

– La C$_2$ **n** se réalise [n] en fin de question totale (elle peut aussi ne pas être représentée dans ce contexte), elle n'est pas représentée devant la nasale du suffixe **-n**, et elle partage le trait de localisation de la consonne des suffixes **-t** (alvéolaire) et **-k** (vélaire).

– Il n'y a pas d'alternance vocalique : **i** est toujours réalisée [i], et **u**, [u].

1.5.2. La voyelle de la racine est mi-fermée

Sont attestés avec une voyelle mi-fermée, des verbes aussi bien que des noms.

Tableau 22 – Voyelle mi-fermée dans les verbes

CVn	CVn /— C			CVn /— V
à fěn "L'a-t-il vendu ?"	**bí f$^\uparrow$é-n$^\downarrow$ə̂** "Ils ont vendu ensemble."	**à fèn-tə̂** "Il a un peu vendu."	**bí f$^\uparrow$íŋ-k$^\downarrow$ə̂** "Ils ont vendu séparément."	**à fíŋə̂** "Il l'a vendu."
à bǎn "Est-il retourné ?"	**á f$^\uparrow$ə́-n$^\downarrow$ə̂** "Elle est fermée."	**à bàn-tə̂** "Il a reculé un peu."	**í t$^\uparrow$ɯ́ŋ-k$^\downarrow$ə̂** "Ils sont durs."	**à bɯ̀ŋə̂** "Il est retourné."
à kǒn "Est-il entré ?"	**bí kó-nə̂** "Ils sont entrés ensemble."	**ì lòn-tə̂** "Elle est en partie pleine."	**í lúŋ-kə̂** "Elles sont toutes pleines."	**à kùŋə̂** "Il est entré."

REMARQUE 4 : sont utilisés dans le tableau (22) les verbes : |fên| "vendre", |bən| "retourner", |fən| "fermer", |tən| "être dur", |kón| "entrer", |lón| "remplir (*intr.*)", et/ou leurs dérivés.

Tableau 23 – Voyelle mi-fermée dans les noms

CVn	CVn /— C		CVn /— V
ŋkwén "Du petit bois ?"		**ŋk$^\uparrow$wéŋ g$^\downarrow$wâ** "Le petit bois"	**ŋkwíŋə̂** "petit bois"
mìdzèn "De l'urine ?"	**mìdzè mâ** "L'urine."		**mìdzìŋə̂** "urine"
àfən "Une serrure ?"	**àfən dzâ** "La serrure."		**àfɯŋə̂** "serrure"
ìfən "Un tibia ?"		**ìfɯ̀ŋ gwâ** "Le tibia."	**ìfɯŋə́** "tibia"
fìkón "Un haricot ?"	**fìk$^\uparrow$ó f$^\downarrow$â** "Le haricot."		**fìkúŋə̂** "haricot"
ìkòn "Un lit ?"		**ìkùŋ gwâ** "Le lit."	**ìkùŋə̂** "lit"
àfòn "Un lion ?"	**àfòn dzâ** "Le lion."	**àfùŋ gwâ** "Le lion."	**àfùŋə́** "lion"

Que constate-t-on ?

– Pour les verbes (tableau 22) :

Les mêmes réalisations pour la C$_2$ **n** qu'en 1.5.1.

Mais des alternances vocaliques : e/i, ə/ɯ, o/u : les voyelles fermées sont attestées devant la réalisation [ŋ] de **n** (*cf.* les deux colonnes de droite du tableau 22), les voyelles mi-fermées dans les autres contextes (*cf.* les trois colonnes de gauche du tableau 22).

– Pour les noms (tableau 23) :

Les réalisations de la C$_2$ **n** sont les mêmes que pour les verbes (tableau 22). On a en plus, dans ce tableau 23, une illustration de la non-représentation de **n** devant une fricative sourde avec **fɪk˥ó f˦â** "Le haricot".

Mais les alternances vocaliques **e/i, ə/ɯ, o/u** sont moins tranchées que pour les verbes : les voyelles fermées sont bien attestées devant la réalisation [ŋ] de **n** suivie d'une voyelle (*cf.* la colonne de droite du tableau 23), mais pas toujours devant la réalisation [ŋ] de **n** suivie d'une consonne (*cf.* [ŋ̀k˥wén g˦wâ] "Le petit bois", et non *[ŋ̀k˥wíŋ g˦wâ]). Le cas de |àfòn´| "lion" est intéressant (*cf.* la dernière ligne du tableau 23). Ce nom appartient à la classe 7. Dans un emploi ordinaire, l'accord du déterminant se fait donc en cl. 7, d'où : [àfòn dzâ] "Le lion". Cependant dans un des contes recueillis, le conteur personnifie, de temps en temps, le lion (qui est l'un des protagonistes du conte) et choisit d'accorder l'anaphorique en cl. 1, d'où [àfùŋ gwâ][16]. Le conteur réalise alors la C$_2$ **n**, [ŋ], et la voyelle de la racine nominale, fermée, soit [**u**].

1.5.3. *La voyelle de la racine est ouverte*

Tableau 24 – Voyelle ouverte dans les verbes

CVn	CVn/— C			CVn /— V
à ɣěn "Est-il parti ?"	**bí kwé-nâ** "Ils sont rentrés ensemble."	**à ɣèn-tâ** "Il s'est poussé un peu."	**bí ɣ˥éŋ-k˦ɔ̂** "Ils sont partis séparément."	**à ɣě** "Il est parti."
à ɣǎn "A-t-il vaga-bondé ?"	**bí ɣá-nâ** "Ils ont vagabondé ensemble."	**à ɣàn-tâ** "Il s'est promené."	**à ɣə̀ŋ-kâ** "Il a erré."	**à ɣə̌** "Il a vaga-bondé."
à tǒn "A-t-il brûlé ?"	**bí sɔ́-nâ** "Ils ont avancé ensemble."	**à tòn-tâ** "Il a réchauffé."	**bí sɔ́ŋ-kâ** "Ils ont avancé séparément."	**à tǒ** "Il a brûlé."

REMARQUE 5 : sont utilisés dans le tableau (24) les verbes |ɣèn| "aller", |kwén| "rentrer", |ɣán| "vagabonder", |tòn| "brûler", |sɔ́n| "avancer courbé" et/ou leurs dérivés.

Tableau 25 – Voyelle ouverte dans les noms

CVn	CVn /— C	CVn /— V
bèn "Des gens ?"	**bèm bâ** "Les gens"	**bè** "gens"
mákyèn "Un piège ?"		**mákyèŋ gwâ** "Le piège"	**mákyè** "piège"
ŋ̀kàn "Un singe ?"	**ŋ̀kàn dzâ** "Le singe"	**ŋ̀kǎ** "singe"
dàn "Une calebasse ?"		**dàŋ gwâ** "La calebasse"	**də̌** "calebasse"
nɪ̀ɣɔ̀n "Une maladie ?"	**nɪ̀ɣɔ̀ nâ** "La maladie"	**nɪ̀ɣò** "maladie"
ŋ̀gɔ́n "Un intestin ?"		**ŋ̀g˥ɔ́ŋ g˦wâ** "L'intestin"	**ŋ̀gɔ̌** "intestin"

---

[16] La cl. 1 (et plus spécialement la cl. 1^b) est celle où se trouve la grande majorité des noms référant à des humains.

Que constate-t-on ?

– Pour les verbes (tableau 24) :

Les mêmes réalisations pour la C_2 **n** qu'en 1.5.1. (*cf.* tableau 21) et qu'en 1.5.2. (*cf.* tableau 22), sauf devant la voyelle **a** de la marque d'énoncé : dans ce contexte, **n** se manifeste par la nasalisation de la voyelle de la racine verbale qui, elle-même, se réalise plus fermée que la voyelle orale correspondante.

La présence d'alternances vocaliques : ɛ/ẹ, ɔ/ọ, a/ạ ; les voyelles nasalisées sont attestées devant la réalisation [ŋ] de **n** (on suppose que la réalisation vélaire de **n** se maintient devant une consonne vélaire (*cf.* l'avant-dernière colonne de droite du tableau 24), mais disparaît en l'absence d'une telle consonne, à condition toutefois que la voyelle nucléaire soit nasalisée (*cf.* la colonne de droite du tableau 24). Les voyelles orales sont attestées dans les autres contextes (*cf.* les trois colonnes de gauche du tableau 24).

– Pour les noms (tableau 25) :

Les réalisations de la C_2 **n** sont les mêmes que dans les verbes (*cf.*tableau 24).

Les alternances vocaliques sont bien tranchées, mais ont une distribution autre que pour les verbes, puisque cette distribution n'est pas liée à la réalisation vélaire de la C_2 **n**. En effet les voyelles (plus fermées) nasalisées ẹ, ọ, ạ sont attestées devant une voyelle, non réalisée segmentalement (*cf.* la colonne de droite du tableau 25), les voyelles (plus ouvertes) orales correspondantes, ɛ, a, ɔ, partout ailleurs, même devant la réalisation vélaire [ŋ] de la C_2 **n** (*cf.* la troisième colonne du tableau 25).

1.5.4. Discussion

Toutes ces réalisations posent des problèmes qui restent sans solution.

1.5.4.A. Problème de la C_2 **n**

On a défini cette consonne comme une nasale alvéolaire (*cf.* I.4.8.). Dans le cadre utilisé pour identifier les phonèmes, à savoir "fin de question totale", cette nasale se réalise alvéolaire (ou n'est pas représentée) et elle s'oppose à deux autres nasales, l'une labiale, l'autre vélaire.

Les C_2 **m** et **ŋ** n'ont chacune qu'une réalisation dans tous les contextes : **m** se réalise labiale, et **ŋ** se réalise vélaire. Nous constatons grâce aux données des tableaux 21 à 25 qu'il n'en va pas de même pour la C_2 **n** : elle n'est pas représentée devant une consonne nasale ou fricative sourde. Elle partage le trait de localisation de toute autre consonne qui la suit ; de plus, toute consonne qui la suit doit être réalisée occlusive : les continues sonores **l**, **z** et **ɣ** se réalisent donc respectivement [d], [dz] et [g]. Enfin, elle se réalise vélaire devant une voyelle, à condition que la voyelle nucléaire soit fermée ou mi-fermée (*cf.* les tableaux 21 à 23), et se manifeste dans la nasalisation de la voyelle nucléaire si celle-ci est ouverte (*cf.* les tableaux 24 et 25).

Au vu de toutes ces réalisations, on peut se demander s'il est légitime de reconnaître une C_2 **n** et de lui attribuer, pour la définir, un trait de localisation alvéolaire. Mais, d'un autre côté, cette C_2 s'oppose, dans tous les contextes, à la fois à **m** (labiale) et à **ŋ** (vélaire). Ses différentes réalisations ne peuvent donc pas être celles d'un archiphonème nasal.

1.5.4.B. Problème des modifications de la voyelle nucléaire et de la distribution de ses variantes.

Si on accepte que les réalisations des voyelles des morphèmes CVn en fin de question totale en sont les représentations directes, leurs modifications, dans certains contextes, consistent en une fermeture, et en plus, dans le cas des voyelles ouvertes, en une nasalisation.

Des divergences de réalisation de la voyelle nucléaire entre les verbes et les noms apparaissent dans le contexte d'une consonne vélaire :
– Les voyelles ouvertes (**ɛ, a, ɔ**) sont nasalisées (et plus fermées) pour les verbes (*cf.* tableau 24), mais pas pour les noms (*cf.* tableau 25).
– Les voyelles mi-fermées (**e, ə, o**) se réalisent systématiquement fermées pour les verbes (*cf.* tableau 22), mais pas pour les noms, si on en juge par [ŋ̀kwˈéŋ gˡwâ] "Le petit bois." (*cf.* tableau 23)[17].

Cependant, d'une part cette consonne vélaire n'est pas la même pour les verbes et les noms : dans un cas elle est sourde **k**, dans l'autre elle est sonore **ɣ** (réalisée [g]) ; d'autre part les frontières de morphème ne sont pas les mêmes non plus, puisque **kɨ** est un suffixe dérivationnel et [**gwâ**] un terme indépendant. Ces différences expliquent peut-être les divergences de réalisation de la voyelle nucléaire entre les verbes et les noms.

1.6. Désyllabification de la nasale syllabique

Cette nasale a été présentée en I.1.2. et en I.2. Précédée d'une voyelle, elle perd sa syllabicité et constitue le dernier segment de la syllabe précédente. Son ton ne disparaît pas pour autant (*cf.* en 2. ci-après).

---

[17] Il faudrait d'autres exemples, mais il ne se trouve aucun autre nom à racine CV**n** dont la voyelle est **e** dans l'ensemble des noms recueillis de cl. 1 et 3 (classes pour lesquelles la consonne des morphèmes d'accord est vélaire).

2. MORPHOTONOLOGIE

2.1. Variations tonales des racines nominales

Les racines considérées ici sont les racines de structure CV(C(V)), ne comportant pas d'éléments périphériques (*cf.* I.1.3.).

Rappelons que ces racines nominales sont obligatoirement précédées d'un préfixe nominal (l'absence de préfixe en cl. 1ᵃ étant significative).

Les Pn sont de structure CV, V, ou N. Leur ton est B à toutes les classes.

Certains noms, ceux qui au singulier appartiennent à la cl. 3ᵇ, conservent leur Pn singulier au pluriel (pluriel qui se forme en cl. 6) :

|ŋ̀-kòm` a|	ŋ̀kòmɔ̀	"boîte"[18]
|mì-ŋ̀kòm` a|	mìŋ̀kòmɔ̀	"boîtes"

Ceci a des conséquences, au plan tonal, comme nous le verrons en 2.1.2., puisque la racine est alors toujours directement précédée de deux tons B.

2.1.1. Structure tonale des racines nominales

Au plan lexical, il y a deux niveaux pertinents : haut et bas. A chaque racine sont associés deux tons. On a donc quatre combinaisons possibles : B B, B H, H H et H B.

Ces quatre combinaisons ont une représentation directe, soit [B B], [B H], [H H] et [H B], lorsque des noms appartenant au genre 1ᵃ (Pn Ø-, *i.e.* absence de préfixe nominal) / 2ᵃ (Pn bì-) sont prononcés, par exemple, en isolation :

|kàŋ` a|	kàŋɔ̀	"écureuil"
|sàŋ´ a|	sàŋɔ́	"lune"
|súŋ´ a|	súŋɔ́	"oiseau"
|sár` a|	sárɔ̀	"oiseau tisserand"
|bì-kàŋ` a|	bìkàŋɔ̀	"écureuils"
|bì-sàŋ´ a|	bìsàŋɔ́	"lunes"
|bì-súŋ´ a|	bìsúŋɔ́	"oiseaux"
|bì-sár` a|	bìsárɔ̀	"oiseaux tisserands"

Lorsque les noms appartiennent à un autre genre, la combinaison tonale H H n'est pas représentée en isolation. Ne sont attestées que les trois prononciations [B B], [B H] et [H B] :

|mì-kɔ̀b` a|	mìkɔ̀bɔ̀	"ceintures"
|mì-bɔ̀ʔ´ a|	mìbɔ̀ʔɔ́	"citrouilles"

---

[18] Les informateurs de référence avec qui j'ai travaillé, citent les noms suivis de la marque d'énoncé (Me), d'une manière systématique s'il s'agit de la marque |a|, moins systématique s'il s'agit de la marque |ɣe|. Le dernier ton de la racine nominale se réalise sur la marque énonciative. Dans les formes structurelles, les segments sont transcrits tels qu'ils se réalisent sauf, par exemple ici, la Me |a|. Les tons eux sont structurels.

|mì-bɔ́ʔ´ a| mìbɔ̀ʔɔ́   "champignons"[19]
|mì-lú ʔ` a| mìlúʔɔ̀   "cuillères"

Il suffit cependant que ces noms soient précédés, en structure, d'un ton H pour que l'on retrouve une quadruple opposition entre racines nominales. Dans les exemples ci-dessous, le ton H qui précède les noms est celui de la finale de la forme impérative |lɔɣɪ́| "prends". Ce ton H se manifeste sur le Pn du nom objet :

lɔ̀ɣɪ̀ míkɔ̀bɔ̀   "Prends des ceintures!"
lɔ̀ɣɪ̀ míbɔ̀ʔɔ́   "Prends des citrouilles!"
lɔ̀ɣɪ̀ míb ꜛɔ́ʔɔ́[20]   "Prends des champignons!"
lɔ̀ɣɪ̀ míl ꜛúʔɔ̀   "Prends des cuillères!"

Dans le contexte d'un H, comme l'attestent les énoncés ci-dessus, les noms pour "citrouilles" et "champignons" se distinguent. On a [míbɔ̀ʔɔ́] "citrouilles" et [míbꜛɔ́ʔɔ́] "champignons". Les tons H de la racine de |mì-bɔ́ʔ´| "champignons" se réalisent supra-haut (tout comme le premier ton, H de la racine du nom |mì-lú ʔ`| "cuillères"). On a affaire ici au phénomène de faille tonale exposé en 2.3.8. et sv.

2.1.2. Neutralisations

2.1.2.A. Neutralisation entre les combinaisons B H et H H

– Cette neutralisation a lieu lorsque les noms ne sont précédés d'aucun ton (en isolation donc) ou qu'ils sont précédés d'un ton B. On a déjà fourni en 2.1.1. une illustration de cette neutralisation avec mìbɔ̀ʔɔ́, qui peut aussi bien signifier "citrouilles" que "champignons". Suit un autre exemple, après un ton B. Le ton B est celui de la finale du verbe |lɔ̀ɣ-| "prendre" conjugué au successif : |á ´ lɔ̀ɣɪ̀|[21]. La forme structurelle des noms, de cl. 3ᵇ, figure à gauche :

|ŋ̀-kòm`| "boîte"   á lɔ́ɣɪ̀ ŋkòmɔ̀   "…et il a pris une boîte."
|ŋ̀-gàŋ´| "racine"   á lɔ́ɣɪ̀ ŋgàŋɔ́   "…et il a pris une racine."
|ŋ̀-gwɔ́ŋ´| "pot"   á lɔ́ɣɪ̀ ŋgwɔ̀ŋɔ́   "…et il a pris un pot."
|ǹ-tɔ́m`| "cœur"   á lɔ́ɣɪ̀ ntɔ́mɔ̀   "…et il a pris un cœur."

Les racines des noms |ŋ̀-gàŋ´| "racine" et |ŋ̀-gwɔ́ŋ´| "pot" se réalisent toutes deux [B H]. Il suffit que ces noms soient précédés d'un ton H (le ton H de la finale de la forme impérative |lɔɣɪ́| "prends", par exemple) pour qu'ils se distinguent au plan tonal :

lɔ̀ɣɪ́ ŋgàŋɔ́   "Prends une racine!"
lɔ̀ɣɪ́ ŋgꜛwɔ́ŋɔ́   "Prends un pot!"

– Cette neutralisation entre les racines B H et H H a lieu même lorsque les noms sont précédés d'un ton H, dans les conditions suivantes :

---

[19] Lorsque le nom |mì-bɔ́ʔ´| "champignons" est prononcé en isolation, son premier ton H structurel est remplacé par un ton B d'où la prononciation [mìbɔ̀ʔɔ́] (cf. 2.3.6.B.).
[20] Le signe diacritique ꜛ indique que tous les tons hauts qui le suivent se réalisent supra-hauts (à condition que ces tons hauts ne soient pas séparés les uns des autres par des tons bas).
[21] Cf. IV.3.5.

79

Au pluriel, les noms donnés ci-dessus conservent leur Pn sg. |n̄-| derrière le Pn pl. |mì-|. La racine est alors précédée, en structure, de deux tons B, si bien que, même après un ton H, celui de la finale de la forme impérative |lɔ̀ɣí| "prends", par exemple, il y a neutralisation des combinaisons B H et H H, toutes deux réalisées [B H] :

|lɔ̀ɣí mì-ŋkòmˋ a|	lɔ̀ɣì mîŋkòmɔ̀	"Prends des boîtes !"
|lɔ̀ɣí mì-ŋgàŋ´ a|	lɔ̀ɣì mîŋgàŋɔ́	"Prends des racines !"
|lɔ̀ɣí mì-ŋgwɔ́ŋ´ a|	lɔ̀ɣì mîŋgwɔ̀ŋɔ́	"Prends des pots !"
|lɔ̀ɣí mì-n̄tɔ́mˋ a|	lɔ̀ɣì mîntɔ́mɔ̀	"Prends des cœurs !"

Seules les formes sg. de ces noms permettent de distinguer les racines B H des racines H H.

2.1.2.B. Neutralisations en fin de question totale

L'énoncé interrogatif (total) se caractérise par l'absence des marques d'énoncé |a| ou |ɣe|, et par une modification tonale du dernier morphème en l'absence de |a|. En ce qui concerne le nom, cette modification consiste, en général, en la non-représentation de son dernier ton. Lorsque le nom se termine par une voyelle épenthétique de relâchement, cette voyelle porte alors le même ton que la syllabe nucléaire précédente. En conséquence :

– Si le nom est précédé d'un ton B, ou d'aucun ton, il y a neutralisation entre les combinaisons B B, B H et H H :

|mì-kɔ̀bˋ|	mìkɔ̀bì	"Des ceintures ?"
|mì-bɔ́ʔ´|	mìbɔ̀ʔɔ̀	"Des citrouilles ?"
|mì-bɔ́ʔ´|	mìbɔ̀ʔɔ̀	"Des champignons ?"
|mì-lú?ˋ|	mìlú?ú	"Des cuillères ?"
|mì-ŋkòmˋ|	mìŋkòm	"Des boîtes ?"
|mì-ŋgàŋ´|	mìŋgàŋ	"Des racines ?"
|mì-ŋgwɔ́ŋ´|	mìŋgwɔ̀ŋ	"Des pots ?"
|mì-n̄tɔ́mˋ|	mìntɔ́m	"Des cœurs ?"

– Si le nom est précédé d'un ton H, il y a neutralisation entre les combinaisons B B et B H d'une part, H H et H B d'autre part (à condition toutefois que la racine soit préfixée d'un seul Pn, et non de deux). Dans les exemples qui suivent, le ton H est celui de la finale du verbe |lɔ̀ɣ-| "prendre" au consécutif "futur"[22]. Ce ton H se manifeste sur le Pn du nom objet :

flɔ̀ɣì míkɔ̀bì	"…et il prendra des ceintures ?"
flɔ̀ɣì míbɔ̀ʔɔ̀	"…et il prendra des citrouilles ?"
flɔ̀ɣì míbᵗɔ́ʔɔ́	"…et il prendra des champignons ?"
flɔ̀ɣì mîlᵗú?ú	"…et il prendra des cuillères ?"

---

22 *Cf.* IV.3.8.2.

2.1.2.C. Neutralisation entre les combinaison B B et H B en cl. 1ᵃ

Cette neutralisation a lieu après un ton H, celui du fonctionnel objet |á|, par exemple :

|á kàŋˋ a|	á káŋɔ̀	"Un écureuil."
|á sárˋ a|	á sárɔ̀	"Un oiseau tisserand."
|á sàŋ´ a|	á s ꜛáŋ ꜜɔ́[23]	"La lune."
|á súŋ´ a|	á súŋɔ́	"Un oiseau."

Le ton H du fonctionnel se manifeste sur le fonctionnel lui-même, mais aussi sur les racines nominales dont le premier ton est B : ainsi les noms de structure tonale B B se réalisent [H B] tout comme les noms de structure H B.

2.2. Variations tonales des racines verbales

2.2.1. Opposition tonale entre racines verbales

Le ton lexical de la racine verbale est H ou B. L'opposition entre racine à ton B et racine à ton H se retrouve dans plusieurs constructions verbales. On a relevé deux manifestations différentes de cette opposition.

2.2.1.A. Le radical à ton lexical B porte un ton B, le radical à ton lexical H porte un ton H

REMARQUE 1 : ce ton H peut être abaissé (ꜜH) par rapport au ton haut H précédent, ou être supra-haut (ꜛH).

|lɔ̀ɣíˋ a|	lɔ̀ɣɔ̂	"Prends (le)!"[24]
|bú?íˋ a|	bú?ɔ̀	"Défriche !"
|mà ꜜmì ìˋ lɔ̀ɣí a|	mà m ꜛì lɔ̀ɣɔ́	"Je (le) prendrai."[25]
|mà ꜜmì ìˋ bú?í a|	mà m ꜛì b ꜜú?ɔ́	"Je défricherai."
|ìˋ lɔ̀ɣí a|	ílɔ̀ɣɔ́	"…et il (le) prendra."[26]
|ìˋ bú?í a|	íb ꜛú?ɔ́	"…et il défrichera."

2.2.1.B. Le radical à ton lexical B porte un ton ꜛHꜜ et le radical à ton lexical H porte un ton H

|á bì ´lɔ̀ɣí a|	á bì lꜛɔ́ɣ ꜜɔ́	"qu'ils le prennent."[27]
|á bì ´bú?í a|	á bì bú?ɔ́	"qu' ils défrichent."

---

[23] RAPPEL : la flèche ꜜ signale que tous les tons hauts qui suivent se réalisent moins haut que les tons hauts précédents. Dans cet exemple le ton de la première syllabe de [s ꜛáŋ ꜜɔ́] "lune" se réalise supra-haut.

[24] Impératif (cf. IV.3.2.).

[25] Futur (cf. IV.3.3.3.).

[26] Consécutif futur (cf. IV.3.8.2.).

[27] La conjonction |á| introduit obligatoirement une proposition dont le verbe est à l'exhortatif, comme c'est le cas ici (cf. IV.3.6.).

REMARQUE 2 : l'abaissement indiqué par la flèche ↓ après le ton supra-haut (↑H) ne se manifeste que si le ton H subséquent est réalisé. Dans les exemples ci-après, le ton H de la finale ne se réalise pas, il n'y a donc pas d'abaissement :

|bɨ̀ lɔ̀ɣɨ̂` a| bɨ̀ l ↑ɔ́ɣɔ̀   "Ils ont pris."[28]

|bɨ̀ bú?ɨ̂` a| bɨ̀ bú?ɔ̀   "Ils ont défriché."

2.2.2. Neutralisations

2.2.2.A. Neutralisation en faveur du ton B

|mà lɔ̀ɣɨ̂` a| mà lɔ̀ɣɔ̂   "Je [l]'ai pris."[29]

|mà bú?ɨ̂` a| mà bù?ɔ̂   "J'ai défriché."

2.2.2.B. Neutralisation en faveur du ton H

|mà ´lɔ̀ɣɨ̀ a| mà lɔ́ɣɔ̀   "...et je [l]'ai pris."[30]

|mà ´bú?ɨ̀ a| mà bú?ɔ̀   "...et j'ai défriché."

2.2.2.C. Neutralisation en faveur du ton ↑H↓

|bɨ̀ lɔ̀ɣnɨ̂`´ a| bɨ̀ l ↑ɔ́ɣ ↓ɨ́nɔ́   "...[qu']ils ont pris."[31]

|bɨ̀ bú?nɨ̂`´ a| bɨ̀ b ↑ú? ↓únɔ́   "...[qu']ils ont défriché."

2.3. Processus tonals

On a pu constater dans les sections 2.1. et 2.2. que noms et verbes ne se réalisent pas toujours avec les tons qu'on leur a associés en structure. D'autre part, les constituants d'un syntagme ou d'un énoncé n'ont pas forcément les mêmes réalisations tonales lorsqu'ils s'enchaînent au sein du syntagme ou de l'énoncé que lorsqu'ils sont réalisés séparément.

Pour rendre compte des réalisations tonales en mankon, on pose les principes suivants :

– comme point de départ, des formes structurelles qui bien souvent comportent plus de tons que de syllabes : pour chaque morphème, qu'il soit lexical ou grammatical, est posée une forme structurelle unique, conçue de façon à pouvoir en dériver les différentes réalisations du morphème en question grâce à un ensemble de règles ou processus

– formation de "séquences" tonales, *i.e.* plusieurs tons associés à une seule syllabe, suite aux processus suivants (ces processus peuvent se combiner) :

---

[28] P$_0$ de l'indicatif (*cf.* IV.3.3.1.).
[29] P$_0$ de l'indicatif (*cf.* IV.3.3.1.).
[30] Successif (*cf.* IV.3.5.).
[31] P$_0$ du relatif (*cf.* IV.3.4.).

a) réduction du nombre de syllabes
b) fixation d'un ton sur la syllabe qui le suit
c) répétition du ton d'une syllabe sur la syllabe suivante

– simplification des séquences tonales ainsi formées : selon les contextes, la simplification aboutit à un ton ponctuel ou modulé, ou à une faille.

On présente d'abord, de 2.3.1. à 2.3.7., les simplifications de séquences qui n'aboutissent pas à une faille tonale, et de 2.3.8. à 2.3.13. celles qui y aboutissent.

2.3.1. Simplifications n'aboutissant pas à une faille tonale : introduction

Le principe qui régit la simplification des diverses séquences (de deux ou plus de deux tons) présentées dans les sections 2.3.2. à 2.3.5. consiste en l'élimination du premier et/ou du dernier ton des séquences quand ceux-ci sont identiques au ton qui précède et/ou suit les séquences. Après élimination du premier et/ou du dernier ton, les tons successifs de même valeur restants fusionnent en un seul ton.

La simplification des séquences à deux tons (HB et BH) exposée en 2.3.6. se fait par l'élimination de leur deuxième ton. Les exceptions à ce deuxième principe sont présentées en 2.3.7.

L'application de l'un ou de l'autre de ces deux principes dépend à la fois de la composition des séquences et du cadre dans lequel elles se trouvent.

CONVENTIONS DE NOTATION : dans les formules résumant les simplifications de séquences, le tiret – indique une frontière syllabique ; [le début d'une syllabe nucléaire ;] la fin d'une syllabe nucléaire (ainsi, si des symboles tonals ne sont séparés d'aucun de ces diacritiques, ils constituent une "séquence" tonale) ; la flèche montante ↑ indique la surélévation du (des) ton(s) haut(s) qui la sui(ven)t et la flèche descendante ↓, l'abaissement du (des) ton(s) haut(s) qui la sui(vent). Les tons modulés sont soulignés : HB, BH, etc. Les flèches montante et descendante sont utilisées avec la même valeur dans les exemples.

2.3.2. Simplification de séquences en un ton B

H–**HB** ≠	→	H–**B** ≠
H–**HBB**–{B, H}	→	H–**B**–{B, H}
H–**HBBH**–H	→	H–**B**–H

H(B)–**BH**–H	→	H–**B**–H
H–**BBH**–H	→	H–**B**–H

2.3.2.A.   H–**HB** ≠→ H–**B** ≠

Le ton H de la séquence (structurelle) HB est éliminé parce que précédé d'un H.

|bí bú?íˋ a| bí bú?ə̂   "Ils ont défriché."
2   P₀+défricher Me

REMARQUE 3 : précédée d'un ton B la séquence HB se réalise en un ton descendant HB : à bù?ə̂ "Il a défriché".

2.3.2.B.   H–**HBB**–{B, H} → H–**B**–{B, H}

Le ton H de la séquence HBB est éliminé parce que précédé d'un H.

Le dernier ton B est éliminé lorsqu'il est suivi d'un B.

Lorsque la séquence est suivie d'un ton H, les deux B fusionnent en un seul ton B. A noter que la présence, en structure, de ces deux tons B empêche la formation d'une faille tonale (*cf.* le deuxième exemple ci-après).

|bí   fúrí`   ǹbàb´   a| bí fúrì mbàbɔ́   "Ils ont chassé un animal."
2   P_0+chasser animal   *Me*

|bí   fúrí`      àbéb`   a| bí fúrɔ̀ bébɔ̀   "Ils ont chassé un bouc."
2   P_0+chasser bouc   *Me*

|má   `sóbí``   mìbɔ?´   a| má sˈóbì mìbɔ̀?ɔ́   "Je coupe des citrouilles."
je   *Pr*+couper+*I* citrouilles *Me*

|mà sè´   ándzɔ̀bí``   mìkòm´ a| mà sǎ ndzˈɔ́bì mìkòmɔ́
je P_0+*Nég* chanter+*I*   chants   *Me*
"Je ne chante pas de chants."

Dans le premier exemple ci-dessus, la séquence HBB est due à la désyllabification de la nasale syllabique (le Pn du nom), dans le deuxième, elle est due à la fusion de deux syllabes et dans les derniers, elle est structurelle.

Le ton H (ˈH) qui précède la séquence HBB dans le dernier exemple est un ton dérivé.

REMARQUE 4 : On a noté une exception à cette simplification de la séquence HBB, à savoir : lorsque la séquence HBB se forme sur le Pn d'un nom de cl. 6^b, elle se simplifie en un ton modulé <u>HB</u> (et non en B) malgré le ton H qui la précède. Ceci est peut-être dû à la structure syllabique CVn du préfixe.

|fúɣí   mì-ǹ-kòm`   a| fúɣí mîŋkòmə̀   "Retire des boîtes !"
Imp+retirer   6-3^b-boîte   *Me*

|fúɣí   mì-ǹ-tə́m`   a| fúɣí mîntə́mə̀   "Retire des cœurs !"
Imp+retirer   6-3^b-cœur   *Me*

2.3.2.C.   H–**HBBH**–H → H–**B**–H

Le premier ton H de la séquence HBBH est éliminé parce que précédé d'un H, et le dernier H est lui aussi éliminé parce que suivi d'un H. Les deux B restants fusionnent pour donner un seul B.

|má   `fúrí``   á   súŋ´   a| má fˈúrɔ̀ súŋɔ́   "Je chasse un oiseau."
je   *Pr*+chasser+*I* *Fo* oiseau *Me*

|má   `fúrí``   á   kàŋ`   a| má fˈúrɔ̀ káŋə̀   "Je chasse un écureuil."
je   *Pr*+chasser+*I* *Fo* écureuil *Me*

|mà sè´   áŋgwàɣí``   á   kàŋ`   a| mà sǎ ŋgwˈáɣə̀ káŋə̀
je P_0+*Nég* effrayer+*I*   *Fo* écureuil *Me*
"Je n'effraie pas un écureuil."

Dans le dernier exemple, et le ton H (ˈH) qui précède la séquence HBBH, et le ton H qui la suit sont dérivés.

REMARQUE 5 : lorsque le verbe comporte un suffixe ou que la finale est de structure CV et non V, les séquences HB, HBB et HBBH donnent un ton descendant HB (et non un ton B) :

|bí bú?tî`   a| bí bú?útɔ̂   "Ils ont défriché un peu."
2   P_0+défricher un peu   Me

|bí bú?tî`   mìʃóm´ a| bí bú?útî mìʃòmó
2   P_0+défricher un peu   champs   Me
"Ils ont défriché les champs en partie."

|má `sóbní``   mìbɔ?´ a| má stóbíní mìbɔ?ó   "...je coupe des citrouilles."
je   Pr+couper+R+I   citrouilles   Me

|má `fúrní``   á   kàŋ`   a| má ftúrínɔ̂ káŋɔ̀   "...je chasse un écureuil."
je   Pr+chasser+R+I   Fo   écureuil   Me

2.3.2.D.   H(B)–BH–H → H–B–H

Le ton B de la séquence initiale HB est éliminé parce que suivi d'un ton B, d'où un ton H (*cf.* **lɔ́ɣɔ̀** et **íwàɣɔ́nɔ̀** ci-dessous). La séquence BH se trouve alors encadrée de tons H. Son ton H est éliminé puisque suivi d'un H :

|mà ´lɔ̀ɣì   á   kàŋ`   a| mà lɔ́ɣɔ̀ káŋɔ̀   "...et j'ai pris l'écureuil."
je   S+prendre   Fo   écureuil   Me

|í`wàɣá`nà   á   kàŋ`   a| íwàɣɔ́nɔ̀ káŋɔ̀   "...et je serai à effrayer un écureuil."
C[+F]+effrayer+I   Fo   écureuil   Me

2.3.2.E.   H–BBH–H → H–B–H

Le ton H de la séquence BBH est éliminé parce que suivi d'un ton H, dérivé dans les deux exemples ci-dessous (*cf.* **míkòmó** et **káŋɔ̀**) :

|mà `zɔ̀b´nà``´   mìkòm´ a|[32]   mà zɔ̀bínɔ̀ míkòmó   "J'ai déjà chanté des chansons."
je P_0+chanter+A   chansons   Me

|mà `wàɣ´nà``´   á   kàŋ` a| mà wàɣínɔ̀ káŋɔ̀   "J'ai déjà effrayé un écureuil."
je P_0+effrayer+A   Fo   écureuil   Me

REMARQUE 6 : ce cas de figure décrit en 2.3.2.E. n'est attesté qu'à l'achevé de l'indicatif[33], lorsque le premier ton H de la finale se réalise sur la voyelle épenthétique. Lorsque ce premier ton se fixe sur la syllabe |nà| de la finale, on obtient les réalisations suivantes : [mà zɔ̀bìnɔ̂ míkòmó] "J'ai déjà chanté des chansons." et [mà wàɣìnɔ̂ káŋɔ̀] "J'ai déjà effrayé un écureuil." (*cf.* 2.3.4.B.).

2.3.3. Simplification de séquences en un ton H

B–HB–B	→	B–H–B
B–BHB–B	→	B–H–B

---

[32] La présence du formatif (ton B) au P_0 achevé de l'indicatif (P_0A) est justifiée en IV.3.3.2.A.
[33] *Cf.* IV.3.3.2.

2.3.3.A. B–**HB**–B → B–**H**–B

Le ton B de la séquence HB est éliminé parce que suivi d'un ton B.

– HB résulte d'une fusion de syllabes :

|sùɣɨ́ àtsɛ̀ʔ´ a| — **sùɣə́ tsɛ̀ʔɛ́** — "Lave le tissu!"
Imp+laver tissu *Me*

– HB résulte de la fixation d'un H sur la syllabe suivante :

|ǹbàb´ ɨ̀ bɨ̀ləm` a| — **m̀bàbɨ́ bɨ̀ləmə̀** — "L'animal des sorciers."
animal *9* sorciers *Me*

|nɨ̀bɔ̀ʔ´ nàbyɛ̀nɨ́ a| — **nɨ̀bɔ̀ʔɔ̀ nábyɛ̀nə́** — "Une citrouille pourrie."
citrouille pourri *Me*

|mà ´sùɣɨ̀ a| — **mà súɣə̀** — "…et j'ai lavé."
je *S*+laver *Me*

– HB est présente en structure :

|mà zɔ̀bɨ́` mɨ̀kòm´ a| — **mà zɔ̀bɨ́ mɨ̀kòmə́** — "J'ai chanté des chants."
je P_0+chanter chants *Me*

|ɨ́` zɔ̀bá` nà mɨ̀kòm´ a| — **ɨ́zɔ̀bə́nə̀ mɨ̀kòmə́** — "…et je serai à chanter des chants."
C[+F]+chanter+*I* chants *Me*

REMARQUE 7 : lorsque le B de la séquence HB est celui d'un pronom / indice (le ton H étant celui d'un nom sujet de structure |(B) B H|), la séquence se réalise comme un ton modulé <u>HB</u> :

|m̀-bàb´ ɨ̀ lɔ̀ɣɨ́` a| — **m̀bàbɨ̂ lɔ̀ɣə̂** — "L'animal l'a pris."
9-animal *9* P_0+prendre *Me*

Avec cette apparente exception se pose sans doute le problème non résolu de définir les limites du domaine à l'intérieur duquel s'appliquent les règles présentées dans ce chapitre sur la morphotonologie. A noter toutefois que si le ton du pronom / indice est H, les règles présentées dans ce chapitre s'appliquent.

2.3.3.B. B–**BHB**–B → B–**H**–B

Le premier ton B de la séquence BHB est éliminé parce que précédé d'un ton B, et le dernier parce que suivi d'un ton B.

|àbùʔ` á àbər` a| — **àbùʔə́ bərə̀** — "L'esclave du fou."
esclave *7* fou *Me*

|á ǹdàb` ɨ́` bɨ̀ləm` a| — **á ndàbɨ́ bɨ̀ləmə̀** — "Au piège des sorciers."
Loc piège *Loc* sorciers *Me*

REMARQUE 8 : si la séquence BHB est précédée d'une séquence HB, elle se réalise en un ton modulé <u>BH</u> (*cf.* 2.3.5.C.)

2.3.4. *Simplification de séquences en un ton modulé <u>HB</u>*

B–**HBB**–{B, H}	→	B–**<u>HB</u>**–{B, H}
B–**HBBH**–H	→	B–**<u>HB</u>**–H

2.3.4.A.   B–**HBB**–{B, H} → B–**HB**–{B, H}

Le dernier ton B de la séquence HBB est éliminé lorsqu'il est suivi d'un B.

Lorsque la séquence est suivie d'un ton H, les deux B fusionnent en un seul ton B. A noter que la présence, en structure, de ces deux tons B empêche la formation d'une faille tonale (*cf.* le troisième exemple ci-après).

|mà lɔyí` àtsὲʔ´ a|	mà lɔyɔ̂ tsὲʔé	"J'ai pris le tissu."
je P₀+prendre tissu *Me*			
|mà fúrí` m̀bàb´ a|	mà fùrî mbàbɔ́	"J'ai chassé un animal."
je P₀+chasser animal *Me*			
|mà fúrí`   àbéb` a|	mà fùrɔ̂ bébɔ̀	"J'ai chassé un bouc."
je P₀+chasser bouc *Me*			
|lɔyí mì-ǹ-kòm` a|	lɔyì mîŋkòmɔ̀	"Prends des boîtes!"
Imp+prendre 6-3ᵇ-boîte *Me*			
|lɔyí mì-ǹ-tɔ́m` a|	lɔyì mîntɔ́mɔ̀	"Prends des cœurs!"
Imp+prendre 6-3ᵇ-cœur *Me*			

Dans les quatre derniers exemples ci-dessus, le ton B qui précède la séquence HBB, et qui conditionne sa simplification en HB, est dérivé : il se forme sur le radical (pour |mà fúrí` |) ou sur la finale (pour |lɔyí|) une séquence BH qui se simplifie en B (*cf.* 2.3.6.b.)

2.3.4.B.   B–**HBBH**–H → B–**HB**–H

Le dernier ton H de la séquence HBBH est éliminé parce que suivi d'un H.

|má `wàyí`` á kàŋ` a|	má wàyɔ̂ káŋɔ̀	"J'effraie un écureuil."
je Pr+effrayer+I Fo écureuil *Me*			
|mà `zɔb´nà`` mìkòm´ a|	mà zɔ̀bìnɔ̂ míkòmɔ́	"J'ai déjà chanté des chants."
je P₀+chanter+A chants *Me*			

REMARQUE 9 : nous avons vu en 2.3.2.E. que si le premier ton H de la finale du P₀ achevé de l'indicatif se réalisait sur la voyelle épenthétique, on obtenait la réalisation suivante : [**mà zɔ̀bínɔ̀ míkòmɔ́**] "J'ai déjà chanté des chansons".

2.3.5. Simplification de séquences en un ton modulé BH

H–**BBHB**–B	→	H–**BH**–B
H–**HBBHB**–B	→	H–**BH**–B
HB–**BHB**–B	→	H–**BH**–B

2.3.5.A.   H–**BBHB**–B → H–**BH**–B

Le dernier ton B de la séquence BBHB est éliminé parce que suivi d'un ton B.

|bí ``´béʔ´nà`` ǹdzàm´ a| bɪ́ bὲʔɛ́nɔ̌ ndzàmɔ́
2   P₂+persuader+A Fo sorcier   *Me*
"Ils avaient déjà pris des haches."

|à ` lɔɣ´nà` ´ ǹdzàm´ a| à lɔɣɪ́nɔ̌ ndzàmɔ́
1 P₀+prendre+*A* hache *Me*
"Il a déjà pris une hache."

REMARQUE 10 : la réalisation BH de la séquence BBHB est attestée lorsque le premier ton H de la finale verbale se manifeste sur la voyelle épenthétique entre le radical et la finale. Si ce ton H se retrouve sur la finale, on a cette autre prononciation : [à lɔɣìn ꜛɔ́ ndzàmɔ́] (*cf.* 2.3.13.C.).

2.3.5.B.   H–**HBBHB**–B → H–**BH**–B

Le premier ton H de la séquence HBBHB est éliminé parce que précédé d'un ton H, et le dernier ton B est lui aussi éliminé parce que suivi d'un ton B.

|má ` bɔ́ɣɪ́ ` ` á ǹdə̀m` a| má bꜛɔ́ɣɔ̌ ndə̀mə̀
je Pr+craindre+*I Fo* sorcier *Me*
"Je crains un sorcier."

|mà sè´ ándéɣɪ́` ` á ǹdə̀m` a| mà sǎ ndéɣɔ̌ ndə̀mə̀
je P₀+*Nég* convaincre+*I Fo* sorcier *Me*
"Je ne suis pas en train de convaincre un sorcier."

2.3.5.C.   HB–**BHB**–B → H–**BH**–B

La séquence HB qui précède la séquence BHB est dérivée (formes intermédiaires des deux exemples ci-dessous : |mà bômɔ̌` ndə̀mə̀| et |ɪ́wàɣə̂nɔ̌` ndə̀mə̀|). Le ton B de la séquence HB est éliminé parce que suivi d'un B (le premier ton de la séquence BHB). La séquence BHB se retrouve alors derrière un ton H, et c'est donc son dernier ton B qui est éliminé devant B.

|mà ´bòmì á ǹdə̀m` a| mà bómɔ̌ ndə̀mə̀ "...et j'ai rencontré un sorcier."
je S+rencontrer *Fo* sorcier *Me*

|ɪ́ ` wàɣá` nà á ǹdə̀m` a| ɪ́wàɣɔ́nɔ̌ ndə̀mə̀ "...et je serai à effrayer un sorcier."
C[+F] +effrayer+*I Fo* sorcier *Me*

2.3.6. *Simplification des séquences* HB *et* BH *par élimination de leur deuxième ton*

H–**HB**–B	→	H–**H**–B
B–**BH**–H	→	B–**B**–H

Lorsque les séquences HB et BH sont précédées d'un ton identique à leur premier ton et suivies d'un ton identique à leur deuxième ton, elles se simplifient, en général, par l'élimination de leur deuxième ton (les exceptions à ce principe sont présentées en 2.3.7.).

2.3.6.A.   H–**HB**–B → H–**H**–B

Le ton B de la séquence HB est éliminé.

– HB résulte d'une fusion de syllabes :

|fúɣí àtsè?´ a|	fúɣɔ́ tsè?έ	"Retire le tissu!"
Imp+retirer tissu *Me*		

– HB résulte de la fixation d'un H sur la syllabe suivante :

|bú?´ ì bìlə̀m` a|	bú?ú bìlə̀mə̀	"Le gorille des sorciers."
gorille *1* sorciers *Me*		

|bìbú?´ bàfùŋní a|	bìbú?ú báfùŋnɔ́	"Des gorilles noirs."
gorilles noirs *Me*		

|á ´sùɣì a|	á súɣə̀	"…et il a lavé."
1 *S*+laver *Me*		

– HB résulte de la répétition du H qui se maintient sur sa syllabe d'origine :

|á kàŋ` a|	á káŋə̀	"Un écureuil."
Fo écureuil *Me*		

|mà sè´ sùɣì a|	mà sằ súɣə̀	"Je n'ai pas lavé."
je *P₀*+*Nég* laver *Me*		

|fúɣí mìbɔ̀?´ a|	fúɣí míbɔ̀?ɔ́[34]	"Retire des citrouilles!"
Imp+retirer citrouille *Me*		

|lɔ̀ɣí mìbɔ̀?´ a|	lɔ̀ɣí míbɔ̀?ɔ́[35]	"Prends des citrouilles!"
Imp+prendre citrouille *Me*		

|mà ´sóbì mìbɔ̀?´ a|	mà sóbí mìbɔ̀?ɔ́[36]	"…et j'ai coupé les citrouilles."
je *S*+couper citrouilles *Me*		

– HB est présente en structure :

|bí bú?ì̀` mìʃóm´ a|	bí bú?ú mìʃòmɔ́	"Ils ont défriché des champs."
2 *P₀*+défricher champs *Me*		

|í̀ zɔ̀bá`nà mìkòm´ a|	í̀zɔ̀bɔ́nə̀ mìkòmɔ́	"…et je serai à chanter des chants."
C[+F]+chanter+*I* chants *Me*		

2.3.6.B.   B–**BH**–H → B–**B**–H

Le ton H de la séquence BH est éliminé parce que suivi d'un ton H.

– BH résulte de la fixation du B sur la syllabe suivante :

|àbù?` á fúì̀` a|	àbù?ə̀ fúə̀	"L'esclave est sorti."
esclave *7* *P₀*+sortir *Me*		

---

[34] La séquence HB qui se forme sur le Pn d'un nom de cl. 2ᵃ (après un verbe à l'impératif, par exemple) ne se simplifie pas. Elle se réalise donc comme un ton modulé HB : [fúrí bíkàŋə̀] "Chasse des écureuils!".

[35] |lɔ̀ɣí mìbɔ̀?´a| "Prends des citrouilles!" peut aussi être réalisé avec un ton B sur la finale du verbe : [lɔ̀ɣì míbɔ̀?ɔ́] (*cf.* 2.3.6.B.).

[36] Il existe deux prononciations pour |mà ´sóbì mìbɔ̀?´a| "et j'ai coupé des citrouilles." : [mà sóbí mìbɔ̀?ɔ́] présentée ici pour illustrer la simplification en H de la séquence HB qui se forme sur la finale du verbe, et [mà sóbì mìbɔ̀?ɔ́] qui sera présentée en 2.3.7.A. La différence entre ces deux prononciations réside dans le ton H ou B que porte la finale verbale.

|bìʃwàʔˋ bíséʔ´   a| bìʃwàʔà bìséʔέ   "Combien de lames ?"
lames   combien ? Me

– BH résulte de la répétition d'un B (celui du Pn du nom, du pronom sujet ou du radical verbal dans les exemples ci-dessous) sur la syllabe suivante :

|mìbɔ́ʔ´   a|[37]   mìbɔ̀ʔɔ́   "champignons"
champignons Me

|mà líʔíˋ   a| mà lìʔɔ̂   "J'ai cultivé."
je   P₀+cultiver Me

|lɔ̀ɣí   mìbɔ̀ʔ´   a| lɔ̀ɣì míbɔ̀ʔɔ́[38]   "Prends les citrouilles!"
Imp+prendre citrouilles Me

– Le ton H qui suit la séquence BH peut être dérivé. Il est en fait la répétition sur la syllabe suivante du H de la séquence BH (cf. le dernier exemple ci-dessus et les exemples ci-après) :

|àbùʔˋ   á bìlə̀mˋ   a| àbùʔɔ̀ bílə̀mə̀   "L'esclave des sorciers."
esclave   7 sorciers Me

|àbùʔˋ   á kàŋˋ   a| àbùʔɔ̀ káŋɔ̀   "L'esclave de l'écureuil."
esclave   7 écureuil Me

|mìlùʔˋ   mí bìlə̀mˋ   a| mìlùʔù mìbílə̀mə̀   "Le vin des sorciers."
vin   6   sorciers   Me

|mìlùʔˋ   mí kàŋˋ   a| mìlùʔù mìkáŋɔ̀   "Le vin de l'écureuil."
vin   6   écureuil Me

2.3.7. Simplification des séquences HB et BH par élimination de leur premier ton

H–HB–B	→	H–B–B

B–BH–H	→	B–H–H

2.3.7.A. H–HB–B → H–B–B

Le ton H de la séquence HB est éliminé.

|íˋ sóbáˋ nà   ɣe| ís ᵗóbə̀nə̀ ɣè   "…et je serai à (les) couper."
C[+F]+couper+I Me

|íˋ léɣáˋ nà   ɣe| íl ᵗéɣə̀nə̀ ɣè   "…et je serai à (le) persuader."
C[+F] +persuader+I Me

|súŋ´   à zɔ̀bíˋ   a| súŋɔ̀ zɔ̀bɔ̂   "L'oiseau a chanté."
1ᵃ+oiseau 1 P₀+chanter Me

---

[37] Il n'y a pas formation d'une séquence BH sur les noms |B H H| de la cl. 2ᵃ. Ainsi |bìsúŋ´a| "oiseaux" se réalise [bìsúŋɔ́] et non *[bìsùŋɔ́].

[38] Il existe deux prononciations pour |lɔ̀ɣí mìbɔ̀ʔ´a| "Prends des citrouilles!" : [lɔ̀ɣì míbɔʔ5] présentée ici pour illustrer la simplification en B de la séquence BH qui se forme sur la finale du verbe, et [lɔ̀ɣí míbɔ̀ʔɔ́] qui sera présentée en 2.3.7.B. La différence entre ces deux prononciations réside dans le ton B ou H que porte la finale verbale.

|bɨ́ bʉ́ʔɨ̀`   mɨ̀ʃóm´ a| bɨ́ bʉ́ʔù mɨ̀ʃòmɔ́   "Ils ont défriché des champs."
2   P₀+défricher champs *Me*

|mà ´sóbɨ̀ mɨ̀bɔ̀ʔ´ a| mà sóbɨ̀ mɨ̀bɔ̀ʔɔ́   "…et j'ai coupé des citrouilles."
je   S+couper citrouilles *Me*

Dans le cas du consécutif futur imperfectif (*cf.* les deux premiers exemples) cette simplification de la séquence structurelle HB [39] en B est attestée pour tous les locuteurs.

De même lorsque le B de la séquence HB est celui d'un pronom / indice (le ton H étant celui d'un nom sujet de structure |(B) H H|), la séquence se simplifie en un ton B chez tous les locuteurs (*cf.* le troisième exemple ci-dessus)[40].

En revanche, dans le cas du P₀ de l'indicatif et du successif, elle n'est attestée que chez certains locuteurs, les autres locuteurs simplifiant la séquence HB (structurelle au P₀ de l'indicatif et dérivée au successif) en H par élimination de son ton B d'où : [bɨ́ bʉ́ʔú mɨ̀ʃòmɔ́] et [mà sóbɨ́ mɨ̀bɔ̀ʔɔ́] (*cf.* 2.3.6.A.). Notons qu'il n'y a divergence entre les locuteurs que lorsque la séquence HB se trouve associée à une finale verbale.

2.3.7.B.   B–**BH**–H → B–H–H

Le ton B de la séquence BH est éliminé.

|lɔ̀ɣɨ́   mɨ̀bɔ̀ʔ´ a| lɔ̀ɣɨ́ mɨ́bɔ̀ʔɔ́   "Prends des citrouilles!"
Imp+prendre citrouilles *Me*

Cette simplification n'est attestée que chez certains locuteurs, les autres locuteurs simplifiant la séquence BH par élimination de son ton H d'où : [lɔ̀ɣɨ̀ mɨ́bɔ̀ʔɔ́] (*cf.* 2.3.6.B.). Ici encore, il n'y a divergence entre les locuteurs que lorsque la séquence BH se trouve associée à une finale verbale.

2.3.8. *La faille : introduction*

Une faille est due à la non-réalisation directe d'un ton B encadré de tons H, soit : H(B)H. Il est généralement admis qu'une faille se traduit de la façon suivante : le ton B ne se manifeste pas directement (*i.e.* il n'y a pas de ton B dans les réalisations) mais indirectement du fait que le deuxième ton H se réalise plus bas que le premier (il est abaissé par rapport au premier) : HBH → H↓H.

Comme nous allons le voir, en mankon, le phénomène de faille est légèrement plus complexe. J'ai été amenée à distinguer plusieurs types de failles, à savoir : la faille descendante, la faille montante, la faille descendante anticipée, la faille montante retardée et la faille ponctualisée.

---

[39] On a posé une suite HB en structure à cause de la réalisation des verbes à ton lexical B : |ɨ́`zɔ̀bá` nà ɣe| [ɨ́zɔ̀bə́nə̀ ɣè] "et je serai à chanter."
[40] A propos des pronoms / indices à ton B *cf.* en 2.3.3.A. remarque 7 et en 2.3.8. remarque 11.

91

On considère que pour qu'une faille se forme il faut qu'au moins deux des tons d'une suite structurelle H B H forment une séquence. Les séquences possibles sont : HB, BH et HBH.

REMARQUE 11 : il y a des exceptions à cette règle générale.

On en a déjà signalé une en 1.1.2. et 1.2.3. à propos des possessifs |àzɔ̀ˋ | "ton, ta" et |ìtsɔ̀ˋ | "tes" : le ton B à l'initiale ne provoque pas de faille lorsqu'il est précédé d'un ton H (en fait, il ne se manifeste pas du tout) : |àtsùmˊ àzɔ̀ˋ a| [àtsùmɔ́ zô] "ton lac", |ìtŭˊ ìtsɔ̀ˋ a| [ìtŭ tsô] "tes arbres".

Une autre exception est la suivante : la séquence HB qui se forme sur le Pn d'un nom de cl. 2ᵃ se réalise en un ton HB même lorsqu'elle est suivie d'un ton H : [lɔ̀ɣ̀ì bɨ́sɨ́uŋɔ́] "Prends des oiseaux!".

D'autre part, on a remarqué qu'il n'y a jamais de formation de faille lorsqu'un pronom / indice sujet à ton B[41] est précédé d'un nom sujet de structure tonale (B) H H ou (B) B H :

á	tsɔ́ʔˊ	à dzɨ́uɨ́ˋ	a|	á tsɔ́ʔɔ̀ dzɨ́uɔ́
que	1ᵃ+perdrix 1	Exh+manger	Me

"Que la perdrix mange!"

RAPPEL : la formation de séquences tonales, *i.e.* plusieurs tons associés à une seule syllabe, est due aux processus suivants (ces processus pouvant se combiner) :
a) réduction du nombre de syllabes
b) fixation d'un ton sur la syllabe qui le suit
c) répétition du ton d'une syllabe sur la syllabe suivante

Quel que soit son type, une faille implique automatiquement l'apparition d'un niveau de réalisation supra-haut[42].
– dans le cas d'une faille descendante, c'est le premier ton H qui se réalise supra-haut : ↑H↓H (*cf.* 2.3.9.).
– dans le cas d'une faille montante, c'est, en revanche, le deuxième ton qui se réalise supra-haut : H↑H (*cf.* 2.3.10.).

Nous verrons en 2.3.11. dans quelle circonstance une faille descendante est "anticipée" ; en 2.3.12. dans quelle circonstance une faille montante est "retardée" ; et en 2.3.13. dans quelle circonstance une faille ne pouvant être ni "anticipée" ni "retardée" est "ponctualisée", *i.e.* se réalise en un seul ton supra-haut (↑H).

Notons que la transformation d'une faille en faille descendante, montante, etc., intervient après l'insertion des voyelles d'épenthèse, de leur copie du ton qui précède ou qui suit et après la simplification des séquences précédentes.

Les successions de failles sont présentées en 2.3.14.

REMARQUE 12 : la surélévation, indiquée par ↑, affecte tous les tons H subséquents tant que n'intervient pas un abaissement ou un ton B. De même, l'abaissement, indiqué par ↓, affecte tous les tons H subséquents tant que n'intervient pas un autre abaissement ou un ton B :

$$↑H ↓HH \left[\overline{} \overline{--} \right] \quad H ↑HH \left[\overline{---} \right] \quad H ↑HH ↓HH \left[\overline{----} \right] \quad ↑H ↓HH ↓HH \left[\overline{-----} \right] \text{ etc.}$$

---

[41] A propos des pronoms / indices à ton B *cf.* remarque 7 en 2.3.3.A. et 2.3.7.A.
[42] Quand plusieurs failles se suivent, seule la première donne lieu au niveau supra-haut. De plus, seule la première faille peut être montante.

2.3.9. Faille descendante ↑H ↓H

H–HB–H	→	H–↑H–↓H
HB]–H	→	↑H]–↓H
H]–BH	→	↑H]–↓H

2.3.9.A.   H–HB–H → H–H–↓H → H–↑H–↓H

– La séquence HB peut être due à la fusion de deux syllabes (la première ayant un ton H, la deuxième un ton B) ou à la fixation d'un H sur une syllabe de structure V à ton B (*cf.* le dernier exemple) :

|bú?í   ìʃóm´   a| bú?↑ú ʃ↓ómɔ́ [‾ ‾ ‾ ‾]⁴³ "Défriche le champ!"
Imp+défricher champ   *Me*

|léɣí   á   ǹkúm´ a| léɣ↑ɔ́ ŋk↓úmɔ́   "Persuade le notable!"
Imp+persuader *Fo* notable *Me*

|bú?´   ì bú?´ a| bú?↑ú b↓ú?ɔ́   "Le gorille du gorille."
 gorille *1* gorille *Me*

– La séquence HB peut aussi être due à la fixation, ou à la répétition, sur une syllabe de structure CV à ton B, d'un ton H (dans les exemples ci-dessous HB se forme sur le Pn du N₂ dans la construction associative, et sur le Pn du nom objet dans le dernier exemple) :

|àfùŋ´   á   bìkúm´   a| àfùŋɔ́ b↑ík↓úmɔ́   "Le lion des notables."
 lion   *7* notables *Me*

|mìbɔ?´ mí bìkúm´ a| mìbɔ?ɔ́ mí b↑ík↓úmɔ́   "Les citrouilles des notables."
 citrouille *6* notables *Me*

|bú?í   mìʃóm´   a| bú?ú m↑íʃ↓ómɔ́   "Défriche les champs!"
Imp+défricher champ   *Me*

|mà ´túí   ì̀ bú?í   a| mà tú↑´ b↓ú?ɔ́   "(si) je ne défriche pas."
 je *Cd+Nég C[+F]*+défricher *Me*

REMARQUE 13 : dans ce dernier exemple le ↑H se combine avec le H de la syllabe nucléaire précédente en un ton montant H↑H (*cf.* 2.3.15.).

2.3.9.B.   HB]–H → H]–↓H → ↑H]–↓H

Le premier H est sur une syllabe nucléaire.

La séquence HB résulte de la répétition ou de la fixation d'un ton H sur la syllabe (nucléaire) subséquente à ton B :

|á   bùʔ´   a| á b↑úʔ↓ɔ́   "Un termite."
Fo termite *Me*

|àkòb`   á   bùʔ´   a| àkòbɔ̀ b↑úʔ↓ɔ́   "L'écorce du termite."
 écorce *7* termite *Me*

---

⁴³ L'abaissement indiqué par ↓ affecte tous les tons H subséquents.

|bí   lɔ̀ɣî`| bí l ꜛɔ́ɣ ꜜɣ̵[44]   "(L') ont-ils pris ?"
2   P₀+prendre

|bì   ´lɔ̀ɣí   a| bì l ꜛɔ́ɣ ꜜɔ́   "…et ils le prendront."
2   Exh+prendre Me

2.3.9.C.   H]–BH → H]–ꜜH → ꜛH]–ꜜH

Le premier H est sur une syllabe nucléaire.

La séquence BH résulte de la fixation d'un ton B sur la syllabe suivante à ton H :

|àlá?`   á   súŋ´   a| àl ꜛá? ꜜá súŋɔ́   "Le pays de l'oiseau."
7+pays   7   oiseau Me

|àlá?`   á   bìlə̀m` a| àl ꜛá? ꜜá bílə̀mə̀   "Le pays des sorciers."
7+pays   7   sorciers Me

|ǹdá`    zén`   a| ǹd ꜛá z ꜜíŋə̀   "Cette maison-ci."
9+maison 9+ce-ci Me

|(à   lɔ̀ɣî`)   mbyí` ŋkyém´   a| (à lɔ̀ɣɔ̂) mby ꜛí ŋk ꜜyémɔ́
1   P₀+prendre chèvre C[-F]+égorger Me
"Il a pris une chèvre et l'a égorgée."

Dans aucun des exemples donnés ci-dessus, il n'y a insertion d'une voyelle épenthétique. Lorsqu'une telle voyelle est présente, le ton ꜛH se trouve, comme dans les exemples ci-dessus, sur la voyelle de la syllabe nucléaire (*cf.* le premier exemple ci-dessous) ou sur la voyelle épenthétique :

|mìlú?`   mí bìlə̀m` a| màl ꜛú? ꜜú míbílə̀mə̀   "Les cuillères des sorciers."
cuillères 6 sorciers Me

|mìlú?`   mén`   a| mìlú? ꜛú m ꜜíŋə̀   "Ces cuillères-ci."
cuillères 6+ce-ci Me

|(à   lɔ̀ɣî`)   àbéb`   ŋkyém´   a| (à lɔ̀ɣɔ̂) béb ꜛí ŋk ꜜyémɔ́
1   P₀+prendre bouc C[-F]+égorger Me
"Il a pris un bouc et l'a égorgé."

On suppose que cette différence est due au fait que dans un cas la voyelle épenthétique copie le ton ꜜH subséquent (*cf.* la dérivation A) et dans l'autre le ton H précédent (*cf.* la dérivation B) :

– dérivation A :

1. **mìlú?`    mí   bìlə̀m`a**
2. **mìlú?   mí   bìlə̀mə̀**   formation de la séquence BH
3. **mìlú?   m ꜜí bílə̀mə̀**   formation de la faille H ꜜH
4. **mìlú? ꜜú mí   bílə̀mə̀**   insertion de la voyelle ; copie du ton suivant
5. **màl ꜛú? ꜜú mí bílə̀mə̀**   transformation de H ꜜH en ꜛH ꜜH

---

[44] En fin d'interrogation totale : 1) le ton B de la finale |ꜛ`| ne se manifeste pas parce que la marque d'énoncé |a| ne s'utilise pas ; 2) la voyelle finale dans la réalisation est une voyelle épenthétique de relâchement et non celle de la finale |ꜛ`| (*cf.* 1.4.).

– dérivation B :

1. **mìlú?ˋ** mén`a
2. **mìlú?** mǐŋə̀   formation de la séquence BH
3. **mìlú?** m ꜜíŋə̀   formation de la faille H↓H
4. **mìlú?ú** m ꜜíŋə̀   insertion de la voyelle ; copie du ton H précédent
5. **mìlú?↑ú** m ꜜíŋə̀   transformation de H↓H en ↑H↓H

A partir du moment où la voyelle épenthétique copie le ton H précédent, la faille H↓H est précédée d'un ton H et se transforme en ↑H↓H comme décrit en 2.3.9.A.

2.3.10. Faille montante H↑H

B–**HB**–H	→	B–H–↑H
≠ **HB**–[H	→	≠ H–[↑H
≠ H–[**BH**	→	≠ H–[↑H

2.3.10.A.   B–HB–[H → B–H–[↓H → B–H–[↑H

– La séquence HB peut être due à la fusion de deux syllabes (la première ayant un ton H, la deuxième un ton B) et/ou à la fixation d'un H sur une syllabe de structure V à ton B :

|lɔ̀γí	̀ʃóm´	a|	lɔ̀γì ʃ↑ómɔ́ [_ ¯¯] [45]	"Prends un champ!"
Imp+prendre	champ	*Me3*		

|bùʔ´	ì	bú?´	a|	bùʔì b↑úʔɔ́	"Le termite du gorille."
termite	*1*	gorille	*Me*	

|àfùŋ´	á	ǹkúm´	a|	àfùŋɔ́ ŋk↑úmɔ́	"Le lion du notable."
lion	*7*	notable	*Me*	

|bòmí	á	ǹkúm´	a|	bòmɔ́ ŋk↑úmɔ́	"Rencontre le notable!"
Imp+rencontrer	*Fo*	notable	*Me*	

Dans les exemples qui suivent, le B qui conditionne la faille montante est dérivé. C'est à dire qu'on a formation d'une séquence BH (sur les Pa |á| et |mí| dans le syntagme associatif et sur la finale |í| du verbe à l'impératif). Cette séquence BH se simplifie en B devant la séquence HB qui elle-même se forme sur le Pn du N₂ dans le syntagme associatif ou sur le Pn du nom objet :

|àbù?ˋ	á	bìkúm´	a|	àbùʔɔ̀ bík↑úmɔ́	"L'esclave du notable."
esclave	*7*	notable	*Me*	

|mìkòbˋ	mí	bìkúm´	a|	mìkòbì mì bík↑úmɔ́	"Les ceintures des notables."
ceintures	*6*	notables	*Me*	

---

[45] La surélévation indiquée par ↑ affecte tous les tons H subséquents.

|lɔ̀ɣɨ́   mɨ̀ʃóm´ a| lɔ̀ɣɨ̀ míʃ↑ómɔ́[46]   "Prends des champs !"
Imp+prendre champs *Me*

REMARQUE 14 : au lieu d'une séquence HB on peut avoir une séquence BHB. Le résultat est le même qu'avec une séquence HB : B–BHB–H → B–H–↓H → B–H–↑H

|àbù?` á ǹkúm´ a| àbù?ɔ́ ŋk↑úmɔ́   "L'esclave du notable."
esclave *7* notable *Me*

2.3.10.B. ≠ HB–[H → H–[↓H → H–[↑H

La séquence HB n'est précédée d'aucun ton.

|á ǹkúm´ a| á ŋk↑úmɔ́   "Un notable."
Fo notable *Me*

2.3.10.C. ≠ H–[BH → H–[↓H → H–[↑H

Le premier H n'est précédé d'aucun ton.

|má `lámá ɣe| má l↑ámɔ́ ɣé   "Je cuisine."
je *Pr*+cuire+*I Me*

|ɨ̀ lám´   a| ɨ̀l↑ámɔ́   "...et je le cuirai."
C[+F]+cuire *Me*

2.3.11. Faille descendante anticipée

H]–HBH	→	H]–H↓H	→	H]–↓H	→	↑H]–↓H

On ne peut pas avoir de faille sur une syllabe non nucléaire. Pour respecter cette règle, la faille est déplacée vers la gauche (et donc anticipée) si elle est précédée d'un ton H (qui se trouve être, dans tous les cas observés, sur une syllabe nucléaire) :

|bɨ́ zú?ɨ̀`   á súŋ´ a| bɨ́ z↑ú?↓ɔ́ súŋɔ́   "Ils ont entendu un oiseau."
2 *P₀*+entendre *Fo* oiseau *Me*

|bɨ́ sónɨ̀´ ´   a| bɨ́ s↑ón↓ɔ́   "...ils ont désherbé."
2 *P₀*+désherber+*R* *Me*

|bɨ́ bú?nɨ̀´ ´   a| bɨ́ b↑ú?↓únɔ́   "...ils ont défriché."
2 *P₀*+défricher+*R Me*

REMARQUE 15 : lorsqu'une voyelle épenthétique est insérée entre le radical et la finale d'un verbe conjugué au P_0 du relatif (*cf.* bɨ́ b↑ú?↓únɔ́ "...ils ont défriché."), elle copie le ton ↓H subséquent. La faille H↓H se transforme alors en ↑H↓H, comme décrit en 2.3.9.b. et 2.3.9.C :

---

[46] Dans cet énoncé, la séquence BH qui se forme sur la finale du verbe à l'impératif se simplifie en B. La faille H↓H se transforme donc en une faille montante H↑H. Mais si cette séquence BH se simplifie en H (*cf.* 2.3.7.B.), la faille H↓H alors précédée d'un H se transforme en faille descendante (*cf.* 2.3.9.A.) : lɔ̀ɣɨ́ m↑íʃ↓ómɔ́ "Prends des champs !".

1. bɨ   bɨ́ʔnɨ́ˋ ´ a
2. bɨ   bɨ́ʔnɔ́↓´   formation de la faille H ↓H
3. bɨ   bɨ́ʔn ↓ɔ́   anticipation de la faille
4. bɨ   bɨ́ʔ ↓ɨ́nɔ́   insertion de la voyelle ; copie du ton subséquent
5. bɨ   b ↑ɨ́ʔ ↓ɨ́nɔ́ transformation de H ↓H en ↑H ↓H

|bɨ   zɨ́ʔnɨ́ˋ ´   á   sɨ́ŋ´   a| bɨ́ z ↑ɨ́ʔ ↓ɨ́nɔ́ sɨ́ŋɔ́   "...ils ont entendu un oiseau."
2   P₀+entendre+R   Fo   oiseau   Me

|bɨ   zɨ́ʔnɨ́ ´   bɨ̀lə̀mˋ   a| bɨ́ z ↑ɨ́ʔ ↓ɨ́nɨ́ bɨ̀lə̀mə̀   "...ils ont entendu des sorciers."
2   P₀+entendre+R   sorciers   Me

Remarque 16 : la réalisation tonale du dernier exemple ci-dessus implique que le dernier ton H de la finale se répète sur la syllabe suivante (le Pn du nom).

Lorsque la séquence de départ est non HBH mais HBHB, on obtient les mêmes réalisations :

|bɨ   zɨ́ʔɨ̀ˋ   á   ǹdə̀mˋ   a| bɨ́ z ↑ɨ́ʔ ↓ɔ́ ndə̀mə̀   "Ils ont entendu un sorcier."
2   P₀+entendre   Fo   sorcier   Me

|bɨ   fɨ́ɣnɨ́ ´   ɨ̀zèɣˋ   a| bɨ́ f ↑ɨ́ɣ ↓ɨ́nɨ́ zèɣə̀   "...ils ont retiré des balais."
2   P₀+retirer+R   balais   Me

|bɨ   léɣnɨ́ˋ ´   á   ǹdə̀mˋ   a| bɨ́ l ↑éɣ ↓ɨ́nɔ́ ndə̀mə̀   "...ils ont persuadé un sorcier."
2   P₀+persuader+R   Fo   sorcier   Me

2.3.12. Faille montante retardée

$$\text{B]–HBH–H} \rightarrow \text{B]–H↓H–H} \rightarrow \text{B]–H–↓H} \rightarrow \text{B]–H–↑H}$$

Nous avons vu en 2.3.11. qu'on ne pouvait pas avoir de faille sur une syllabe non nucléaire. Pour respecter cette règle, la faille est déplacée vers la droite (et donc retardée) si elle est précédée de tons B, et suivie d'au moins un H.

Les constructions concernées sont les mêmes que pour la faille anticipée, mais ici le radical porte un ton B :

|mà   lɔ̀ɣɨ̀ˋ   á   sɨ́ŋ´   a| mà lɔ̀ɣɔ́ s ↑ɨ́ŋɔ́   "J'ai pris un oiseau."
je   P₀+prendre   Fo   oiseau   Me

|à   lɔ̀ɣnɨ́ˋ ´   á   sɨ́ŋ´   a| à lɔ̀ɣɨ̀nɔ́ s ↑ɨ́ŋɔ́   "...il a pris un oiseau."
1   P₀+prendre+R   Fo   oiseau   Me

|à   bòmnɨ́ˋ ´   bɨ̀lə̀mˋ   a| à bòmnɨ́ b ↑ɨ́lə̀mə̀   "...il a rencontré des sorciers."
1   P₀+rencontrer+R   sorciers   Me

Remarque 17 : la réalisation tonale du dernier exemple ci-dessus implique que le dernier ton H de la finale se répète sur la syllabe suivante (le Pn du nom). C'est grâce à cette répétition que la faille montante peut être retardée.

2.3.13. *Faille simplifiée en ton ponctuel* ⭡H

B]–HBH ≠	→	B]–H⭣H ≠	→	B]–⭡H ≠	
B]–HBHB–[B	→	B]–H⭣H–[B	→	B]–⭡H–[B	
B]–HBBHB–[B	→	B]–H⭣H–[B	→	B]–⭡H–[B	

Une faille se simplifie (se ponctualise) en un ton supra-haut (⭡H) lorsque, se trouvant sur une syllabe non nucléaire, elle ne peut être ni anticipée, ni retardée.

2.3.13.A. B]–HBH ≠→ B]–H⭣H ≠→ B]–⭡H ≠

Lorsqu'une faille se trouvant sur une syllabe non nucléaire se trouve en fin d'énoncé et est précédée d'un ton B, elle ne peut être ni retardée, ni anticipée. Dans ce cas, elle se simplifie en un ton supra-haut (⭡H). Il n'y a donc pas de faille dans les réalisations, puisqu'une faille, par définition, est un changement de niveaux entre deux tons H consécutifs :

|mà zɔ̀bní`´   a| mà zɔ̀bìn ⭡ɔ́   "... j'ai chanté."
je *P₀*+chanter+*R Me*

|mà bú?ní`´   a| mà bù?ùn ⭡ɔ́   "... j'ai défriché."
je *P₀*+défricher+*R Me*

2.3.13.B. B]–HBHB–[B → B]–H⭣HB–[B → B]–⭡H–[B

De même, lorsqu'une faille se trouvant sur une syllabe non nucléaire est encadrée de tons B, elle ne peut être ni anticipée, ni retardée. Elle se simplifie donc en un ton supra-haut (⭡H) :

|mà bòmí`     á  ǹdə̀m` a| mà bòm ⭡ɔ́ ndə̀mə̀   "J'ai rencontré un sorcier."
je *P₀*+rencontrer *Fo* sorcier *Me*

|à lɔ̀yní`´   àtsè?´   a| à lɔ̀yìn ⭡ɔ́ tsè?é   "... il a pris un tissu."
1 *P₀*+prendre+*R* tissu   *Me*

|à bòmní`´     á  ǹdə̀m` a| à bòmn ⭡ɔ́ ndə̀mə̀   "... il a rencontré un sorcier."
1 *P₀*+rencontrer+*R Fo* sorcier *Me*

2.3.13.C. B]–HBBHB–[B → B]–H⭣HB–[B → B]–⭡H–[B

Dans les exemples donnés ci-dessous on a une séquence HBBHB : les tons H sont séparés par deux tons B, nécessaires dans d'autres contextes (*cf.* 2.3.4.B. et 2.3.5.B.). A cause de ces deux B, on s'attendrait à obtenir un ton modulé HBH et non pas une faille puisque normalement c'est la présence d'un seul ton B entre tons H qui occasionne une faille. Cependant ce ton modulé HBH n'est pas admis en mankon (*cf.* 2.3.16.). La séquence HBBHB se comporte alors comme une séquence HBHB :

|má `bòmí``   á ǹdə̀m` a| má bòm ⭡ɔ́ ndə̀mə̀   "Je rencontre un sorcier."
je *Pr*+rencontrer+*I Fo* sorcier *Me*

|à `lɔ̀y`nà`´   ǹdzàm´ a| à lɔ̀yìn ⭡ɔ́ ndzàmɔ́   "Il a déjà pris une hache."
1 *P₀*+prendre+*A* hache *Me*

|à `wàýnà`´ á ǹdə̀m` a| à wàyìn ꜛ́ɔ́ ndə̀mə̀   "Il a déjà effrayé un sorcier."
1 P₀+effrayer+A Fo sorcier Me

REMARQUE 18 : dans les deux derniers exemples, le premier ton H de la finale du P₀ à l'aspect achevé de l'indicatif ne se manifeste pas sur la voyelle épenthétique entre le radical et la finale. Au vu des réalisations tonales on suppose qu'il se retrouve sur la finale pour donner une séquence HBBHB qui se simplifie en ꜛH. On a vu en 2.3.5.A. que si ce premier ton H se manifestait sur la voyelle épenthétique entre le radical et la finale, la séquence BBHB se réalisait alors en un ton montant B͟H.

2.3.14. Succession de failles

Théoriquement, à chaque ton B encadré de tons H en structure devrait correspondre une faille dans les réalisations. En pratique ce n'est pas toujours le cas comme nous le verrons en 2.3.14.b.

La première faille donne automatiquement lieu à un niveau supra-haut indiqué par une flèche montante ꜛ.

Au sein d'une proposition, on ne peut avoir plusieurs failles comprenant un ton supra-haut (H ꜛH ou ꜛH ꜜH) que si ces failles sont séparées par au moins un ton B. Une exception, non systématique cependant, est la proposition relative introduite par mb ꜛá? ꜜá "que", par exemple, ...mb ꜛá? ꜜá bí l ꜛɔ́ɣ ꜜínɔ́ "...qu'ils ont pris". Dans cette relative, on a deux failles descendantes ꜛH ꜜH à se suivre sans qu'elles soient séparées par un ton B.

REMARQUE 19 : ce fait prouve peut-être que mb ꜛá? ꜜá "que", avant d'être une conjonction, était un verbe constituant à lui seul une proposition.

2.3.14.A. Il y a autant de failles dans les réalisations que de tons B en structure

2.3.14.A.a. La première faille est descendante ꜛH ꜜH

Elle peut aussi être descendante anticipée (*cf.* les trois derniers exemples) :

|àlá?` á àbéb` a| àl ꜛá? ꜜá b ꜜébə̀   "Le pays du bouc."
pays 7 bouc Me

|àlá?` á bìlóm` a| àl ꜛá? ꜜá bíl ꜜómə̀   "Le pays des maris."
pays 7 maris Me

|bì ´lɔ̀ɣí mìʃóm´ a| bì l ꜛɔ́ɣ ꜜí míʃ ꜜómɔ́   "…et ils prendront des champs."
2 Exh+prendre champs Me

|bì ´lɔ̀ɣí ìʃóm´ a| bì l ꜛɔ́ɣ ꜜí ʃ ꜜómɔ́   "…et ils prendront un champ."
2 Exh+prendre champ Me

|bì ´bòmí á ǹkúm´ a| bì b ꜛóm ꜜɔ́ ŋk ꜜúmɔ́
2 Exh+rencontrer Fo notable Me
"…et ils rencontreront un notable."

|bí zú?í` á ǹkúm´ a| bí z ꜛú? ꜜɔ́ ŋk ꜜúmɔ́
2 P₀+entendre Fo notable Me
"Ils ont entendu un notable."

99

|bí bú?ní˘´   ìʃóm´ a| bí b ꜛú? ꜜúní ʃ ꜜómɔ́
2   P₀+défricher+R champ Me
"...ils ont défriché un champ."

|bí bú?ní˘´   mìʃóm´ a| bí b ꜛú? ꜜúní mìʃ ꜜómɔ́
2   P₀+défricher+R champs Me
"...ils ont défriché des champs."

Dans tous les exemples ci-dessus, il y a deux tons B encadrés de tons H en structure, deux failles dans les réalisations (indiquées par ꜜ) et trois niveaux non-bas, soit :

... ꜛH   ꜜH(H)   ꜜH...
    1   2   3

2.3.14.A.b. La première faille est montante H ꜛH

Elle peut aussi être montante retardée (*cf.* le dernier exemple) :

|í˘ bú?í   mìʃóm´ a| íb ꜛú?ú mìʃ ꜜómɔ́   "...et il défrichera des champs."
C[+F]+défricher champs Me

|í˘ bú?í   ìʃóm´ a| íb ꜛú?ú ʃ ꜜómɔ́   "...et il défrichera un champ."
C[+F]+défricher champ Me

|í˘ léɣí   á ǹkúm´ a| íl ꜛéɣɔ́ ŋk ꜜúmɔ́   "...et il persuadera un notable."
C[+F]+persuader Fo notable Me

|à lɔ̀ɣní˘´   mìʃóm´ a| à lɔ̀ɣìní m ꜛìʃ ꜜómɔ́   "...il a pris des champs."
1   P₀+prendre+R champs Me

Dans tous les exemples ci-dessus, il y a deux tons B encadrés de tons H en structure, deux failles dans les réalisations, indiquées par les flèches ꜛ et ꜜ, mais seulement deux niveaux non-bas, soit :

H   ꜛHH(H)   ꜜH...
1   2   1

2.3.14.B. Il y a moins de failles dans les réalisations que de tons B encadrés de tons H en structure.

Ceci arrive chaque fois qu'une faille en deuxième position est anticipée, ou que la première faille se simplifie en un ton ꜛH, ou encore qu'un ton H qui serait abaissé par rapport au ton H précédent n'est pas réalisé.

2.3.14.B.a. Une faille en deuxième (ou énième) position est anticipée

Si une faille en deuxième (ou énième) position est anticipée, elle se superpose à la faille précédente (toujours descendante), et se confond avec elle. Au lieu d'avoir deux failles successives dans les réalisations, on n'en a donc qu'une :

bí lɔ̀ɣí˘   á súŋ´ a| bí l ꜛɔ́ɣ ꜜɔ́ súŋɔ́   "Ils ont pris un oiseau."
2   P₀+prendre Fo oiseau Me

100

|bɨ́	lɔ̀ɣnɨ̂ ´	a|	bɨ́ l ꜛɔ́ɣ ꜜɨ́nɔ́	"...ils ont pris."
2	P_0+prendre+R Me			

|bɨ́	lɔ̀ɣnɨ̂ ´	á súŋ ´ a|	bɨ́ l ꜛɔ́ɣ ꜜɨ́nɔ́ súŋɔ́	"...ils ont pris un oiseau."
2	P_0+prendre+R Fo oiseau Me			

|bɨ́	lɔ̀ɣnɨ̂ ´	mɪ̀ʃóm´ a|	bɨ́ l ꜛɔ́ɣ ꜜɨ́nɨ́ mɪʃ ꜜómɔ́	"...ils ont pris des champs."
..2	P_0+prendre+R champs Me			

|àbéb`	á lìŋɨ̂	á súŋ´ a|	àb ꜛéb ꜜɔ́ líŋ ꜜɔ́ súŋɔ́	"Le bouc a regardé l'oiseau."
bouc	7 P_0+regarder Fo oiseau Me			

Dans le dernier exemple ci-dessus, c'est la troisième faille qui est anticipée, dans les autres exemples, c'est la deuxième.

Dans les deux derniers exemples, il y a trois tons B encadrés de tons H en structure, deux failles et trois niveaux non-bas (ꜛH ꜜHHH ꜜH) ; dans les autres exemples il y a deux tons B, une faille et deux niveaux non-bas (ꜛH ꜜH...).

2.3.14.B.b. La première faille H ꜛH se simplifie en ꜛH

Si la première faille H ꜛH se simplifie en ꜛH (cf. 2.3.13.), on a forcément dans les réalisations une faille de moins que de tons B encadrés de tons H en structure :

|mà	bòmɨ̂`	á ǹkúm´ a|	mà bòm ꜜɔ́ ŋk ꜜúmɔ́	"J'ai rencontré un notable."
je	P_0+rencontrer Fo notable Me			

|mà	lɔ̀ɣnɨ̂ ´	ìʃóm´ a|	mà lɔ̀ɣìn ꜛí ʃ ꜜómɔ́	"...j'ai pris un champ."
je	P_0+prendre+R champ Me			

|à	bòmnɨ̂` ´	á ǹkúm´ a|	à bòmn ꜜɔ́ ŋk ꜜúmɔ́	"...il a rencontré un notable."
1	P_0+rencontrer+R Fo notable Me			

2.3.14.B.c. Un ton H abaissé n'est pas représenté

Dans l'exemple ci-dessous, le ton H de la finale verbale, qui dans d'autres contextes se réalise abaissé[47], n'est pas représenté ici (cf. 2.3.2.A.) :

|àbéb`	á lìŋɨ̂	a|	àb ꜛéb ꜜɔ́ líŋɔ̀	"Le bouc a regardé."
bouc	7 P_0+regarder Me			

Dans tous les exemples ci-dessus, on a deux B, chacun encadré de tons H en structure, une faille et deux niveaux non-bas dans les réalisations, soit : ꜛH ꜜH.

2.3.15. Formation des tons modulés

On a vu en 2.3.4. et 2.3.5. les raisons de la formation des tons modulés HB et BH sur des syllabes non nucléaires.

Il est fréquent que des syllabes nucléaires portent des tons modulés. Sept tons modulés sont attestés sur ces syllabes : trois montants, BH, B ꜛH et H ꜛH, trois

---

[47] En fin d'une question totale ou encore devant un nom objet le ꜜH est représenté : àb ꜛéb ꜜɔ́ lé ꜜ´n "Le bouc a-t-il regardé ?", àb ꜛéb ꜜɔ́ lɨ́ꜜ´ŋ mɨ̀dzɨ́ɔ̀ "Le bouc a regardé la nourriture.".

descendants H̲B̲, ꜛHB̲ et ꜛH꜖H, et un ton montant descendant B̲HB̲. Le ton modulé H̲B̲H̲ n'est pas admis (*cf.* 2.3.16.).

Ces tons modulés sont la conséquence de la fusion de plusieurs syllabes ou autres processus présentés en 1.

Prenons un premier exemple avec des noms :

| |mbàb´ a| | m̀bàbɔ́ | "Animal." |
| animal *Me* | | |

| |àfù´ a| | àfùɔ́ | "Feuille." |
| feuille *Me* | | |

| |ǹdzà´ a| | ǹdzǎ | "Légumes *sp.*" |
| légume *Me* | | |

Dans les deux premiers exemples, la marque d'énoncé se réalise [ə] et le deuxième ton de la racine nominale est porté par cette voyelle. Mais dans le troisième exemple, la marque fusionne avec la voyelle de la racine nominale, si bien que les deux tons de cette racine se combinent sur elle en un ton modulé montant B̲H.

Voyons un deuxième exemple avec des verbes :

| |mà zɔ̀bí` a| | mà zɔ̀bɔ̂ | "J'ai chanté." |
| je *P₀*+chanter *Me* | | |

| |mà bǐ` a| | mà bìɔ̂ | "J'ai planté." |
| je *P₀*+planter *Me* | | |

| |mà zèí` a| | mà zẽ | "J'ai volé." |
| je *P₀*+voler *Me* | | |

Dans les deux premiers exemples, les tons de la finale se combinent en un ton descendant sur la voyelle [ə], résultat de la fusion de la finale du verbe et de la marque d'énoncé. Mais dans le troisième exemple, en l'absence de réalisation segmentale de la finale et de la marque d'énoncé, les tons de la finale se combinent avec le ton du radical en un ton modulé montant-descendant B̲HB̲.

Suivent quelques illustrations des différents tons modulés attestés sur les syllabes nucléaires.

– Ton montant B̲H :

| |àfó´ a| | | àfŏ | "Aubier." |
| aubier *Me* | | | |

| |ìbàn` í ìbù?` a| | | ìbə̌ bù?ɔ̂ | "Les sacs des esclaves." |
| sacs *8* esclaves *Me* | | | |

| |bǐ ìtú´ a| | | bǐ t ꜛúɔ́ | "Plante des arbres !" |
| *Imp*+planter arbres *Me* | | | |

– Ton montant B̲ ꜛH :

| |mà zéní´ á ǹdə̀m` a| | mà zè̂ ꜛ´ndə̀mə̀ | "J'ai vu un sorcier." |
| je *P₀*+voir *Fo* sorcier *Me* | | |

– Ton montant H↑H :

|fú ´ ì bú?´ a|	fú↑´ b↓ú?ɔ́	"La souris du gorille."
souris *1* gorille *Me*		

|sóí ìʃóm´ a|	só↑´ ʃ↓ómɔ́	"Désherbe le champ!"
Imp+désherber champ *Me*		

– Ton descendant HB :

|ǹdá ` a|	ǹdâ	"Maison."
maison *Me*		

|bí táí` a|	bí tâ	"Ils ont cousu."
2 *P₀*+coudre *Me*		

– Ton descendant ↑HB :

|bí yèní` a|	bí ɣ↑ệ	"Ils sont partis."
2 *P₀*+partir *Me*		

|mà lɔ̀yí`  á  dàn` a|	mà lɔ̀yɔ́ d↑ɔ̣̂	"J'ai pris une calebasse."
je *P₀*+prendre *Fo* calebasse *Me*		

– Ton descendant ↑H↓H :

|bí fèní`|	bí f↑én↓´ [48]	"Ont-ils vendu ?"
2 *P₀*+vendre ?		

|bí zéní´ á ǹlɔ̀m` a|	bí z↑ệ↓´ ndɔ̀mɔ̀	"Ils ont vu un sorcier."
2 *P₀*+voir *Fo* sorcier *Me*		

|àtsé´ á súŋ´ a|	àts↑é↓´ súŋɔ́	"Le clan de l'oiseau."
clan *7* oiseau *Me*		

– Ton montant-descendant BHB :

|mà sóí` a|	mà sõ̂	"J'ai désherbé."
je *P₀*+désherber *Me*		

|mà zéní` a|	mà zệ̂	"J'ai vu."
je *P₀*+voir *Me*		

|mà táí` àtsè?´ a|	mà tã̂ tsè?é	"J'ai cousu un habit."
je *P₀*+coudre habit *Me*		

|ǹdzà´ ì àbù?` a|	ǹdzã̂ bù?ɔ̀	"Les légumes de l'esclave."
légume *9* esclave *Me*		

Remarque 20 : les tons ↑H↓H et H↑H sont susceptibles de se simplifier en un ton ponctuel ↑H, ce qui, éventuellement, diminue de un le nombre de niveaux non-bas. Par exemple, à côté de bí l↑ó↓'nd↓ámɔ́, on a bí l↑ó nd↓ámɔ́ "ils ont cuisiné". Dans la première prononciation, il y a trois niveaux non-bas (↑H↓H-↓H), dans la deuxième prononciation, il n'y en a que deux (↑H-↓H). Les tons B↑H et ↑HB peuvent être prononcés BH et HB respectivement. Ces simplifications dépendent à la fois du contexte tonal, du débit du locuteur et du locuteur lui-même (certains locuteurs simplifiant les tons modulés plus fréquemment que d'autres).

---

[48] *Cf.* la note précédente.

2.3.16. Non-occurrence du ton modulé decendant-montant HBH

Soit l'énoncé suivant :

|á ´tsàɣì á m̀bó` ´ì fùr´ a| á tsáɣ̆ mb⁺ó↓´ fùrɔ́
1 S+envoyer Loc mains Loc Fru Me
"...et il (l') a envoyé à Fru."

Dans la réalisation, le radical du verbe porte un ton H (*cf.* 2.3.6.A.) et la voyelle finale [ə] résultant de la fusion de la finale |ì| et du fonctionnel locatif |á| porte un ton montant BH (*cf.* 2.3.5.C.).

Si à la place de |tsàɣ-| "envoyer", on emploie |lò-| "venir", on s'attendrait, d'après ce qui a été dit des conditions de formation des tons modulés sur les syllabes nucléaires (*cf.* 2.3.15.), à ce que le ton montant BH de la voyelle finale se combine avec le ton H du radical sur le radical lui-même, d'où un ton modulé descendant-montant HBH. Or ce n'est pas possible. A l'énoncé ci-dessous correspondent deux prononciations, aucune ne présentant de ton HBH :

|á ´lòì á m̀bó` ´ì fùr´ a| á lô mbô fùrɔ́ *ou* á lô ámb⁺ó↓´ fùrɔ́
7 S+venir de Loc mains Loc Fru Me
"Elle (lettre) est de Fru."

Dans la première prononciation, correspondant à un débit normal, il n'y a aucune trace du ton H du fonctionnel |á| (ni du H de l'accord locatif |ì`| d'ailleurs).

Dans la deuxième prononciation, correspondant à un débit lent, le verbe porte un ton descendant HB, comme en débit normal, et le ton H du fonctionnel se manifeste, mais sur le fonctionnel lui-même : pour que le ton H se manifeste, il ne faut pas que le fonctionnel et le radical fusionnent. On constate que dans les deux prononciations le ton HBH est évité.

On peut donner un autre exemple avec un syntagme nominal (syntagme associatif avec le nom déterminant antéposé au nom déterminé) :

|zà´ lùm` á àlíʔ` a| zàlúmɔ̆ l⁺íʔɔ̀
7 Lum 7 champ Me
"Le champ de Lum."

Dans la réalisation, le nom |lùm| porte un ton H (le ton structurel H du Pa) et la voyelle finale [ə] résultant de la fusion du morphème associatif de cl. 7 |á| et du préfixe du nom |à| porte un ton montant BH (*cf.* 2.3.5.C.).

Si à la place de |àlíʔ`| "champ" (cl. 7), on utilise le nom |ŋ̀gúb`| "poules" (cl. 8), on a ici encore deux prononciations, aucune ne présentant de ton HBH :

|tsà´ lùm` í ŋgúb` a| tsàlûm ŋgúbɔ̀ *ou* tsàlûm ŋ́g⁺úbɔ̀
8 Lum 8 poules Me
"Les poules de Lum."

Dans la première prononciation, correspondant à un débit normal, il n'y a aucune trace du ton H du morphème associatif de cl. 8 |í|.

Dans la deuxième prononciation, correspondant à un débit lent, le nom porte un ton descendant HB, comme en débit normal, et le ton H du morphème associatif se manifeste, mais sur le préfixe du nom |ŋgúb`| "poules". Pour que le ton H se manifeste, il ne faut pas qu'il y ait désyllabification de la nasale syllabique |ŋ̀|. On constate que dans les deux prononciations le ton HBH est encore une fois évité.

Donnons une dernière illustration. Pour dire "celui/celle de X" on fait précéder le nom de personne – |lùm`| "Lum" et |ŋ̀gàŋ`| "Ngang" – ci-dessous, d'un préfixe d'accord correspondant à la classe de l'entité possédée, "enfant" (cl. 1, préfixe d'accord |wù`|) ou "enfants" (cl. 2, préfixe d'accord |bá´|) ci-dessous (*cf.* III.5.10.) :

<table>
<tr><td>wùlùmə̀</td><td>"Celui de Lum."</td><td>bàlúmə̀</td><td>"Ceux de Lum."</td></tr>
<tr><td>wùŋgàŋə̀</td><td>"Celui de Ngang."</td><td>bǎŋgàŋə̀</td><td>"Ceux de Ngang."</td></tr>
</table>

On constate que le ton H de l'accord de cl. 2 |bà´|" se manifeste sur le nom |lùm`| "Lum", mais sur le préfixe lui-même lorsque le nom est |ŋ̀gàŋ`| "Ngang".

Lorsque ces syntagmes sont compléments d'objet ils sont régis par le fonctionnel |á| et on obtient :

<table>
<tr><td>á wûlùmə̀</td><td>"Celui de Lum."</td><td>á bâlúmə̀</td><td>"Ceux de Lum."</td></tr>
<tr><td>á wûŋgàŋə̀</td><td>"Celui de Ngang."</td><td>á bǎŋgàŋə̀</td><td>"Ceux de Ngang."</td></tr>
</table>

Le ton H du fonctionnel se répète sur le préfixe d'accord quand celui-ci est B (d'où un ton modulé HB), mais il ne le fait pas lorsque le préfixe d'accord porte un ton BH. La formation d'un ton HBH est donc une fois de plus évitée. Etant donné qu'on ne peut pas marquer de pause entre le préfixe d'accord et le nom, les réalisations présentées ici sont les seules possibles.

2.3.17. Récapitulation des différents processus tonals

Tableau 26 – Simplification en ton B

H–**HB** ≠	→ H–**B** ≠	2.3.2.A.
H–**HBB**–{B, H}	→ H–**B**–{B, H}	2.3.2.B.
H–**HBBH**–H	→ H–**B**–H	2.3.2.C.
H(B)–**BH**–H	→ H–**B**–H	2.3.2.D.
H–**BBH**–H	→ H–**B**–H	2.3.2.E.
B–**BH**–H	→ B–**B**–H	2.3.6.B.
H–**HB**–B	→ H–**B**–B	2.3.7.A.

Tableau 27 – Simplification en ton H

B–**HB**–B	→ B–**H**–B	2.3.3.A.
B–**BHB**–B	→ B–**H**–B	2.3.3.B.
H–**HB**–B	→ H–**H**–B	2.3.6.A.
B–**BH**–H	→ B–**H**–H	2.3.7.B.

Tableau 28 – Simplification en ton <u>HB</u>

B–**HBB**–{B, H}	→	B–**<u>HB</u>**–{B, H}	2.3.4.A.
B–**HBBH**–H	→	B–**<u>HB</u>**–H	2.3.4.B.

Tableau 29 – Simplification en ton <u>BH</u>

H–**BBHB**–B	→	H–**<u>BH</u>**–B	2.3.5.A.
H–**HBBHB**–B	→	H–**<u>BH</u>**–B	2.3.5.B.

HB–**BHB**–B	→	H–**<u>BH</u>**–B	2.3.5.C.

Tableaux 30 – Les différentes manifestations de la faille

faille descendante ↑H↓H (2.3.9.)		
H–**HB**–H	→	H–**↑H**–↓H
HB]–H	→	**↑H**]–↓H
H]–BH	→	**↑H**]–↓H
H]–**H**–BH	→	H]–**↑H**–↓H

faille montante H↑H (2.3.10.)		
B–**HB**–H	→	B–H–**↑H**
≠**HB**–[H	→	≠H–[**↑H**
≠**H**–[BH	→	≠H–[**↑H**

faille descendante anticipée (2.3.11.)		
H]–**HBH**	→	**↑H**]–↓H

faille montante retardée (2.3.12.)		
B]–**HBH**–H	→	B]–H–**↑H**

faille ponctualisée (2.3.13.)		
B]–**HBH** ≠	→	B]–**↑H** ≠
B]–**HBHB**–[B	→	B]–**↑H**–[B
B]–**HBBHB**–[B	→	B]–**↑H**–[B

III. NOMS, SYNTAGME NOMINAL, SUBSTITUTS, PRONOMS

1. LES CLASSES NOMINALES

Le mankon est une langue à classes nominales : les noms se répartissent en différents groupes ou genres.

Un genre consiste en deux classes appariées selon l'opposition singulier/pluriel, dans le cas des noms dénombrables, et il consiste en une seule classe, singulier ou pluriel, dans le cas des noms indénombrables.

L'appartenance d'un nom à tel ou tel genre est indiquée dans la forme même du nom, sous forme de préfixes nominaux (Pn). Ainsi tout nom se compose d'un Pn suivi d'une racine nominale, et une même racine peut apparaître avec des préfixes différents : l'un correspondant à une classe singulier, l'autre à une classe pluriel :

|à-káŋˋ a| àkáŋɔ̀   "casserole" (cl. 7)[1]
|ì-káŋˋ a| ìkáŋɔ̀   "casseroles" (cl. 8)

Ce regroupement des noms en différentes classes s'accompagne de phénomènes d'accord de classes.

La définition des classes repose sur des critères purement formels exposés par Kadima (1969 : 82). Ont donc été pris en compte : les accords que commande le nom, les préfixes nominaux et les appariements. L'utilisation de ces critères permet de dégager dix classes : six associées au singulier et quatre associées au pluriel.

Le tableau 31 ci-dessous présente succinctement les éléments grammaticaux qui participent à la définition des classes nominales. Dans la première colonne figurent les préfixes nominaux tous à ton B. Dans la seconde colonne figurent les pronoms sujets, à ton B aux cl. 1 et 9 et H à toutes les autres classes. Dans les troisième et quatrième colonnes, figurent des formules synthétisant les caractéristiques des préfixes d'accord (Pa) des déterminants et des substituts[2] qui leur correspondent. Ces préfixes varient en fonction des classes, mais aussi en fonction des détermi-

---

[1] Le |a| final dans les formes structurelles est une marque énonciative sur laquelle, ou grâce à laquelle, le dernier ton lexical des racines nominales peut se manifester. |a| a différentes réalisations : dans les exemples donnés ici |a| se réalise [ə]. Dans toute cette section les noms seront cités suivis de cette marque, ou de la marque |ɣe|. C'est ainsi que certains informateurs citent les noms.

[2] Sont appelés "substituts" les déterminants utilisés en l'absence du nom auquel ils renvoient.

nants/substituts eux-mêmes, et ils ne présentent pas forcément simultanément toutes les caractéristiques figurant dans les formules. On peut cependant répartir ces Pa en deux ensembles[3] selon qu'ils présentent ou non une consonne initiale :
– les formules de la colonne 3 présentent une consonne initiale à toutes les classes ;
– les formules de la colonne 4 ne présentent de consonne initiale qu'aux classes 2, 5, 6, et 19.

Les numéros attribués aux classes nominales sont ceux du système de numérotage du bantou commun. En effet, les correspondances entre les systèmes de classes du mankon et du bantou commun sont assez directes pour qu'on puisse utiliser ce système sans le modifier. Et si, par exemple le chiffre 4 n'est pas utilisé, c'est qu'on ne trouve pas en mankon l'équivalent de la classe 4 du bantou commun.

Tableau 31 – Classes nominales

	1	2	3	4
cl. 1	Ø-, ǹ-	à	ɣon`-	in`-
cl. 2	bì-	bí	bə´-	bɨ´-
cl. 3	ì-, ǹ-	í	ɣo´-	i´-
cl. 5	nì-	ní	nə´-	ni´-
cl. 6	mì-	mí	mə´-	mɨn´-
cl. 7	à-	á	za´-	a´-
cl. 8	ì-	tsí	tsə´-	i´-
cl. 9	ǹ-	ì	zin`-	in`-
cl. 10	ǹ-	tsí	tsə´-	i´-
cl. 19	fì-	fí	fə´-	fi´-

Dans la colonne 3 les préfixes montrent quatre voyelles différentes : |o| qui se réalise [u] aux cl. 1 et 3, |a| réalisée [a] à la cl. 7, |ɨ| réalisée [i] en cl. 9 et |ə| qui se réalise [a], [ə] ou [ɨ] selon le contexte, aux cl. 2, 5, 6 et 19.

Le tableau 32 ci-dessous schématise l'organisation en genres (*i.e.* les appariements entre classes sg. et pl.) du système de classes nominales en mankon :

Tableau 32 – Genres

---

[3] La différence que A. Meeussen (1967 : 104) fait entre PP, préfixes pronominaux, et EP, préfixes numéraux, recoupe la division faite ici entre les préfixes de la colonne 3 et ceux de la colonne 4 respectivement.

Les traits pleins indiquent les genres majeurs, *i.e.* ceux qui comprennent un nombre élevé de noms. Les traits en pointillés signalent les genres mineurs, *i.e.* ceux qui ne comprennent que quelques noms. Les genres majeurs sont donc 1/2, 3/6, 5/6, 19/6, 7/8 et 9/10. Les genres mineurs sont 3/10, 7/6 et 9/6. Rappelons que certains genres ne sont constitués que d'une classe sg. ou pl. Les genres à une classe les plus importants sont les genres 6 et 9.

1.1. Les Préfixes nominaux

1.1.1. Classe 1

Une distinction entre deux sous-classes a été opérée sur la base du Pn :
– La sous-classe 1ᵃ se caractérise au plan structurel par un Pn |Ø-|, ce qui se traduit au plan phonologique par l'absence de Pn :

|Ø-kàŋˋ a| kàŋɜ̀   "écureuil"[4]

Cependant le comportement morphotonologique des noms de cl. 1ᵃ au pluriel, lorsque le Pn |bɨ̀-| est préfixé à la forme singulier |Ø-x| amène à considérer que la cl. 1ᵃ se caractérise, par rapport aux autres classes, non par l'opposition : absence versus présence d'un Pn, mais par un Pn |Ø-| (zéro) versus des Pn segmentaux aux autres classes. Rappelons ici brièvement des faits morphotonologiques : après un ton H, il se forme sur le préfixe pluriel bɨ̀- un ton modulé HB qui ne se simplifie pas et qui n'engendre pas de phénomène de faille tonale[5] ; ces faits pourraient faire penser à la présence d'un Pn se réduisant à un ton B au singulier, qui se maintiendrait au pluriel, mais le seul contexte où se manifesterait ce ton B serait justement lorsqu'il est précédé du Pn pluriel |bɨ̀-|. Il est donc préférable de ne parler que d'un préfixe |Ø-|.

Appartiennent aussi à cette sous-classe les quelques noms dont le noyau de la racine est précédé de l'élément périphérique[6] àn- :

|Ø-àngábˋ a| àŋgábɜ̀   "antilope"

– La sous-classe 1ᵇ

Cette sous-classe se caractérise par un Pn |ǹ-|. Ce Pn présente deux variantes phonologiques : ɨ̀- devant les fricatives sourdes et les nasales et ǹ- devant toutes les autres consonnes. ǹ- partage le point d'articulation de la consonne initiale de la racine nominale.

|ǹ-súŋ´ a| ɨ̀sùŋɔ́   "ami"
|ǹ-kúm´ a| ŋ̀kùmɔ́   "notable"

---

[4] Rappelons que le |a| en finale de la forme structurelle est une marque énonciative sur laquelle se réalise le dernier ton des racines nominales.
[5] *Cf.* II.2.3.6. note 34 et II.2.3.8. remarque 11.
[6] *Cf.* I.1.3.1. où sont présentés les éléments périphériques des racines nominales complexes.

Ce préfixe |ǹ-| alterne avec le préfixe pluriel |bì-| de la cl. 2 :

   |bì-súŋ´ a| bìsùŋɔ́   "amis"

   |bì-kúm´ a| bìkùmɔ́   "notables"

REMARQUE 1 : |ǹ-| est issu du proto-bantou |mu-| (Meeussen 1967 : 97). Il existe trois noms dont la racine est à initiale vocalique. Dans les trois cas le Pn |mu| s'amalgame à la racine : il s'agit de |ŋwɔ̀n`| "personne", |màŋgyè´| "femme" et |`mɔ́n`| "enfant". Ce dernier nom comporte un ton B initial, le ton du Pn en fait, qui se manifeste dans certains contextes. Les formes pluriel de ces noms sont respectivement |bèn`|, |bàŋgyè´| et |ìbɔ́n`|, formes dans lesquelles on retrouve le **b** du préfixe de la cl. 2.

Si les sous-classes 1[a] et 1[b] peuvent être regroupées en une classe 1, c'est que les noms appartenant à ces sous-classes gouvernent les mêmes phénomènes d'accord, et que la classe pluriel correspondante est la cl. 2 pour les deux sous-classes.

1.1.2. Classe 2

La classe 2 se caractérise par le Pn |bì-| qui est représenté par **bì-**, ou **b-** : |bì-| alterne avec le préfixe de la cl. 1[b] :

    ŋ̀kùmɔ́ "notable"   bìkùmɔ́ "notables"

Au plan structurel |bì-| se prépréfixe au préfixe |Ø-|[7] de la cl. 1[a], ce qui se traduit au plan phonologique par une préfixation directe à la racine nominale :

   |Ø-kàŋ` a| kàŋɔ̀ "écureuil"    |bì-Ø-kàŋ` a| bìkàŋɔ̀   "écureuils"

b- est utilisé comme Pn de :

   |bèn`| "personnes", |bàŋgyè´| "femmes" et |ìbɔ́n`| "enfants"

et des noms dont la racine présente l'élément périphérique initial **àn-** :

   |Ø-àŋgáb` a| àŋgábɔ̀ "antilope"    |bì-Ø-àŋgáb` a| bàŋgábɔ̀ "antilopes"

La cl. 2 est une classe pluriel, dont les noms appartiennent à la cl. 1 au singulier.

1.1.3. Classe 3

Ici encore, on distingue deux sous-classes : la sous-classe 3[a] se caractérise par le Pn |ì-|, tandis que la sous-classe 3[b] se caractérise par le Pn |ǹ-|. Comme c'est le cas en classe 1[b] (*cf.* aussi les cl. 8 et 10 plus bas), |ǹ-| n'est pas attesté devant les fricatives sourdes et les nasales[8]. Mais l'existence de ì- devant des consonnes autres que les fricatives sourdes et les nasales empêche de considérer ì- et ǹ- comme des représentations phonologiques d'un unique préfixe structurel |ǹ-|. Théoriquement le Pn d'un nom tel que ìʃyê "visage" peut aussi bien être la représentation alternative de |ǹ-| devant une fricative sourde que la représentation de |ì-|. En pratique tous les noms à Pn ì- sont classés en 3[a] :

---

[7] Les raisons de cette analyse sont données à propos de la cl. 1[a] en 1.1.1.

[8] Rappelons que ce fait est général : **n** n'est jamais attestée devant les continues sourdes et les nasales.

|ì-kɔ́ʔˋ a| ìkɔ́ʔɔ̀   "échelle" (cl. 3ᵃ)

|ì-là` ɣe|⁹   ìlà ɣè   "pont" (cl. 3ᵃ)

|ì-fùɣ´ a| ìfùɣɔ́   "bambou" (cl. 3ᵃ)

|ǹ-kàm` a| ŋkàmɔ̀   "cage" (cl. 3ᵇ)

|ǹ-tàŋ´ a| ǹtàŋɔ́   "hutte" (cl. 3ᵇ)

Le préfixe |ǹ-| de la cl. 3ᵇ est inséparable de la racine. Il se maintient donc au pluriel :

|mì-ǹ-kàm` a| mìŋkàmɔ̀   "cages" (cl. 6)

|mì-ǹ-tàŋ´ a| mìntàŋɔ́   "huttes" (cl. 6)

Les raisons qui permettent de regrouper les sous-classes 3ᵃ et 3ᵇ en une seule cl. 3 sont les mêmes que celles qui permettent le regroupement des sous-classes 1ᵃ et 1ᵇ en une seule cl. 1.

Les noms qui appartiennent à la cl. 3 au singulier forment leur pluriel en cl. 6. Il y a cependant une exception : le nom ŋkwíŋɔ̀ "bois de chauffage" appartient au singulier à la cl. 3ᵇ, mais forme son pluriel en cl. 10, caractérisée par le Pn |ǹ-|. ŋkwíŋɔ̀ est donc invariable (il présente la même forme au singulier et au pluriel). Ce sont les accords qu'il commande qui permettent de le classer en cl. 3ᵇ au singulier et en cl. 10 au pluriel.

1.1.4. Classe 5

La cl. 5, classe singulier, se caractérise par le Pn |nì-| toujours représenté par nì :

|nì-bɔ̀ʔ´ a| nìbɔ̀ʔɔ́   "citrouille"

|nì-sɔ̀ŋ´ a| nìsɔ̀ŋɔ́   "dent"

Les noms de cl. 5 forment leur pluriel en cl. 6. Le préfixe |nì-| alterne donc avec le préfixe |mì-| :

|mì-bɔ̀ʔ´ a| mìbɔ̀ʔɔ́   "citrouilles"

1.1.5. Classe 6

La classe 6 se caractérise par le préfixe |mì-| qui est représenté par mì- sauf dans deux cas lorsque l'initiale de la racine est la bilabiale b : m̀-bô "mains" (*mìbô n'est pas attesté) et m̀-bòmɔ́ "œufs" ; notons toutefois que mì-bòmɔ́ est bien attesté.

REMARQUE 2 : Ces deux exemples illustrent, en termes diachroniques, le passage d'un préfixe CV dont la consonne est une nasale, à une nasale syllabique n à ton B qui se réalise au même point que la consonne suivante.

La cl. 6 est la cl. pluriel correspondant principalement aux classes singulier 3, 5 et 19.

---

⁹ |ɣe| est une marque énonciative.

1.1.6. Classe 7

Elle se caractérise par le Pn |à-| toujours représenté par à- :

| |à-tú´ a| | àtùɔ́ | "arbre" |
| |à-nù` a| | ànùɔ̀ | "chose" |

Les noms de cl. 7 forment, pour la plupart, leur pluriel en cl. 8. Le Pn |à-| alterne donc avec le Pn de cl. 8 |ì-|. Il y a cependant quelques noms de cl. 7 qui forment leur pluriel en cl. 6. Dans ce cas le Pn |à-| alterne avec le Pn |mì-| :

| ànùɔ̀ | "chose" | ìnùɔ̀ | "choses" (cl. 8) |
| àkùɔ̀ | "pied" | mìkùɔ̀ | "pieds" (cl. 6) |

1.1.7. Classe 8

La classe 8 se caractérise par un Pn |ì-| toujours représenté par ì- :

| |ì-tsé` a| | ìtsê | "clans" |
| |ì-bù?` a| | ìbù?ɔ̀ | "esclaves" |

La classe 8, classe pluriel, s'apparie exclusivement avec la cl. 7.

1.1.8. Classe 9

La cl. 9 se caractérise par le Pn |ǹ-| avec deux représentations phonologiques ì- et ǹ- (ì- devant les fricatives sourdes et les nasales, ǹ- ailleurs) :

	ǹ-dá` a		ǹdâ	"maison"
	ǹ-ɲàm` a		ìɲàmɔ̀	"animal"
	ǹ-fén` a		ìfíŋɔ̀	"bracelet"

Etant donné que la majorité des noms qui appartiennent à la cl. 9 au singulier forment leur pluriel en cl. 10, qui se caractérise par un Pn |ǹ-|, les noms appartenant au genre 9/10 sont invariables. Seuls les accords qu'ils commandent permettent de savoir si on a affaire à une forme singulier ou pluriel :

ǹdâ	"maison(s)"
ǹd ˈá z ˈíŋɔ̀	"Cette maison-ci."
ǹd ˈá ts ˈíŋɔ̀	"Ces maisons-ci."

Notons que si un nom de classe 9 forme son pluriel en cl. 6, le Pn de cl. 9 se maintient :

| ǹdzɔ́ŋɔ̀ | "épine" | mìndzɔ́ŋɔ̀ | "épines" (cl. 6) |

1.1.9. Classe 10

Comme mentionné ci-dessus à propos de la cl. 9, cette classe se caractérise par un préfixe |ǹ-| identique à celui de la classe singulier 9, à laquelle elle s'apparie.

Les noms des cl. 8 et 10 gouvernent les mêmes phénomènes d'accord. Cependant, d'après les critères exposés plus haut, il y a lieu de distinguer deux classes. En effet, les noms qui appartiennent à ces deux classes ont des préfixes nominaux différents et les deux classes 8 et 10 s'apparient à deux classes singulier distinctes : les classes 7 et 9 respectivement.

1.1.10. Classe 19

La classe 19 se caractérise par le Pn |fì-| toujours représenté par fì :

|fì-sáŋˋa| fìsáŋ̀ə   "balais"

Les noms de cl. 19 forment leur pluriel en cl. 6 : le préfixe |fì-| alterne donc avec le préfixe |mì-| :

fìsáŋ̀ə "balais"   mìsáŋ̀ə "balais" (cl. 6)

1.1.11. Discussion des Pn |ǹ-|

Nous avons vu que dans plusieurs cas les Pn |ǹ-| étaient inséparables de la racine et qu'on les retrouvait aux formes pluriel, éventuellement précédés du préfixe pluriel :

ŋ̀kàmə̀   "cage" (cl. 3)   mìŋkàmə̀   "cages" (cl. 6)
ǹdzɔ́ŋ̀ə   "épine" (cl. 9)   mìndzɔ́ŋ̀ə   "épines" (cl. 6)

Le maintien du Pn sg. au pluriel n'est pas une contrainte morphologique du mankon, puisque les Pn des cl. sg. 5 |nì-| et 19 |fì-| (de structure syllabique CV donc) ne se maintiennent pas au pluriel mais alternent avec le préfixe de la cl. pl. 6 |mì-| (de structure syllabique CV aussi) :

nì-bɔ̀ʔɔ́   "citrouilles"   mì-bɔ̀ʔɔ́   "citrouilles" (5/6)
fì-sáŋ̀ə   "balais"   mì-sáŋ̀ə   "balais" (19/6)

De son côté, le Pn de la cl. sg. 7 |à-| (de structure syllabique V) ne se maintient pas au pluriel mais alterne ave le Pn de la cl. pl. 8 |ì-| (de structure syllabique V aussi) :

à-dìʔɔ́   "endroit"   ì-dìʔɔ́   "endroits" (7/8)

Le Pn sg. ne se maintient au pluriel que lorsqu'il est |ǹ-|. Et encore, ne s'agit-il pas là d'une règle générale puisque le Pn |ǹ-| de la cl. 1b alterne avec le Pn de la cl. 2 |bì-| :

ǹ-dómə̀   "mari"   bì-lómə̀   "maris" (1b/2)

Ceci dit, on peut se demander s'il est légitime de considérer les nasales inséparables de la racine comme des préfixes. Ne devrait-on pas plutôt les analyser comme faisant partie de la racine et poser que le Pn des noms à initiale NC (nasale suivie de consonne) est |Ø-| au plan structurel (comme pour les noms de la cl. 1a) ?

|Ø-ǹbàbˊa| m̀bàbɔ́   "animal, rat" (cl. 9)

A ce stade de la discussion, rappelons les propriétés de ce n initial :
– Il est syllabique (au moins quand il est à l'initiale absolue, par exemple quand on cite le nom).

– Son ton inhérent est B, jamais H : les oppositions tonales sont reléguées aux syllabes suivantes, comme c'est le cas pour les noms présentant des Pn qui alternent selon l'opposition de nombre :

ŋ̀-gɔ́ʔɔ́	"termite" (cl. 9)	ŋ̀-gɔ̀ʔɔ̀	"pierre" (cl. 9)
ǹ-dzàŋɔ́	"noyau" (cl. 9)	ǹ-dzáŋɔ̀	"xylophone" (cl. 9)
fì-sàŋɔ́	"sorgho" (cl. 19)	fì-sáŋɔ̀	"balai" (cl. 19)
à-bàŋɔ́	"rive" (cl. 7)	à-báŋɔ̀	"étagère" (cl. 7)

– D'autre part, cette nasale initiale se réalise automatiquement homorganique de la consonne qui la suit (sauf devant les fricatives sourdes et les nasales, la nasale étant alors remplacée par ì-) : si on traite la nasale comme première syllabe de racine, on doit préciser qu'aucune opposition segmentale n'est possible au niveau de cette première syllabe (ainsi qu'il en va de la première syllabe n-, identifiée comme un Pn des noms de la sous-classe 1[b]).

Ces caractéristiques, à savoir l'impossiblité d'avoir des oppositions aussi bien au plan segmental que tonal, apparentent la nasale initiale aux préfixes nominaux plutôt qu'à un élément lexical, appartenant à la racine.

Aurait-on pu analyser les séquences NC comme des mi-nasales ?

La nasale partage avec la consonne suivante son point d'articulation (ce qui est requis pour pouvoir parler de mi-nasale), de plus on ne peut pas avoir de continues sonores après la nasale (la nasale influe donc sur la consonne qui la suit) : ces deux caractéristiques sont la preuve d'un lien très étroit entre les deux consonnes, mais ce n'est pas suffisant pour les traiter comme constituant une seule unité phonologique : en effet la nasale est syllabique et se caractérise par un ton B, au moins lorsque les noms sont prononcés isolés.

La question se pose de manière plus incisive lorsque le Pn pluriel |mì-| est pré-préfixé au Pn |ǹ-| (et/ou lorsque le nom est intégré dans un énoncé) :

– Le ton B de |ǹ-| se manifeste lorsque le contexte tonal s'y prête (*cf.* II.2.1.), cependant ce n'est pas là un argument décisif.

– Au plan segmental, on observe un phénomène de désyllabification et non de formation de mi-nasales : le ǹ- perd sa syllabicité et se rattache à la syllabe CV précédente, d'où des syllabes fermées CVn, avec le n qui se réalise homorganique de la consonne qui le suit, ce qui est parfaitement licite dans la langue, comme nous l'avons vu dans la section phonologie. n ne s'intègre pas à la consonne suivante pour former une mi-nasale : ceci s'entend clairement quand les informateurs parlent lentement ou acceptent d'opérer une segmentation en syllabes des noms.

Donc les seules nasales considérées comme faisant partie intégrante de la racine sont celles que l'on trouve au singulier derrière un Pn singulier. Mais elles n'en sont pas pour autant considérées comme le premier élément de mi-nasales.

1.2. Les genres et leur contenu sémantique

Les classes s'apparient pour former des genres (*cf.* tableau 32). On distingue six genres majeurs (contenant un nombre élevé de noms) : 1/2, 3/6, 5/6, 19/6, 7/8 et 9/10 ; trois genres mineurs (ne contenant que quelques noms chacun) : 3/10, 7/6 et 9/6.

Rappelons qu'il existe des genres à une classe, sg. ou pl., les genres 6 et 9 étant les plus importants.

1.2.1. Genres majeurs

1.2.1.A. Genre 1/2

Les noms désignant des personnes appartiennent en majorité à ce genre (bien qu'on en trouve aussi un certain nombre dans le genre 7/8).

1.2.1.A.a. Sous-groupe 1ª/2

On y retrouve des noms désignant des personnes :

fúɣɔ́	"co-épouse"	tǎŋgyé ɣé	"père de jumeaux"
tàrɔ́	"père"	mâŋgyé ɣé	"mère de jumeaux"
mìkárɔ́ ɣé	"Blanc"		

A côté des noms désignant des personnes, se rangent en 1ª/2 des noms désignant des animaux :

fúɔ́	"rat"	súɯŋɔ́	"oiseau"
nínáʔá	"caméléon"	kámɔ́	"crabe"
búʔɔ́	"chimpanzé"	àŋgábɔ̀	"antilope"
bùʔɔ́	"termite"	àŋkùʔɔ́ ɣé	"coq"

des noms désignant des plantes, des fruits, des objets et quelques termes anatomiques :

mándzùɔ́	"arachide"	ʃwíɔ́	"doigt"
ʃwàʔà	"lame"	sàŋɔ́	"lune"
tɔ́ʔɔ́	"boîte de conserve"	nìɲùmɔ̀	"soleil"
fòfò ɣè	"poumon"	àmbŏ ɣé	"banane"

C'est aussi en 1ª/2 que se rangent les noms d'emprunt :

bùsɔ́	"chat" (de l'anglais *pussy*)
bìrúsɔ̀	"agent de police" (de l'anglais *police*)
tísɔ̀ŋɔ̀	"station" (de l'anglais *station*)
lóbà ɣè	"caoutchouc" (de l'anglais *rubber*)
sóɣɣè ɣè	"soldat" (de l'anglais *soldier*)
bíà ɣè	"avocat" (de l'anglais *pear* "poire")

115

1.2.1.A.b. Sous-groupe 1^b/2

On y retrouve exclusivement des noms de personnes :

ǹ-dómə̀	"mari"[10]	ì-ɲɔ̀ŋɔ́	"belle famille"
ǹ-dùɔ́	"neveu, nièce"	ŋ̀-kùmɔ́	"notable"
ǹ-də̀mə̀	"sorcière"	ì-fɔ̀ ɣè	"chef"[11]
ǹ-tìɔ́	"orphelin"		

C'est en 1^b/2 qu'entrent les noms d'agent dérivés des verbes :

|ɣɛ́ʔ-|	"apprendre"	ŋ̀-gɣɛ́ʔè	"apprenti"
|bàɣ-|	"fendre"	m̀-bàɣə̀	"fendeur"
|bɔ́m-|	"pétrir"	m̀-bɔ́mə̀	"potier"

1.2.1.B. Genre 3/6

A ce genre n'appartient aucun nom d'être animé (homme ou bête). On y retrouve des termes anatomiques :

ì-ʃyê	"visage"	ŋ̀-gàŋɔ́	"veine", "racine"
ì-fùɯŋɔ́	"anus"	ǹ-tsùə̀	"bouche"
ŋ̀-kùŋɔ́	"queue"		

Se rangent aussi dans ce genre, des termes botaniques :

ì-bɔ̀ʔɔ́	"champignon"	m̀-bàŋɔ́	"drupe", "amande"
ì-fùɯɣɔ́	"bambou"	ǹ-tò ɣè	"cœur (de certaines plantes)"

des noms désignant des objets fabriqués ou naturels, et des concepts abstraits :

ì-kɔ́ʔɔ̀	"échelle"	ǹ-táʔà	"colline"
ŋ̀-kùŋɔ́	"lit"	ì-kùmɔ́	"nom"
ǹ-tàŋɔ́	"hutte"	ì-kòmɔ́	"musique"
ŋ̀-gárə̀	"fusil"	ì-sáʔà	"jugement"
ŋ̀-kyê	"eau"		

1.2.1.C. Genre 5/6

Un nombre élevé de termes anatomiques appartiennent à ce genre. Il s'agit souvent de termes désignant des parties du corps qui vont par paire ou qui font partie d'un ensemble :

nì-bàbìnə̀ ɣè	"aile"	nì-lùɯə̀	"barbe"
nì-dúɯɣə̀	"œil"	nì-bùmɔ́	"ventre"
nì-búɯŋə̀	"sein"	nì-tɔ̀ŋɔ́	"nombril"
nì-ɣàɣɔ́	"mâchoire"	nì-bòmɔ́	"œuf"
nì-sɔ̀ŋɔ́	"dent"		

---

[10] Le préfixe de classe sg. est séparé de la racine nominale pour plus de clarté.

[11] (ì-)fɔ̀ "chef" est la seule racine CV se réalisant avec [ɔ]. Elle est suivie de la marque \|ɣe\|.

Se rangent aussi dans ce genre, des noms désignant des objets, des plantes ou des fruits :

nì-bɔ́ʔɔ́	"citrouille"	nì-lú?ɔ̀	"cuillère"
nì-túŋɔ̀	"raphia"	nì-lɔ̀ŋɔ́	"harpe"
nì-kɔ̀ŋɔ́	"lance"	nì-ʃyè ɣè	"tombe"
nì-kàŋɔ́	"grenier"	nì-kyê	"braise"

Il y a dans ce genre un terme désignant des êtres humains : nì-fáɣɔ̀ "jumeau". Il doit sans doute son appartenance au genre 5/6 au fait que des jumeaux constituent normalement une paire. On note aussi la présence d'un nom d'animal : nì-kǎkà ɣè "sauterelle". La syllabe initiale nì peut avoir appartenu à la racine, et avoir été réinterprétée comme étant le préfixe nominal de la classe 5, d'où son appartenance au genre 5/6.

Appartient enfin à ce genre, un nombre élevé de noms dérivés de verbes qui expriment souvent la concrétisation, sous une forme ou une autre, du procès exprimé par le verbe dont ils dérivent. Beaucoup de ces noms ne participent pas à l'opposition singulier/pluriel et se retrouvent donc dans la seule classe 5 :

|ɣán-|	"vagabonder"	nì-ɣɔ̂	"voyage"
|fù?-|	"moissonner"	nì-fù?ɔ̀	"moisson"
|zɔ́?-|	"marier"	nì-zɔ́ʔɔ̀	"mariage"
|zè?-|	"pleurer"	nìzè?è	"pleurs"
|ɣɔ̀n-|	"être malade"	nì-ɣɔ̀	"maladie"
|dór-|	"être heureux"	nì-dórɔ̀	"joie"

1.2.1.D. Genre 7/8

A ce genre appartiennent des noms désignant des animaux :

à-bébɔ̀	"bélier"	à-tà?à	"escargot"
à-tálémɔ́	"chauve-souris"	à-tɔ̀tʃùɔ̀	"larve"

Des termes anatomiques :

à-dzùɣɔ́	"intestin"	à-lémɔ̀	"sang"
à-kwɛ̌	"os"	à-tùɣɔ́	"gésier"

Des termes botaniques :

à-fǒ	"sève"	à-tɔ̀bɔ́	"pousse d'igname"
à-fùɔ́	"feuille"	à-zú?ɔ̀	"igname"[12]
à-kóbɔ̀	"amande"	à-kǒ	"brousse"
à-tùɔ́	"arbre"		

Des noms désignant des objets (parmi lesquels on trouve des dérivés de verbe), des lieux, des maladies :

à-dzàɣɔ́	"jupe en feuilles de bananier"		
à-ɣùʔɔ́	"cauri"		
à-káŋɔ̀	"casserole"	*cf.* |káŋ-|	"frire"

---

[12] la forme pluriel pour "igname" est ì-dzú?ɔ̀ (cl. 8).

à-kə̀bɔ́	"pétrin, mortier"	*cf.* |kə́b-|	"casser"
à-sô	"houe"	*cf.* |só-|	"désherber"
à-ŋwà?ànə̀	"livre"	*cf.* |ŋwà?ànì|	"lire"
à-ʃwíɣə̀	"soufflet"	*cf.* |ʃwíɣ-|	"tacher de suie"
à-tómə̀	"pays"	*cf.* |tóm-|	"traverser"
à-láʔà	"village"		
à-bàŋɔ́	"rive"		
à-bùŋɔ́	"plate-bande"		
à-fǫ̀	"champ"		
à-tsùmɔ́	"mare"		
à-tsáŋə̀	"prison"		
à-nùə̀	"chose (abstraite)"		
à-zúmə̀	"chose (concrète)"[13]		
à-zèɣə̀	"balai"	*cf.* |zèɣ-|	"balayer"
à-bǫ̂	"pain"		
à-ɣɔ̀ʔɔ̀	"ragoût"		
à-tsɔ́bə̀	"crime"		
à-bòmə̀	"rhume"		

On retrouve dans ce genre des noms abstraits (à valeur fréquemment négative) dérivés, pour la plupart, de verbes :

à-ʒwìə̀	"sentiment", "haleine"	*cf.* |ʒwì-|	"respirer"
à-lɔ̀ʔɔ̀	"malédiction"	*cf.* |lɔ̀ʔ-|	"maudire"
à-dìə̀	"jalousie"		
à-zɔ̀mə̀	"insulte"	*cf.* |zɔ̀m-|	"insulter"
à-búŋə̀	"danse"	*cf.* |búŋ-|	"danser"
à-fúrə̀	"plaisanterie"	*cf.* |fúr-|	"jouer"

Enfin, on y trouve des noms de personnes qui impliquent une notion d'anormalité, de mépris :

à-dzɔ̀ŋɔ́	"adolescent", "géant"	à-nàrə̀	"paresseux"
à-bə̀rə̀	"fou"	à-tɔ̀tʃwìŋɔ́	"lépreux"
à-bùʔɔ̀	"esclave"		

1.2.1.E. Genre 9/10

A ce genre appartiennent des noms désignant des animaux :

m̀-bàbɔ́	"animal","rat"	ŋ̀-gɔ̀ʔɔ́	"termite"
ì-ɲàmə̀	"animal"	ŋ̀-gúbə̀	"poule"
m̀-byê	"chèvre"	ŋ̀-gòmɔ́	"porc-épic"
ǹ-tùrə̀	"pou"		

---

[13] La forme pluriel pour "choses" est ì-dzúmə̀ (cl. 8).

Mais on y trouve aussi des noms de plantes :

ǹ-dzǎ	"légume", "soupe de légume"
ǹ-tʃwè	"maïs"
ŋ̀-gy̌ɛ̰	"herbe"
ŋ̀-gὶʔɔ́	"égusi (graine de citrouille)"

Ainsi que des termes anatomiques :

m̀-bὺŋɔ̀	"sexe masculin"	ŋ̀-gòbɔ̀	"peau"
ǹ-dzὺmɔ̀	"dos"	ɨ̀-ɲɔ̀ŋɔ̀	"cheveu"

Des noms désignant des objets (quelquefois dérivés de verbes) :

ǹ-dâ	"maison"	ŋ̀-gɔ̀ʔɔ̀	"pierre"
ǹ-tɔ́ʔɔ̀	"palais"	ǹ-tsύŋɔ̀	"bouteille"
ǹ-tɛ́ʔɛ̀	"pilier"	ŋ̀-kyê	"charbon de bois"
m̀-bɔ̰̂	"clou" *cf.* |bán-| "clouer"	m̀-bàʔà	"nuage"
ɨ̀-ɲwìɔ́	"machette"		

1.2.1.F. Genre 19/6

A ce genre appartiennent des noms désignant de petits animaux (insectes ou autres), des graines, que l'on voit le plus souvent en groupe, si bien que souvent le nom prend un sens collectif bien que la classe 19 soit une classe singulier :

fɨ̀-nɔ́fὺʔύnɔ́	"blatte(s)"	fɨ̀-byê yè	"tétard(s)"
fɨ̀-dzύɔ̀	"fourmi(s)"	fɨ̀-kύŋɔ̀	"haricot(s)"
fɨ̀-ʒwìrɔ̀	"asticot(s)"		

La forme pluriel (cl. 6) de ces noms s'emploie s'il y a besoin de dénombrer les unités formant le groupe.

Ainsi que des noms évoquant la notion de composantes multiples :

fɨ̀-ŋgwáŋɔ̀	"sel"
fɨ̀-nɔ́kwáʔánɔ̀ yè	"gravier"
fɨ̀-ǹdíʔɔ̀	"fumée"

Et des noms dérivés de verbes :

fɨ̀-tô	"combat"	*cf.* |tó-| "combattre"

1.2.2. Genres mineurs

1.2.2.A. Genre 3[b]/10

Il n'y a qu'un nom appartenant à ce genre :

ŋ̀-kwíŋɔ̀	"bois de chauffage"

1.2.2.B. Genre 7/6

Il n'a été relevé que quatre noms dans ce genre :

à-bô	"main"	à-kwǐʔìtɔ́	"genou"
à-kùə̀	"pied"	à-fâŋnɔ́ ɣé	"carrefour"

REMARQUE 3 : à-kwǐʔìtɔ́ "genou" forme aussi son pluriel en cl. 8.

1.2.2.C. Genre 9/6

Il n'y a que quatre noms dans ce genre :

ǹ-dzɔ̀ŋɔ́	"épine"	ɨ̀-ɲàmɔ̀	"animal"
ǹ-tsáʔàbô	"poignet"[14]	m̀-byɛ̀	"côté"

REMARQUE 4 : ɨ̀-ɲàmɔ̀ "animal" et m̀-byɛ̀ "côté" forment aussi leur pluriel en cl. 10.

1.2.3. Genres à une classe

1.2.3.A. Genre 6

Entrent dans ce genre des noms désignant des liquides ou des matières molles :

mì-lù̀ʔə̀	"vin"	mì-dzúə̀	"nourriture"
mì-vúrə̀	"huile"	mì-byè yè	"foie"
mì-twê	"crachat"	mì-tô	"ventre"

Se classent aussi dans ce genre quelques noms évoquant la notion de composantes multiples :

mì-kə̀	"poudre de fusil"	mì-kyénə̀ yè	"rides"

1.2.3.B. Genre 9

Appartiennent à ce genre tous les dérivés de verbes exprimant "le fait de" :

ǹ-tèmɔ́ ɣé	"le fait de marcher"
m̀-bə̌ ɣé	"le fait de clouer"
m̀-bùŋɔ́ ɣé	"le fait de danser"

REMARQUE 5 : dans chaque classe singulier, on trouve des noms qui ne participent généralement pas à l'opposition de nombre. Mais il est difficile de savoir lesquels ne peuvent absolument pas s'employer au pluriel. Les réponses varient selon les informateurs. Par exemple, certains disent qu'il est possible d'employer nìnyùmɔ̀ "soleil" au pluriel et donnent la forme bìnìɲùmɔ̀ "soleils", tandis que d'autres disent que c'est impossible puisqu'il n'y a qu'un soleil.

Quant à certaines racines, elles prennent un sens différent au pluriel : fìŋgwáɲɔ̀ "sel" (cl. 19), mìŋgwáɲɔ̀ "des tas de sel" ; ŋkyɛ̌ "eau, rivière", mìŋkyɛ̌ "rivières, jus de plusieurs fruits".

---

[14] Il s'agit d'un nom composé dans lequel on peut identifier àbô "main, bras".

2. LES NOMS DÉRIVÉS

Dans certaines langues bantoues, on peut dériver de nouveaux noms à partir d'une même racine nominale. En changeant cette racine de classe, on obtient un nouveau nom. Cela n'est pas possible en mankon. En revanche, il existe une riche dérivation verbo-nominale. Elle consiste à dériver des noms à partir des radicaux verbaux.

Tout nom en mankon est composé d'un préfixe nominal et d'une racine. Pour dériver un nom d'un verbe, on fait précèder le radical verbal d'un préfixe correspondant à l'une des classes nominales.

Le processus de dérivation implique, en plus, la suffixation d'un morphème au radical.

2.1. Les dérivés de classe 9

Cette dérivation est systématique. A tout verbe correspond un nom verbal de cl. 9. Les informateurs le donnent souvent comme forme de citation des verbes. Il signifie "le fait de...", l'état de…".

En tant que noms appartenant à la cl. 9, ces dérivés reçoivent comme Pn |ǹ-| (soit ì- devant les fricatives sourdes et les nasales, ǹ- ailleurs), et ils prennent un suffixe dérivationnel |-á|[15] :

|ǹ-káŋ-á|	ŋ̀kàŋɔ́	"frire"	←	|káŋ-|	"frire"
|ǹ-yàm-á|	ŋ̀gàmɔ́	"parler"	←	|yàm-|	"parler"
|ǹ-fú-á|	ìfùɔ́	"sortir"	←	|fú-|	"sortir"
|ǹ-fúŋ-á|	ìfùŋɔ́	"être noir"	←	|fúŋ-|	"être noir"
|ǹ-kù-á|	ŋ̀kùɔ́	"se purger"	←	|kù-|	"se purger"

La présence simultanée du préfixe à ton B et du suffixe à ton H, entraîne, dans certains contextes (comme c'est le cas par exemple dans la forme de citation), la neutralisation tonale entre noms dérivés de radicaux à ton H et noms dérivés de radicaux à ton B, au profit du ton B.

bé ò k ꜛɔ́ꜜŋ   ŋ̀kùɔ́   ò   nô   fùɔ́
si tu vouloir   se purger tu   boire   médicament
"Quand on veut se purger on prend des médicaments."

---

[15] Ce suffixe |-á| implique qu'un nom verbal de cl. 9 est suivi de la marque d'énoncé |ɣe| lorsqu'il se trouve en fin d'énoncé indépendant : mà kɔ́ŋ ŋ̀gàmɔ́ ɣé "J'aime parler." Lorsque le nom verbal est déterminé, la voyelle du suffixe peut ne pas apparaître :
nìmɔ̀ sùɾɔ̂ ʒî   m-bɔ̌m bàntɔ̀   ɣè
mère Siri+1 savoir   9-pétrir pots   *Me*
"Mère Siri sait façonner les pots."

2.2. Les dérivés de cl. 5, 5/6, 6

La dérivation dans ces classes n'a pas le caractère systématique de la dérivation en classe 9. En tant que noms appartenant aux classes 5 et 6, ces dérivés prennent les Pn |nì-| (cl. 5) ou |mì-| (cl. 6). Le suffixe qu'on adjoint est un ton B, qui se manifeste, par exemple, en fin d'énoncé, sur la marque d'énoncé |a| ou |ɣe|. Le suffixe étant B, il n'entraîne pas de neutralisation tonale entre noms dérivés de radicaux à ton H et noms dérivés de radicaux à ton B, comme c'est le cas pour les dérivés de cl. 9.

Beaucoup de ces dérivés ne participent pas à l'opposition sg./pl. et ils appartiennent à la seule cl. 5 ou 6. Souvent ils expriment la concrétisation, sous une forme ou une autre, du procès exprimé par le verbe dont ils dérivent :

|nì-zóm` a|[16]	nìzómə̀	"sécheresse" (cl. 5)	←	|zóm-|	"se dessécher"
|nì-tséɣ` a|	nìtséɣə̀	"sauvagerie" (cl. 5)	←	|tséɣ-|	"être sauvage"
|nì-tém` a|	nìtémə̀	"marche" (cl. 5)	←	|tém-|	"marcher"
|mì-lwì` a|	mìlwè	"bile" (cl. 6)	←	|lwì-|	"être amer"
|mì-dzèn` a|	mìdzìŋə̀	"urine" (cl. 6)	←	|dzèn-|	"uriner"
|nì-byè` ɣe|[17]	nìbyè ɣè	"eczéma" (cl. 6)	←	|byè-|	"pourrir"
|nì-ɣòn` a|	nìɣò	"maladie" (cl. 5)	←	|ɣòn-|	"être malade"
|nì-búr` a|	nìbvúrə̀	"fèces" (cl. 5)	←	|búr-|	"rester"
|nì-dzɨ́u` a|	nìdzɨ́uə̀	"aliment" (cl. 5)	←	|dzɨ́u-|	"manger"
|nì-fùʔ` a|	nìfùʔə̀	"récolte" (cl. 5)	←	|fùʔ-|	"récolter"

REMARQUE 1 : Les trois derniers noms ("fèces", "aliment" et "récolte") peuvent s'employer au pluriel (cl. 6).

nìz^tóm tʃ[↓]é ɲ[↓]ê ɣò   "Es-tu malade ?"
sécheresse être contre toi

nìtséɣì ɲí sě bóɲə̀   "Sa conduite dissipée n'est pas bonne."
sauvagerie sa Nég être bon

Les noms dérivés de cl. 5 sont éventuellement compléments d'objet du verbe dont ils dérivent :

à wě nìwè nàʃíʔìnɔ́   "Il rit d'une façon agréable."
I rire rire bon

mà ɣăm nìɣàmə̀   "J'ai parlé."
je parler parole

Les dérivés du genre 5/6 peuvent aussi désigner un objet :

nìbúʔə̀ "marteau" (5/6)   ← |búʔ-| "frapper"
nìkárə̀ "coussin de portage" (5/6)[18]   ← |kár-| "enrouler"

---

[16] |a| est la marque énonciative, et non comme dans le cas des dérivés de cl. 9, un suffixe de dérivation.

[17] La marque d'énoncé qui s'utilise avec nìbyè "eczéma" en fin d'énoncé indépendant est |ɣe| (*cf.* V.2.1.2.).

[18] Il s'agit d'une couronne tressée en liane qu'on se pose sur la tête pour porter des fardeaux.

2.3. Les dérivés des classes 7 et 8

Tout comme la dérivation en cl. 5 et 6, la dérivation en cl. 7 et 8 n'est pas systématique.

En tant que nom appartenant aux classes 7 et 8, ces dérivés prennent les Pn |à-| (cl. 7) ou |ì-| (cl. 8). On a relevé trois suffixes dérivationnels : ton B, ton H et |á`|.

Certains de ces dérivés indiquent, comme le font ceux de la cl. 9 et certains de la cl. 5, "le fait de...", "la façon de...", le fait d'être...", mais ils ont souvent une valeur dépréciative absente dans les dérivés de cl. 9 et 5 :

àdzúə̀	"façon de manger"	←	|dzú-|	"manger"
àlyê	"façon de dormir"	←	|lyé-|	"dormir"
àɣə̂	"errance"	←	|ɣán-|	"errer"

à-lyê zâ nɨ́ à-l↑yé↓ˊ bɨ̂súⁿɔ́
7-sommeil leur être 7-sommeil oiseaux
"Ils dorment comme des oiseaux." (sommeil léger)

à-ɣə̂ ʒɨ́ á fɨ́ zăŋgv↑wô
7-errance sa 7 ressembler celle de chien
"Sa tendance à errer ressemble à celle d'un chien."

Nombreux sont les dérivés en cl. 7 ou dans le genre 7/8 qui représentent une matérialisation de l'idée exprimée par le verbe dont ils dérivent. Ainsi un grand nombre de ces dérivés désigne des objets :

àʒwìə̀	"haleine"[19]	←	|ʒwì-|	"respirer"
àbyè ɣè	"pourriture"	←	|byè-|	"pourrir"
àfùⁿɣə̀	"cécité"	←	|fùⁿɣ-|	"être aveugle"
àdzúə̀	"miel d'abeille *sp.*"[20]	←	|dzú-|	"manger"
àbàɣə̀	"morceau"	←	|bàɣ-|	"fendre"
àsô	"houe"	←	|só-|	"désherber"
àzèɣə̀	"balai"	←	|zèɣ-|	"balayer"
àzɔ́ʔɔ̀	"récipient"[21]	←	|zɔ́ʔ-|	"frotter"
àlíbə̀	"garrot"	←	|líb-|	"garrotter"
àfàʔà	"travail"	←	|fà?-|	"travailler"
àlòmə̀	"saison sèche"	←	|lòm-|	"être chaud"
àɣǒ	"diarrhée"	←	|ɣòn-|	"être malade"
àkɔ̀bɔ́	"mortier"	←	|kɔ́b-|	"casser"
àkwèɣə̂ ɣè	"toux"	←	kwéɣ-|	"tousser"

m↑ɔ́ŋ gw↓â ɲɨ̃ à-ɣǒ   "L'enfant a la diarrhée."
enfant le   crotter 7-diarrhée

à-byè   k↑úŋ↓ɔ́ ɲ↓ê kù?ɔ́   "La pourriture a attaqué la colocase."
7-pourriture entrer contre colocase

---

[19] àʒwìə̀ a aussi le sens de "sentiment".
[20] àdzúə̀ a bien deux sens : "miel d'abeille *sp.*" et "façon de manger".
[21] Récipient contenant de l'huile de palme utilisée pour oindre.

Enfin certains dérivés désignent des humains à qui l'on attribue une qualité négative. La qualité négative est exprimée dans les exemples ci-dessous par des participes négatifs (*cf.* 4.9.) :

à-lɔ̀ɣɔ̀   tílḛ̀   ← |lɔ̀ɣ| "prendre"
*7-*preneur+*7 7*+sans garder+*Me*
"Quelqu'un qui prend ce qui ne lui appartient pas."

à-tò̰   tíbˀébɔ̀   à nɨ́ ndzèrɔ̂   ɣè   ← |tɔ̀n| "rôtir"
*7-*rôtisseur+*7 7*+sans ouvrir *1* être voleur   *Me*
"Celui qui grille (une volaille) sans l'avoir vidée, c'est un voleur."[22]

REMARQUE 2 : on retrouve ici la valeur péjorative que peut donner à un nom son appartenance
à la classe 7 (*cf.* 1.2.1.D.).

Dans certains cas, les informateurs emploient indifféremment les dérivés en cl. 5,
7 ou 9 dans le même contexte, ou dans des contextes identiques :

|ʒwì-| "respirer"

ǹ-dʒwǐ   ʒ-î   bɛ̆ tsŏ   zɨ̀-ɲàmɔ̀   "Sa respiration est comme celle d'une bête."
*9-*respiration *9-*sa être comme *9-*animal

nɨ̀-ʒwì   ɲ-í   bé tsŏ   nà-ɲámɔ̀   "Sa respiration est comme celle d'une bête."
*5-*respiration *5-*sa être comme *5-*l'animal

|ɣàm-| "parler"

ŋ̀-gàm   z-ò̰ bɔ̀ŋɔ̂   "Ce que tu dis est intéressant."
*9-*parole *9-*ta être bon

nɨ̀-ɣàm   n-ˀó   bˀɔ́ŋɔ̀   "Ce que tu dis est intéressant."
*5-*parole *5-*ta être bon

|fáŋ-| "être grand"

ì-fáŋ   ʒ-î   bɛ̆ tsŏ   sḛ̂   "Sa taille est comme celle de l'éléphant."
*9-*grandeur *9-*sa être comme *9+*éléphant

nɨ̀-fâŋ   n-í   fí   nă-sˀḛ̂   "Sa taille ressemble à celle de l'éléphant."
*5-*grandeur *5-*sa ressembler *5-*éléphant

– |bɔ́ɣ-| "craindre"

ŋwò̰   sˀé n ˀí m-bɔ̀ɣɔ́ nùɔ̀ tsé   bɔ̂   ntʃé
personne *Nég* avec *9-*peur   chose certain encore être
"Personne ne craignait plus rien."

kò?ó ní   nɨ̀-bɔ́ɣ ˀí   tʃ ˀḛ̂ tò̰   "Ne crains rien, Père."
Nég avec *5-*peur   être Père

---

[22] Ces deux derniers exemples m'ont été donnés lors d'une collecte de proverbes, bien qu'ils
s'apparentent plutôt à des maximes.

– | lyé-| "dormir"

ǹ-dyě	zã̀	ní	ǹ-dyě	bìsúŋɔ́
9-sommeil	leur	être	9-sommeil	oiseaux

"Ils dorment comme des oiseaux." (sommeil léger)

à-lyê	zâ	ní	à-lʸé⌄́	bísúŋɔ́
7-sommeil	leur	être	7-sommeil	oiseaux

"Ils dorment comme des oiseaux." (sommeil léger)

2.4. Les dérivés qui appartiennent au genre 1^b/2

Ces dérivés appartiennent au singulier à la cl. 1^b ; le radical verbal est donc précédé du Pn |ǹ-| qui alterne au pluriel avec le préfixe de la cl. 2 |bì-|. Le radical est suffixé d'un ton B.

Ils désignent l'agent (au sens large) du procès que dénote le verbe dont ils dérivent. Cette dérivation, très productive, connaît deux contraintes :

– Les dérivés ne peuvent désigner que des êtres humains. (La sous-classe 1^b est la seule dont le contenu sémantique est homogène : elle ne comprend que des noms désignant des humains).

– La deuxième contrainte est que les verbes dont dérivent ces noms doivent être des verbes de processus (et non des verbes d'état) :

ǹ-dzúɔ̀/bì- "mangeur(s)"   ← |dzú-| "manger"

bì-dzúu⌄́	bí-dzúm	b-â[23]	yènɔ̂	ɣè
2-mangeurs	2-choses	2-les	arriver	Me

"Les mangeurs de ces plats sont déjà arrivés."

ì-sô/bì- "sarcleur(s)"   ← |só-| "sarcler"

ì-sô	lʼíʔí	w-ên[24]	à	ʒ-î	sǒ	tsèʔè	ʃíʔìnɔ́
1-sarcleur	champ	1-le	1	savoir	9-sarcler	juste	bien

"Celui qui a sarclé ce champ, il a bien su le faire."

ŋ̀-gvùɔ̀/bì- "bâtisseur(s)"   ← |ɣù-| "bâtir"

fòntâwàʔà	ní	ŋ-gvùɔ̀
1+Fontawah	être	1-bâtisseur

"Fontawah est bâtisseur."

ŋ̀-gàmɔ̀/bì- "orateur(s)"   ← |ɣàm-| "parler"

ŋ̀-gàmɔ̀	ɣàm	tsèʔè	ʃíʔìnɔ́
1-orateur	parler	juste	bien

"L'orateur a très bien parlé."

---

[23] bìdzúu⌄́ bídzúm "mangeurs de choses" est une construction associative dont le déterminé (le N₁) est "mangeurs" et le déterminant bídzúm "de choses". Le démonstratif b-â "les" s'accorde ici avec "mangeurs" (cl. 2), et non avec "choses" (cl. 8), comme le laisse à penser la traduction.

[24] Ici encore, le démonstratif s'accorde avec le dérivé ìsô "sarcleur" (cl. 1), et non avec "champ" (cl. 7).

ì-fù?ə̀/bì- "moissonneur(s)" ← |fù?-| "moissonner"

bì-fû?ù tʃˈɛ́˙́ mû ʃòm fˈúʔ˥ɔ́ mídz˅ɯ̀ə̀
2-moissonneurs être dans champ récolter récolte

"Il y a des moissonneurs qui moissonnent dans le champ."

ŋ̀-kfúə̀/bì- "fantôme(s)" ← |kwó-| "mourir"

ŋ̀kfúə̀ tèmˈ˥ɔ́ ʃˈúrə̀ tìù ʒɛ̂
1-fantôme se tenir sous arbre ce-là bas

"Il y a un fantôme debout sous l'arbre là-bas."

ŋ̀gvwò/bì- "personne(s) qui tombe(nt)" ← |ɣwò-| "tomber"

à nî ŋ-gvwò w-â w-íŋə̀ "Voici la personne qui est tombée."
1 être 1-personne tombée 1-la 1-ce-ci

ì-fùɣə̀/bì- "aveugle(s)" ← |fùɣ-| "être aveugle"[25]

ì-fùɣì w-ˈâ mə̀mtî dì?í ŋgyˈíŋˈ˥ɔ́ ɣé
1-aveugle 1-le tâtonner endroit venir *Me*

"L'aveugle tâtonne en venant."

ŋ̀-gò/bì- "malade(s)" ← |ɣɔ̀n-| "être malade"

ŋ̀-gò nɔ̀ŋˈ˥ɔ́ ndˈ˅â "Le malade gît dans la maison."
1-malade gésir maison

2.5. Les dérivés dans les autres classes

Les dérivés verbaux n'appartenant pas aux genres ci-dessus mentionnés sont rares, mais il en existe tout de même :

- Genre 9/10 :

   m̀bɔ̰̂ "clou" ← |bán-| "clouer"
   ǹtô "poinçon" ← |tó-| "percer, combattre"

- Genre 3/6 :

   ə̀kɔ́ʔə̀ "échelle" ← |kɔ́ʔ-| "grimper"

- Genre 19/6 :

   fɨ̀tô "combat" ← |tó-| "percer, combattre"
   fɨ̀lyê "sommeil" ← |lyé-| "dormir"
   fɨ̀dzúə̀ "larve de fourmi"[26] ← |dzú-| "manger"

---

[25] Une traduction avec "être" en français n'implique pas que le verbe est un verbe d'état en mankon. Il peut être un verbe de processus comme c'est le cas de |fùɣ-| "être aveugle" et de |ɣɔ̀n-| "être malade".
[26] Ce sont des larves que mangent les poules.

2.6. Multidérivation

Au cours de cette présentation des dérivés verbo-nominaux, il a été signalé que la dérivation du nom verbal en cl. 9 était systématique, tandis que la dérivation dans les autres classes ne l'était pas. Il en résulte que pour certains verbes, il n'existe qu'un seul dérivé, celui de la cl. 9, mais que pour d'autres, il existe plusieurs dérivés dont le sens varie avec l'appartenance à une classe ou à une autre :

|bú?-| "frapper, défricher" :

m̀bù?ɔ́ ɣé (9)	"fait de frapper, défricher"
m̀bú?ɔ̀ (1/2)	"joueur de tam-tam, de harpe, etc. ; défricheur"
nìbú?ɔ̀ (5/6)	"marteau"
àbú?ɔ̀ (7/8)	"bâton de tam-tam"

|fù?-| "moissonner, avoir de la fortune" :

ìfù?ɔ́ ɣé (9)	"fait de moissonner, d'avoir de la fortune"
ìfù?ɔ̀ (1/2)	"moissonneur, personne fortunée"
nìfù?ɔ̀ (5/6)	"moisson, récolte"
àfù?ɔ̀ (7/8)	"fortune"

|zɔ́?-| "frotter, marier"[27] :

ǹdzɔ̀?ɔ́ ɣé (9)	"fait de frotter, marier"
ǹdzɔ́?ɔ̀ (1/2)	"personne qui frotte, oint"
àzɔ́?ɔ̀ (7/8)	"calebasse contenant de l'huile à oindre"

|dzúɯ-| "manger" :

ǹdzùɯ́ ɣé (9)	"fait de manger"
ǹdzúɯɔ̀ (1/2)	"mangeur"
nìdzúɯɔ̀ (5/6)	"nourriture, culture"[28]
àdzúɯɔ̀ (7/8)	"façon de manger, miel d'abeille *sp.*"

Il a été mentionné que les dérivés entrant dans le genre 1/2 ne pouvaient être formés qu'à partir de verbes de processus et qu'ils désignaient exclusivement des entités humaines.

De telles restrictions suggèrent qu'il est peut-être possible de se servir de la dérivation nominale, entre autres paramètres, pour établir une classification sémantique des verbes plus élaborée que la simple distinction faite dans ce travail entre verbes de processus et verbes statifs.

---

[27] Au cours d'un mariage traditionnel, on oint certaines personnes d'huile de palme.
[28] En général on emploie le pluriel, soit **mìdzúɯɔ̀**, pour "nourriture".

3. LES NOMS INTERROGATIFS

Il y a deux noms interrogatifs[29] : |ì-ɣwá´| "qui ?" (1/2)
|à-ké´| "quoi ?" (7/8)

3.1. | ì-ɣwá´| ìwǎ "qui ?"

Ce nom interrogatif appartient au genre 1/2 . Son pluriel est |bì-ɣwá´| bìwǎ.
Il ne s'utilise qu'en référence à des humains :

ì-wǎ yìŋɔ̂ "Qui est venu ?"   ò zě̝ wᵗá "Qui as-tu vu ?"   bì-wǎ "Qui ? Ils."
1-qui venir+*Me*   tu voir qui   *2*-qui+*Me*

Le Pn |ì-| est insolite pour un nom de cette classe. Etant donné que la consonne
initiale n'est ni une continue sourde ni une nasale, on s'attendrait à avoir un Pn |ǹ-|
(d'où *ŋgwǎ). La voyelle i du préfixe n'apparaît que lorsque le nom interrogatif est
en initiale absolue, mais son ton B se manifeste dès que le contexte tonal le
permet :

ò yǎm m̀bù?ɔ́ wᵗá   ò   yam m̀bù?ɔ́ wá
tu parler de qui   tu   parler de   les
"De qui as-tu parlé ?"   "As-tu parlé d'eux ?"

Phonologiquement, l'énoncé 1 se distingue de l'énoncé 2 par la surélévation
tonale sur wᵗá "qui ?", alors que wá "eux" n'est pas surélevé. Cette surélévation est
due au ton B du Pn de |ì-ɣwá´| "qui ?".

3.2. |à-ké´| àkě "quoi ?"

Ce nom interrogatif appartient au genre 7/ 8. Son pluriel est |ì-ké´| ìkě.

à-kě ʒwítɔ̂   ò   zùŋɔ̂ kě
7-quoi tuer+*Me*   tu   acheter quoi+*Me*
"Qu'est-ce-qui l'a tué ?"   "Qu'est-ce que tu as acheté ?"

REMARQUE 1 : dans une perspective historique, il semble que cet interrogatif ait subi le même
genre de réinterprétation que ìwǎ "qui ?". Le k initial de la racine témoignerait d'une ancienne
appartenance à une ancienne cl. 7 (le Pn de la cl. 7 du proto-bantou étant *ki). Le Pn et la
racine auraient été réinterprétés comme constituant un seul morphème auquel on aurait
préfixé les Pn utilisés aujourd'hui en mankon pour le genre 7/ 8.

En tant que noms, les interrogatifs peuvent être déterminés ou déterminants au
sein d'un syntagme nominal. Ceci est illustré au cours de la présentation des différents syntagmes nominaux en 4.

---

[29] Les interrogatifs sont des noms parce qu'ils sont composés d'une racine précédée d'un préfixe
nominal.

4. LE SYNTAGME NOMINAL

Dans ce chapitre sont présentés les caractéristiques syntaxiques et sémantiques des différents syntagmes nominaux (déterminatif, relatif, associatif et locatif).

Tous les déterminants, au sens large, du nom ont comme premier élément, un élément grammatical, "préfixe d'accord" (Pa), qui indique, à quel nom le déterminant est subordonné, mais aussi la nature de la relation syntaxique qu'entretiennent le déterminé et son déterminant.

Les substituts, que l'on abordera en 5., sont ces mêmes déterminants utilisés en l'absence du nom qu'ils caractérisent : ils comportent eux aussi un élément grammatical qui est, soit identique à celui des déterminants auxquels ils correspondent, soit légèrement différent. Lorsqu'ils sont différents, les Pa des substituts sont, disons, plus développés que ceux des déterminants.

L'ordre de présentation est fonction des préfixes d'accord (Pa) des déterminants.

Sont d'abord présentés les syntagmes pour lesquels les Pa ont une consonne initiale à toutes les classes (*cf.* tableau 31 col. 3), à savoir dans l'ordre de présentation :

1. Les démonstratifs[30]
2. L'interrogatif sélectif |-**úŋá**|
3. Le morphème numéral |-**é**|[31]
4. Le syntagme relatif
5. Les possessifs
6. |-**mɔ̀ʔá**| "autre"
7. Les adjectifs et participes
8. |-**tsé´**| "certain"
9. Les participes négatifs
10. Le syntagme associatif
11. Le syntagme locatif

Puis les syntagmes pour lesquels les Pa ne présentent de consonne initiale qu'aux classes 2, 5, 6, et 19 (*cf.* tableau 31 col. 4), à savoir dans l'ordre de présentation :

12. |-**tsùm`**| "tout"
13. Les (numéraux) cardinaux[32] et |-**sé?´**| "Combien de ?"

4.1. Les démonstratifs

4.1.1. *Les trois racines démonstratives*

|-**´èn`**| "ce-ci" (près du locuteur)
|-**á`**| "ce (-ci)" (près de l'interlocuteur) ; anaphorique
|-**ì`**| "ce-là" (loin du locuteur et de son interlocuteur).

|-**´èn`**| "ce-ci" a plusieurs réalisations segmentales : [-**e, -em, -en, -eŋ, -iŋ**] (*cf.* II.1.5.).

---

[30] Pour le syntagme déterminatif, seul les déterminants sont mentionnés (*cf.* les numéros de la liste 1-3, 5-9, 12 et 13.
[31] Il ne s'agit pas d'un chiffre ou nombre comme on le verra en 4.3.
[32] Il n'y a pas de numéraux ordinaux.

|ì`| "ce-là" palatalise la consonne du préfixe d'accord.

Les tons des racines démonstratives donnés dans les formes structurelles rendent compte de leur comportement tonal en contexte :

Devant la marque d'énoncé |a|, les démonstratifs |-´èn`| et |-á`| portent la même suite tonale H B (ou HB) :

mà	bòmnɔ̀	ŋwɔ̀ŋ	gwíŋɔ̀	"J'ai rencontré cette personne-ci."
je	rencontrer	personne	ce-ci+*Me*	

mà	bòmnɔ̀	ŋwɔ̀ŋ	gwâ	"J'ai rencontré cette personne."
je	rencontrer	personne	ce+*Me*	

Mais en finale d'énoncé, et ceci en l'absence de la marque |a|, |-´èn`| porte un ton HB et |-á`| porte un ton H :

ò	bòmnɔ̀	ŋwɔ̀ŋ	gwê	"As-tu rencontré cette personne-ci ?"
tu	rencontrer	personne	ce-ci	

ò	bòmnɔ̀	ŋwɔ̀ŋ	gwá	"As-tu rencontré cette personne ?"
tu	rencontrer	personne	ce	

De plus, lorsque ces deux démonstratifs sont suivis d'un ton H, il y a formation d'une faille tonale en présence de |-á`| mais pas de |-´èn`| :

m̀bâ	w⸀á (⸀á)	kî	ntsí	nî	ŋgě̆	"Le type devait cependant voyager."
type	le *(1)*	aussi	être	avec	aller	

m̀bâ	wíŋɔ̀ (á)	ɣûu	ŋgwá?át⸀ɔ́	ndʒw⸀í	wê...	"Un jour ce type pensa…"
type	ce-ci *(1)*	*Aux*	penser	jour	ce-ci	

C'est pour rendre compte de ces différents comportements tonals qu'on a associé une suite |H B| à |-á`|, mais |H B B| à |-´èn`|. Les deux tons B de |-´èn`| empêchent la formation d'une faille tonale et expliquent la more B du ton HB sur |-´èn`| lorsqu'il n'est pas suivi de la marque |a| en finale d'énoncé.

Le ton que porte |-ì`| en contexte dépend de la structure tonale du nom qu'il détermine : si ce nom est (B) H H ou (B) B H, |-ì`| porte un ton HB, mais si ce nom est (B) H B ou (B) B B, il porte un ton B :

|ǹ-gùʔ´	z-ì`	a|	ŋgùʔ̀ù ʒê	"Cette courge-là."
9-courge	9-ce-là	*Me*		

|m̀-bî`	z-ì`	a|	mbyí ʒê	"Cette chèvre-là."
9-chèvre	9-ce-là	*Me*		

4.1.2. Les préfixes d'accord

Il n'y a pas d'opposition tonale entre classes.

Les racines démonstratives sont à initiale vocalique et en conséquence les préfixes d'accord ne présentent pas de voyelle, sauf aux cl. 1 et 3 devant les racines |-á`| "ce" et |-´èn`| "ce-ci".

A ces classes et devant ces racines, le préfixe d'accord |ɣo| se réalise [gw] lorsque le nom déterminé finit par un **n**, et [**w**] dans tous les autres cas. C'est la labialisation de la vélaire qui est analysée comme une manifestation de la voyelle |o| :

|mù-ɔ̀n` ɣo-á` a| ŋwɔ̀ŋ gwâ   "Cette personne." (cl. 1)

|ǹ-bɔ́ʔ´ ɣo-á` a| ìbɔ̀ʔɔ́ wâ   "Ce champignon." (cl. 3)

La voyelle de la racine |-ì` | "ce-là" palatalise la consonne d'accord :

|mù-ɔ̀n` ɣ-ì` a| ŋwɔ̀ŋ gyè   "Cette personne là-bas."

|ǹ-bí` ts-ì` a| m̀byí tʃè   "Ces chèvres là-bas."

Tableau 33 – Réalisations des préfixes d'accord devant les racines démonstratives

	-á` ; -´èn`	-ì`
cl. 1	gw- / w-	gy- / y-
cl. 2	b-	by-
cl. 3	gw- / w-	gy- / y-
cl. 5	n-	ɲ-
cl. 6	m-	my-
cl. 7	z-	ʒ-
cl. 8	ts-	tʃ-
cl. 9	z-	ʒ-
cl. 10	ts-	tʃ-
cl. 19	f-	f-

Notons que ce sont aussi ces préfixes qui s'utilisent avec l'interrogatif sélectif |-úúŋá| "quel ?" (*cf.* 4.2.), le morphème numéral |-é| (*cf.* 4.3.) et le relatif |-à´| (*cf.* 4.4.). Devant les racines de ces déterminants les préfixes se réalisent comme devant les racines démonstratives |-á` | et |-´èn` |.

4.1.3. Sémantisme des démonstratifs

4.1.3.A. |-ì` | "ce-là"

Ce démonstratif est le plus marqué des trois dans la mesure où il ne s'emploie qu'avec son sens déictique. Il en résulte que c'est aussi celui qu'on rencontre le moins souvent :

ǹgìuʔìu ʒ⸴ɛ́⸝´   ŋkàmŋgɔ̀m lâ   yíŋ   mè   ní   z⸴érɔ́   ɣé
courge <u>ce-là</u>+Loc plantation *Pd+1* venir moi avec elle *Me*
"Cette courge là-bas, dans la plantation de plantain, c'est moi qui l'ai apportée."

tsèʔè   tsŏ   mb⸴áʔ⸝á   mà lòní   ndǒ   ndzùm yì   lá…
juste   comme que   je *Aux* venir+Loc derrière <u>ce-là</u> *Ma*
"Juste comme je venais de là-bas, derrière…"

à   kì   yìŋɔ́   ndʒ⸴wí yè   "Il est venu avant-hier."
1 *P₁* venir+Loc jour   <u>ce-là</u>+Me

à	mˈɨ́	yìŋɔ́	ndʒˈwí	yè	"Il viendra après-demain."
1	*Fut*	venir+*Loc*	jour	<u>ce-là</u>+*Me*	

4.1.3.B. |-´èn`| "ce-ci"

C'est le plus complexe des démonstratifs du point de vue sémantique. A côté de sa valeur de déictique il montre d'autres valeurs qu'il n'est pas toujours aisé de cerner.

4.1.3.B.a. Valeur déictique de |-´èn`|

ŋgɨ̂u	ndzˈúm	tsˈɨ́ŋɔ̀	nɨ̀	tsán...
dire	choses	<u>ces-ci</u>+*1*	être	mien

"...et dit que ces choses-ci sont les miennes…"

kòʔó	kánɔ̀	mˈúɔ̀	tsùm	wíŋɔ̀
Nég+tu	sauter	dans	lac	<u>ce-ci</u>+*Me*

"Ne saute pas dans ce lac!"

tsàɣɔ́	bˈô	zó	mɔ̀mtɨ́	ŋgà	zà	zêŋ	gú...
envoyer	main	ta	toucher	crête	ma	<u>ce-ci</u>	avec elle

"Approche ta main et touche ici cette crête à moi…"

mà	ɣɨ̂u	nɔ̌	nɨ̂	ʃˈyé	zˈɨ́ŋɔ̀	mísɔ̌ŋ	mè...
je	faire	comment	avec	terre	<u>ce-ci</u>+*Loc*	dents	moi

"Que ferai-je avec cette terre-ci entre mes dents ?…"

ǹdʒùʔú	zàn	á	ndzˈúuŋɔ́	wênɔ̂[33]	mbˈáʔˈá	lùmɔ̀	tsìnɔ́	lá...
concession	ma	*Loc*	côté	<u>ce-ci</u>	que	Lum	être	*Ma*

"Ma concession, de ce côté-ci, où habite Lum…"

Les exemples ci-dessus sont au style direct. Le démonstratif indique que l'objet est situé près du locuteur, ce qui est particulièrement clair dans les deux derniers exemples où le démonstratif apparaît avec le pronom indépendant **mè** "moi" ou le possessif **zàn** "ma", tous deux de 1ère pers. sg. On retrouve le même emploi de ce démonstratif dans le style indirect :

mˈúmˈâ	wà	wûmɔ̀ʔó	túŋɔ̂	yí	ŋgˈɨ́u	zˈɨ̂u	mˈɨ́	kˈɔ́	zɔ̌ŋnɔ̀	ɲàm	zên
frère	leur	autre	refuser	lui	que	lui	*Fut*	aussi	suivre	animal	<u>ce-ci</u>

tsɛ̀ʔè	zɔ̌ŋnɔ́
juste	suivre

"L'un des frères refusa disant qu'il continuerait à suivre cet animal-ci."

Dans cet énoncé, on rapporte les paroles d'un des enfants juste après que ceux-ci ont arrêté leur poursuite de l'animal qui fuit devant eux.

---

[33] On a noté quelques rares occurences de |-ènɔ́`|ou |-ènɔ́`| à la place de |-´èn`|.

bí k↑ɔ́ ɲètí   mbɔ̀ŋ zénɔ́³⁴ l↑á…
2 Pas préparer pluie ce-ci   Ma
"On préparait cette pluie…"

"Cette pluie" (une magie de guerre, en fait) vient juste d'être introduite dans la conversation entre plusieurs locuteurs.

4.1.3.B.b. *Autres valeurs sémantiques de* |-´èn`|

Suivent des exemples où le démonstratif n'a pas à proprement parler sa valeur de déictique :

á ŋá?á rûm wê ŋkó m↑ɔ́ŋ gw↓á zɔ̂ŋ   ŋkó…
1 ouvrir pièce ce-ci entrer enfant le suivre entrer
"Il ouvre cette porte et entre, l'enfant le suit et entre…"

wê "ce-ci" sert à actualiser la scène : le narrateur transporte en quelque sorte son auditeur sur les lieux de l'action et montre la porte.

ǹdóm yì w↑á w↓á?átì̀ ŋg↑ù↙ ŋgwê yì wê à bvúrí tsɛ̀?è tì̀
mari son le penser   que   épouse sa ce-ci 1 rester juste Nég

tɔ́ŋɔ̀ yí nɔ̂
appeler le ainsi
"Son mari pensa que cette épouse à lui, elle ne l'avait pas encore appelé."

Dans ce cas, il n'y a pas proximité physique : l'homme dont on rapporte les pensées (en discours indirect) est loin de son épouse : on a affaire à un emploi du démonstratif proche, que Lyons (1977 : 677) qualifie d'« empathetic », c'est-à-dire que le locuteur est personnellement lié à l'entité qu'il mentionne : or ici, c'est à propos de sa propre épouse que le locuteur dit quelque chose. Tout comme dans l'exemple suivant, c'est de son propre sifflet (qu'il a laissé chez lui) que parle l'animal :

ìɲàm z↑á z↓ú?ú [...] ŋgúu nìbàŋɔ̀ nê ní yàm↑ɔ́ ɣ↓é
animal le entendre   que sifflet ce-ci 5 parler où ?
"L'animal écouta [...] se demandant d'où on sifflait de ce sifflet."

Ce démonstratif s'emploie aussi dans les propositions temporelles "thématiques" (Chafe 1976 : 50 ; L. Marchese 1977 : 160) qui fournissent le cadre temporel à l'intérieur duquel se situe l'événement décrit dans la proposition suivante :

à yùunɔ̂ mb↑é ndʒ↓wí w↓ê // á súŋɔ̀ mb↑ô bɔ̀   byí…
1 Aux être jour ce-ci 1 dire   à   enfants ses
"Un jour, plus tard, elle dit à ses enfants…"

b↑ó z↓úu yùunɔ̂ ŋkwɛ́ n↑íɣ↓án á ndʒw↓í wénɔ̀³⁵…
eux lui Aux rentrer voyage Loc jour ce-ci
"Un jour, plus tard, quand ils furent de retour de voyage…"

---

³⁴ *Cf.* note 33.
³⁵ *Cf.* note 33.

Enfin certains locuteurs utilisent, de façon quasi systématique, ce démonstratif, là où d'autres locuteurs emploieraient l'anaphorique.

4.1.3.C. |-á` | "ce"

C'est le démonstratif le plus utilisé. Il a deux valeurs :
– celle de déictique : il n'est pas souvent employé avec cette valeur
– celle d'anaphorique : c'est avec cette valeur qu'il apparaît le plus souvent (il est traduit en français par l'article défini) :

4.1.3.C.a. *Valeur déictique de* |-á` |

ìwà   wâ vùô   "Qui, parmi vous, est tombé ?"
qui ? <u>ce</u> tomber

wâ   ŋwǒ̰   tùŋɔ́   ɣé[36]   "Cette personne (assise) là, est forte."
<u>ce</u>+*l* personne être fort *Me*

màʔá z‡úm z‡á b‡ó yò tʃʃyé ʃíʔísí   níkôm n‡á n‡ê ŋgáʔ` mb‡ó mè ɣè
jeter chose <u>ce</u> bras ton terre descendre panier mon ce-ci donner à   moi *Me*
"Jette par terre cette chose sur ton bras, et viens me descendre mon panier!"

A noter, dans ce dernier exemple, l'apparition conjointe du démonstratif z‡á "ce" et du possessif de 2ème pers. yò "ton" par opposition à l'apparition conjointe, dans le même énoncé du démonstratif n‡ê "ce-ci" et du possessif de 1ère pers. n‡á "mon".

4.1.3.C.b. *Valeur anaphorique de* |-á` | "le...(en question)"

Dans son emploi d'anaphorique |-á` | réfère à une entité qui a déjà été mentionnée dans le discours (qui est donc définie, connue de l'interlocuteur aussi bien que du locuteur). En conséquence, il n'est jamais employé lors de la première apparition d'une entité, mais par la suite, les termes référant à cette entité peuvent être déterminés par |-á` | "le... (en question)".

Prenons comme illustration de l'emploi anaphorique de |-á` |, la détermination des personnages d'un conte. Le premier personnage à être introduit est un homme. Le premier nom référant à cet homme est ŋwǒ̰ "personne", déterminé par l'indéfini spécifique tsé "un certain" (*cf.* 4.8.2.A.) :

lùʔù ŋkwá[37] ŋwǒ̰   tsé   lô ndáʔí ntsí wú lê ndzɔ́ʔ‡ɔ́ ŋgw‡ê yě
je vous le dis personne <u>certain</u> *Aux* jamais être   là hein épouser   femme sa
"Il était une fois, un homme qui se maria."

Par la suite le conteur emploie m̀bâ wâ "le type", ou ǹdôm yì wâ "son mari" (/mari/son/le/). Notons que le conteur utilise ǹdôm yì wâ "son mari" dans les pas-

---

[36] L'antéposition du démonstratif est un procédé emphatique au sein du syntagme nominal (*cf.* V.10.3.3.).
[37] Expression intraduisible mot à mot, qui est utilisée avant de poser une devinette et même par certains locuteurs au début d'un conte (ce qui est le cas ici).

sages où l'épouse prend la place du personnage central du conte, et que les événements sont envisagés de son point de vue à elle, et **mbâ wâ** "le type" ailleurs.

Le deuxième personnage à être introduit est l'épouse de cet homme. La première mention de cette femme apparaît sous la forme de **ǹgwê yě** "son épouse" (*cf.* l'exemple donné plus haut). Par la suite le conteur parle d'elle, soit comme **màngyè wâ** "la femme", ou comme **ǹgwê yì wâ** "son épouse" (/épouse/sa/ la/).

Le troisième personnage à être introduit est une "femme à la longue dent" : **mâ ntǔu nìsɔ̀ŋɔ́** (/mère/(de)piquant/(de) dent/). La première mention de ce personnage se fait sous cette forme, sans aucun déterminant grammatical, ce qui laisse à penser que le syntagme est traité comme un nom propre. Par la suite c'est soit **mâ ntǔu nìsɔ̀ŋ wâ** "la femme à la longue dent", soit **màngyè wâ** "la femme" qui est utilisé. Lorsque la parole est donnée à l'épouse qui raconte à son mari comment "la femme à la longue dent" est arrivée, on retrouve le même schéma : d'abord utilisation de **mâ ntǔu nìsɔ̀ŋɔ́**, sans aucun déterminant grammatical, puis utilisation de l'anaphorique **wâ**.

Le quatrième personnage à être introduit est une femme à qui l'homme emprunte une hache :

ǹdɔ̀ntí ndzǎm màngyê tséré[38]...   "...et il demanda sa hache à une femme..."
demander hache   de femme <u>certain</u>

màngyê "femme" étant ici déterminé par l'indéfini spécifique **tséré** "un certain". Par la suite, il est question de **m̀bɔ̀ŋ ndzàm wâ** "la propriétaire de la hache" et de **màngyè wâ** "la femme".

Le dernier personnage à être introduit est une personne qui possède un champ où pousse un certain type d'arbre fruitier :

à ɣùnɔ̂ ŋg↑é ndz↓έ ɲèrɔ́ ʃ↑óm ŋwɔ̀   tsé...
1 *Aux* aller voir fruit champ personne <u>certain</u>
"Plus tard, après avoir vu des fruits *sp.* dans le champ d'une certaine personne..."

ŋwɔ̀ "personne", est déterminé par l'indéfini spécifique |-tsé´ |. Puis dans la seconde et seule autre mention de ce personnage, le conteur utilise l'anaphorique **wâ** : m̀bɔ̀ŋ àɲèrɔ́ wâ "la propriétaire des fruits".

Les exemples donnés ci-dessus mettent en jeu des êtres humains, mais l'usage de l'anaphorique est le même pour toute autre entité.

Les noms propres font exception à cet usage. C'est à dire que lorsqu'une personne est désignée par un nom propre, on n'emploie généralement pas l'anaphorique. Il n'y a cependant pas incompatibilité entre l'usage des noms propres et celui de l'anaphorique :

ǹgǎ f↑úr↓ú àwàsòm wâ
donner Fru Awasom le+*Me*
"Je veux dire ce Fru Awasom (en question)."

---

[38] Il s'agit d'une variante de |-tsé´| "certain".

135

Dans les contes animaliers, les noms des animaux sont souvent traités comme les noms propres de ces animaux. L'anaphorique n'est alors pas utilisé. Mais les conteurs ne respectent pas toujours leur choix de départ. Par exemple, l'un des contes commence ainsi :

àfúŋɔ̂   tsé   v⁺wó↓´   múɔ̀ bɨ́ɨ   m̀búɣɔ́   wúɔ́
lion   <u>certain</u> tomber   dans fosse se lamenter là
"[Jadis] un lion, tombé dans une fosse, s'y lamentait."

Ici **àfùŋɔ́** "lion" est traité comme un nom commun et est déterminé par l'indéfini spécifique |-tsé´| "un certain". Par la suite le conteur emploie soit **àfúŋɔ́** seul (**àfúŋɔ́** est alors traité comme un nom propre), soit **àfòŋ gwâ** "le lion" : le nom est déterminé par l'anaphorique et est donc traité comme un nom commun. Notons que bien que **àfùŋɔ́** soit un nom de cl. 7, l'accord de l'anaphorique se fait en classe 1. Il y a personnification du lion (au dire même du conteur). Les deux autres "personnages" du conte, une antilope et un singe, sont traités de la même façon.

Une autre exception à l'emploi de l'anaphorique concerne les noms qui, sans être des noms propres, réfèrent à des entités uniques. Par exemple, dans un conte, une liane de courge, en poussant, entre dans le palais d'un chef. Il n'a pas été question de ce chef jusqu'ici, d'où l'emploi de l'indéfini spécifique |-tsé´| "un certain" :

ì   yɨ̀nɔ̂   ŋg⁺é↓´   ŋkúŋɔ́   nt⁺ɔ́ʔɔ̀   fɔ̀   tsé...
9 *Aux* aller   entrer   palais   chef   <u>certain</u>
"Plus tard, après être entrée dans le palais d'un chef..."

Par la suite **ìfɔ̀** "chef" apparaît seul, sans l'anaphorique : une fois donc la scène située dans le palais d'un certain chef, chaque fois que le nom **ìfɔ̀** "chef" apparaît, il réfère au chef unique du dit palais. Si on voulait parler d'un autre chef, il faudrait de nouveau employer |-tsé´| "un certain" ou |-mɔ̀ʔá| "autre".

4.2 L'interrogatif sélectif | -úɨŋá | "Quel ?"

4.2.1. La racine

Quel que soit son contexte d'apparition |-úɨŋá| se réalise avec une voyelle finale [ə]. C'est ce que justifie la voyelle finale |a| dans la forme structurelle.

4.2.2. Les préfixes d'accord

Les préfixes d'accord sont ceux qui s'utilisent aussi avec les démonstratifs (*cf.* 4.1.2.)

4.2.3. Emploi

|-úɨŋá| est un interrogatif sélectif : il permet d'isoler, en l'identifiant, une entité au sein d'un ensemble d'entités similaires :

ì-wà w- úŋɔ̂ vwõ   "Quelle personne est tombée ?"
1-qui 1-<u>quel</u>+1 tomber

ò zŭŋ   m̀-b ͓ʸí z- ͓ʸúŋɔ́   "Quelle chèvre as-tu achetée ?"
tu acheter 9-chèvre 9-<u>quel</u>

Réponse possible à cette deuxième question : "La blanche."

> REMARQUE 1 : |-úŋá| "quel ?" utilisé comme déterminant des noms ɲùmɔ̀ (cl. 1) et ŋ̀kfùɔ̀ (cl. 9) "temps, moment", mis en locatif, permet de faire porter la question sur le moment où se produit un événement :
>
> ò zě̌ y ͓ʸé ŋkfù wúŋɔ́   "Quand l'as-tu vu ?"
> tu voir le+Loc temps <u>quel</u>
>
> Réponse possible :
>
> á ŋkfùɔ̀ lòmɔ̀   "— À la saison sèche."
> Loc temps sécheresse

4.3. Le morphème numéral (Mn) |-é |

4.3.1. La racine

Les numéraux cardinaux de "un" à "dix" et l'interrogatif |-sé?´| "combien de ?" sont parfois précédés du morphème numéral |-é|, qui se réalise [i], non palatalisant.

4.3.2. Les préfixes d'accord

Les préfixes d'accord sont ceux qui s'utilisent aussi avec les démonstratifs (*cf.* 4.1.2.)

kàŋ   w-î̀   mɔ̀?ɔ́ ɣè   "Un écureuil."
1+écureuil 1-<u>Mn</u>+1 1+un *Me*

à-tù   z-íɔ́   m ͓ʸɔ́? ͓ʸɔ́ ɣé   "Un arbre."
7-arbre 7-<u>Mn</u>+7 7+un   *Me*

bì-fú b-í   bí-tárɔ́ ɣé   "Trois souris."
2-souris 2-<u>Mn</u> 2-trois   *Me*

Le numéral |-é| ne se substitue pas à l'accord des numéraux cardinaux (*cf.* la différence tonale entre mɔ̀?ɔ́ ɣè "un" (cl. 1) et m ͓ʸɔ́? ͓ʸɔ́ ɣé "un" (cl. 7), la présence de ə en finale de zíɔ́ qui est la réalisation de l'accord du numéral "1" à la cl. 7), et la présence de bɨ́ devant -tárɔ́ dans le dernier exemple).

4.3.3. Emploi

Ce morphème ne s'emploie qu'avec les (noms) numéraux cardinaux, l'interrogatif |-sé?´| "combien de ?", et dans la formation des numéraux cardinaux complexes, *i.e.* supérieurs à "dix" (*cf.* 4.13.5.). C'est pour cela qu'on l'appelle morphème "numéral". Aucun critère d'utilisation n'a pu être dégagé des exemples disponibles.

Dans les textes dépouillés les mêmes (noms) numéraux apparaissent avec ou sans le morphème numéral. Si l'on se base sur les trois énoncés ci-dessous on peut penser que l'emploi ou le non-emploi du morphème numéral relève d'un critère pragmatique. En effet ces trois énoncés se suivent dans un même conte. Le premier nous informe de ce que fait le personnage "X" : il sort trois flèches" (il s'agit d'un élément nouveau dans l'histoire, aussi bien pour les auditeurs que pour le personnage "Y" : le morphème numéral est employé). Le deuxième est une question que "Y" pause à "X" : "pourquoi trois flèches ?" (les auditeurs et "Y" savent déjà que ce sont trois flèches (et non pas deux ou quatre) qu'a sorties "X" : le Mn n'est pas utilisé). Le troisième constitue la réponse de "X" à "Y" : si "X" avait tué son enfant avec la première flèche, les deux autres lui auraient servi à tuer "Y" : on a là une information nouvelle et le Mn est utilisé :

á	tíʔì	fúɣí	mî-ŋkàʔà	mí-ŋkᵗyérí	m-ᵛí	mín-tárɔ́	múɔ̀	bə̀
1	alors	retirer	6-flèches	6-arc	_6-Mn_	6-trois	dans	sac+*Me*

"…alors il retira trois flèches de [son] carquois."

ò	lŏ	fᵗúɣí	mî-ŋkᵗyérí	m ᵛín-tárɔ́	lá	nùɔ́	ké
tu	*Aux*	retirer	6-arcs	6-trois	*Foc*	chose	quoi

"Pourquoi as-tu retiré trois flèches ?"

màló	mbᵗé	ʒwᵛítɔ́	mᵛú	yàn	múŋ	mì-ŋkàʔà	m-ᵗá	m-ᵛí	mím-báᵛ
je	*Aux*	être	tuer	enfant	mon	alors	6-flèche	6-ce	_6-Mn_ 6-deux

mí	lwᵗɛ́ʔᵛétɔ́	yô
6	emporter	te+*Me*

"Si j'avais tué mon enfant, ces deux flèches, elles t'auraient emporté."

Par contre, l'exemple ci-après tend à infirmer l'hypothèse proposée, puisque le morphème numéral est utilisé même dans la deuxième mention des "cinq livres". On peut alors se demander si le morphème numéral ne permet pas plutôt de mettre en relief le numéral :

mà ɣâ	m-bɔ́ŋ	ts-í	tə̂	ámbᵗó	wᵛérɔ́	ŋgɔ́	à	ɣᵗé	ŋgᵛá	wᵛábô
je	donner	10-livres	_10-Mn_	10+cinq	à		lui	que	*1*	aller	donner à lui

á	ɣê	ŋgá	ŋwò̞	mɔ̂ŋkfùŋɔ́	dzûɯ	m-bᵗɔ́ŋ	ts-ᵛá	ts-í	tə̂…
1	aller	donner	personne	Nkwen	manger	10-livres	les	_10-Mn_	10+cinq

"Je lui donnai cinq livres pour qu'il aille les lui (l'homme de Nkwen) donner ; il [les lui] donna ; l'homme de Nkwen dépensa les cinq livres…"

Suivent d'autres exemples avec (*cf.* les cinq premiers exemples) ou sans le Mn :

ŋkᵗúʔᵛú	lòm	ts-í	tárɔ́…
atteindre	10+année	_10-Mn_	trois

"…et j'atteins l'âge de trois ans…"

bí	zúŋ	mìlùʔù	n-tsᵗɔ́ŋ	z-ᵛí	mɔ̀ʔɔ́	kà	n-tsᵗɔ́ŋ	ts-ᵛí	báᵛ…
2	acheter	vin	9-bouteille	_9-Mn_	9+un	ou	10-bouteilles	_10-Mn_	deux

"Elles achetaient du vin, une bouteille ou deux …"

mà ɣ ꜜé ndz ꜜúŋ   nìbìɔ́   mb ꜛó b ꜜó   mà   b ꜛɔ́   kà   àzúm tsè?é   ts ꜛó
je aller acheter   kola   à   eux   je   revenir ou   chose juste   comme

bì-frâŋ   b-í   n ꜛíw ꜜúm kà   bì-frâŋ   b-í   bí-tə̀   bí   bvúrú…
2-francs   _2-Mn_   dix   ou   2-francs   _2-Mn_   2-cinq   2   rester

"J'allais leur acheter de la kola ; quand je revenais il restait quelque chose comme dix ou cinq francs…"

ŋgwèɣɔ̀   ŋkù?ɔ́ bô ŋgwèɣì   ŋgúbí mb ꜛá?à   ní   ŋ̀-gwèɣì   z-î   mɔ̀?ɔ́ lá…
race   coq   et race   poule   que+1   être 9-race   _9-Mn_   9+un   Ma

"La race du coq et la race de la poule, comme elles n'en font qu'une…"

bí m ꜛá? ꜜá wɔ́   kà   ŋg ꜛár ꜜí   kwí?ì   ŋg ꜛám w-í   m ꜛɔ́? ꜜɔ́   kà   mì-sé?é…
2 lancer vous   ou   fusil   encore parler   _3-Mn_ 3+un   ou   6-combien

"S'ils tiraient sur vous, que [votre] fusil résonnait une [fois] ou plus…"

REMARQUE 2 : dans l'exemple ci-dessus, le numéral et l'interrogatif numéral sont employés en l'absence du nom auquel ils renvoient. L'utilisation du Mn est donc obligatoire au moins pour le premier terme.

à b ꜛé ꜜʼ   ŋ̀gù?ù lá   ìɲàm   tsùm tʃíntì   ntʃ ꜛé   d ꜜí?ɔ́   mɔ́? ꜜɔ́   ɣé
1 être   temps Ma   animaux tous   être uni   être+Loc   endroit+7 un   Me

"Jadis, tous les animaux étaient unis et habitaient en un même lieu."

mà kɔ̀?ɔ̀nɔ̀   ŋk ꜛú? ꜜú   lòm   nìwûm…
je grimper   atteindre   10+année dix

"Après avoir atteint l'âge de dix ans…"

mà ɣûu m-bɔ̂ŋ   sàmb ꜛá   ŋgá   w ꜛámb ꜜô
je faire 10-livres sept   donner   à lui+Me

"Je rassemblai sept livres et les lui donnai."

4.4. Le syntagme relatif

4.4.1. Le relatif | -à´ |

En tant que déterminant d'un nom, la proposition relative est en général précédée du morphème relatif |-à´|, qui s'accorde avec l'antécédent de la relative. Ce morphème n'a pas de fonction dans la relative.

Les préfixes d'accord sont ceux qui s'utilisent aussi avec les démonstratifs (*cf.* 4.1.2.)

àfùŋɔ̂   bé   ɲàm   z-á // bì   f ꜛómn ꜜí   ŋkwà?àtó
lion   P₂+être 9+animal   _9-Rel_ 2   d'abord   +penser+Me

"Lion fut l'animal auquel on pensa en premier."

à ní dzúm   ts-ǎ[39] //   mà yèbìtínó
1 être 10+chose   _10-Rel_   je diviser+Me

"Ce sont les choses que j'ai partagées."

---

[39] Selon le contexte tonal, le relatif porte un ton montant BH ou H. Les tons du relatif sont différents de ceux du démonstratif / anaphorique |-á`| "ce-là / le".

...ntém⁺ɔ́   d⁺íʔí   w-ă[40] // bí f⁺úʔ⁺útínɔ́
placer+*Loc* 7+endroit *Loc-Rel* 2 informer+*Me*
"...et il se plaça à l'endroit indiqué."

4.4.2. La conjonction |m̀´bàʔ´| "que"

En tant que proposition, la relative peut être introduite par la conjonction |m̀´bàʔ´|, probablement d'origine verbale (il s'agirait de la forme grammaticalisée d'un verbe |bàʔ-| au consécutif non futur), traduit par "que" dans le mot-à-mot.

Certains locuteurs emploient cette conjonction plus fréquemment que d'autres.

ŋg⁺é ndɔ̀ɣí ní-bàŋɔ̀ n-á // mb⁺áʔ⁺á ɲàm zâ tʃìn⁺í ndèn dá...
aller prendre 5-sifflet *5-Rel* que   animal ce *Aux* garder *Ma*
"...et il alla prendre le sifflet que l'animal avait rangé..."

ɲ̀àm z⁺á z⁺úʔɔ̀   díʔí   w-ă // mb⁺áʔì tsìní lá...
animal ce entendre+*Loc* 7-endroit *Loc-Rel* que+9 être *Ma*
"L'animal l'entendit de là où il était..."

bìtá bùɣí kûu f⁺úʔútⁱⁱ nù   tsɩ̀-m⁺ɔ́ʔ⁺ɔ́ ts-á // mb⁺áʔ⁺á bùɣí
pères nos aussi informer 8+choses 8-autres *8-Rel* que nous

sě ʒê
Nég connaître+*Me*
"Nos pères nous parlaient aussi de choses que nous ne connaissions pas."

4.4.3. Non-emploi du relatif |-à´|

Le relatif |-à´| ne s'emploie pas lorsque la relative n'est pas nécessaire à l'identification de son antécédent. Dans ce cas, seule la conjonction |m̀´-bàʔ´| introduit la relative.

– C'est le cas, par exemple, lorsque l'antécédent est un nom propre ou un pronom indépendant :

lá m⁺úm⁺â yí ŋg⁺úbì // mb⁺áʔà bèn⁺í mb⁺ɔ́ŋ   nd⁺á lá...
mais sœur sa Ngubi que+1 être propriétaire maison *Ma*
"Mais sa sœur Ngubi, qui était la propriétaire de la maison..."

wérɔ́ // mb⁺áʔà tsìn⁺í   kw⁺ébtí ŋkyér⁺í ʒì...
lui que+1 être   changer apparence sa
"Lui, qui peut changer son apparence..."

– Ou lorsque l'antécédent est déterminé aussi par un démonstratif :

mb⁺yɛ́ ŋg⁺úbí zê // mb⁺áʔ⁺í bí ɣúu // bí tsɔ́ʔɔ̀ t⁺ú⁺ɔ́ bílù
ramasser poule ce-ci que   2 dire   2 tirer tête petits-enfants

---

[40] Le relatif est précédé de l'accord locatif parce que le nom qu'il détermine, |àdíʔ´| "endroit" est régi par le fonctionnel locatif (*cf.* 4.11.).

wú   lá[41]…
avec elle *Ma*
"Ramasse cette poule-ci, grâce à laquelle on dit avoir droit au meilleur morceau…"

ò tsí nɨ́ ŋgâ fàʔà wá mbˈ́ó // ò ɣá   mbˈ́ô bùʔù   tʃí   tsê // mbˈá?ˈɨ́
tu être avec donner travail elle à   tu donner à   esclaves ses   ces-ci que

tsɨ́ tsínˈɨ́ lâ
10 être   *Ma+Me*
"Si tu as du travail à lui (ta femme) donner, tu le donnes à ces esclaves-ci à elle (qui le
feront à sa place)."

REMARQUE 3 : dans l'exemple ci-dessus, la proposition relative est une proposition
existentielle qui n'est pas traduite en français.

màʔá m ˈɔ́ŋ gwˈâ // mbˈá?ˈó kwèʔènˈɔ́ bˈó   yò lá…
jeter enfant ce   que+tu   porterLoc bras toi *Ma*
"Jette cet enfant-là que tu portes sur ton bras…"

ŋ̀gìuʔ̀ù ʒ̂ê   ŋkàmŋgɔ̀m   lâ yíŋ mè nɨ́ zérɔ́ ɣé // mbˈá?ˈɨ́
melon   ce-là (bas)+Loc champ de plantain *Pa+1* venir moi avec elle *Me* que

bàŋgyè bɨ́ntˈɔ́?ɔ́ tíʔínˈɔ́ ndzɔ̀ŋnɔ́   wú   lâ
femmes palais   alors   se quereller au sujet de lui *Ma+Me*
"Ce melon là-bas dans le champ de plantain, c'est moi qui l'ai apporté…Au sujet duquel se
querellent les femmes du chef."

– Ou encore, lorsque l'antécédent est déterminé par l'indéfini spécifique |-tsé| "un
certain", ou |-mɔ̀ʔá| "autre" :

ŋgˈɛ̧́ˈ dˈɨ́?ɔ́ tsùmô tsé //   mbˈá?ˈá tsínˈɔ́   lá?ˈá wâ
aller   endroit lac certain que+7   être   pays   le
"…et il se rendit à un certain lac de son pays."

aʃˈúrˈɔ́ àlvùŋɔ́ tˈú zˈâtsé // mbˈá?ˈá bó béˈmnɨ́ // ŋgǔ à nɨ́
sous   vieillesse arbre certain que   eux s'accorder que 1   être

àdɨ̀ʔɔ́ ntsí bɨ̀ŋwì bá ɣé
endroit rester dieux leur *Me*
"…sous un certain arbre, qu'ils s'accordent à être le lieu de résidence de leurs dieux."

bˈɔ́m bˈɨ́mâ bám bàmˈɔ́?ˈɔ́ // mbáʔɨ́ bˈɨ́ lónɔ́   díʔɔ́ dàŋ ŋgyén…
enfants mère mes autres   que   2   partir de endroit autre venir
"… mes autres frères et sœurs qui venaient d'ailleurs…"

REMARQUE 4 : bàmˈɔ́?ˈɔ́ "autres" suffit à identifier les frères et sœurs dont il est question ici,
par opposition aux autres frères et sœurs qui ont été mentionnés juste avant.

Mais lorsqu'un déterminant (autre que la relative), ne permet pas d'identifier à
lui seul l'antécédent, le relatif est employé.

Dans les exemples ci-après, la relative permet d'identifier un sous-ensemble d'un
ensemble :

---

[41] Il s'agit là d'une coutume de Bali selon laquelle, à l'occasion de certaines cérémonies, lorsqu'on
cuit une chèvre ou une poule, les petits-enfants tirent de la marmite la tête de l'animal, le meilleur
morceau, pour la manger.

ǹts ᵗáɣ ⁴ɨ́   ní-sɔ̌ŋ   ɲ-í   n-ǎ // mb ᵗá? ⁴á   ní   sáɣín ⁴ɨ   l ⁴â
envoyer   *5*-dent   *5-sa*   *5-Rel* que   *5*   être longue *Ma+Me*
"…et elle envoya sa longue dent."

ntúmɔ́   ní   mì-kɔ̌ŋ   m-á   m-á // mb ᵗá? ⁴ɨ   bó   kwá ⁴ŋní   nt ⁴í?ítɔ́…
tirer   avec   *6*-sagaies   *6-leur*   *6-Rel* que   eux *Aux*   tenir
"…et tiraient avec [celles de] leurs sagaies qu'ils avaient tenues jusque-là…"

ŋkúu   mb ᵗɨ́ ⁴´   ŋ-gɔ̀ŋ   mìntà   mát ᵗúu   z- ⁴ɨ̀ŋ   n-tsùm   n-tsùm // z-á   mb ᵗá? ⁴á
aussi   planter   *9*-sorte   fruit   arbre   *9-ce-ci*   *9-tout*   *9-tout*   *9-Rel* que

mà   tʃìn ᵗɨ   z ⁴ɛ̣́
je   pouvoir   voir+*Me*
"…et je planterais aussi toutes les différentes espèces d'arbres fruitiers que je vois."

mú   ɣ-à   n-tsùm   w-á // mb ᵗá? ⁴ɨ   mà   kɔ̀ŋní // búŋ   mà   m ᵗɨ   ɣ ⁴á   w ⁴ámbô
1+enfant   *1*-mon   *1*-tout   *1-Rel* que   je   aimer   alors   je *Fut* donner lui à+*Me*
"N'importe lequel de mes enfants qui me plaît, alors je le lui donnerai."

4.5. Les possessifs

Les possessifs présentent un double accord : un accord en classe avec le nom qu'ils déterminent, et un accord en personne avec le "possesseur". Notons qu'il n'y a pas de racines possessives correspondant aux différentes classes, ce qui veut dire que le "possesseur" ne peut être qu'une personne.

4.5.1. Les racines possessives

Tableau 34 – Racines possessives

	SINGULIER	PLURIEL	
1ère PERS.	|-an`|	|-ɔɣá`|	(duel)
		|-ɯɣ´|	(exclusif)
		|-ɯɣínà|	(inclusif)
2ème PERS.	|-ɔ`|	|-ən´|	
3ème PERS.	|-i´|	|-a´|	

REMARQUE 5 : Toutes ces racines se retouvent dans les pronoms personnels objets (*cf.* 6.3.). Les racines de 1ère et 2ème pers. pl. se retrouvent aussi dans les pronoms indépendants de personnes (*cf.* 6.4.).

Le ton que porte la voyelle initale de ces racines en contexte est un ton grammatical, H ou B selon la classe à laquelle appartient le nom déterminé :

  m̀-bàbí z-ùɣɔ́   "notre animal" (cl. 9 : ton B)
  m̀-bàbí ts-úɣɔ́   "nos animaux" (cl. 10 : ton H)

C'est pour cette raison qu'aucun ton n'est marqué sur cette voyelle initiale dans les formes structurelles données dans le tableau 34.

4.5.2. Les préfixes d'accord

Au plan segmental, les préfixes d'accord des possessifs (dont la racine est à initiale vocalique) se réalisent d'une façon semblable à celle des déterminants présentés jusqu'ici : c'est ainsi qu'on a [w][42] aux cl. 1 et 3 devant les racines pluriel, [y] devant la racine de 3ème pers. sg. et [ɣ] devant les racines de 1ère et 2ème pers. sg.

Enfin la consonne d'accord est précédée d'un élément vocalique à ton B : |à|, à la cl. 7 et |ɪ̀|, à toutes les autres classes. Le ton B de cet élément ne se manifeste pas lorsqu'il est encadré de tons H en structure (*cf.* II.2.3.8. remarque 11).

REMARQUE 6 : dans l'état actuel de la langue, la voyelle initiale à ton B pourrait être un préfixe nominal. Notons cependant que pour la plupart des classes, ce préfixe diffère des Pn utilisés avec les noms. Au plan diachronique on peut se demander si cette voyelle n'est pas ce qui reste d'un élément CV, équivalent de celui qu'on trouve devant |-mɔ̀ʔá| "autre", |-tsé´| "certain", etc. Dans le cas des possessifs, la consonne initiale de cet élément se serait amuïe ou aurait permuté avec la voyelle (CV>VC) et il y aurait eu réduction et neutralisation vocalique pour toutes les classes sauf la cl. 7.

Tableau 35 – Réalisations des préfixes d'accord
devant les racines possessives

	|-an`, -ɔ`|	|-ɔɣá`, -ɯɣ´, -ɯɣínà, -ən´, -a´|	|-i´|
cl. 1	ɪ̀ɣ` -	ɪ̀w` -	ɪ̀y` -
cl. 2	ɪ̀b´-	ɪ̀b´-	ɪ̀by´-
cl. 3	ɪ̀ɣ´-	ɪ̀w´-	ɪ̀y´-
cl. 5	ɪ̀n´-	ɪ̀n´-	ɪ̀ɲ´-
cl. 6	ɪ̀m´-	ɪ̀m´-	ɪ̀my´-
cl. 7	àz´-	àz´-	àʒ´-
cl. 8	ɪ̀ts´-	ɪ̀ts´-	ɪ̀tʃ´-
cl. 9	ɪ̀z`-	ɪ̀z`-	ɪ̀ʒ`-
cl. 10	ɪ̀ts´-	ɪ̀ts´-	ɪ̀tʃ´-
cl. 19	ɪ̀f´-	ɪ̀f´-	ɪ̀fy´-

|ɪ̀-là`    ɪ̀ɣ´-ɔ`   a| ɪ̀là ɣô   "ton pont"
3-pont   3-ton   *Me*

|à-bʉ́`    àz´-ɔ`   a| àbʉ́ə̀ zô[43]   "ta fosse"
7-fosse   7-ta   *Me*

---

[42] La marque d'accord étant précédée à toutes les classes d'une voyelle (*cf.* ci-après) il n'y a pas d'alternance [w/gw], de même qu'il n'y a pas d'alternance [y/gy], comme c'est le cas pour les démonstratifs, etc.

[43] Rappelons que les morphèmes grammaticaux de structure V se suffixent, ou encore s'amalgament au morphème précédent (*cf.* II.1.1.2., remarque 1). Ainsi, dans cet exemple, le |à| initial du préfixe d'accord de cl. 7 réalisé [ə] se suffixe au nom |àbʉ́`|"fosse", d'où [àbʉ́ə̀].

|ì-là` ìɣó-ən´ a| ìlà wúɨŋɔ́   "votre pont"
3-pont 3-votre *Me*

|ì-bɨú` ìts´-ɯɣ´ a| ìbɨu tsɨúɣɔ́   "nos fosses"
8-fosse 8-nos *Me*

|Ø-kàŋ` ìɣò-a´ a| kàŋ wǎ   "leur écureuil"
1ᵃ-écureuil 1-leur *Me*

|Ø-kàŋ` ìɣ`-i´ a| kàŋ yě   "son écureuil"
1ᵃ-écureuil 1-son *Me*

|à-bɨú` àz´-i´ a| àbɨuə̀ ʒé   "sa fosse"
7-fosse 7-sa *Me*

|ì-bɨú` ìts´-i´ a| ìbɨu tʃé   "ses fosses"
8-fosse 8-ses *Me*

4.5.3. Sémantisme des possessifs

4.5.3.A. Le déterminé est un nom quelconque

Dans ce cas le possessif indique la possession : notons que le mankon ne marque pas formellement la différence entre les possessions aliénable et inaliénable :

ŋgyè ʃíʔísí nˈɨ́-kˈôm n-á n-ê ŋgáˈ´ mbˈó mè ɣè
venir descendre 5-panier 5-mon 5-ce-ci 5 donner à moi Me
"Viens, et descends mon panier pour moi!"

á súŋə̀ mbˈô bǫ̂ by-í ŋgˈɨ́u... "Elle dit à ses enfants de…"
1 dire à 2+enfants 2-ses que

ǹ-dì ɣə̀ zɔ́ʔɔ́ ŋ-gwˈê yě "… mon frère épousa sa femme."
1-frère mon+1 épouser 1-femme 1+sa+Me

ì-wǎ yě yìŋə̂ "Qui des siens est venu ?"
1-qui 1+son+1 venir+Me

màŋgyè w-íŋə̂ nɨ́ wǎ ɣ-ò ɣè "Qui est cette femme pour toi ?"
1+femme 1-ce-ci+1 être 1+qui 1-ta Me

nìmàŋ á zə̂ŋtə̀ tôŋnə̂ ʒ-í ǹdʒwíʔítɔ́
civette 1 pencher+7 oreille 7+sa écouter+Me
"La civette, elle inclina la tête et écouta."

m̀bɔ́ʔɔ́tʃ ŋkyì ìsˈúɣˈɨ́ m-bô my-í wú... verser eau laver 6-mains 6-ses avec elle
"…et il versa de l'eau et se lava les mains…"

á tsáɣ̀ mɨúɣ̀ my-í... "Il regarda alentour…"
1 envoyer 6-yeux 6-ses

4.5.3.B. Le nom déterminé est un verbo-nominal

Le possessif qui détermine un verbo-nominal indiquant "le fait de…", etc. (*cf.* 2.1. à 2.3.) réfère toujours à la même entité que le sujet de la proposition correspondant au syntagme nominal déterminatif :

ǹ-gvwǒ ʒ-ì   kâ   tántɔ́ yé   "Tomber, ce n'est pas dur pour lui."
9-tomber <u>9-son</u> *Nég+1* être dur lui+*Me*

Le syntagme nominal ŋgvwǒ ʒì "le fait qu'il tombe" correspond à la proposition : à vwǒ "Il est tombé". ʒì "son" et à "il" dans la proposition à vwǒ réfèrent à la même entité.

mà kǒŋ ǹ-dvùʔú   ʒ-ɛ̌   "J'aime sa façon de mélanger (la pâte)."
je aimer 9-mélanger <u>9-son</u>+*Me*

Le syntagme nominal ǹdvùʔú ʒɛ̌ correspond à la proposition : à lvùʔɔ̂ "Elle a mélangé." ʒɛ̌ "son" et à "elle" (cl. 1) de la proposition à lvùʔɔ̂ réfèrent à la même entité.

En revanche, c'est un pronom indépendant, et non un possessif, qui s'emploie pour référer au complément d'objet de la proposition correspondant au syntagme déterminatif (*cf.* 6.4.2.B.) :

à kǒŋ m̀-bǒm   mè yè   "Il aime me rencontrer."
1 aimer 9-rencontrer <u>moi</u> *Me*

Le syntagme m̀bǒm mè "le fait de me rencontrer" correspond à la proposition à bòmɔ́ ɣ'ɔ̂ "Il m'a rencontré". Le pronom indépendant mè et le pronom objet ɣ'ɔ̂ renvoient à la même personne.

4.6. |-mɔ̀ʔá| [44] "autre"

4.6.1. Les préfixes d'accord

A la différence des racines de tous les déterminants présentés jusqu'ici, la racine |-mɔ̀ʔá| "autre" est à initiale consonantique. Les préfixes d'accord présentent donc une voyelle à toutes les classes.

Tableau 36 – Préfixes d'accord devant |-mɔ̀ʔá| "autre"

cl. 1	ɣò`-	cl. 7	zà´-
cl. 2	bɔ̀´-	cl. 8	tsɔ̀´-
cl. 3	ɣò´-	cl. 9	zì`-
cl. 5	nɔ̀´-	cl. 10	tsɔ̀´-
cl. 6	mɔ̀´-	cl. 19	fɔ̀´-

RAPPEL : le |o| des cl. 1 et 3 est réalisé [u], le |a| de la cl. 7 se réalise [a], le |i| de la cl. 9 [i] et le |ə| des autres classes [a], [ə] ou même [i]. D'autre part, selon le contexte, le |ɣ| des classes 1 et 3 se réalise [w] ou [g] (on a donc [wu] ou [gu]) et le |z| des classes 7 et 9 se réalise [z] ou [dz] [45].

---

[44] La voyelle finale |á| se justifie par la présence en fin d'énoncé assertif de la marque énonciative |ɣe|.
[45] Ceci est vrai aussi pour les marques d'accord CV des adjectifs/ participes, de |-tsé´| "un certain" et des participes négatifs.

On a affaire ici à une différentiation maximale entre préfixes d'accord, puisqu'ils sont constitués d'une consonne, d'une voyelle et d'un ton spécifiques à chaque classe. Les consonnes sont les mêmes que pour les déterminants dont la racine est à initiale vocalique. Il y a quatre voyelles différentes.

Les cl. 1 et 9 se caractérisent par un ton B, toutes les autres classes se caractérisant par un ton H. Ce ton H se manifeste sur |-mɔʔá| en étant à l'origine d'une faille tonale sur ce terme. Et on peut considérer que le ton B des classes 1 et 9 se manifeste par l'absence même de cette faille :

|Ø-kàŋˋ ɣòˋ-mɔʔá| kàŋ wùmɔʔɔ́   "Un autre écureuil." (cl. 1ᵃ)
|ɨ̀-kɔ́ʔˋ ɣòˊ-mɔʔá| ɨ̀kɔ́ʔɔ́ wùm ꜛɔ́ʔ ꜜɔ́   "Une autre échelle." (cl. 3)

Le ton de la syllabe CV du préfixe d'accord est B à toutes les classes. Si un ton descendant HB se forme sur cette syllabe, il ne se simplifie pas, au moins dans un débit délibéré (*cf.* le deuxième exemple ci-dessous) et n'engendre jamais de faille tonale, quel que soit le débit :

|à-láʔˋ   zàˊ-mɔʔá   ɣe| àláʔá zàm ꜛɔ́ʔ ꜜɔ́ ɣé   "Un autre village."
 7-village 7-autre   *Me*

|à-tsɛ̀ʔˊ   zàˊ-mɔʔá   ɣe| àtsɛ̀ʔè zâm ꜛɔ́ʔ ꜜɔ́ ɣé   "Un autre tissu."
 7-tissu   7-autre   *Me*

4.6.2. Sémantisme de | -mɔʔá |

|-mɔʔá| "autre" sert à distinguer et souvent à opposer deux, ou plus de deux, entités de même nature, mais néanmoins différentes :

bèm   bà-m ꜛɔ́ʔ ꜜɔ́   bí   ʒwít ꜜ ɨ́nɔ́   bâ-m ꜛɔ́ʔ ꜜɔ́   ɣé
2+gens 2-_autres_   2   tuer   2-_autres_   *Me*
"Les gens s'entretuaient."

REMARQUE 7 : dans l'exemple ci-dessus, |-mɔʔá| "autre" est employé comme déterminant dans sa première occurrence, mais comme substitut dans sa deuxième occurrence.

mɔ́ŋ   gwù-mɔʔɔ́   á   lúbə̀   m ꜛɔ́ŋ   gwù-mɔʔɔ́   ǹd ꜛúb ꜜɨ́   ní-d ꜜúɣí
1+enfant _1-autre_   1   frapper 1+enfant _1-autre_   frapper   5-œil

ní-m ꜛɔ́ ꜜ ɨ́ŋ   gwù-mɔʔɔ́   sótééé[46]
5+1-enfant   _1-autre_   fort
"Deux enfants se battaient, l'un heurta violemment l'œil de l'autre!"

ɨ̀wòbɔ́ bɔ́ʔɔ̀n ꜛɨ́   bɨ̀tákɔ́ʔɔ̀bɨ̀   bêm   bà-m ꜛɔ́ʔ ꜜɔ́   ká   bɨ̀   b ꜛɔ́   ndʒ ꜜé
enfants et   grand   2+gens 2-_autres_   *Nég* 2   encore savoir

wá   níɣàm   nál ꜛáʔ ꜜá   níŋə̀
eux   langue   du pays   ce-ci+*Me*
"Les enfants et certains adultes, ils ne connaissent plus la langue de ce pays."

---

[46] Expression pidgin exprimant l'intensité.

Dans l'énoncé ci-dessus, l'emploi de **bàm⁺ɔ́ʔⁱɔ́**, rendu par "certains" dans la traduction libre, implique que d'autres adultes connaissent toujours la langue.

ò	yě	nə̀	kè	zâ-m⁺ɔ́ʔⁱɔ́	yé
tu	venir	avec+7	quoi	_7-autre_	_Me_

"Qu'as-tu apporté d'autre ?"

m̀bɔ́ʔɔ́tî̀	ŋkyì	ìs⁺úɣⁱú	mbô	myí	wú [...]	ŋ̀k⁺wíʔⁱí	ndɔ̀yí	ŋ̀-kyì
verser	eau	laver	mains	ses	avec elle	encore	prendre	3-eau

wû-m⁺ɔ́ʔⁱɔ́	ís⁺úɣⁱí	mbô	myí	wú...
3-autre	laver	mains	ses	avec elle

"...il versa de l'eau et se lava les mains [...] il prit encore d'autre eau et se lava les mains..."

àdzɔ̀ŋ	zâtsê	ts⁺í	w⁺ú	ǹt⁺ɔ́ⁱ⁻	ntsǎ	ì-dzɔ̀ŋ	tsâ-m⁺ɔ́ʔⁱɔ́...
géant	certain	être	là	être fort	dépasser	_8-géants_	_8-autres_

"Il y avait un certain géant plus fort que les autres géants..."

sílùmɔ́	ɣ̀ùnə̂	nd⁺ó	ndʒ⁺wí	wê	fú [...] //	zì̀-mɔ̀ʔɔ́⁴⁷	n-dʒ⁺wî	bə̀nɔ̂	ndán
Silum+1	_Aux_	lever	jour	ce-ci	sortir	_9-autre_	_9-jour_	_Aux_	être clair

sílùmə̀	bɔ̂	ŋkɪ́	fúɔ́ [...]	á	kwíʔì	ŋkɪ́	ŋg⁺úⁱ⁻	tsè̀ʔé	dzàŋ	wá //
Silum+1	encore	aussi	sortir	_1_	encore	aussi	faire	juste	sorte	_Rel_

à	ɣ⁺úun⁺ɔ́	n-dʒwí	zì̀-mɔ̀ʔɔ́	z⁺á	l⁺â
_1_	faire	_9-jour_	_9-autre_	le	_Ma+Me_

"Un jour, après s'être levée, Silum sortit. [...] Le jour suivant, Silum sortit de nouveau [...] Elle fit à nouveau ce qu'elle avait fait la veille."

4.7. Les adjectifs et les participes

4.7.1. Les préfixes d'accord

Adjectifs et participes appartiennent à deux catégories différentes qui partagent un point commun d'ordre morphosyntaxique : ils sont précédés des mêmes préfixes d'accord.

Les adjectifs et les participes, tout comme la racine |-mɔ̀ʔá| "autre", sont à initiale consonantique. Les préfixes d'accord présentent donc une voyelle à toutes les classes. La syllabe CV de ces préfixes porte un ton B.

Les classes ne s'opposent pas tonalement, mais, en revanche, les cl. 1 et 9 se caractérisent par une nasale syllabique à ton B qui, selon toute probabilité, correspond à un préfixe nominal[48].

---

[47] La préposition du déterminant correspond à un processus d'emphase au sein du syntagme nominal : ici, on insiste sur le fait qu'il s'agit bien d'un jour différent (_cf._ V.10.3.3.).

[48] Dans son étude sur le nom en bafia, langue bantoue du Cameroun classée A 50 par M. Guthrie (1953), G. Guarisma (1973) relève cette même particularité. Elle écrit : « les adjectivaux sont affectés comme les nominaux des indices de classes ou préfixes nominaux » (p. 157). Ces préfixes sont |ǹ| aux classes 1 et 9 (_cf_ . /à rùu ǹpúp/ "il est blanc" (p. 82) mais en tant que déterminants "les adjectivaux s'accordent avec le nominal déterminé en général au moyen du PP"

Tableau 37 – Préfixes d'accord des adjectifs et des participes

cl. 1	ɣò-ǹ-	cl. 7	zà-
cl. 2	bə̀-	cl. 8	tsə̀-
cl. 3	ɣò-	cl. 9	zì-ǹ-
cl. 5	nə̀-	cl. 10	tsə̀-
cl. 6	mə̀-	cl. 19	fə̀-

RAPPEL : le |o| des cl. 1 et 3 est réalisé [u], le |a| de la cl. 7 se réalise [a], le |i| de la cl. 9 [i] et le |ə| des autres classes [a], [ə] ou même [ɨ]. D'autre part, selon le contexte, le |ɣ| des classes 1 et 3 se réalise [w] ou [g] (on a donc [wu] ou [gu]) et le |z| des classes 7 et 9 se réalise [z] ou [dz].

On a donc affaire à une différentiation maximale entre préfixes d'accord, tout comme avec |-mə̀ʔá| "autre", même si les préfixes d'accord ne sont pas exactement les mêmes (présence d'un ǹ- aux cl. 1 et 9 mais pas aux autres classes pour les adjectifs et les participes, versus opposition tonale entre classes pour |-mə̀ʔá| "autre").

Lorsque le préfixe d'accord des cl. 1 et 9 est précédé d'un ton H, il se forme sur ce préfixe un ton modulé <u>HB</u> qui dans un débit soigné ne se simplifie pas. C'est ce qui justifie le ton B de ǹ- :

|ǹ-ɣù ʔ´ zìǹ-kɔ̀ʔ-ní a| ŋgùʔù zíŋkɔ̀ʔɔ̀nɔ́ "Courge en train de monter."
9-courge   9-grimpante   *Me*

4.7.2. Les adjectifs

Il existe quelques formes qui ne sont en relation de dérivation ni avec des noms, ni avec des verbes et qu'on peut donc considérer être des adjectifs. La liste qui suit ne prétend pas à l'exhaustivité, mais s'il existe d'autres adjectifs à côté de ceux ci-dessous mentionnés, ils ne sont pas légion :

-ɣwìɔ́ "grand" -bvúə̀ "mauvais"
-ʃwíɔ́ "noir" -ʃíʔìnɔ́ "beau"
-fíɔ́ "nouveau" -kùʔúnə̀ "petit"[49]

La présence de la syllabe finale -nə̀ des deux derniers adjectifs incite à penser qu'il s'agit de dérivés figés : en effet il n'existe actuellement aucune racine dont ils pourraient dériver.

Notons que -ʃíʔìnɔ́ "beau" peut s'employer adverbialement pour déterminer un verbe ou un participe : il apparaît alors tel quel, sans préfixe d'accord.

ò tsǐ ʃ꜔íʔìní "Comment vas-tu ?"
tu être bien

À côté de ces adjectifs, sont attestées quelques formes qui sont en rapport de dérivation avec des verbes, sans être pour autant des participes :

(p. 158), cependant aux classes 1 et 9 le préfixe nominal |ǹ| se maintient (*cf.* **múm à ǹpúp**/ "un homme blanc" p. 83).

[49] Les six adjectifs sont cités ici suivis de la Me |a|.

-fúɔ́	"blanc"	(*cf.* **fúɣ-** "être blanc")
-sà	"long"	(*cf.* **sàɣ-** "être long")
-búɣɔ̀	"cru"	(*cf.* **búɣ-** "être mauvais")[50]

Toutes les formes citées jusqu'ici dénotent des couleurs, des dimensions, des valeurs (y compris **búɣɔ̀** "cru") et l'âge (*cf.* "nouveau"). Ceci correspond à l'éventail sémantique que présentent, d'après Dixon (1977), les langues dont la catégorie adjectif est fermée.

4.7.3. Les participes

Il s'agit de formes dérivées de verbes. Il est possible d'obtenir un participe de tout verbe[51].

La dérivation des participes implique d'une part la neutralisation de l'opposition tonale H/B des racines verbales au profit du ton B, d'autre part la suffixation du morphème **-ní** :

| **bàŋ-** | "être rouge" | **-bàŋní** | "rouge" |
| **fáŋ-** | "être grand" | **-fàŋní** | "grand" |

Les participes ne portent aucune marque de temps, de voix, d'aspect ou de mode. Les valeurs sémantiques qu'ils prennent dépendent de différents facteurs :
– la notion même qu'exprime la racine verbale,
– à quel actant du verbe dont dérive le participe correspond le nom déterminé par le participe,
– le contexte extra-linguistique, *i.e.* la situation dans laquelle est proféré l'énoncé.

4.7.3.A. Participes dérivés de verbes statifs [52]

Ces participes confèrent une qualité à une entité, ou indiquent l'état dans lequel se trouve l'entité :

-bàŋní	"rouge"	**-làŋní**	"tranquille"
-byèní	"pourri"	**-ɣɔ̀ní**	"malade"
-zòmní	"sec, maigre"		

| à-tsɛ̀ʔɛ̀ | zá-bàŋnɔ́ | "Du tissu rouge." |
| 7-tissu | <u>7-rouge</u>+*Me* | |

| ŋ̀-kyì | wú-lòmnɔ́ | "De l'eau chaude." |
| 3-eau | <u>3-chaude</u>+*Me* | |

| ò | dzŭ̀ɔ̀ | kè | zá-lwìnɔ́ | "Qu'est-ce que tu as mangé d'amer ?" |
| tu | manger+7 | quoi | <u>7-amer</u>+*Me* | |

---

[50] A ces formes correspondent des participes dont la formation est régulière : **-fùɣìnɔ́** "blanc", **-sàɣìnɔ́** "long" et **-bùɣìnɔ́** "mauvais".

[51] Cette affirmation n'exclut pas d'éventuelles exceptions.

[52] La dichotomie qui est faite ici entre verbes statifs et verbes de processus est certainement réductrice. Elle rend néanmoins compte d'un grand nombre de cas (*cf.* 2.6.).

REMARQUE 8 : dans les trois exemples donnés ci-dessus le participe détermine le nom sujet de l'énoncé correspondant :

àtsè?é b ꜛáŋɜ̀   "Le tissu est rouge."
ŋ̀kyǐ l ꜛómɜ̀   "L'eau est chaude."
àkě l ꜛwê   "Qu'est-ce qui est amer ?"

4.7.3.B. Participes dérivés de verbes de processus

Ces participes permettent de concevoir le procès, non comme un événement, mais comme une propriété caractérisant une entité.

– Si le nom déterminé correspond à l'agent du procès, le participe indique que l'agent fait, ou a fait quelque chose (on peut le constater) ou encore sera capable de le faire (on en est sûr) :

ŋ̀-gùʔù̀   zîŋ-kɔ̀ʔɔ̀nɔ́
_9_-courge   _9-montant_+Me
"Courge en train de monter (_i.e._ qui n'a pas encore eu de fruits)."

ŋwɔ̀ŋ   gwùŋ-kɔ̀ʔɔ̀nɔ̀   m ꜛé↓´
_1_+personne _1-montant_+_1_   être où ?
"Où est la personne qui va monter/monte (à Bamenda) ?"

à-zúm   zà-ʒwìnɔ́   n ꜛɔ́ŋ↓ɔ́   díʔí   y↓ề
_7_-chose   _7-respirant_   gésir   endroit   ce-là bas+Me
"Une chose respirante (_i.e._ animal non identifié) gît là-bas."

mà ɣàmtꜛɔ́   m↓ɔ́ŋ   gwùn-tù̀ʔù̀nɔ́   "J'ai grondé l'enfant en retard."
je gronder   _1_+enfant _1-en retard_+Me

lâ   ní   mꜛɔ́ŋ   gùn-dzènɔ́   k ꜛúŋɔ́   "C'est l'enfant qui urine au lit."
_Pd_+1 être _1_+enfant _1-urinant_   lit+Me

mà zě   ŋwɔ́ŋ   gùn-kò:nɔ̂   kfúɲàm   yɜ̀
je voir _1_+personne _1-attrapant_ cochon   mon+Me
"J'ai trouvé la personne capable d'attraper mon cochon."

mà tsǐ   nɪ̀   mɔ́ŋ   gùn-dzù̀nɔ́   "J'ai [enfin] trouvé un enfant qui le mangera."
je être   avec _1_+enfant _1-mangeant_+Me

bù̀ɣɔ̂   ní   bèm   bà-zènɔ́   k ꜛwíʔ↓ífɔ   yè
nous+1 être _2_+gens _2-voyant_+Fo Kwi'fo   Me
"Nous sommes des gens autorisés à voir _Kwi'fo_[53]."

bí   kꜛó↓´   n-dzèrɔ̂   wù̀ŋ-kù̀nɔ́   "On a attrapé le voleur fugitif."
_2_ attraper _1_-voleur   _1-courant_+Me

ŋ̀-kùm   wûŋ-kònɔ̂   kù̀ŋɔ̂   "Le notable (qui était) désireux d'entrer est entré."
_1ᵇ_-notable _1-entrant_   entrer+Me

ŋ̀wɔ̀ŋ   gù̀ŋ-kònɔ̂   kúŋɔ́   "Celui qui veut entrer, qu'il entre !"
_1ᵇ_+personne _1-entrant_+que+_1_ entrer+Me

---

[53] _Kwi'fo_ : société coutumière.

ǹ-dzûu ndá   wù-fàmnɨ́[54]   à   m ⁺é↓′
1-mangeur de maison *1*-pulvérisant · *1* être où ?
"Le successeur qui doit pulvériser (le vin), où est-il ?"

Le participe peut aussi exprimer l'état résultant d'un procès (ceci est vrai au moins pour les verbes de déplacement) :

bèm   bà-l⁺á?↓á   mâŋkò   bá-bènɔ́   bɨ́   ʒî   nùɔ̀
2+gens *2*-pays   mankon   *2*-rentrés   *2*   savoir   choses+*Me*
"Les Mankons, ceux qui sont de retour (d'un voyage), ils en savent des choses."

à   nɨ̂   ɲwɔ̀ŋ   gùŋ-gyènɔ́   "C'est une personne qui vient d'arriver."
1   être   *1ᵇ*+personne   *1*-arrivé+*Me*

REMARQUE 9 : dans tous les exemples donnés ci-dessus, le nom déterminé correspond au siège ou à l'agent du procès. Du point de vue syntaxique le nom déterminé est le sujet de l'énoncé correspondant : ǹdzûu ndá fàmɔ̂ "Le successeur a vaporisé (le vin).", par exemple.

— D'un autre côté, le participe indique une propriété (un état) actualisable à laquelle est destinée l'entité, si le nom déterminé correspond à l'entité qui subit le procès, qui en est le patient :

à-tʃú?ú   zà-fènɔ́   "*Atchou*[55] à vendre."
7-atchou   *7*-vendable+*Me*

à-tʃú?ú   zà-dzùnɔ́   "*Atchou* à manger."
7-atchou   *7*-mangeable+*Me*

ṇ̀-kyì   wù-nònɔ́   "Eau à boire."
3-eau   *3*-buvable+*Me*

ká   zûu tʃé   yí   nɔ̂   nù   zà-sùŋnɔ́   "Elle n'avait rien à dire."
Nég elle être   elle   avec+*7* chose   *7*-à dire+*Me*

mì-dzú   mà-ɣàn⁺ɔ́   mb↓ô b⁺ǫ́   ts↓ɨ́   yɛ̂
6-nourriture *6*-donnable à   enfants être   ici+*Me*
"La nourriture à donner aux enfants est prête."

mìʃòm mâ   nɨ́   mì-ʃòm   má-bù?ùnɔ́
champs ces+*1* être *6*-champs   *6*-défrichables+*Me*
"Ces champs sont à défricher."

k⁺á   m↓ɔ́ŋ   gw↓íɲɔ̀ bé   yí   wûn-dzùnɔ́
Nég   *1ᵇ*+enfant ce-ci+*1* être   lui   *1*-mangeable+*Me*
"Cet enfant ne donnera aucune satistaction."

k⁺á   m↓ɔ́ŋ   g↓wíɲɔ̀ bé   yí   wû-nùŋn⁺ɔ́   ntsùɔ̀[56]
Nég   *1ᵇ*+enfant ce-ci+*1* être   lui   *1*-mettable+*Loc* bouche+*Me*
"Cet enfant ne donnera aucune satisfaction."

---

[54] Au cours de certaines cérémonies, certaines personnalités (le successeur dans cet exemple) se remplissent la bouche de vin de palme qu'ils pulvérisent à un endroit précis ou sur un objet, etc.

[55] *atchou* : purée épaisse, pilée, de colocases et quelquefois de bananes douces vertes, que l'on mange accompagnée d'une sorte de soupe à base d'huile de palme (c'est la spécialité de la région, un peu le plat "national").

[56] Les deux derniers exemples sont des énoncés idiomatiques.

Le participe peut aussi dénoter un état (une propriété) actualisé, résultant du procès achevé :

ŋwɔ̀ŋ gùn-dìbìnɔ̀ nɔ̀ŋ ꜛɔ́ nd ꜜôm ndʒè
1ᵇ+personne 1-lié+1   gésir+Loc chemin+Me
"Une personne ligotée gît sur le chemin."

à ní f ꜛí wûn-dàmnɔ́   "Ce sont des légumes cuits."
1 être 1ᵃ+légume 1-cuit+Me

ǹ-dɔ́ŋ tsɔ̀-làŋnɔ́   "Calebasses suspendues."
10-calebasses 10-suspendues+Me

mà m ꜛí yě m ꜛí-ʃ ꜜóm má-bù?ùnɔ́ "J'irai aux champs qu'on a défrichés."
je Fut aller 6-champs 6-défrichés+Me

ŋwɔ̀ŋ gùŋ-gwàrìnɔ́   "Une personne opérée."
1b+personne 1-opéré+Me

Seul le contexte, ou la situation, permet de savoir si la propriété est à considérer comme actualisable ou actualisée. Cependant tous les exemples recueillis mènent à penser que la valeur "actualisé" n'est possible que si la propriété résultant de l'actualisation du procès est observable : c'est ainsi que **àtʃú?ú zàfènɔ́** signifie "*atchou* à vendre" et non "*atchou* vendu", rien dans l'apparence de l'*atchou* n'indiquant qu'il a été vendu.[57]

D'autre part, hors contexte, le dernier exemple est ambigu : **ŋwɔ̀ŋ gùŋgwàrìnɔ́** peut également signifier "chirurgien". En effet, comme il a déjà été mentionné, le participe ne porte pas de marque de voix : c'est le sémantisme (en particulier les traits [+/-humain], [+/-animé] du nom déterminé et /ou le contexte) qui permet d'attribuer une valeur active ou passive au participe.

REMARQUE 10 : du point de vue syntaxique le nom déterminé dans tous les exemples donnés ci-dessus est l'objet du verbe de l'énoncé correspondant, par exemple : **bí bú?ú mìʃòmɔ́** "On a défriché les champs."

– Enfin le participe peut indiquer à quoi sert une entité :

à-bó zà-dzùnɔ́   "Main droite (dont on se sert pour manger)."
7-main 7-mangeant+Me

nì-lú?ú nà-dzùnɔ́   "Cuillère pour manger."
5-cuillère 5-mangeant+Me

àntɔ̀ wùn-dàmnɔ́   "Pot pour la cuisson."
1ᵃ+pot 1-cuisant+Me

ì-ŋwǐ z-àn zìm-bù?ùnɔ́   "Ma machette pour défricher."
9-machette 9-ma 9-défrichant+Me

---

[57] Pour traduire "*atchou* vendu", on utilise une relative :
àtʃú?ú zǎ bí fènɔ̀   yè
atchou Rel 2 P₀+vendre+A Me
"*Atchou* qu'on a déjà vendu."

ǹ-dɔ́ŋ   zì-nòní   mílù?ɔ̀   "Corne à boire du vin."
9-corne _9-buvant_ vin+*Me*

mákyèŋ   gùŋ-kò:ní   mbàbí ndòmɔ́ "Piège à rat *sp.*"
1ᵃ+piège _1-attrapant_ rat+*Me*

à tù?û   ŋ-kyì   wú-sùɣìnɔ́   fíɔ́
1 puiser 3-eau   _3-lavant+Fo_ légume+*Me*
"Il a puisé de l'eau destinée à laver les légumes."

4.7.4. Détermination du participe

Dans plusieurs des exemples donnés ci-dessus, alors que le nom déterminé par le participe correspond, au plan sémantique, à l'agent ou à l'instrument, le participe est lui-même déterminé par un nom correspondant au patient :

bèm   bà-zènɔ́   k ⵟwí?ìfɔ̀   ɣè   "Personnes qui peuvent voir *Kwi'fo*."
2-gens _2-voyant+Fo_ Kwi'fo   *Me*

ŋ̀-kyì   wú-sùɣìnɔ́   fíɔ́   "Eau destinée à laver les légumes."
3-eau   _3-lavant+Fo_ légume+*Me*

En revanche, si le nom déterminé par le participe correspond au patient, l'agent ne peut pas être exprimé (et par conséquent le participe n'est pas déterminé).

mì-ʃòm   má-bù?ùnɔ́   "Champs à défricher."
6-champs _6-défrichables_+*Me*

REMARQUE 11 : Ces restrictions sémantiques sont les mêmes que celles qui permettent, ou ne permettent pas, au nom verbal de cl. 9 **ìfàmɔ́** "pulvériser" et **ìnɔ̌** "boire" ci-dessous, en tant que déterminant, d'être lui-même déterminé (*cf.* 4.10.2.B.) :

bèm   bí-f ⵟâm   mílù?ɔ̀   "Personnes qui pulvérisent du vin."
2+gens _2-9+pulvériser+9_ vin+*Me*

ǹ-dɔ̂ŋ   nɔ̌   mílù?ɔ̀   "Corne à boire du vin."
9-corne+_9_ +9+boire+6 vin+*Me*

mais :

mì-lù?ù mí-f ⵟámɔ́   ɣé   "Du vin à pulvériser."
6-vin   _6-9+pulvériser_ *Me*

La rection du participe est identique à celle du verbe : le nom qui détermine le participe est régi par le fonctionnel objet |á| (Fo), s'il appartient à la classe 1, mais régi directement par le participe s'il appartient à toute autre classe. On trouve des exemples de ces deux rections dans les exemples ci-dessus.

D'autre part, lorsque le déterminant du participe est un pronom, il appartient au paradigme des pronoms objets, et est en conséquence régi par le fonctionnel |á|, tout comme avec les verbes :

bô   ní   bèm   bà-zènɔ́   ɣɔ̂
eux+*1* être *2*+gens _2-voyant+Fo_ me+*M*e
"Ce sont des gens qui peuvent me voir."

bừɣɔ̂ ní bèm bà-zènɔ́ ɣé
nous+*1* être *2*+gens *2*-voyant+*Fo* le+*Me*
"Nous sommes des gens qui pouvons le (le Kwi'fo) voir."

La rection de son déterminant est donc le seul trait verbal que conserve le participe.

4.8. L'indéfini |-tsé´|

4.8.1. Les préfixes d'accord

Tableau 38 – Préfixes d'accord devant |-tsé´| "certain"

cl. 1	ɣò-	ì-	cl. 7	zà-	à-
cl. 2	bà-		cl. 8	tsɔ̀-	ì-
cl. 3	ɣò-	ì-	cl. 9	zì-	ì-
cl. 5	nɔ̀-		cl. 10	tsɔ̀-	ì-
cl. 6	mɔ̀-		cl. 19	fɔ̀-	

RAPPEL : le |o| des cl. 1 et 3 est réalisé [a], le |a| de la cl. 7 se réalise [a], le |i| de la cl. 9 [i] et le |ə| des autres classes [a], [ə] ou même [i]. D'autre part, selon le contexte, le |ɣ| des cl. 1 et 3 se réalise [w] ou [g] (on a donc [wu] ou [gu]) et le |z| des classes 7 et 9 se réalise [z] ou [dz].

Des préfixes d'accord de structure CV sont attestés à toutes les classes. Lorsque le dernier ton lexical du nom déterminé est H, il se forme sur le préfixe d'accord CV un ton descendant HB. Il n'y a jamais formation de faille tonale. C'est ce qui se passe aussi avec les préfixes d'accord de |-mɔ̀ʔá| "autre".

Aux classes 1, 3, 7, 8, 9 et 10, |-tsé´| peut aussi être préfixé d'une simple voyelle à ton B. Aucun conditionnement à l'emploi de CV ou de V n'a été trouvé.

Il n'est pas possible de déceler une (probable) différence tonale entre les cl. 1 et 9 (ton B) et toutes les autres classes (ton H). En effet, à cause de sa structure tonale HH, la racine |-tsé´| n'est pas sujette à une variation morphophonologique comme l'est la racine |-mɔ̀ʔá| "autre" :

|Ø-súŋ´ ɣò-tsé ɣe| súŋ wûtsé ɣé   "Un certain oiseau."
1^a-oiseau *1*-certain *Me*

|nì-bɔ̀ʔ´ nà-tsé´ ɣe| nìbɔ̀ʔì nâtsé ɣé   "Une certaine citrouille."
5-citrouille *5*-certain *Me*

L'absence de variation morphotonologique sur |-tsé´|, et le fait que le préfixe d'accord peut se réduire à une simple voyelle entraînent de nombreuses neutralisations d'accord :

|ǹ-lóm` ɣò-tsé´ ɣe| ǹdóm wùtsé ɣé   "Un certain mari."
1^b-mari *1*-certain *Me*

|ǹ-tɔ́m` ɣò-tsé´ ɣe| ǹtɔ́m wùtsé ɣé   "Un certain cœur."
3-cœur *3*-certain *Me*

|ǹ-lóm` ì-tsé´ ɣe| ǹdôm tsé ɣé   "Un certain mari."
1^b-mari *1*-certain *Me*

154

|ǹ-tɔ́m`|	ɨ̀-tsé´	ɣe|	ǹtɔ̂m tsé ɣé	"Un certain cœur."
3-cœur	3-certain	*Me*		

|ǹ-dɔ́ŋ`|	ɨ̀-tsé´	ɣe|	ǹdɔ̂ŋ tsé ɣé	"Une certaine corne."
9-corne	9-certain	*Me*		

|ǹ-dɔ́ŋ`|	ɨ̀-tsé´	ɣe|	ǹdɔ̂ŋ tsé ɣé	"Certaines cornes."
10-cornes	10-certain	*Me*		

|ŋ̀-kàn`|	ɨ̀-tsé´	ɣe|	ŋ̀kə̀ tsé ɣé	"Un certain nid."
9-nid	9-certain	*Me*		

|à-bàn`|	à-tsé´	ɣe|	àbə̀ tsé ɣé	"Un certain pain."
7-pain	7-certain	*Me*		

4.8.2. Sémantisme de | -tsé´ |

|-tsé´| est un indéfini. En l'absence de négation il est un indéfini spécifique. Mais en présence d'une négation, et dans les énoncés interrogatifs, il a valeur d'indéfini seulement. Il peut aussi, avec un nom pluriel, avoir valeur de quantifieur indéfini.

4.8.2.A. |-tsé´| "un certain" (indéfini spécifique).

Le locuteur l'emploie pour référer à une entité bien précise s'il présume que son auditeur ne connaît pas encore l'entité en question. C'est ainsi que |-tsé´| apparaît très souvent dans la première proposition des contes, mais aussi chaque fois qu'une nouvelle entité (spécifique) est introduite dans le récit (cette valeur de |-tsé´| a déjà été illustrée en 4.1.3.C.B. par opposition à la valeur anaphorique du démonstratif |-á` |) :

lùʔùu ŋkwá[58]	màŋgyê	tsé	lô	ndáʔɨ	ntsí	wú lê[59] //
je vous le dis	1+femme+1	certain[60]	*Aux*	jamais	exister	là hein+*Me*

ndíʔˆɨ	ʃ↓ôm	yé
cultiver	champ	son+*Me*

"Je vous le dis, il était une fois, une femme. Elle cultiva son champ."

màŋgyê	tsê	tsˆɨ	wˆú lê //	ntsí	nɨ̂	bɔ̀	bí	bɨ́bˆá↓´...
1+femme+1	certain	être	là hein+*Me*	être	avec	enfants	*Mn*	deux

"Il était une fois une femme. Elle avait deux enfants…"

súŋ	wûtsé	á	kɨ̂	ndzúʔɔ́	dzàŋ	wá //...
1[a]+oiseau	1+certain	1	aussi	entendre	manière	*Rel*

"Un oiseau entendit comment…"

---

[58] A propos de **lùʔùu ŋkwá**, *cf.* note 37 en 4.1.

[59] Après cette particule, les auditeurs disent è "oui" et le conteur reprend son histoire.

[60] Rappelons que chaque fois qu'un Pa est de structure V, il se suffixe ou s'amalgame au morphème précédent. Dans cet exemple le Pa |ɨ̀| de cl. 1 est amalgamé au nom |màŋgyè´| "femme" (cl. 1).

àfùŋə̀ tsé v↑wó↓´ múə̀ bɨ́ɨ mbúɣɔ́ wúɔ́
7+lion+7 certain tomber dans fosse lamenter là+Me
"[Jadis] un lion, tombé dans une fosse, s'y lamentait."

àl↑á?↓á tómə̀   tsé ts↑í wú // ǹt↑ɔ́n tsɛ̀?é ŋkə̀
7+pays 7+étranger+7 certain être là être fort juste vrai+Me
"Il y a de cela très longtemps, existait une contrée étrangère vraiment très puissante."

àdzɔ̀ŋ zâtsé ts↑í w↓û // nt↑ɔ́n ntsă àdzɔ̀ŋ tsîm↑ɔ́?↓ɔ́...
7+géant 7+certain être là être fort dépasser géants autres
"Il y avait un géant plus fort que les autres géants…"

áʃ↑úr↓ɔ́ àlvùŋə̀   t↑ú zâtsé...
Loc+fond 7+vieillesse+7 arbre 7+certain
"sous un certain vieil arbre…"

ìfúɨyí n↑íb↓ú?ú nâtséré[61] bə̰̌ z↑úɔ́
retirer 5+paquet 5+certain sac lui+Me
"…et il retira un paquet de son sac."

à b↑é ɲ↓ê tʃú?ú wùʃî?ìnì wûtsé àl↑ú↓´ n↓ô yí...
1 être contre 3+nuit 3+beau 3+certain fourmi boire lui
"Il y a très longtemps, par une belle nuit, Fourmi but…"

4.8.2.B. |-tsé´| indéfini dans les énoncés interrogatifs et négatifs

ìwã̀ tsê yìŋə̀   "Quelqu'un est-il venu ?"
1+qui+1 certain venir+Me

àkê tsé byê   "Manque-t-il quelque chose ?"
7+quoi+7 certain être perdu+Me

ŋkè?é ɣə̂ nùə̀ tsé yé   "…et elle ne fit rien."
Nég faire+7 chose+7 certain Me

ŋwɔ̰̀ s↑é n↓í mbɔ̀ɣɔ́ nùə̀ tsé bə̂ tʃé
personne Nég avec crainte+7 chose+7 certain encore être+Me
"Personne n'avait plus peur de quoi que ce fût."

ŋwɔ̰̀   tsé kè?é yí zə̰̂   "Personne ne le vit."
1+personne+1 certain Nég le voir+Me

ká bì ts↑áɣ↓ɔ́ yé z↑úmə̀ tsé mb↑ó mè...
Nég 2 envoyer lui+7 chose+7 certain à moi
"On ne m'envoya rien…"

4.8.2.C. |-tsé´| quantifieur indéfini

Lorsque |-tsé´| détermine un nom pluriel, il peut prendre une valeur de quanti-
fieur indéfini "un certain nombre de...", si le nom déterminé est dénombrable. S'il
détermine un nom indénombrable, il signifie "une certaine quantité ", qu'il appar-
tienne à une classe sg. ou pl. :

---

[61] tséré est une variante de tsé.

ìɲàm tsé sˈéↆˊ kɔ́ŋɔ̀
10+animaux+10 certains *Nég* aimer+*Me*
"Certains animaux n'aimèrent pas cela."

ŋ̀kábì tsé mà kà?á mbˈó ŋwɔ̀ kɨ̂ ŋkwárɔ́…
9+argent+9 certain je *Nég* à personne aussi prendre
"De l'argent, je n'en empruntai non plus à personne…"

4.9. Les participes négatifs

4.9.1. Les préfixes d'accord

Tableau 39 – Préfixes d'accord devant les participes négatifs

cl. 1	ɣòˋ-	ì-	cl. 7	zàˊ-	á-
cl. 2	bɔ̀ˊ-		cl. 8	tsɔ̀ˊ-	ɨ́-
cl. 3	ɣòˊ-	ì-	cl. 9	zɨ̀ˋ-	ì-
cl. 5	nɔ̀ˊ-		cl. 10	tsɔ̀ˊ-	ɨ́-
cl. 6	mɔ̀ˊ-		cl. 19	fɔ̀ˊ-	

RAPPEL : le |o| des cl. 1 et 3 est réalisé [u], le |a| de la cl. 7 se réalise [a], le |ɨ| de la cl. 9 [ɨ] et le |ə| des autres classes [a], [ə] ou même [ɨ]. D'autre part, selon le contexte, le |ɣ| des cl. 1 et 3 se réalise [w] ou [g] (on a donc [wu] ou [gu]) et le |z| des classes 7 et 9 se réalise [z] ou [dz]·

Le paradigme donné ci-dessus a été extrapolé à partir de données incomplètes[62]. Il est certain qu'il y a une différence tonale entre d'une part les cl. 1 et 9 qui se caractérisent par un ton B et toutes les autres classes caractérisées par un ton H. Les préfixes de structure CV, à côté de préfixes V, sont attestés aux cl. 1, 7 et 8 (les données les concernant ont été obtenues par questionnaire). Que le préfixe d'accord soit de structure CV ou V, le ton d'accord (H ou B) se manifeste sur le morphème négatif |tì-| :

ŋwɔ̀ŋ gù-tìbɔ̀ŋɔ̀
1+personne 1-Nég+bon+Me
"Une mauvaise personne."

ŋwɔ̀ tìbɔ̀ŋɔ̀
1+personne+1 1+Nég+bon+Me
"Une mauvaise personne."

à-nù zà-tíbɔ̀ŋɔ̀
7-chose 7-Nég+bon+Me
"Une mauvaise chose."

à-nùɔ̀ tíbɔ̀ŋɔ̀
7-chose+7 7+Nég+bon+Me[63]
"Une mauvaise chose."

ì-nù tsì-tíbɔ̀ŋɔ̀
8-choses 10-Nég+bon+Me
"De mauvaises choses."

ì-nù tíbɔ̀ŋɔ̀
8-choses+8 8+Nég+bon+Me
"De mauvaises choses."

---

[62] Pour qu'elles soient complètes, il aurait fallu constituer un questionnaire systématique incluant des noms de structure tonale (B)BB, (B)HB, (B)HH et (B)BH, déterminés par des participes dérivés de verbes à ton lexical H et B et appartenant au moins aux cl. 1, 3, 7 et 9 d'une part, 8 ou 10 et 2, 5, 6 ou 19 d'autre part.

[63] Le Pa de cl. 7 |á| se suffixe au nom |ànùˋ| "chose" mais son ton H se manifeste sur le préfixe négatif |tì| du participe. Il en va de même pour le Pa |ɨ́| de cl. 8 dans l'exemple en dessous.

4.9.2. Les participes

Il s'agit de formes issues de verbes. La dérivation de ces participes implique la préfixation à la racine verbale du morphème négatif |tì-|[64] et la suffixation d'un morphème tonal B :

bɔ̀ŋ-	"être bon"	-tì-bɔ̀ŋɔ̀	"mauvais"
lwì-	"être amer"	-tì-lwὲ	"non amer"
lɔ̀ɣ-	"prendre"	-tì-lɔ̀ɣɔ̀	"qui ne prend pas"
ɣèn-	"aller"	-tì-ɣὲ	"qui ne va pas"
bé-	"être"	-tì-bê	"qui n'est pas"
kán-	"être fatigué"	-tì-kɔ̂	"infatigable"
kfúr-	"manger"	-tì-kfúrɔ̀	"qui ne mange pas"

Il est possible de dériver un participe négatif de tout verbe.[65]

Les participes négatifs peuvent être déterminés. Leur rection est identique à celle du verbe (on en trouve quelques illustrations dans les exemples donnés ci-après).

ŋwɔ̀ tìsàɣì kâ k⸜ú?⸝ɔ́ yé b⸜áŋ w⸜íŋɔ̀
1+personne+1 1+non grand Nég+1 atteindre elle étagère ce-ci+Me
"Une personne pas grande, elle ne peut pas atteindre cette étagère."

ŋwɔ̀ tìkán á fà?á tìsúŋɔ́
1+personne+1 1+infatigable 1 travailler beaucoup+Me
"Une personne infatigable, elle travaille beaucoup."

mû tìɣĕ nd⸜â ŋwà?ànɔ̀ à m⸜í kè?é nù ʒê
1+enfant+1 1+non allant+Loc maison livre 1 Fut Nég chose savoir+Me
"Un enfant qui ne va à l'école, il ne saura rien."

màŋgyĕ mâŋkŭŋ tìtʃú?ɔ̀ tʃú?ú kâ tʃé yí wúɔ́
1+femme mankon+1 1+non pilant atchou Nég+1 être elle là+Me
"Une femme mankon ne sachant pas piler l'*atchou*[66], ça n'existe pas."

m̀bàbíndŏm tìpfúrɔ̀ kóbí kâ tʃé yí wúɔ́
9+rat,sp.+9 9+non-mangeant noix Nég+9 être lui là+Me
"Un rat qui ne mange pas de noix, ça n'existe pas"

ì-yĭŋ[67] tílwì í sĕ bɔ̀ŋɔ̀
3-feuille+3 3+non amer 3 Nég bon+Me
"Des feuilles, non amères, ce n'est pas bon."

ì-ɲàm tìzú?ù mbɔ̀ŋɔ́ à ní zìŋkònɔ́
9-animal+9 9+sans-entendre cloche 1 être pris+Me
"Un animal qui n'entend pas la cloche est un animal pris." (Proverbe).

ìfɔ̀ à nɔ́ ì-là ndɔ̀ŋnɔ̀ tíbàŋtɔ̀
chef 1 être 3+pont bambou+3 3+sans-rompre+Me
"Un chef est un pont de bambou qui ne rompt pas." (Proverbe).

---

[64] |tì| "sans" peut aussi régir un nom (*cf.* V.1.3.3.D.).
[65] Cette affirmation n'exclut pas d'éventuelles exceptions.
[66] *Cf.* note 55.
[67] ìyìŋɔ́ : espèce de feuilles amères par essence, et appréciées pour leur amertume.

REMARQUE 12 : ces participes peuvent être utilisés tels quels après un verbe. Ils ont alors pour agent (ou siège) la même entité que le sujet du verbe :

mà	bvùrí	tìyèbtə̀
je	rester	sans partager+*Me*

"Je ne [les] ai pas encore partagés."

ò	bvú[68]	tìzú?↑ú	l↓é
tu	rester	sans entendre	hein

"N'as-tu donc pas encore entendu ?"

ǹdóm	yì	w↑á	w↓á?átì̀ //	ŋg↑ú↓´	ŋgwê	yì	wê	à	bvúrú	tsɛ̀?ɛ̀	tìtɔ́ŋə̀
mari	son	le	penser	que	femme	sa	ce-ci	l	rester	juste	sans appeler+*Fo*

yí	nə̂
le	comment+*Me*

"Son mari pensa que, en vérité, sa femme ne l'avait pas encore appelé."

sílùmə̀	yùunə̂	nd↑ó	ndʒ↓wí	wê //	fú	tsɛ̀?ɛ̀	tìdzúuə̀	zúm…
Silum	*Aux*	se lever	jour	ce-ci	sortir	juste	sans manger+*7*	chose

"Un jour, plus tard, après s'être levée, Silum sortit sans n'avoir vraiment rien mangé…"

4.10. Le syntagme associatif : $N_1 + N_2$[69]

Dans le syntagme associatif un nom (N_2)[70] en détermine un autre (N_1).

4.10.1. Les préfixes d'accord

Les préfixes d'accord utilisés devant le N_2 (déterminant) en présence du N_1 (déterminé) ne ressortissent pas, à première vue, à la colonne 3 du tableau 31, mais celles qui sont utilisées en l'absence du N_1, *i.e.* quand l'ensemble [Pa + N_2] fonctionne comme substitut, en relèvent (*cf.* 5.10.) :

Tableau 40 – Les préfixes d'accord associatif

cl. 1	ì-	cl. 7	á-
cl. 2	bí-	cl. 8	í-
cl. 3	í-	cl. 9	ì-
cl. 5	ní-	cl. 10	í-
cl. 6	mí-	cl. 19	fí-

---

[68] bvú est une simplification de bvúrí "rester" devant tì̀ "sans".

A propos de "ne pas avoir encore…", un informateur m'a donné à côté de mà bvú tìzúŋə̀ káŋə̀ "Je n'ai pas encore acheté un écureuil." et mà bvú tìzún mìvúrə̀ "Je n'ai pas encore acheté d'huile", les énoncés suivants, énoncés dans lesquels le complément d'objet est situé entre le morphème négatif |tì̀ | et le verbe : mà bvú tì̀ kâŋ zúŋə̀ et mà bvú tì̀ mív↑úrú z↓úŋə̀. Il serait souhaitable de vérifier ce point avec d'autres informateurs. S'il se vérifie, tì̀´+(O)V devrait être rappoché de kè?´+(O)V et sè´+(O)V (*cf.*V.1.4.).

[69] Le terme "associatif" renvoie ici à une construction syntaxique (*cf.* Hyman et Voorhoeve 1980).

[70] Il peut s'agir aussi d'un pronom indépendant de classe : ìm↑úɰy↓í míwérɔ́ yé "ses yeux à elle."

Réalisation des préfixes d'accord. Il y a deux cas à examiner :
– le Pn du nom déterminant (N_2) est de structure CV, |n-| ou |Ø-| (cl. 1ᵃ).

Les préfixes d'accord CV des cl. 2, 5, 6 et 19 se réalisent respectivement [bí], [ní], [mí] et [fí] :

|mì-sáŋ´	mí-ì-fɔ̀	m-á` a|	mìsǎŋ mífɔ̀ mâ	"Le sorgho du chef."
6-sorgho	6-1-chef	6-le *Me*		

Les préfixes d'accord V se réalisent comme décrit en II.1. :

|à-bù?`	á-Ø-lùm` a|	àbù?ɔ̀ lúmɔ̀	"L'esclave de Lum."
7-esclave	7-1ᵃ-Lum *Me*		

|ì-bù?`	í-Ø-lùm` a|	ìbù?ù lúmɔ̀	"Les esclaves de Lum."
8-esclaves	8-1ᵃ-Lum *Me*		

– le Pn du nom déterminant (N_2) est une voyelle soit |a-| ou |i-| : c'est cette voyelle qui se manifeste au plan segmental et non celle du préfixe d'accord :

|bì-kàŋ`	bí-à-bù?` a|	bìkàŋ bábù?ɔ̀	"Les écureuils de l'esclave."
2-écureuils	2-7-esclave *Me*		

|bì-kàŋ`	bí-ì-bù?` a|	bìkàŋ bíbù?ɔ̀	"Les écureuils des esclaves."
2-écureuils	2-8-esclaves *Me*		

|ì-nù`	í-à-bù?` a|	ìnùɔ́ bù?ɔ̀	"Les choses de l'esclave."
8-choses	8-7-esclave *Me*		

|à-nù`	á-ì-bù?` a|	ànǔ bù?ɔ̀	"La chose des esclaves."
7-chose	7-8-esclaves *Me*		

Dans l'avant-dernier exemple, ɔ est la représentation du Pn |à-| du nom déterminant (mais le ton H que porte ce ɔ est celui de l'accord).

Dans le dernier exemple, le préfixe d'accord |á-| n'est pas représenté segmentalement parce que suivi du Pn |ì| du nom déterminant. Cette voyelle n'est elle-même pas représentée puisque la voyelle du nom déterminé est |u| (*cf.* II.1.2. et 1.3.).

Les deux derniers exemples donnés ci-dessus illustrent ce qui se passe dans deux des quatre combinaisons possibles entre noms de cl. 7 et 8, à savoir :

   – N_1 (cl. 8) + N_2 (cl. 7)
   – N_1 (cl. 7) + N_2 (cl. 8)

Suivent, pour simple comparaison, l'illustration des deux autres combinaisons possibles :

   – N_1 (cl. 7) + N_2 (cl. 7)
   – N_1 (cl. 8) + N_2 (cl. 8)

|à-nù`	á-à-bù?` a|	ànùɔ́ bù?ɔ̀	"La chose de l'esclave."
7-chose	7-7-esclave *Me*		

|ì-nù`	í-ì-bù?` a|	ìnǔ bù?ɔ̀	"Les choses des esclaves."
8-choses	8-8-esclaves *Me*		

4.10.2. Sémantisme

Les relations sémantiques qui s'établissent entre les deux noms (N_1 et N_2) au sein d'un syntagme associatif dépendent en partie de la nature de chacun de ces noms, à savoir si les noms sont dérivés de verbes ou non.

En théorie, il y a quatre possibilités de combinaison :

- N_1 dérivé   + N_2 non dérivé
- N_1 non dérivé   + N_2 dérivé
- N_1 non dérivé   + N_2 non dérivé
- N_1 dérivé   + N_2 dérivé

De ces quatre combinaisons, seule la dernière est impossible.

4.10.2.A. N_1 dérivé + N_2 non dérivé

4.10.2.A.a. Le N_1 est dérivé d'un verbe mono-actantiel

– Lorsque le N_1 est dérivé d'un verbe mono-actantiel, il est déterminé par le nom correspondant au sujet du verbe :

ní-vꜜúɣꜜí   **ní-mâŋgyè**   **yî**   **lâ**   **ɣú**   **nìɣò̰**
5-petitesse   _5-1+femme_   _1_+ce là   _Pd_+1   faire   maladie+_Me_
"La petite taille de cette femme, c'est la maladie qui en est la cause."

bùɣínə̀   **ʒí**   **nì-tꜜém**   **nꜜí-fɔ̀**   **nì-tsùmə̀...**
nous _(incl)_   connaître   _5-marche_   _5-chef_   _5-tout_
"Nous savons tous comment marchent les chefs…"

m̀-băŋ   **bî**   **fĭ**   **ǹtsù**   **nínyòmə̀**
9-rouge+9   _1_+Bi   ressembler   bouche   soleil+_Me_
"La pâleur de Bi ressemble au soleil."

ǹ-dwĭ   **yĭŋ**[71]   **bɔ̀ŋꜜɔ́**   **ntsùə̀**
9-amertume+9   _3+feuille_   être bon   bouche+_Me_
"L'amertume de ces feuilles[72] est agréable au palais."

ǹ-dzòmə̀   **ntò̰**   **wên**   **ì**   **tsã̀**   **mbô**
9-sécheresse+9   _1+pot_   _1_+ce ci   _9_   dépasser   mains+_Me_
"Ce pot, il chauffe très vite."

ò   **tsìꜜ'**   **tʃèrɔ́**   **lwèꜜ'**   **ntꜜɔ́ŋə̀**   **ʒí** ...[73]
tu   _P₀_+être   _C[+F]_+imaginer   _7-amertume+7_   _3+gorge_   _7-sa_
"On peut imaginer sa colère…"

à-dùrꜜɔ́   **tꜜú**   **á**   **lánì**   **ŋgwꜜémꜜɔ́**   **wérɔ́**   **tsèʔé**   **ŋkə̰̀**
7-lourdeur+7 tête   _7_   _S_+vraiment   _C[-F]_+tenir   lui   juste   vrai+_Me_
"Il était vraiment plein de honte."

---

[71] Feuilles _sp._ appréciées pour leur amertume.

[72] **ìyìŋɔ́** "feuille _sp._" (cl. 3) a un sens collectif d'où le pluriel dans la traduction.

[73] Ailleurs dans le même texte on trouve l'énoncé correspondant à ce syntagme associatif :
ǹtɔ́ŋ   **yǐ**   **lánì**   **ndꜜwí**   **tsèʔé**   **ŋkə̰̀**
gorge   sa   _S_+vraiment   _C[-F]_+être amer   juste   vrai+_Me_
"… et elle était vraiment en colère."

à-bɔ̀r ꜝɔ́   tʃ ꜜú?ɔ́   lŏ   ɣé
7-mollesse+7 atchou+7 Pr+venir de où+Me
"D'où vient cet *atchou* mou ?" (*i.e.* "Qui l'a apporté ?")

bí téɣɔ̀   làŋɔ́   ʃ ꜝúrɔ̀   lvùŋɔ́   t ꜝú   zâtsé...
2   S+placer siège+Loc sous+7   vieillesse+7 arbre 7-certain
"On plaça un siège sous un certain vieil arbre…"

à-ŋɔ̀mnɔ́   n ꜝí-l ꜜwê   à-dzɔ̀ŋnɔ́   n-tsùɔ̀
7-torsion+7 5-nez+Me   7-pendre+7 3-bouche+Me
"Nez tordu."   "Lèvre pendante."

à-sàɣ ꜝɔ́   l ꜜúɯ?ɯ́tɔ́   à-fùŋk ꜝɔ́   t ꜜúɔ̀
7-longueur+7+7 menton+Me   7-calvitie+7+7 tête+Me
"Menton en galoche"   "Calvitie."

à-bàŋɔ́   n-tsùɔ̀[74]   à-kɔ̀? ꜝɔ́   n-t ꜜɔ́ŋɔ́
7-rougeur+7 3-bouche+Me   7-enflure+7 3-gorge+Me
"Bouche rouge."   "Goître."

à-zŏmk ꜝɔ́   m-b ꜜyê   à-byè   ní-làŋɔ́
7-sécheresse+7 9-chèvre+Me   7-pourriture+7 5-ananas+Me
"Chèvre maigre."   "Ananas pourri."

à-ŋɔ̀mk ꜝɔ́   l ꜜáŋɔ̀   à-lwĕ   y ꜝíŋɔ́
7-torsion+7+7 tabouret+Me   7-amertume+7 3+feuille+Me
"Tabouret tordu."   "Feuilles amères."

à-tsànɔ́   nùɔ̀   à-fɔ̰́   nùɔ̀
7-dépassement+7+7 chose+Me   7-erreur+7+7 chose+Me
"Problème."   "Faute."

Les N_1 de cl. 7 des exemples ci-dessus qualifient le N_2, c'est-à-dire qu'ils permettent d'attribuer une qualité à l'entité désignée par le N_2, ce que ne permettent pas les N_1 de cl. 5 et 9[75].

Par exemple dans les syntagme **àlwĕ y ꜝíŋɔ́** "feuilles amères" le N_1 **àlwè** "amertume" (cl. 7) qualifie le N_2 **ìyìŋɔ́** "feuille *sp.*" (on précise que la feuille est amère).

Alors que dans les syntagmes **ìdwǐ yìŋɔ́** ou **nìlwì níy ꜝíŋɔ́** "amertume de feuille *sp.*", syntagmes dans lesquels le N_1 appartient aux cl. 9 et 5 respectivement, le N_1 est spécifié par le N_2 (il est question de l'amertume de la feuille et pas d'autre chose). Pour pouvoir qualifier un nom, les dérivés de cl. 5 et 9 doivent être, au plan syntaxique, déterminant et non déterminé (*cf.* 4.10.2.B.).

---

[74] Il s'agit d'une injure.
[75] Les dérivés de cl. 7 en fonction de N_1 ne permettent pas tous de qualifier le N_2 (cela dépend peut-être du verbe dont ils sont dérivés). Ainsi dans l'énoncé ci-après, le N_1 **àlyê** "sommeil" ne qualifie pas le N_2 **bìsúŋɔ́** "oiseaux" mais est spécifié par ce N_2 :
(à-lyê   zâ   ní)   à-l ꜝyé ꜜ`   bîsúŋɔ́
(7-sommeil leur être) 7-sommeil oiseaux
"Ils dorment comme des oiseaux." (sommeil léger)

REMARQUE 13 : au plan syntaxique les syntagmes à N_1 "qualificatif" de cl. 7 et les syntagmes à N_1 de cl. 5 ou 9 montrent une différence d'accord en nombre. En effet, le N_1 de cl. 7 est obligatoirement remplacé par sa forme pluriel (cl. 8) lorsque le N_2 est au pluriel :

ì-kɔʔɔ́kí   m ˈí-kùə̀   ì-twèŋkí   m ˈí-kùə̀
8-enflures+8   6-pieds+Me   8-torsions+8   6-pieds+Me
"Pieds enflés."   "Pieds tordus."

Alors que cet accord en nombre ne se fait pas lorsque les N_2 appartiennent aux cl. 5 et 9 (ils ne sont pas remplacés par leur forme pluriel de cl. 6 et 10) :

ǹ-dzŏm   bàntò̩ bên   ì tsã̄   mbô
9-sécheresse+9 2+pots 2+ce ci 9 dépasser mains+Me
"Ces pots chauffent très vite."

REMARQUE 14 : La construction [N_1 (cl. 7)+N_2 (cl. x)] équivaut à la construction [N_2 (cl. x)+participe]. Le choix entre l'utilisation d'un dérivé de cl. 7 ou d'un participe est probablement lié à la valeur négative que colportent souvent les dérivés de cl. 7 (*cf.* 1.2.1.D. et 2.3.).

4.10.2.A.b. Le N_1 est dérivé d'un verbe bi-actantiel

Lorsque le N_1 est dérivé d'un verbe bi-actantiel, il est déterminé par le nom coïncidant soit avec le sujet (agent) soit avec l'objet (patient) du verbe[76] correspondant.

– Si le N_1 est déterminé par le nom qui correspond au sujet, il évoque une propriété attribuée au N_2 :

à-dz ˈɯ ꜜɔ́   kàkfúɲàm   á b ˈɯ́ɣɔ́
7-manger+7 porc   7 être mauvais+Me
"La façon de manger des porcs, elle est sale."

ì-fùʔú   fùrî   bɔ̀ŋə̀
9+moissonner+9 Fru+9 être bon+Me
"La façon de moissonner de Fru est bonne."

ǹ-dìbí   bì   k ˈâ   b ˈɔ́ŋ ꜜɔ́   yé
9+garrotter+9 Bi Nég+9 être bon   elle+Me
"La façon dont Bi a garrotté (son fagot), elle n'est pas bonne."

– Si le N_1 est déterminé par le nom qui correspond à l'objet, il évoque un procès subi par N_2 :

m̀-bùʔû   ʃòm   wîŋ lŏ ntùŋɔ́
9+défricher+9 3+champ 3+ce-ci Aux être dur+Me
"Cela a été dur de défricher ce champ."

---

[76] Dans le cadre du syntagme associatif, un nom ne peut être déterminé que par un seul nom. Donc, lorsque le nom verbal est dérivé d'un verbe bi-actantiel, le déterminant ne peut coïncider qu'avec l'agent, ou le patient, le sujet ou l'objet au plan syntaxique, de l'énoncé correspondant. La seule façon de mentionner à la fois l'agent et le patient est d'utiliser comme déterminant du nom verbal une proposition relative. C'est alors dans la relative que se retrouvent l'agent et le patient, le verbe de la relative étant le verbe dont est dérivé le nom verbal :

ǹdìbɔ́ /   zǎ biə̂ lìbìn ˈí   ŋk ꜜwél kâ   b ˈɔ́ŋ ꜜɔ́ yé
9-façon de garrotter Rel Bi+1 P_0+garrotter+R bois   Nég+9 être bon elle+Me
"La façon dont Bi a garrotté son bois, elle n'est pas bonne."

kᵗá wᵘérə̀ ʒé yᵗí n-dᵘíbì ŋkwíŋə̀
Nég elle savoir elle *9+garrotter+9 bois de chauffage+Me*
"Elle ne sait pas garrotter le bois de chauffage."

ìγɔ̀bí kᵗɔ́ŋ ʃwìγî ɲê tsá nî ʃwìγɔ̂ ntɔ̀ γè
enfants aimer *9+tacher+9 corps* leur avec suie pot *Me*
"Les enfants aiment se tacher le corps de suie de pot."

nì-zᵗɔ́ʔᵘɔ́ ní-mᵘû màŋgyè wá tsî zɔ̌
5-mariage 5-enfant femme cette être hier+*Me*
"Le mariage de la jeune fille a eu lieu hier."

> REMARQUE 15 : le nom déterminant un nom dérivé d'un verbe bi-actantiel pouvant désigner soit l'agent (le sujet) soit le patient (l'objet) de l'énoncé correspondant, certains syntagmes sont potentiellemment ambigus[77]. Ainsi en est-il de l'énoncé suivant :
> ǹ-dìbí bì kᵗâ bᵗɔ́ŋᵘɔ́ yé
> *9*-garrotter+*9* Bi *Nég+9* être bon elle+*Me*
> "La façon de garrotter de Bi, elle n'est pas bonne." / "La façon dont on a garrotté Bi, elle n'est pas bonne."
>
> Selon que "Bi" réfère à l'agent (sujet) ou au patient (objet) du verbe de la proposition correspondante, l'énoncé a deux significations différentes.

4.10.2.A.c. Le N₁ est un nom dérivé désignant un agent

Si le nom d'agent (qui correspond au sujet du verbe dont il est dérivé) est dérivé d'un verbe bi-actantiel, il peut être déterminé par le nom correspondant au patient (l'objet du verbe). On peut dire que le N_2 spécifie le N_1 :

m̀-bɔ̀m mì-kùuŋɔ̂ tʃèᵗˊ lᵘáʔà màndòmɔ́
1-pétrisseur+1 6-pipes être pays Mandom+*Me*
"Le fabriquant de pipes habite à Alah Mandom."

bì-dʒìnì bí-mᵗí-vᵘúrí bâ γènɔ̂ wá γé
2-boucheurs 2-6-huile ces partir les *Me*
"Ceux qui bouchent [les calebasses d']huile sont déjà partis."

ì-fúʔù n-dᵗá wᵘâ kùuɔ́ yé
1-dévaliseur+1 9-maison ce courir lui+*Me*
"Le dévaliseur de la maison s'est enfui."

4.10.2.B. N₁ non dérivé + N₂ dérivé

Lorsque le N_1 correspond au sujet (siège ou agent) du verbe dont est dérivé le N_2, nom appartenant à la cl. 5 ou 9, ce N_2 désigne une qualité ou une propriété attribuée au N_1 :

---

[77] Il n'y a, en revanche, pas de risque d'ambiguïté si le déterminant du nom dérivé est un pronom puisqu'on emploie un possessif pour le sujet (agent) : **mà kɔ̌ŋ ǹdvù?ú ʒě** "J'aime sa façon de mélanger (la pâte)." (*Cf.* 4.5.3.B.) ; et un pronom indépendant pour l'objet (patient) **à kɔ̌ŋ m̀bɔ̌m mè γè** "Il aime me rencontrer." (*Cf.* 6.4.2.B.).

ŋwò̰   nḭ̀-tséɣɘ̀   bèm   bí-n ꜛí-ts ꜜéɣɘ̀
1+personne+*1* *5*-caractère farouche+*Me*   *2*+gens *2-5*-caractère farouche+*Me*
"Personne farouche."   "Gens farouches."

né a nḭ̂ mû   màŋgyĕ nḭ̀-bɔ̀ŋɘ̀
Neh *1* être *1*+enfant femme+*1* *5*-beauté+*Me*
"Neh, elle est une belle fille."

ŋwò̰   ̰ŋ-gɔ̀ŋɘ̀   ʒǐ m̀bɔ̀mɘ̀ láʔà
1+personne+*1* *9*-fait de s'établir savoir coutume pays+*Me*
"Quelqu'un qui s'est établi dans un pays en connaît les coutumes."

ŋwò̰   ̰ŋ-kùŋɘ̀   m ꜛí k ꜜó tɔ́ŋɔ́ s ꜛúŋ ɣò wâ
1+personne+*1* *9*-fait d'entrer *Fut* entrer appeler ami   ton ce+*Me*
"Celui qui a le droit d'entrer entrera appeler ton ami."

̰ŋ-kŭm   ̰ŋ-gè ꜛ́   ʃ ꜜómɔ́ ɣǒ   ɣé
1-notable+*1* *9*-fait d'aller+*Loc* champ être malade *Me*
"Le notable qui supervise le champ est malade."

zúʔɘ̀ nḭ́ ŋwò̰   ̰n-dzùʔɔ́ ɣé
Zuah être *1*+personne+*1* *9*-entendre *Me*
"Zuah est quelqu'un qui peut comprendre [ça]."

Dans les quatre derniers exemples ci-dessus, le N₂ dérivé d'un verbe de processus indique que le N₂ (l'agent) est capable de réaliser le procès ou a l'habitude de le réaliser.

C'est cette détermination par un verbo-nominal de cl. 9 au sein du syntagme associatif qu'on emploie lorsqu'il s'agit d'une propriété permanente telle, par exemple, le fait d'exercer un métier[78] :

ŋwò̰   m̀-bɔ̌m bàntò̰ ɣè   bèm   bí-m-b ꜛɔ̌m bàntò̰ ɣè
1+personne+*1* *9*-pétrir+*9* pots   *Me*   *2*+gens *2-9*-pétrir+*9* pots   *Me*
"Une potière."   "Des potières."

ŋwò̰   ̰ŋ-gwàrí ɲàmɘ̀   bèm   bí-ŋ-gwàrí ɲàmɘ̀
1+personne+*1* *9*-couper+*9* viande+*Me*   *2*+gens *2-9*-couper+*9* animal+*Me*
"Un boucher."   "Des bouchers."

ŋwò̰   ̰n-tǎ   tsḛ̀ʔé   bèm   bí-n-t ꜛâ   tsḛ̀ʔé
1+personne+*1* *9*-coudre+*9* tissus+*Me*   *2*+gens *2-9*-coudre+*9* habits+*Me*
"Un tailleur."   "Des tailleurs."

Lorsque le N₁ correspond à l'objet (patient) du verbe dont est dérivé le N₂ (cl. 9 dans les exemples ci-après), ce N₂ spécifie un état (une propriété) actualisable auquel est destinée l'entité évoquée par le N₁ (mais pas un état actualisé) :

mḭ̀-lùʔù   mí-f ꜛámɔ́   ɣé   ̰ŋ-k ꜛwíŋ s ꜜɔ̰́   ɣé
6-vin   *6-9*+pulvériser *Me*   *3*-bois+*3* *9*+fendre *Me*
"Du vin à pulvériser."   "Du bois à fendre."

---

[78] Tous les exemples donnés ici illustrent aussi l'enchâssement de deux syntagmes associatifs (*cf.* la remarque 17).

mì-ʃòm	mí-m-b⁺ú?ə̀	ní	míntárɔ́	ɣé	"Il y a trois champs à défricher."
6-champs	6-9-défricher	être	trois	Me	

Enfin lorsque le N_1 correspond à un complément "instrument" du verbe dont est issu le N_2, le N_2 indique précisément à quoi sert le N_1 :

àntò̤	ǹ-dǎm	mìdzɯ́ə̀[79]	"Pot pour la cuisson des aliments."
1+pot+1	9-cuire+9	nourriture+Me	

ǹ-dɔ̂ŋ	nŏ	mìlù?ə̀	"Corne à boire du vin."
9-corne+9	9+boire+9	vin+Me	

mì-v⁺úrᵛɨ	mí-n-dzᵛɔ́?ɔ́	"Huile à onction."
6-huile	6-9-frotter+Me	

REMARQUE 16 : Au niveau syntaxique la construction associative [N_1 (cl. x)+N_2 (cl. 5, 9] équivaut à la construction [N_1 (cl. x)+participe] dans laquelle le participe est formé à partir du même verbe que le N_2 dérivé de cl. 5 ou 9 (cf. 4.7.3.). Au niveau sémantique, il semblerait que la construction associative soit plutôt utilisée pour une qualité permanente, et la détermination par un participe pour une qualité temporaire.

Notons de plus, que les noms de cl. 9 issus des verbes statifs ne peuvent pas être utilisés en tant que N_2 dans une construction associative pour attibuer une qualité au N_1.

REMARQUE 17 : On a vu que certains noms dérivés de verbes bi-actantiels pouvaient être soit déterminés soit déterminants au sein de la construction associative. Cette double capacité peut engendrer un enchâssement de syntagmes associatifs : N_1+[N_1+N_2]$_2$:

|ì-fámá	ì-mì-lù?˄ a|	ìfǎm mìlù?ə̀	"Pulvérisation de vin."
9-fait de pulvériser	9-6-vin	Me	

|bèn	bí-ì-fámá	ye|	bèm bíf⁺ámɔ́ ɣé	"Gens qui pulvérisent"
2+gens	2-9-fait de pulvériser	Me		

|bèn bí-ì-fámá ì-mìlù?˄ a|	bèm bíf⁺âm mìlù?ə̀	"Gens qui pulvérisent du vin."

$$N_1 + \underbrace{N_1 + N_2}$$
$$N_1 + \underbrace{N_2}$$

4.10.2.C. N_1 non dérivé + N_2 non dérivé

Lorsque ni le N_1 ni le N_2 ne sont des noms dérivés de verbe, le syntagme associatif exprime différentes relations sémantiques – possession, origine, matière, etc. – en fonction du sens même du nom déterminé et du nom déterminant :

– Relation de possession[80]

ǹ-dzǎm	màŋgyê	tsé	ɣé
9-hache+9	1+femme	certaine	Me

"La hache d'une certaine femme."

mì-sǎŋ	mí-fɔ̀	wâ
6-sorgho	6-1+chef	ce+Me

"Le sorgho du chef."

m̀-bɔ̂ŋ	n-dzàm	wâ	"La propriétaire de la hache."
1-propriétaire+1	9+hache	cette+Me	

---

[79] Ce syntagme, ainsi que le suivant, est une autre illustration de l'enchâssement de deux syntagmes associatifs (cf. la remarque 17).

[80] Il n'y a pas de différence entre l'expression de la possession aliénable et celle de la possession inaliénable.

ì-wã̀   fùrɔ̀   yɔ̃̀   "Lequel des parents de Fru est malade ?"
1-qui+*1* Fru   être malade+*Me*

ŋ̀-gà   ŋ̀-kừ?ɔ́   yé   ŋ̀-gòbì   ɲàmɔ̀
9-crête+*9* *1*+coq *Me*   *9*-peau+*9* *9*+animal+*Me*
"La crête du coq."   " Du cuir."

– Le déterminant désigne l'origine du déterminé :

tsɔ́ʔɔ̀   ǹ-táʔà   ì-fɔ̀   tôm   tsé   yé
1ᵃ+perdrix+*1* *9*-colline+*Me*   *1ᵇ*-chef+*1*+*7* étranger+*1* certain *Me*
"La perdrix des collines."   "Un certain chef de l'étranger."

màŋgyê   ǹ-tɔ́ʔɔ̀   nì-γàm   ná-lꜛáʔà
1ᵇ-femme+*1* *9*-palais+*Me*   *5*-parler *5*+*7*-pays+*Me*
"Une femme du chef."   "La langue du pays."

ì-fùɔ́   lꜛáʔà   "Plantes médicinales locales."
8-feuilles+*8*+*7* pays+*Me*

– Le déterminant spécifie le déterminé :

à-tàmɔ́   ní-bìɔ̌   ì-dzꜛúꜜm̀   n-dzǎ
7-noix+*7* *5*-kola+*Me*   *8*-choses+*8* *9*-soupe+*Me*
"Une noix de kola."   "Des épices."

à-nùɔ̀   ŋwíɔ̀   "Religion chrétienne"
7-chose+*7* *1ᵇ*-dieu+*Me*

ì-ʃŏm   mî-ŋgɔ̀mɔ́   "Une plantation de bananes plantains."
3-champ+*3* *6*-plantain+*Me*

– Le déterminant désigne la matière du déterminé :

ǹ-dâ   bìŋɔ́   à-bɔ̃̌   ŋgòbɔ̀
9-maison+*9* *3*+chaume+*Me*   *7*+sac+*7* *9*+peau+*Me*
"Une maison en chaume."   "Un sac en cuir."

4.11. Le syntagme locatif

S'il a été choisi de traiter dans cette étude synchronique |á| comme fonctionnel, les phénomènes d'accord qui accompagnent son emploi, ou encore les restrictions qui limitent son utilisation (*cf.* V.1.3.3.B.), laissent à penser qu'il a pu être un Pn correspondant à une classe locative[81].

---

[81] D'après C. Grégoire (1983 : 143), |á-| est formellement apparenté à la classe 16 du bantou central. Le ton H du |á-| locatif en tant que préfixe nominal, pose un problème puisque les Pn se caractérisent par un ton B. C. Grégoire (1983 : 158) suggère à titre d'hypothèse que cette « tonalité haute [...] » pourrait « peut-être s'expliquer plus facilement si l'on prenait en considération la séquence tonale complexe que comporte une suite de morphèmes où figurent non seulement le préfixe nominal locatif et le préfixe nominal du substantif mais encore un ou même deux augments ». Toujours dans la même étude, C. Grégoire (1983 : 151) considère que « les morphèmes nominaux marquant le lieu ne sont pas des prépositions du moins en mundani, en aghem, en kom et en mankon, car on ne peut pas considérer comme des prépositions des morphèmes nominaux qui modifient certains accords intérieurs au syntagme nominal. »

|á| (tout comme le fonctionnel objet |á|) se manifeste directement á après une pause, mais de façon plus ou moins réduite en sandhi :

|á   mì-kù`   a| á míkùɔ̀   "Aux pieds."
Loc 6-pieds *Me*

á témɔ̌   ntsŭ   nd˦á   nì   nìkǒm   ɲé   t˦ú   z˨ʉɔ́
1 se tenir+*Loc* bouche maison avec panier son+*Loc* tête elle+*Me*
"Elle se tenait à la porte, son panier sur la tête."

4.11.1. Les phénomènes d'accord

On a relevé trois phénomènes d'accord spécifiques au syntagme locatif.

4.11.1.A. Le nom régi par le locatif est au singulier ; il est déterminé par un démonstratif, |-ʉ́ŋá| "quel ?", le relatif ou |-tsé´| "certain"

> |á| + Nom dé (cl. 1, 3, etc.) + Pa (Loc) + démonstratifs |-ʉ́ŋá| "quel ?" ;
>   relatif ; |-tsé´| "certain"

Lorsqu'un démonstratif, |-ʉ́ŋá| "quel ?", le relatif et |-tsé´| "certain" déterminent un nom singulier (*i.e.* de cl. 1, 3, 5, 7, 9 ou 19) régi par le fonctionnel locatif |á|, ils ne s'accordent pas selon la classe inhérente au nom déterminé, mais sont précédés d'un préfixe d'accord locatif (Loc) identique à celui des cl. 1 et 3 [82]. Ainsi au syntagme déterminatif :

|ǹ-dá`    z-én`   a| ǹd˦á z˨íŋɔ̀   "Cette maison-ci."
9-maison 9-ce-ci *Me*

correspond le syntagme locatif :

|á ǹ-dá`   ɣo-én` a| á nd˦á w˨íŋɔ̀   "Dans cette maison-ci."
Loc 9-maison *Loc*-ce-ci *Me*

Dans les exemples ci-après, les noms régis par le fonctionnel locatif appartiennent aux cl. 7, 9 et 5, mais leurs déterminants sont invariablement préfixés du préfixe locatif. (A noter que dans le mot-à-mot *Loc* correspond soit au fonctionnel locatif |á|, soit au préfixe d'accord locatif |ɣo-|, réalisé [w] ou [wu]) :

ndʒèlàʔà   zɔ̰̀   mìɔ́   y˦é   d˨íʔí   w-íŋɔ̀
histoire   mon   finir elle+*Loc*+*7* endroit *Loc*-ce-ci+*Me*
"Mon histoire se termine ici."

b˦ó z˨ʉ́ ɣḛ̂   níɣ˦ɔ̰̀˨´   n-dʒwí   w-˨á ŋk˨wḛ́
eux il   aller+*Loc* voyage+*Loc* 9-jour *Loc*-le rentrer+*Me*
"Ils allèrent en voyage ce jour-là et rentrèrent."

---

[82] Dans le cas des déterminants concernés les marques d'accord des cl. 1 et 3 sont en effet identiques. |ɣo| se réalise [gw] ou [w] devant une voyelle et [gwu]/[gu] ou [wu] devant une consonne.

à γɛ̌   n⸲ɨ́-ʃ⸲yé   w-úŋɔ́
1 aller+*Loc* _5-tombe_ _Loc_-quel
"A quelle tombe est-il allé ?"

ìɲàm z⸲á   z⸲ú?ɔ̀   díʔí   w-ǎ   mb⸲áʔà tsìní lá…
animal le   entendre+*Loc*+_7 endroit_ _Loc_+*Rel* que+*1* être *Ma*
"L'animal l'entendit de l'endroit où il était…"

mà γɛ̌   n⸲ɨ́-kf⸲ú   wù-tsé   γé
je   aller+*Loc* _5-quartier_ _Loc_-certain *Me*
"Je suis allé dans un certain quartier."

REMARQUE 18 : lorsqu'un nom déterminé par ces mêmes déterminants est au pluriel, il ne peut pas être régi par le fonctionnel locatif |á| (*cf.* V.1.3.3.B.c.).

REMARQUE 19 : les autres déterminants (adjectif/participe, "autre", "tout", numéral cardinal, "combien ?"), quand ils peuvent déterminer un nom régi par le fonctionnel locatif |á| (*cf.* V.1.3.3.B.), s'accordent en fonction de la classe du nom :

súŋ wâ tʃɛ̀⸲´   ŋ-kàn   dzìŋ-gwìɔ́
oiseau le   être+*Loc* _9-nid_   _9-grand_+*Me*
"L'oiseau occupe un grand nid."

mà kùŋ⸲ɔ́   n-d⸲á   zì-mɔ̀ʔɔ́   γé
je   entrer+*Loc* _9-maison_ _9-autre_   *Me*
"Je suis entré dans une autre maison."

4.11.1.B. Le nom régi par le locatif est déterminé par un nom

$$|\text{á}| + N_1 \text{ (cl. x)} + |\text{f}\grave{}| + N_2$$

Le nom (N_1) régi par le fonctionnel locatif peut être au sg. ou au pl. Le lien syntaxique entre le N_1 (déterminé) et le N_2 (déterminant) est alors marqué par le préfixe |f⸲-|, spécifique au locatif et non par le Pa associatif correspondant à la classe inhérente du N_1.

Dans chacune des paires d'exemples ci-dessous, on a en a. un syntagme associatif dont le N_1 appartient respectivement aux cl. 3, 7 et 6 (le N_2 s'accorde donc en cl. 3, 7 ou 6) et en b. le syntagme locatif correspondant, (l'accord du N_2 est invariablement |f⸲ -|). A noter que dans le mot-à-mot *Loc* désigne le fonctionnel locatif |á| et le Pa locatif |f⸲ -| :

a. |ǹ-tsù⸲   ɨ́-ŋwɔ̀n   γu-á⸲   a| ǹtsù ŋwɔ̀ŋ gwâ
    3-bouche _3-1_+personne _1_-la   *Me*
    "La bouche de la personne."

b. |á n-tsù⸲   f⸲ -ŋwɔ̀n   γu-á⸲   a| á ntsǔ ŋwɔ̀ŋ gwâ
    Loc _3-bouche_ *Loc-1*+personne _1_-la   *Me*
    "Dans la bouche de la personne."

a. |à-líʔ⸲   á-ŋwɔ̀n   γu-á⸲   a| àl⸲íʔ⸲ɔ́ ŋwɔ̀ŋ gwâ
    7-champ   _7-1_+personne _1_-la   *Me*
    "Le champ de la personne."

b. |á   à-líʔˋ   f̀ -ŋwɔ̀n   yu-áˋ   a| ál ꜛíʔ ꜜí ŋwɔ̀ŋ gwâ
   Loc 7-champ   Loc-1+personne   1-la   Me
   "Dans le champ de la personne."

a. |mì-ʃóm´   mí-Ø-bì´   a| mìʃòm míb ꜛí ꜜɔ́
   6-champ   6-1ᵃ-Bi   Me
   "Les champs de Bi."

b. |á   mì-ʃóm´   f̀ -Ø-bì´   a| á m ꜛíʃ ꜜóm bìɔ̀
   Loc 6-champ   Loc-1ᵃ-Bi   Me
   "Aux champs de Bi."

sílùmə̀   kɔ̂   ntíʔɔ́   ntʃé   yé   nd ꜛá ꜜˊ
silum+1 S+aussi C[-F]+alors+1 C[-F]+rester+1+Fo elle+Loc 9+maison+Loc

màŋgyê   ntɔ́ʔꜛɔ́   w ꜜá...
1+femme+1 palais   1+la
"en conséquence, Silum restait chez la femme du chef..."

4.11.1.C. Le nom régi par le locatif est déterminé par un pronom indépendant

|á| + N₁ (cl. x) + |f̀ | + pronom indépendant

Dernière particularité du syntagme locatif : les possessifs ne peuvent absolument
pas déterminer un nom régi par le fonctionnel locatif |á|. On emploie à leur place
les pronoms indépendants[83]. C'est, ici encore, le morphème |f̀ -| qui marque le lien
syntaxique entre le nom déterminé et le pronom déterminant :

mà yûu nɔ̌   ní   ʃ ꜛyé   z ꜜíŋɔ̌   mí-sɔ̌ŋ   mè
je faire comment avec   terre ce-ci+Loc 6-dent+Loc moi
"...Comment je me débrouillerai avec cette terre entre mes dents ?"

màʔá m ꜛɔ́ŋ g ꜜwâ mb ꜛáʔ ò   kwè̀ʔèn ꜛɔ́   b ꜜó   yò lá...
jetter enfant ce   que tu tenir+Loc bras+Loc   toi Ma
"Jette cet enfant que tu portes sur ton bras!..."

ŋkúŋɔ́   ndʒù?ú   z ꜛú...
entrer+Loc concession +Loc lui
"...et il entra dans sa concession..."

ìfúɣí   níkùŋɔ́ bɛ̌   z ꜛú...
sortir   pipe+Loc sac+Loc lui
"...et il sortit une pipe de son sac..."

támìtùŋɔ̀ tʃ ꜛé   l ꜜáʔá   bó lá...
Tameting habiter+Loc pays+Loc eux Ma
"Tameting habitait dans ce pays là-bas..." (litt.: leur pays)

---

[83] Les pronoms indépendants sont présentés en 6.4. et 6.5.

170

4.12. | -tsùm` | "tout"

4.12.1. Les préfixes d'accord

Tableau 41 – Préfixes d'accord devant |-tsùm`| "tout"

cl. 1	ǹ̀-	cl. 7	à-
cl. 2	bì-	cl. 8	ì-
cl. 3	ì-	cl. 9	ǹ̀-
cl. 5	nì-	cl. 10	ì-
cl. 6	mì-	cl. 19	fì-

Ils relèvent de la colonne 4 du tableau 31.

Il n'y a pas d'opposition tonale entre classes.

En revanche, les cl. 1 et 9 se caractérisent par la présence d'un |ǹ-|[84]. Ce qui est aussi le cas, comme nous l'avons déjà vu, pour les adjectifs et participes (*cf.* 4.7.1.).

Seuls les préfixes des classes 2, 5, 6 et 19 présentent une consonne ; l'opposition vocalique est réduite au minimum puisqu'on a |à-| à la cl. 7 et |ì-| à toutes les autres classes. La présence d'un ton B, sur |ǹ| aux cl. 1 et 9, est motivée par les réalisations tonales des racines |-H H| et |-B H| :

|ǹ-bàb´   ǹ-tsùm`   a| m̀bàbí ntsùmə̀   "Tout animal."
9-animal 9-tout   *Me*

|ǹ-bàb´   ì-tsùm`   a| m̀bàbí tsùmə̀   "Tous les animaux."
10-animal 10-tout   *Me*

Si le nom appartient à la cl. 9 (1er exemple), il y a formation d'un ton modulé descendant H̲B̲ sur la dernière voyelle de m̀bàbí "animal" (quand les locuteurs parlent, il y a resyllabification du ǹ qui se rattache à la syllabe précédente), alors que si le nom appartient à la cl. 10 la dernière voyelle de m̀bàbí "animaux" porte un ton H. La formation du ton H̲B̲ s'explique par la présence dans la forme structurelle de la séquence des deux tons B du préfixe d'accord.

4.12.2. Sémantisme de | -tsùm` |

4.12.2.A. Valeur globalisante

|-tsùm`| prend cette valeur lorsqu'il détermine un nom indénombrable au singulier : il indique qu'un ensemble est pris dans sa globalité.

---

[84] Comme pour les adjectifs/participes (*cf.* 4.7.), et comme pour le numéral "un" (*cf. infra* en 4.13.), les faits du mankon sont similaires à ceux du bafia où « les indices de classes [*i.e.* préfixes nominaux] [...] sont préfixés au totalisateur /cèm/ "tout" » (Guarisma, 1973 : 140). Et il est certain qu'il serait, d'une certaine façon, plus exact de parler aussi en mankon de préfixes nominaux plutôt que de préfixes d'accord devant |-tsùm`| "tout". Néanmoins, étant donné que les préfixes que prend |-tsùm`| dépendent de la classe à laquelle appartient le nom qu'il détermine ou auquel il renvoie, je préfère parler de préfixes d'accord.

171

m̀bɔ̀ʔɔ́ ŋ̀kyì wá tsùm tsùm tsùm[85]...
verser eau la tout tout tout
"...et il vida toute l'eau..."

Il a aussi cette valeur si le nom qu'il détermine est un nom dénombrable au pluriel. Il indique alors qu'on considère un ensemble d'unités pris globalement :

ìɲàm tsùm tsùm tíʔə̀ mbˈóm⤵ɔ́...
animaux tous tous alors se rassembler
"Tous les animaux commencèrent à se rassembler..."

ǹdvúyˈí t⤵ḛ̂ tsùm tsùm wú...
remplir calebasses toutes toutes avec elle
"...et il en remplit toutes les calebasses..."

bìwà bítsùm yˈíɲə̀
qui tous venir+*Me*
"Qui "tous" sont venus ?"

4.12.2.B. Valeur distributive

|-tsùm` | prend une valeur distributive lorsqu'il détermine un nom dénombrable au sg. : on considère alors toutes les entités d'un ensemble, prises individuellement.

m̀bˈáʔ⤵á tìʔìnə̀ ntˈɔ́nt⤵ɔ́ ŋkyáŋtˈí ŋwɔ̀ ntsùm lá...
que+*1* alors être dur satisfaire personne chaque *Ma*
"Après qu'il se fut révélé difficile de satisfaire tout un chacun..."

àkáŋə̀ tsùmɔ́ ndˈá wˈíɲə̀ byê
casserole chaque+*Loc* maison ce-ci se perdre+*Me*
"Toutes les casseroles dans cette maison se sont perdues les unes après les autres."

ìdìʔí àzúmə̀ tsùm bó mìŋkyì mí zómkə̀
endroits chose chaque et cours d'eau 6 s'assécher+*Me*
"Les lieux, chaque chose et les cours d'eau, ils s'asséchèrent."

REMARQUE 20 : dans cet exemple, le verbe est lui-même suffixé du suffixe à valeur distributive |-ki|.

4.12.2.C. Valeur indéfinie

Toujours s'il détermine un nom dénombrable au sg., |-tsùm` | peut indiquer que l'on considère une entité quelconque, prise dans un ensemble.

mú yə̀ ntsùm wǎ mbˈáʔ⤵á mà kɔ̀ŋní bˈúŋ mà mˈí y⤵á wámb⤵ô
enfant mon tout *Rel* que je aimer alors je *Fut* donner à lui+*Me*
"N'importe lequel de mes enfants qui me plaira, alors je la (la machine à coudre) lui donnerai."

àfàʔà tsùm tsùm zǎ mbˈáʔò lɔ̀ní ŋgàˈ mb⤵ó màŋgyè wê...
travail tout tout *Rel* que + tu vouloir donner à femme ce-ci
"Tout travail que tu veux donner à cette femme..."

---

[85] |-tsùm` | "tout" est souvent répété, comme l'illustrent plusieurs des exemples cités ici.

mb ⁺á?à	tsìn ⁺í	k ⁺wébítí	ŋkyérì	ʒì	áɲ ⁺é	àzúmə̀	tsùm ⁺ɔ́
que+1	pouvoir	changer	apparence	son	contre	chose	tout+Loc

k ⁺úↄ?ǔↄ	z ⁺úↄ	lá…			
environnement	lui	Ma			

"Etant capable d'adapter son apparence à n'importe quoi dans son environnement…"

4.13. Les numéraux cardinaux
et l'interrogatif numéral | -sé?´| "combien ?"

Il y a lieu de faire la distinction entre les numéraux (cardinaux) à proprement parler, qui sont des racines, et les noms numéraux (cardinaux) qui, en tant que noms, comportent un Pn. L'appartenance à deux catégories différentes peut expliquer leur comportement syntaxique différent, les numéraux s'accordant avec le nom qu'ils déterminent mais pas les noms numéraux. L'interrogatif numéral |-sé?´| "combien ?" se range avec les numéraux.

4.13.1. Les numéraux (cardinaux)

4.13.1.A. Les racines

|-mɔ̀?á|	"un"[86]	|-tárá|	"trois"	|-sé?´|	"combien de ?"
|-bàá|	"deux"	|-tán`|	"cinq"

REMARQUE 21 : Tous les numéraux (mais pas l'interrogatif |-sé?´| "combien de ?") sont suivis, en fin d'énoncé, de la marque énonciative |ɣe|, d'où dans les formes structurelles la voyelle finale |a|. Les alternances morphophonologiques ne justifient pas la présence d'un |a| en finale de |tán`|. On suppose donc que l'utilisation de |ɣe| après |tán`| est due à l'appartenance de |tán`| à un paradigme dont toutes les autres formes sont suivies de |ɣe|. Les formes structurelles proposées ici restent, néanmoins, en partie hypothétiques. Le ton que porte la marque énonciative après le numéral |-mɔ̀?á| "un" est un ton grammatical : il est B aux classes 1 et 9 et H aux autres classes sg.

REMARQUE 22 : A la place du syntagme [nom+(Mn)+mɔ̀?ɔ́] "Un x", les informateurs emploient souvent un syntagme associatif dont le centre, tá?à "unité"[87], est déterminé par le nom à compter.

ŋká	tá?à	ɲèrɔ́	ɲ ⁺ɔ́ŋ	w ⁺á	t ⁺úə̀	"… il prit une prune et la posa dessus."
cueillir	unité	prune	poser	là	sur+Me	

tá?à	ŋwò̀	á	súyə̀	múə̀	"Une personne, elle lavait l'enfant."
unité	personne	1	laver	enfant+Me	

---

[86] L'identité entre le numéral |-mɔ̀?á|"un" et |-mɔ̀?á| "autre" se retrouve dans d'autres langues apparentées au mankon. Elle est peut-être le résultat d'une convergence due à l'évolution de la langue. Au plan syntaxique ces deux morphèmes se distinguent nettement puisque leurs préfixes d'accord sont totalement différents.

[87] Ce nom | Ø-tá?`| "unité" (cl. 1ᵃ) n'a pas de pluriel. Il doit toujours être déterminé.

4.13.1.B. Les préfixes d'accord

Tableau 42 – Préfixes d'accord des numéraux cardinaux

cl. 1	ǹ̀-	cl. 7	á-
cl. 2	bí-	cl. 8	í-
cl. 3	í-	cl. 9	ǹ̀-
cl. 5	ní-	cl. 10	í-
cl. 6	mín-	cl. 19	fí-

Les préfixes d'accord utilisés avec les numéraux diffèrent de ceux utilisés avec |-tsùm`| "tout" sur deux points :
– il y a opposition tonale entre classes : les cl. 1 et 9 se caractérisent par un ton B, toutes les autres classes par un ton H[88].
– le préfixe de la cl. 6 comporte un |n| final[89].

La présence des préfixes d'accord est évidente lorsque le nom déterminé appartient aux cl. 2, 5, 6 et 19, parce que, à ces classes, les préfixes ont une structure CV(n) :

bì-kàŋ bí-tárɔ́ ɣé[90]
2-écureuils *2*-trois   *Me*
"Trois écureuils."

bì-wà bí-sé?é y ˈíŋɔ̀
2-qui   *2*-combien venir+*Me*
"Combien de personnes sont venues ?"

bì-wà bí-tárɔ́ ɣé
2-qui   *2*-trois   *Me*
"Trois qui ?"

nì-kwˈé n ˈí-mɔ́?ˈɔ́ ɣé
5-coude   *5*-un   *Me*
"Un coude."

mì-bɔ̀?ɔ̀ mín-tɔ̰̂ ɣè "Cinq citrouilles."
6-citrouilles *6*-cinq *Me*

Aux autres classes, les accords se manifestent principalement dans les réalisations tonales, mais aussi parfois dans les réalisations segmentales, en particulier en cl. 7.

Lorsque le nom déterminé appartient aux classes 1, 3 ,7 et 9 (classes singulier), les accords entraînent des variations morphotonologiques affectant |-mɔ̀?á| "un" (mɔ̀?ɔ́ aux cl. 1 et 9, m ˈɔ́?ˈɔ́ aux cl. 3 et 7), et du ton que porte la marque énonciative (B aux cl. 1 et 9, H aux cl. 3 et 7). De plus dans certains contextes le |á-| de la cl. 7 se manifeste clairement en se réalisant [ə] :

|Ø-bú?´ ǹ̀-mɔ̀?á` ɣe| **bú?ù mɔ̀?ɔ́ ɣè**   "Un gorille."
1ᵃ-gorille *1*-un   *Me*

---

[88] Ici encore une comparaison entre le mankon et le bafia « s'impose » : Guarisma (1973 : 160) indique que « lorsque le nominal appartient à la classe 1 ou à la classe 9, le thème /fó?/ est représenté par /ɓó?/ ». Au plan diachronique, */ǹfó?/ est devenu /ɓó?/.

[89] La présence de ce |n| dans le Pa de cl. 6 des numéraux n'est pas spécifique au mankon : on le retrouve en **yemba** (M Tadadjeu 1980) et en **ngyɛmbɔɔn** (S. C. Anderson 1980) deux langues bamilékés, appartenant au groupe Mbam-Nkam comme le mankon.

[90] Le morphème d'accord peut porter un ton B après une racine nominale de structure tonale |B B|, d'où aussi **bìkàŋ bìtárɔ́ ɣé** "Trois écureuils".

	ǹ-bàb´	ǹ̀-mɔʔá`	yɛ		m̀bàbɨ́ mɔʔɔ́ ɣɛ̀	"Un animal."
	9-animal	9-un	Me		

	à-bì`	á-mɔʔá´	yɛ		àbìɔ̀ m↑ɔ́ʔ↓ɔ́ ɣɛ́	"Un profit."
	7-profit	7-un	Me		

	ǹ-tsù`	í-mɔʔá´	yɛ		ǹtsù m↑ɔ́ʔ↓ɔ́ ɣɛ́	"Une bouche."
	3-bouche	3-un	Me		

REMARQUE 23 : Le ton B sur la deuxième syllabe de **búʔù** "gorille" et le ton HB sur celle de **m̀bàbɨ́** "animal" justifient la séquence |ǹ̀-| du préfixe numéral (néanmoins, le |ǹ| de |ǹ̀-| ne se manifeste pas segmentalement, puisque l'initiale de |-mɔʔá| "un" est une nasale).

Suivent des exemples de la manifestation des Pa d'accord aux cl. 8 et 10 :

	ǹ-dá`	í-tárá	yɛ		ǹd↑á↓´tárɔ́ ɣɛ́	"Trois maisons."
	10-maison	10-trois	Me		

	ì-dzúʔ`	í-tárɔ́	yɛ		ìdz↑úʔ↓ú tárɔ́ ɣɛ́	"Trois ignames"
	8-ignames	8-trois	Me		

	ì-dzúʔ`	í-bàá	yɛ		ìdz↑úʔ↓ú bá↓´ɣɛ́	"Deux ignames"
	8-ignames	8-deux	Me		

Dans les trois exemples ci-dessus, la faille tonale descendante sur le nom déterminé ne peut s'expliquer que par la présence du Pa |í-|.

	ì-bàn`	í-bàá	yɛ		ìbɔ̀ b↑á↓´ɣɛ́	"Deux sacs."
	8-sacs	8-deux	Me		

La faille tonale descendante sur le numéral "deux" et la réalisation segmentale du nom déterminé impliquent la présence du Pa |í-|.

Enfin, dans le dernier exemple ci-dessous, le ton montant BH que porte le nom déterminé ainsi que sa réalisation segmentale impliquent aussi la présence du Pa |í| :

|ì-kwén´	í-séʔ´|		ìkwɛ̌ séʔé	"Combien d'os ?"
	8-os	8-combien			

4.13.1.C. Le morphème numéral |-é| et les numéraux [91]

L'utilisation du morphème numéral |-é| [i], qui s'accorde avec le nom déterminé, n'exclut pas l'accord des numéraux. Une fois de plus, la présence des préfixes d'accord est évidente lorsque le nom déterminé appartient :

– aux classes 2, 5, 6 et 19, à cause de la structure CV(n) de ces préfixes :

bì-fú	b-í	bí-tárɔ́	ɣɛ́
2-souris	2-Mn	2-trois	Me
"Trois souris."			

mì-bɔʔì	m-í	mín-tárɔ́	ɣɛ́
6-citrouilles	6-Mn	6-trois	Me
"Trois citrouilles."			

fì-ntsáʔ↑í	f-↓í	fì-m↓ɔ́ʔɔ́	ɣɛ́
19-toupie	19-Mn	19-un	Me
"Une toupie."			

---

[91] Le morphème numéral a été présenté en 4.3. On n'a pas pu dégager sa fonction sémantique. Au plan syntaxique, la seule chose certaine est que sa présence est obligatoire en l'absence du nom auquel renvoie le (nom) numéral.

– à la classe 7, à cause de la réalisation [ə] de la marque d'accord |**á-**| :

|**à-tɯ́´ z-é á-mɔ̀ʔá´ ɣe**| **àtɯ̀ zíə́ mꜛɔ́ʔꜜɔ́ ɣé** "Un arbre."
7-arbre *7-Mn 7*-un *Me*

– aux classes 1 et 9, à cause de la réalisation tonale [**mɔ̀ʔɔ́**] de |**-mɔ̀ʔá**| "un", versus [**mꜛɔ́ʔꜜɔ́**] aux autres classes sg., et à cause du ton que porte la marque énonciative (B aux cl. 1 et 9, H aux autres classes sg.) :

|**Ø-swàʔ` ɣo-é ɨ̀n-mɔ̀ʔá` ɣe**| **ʃwàʔɨ̀ wî mɔ̀ʔɔ́ ɣè** "Une lame."
1-lame *1-Mn 1*-un Me

|**ǹ-bàb´ z-é ɨ̀n-mɔ̀ʔá` ɣe**| **m̀bàbɨ̀ zî mɔ̀ʔɔ́ ɣè** "Un animal."
9-animal *9*-Mn *9*-un *Me*

En revanche, la présence des préfixes d'accord n'est pas décelable (même si par analogie avec ce qui est attesté aux autres classes, on considère qu'ils sont présents en structure) si le nom déterminé appartient aux cl. 3, 8 et 10, car ces préfixes s'amalgament au morphème numéral aussi bien au plan segmental qu'au plan tonal (autrement dit, on obtiendrait les mêmes réalisations en l'absence des préfixes |**ɨ́-**|) :

|**ǹ-tsù` ɣo-é ɨ́-mɔ̀ʔá´ ɣe**| **ntsù wí mꜛɔ́ʔꜜɔ́ ɣé** "Une bouche."
3-bouches *3-Mn 3*-un *Me*

|**ɨ̀-bàn` ts-é ɨ́-bàá ɣe**| **ɨ̀bàn tsí bꜛáꜜ´ɣé** "Deux sacs."
8-sacs *8-Mn 8*-deux Me

Tableau 43 – Emploi du morphème numéral et des préfixes d'accord avec les numéraux ("1", "2", "3" et "5")

Mn	Pa : CV(n)- (cl. 2, 5, 6, 19)
–	+
+	+

Mn	Pa : V- (cl. 1, 3, 7, 8, 9, 10)
–	+
+	+

4.13.2. Les noms numéraux (cardinaux) "simples"

4.13.2.A. Les noms

|**nɨ̀-kwà`**| "quatre" (cl. 5)[92]
|**ǹ-túɣá`**| "six" (cl. 9)
|**ɨ̀-sàm´bàá**| "sept" (cl. 9)
|**nɨ̀-fáná`**| "huit" (cl. 5)
|**nɨ̀-bùʔá`**| "neuf" (cl. 5)
|**nɨ̀-ɣúm`**| "dizaine" (cl. 5/6)

REMARQUE 24 : tous les noms numéraux, sauf |**nɨ̀-ɣúm`**| "dizaine", sont suivis, en fin d'énoncé, de la marque énonciative |**ɣe**|, d'où dans les formes structurelles la voyelle finale |**a**|. La structure segmentale et tonale de |**nɨ̀kwà`**| justifie, en elle-même, la présence de |**ɣe**|. Les formes structurelles proposées ici restent néanmoins, en partie, hypothétiques.

[92] La racine *|**kwa**| est considérée comme une innovation du Bantou des Grassfields (*cf.* Elias *et al.* 1984 : 91). Ce qui peut expliquer que "quatre", qui dans d'autres langues bantoues, appartient à la même catégorie que "un", "deux", "trois" et "cinq", n'y appartienne pas en mankon, comme dans d'autres langues du Bantou des Grassfields, par exemple le **yemba** (Tadadjeu 1980) et le **ngyɛmbɔɔŋ** (Anderson 1980). Dans les trois langues citées, il est un nom de cl. 5).

L'absence de préfixes d'accord, ou de tout connectif, devant les noms numéraux est évidente lorsque le nom déterminé appartient aux cl. 2 et 6, (classes pour lesquelles les préfixes sont |bí-| et |mín-| respectivement). Les réalisations tonales des noms numéraux prouvent que le dernier ton lexical du nom déterminé se fixe sur le nom numéral (comparer par exemple "dix amis" et "dix maladies" où les noms déterminés sont respectivement |B B H| et |B B B|). Les réalisations segmentales le prouvent aussi (*cf.* les réalisations de |mìyòn`| "maladies" : on a [mìyɔ̀] devant la consonne nasale du Pn nì de "dix", mais [mìyò] devant le Pn vocalique ì de "sept") :

bì-kàŋ   nìkwà γè
2-écureuils quatre *Me*
"Quatre écureuils."

bì-sùŋ   níw⁺úmə̀
2-amis   dizaine+*Me*
"Dix amis."

mì-γɔ̀   nìwúmə̀
6-maladies dix+Me
"Dix maladies."

mì-γò̰   sàmb⁺á⁺´ γé
6-maladies sept   Me
"Sept maladies."

mì-bú   nìfə̰̂ γè
6-fosses huit *Me*
"Huit fosses."

mì-bû   sàmb⁺á⁺´ γé
6-fosses sept   *Me*
"Sept fosses."

bì-sǔŋ   nt⁺úγɔ̀ γè
2-amis   six   *Me*
"Six amis."

En revanche, les données recueillies lorsque le nom déterminé appartient aux cl. 8 et 10 plaident pour la présence, entre le nom déterminé et le nom numéral, d'un élément vocalique |ɨ| comme le prouvent les réalisations de |ɨbàn`| "sacs" et de |ɨbán`| "pains" qui se réalisent avec une voyelle nasale [ə] même lorsque le préfixe du nom numéral est à initiale consonantique. Mais les réalisations tonales sont contradictoires :

– certaines ne s'expliquent que si |ɨ| porte un ton B :

ɨ̀-bə̀   nìfə̰̂   **γè ɨ̀-bə̀   ntùγɔ̂**   **γè ɨ̀-bə̀ nìwúmə̀**
8-sacs huit *Me*   *8*-sacs six *Me*   *8*-pains dizaine+*Me*
"Huit sacs."   "Six sacs."   "Dix pains"

– d'autres, plus nombreuses, ne s'expliquent que si |ɨ| porte un ton H, ce qui est le ton de l'accord :

ɨ̀-bə̀   níf⁺ə̰̂ γè   **ɨ̀-dz⁺ú?⁺ú sàmb⁺á⁺´ γé**   **ɨ̀-b⁺ə̰̂⁺´ níw⁺úmə̀**
8-sacs *8*-huit *Me*   *8*- ignames sept   *Me*   *8*-pains dizaine+*Me*
"Huit sacs."   "Sept ignames."   "Dix pains"

ɨ̀-b⁺ə̰̂⁺´ ntúγɔ̀ γè   **ɨ̀-tǔ   níkwà   γè**   **ɨ̀-kwḛ̌   níbvù?ə̂   γè**
8-pains *8*-six *Me*   *8*-arbres *8*-quatre *Me*   *8*-os *8*-neuf *Me*
"Six pains."   "Quatre arbres."   "Neuf os."

Cf. |ɨ̀-dzú?`| "ignames", |ɨ̀-tú´| "arbres", |ɨ̀-kwén´| "os"

4.13.2.B. Le morphème numéral |-é| et les noms numéraux

En présence du morphème numéral |-é|, les préfixes d'accord, qui sont les mêmes que ceux des numéraux (*cf.* tableau 42), peuvent être employés devant les noms numéraux ("4", "6", "7", "8", "9" et "10"), alors que, comme nous venons de le voir, ils ne peuvent pas l'être en l'absence du Mn, au moins lorsque le nom déterminé appartient aux cl. 2 et 6 :

bì-ʃwàʔà	b-í	bí-níkwà	ɣè	/	bì-ʃwàʔà	b-í	níkwà	ɣè
2-lames	*2-Mn*	2-quatre	*Me*		2-lames	*2-Mn*	quatre	*Me*
"Quatre lames."					"Quatre lames."			

|mì-ntsù	m-í	mí-níkwà	ɣè	/	mì-ntsù	m-í	níkwà	ɣè
6-bouches	*6-Mn*	6-quatre	*Me*		6-bouches	*6-Mn*	quatre	*Me*
"Quatre bouches."					"Quatre bouches."			

mì-ntsù	m-í	mˋí-ntˋúɣɔ́	ɣé	/	mì-ntsù	m-ˋí	ntˋúɣɔ́	ɣè
6-bouches	*6-Mn*	6-six	*Me*		6-bouches	*6-Mn*	six	*Me*
"Six bouches."					"Six bouches."			

Lorsque le nom appartient aux classes 8 et 10, la présence éventuelle d'un préfixe d'accord n'est pas décelable. S'il y en a un, il s'amalgame segmentalement et tonalement au morphème numéral :

ì-bàn	ts-í	níkwà	ɣè		m̀-bàŋ	ts-íˋ	ntˋúɣɔ̀	ɣè
8-sacs	8-Mn	quatre	Me		10-bâtons	10-Mn	six	Me
"Quatre sacs."					"Six bâtons."			

Tableau 44 – Emploi du morphème numéral et des préfixes d'accord avec les noms numéraux ("4", "6", "7", "8", "9" et "10")

Mn	Pa : CV(n)-(cl. 2, 6)	Mn	Pa : V-/N-(cl. 8, 10)
–	–	–	?
+	–	+	?
+	+	+	?

4.13.3. L'énumération des (noms) numéraux de "un" à "dix"

Il y a deux façons de compter de "un" à "dix" :

mˋɔ́ʔˋɔ́	bˋáˋ	tárɔ́	kwà	tân	tùɣɔ̀	sàmbˋáˋ	nìfɔ̄	nìbvùʔɔ́	nìwúm
Un	deux	trois	quatre	cinq	six	sept		huit	neuf	dix

ímˋɔ́ʔˋɔ́	íbˋáˋ	ítárɔ́	níkwà	tân	ǹtùɣɔ́	ìsàmbˋáˋ	nìfɔ̄	nìbvùʔɔ́	nìwúm
"Un	deux	trois	quatre	cinq	six	sept		huit	neuf	dix
"Un, deux, trois, quatre, cinq, six, sept, huit, neuf, dix."									

Dans la première façon de compter "huit", "neuf" et "dix" ont leur Pn mais pas "quatre", "six" et "sept". Dans la deuxième, tous les noms numéraux, "quatre", "six", "sept", "huit", "neuf" et "dix" ont leur Pn (celui de "quatre" portant un ton H) ; "un", "deux", "trois" sont précédés d'un préfixe à ton H.

4.13.4. Les symboles digitaux

A chaque numéral de "un" à "dix" correspond un symbole digital :

"un"	index levé, autres doigts sur la paume
"deux"	index et majeur levés, autres doigts sur la paume
"trois"	majeur, annulaire, auriculaire levés, pouce et index l'un contre l'autre
"quatre"	tous les doigts levés sauf le pouce
"cinq"	tous les doigts levés
"six"	auriculaire levé, autres doigts sur la paume
"sept"	auriculaire et annulaire levés, autres doigts sur la paume
"huit"	auriculaire, annulaire majeur dans le creux de l'autre main
"neuf"	tous les doigts sauf le pouce dans le creux de l'autre main
"dix"	les bouts des doigts des deux mains les uns contre les autres

Dans une conversation, le locuteur ne prononce pas les (noms) numéraux de "un" à "dix". Il produit les symboles digitaux, attend que son interlocuteur donne, en fonction des symboles, les (noms) numéraux correspondant dûment accordés et précédés ou non du morphème numéral, à la suite de quoi le locuteur continue son discours.

4.13.5. Les (syntagmes) numéraux "complexes"

Au dire même du locuteur qui a produit dans un conte les deux énoncés cités ci-après, le premier exprime la distance d'une façon plus traditionnelle que le second : dans le premier, la longueur (de la course), assez grande, est évaluée en fonction d'une distance connue des Mankons, tandis que dans le second la distance est évaluée en pieds[93].

tsó   lŏ   yə̌ ɨ́kwᵗέ kù?ɔ́   ándʒù?ú   máŋkòŋ…
comme venir de ici rentrer atteindre concession Mankon
"…comme d'ici au cœur de Mankon …"

wérɔ̂ kᵗú?ɨ́ dì?ɔ́   làŋ   wá mɨ̀kù ŋkǔ tə̂   ᵗámbyɨ́ nyàm zǎ…
lui+1 atteindre endroit chaise la pieds cent cinq devant   animal Rel
"Il atteignit la chaise cinq cents mètres avant l'animal qui…"

Si donc compter de "10" à "20" ne pose aucun problème, compter au-delà de "20" est plus problématique. L'exemple suivant reflète cet état de fait :

---

[93] L'utilisation de **mɨ̀kù** "pieds" pourrait faire croire à un calque de l'anglais mais on a aussi recueilli la mesure en (brasses) suivante, qui semble ne rien devoir à l'anglais :
ŋ̀gvùɣɔ́ ʒɨ̀ɔ̀ nɨ̂   mbᵗó mᵗɨ́mbáↆˊ ɣé
largeur sa être bras deux   Me
"Elle est large de deux brasses."

bí dʒw†í   ↓áɣ̂ə   [...] ány†é   mìtʃ†ú?↓ú   míndʒw†í   nìwúm   tsɔ̀bì
2   accoucher   me   contre   nuits   jours   dix   unités

tsí   tə̂   áɲ†é   bìsàŋ   bítárɔ́   á   nàytín   ɔ́ndréd   àn   fíftè   êyt
Mn   cinq   contre   lunes   trois   Loc   dix-neuf   cent   et   cinquante   huit

"Je suis né [...] le 15 mars 1958."

Le locuteur donne sa date de naissance : il utilise le mankon pour le jour (15) et le mois ("trois lunes", *i.e.* "mars"), mais le pidgin pour l'année (1958).

Les grands nombres présentés ici, ont été obtenus exclusivement à partir d'un questionnaire, et relèvent du possible, plus que de l'usage.

4.13.5.A. Compter de "onze" à "dix-neuf"

nìɣúm` + ǹtsɔ̀b` + (Mn)+Pa-numéral		
ǹtsɔ̀b` + (Mn)+nom numéral		

Pour former les nombres de "11" à "19" on juxtapose à [nìwúmə̀] "(une) dizaine", un syntagme dont le centre est |ǹ-tsɔ̀b` | "unité" (9/10)[94], déterminé par un (nom) numéral de "un" à "neuf". Les numéraux ("1", "2", "3", "5") s'accordent avec |ǹ-tsɔ̀b` | "unité" (9/10), réalisé [ntsɔ̀bì] ou [ntsɔ̀b] (*cf.* les deux premiers exemples ci-dessous) ; les noms numéraux ("4", "6", etc.) ne s'accordent pas (*cf.* les deux derniers exemples ci-dessous) :

|ǹ-ɣúm`   ǹ-tsɔ̀b`   ìǹ-mɔ̀?´   yè| nìwûm ntsɔ̀bì mɔ̀?ɔ́ yè   "Onze."
5-dizaine   9-unité   9-un   Me

|ǹ-ɣúm`   ǹ-tsɔ̀b`   í-bà´   ye| nìwûm ntsɔ̀bì b†á↓´yé   "Douze."
5-dizaine   10-unité   10-deux   Me

nì-wûm   n-tsɔ̀bì   nìkwà   yè   "Quatorze."
5-dizaine   10-unité   quatre   Me

nì-wûm   n-tsɔ̀bì   ntùyɔ̂   yè   "Seize."
5-dizaine   10-unité   six   Me

nìwúmə̀ "(une) dizaine" peut être omis. Seul le syntagme des unités est alors exprimé :

ǹ-tsɔ̀bì   mɔ̀?ɔ́ yè   "Onze."   ǹ-tsɔ̀bì   b†á↓´   yé   "Douze."
9-unité   9+un Me   10-unités   10-deux Me

ǹ-tsɔ̀bì   nìkwà yè   "Quatorze."   ǹ-tsɔ̀bì   ntùyɔ̂   yè   "Seize."
10-unités   quatre Me   10-unités   six   Me

Le morphème numéral peut s'employer dans le syntagme des unités :

nì-wûm   n-tsɔ̀bì   z-í   mɔ̀?ɔ́   yè   "Onze."
5-dizaine   9-unité   *9-Mn*   9+un   Me

nì-wûm   n-tsɔ̀bì   ts-í   tárɔ́   yé   "Treize."
5-dizaine   10-unité   *10-Mn*   10+trois   Me

---

[94] Ce nom n'est utilisé que dans la formation des nombres.

REMARQUE 25 : le Mn ne peut pas s'employer dans le "syntagme" des dizaines puisque |nìwúm`| qui est un nom sg. comme l'indique clairement son préfixe |nì| de cl. 5 n'a pas besoin d'être déterminé par |mɔʔá| "un".

4.13.5.B. Compter de "vingt" à "quatre-vingt dix-neuf"

> mìyúm` + (Mn)+Pa-numéral
> (Mn)+nom numéral

> (nì) ǹtsɔb` + (Mn)+Pa-numéral
> ǹtsɔb` + (Mn)+nom numéral

Le syntagme des dizaines est composé du nom **mìwúmɔ** "dizaines" (cl. 6) déterminé par un numéral qui s'accorde avec lui, ou un nom numéral qui ne s'accorde pas :

| mì-w↑úm | m↙ín-tárɔ | n-tsɔbì | mɔʔɔ yè | "Trente et un." |
| 6-dizaines | 6-trois | 9-unité | 9-un *Me* | |

| mì-wúm | nìkwà | n-tsɔbì | nìkwà yè | "Quarante-quatre." |
| 6-dizaines | quatre | 10-unités | quatre *Me* | |

Il est impossible d'omettre |mì-yúm`| "dizaines".

Le morphème numéral peut être employé dans le syntagme des dizaines et dans celui des unités. Les données recueillies ne permettent pas de dire si le Mn peut, ou ne peut pas, s'employer simultanément dans les deux syntagmes (celui des dizaines et celui des unités) :

| mì-w↑úm | m-↙í | nìkwà | ntsɔbì | tárɔ | yé | "Quarante-trois." |
| 6-dizaines | *6-Mn* | quatre | unités | trois | *Me* | |

| mì-w↑úm | m↙ím-bá↓´ | nî | n-tsɔbì | ts-í | b↑á↓´ | yé | "Vingt-deux." |
| 6-dizaines | 6-deux | avec | 10-unités | *10-Mn* | 10+deux | *Me* | |

REMARQUE 26 : Certains locuteurs relient le syntagme des unités à celui des dizaines par le fonctionnel |nì| "avec" :

| mì-w↑úm | m↙ín-tárɔ | nî | n-tsɔbì | mɔʔɔ | yè | "Trente et un." |
| 6-dizaines | 6-trois | avec | 9-unité | 9+un | *Me* | |

4.13.5.C. Compter de "cent" à "neuf cent quatre -vingt dix -neuf"

> ŋkùu´ + (Mn)+Pa-numéral
> (Mn)+nom numéral

> nì nì/mì-yúm` + (Mn)+Pa-numéral
> (Mn)+nom numéral

> (nì) ǹtsɔb` + (Mn)+Pa-numéral
> ǹtsɔb` + (Mn)+nom numéral

Le syntagme des centaines est composé du nom |ŋ̀-kὺ ´ | "centaine(s)"[95] (3/10) déterminé par l'un des (noms) numéraux désignant les unités, qui, ici encore, s'accorde ou non selon les règles exposées plus haut. Le syntagme des dizaines lui est relié par le fonctionnel |nὶ| "avec". Le syntagme des unités est apposé (ou relié par |nὶ| "avec") au syntagme des dizaines comme décrit en 4.13.5.B. :

ŋ̀-kὺ   nɪ́   nὶ-wúmɔ̀   "Cent dix."
3-centaine <u>avec</u> 5-dizaine+*Me*

ŋ̀kὺ   nɪ́kwà   nɪ́   mὶ-w↑úm m↑ɪ́n-tárɔ́ n-tsɔ̀bὶ mɔ̀ʔɔ́ γὲ
centaines quatre <u>avec</u> 6-dizaines 6-trois   9-unité   9-un   *Me*
"Quatre cent trente et un."

REMARQUE 27 : l'informateur n'a utilisé le Mn ni dans le syntagme des centaines, ni dans celui des dizaines, ni dans celui des unités.

Pour compter les centaines : quand il n'y a qu'une centaine, on peut employer le nom |ŋ̀-kὺ ´ | "centaine" seul ou le déterminer par |mɔ̀ʔá| "un". Les informateurs semblent néanmoins préférer une autre structure : le nom |Ø-táʔˋ | "unité" (cl. 1ᵃ)[96], déterminé par |ŋ̀-kὺ ´ | "centaine" dans un syntagme associatif :

|ŋ̀-kὺ ´ ɪ́-mɔ̀ʔá γé| ŋ̀kŭ m↑ɔ̀ʔↆɔ́ γé / táʔà   ŋkὺɔ́
3-centaine 3-un *Me*   *1ᵃ*-unité+*1* *centaine*+*Me*
"Cent."   "Cent."

Il est possible d'utiliser le Mn :

ŋ̀-kὺ   w-í   m↑ɔ́ʔↆɔ́ γé   ŋ̀-kὺ   ts-í   b↑áↆ´ γé
3-centaine *3-Mn* un   *Me*   10-centaines *10-Mn* 10-deux *Me*
"Cent."   "Deux cents."

ŋ̀-kὺ   ts-í   nɪ́kwà γὲ   ŋ̀-kŭ   ts-↑í   ntↆúγɔ́ γὲ
10-centaines *10-Mn* quatre *Me*   10-centaines *10-Mn* six   *Me*
"Quatre cents."   "Six cents."

Pour ajouter les unités directement aux centaines : trois possibilités ont été relevées pour former les nombres de "101" à "109". On détermine le syntagme des centaines par un syntagme à fonctionnel |nὶ| dont le centre est soit le nom àzúmɔ̀ / ǹdzúmɔ̀ "chose(s)" (7/8), soit le morphème numéral, soit un nom numéral :

– le centre est le nom àzúmɔ̀ / ǹdzúmɔ̀ "chose"(7/8), déterminé lui-même par un numéral avec, ou sans, emploi du Mn :

ŋ̀kὺ ´ + (Mn) + Pa-numéral	nὶ à/ǹ-zúmˋ + (Mn)+Pa-numéral
(Mn) + nom numéral	

ŋ̀kὺ nɔ̀ z↑úmↆɔ́ mɔ́ʔↆɔ́ γé / ŋ̀kὺ nɔ̀ z↑úm z-ↆɪ́ɔ́ mɔ́ʔↆɔ́ γé
centaine avec+7 chose+7 un   *Me* / centaine avec+7 chose *7-Mn*+7 un   *Me*
"Cent un."   "Cent un."

---

[95] |ŋ̀-kὺ ´ | veut aussi dire "corde, ficelle", mais avec ce sens, son pluriel se forme régulièrement en cl. 6.
[96] Nous avons vu en 4.13.1.A. que |Ø-táʔˋ | "unité" était aussi utilisé avec des noms quelconques.

ŋkὺ   nɨ́   n-dzᵗúm   tↆárɔ́   γé /   ŋkὺ   nɨ́   n-dzᵗúm   ts-ↆí   tárɔ́   γé
centaine avec 8-choses 8+trois Me   centaine avec 8-choses *8-Mn* 8-trois Me
"Cent trois."   "Cent trois."

– le centre est le morphème numéral, préfixé des accords de cl. 1 au singulier, et de cl. 2 au pluriel :

ŋkὺ´ + (Mn) + Pa-numéral		nɨ̀ Pa-Mn (cl. 1) + Pa (cl. 1)-"1"
(Mn) + nom numéral		Pa-Mn (cl. 2) Pa (cl. 2)-"2", "3", etc.

ŋkὺ   nɨ́   w-ↆí   mɔ̀ʔɔ́   γè   ŋkὺ   nɨ́   b-ↆí   bɨ́-tarɔ́   γé
centaine avec *1-Mn* 1-un   Me   centaine avec *2-Mn* 2-trois   Me
"Cent un."   "Cent trois."

REMARQUE 28 : on ne peut pas expliquer pourquoi l'accord du morphème numéral se fait alors en cl. 1 au sg. et en cl. 2 au pl. (autrement dit, on ne sait pas à quel nom renvoie le Mn). En tout cas, ne déterminant pas un nom, le morphème numéral fonctionne comme un substitut.

– le centre est un nom numéral :

ŋkὺ´ + (Mn) + Pa-numéral		nɨ̀ nom numéral
(Mn) + nom numéral		

ŋkὺ   nɨ́   nɨ̀kwà   γè   "Cent quatre."
centaine avec quatre Me

4.13.5.D. Compter de "mille" à "neuf mille neuf cent quatre-vingt dix-neuf"

Le syntagme des milliers est composé du nom |ǹ-tʃù?`| "millier(s)" (9/10) déterminé par l'un des (noms) numéraux désignant les unités, qui, ici encore, s'accorde ou non selon les règles exposées plus haut. Le syntagme des centaines, lui, est relié par le fonctionnel |nɨ̀| "avec". Le syntagme des dizaines et celui des unités au syntagme des centaines comme décrit en C. et B. plus haut (dans l'exemple ci-dessous les différents syntagmes sont séparés par une barre oblique) :

(táʔà)   ǹ-tʃù?ù/   nɨ́   ŋ-kὺ   ts-í   bↆáↆⁿ   nɨ́   mì-wᵗúm   m-ↆí
(unité) 9-millier avec 10-centaines *10-Mn* deux avec 6-dizaines *6-Mn*

mín-tárɔ́/   ǹ-tsɔ̀bì   nì-kwà   γè
6-trois   10-unités 5-quatre Me
"Mille deux cent trente-quatre."

REMARQUE 29 : l'informateur a employé (spontanément) le Mn dans les syntagme des centaines et dans celui des dizaines. Il ne l'a pas employé dans le syntagme des unités. Est-ce parce qu'il l'a utilisé dans celui des dizaines ? (*cf.* 4.13.5.b. plus haut). Il ne pouvait pas l'utiliser dans le syntagme des milliers puisque |ǹ-tʃù?`| "millier" n'y est pas déterminé par le numéral |mɔ̀ʔá| "un".

ǹ-tʃù?` + (Mn) + Pa-numéral		nɨ̀ "centaines"	etc.
(Mn) + nom numéral		nɨ̀ "dizaines"	etc.
		nɨ̀ "unités"	

Pour compter les milliers : quand il n'y a qu'un millier, on peut employer le nom |ǹ-tʃù?ˋ | "millier" seul ou le déterminer par |-mɔ̀?á| "un". En l'absence du morphème numéral, l'accord de |-mɔ̀?á| "un" avec |ǹ-tʃù?ˋ | "millier" se fait en cl. 9, mais en présence du Mn, l'accord du Mn, et donc celui de |-mɔ̀?á| "un" se fait en cl. 3. Il y a, comme pour "cent" la possibilité d'utiliser le nom | Ø-tá?ˋ | "unité" (cl. 1ᵃ), déterminé par |ǹ-tʃù?ˋ | "millier" dans un syntagme associatif :

|ǹ-tʃù?ˋ		ìǹ-mɔ̀?áˋ	yɛ|	ǹtʃù?ù mɔ̀?ɔ́ yɛ̀	"Mille."
9-millier	*9*-un	*Me*		

|ǹ-tʃù?ˋ		ɣó-é	í-mɔ̀?áˊ	yɛ|	ǹtʃù?ù wí m↑ɔ́?↓ɔ́ yé	"Mille."
9-millier	*3-Mn*	*3*-un	*Me*		

tá?à	ǹ-tʃù?ɔ̀		"Mille."
1ᵃ+unité+*1*	*9*-millier+*Me*		

Quand il y a plus d'un millier, les numéraux ("2", "3", "5"), ainsi que le Mn, s'accordent en cl. 10. Les noms numéraux ("4", "6", etc.), comme ailleurs, ne s'accordent pas (*cf.* le dernier exemple) :

|ǹ-tʃù?ˋ		í-bàá	yɛ|	ǹtʃù?ù b↑á↓ˊ yé	"Deux mille."
10-milliers	*10*-deux	*Me*		

ǹtʃù?ù	nìkwà	yɛ̀	"Quatre mille."
milliers	quatre	*Me*	

ǹ-tʃù?ù	ts-í	tárɔ́	yé	"Trois mille."
10-milliers	*10-Mn*	*10*+trois	*Me*	

ǹ-tʃù?ù	ts-í	níkwà	yɛ̀	"Quatre mille."
10-milliers	*10-Mn*	quatre	*Me*	

Pour ajouter les dizaines directement aux milliers : le syntagme des milliers est déterminé par un syntagme à fonctionnel |nì-| "avec" dont le centre est le nom |nìwúmˋ | "dizaine" (5/6)

ǹ-tʃù?ù	ní	nì-wúmɔ̀	"Mille dix."
9-millier	avec	*5*-dizaine+*Me*	

Pour ajouter les unités directement aux milliers : afin de former les nombres de "1001" à "1009", on détermine le syntagme des milliers par un syntagme à fonctionnel |nì| dont le centre est le morphème numéral, préfixé des accords de cl. 1 au singulier, et de cl. 2 au pluriel, ou un nom numéral (l'informateur interrogé n'a pas utilisé le nom àzúmɔ̀/ǹdzúmɔ̀ "chose(s)" (7/8) comme cela a été fait pour ajouter les unités aux centaines) :

ǹ-tʃù?ù	ní	w-↑ î	mɔ̀?ɔ́	yɛ̀	"Mille un."
9-millier	avec	*1-Mn*	*1*-un	*Me*	

ǹ-tʃù?ù	ní	b-↑í	bí-tárɔ́	yé	"Mille trois."
9-millier	avec	*2-Mn*	*2*-trois	*Me*	

ǹ-tʃù?ù	ní	nì-kwà	yɛ̀	"Mille quatre."
9-millier	avec	*5*-quatre	*Me*	

4.13.5.E. Récapitulation

– Compter de "onze" à "dix-neuf"

nìɣúm`	+ ǹtsɔ̀b`	+ (Mn)+Pa-numéral
	ǹtsɔ̀b`	+ (Mn)+nom numéral

– Compter de "vingt" à "quatre-vingt dix-neuf"

mìɣúm`	+ (Mn) + Pa-numéral
	(Mn) + nom numéral

(nì)	ǹtsɔ̀b`	+ (Mn) + Pa-numéral
	ǹtsɔ̀b`	+ (Mn) + nom numéral

– Compter de "cent" à "neuf cent quatre-vingt dix-neuf"

ŋkùu´	+ (Mn) + Pa-numéral
	(Mn) + nom numéral

nì	nì/mì-ɣúm`	+ (Mn) + Pa-numéral
		(Mn) + nom numéral

(nì)	ǹtsɔ̀b`	+ (Mn) + Pa-numéral
	ǹtsɔ̀b`	+ (Mn) + nom numéral

Pour ajouter les unités directement aux centaines :

ŋkùu´ + (Mn) + Pa-numéral	nì à/ǹ-zúm` + (Mn) + Pa-numéral
(Mn) + nom numéral	

ŋkùu´ + (Mn) + Pa-numéral	nì Pa-Mn (cl. 1) + Pa (cl. 1)-"1"
(Mn) + nom numéral	Pa-Mn (cl. 2) Pa (cl. 2)-"2", "3", etc.

ŋkùu´ + (Mn) + Pa-numéral	nì nom numéral
(Mn) + nom numéral	

– Compter de "mille" à "neuf mille neuf cent quatre-vingt dix-neuf"

ǹ-tʃù?` + (Mn) + Pa-numéral	nì "centaines"
(Mn) + nom numéral	nì "dizaines", etc
	nì "unités", etc

4.13.6. Les numéraux ordinaux

Il n'y a pas de numéraux ordinaux en mankon. Il existe néanmoins un syntagme associatif pour exprimer "le premier", un pour exprimer "le second" et un autre pour exprimer "le dernier".

185

"Le premier" se dit **ǹtsà mbyè**. Il s'agit d'un syntagme associatif dans lequel le nom déterminé **ǹtsà**, dérivé du verbe |tsà-| "(dé)passer" et signifiant "celui qui passe" appartient à la cl. 1, et le nom déterminant **m̀byè** "devant" appartient à la cl. 9. Le pluriel est **bìtsà bímbyè** (cl. 2).

Ce syntagme est attesté dans les textes, au singulier :

à	b ᵗé	ǹtsà	mbyì	mú	yə̀
1	P₂+être	passeur	devant	enfant	mon+Me

"C'était mon premier enfant."

ǹ-tsà	mbyì	ànù	w-á ∥	mb ᵗá?↓á	bô	f ᵗómn ↓í	ŋgù ∥	à	bé
1-passeur	devant	chose	1-Rel	que	eux	P₂+en premier	faire	1	être

m̀bvŭ	ndâ	ŋwìə̀
construire	maison	Dieu+Me

"La première chose qu'ils firent, fut de construire une église."

Dans le premier exemple, **ǹtsà mbyì** est déterminé par le nom **mú** "enfant" (cl. 1), et dans le deuxième exemple il est déterminé par le nom **ànù** "chose" (cl. 7). On a un enchâssement de deux syntagmes associatifs. Lorsque cet ensemble est déterminé, l'accord se fait en classe 1, classe de **ǹtsà** "passeur", comme le prouve clairement l'accord en cl. 1 du relatif **wá** dans le deuxième exemple. Le syntagme **ǹtsà mbyè** peut aussi être déterminant :

ǹnúŋ	ŋ-kà?á	ŋky ᵗérí	wŭ-ntsà mbyì	ám ᵗú	ŋky ↓érə̀...
placer	3-flèche	arc	3-premier	dans	arc

"...et il plaça la première flèche sur son arc..."

à	bé	m-pfù	ntsà mbyì	lá...
1	P₂+être	9-temps+9	premier	Ma

"Auparavant..."

"Le second" se dit **ǹdzɔ̀ŋtì** (**ndzùmə̀**). **ǹdzɔ̀ŋtə̀** est un nom de cl. 1, dérivé du verbe |zɔ̀ŋ(tì)-| "suivre". Il est éventuellement déterminé par le nom **ǹdzùmə̀** "derrière" (cl. 9) :

ǹ-dzɔ̀ŋtì	à-nù	w-ă ∥	mb ᵗá?↓á	bô	ì	y ᵗúun ↓í ∥	à	bé	m̀bvŭ
1-suivant+1	7-chose	1-Rel	que	eux	2	P₂+faire+R	1	P₂+être	construire

ǹdâ	ŋwà?ànə̀...
maison	livre

"La deuxième chose qu'ils firent fut de construire une école..."

ǹ-dzɔ̀ŋtì	ndzùm	m ᵗɔ́ŋ	gwă	yèní	à	yă	ŋwà?ánɔ́	mb ᵗó	mè	yè
1-suivant+1	derrière+1	enfant	Rel	arriver	1	donner	livre	à	moi	Me

"Le deuxième enfant à arriver m'a donné un livre."

Dans le premier exemple **ǹdzɔ̀ŋtì** est déterminé par **ànù** "chose" (cl. 7) : l'accord du relatif se fait en cl. 1, donc avec **ndzɔ̀ŋtì** (cl. 1), et non avec **ànùə̀** (cl. 7). Dans le deuxième exemple **ǹdzɔ̀ŋtì** (**ǹdzùm**) est déterminé par le nom **m ᵗɔ́ŋ** "enfant".

"Le dernier" se dit **ǹtsúrə̀**. **ǹtsúrə̀** est un nom de cl. 1, dérivé du verbe |tsúr-| "traîner, rester en arrière" :

á	bê	ntsúɯrə̀	nɩ̀dʒwĭ...	"Elle était la dernière née…
1	S+être	trainard	naissance	

Pour finir, rappelons comment un informateur évoque le mois de mars, lorsqu'il donne sa date de naissance :

áɲ ᵗé	bɩ̀-sàŋ	bɩ́-tárɔ́...	"…le troisième mois…"
contre	2-lunes	2-trois	

tárɔ́ "trois" est un numéral cardinal, et dans un autre contexte le syntagme ci-dessus pourrait se traduire en français par "dans trois mois".

4.14. Combinaisons de déterminants

Normalement les déterminants suivent le nom qu'ils déterminent. Cependant certains peuvent lui être antéposés et d'autres peuvent être extraits du syntagme nominal et se placer en fin de proposition. Ces mouvements de déterminants relèvent de l'énonciation et seront abordés en V.10.3.3.

4.14.1. Exclusion mutuelle

Les deux seules combinaisons impossibles sont celles de : |-séʔ´| "combien de ?" avec |-tsùm`| "tout" et celle de |-séʔ´| "combien de ?" avec un (nom) numéral.

4.14.2. Combinaisons fréquentes

Les combinaisons les plus fréquemment attestées dans les textes mettent en jeu deux déterminants dont l'un est soit un démonstratif, soit un possessif.

4.14.2.A. Combinaison d'un démonstratif et d'un possessif

ʃíʔísí	n ᵗík ⁺óm	ná	nê	ŋgá ᵗ´	mb ⁺ó	mè	ɣè
descendre	panier	<u>mon</u>	<u>ce-ci</u>	donner à		moi	*Me*

"Descends-moi ce panier-ci à moi !"

nɩ̀mí	yɩ̀	w ᵗá	b ⁺ém	mb ⁺ém...
mère	<u>sa</u>	<u>la</u>	accepter	accepter

"Cette mère à lui accepta…"

4.14.2.B. Combinaison de trois déterminants
4.14.2.B.a. L'un de ces déterminants est une relative

ò	ɣá	mb ᵗô bù?ù	tʃí	tsê //	mb ᵗá?⁺á	tsí	tsín ⁺ɩ̌	lâ[97]
tu	donner à	esclaves	<u>ses</u>	<u>ce-ci</u>	<u>que</u>	*10*	être	*Ma+Me*

"Donne-le à ces esclaves-ci à elle !"

---

[97] La relative n'apparait pas dans la traduction. Il s'agit d'une proposition existentielle : "qui existent".

áɲᵗê   nù   tsíŋ   tsùm //   mbᵗáʔꜜá   mà   ŋwàʔàníní   nâ…
Contre choses <u>ces-ci</u> <u>toutes</u> <u>que</u>   <u>je</u> <u>écrire</u>   <u>ainsi</u>
"D'après toutes ces choses que j'ai écrites…"

4.14.2.B.b. Autres combinaisons de trois déterminants

Deux autres combinaisons de trois déterminants qui semblent très naturelles aux informateurs, sont celles d'un possessif, d'un démonstratif et de l'indéfini spécifique |-tsé´| "un certain" d'une part, et celle d'un possessif, d'un démonstratif et de l'interrogatif |-úŋá| "quel ?" d'autre part[98] :

m̀byí   zàn   zên   zɨ̀tsê   dzɨ̀ə̂[99]
chèvre <u>ma</u> <u>ce-ci</u> <u>certain</u> manger+*Me*
"L'une (mais je ne sais pas laquelle) de ces chèvres-ci à moi a mangé."

m̀byí   zàn   zên   zúŋə̀   dzɨ̀ə̂
chèvre <u>ma</u> <u>ce-ci</u> <u>quel</u> manger+*Me*
"Laquelle de ces chèvres-ci à moi a mangé ?"

4.14.3. Ordre relatif des déterminants pris deux par deux

4.14.3.A. Le nom déterminant (N₂) vient en premier

Le nom déterminant (N$_2$) vient toujours en première position après le nom déterminé, quelle que soit la nature du lien sémantique qui s'établit entre N$_1$ et N$_2$:

m̀byᵗíꜜ˙   fùrɨ̀   tsí   tárɔ́   yé   bàŋgyè   bíntᵗɔ́ʔɔ̀   bìtsùmə̀
chèvres <u>Fru</u> *Mn* <u>trois</u> *Me*   femmes <u>du palais</u> <u>toutes</u>+*Me*
"Les trois chèvres de Fru."   "Toutes les femmes du chef."

ká   bɨ̀   bᵗɔ́   ndʒꜜé   wá   níyàm   nálᵗáʔꜜá   níŋə̀
Nég 2 encore savoir eux langue <u>de pays</u>   <u>ce-ci</u>+*Me*
"Ils ne connaissent plus la langue du pays."

4.14.3.B. Le possessif

4.14.3.B.a. Il vient en deuxième position si l'autre déterminant est un nom (N₂)

àbɔ̰̌   ŋgòbə̀   zə̰̂   mɨ̀ʃòm   mímíŋgɔ̀m   mə̰̂
sac <u>cuir</u> <u>mon</u>+*Me*   champs <u>de plantains</u> <u>mes</u>+*Me*
"Mon sac en cuir."   "Mes plantations de plantain."

---

[98] On reviendra sur le sémantisme de ces combinaisons plus bas en 4.14.4.

[99] Ici, comme dans d'autres exemples illustrant les combinaisons de déterminants, on constate que la consonne initiale du démonstratif "ce-ci" et du Pa de "certain" se réalise continue et non oclusive bien que précédée dans les deux cas de la nasale alvéolaire **n** (*cf.* II.1.5.4.A.). Cette absence de phénomène de sandhi n'est pas systématique, mais néanmoins fréquente. Elle reste actuellement inexpliquée.

4.14.3.B.b. Mais il vient en première ou deuxième position si l'autre déterminant est un adjectif ou un participe

m̀byî	zàn	zìfùŋnɔ́		m̀byî	zìfùŋnî	zə̀
chèvre	ma	noire+*Me*		chèvre	noire	ma+*Me*

"Ma chèvre noire." "Ma chèvre noire."

4.14.3.B.c. Enfin il vient en première position avec tout autre déterminant

ʃíʔísí	n⸢ǐkᵜôm	ná	nê	ŋgá⸢ᵕ	mbᵜó	mè	ɣè
descendre	panier	mon	ce-ci	donner	à	moi	*Me*

"Decends-moi ce panier-ci à moi!"

4.14.3.C. Le participe négatif précède l'adjectif ou le participe (positif)

kíkáŋ	kíkáŋ	ìnù	tíbɔ̀ŋ	tsìyàʔàtíní	k⸢ɔ́	ɣᵜáʔá	fúɔ́	ɣé
en vain	en vain	choses	mauvaises	nombreuses	*Pas*	être nombreux	sortir	*Me*

"De nombreux méfaits avaient lieu sans qu'on pût les résoudre."

4.14.3.D. La relative vient toujours en dernière position

ŋg⸢ɛ́ᵕ	dìʔɔ́	tsùmɔ̂	tsê //	mb⸢áʔᵜá	tsín⸢ɔ́	láʔᵜá	wâ
aller	endroit	lac	un que	être	pays	le+*Me*	

"Et il se rendit à un certain lac qui se trouvait dans le pays."

Mises à part ces restrictions, il n'y a pas d'ordre préférentiel.

4.14.4. Particularités sémantiques de certaines combinaisons

Il s'agit des combinaisons dont l'un des termes est un démonstratif ou un possessif et l'autre terme l'indéfini |-tsé´| "(un) certain", l'interrogatif |-úɲá| "quel ?" (ces deux déterminants ayant en commun une valeur sélective) ou |-mɔ̀ʔá| "autre" (ce déterminant ayant une valeur plutôt oppositive).

4.14.4.A. Le nom est déterminé par un possessif ou un démonstratif et par l'indéfini |-tsé´| "(un) certain" ou l'interrogatif |-úɲá| "quel ?"

N +	possesif	+	|-tsé´| "(un) certain"
	démonstratif		|-úɲá| "quel ?"

Lorsque le nom déterminé ainsi que ses déterminants, sont au singulier, le possessif ou le démonstratif caractérise un ensemble d'entités évoqué par le nom déterminé, alors que |-tsé´| "(un) certain" et |-úɲá| "quel ?" permettent de sélectionner une des entités de cet ensemble :

m̀-byî	z-àn	zì-tsé	yɔ̌	ɣé
9-chèvre	9-ma	9-un	être malade	*Me*

"L'une (mais je ne sais pas laquelle) de mes chèvres est malade."

m̀-byî   z-àn   dz-ʉ́ŋɔ̀   kʉ̀ɔ̂
9-chèvre 9-ma   9-quel   courir+Me
"Laquelle de mes chèvres s'est échappée ?"

m̀-bᵗyí   z-↓ên   zì-tsé   yǒ   yé
9-chèvre 9-ce-ci 9-certain être malade Me
"L'une (mais je ne sais pas laquelle) de ces chèvres-ci est malade."

m̀-bᵗyí   z-↓ên   z-ʉ́ŋɔ̀   dzʉ̀ɔ̂
9-chèvre 9-ce-ci 9-quel   manger+Me
"Laquelle de ces chèvres-ci a mangé ?"

REMARQUE 30 : hors contexte, deux interprétations sont possibles avec le démonstratif. Ou bien "ces chèvres-ci" s'opposent à "ces chèvres-là", ou bien ce sont des chèvres qu'on pointe du doigt et qui se trouvent près du locuteur.

Lorsque le nom déterminé ainsi que ses déterminants, sont au pluriel, le démonstratif ou le possessif caractérise, comme au sg., un ensemble d'entités évoqué par le nom déterminé, alors que |-tséʹ| "(un) certain", et |-ʉ́ŋá| "quel ?" permettent, cette fois, de sélectionner un sous-ensemble (plusieurs entités) de cet ensemble :

m̀-byî   ts-án   tsà-tsé   yǒ   yé
10-chèvres 10-mes 10-certaines être malade Me
"Certaines de mes chèvres (mais je ne sais pas lesquelles) sont malades."

m̀-byî   ts-ᵗán   ts-↓ʉ́ŋɔ́   yǒ   yé
10-chèvres 10-mes 10-quelles être malade Me
"Lesquelles de mes chèvres sont malades ?"

m̀-bᵗyí   ts-↓ên   tsà-tsé   yǒ   yé
10-chèvres 10-ces-ci 10-certaines être malade Me
"Certaines (mais je ne sais pas lesquelles) de ces chèvres-ci sont malades."

m̀-bᵗyí   ts-↓ên   ts-ʉ́ŋɔ́   dzʉ̀ɔ̀
10-chèvres 10-ces-ci 10-quelles manger+Me
"Lesquelles de ces chèvres-ci ont mangé ?"

REMARQUE 31 : ici aussi, hors contexte, deux interprétations sont possibles avec les démonstratifs, les mêmes qu'au singulier.

4.14.4.B. Le nom est déterminé par un possessif ou un démonstratif et par |-mɔ̀ʔá| "(un/l') autre"

N + possesif + |-mɔ̀ʔá| "autre"

N + |-mɔ̀ʔá| "autre" + démonstratif

Lorsque le nom déterminé ainsi que ses déterminants, sont au singulier, le possessif ou le démonstratif caractérise un ensemble d'entités évoqué par le nom déterminé, alors que |-mɔ̀ʔá| "(un/l') autre" permet d'opposer une des entités au reste des entités de cet ensemble :

m̀-byî   **z-àn**   **zì-mɔ̀ʔɔ́**   **kfwõ̂**
9-chèvre   *9-ma*   *9-autre*   mourir+*Me*

"Une autre de mes chèvres est morte."

m̀-byí   **zì-mɔ̀ʔɔ́**   **z-îŋ**   **dzὺɔ̂**
9-chèvre   *9-autre*   *9-ce-ci*   manger+*Me*

"Une autre de ces chèvres-ci a mangé."

REMARQUE 32 : on retrouve ici encore deux interprétations possibles avec le démonstratif (*cf.* les remarques précédentes). On les retrouve naturellement aussi au pluriel (*cf.* ci-après).

Lorsque le nom déterminé ainsi que ses déterminants sont au pluriel, le démonstratif ou le possessif caractérise, comme au singulier, un ensemble d'entités évoqué par le nom déterminé, alors que |**-mɔ̀ʔá**| "(un/l') autre" permet d'opposer un sous-ensemble d'entités au reste des entités de cet ensemble :

m̀-byî   **ts-ân**   **tsà-m˦ɔ̀ʔ˥ɔ́**   **kfwõ̂**
10-chèvres   *10-mes*   *10-autres*   mourir+*Me*

"Certaines de mes chèvres (par opposition à mes autres chèvres) sont mortes."

m̀-byí   **tsà-m˦ɔ̀ʔ˥ɔ́**   **ts-îŋ**   **dzύɔ̂**
10-chèvres   *10-autres*   *10-ces-ci*   manger+*Me*

"Certaines de ces chèvres-ci ont mangé (alors que les autres de ces chèvres n'ont pas mangé)."

REMARQUE 33 : Dans les textes étudiés, sont attestés plusieurs exemples où le "possesseur" fait partie du groupe d'unités qu'évoque le nom déterminé, et |**-mɔ̀ʔá**| "autre" sert alors à opposer le "possesseur" aux autres unités composant le groupe. Les exemples qui suivent sont extraits d'un même conte, il y est question d'un même groupe de frères dans les deux cas. Le premier syntagme est au singulier, mais la racine du possessif est pluriel, ce qui permet d'opposer un frère au reste de ses frères. Le deuxième syntagme est au pluriel, mais la racine du possessif est au singulier, ce qui permet d'opposer l'ensemble des frères à l'un d'entre eux (dans un cas comme dans l'autre, c'est le même individu qui fait bande à part...) :

m˦úm˨â   **w-à**   **wú-mɔ̀ʔɔ́**   **túŋɔ̂**   **yí** ...
1+frère   *1-leur*   *1-autre*   refuser   lui

"L'un des frères refusa…" (*litt.* : "leur autre frère refusa ...)

bì-m˦úm˨á   **b-yí**   **bâ-m˦ɔ̀ʔ˥ɔ́**   **bí**   **búŋɔ̂**   **wá**   **ntsὺnd˦â**
2-frères   *2-ses*   *2-autres*   *2*   retourner   eux   maison

"Ses frères (mais pas lui), ils rentrèrent à la maison." (*litt.* : "ses autres frères rentrèrent…")

4.14.5. *Un seul adjectif / participe*

Il ne peut pas y avoir plus d'un adjectif ou d'un participe à déterminer un même nom. En cas de détermination multiple, on a recours soit à un dérivé verbo-nominal de cl. 7, soit à une proposition relative, à laquelle peuvent être enchaînées une ou plusieurs propositions. On peut résumer ce type de détermination multiple par la formule suivante :

dérivé verbo-nominal (cl. 7) + N + participe
+ proposition relative + *n* propositions enchaînées à la relative

ì-fɔ̀   **wùn-dvὺŋnɔ́**
1-chef   *1-vieux+Me*

"Un vieux chef."

à-lvùŋɔ́   fɔ̂   wù-fàŋnɔ́   "Un vieux grand chef."
7-viellesse *1+chef 1-grand+Me*

mà làmɔ̂   lwɛ̌   y ᵗé   wú-ɣà?ànɔ́[100]
je   cuire+7 amertume *3+feuille 3-abondant+Me*
"J'ai cuit une grande quantité de feuilles amères."

à-lvùŋɔ́   m-by ᵗí   zì-fàŋní //   z-ā̰   fùŋn ᵗɔ́
7-vieillesse *9-chèvre 9-grand   9-Rel+9 P₀+être noir+R+Me*
"La vieille grosse chèvre noire."

à-lvùŋɔ́   m-by ᵗí   zì-fàŋní //   z-ā̰   fùŋn ᵗí //   ŋgǒ
7-vieillesse *9-chèvre 9-grand   9-Rel+9 P₀+être noir+R   C[-F]+être malade+Me*
"La vieille grosse chèvre qui est noire et malade."

REMARQUE 34 : tous ces exemples de détermination "adjectivale" multiple ont été obtenus grâce à un questionnaire.

---

[100] Ici encore on constate une absence de phénomène de sandhi segmental (mais pas tonal) entre le nom "feuille" et le participe "abondant". On serait tenter de dire que le participe est ici un substitut juxtaposé au syntagme associatif qui le précède. Une traduction littérale serait alors : "j'ai cuit des feuilles amères, celles-ci en grande quantité.". Si le participe déterminait le nom "feuille" on s'attendrait à avoir y ᵗéŋ gúɣà?ànɔ́.

5. LES SUBSTITUTS

Sont appelés « substituts », les déterminants utilisés en l'absence du nom auquel ils renvoient. Notons qu'ils ne renvoient pas forcément à un terme spécifique ; ils peuvent renvoyer à une notion déjà évoquée, sous une forme ou une autre, tout en lui apportant de nouvelles caractéristiques. Donnons deux exemples :

nì-vuò   nì-m ⁺íɣ ⁺ám   b ⁺ɔ́ ⁺ŋ   ntsǎ   nǎ-lòmɔ̀
5-chute   5-saison des pluies+5   être bon   passer   <u>5-saison sèche</u>+*Me*
"Tomber en saison des pluies vaut mieux que tomber en saison sèche."

L'élément d'accord **nǎ** de **nǎlòmɔ̀**, parce qu'il est celui de la cl. 5, renvoie à la notion de **nìvuò** "chute", nom de cl. 5, tandis que (à)**lòmɔ̀** "saison sèche" (cl. 7) caractérise cette chute comme une chute en saison sèche, (par opposition à une chute en saison des pluies).

bàŋgyè   bínt ⁺ɔ́ʔɔ́   b ⁺á   bí   kwḛ̂ ndáʔí ntsí lá   wù-tsé   kèʔé   dʒwíɔ̀
2+femmes du palais les   2   Aux jamais être *Ma* <u>1-certaine</u> *Nég* accoucher+*Me*
"Depuis le temps, parmi les femmes du chef, pas une seule n'avait accouché."

wùtsé "une certaine" renvoie à la notion de "femme de chef" évoquée par le syntagme **bàŋgyè bínt ⁺ɔ́ʔɔ́ b ⁺á** "les femmes du chef", mais pas au syntagme lui-même, qui est au pluriel (cl. 2), alors que **wùtsé** est une forme singulier comme l'indique le préfixe d'accord **wù** de la cl. 1.

5.1. Les démonstratifs

Les préfixes d'accord des démonstratifs substituts sont les mêmes que ceux des démonstratifs déterminants :

z-íŋɔ̀   tìʔí   ŋkwá:tɔ̂   nùɔ̀
<u>7-ce-ci</u> alors répéter   chose+Me
"Ceci est répéter une chose."

ŋgût̰ n-dz ⁺úm   ts-⁺íŋɔ̀   nì   ts-án ìts-êm[101]   bê   tʃ-í…
dire 10-choses 10-ces-ci+1   être 10-les miennes <u>10-celles-ci</u> être 10- les siennes
"…et dit que ces choses-ci sont les miennes, que celles-ci sont les siennes…"

ŋgɔ́   à-z ⁺úm   z-⁺ên   à nɔ̂   ʒ-í   z-ênɔ̂[102]   á   bê   z-án…
que   7-chose   7-ce-ci   1 être 7-sienne <u>7-ce-ci</u>   1   être 7-mienne
"…[s'il dit] que cette chose-ci, c'est la sienne, celle-ci, c'est la mienne…"

5.2. L'interrogatif sélectif | -úŋá| "lequel?"

Les marques d'accord de l'interrogatif sélectif substitut sont les mêmes que ceux de l'interrogatif sélectif déterminant :

---

[101] On a noté quelques occurrences d'un **ì** à l'initale des démonstratifs, après une pause.
[102] **zènɔ̂** est une variante de **zíŋɔ̀** (*cf.* note 33 en 4.1.3.B.).

b-úúŋɔ́ **y⁺íŋɔ̀**
2-quels+2 arriver+Me
"Lesquels (parmi les visiteurs) sont arrivés ?"

5.3. Le morphème numéral | -é |

Les marques d'accord du numéral substitut sont les mêmes que ceux du numéral déterminant :

b-í **bí-tárɔ́** **γé** "Trois."   **b-í** **níkwà** **γè** "Quatre."
2-Mn 2-trois *Me*   2-Mn quatre *Me*

(Ces deux énoncés constituent des réponses possibles à la question : "Combien de personnes (cl. 2) sont déjà arrivées ?")

5.4. Le relatif | -à´ |

Les préfixes d'accord du relatif substitut sont les mêmes que ceux du relatif déterminant :

mà wì?ìtí **ŋgǔu ì-tsùm** **ts-ǎ //** **mb⁺á?⁺á** **mà sùŋní** **l⁺á //** **à ní ts-ǎ //**
je penser que *10*-toutes *10-Rel* que   je dire   *Ma* 1 être *10-Rel*

mb⁺á?⁺á mà tʃìní **wàŋní yùɔ́**
que je être vite faire+Me
"Je pense que toutes [les choses] que je viens de mentionner, ce sont celles que je peux faire rapidement."

ì-nù **ts-îŋ** **tsùm tsùm ts-ǎ** **mb⁺á?⁺á mà tʃìní** **yǔu mb⁺á?⁺á bé**
10-choses 10-ces-ci toutes toutes *10-Rel* que   je être   faire que   si

mà tsí **ní** **ŋkábɔ̀ ábɔ̀?ɔ́n⁺í** **ts-ǎ //** **mb⁺á?⁺á mà tʃìní** **kà?á yûu...**
je être avec argent avec   *10-Rel* que   je être   *Nég* faire
"Ce sont toutes les choses que je peux faire si j'ai de l'argent et celles que je ne peux pas faire…"

z-ǎ **mà kì zòn⁺í** **ŋgàbɔ̀**
7-Rel je *P₁* acheter semaine+Me
"Celui que j'ai acheté la semaine dernière."
(Enoncé qui constitue la réponse possible à la question : "Quel bouc s'est égaré ?")

5.5. Les possessifs

Les préfixes d'accord des possessifs substituts sont les mêmes que ceux des possessifs déterminants :

ŋgǔu n-dz⁺úm ts-⁺íŋà **nì ts-án** **ìts-êm** **bê** **tʃ-í...**
dire 10-choses 10-ces-ci+1 être 10-les miennes 10-celles-ci être 10- les siennes
"…et dit que ces choses-ci sont les miennes, que celles-ci sont les siennes…"

mà wémə̀ z-án   z-ên…
je saisir <u>7-mon</u> 7-ce-ci
"Je m'emparai du mien (de terrain), celui-ci…"

ŋgɔ́ à-zᵗúm z-↓ên à nɔ̂ ʒ-í   z-ênɔ̂ á bê z-án…
que 7-chose 7-ce-ci *1* être <u>7-sienne</u> 7-ce-ci *1* être <u>7-mienne</u>
"…[s'il dit] que cette chose-ci, c'est la sienne, celle-ci, c'est la mienne…"

5.6. | -mɔ̀ʔá| "l'autre/un autre"

Les préfixes d'accord de |-mɔ̀ʔá| "autre" substitut sont les mêmes que ceux de
|-mɔ̀ʔá| "autre" déterminant :

ŋkᵗwíʔ↓í ŋgè ndᵗɔ́ɣ↓ɔ́ mâ-mᵗɔ́ʔ↓ɔ́…
encore aller prendre <u>6-autre</u>
"…et à nouveau, il alla en chercher d'autre…"

mâmᵗɔ́ʔ↓ɔ́ "autre" (cl. 6) renvoie à **mìwàŋɔ́** "bouillie" (cl. 6) qui a déjà été
mentionnée plus tôt dans l'histoire.

màŋgyê tsê tsᵗí w↓ú lê ǹtsí nɨ́ ɨ̀bɔ̂ byí bíbᵗá↓ʿ(…)
femme certain être là hein être avec enfants ses deux

ǹ-tsà mbyì á bé ŋgúbìɔ́ wù-mɔ̀ʔɔ́ bé sílùmɔ́
1-première *1* être Ngubi+*Me* <u>*1*-autre</u> être Silum+*Me*
"Jadis, il y avait une femme qui avait deux enfants [...] L'aînée, c'était Ngubi. L'autre était
Silum."

bà-mᵗɔ́ʔ↓ɔ́ bɨ́ tʃê ndá ŋwà̀ʔànɔ̀…
<u>*2*-autres</u> *2* rester maison livre
"Les autres [les frères et les sœurs], ils étaient à l'école…"

bɨ́ tsí àmúɔ̀ lá?ᵗá w↓ên bèm bà-mᵗɔ́ʔ↓ɔ́ bɨ́ ʒwítìnɔ̀ bâ-mᵗɔ́ʔ↓ɔ́…
2 être dans pays ce-ci *2*+gens *2*-autres *2* tuer <u>*2*-autres</u>
"Dans ce pays, les gens s'entretuaient…" (*litt.* : "certaines personnes en tuaient
d'autres…")

5.7. Les adjectifs et les participes

Les préfixes d'accord des adjectifs et participes substituts sont les mêmes que
ceux des adjectifs et participes déterminants :

ɨ̀nàm tsùm zìŋ-gwì bó zìŋ-kɨ̀ʔínì kyáŋtì kúɯ lɔ̀ɣɔ́ dᵗíʔí wá m↓úɔ́
animaux tous <u>9-gros</u> et <u>9-petit</u> se préparer aussi prendre place là dans+*Me*
"Tous les animaux, grands et petits, se préparèrent à y (la course) prendre part." (*litt* : "le
grand et le petit")

nyùm à bèᵗʿ tsᵗí múŋ mà kwìʔí sᵗúŋɔ́ tsɨ̂-ɣà̀ʔàtínɔ́
temps *1* être être alors je ajouter dire <u>8-abondant+*Me*</u>
"S'il restait du temps, j'en dirais encore beaucoup [de choses (cl. 8)]."

195

5.8. L'indéfini | -tsé´| "un certain"

Comme nous l'avons déjà vu |-tsé´| "certain" déterminant peut être précédé aux classes 1, 3, 7, 8, 9 et 10 d'un préfixe d'acord CV ou V. En tant que substitut, il ne peut être précédé, aux mêmes classes, que d'un préfixe CV[103] :

bàŋgyὲ   bínt⸰ɔ́ʔɔ́   b⸰á bí   kwȩ̂ ndáʔí   ntsí   lá   wù-tsé   kὲʔé   dʒwíὲ̀
2+femmes du palais   les   2   Aux   jamais   être   Ma   1-certaine   Nég   accoucher+Me
"Depuis le temps, parmi les femmes du chef, pas une seule n'avait accouché."

mà γûu   ŋg⸰ú̃u m⸰á   fù?ɔ́   ǹtíʔí   sé?étí   mâ-tsé⸰´   m⸰ú̃ɔ̀ líʔɔ̀
je   Aux   dire   je   récolter   alors   ramasser un peu   6-certain   dans   champ+Me
"Lorsque plus tard je voulais faire une récolte, je ne trouvais que peu de choses dans le champ."

Dans cet énoncé **mâtsé** "certain" (cl. 6) réfère à **mìdzú̃ɔ̀** "nourriture" (cl. 6), qui a été mentionné dans la phrase précédente.

5.9. Les participes négatifs

Pour autant qu'on puisse généraliser à partir des exemples donnés ci-après et des manifestations des morphèmes d'accord ailleurs dans le système, on dira que, en tant que substituts, les participes négatifs apparaissent :
- sans la partie segmentale du préfixe aux classes 1 (cf. les deux premiers exemples ci-dessous), 3 et 9 ;
- avec le préfixe complet aux classes 2 (cf. la remarque 1), 5, 6, 7 et 19 ;
- avec (cf. le dernier exemple) ou sans la partie segmentale du préfixe aux classes 8 et 10.

ǹdɔ̀m   ndá   tìb⸰é   w⸰á b⸰yé   à kfùrɔ́   γ⸰ó
1+sorcier   maison   1+sans être   1+le dehors   1   manger   te
"N'est-ce pas le sorcier de la maison et non celui du dehors qui t'a mangé ?" (Proverbe).

bí   k⸰ɔ́   t⸰ɔ́ŋɔ̀   γá // ŋgǔu mà ní   tì3í   bɔ̀ŋɔ̀ // tì3í   bɔ̀ŋ
2   Pas   appeler   me   que je   être   1+sans savoir   bon   1+sans savoir   bon

wê   á   díʔì // ŋg⸰ú̃u...
1+ce-ci   1   montrer   que
"On m'appelait "(je suis) un ne sait pas ce qui est bon". Ce "ne sait pas ce qui est bon" montrait que…"

REMARQUE 1 : D'après l'informateur qui a produit l'énoncé ci-dessus, le pluriel de **tì3í bɔ̀ŋɔ̀** "un ne sait pas ce qui est bon" (cl. 1) serait **bìtíʒ⸰í bɔ̀ŋɔ̀** "des ne savent pas ce qui est bon" (cl. 2).

bô   y⸰ɛ́n   d⸰á // ŋg⸰yé⸰´   nî   nù   tsì-ʃíʔìnɔ́   bɔ̀?ɔ́n⸰ɔ́   tsì-tíbɔ̀ŋɔ̀
eux   venir   Ma   venir   avec   8+choses   8-bonnes   et   8-mauvaises+Me
"Lorsqu'ils arrivèrent ils apportèrent de bonnes et de mauvaises choses."

---

[103] C'est aussi le cas lorsque |-tsé´| "certain" est antéposé au nom qu'il détermine (cf. V.10.3.3.).

5.10. Le nom associé (N_2)

Nous avons vu en 4.10.1. qu'en présence du N_1 dans le syntagme associatif, les Pa n'étaient de structure CV qu'aux classes 2, 5, 6, et 19. En l'absence du N_1 auquel il renvoie, le substitut associatif présente les mêmes Pa que |-mɔ̀ʔá|"autre"[104], soit :

Tableau 45 – Préfixes d'accord devant le N_2

cl. 1	γò` -	cl. 7	zà´-
cl. 2	bà´-	cl. 8	tsà´-
cl. 3	γò´-	cl. 9	zì` -
cl. 5	nà´-	cl. 10	tsà´-
cl. 6	mà´-	cl. 19	fà´-

|γò`-lùm` a|	wùlùmɔ̀		|γò´-lùm` a|	wùlúmɔ̀
1-1ᵃ+Lum Me			*3-1ᵃ+Lum Me*	
"Celui de Lum."			"Celle de Lum"	

Dans l'exemple de gauche, le nom auquel renvoie le substitut appartient à la cl. 1 : les tons du nom "Lum" ont une représentation directe. Dans l'exemple de droite, le nom auquel renvoie le substitut appartient à la cl. 3 : nous constatons que la première syllabe du nom "Lum" porte alors un ton H qui n'est pas son ton lexical mais le ton H du morphème d'accord. Si un préfixe dont le deuxième ton est H est suivi d'un nom de structure tonale |B H| le ton H du préfixe entraîne la formation d'une faille tonale sur le nom : c'est ce qu'illustre l'exemple de droite ci-dessous :

|zì`-fùr´ a|	zìfùrɔ́		|zà´-fùr´ a|	zàf↑úr↓ɔ́
9-1ᵃ+Fru Me			*7-1ᵃ+Fru Me*	
"Celle de Fru."			"Celui de Fru."	

Dans l'exemple de gauche, le nom auquel renvoie le substitut appartient à la cl. 9. Dans l'exemple de droite, il s'agit d'un nom de cl. 7 : le ton H du préfixe de cl. 7 entraîne la formation d'une faille tonale sur le nom qui le suit, soit "Fru".

Si le nom qui suit le préfixe présente un Pn de structure V ou N, les tons B et H du préfixe se combinent, sur ce préfixe même, le ton B du Pn se manifeste en occasionnant une faille tonale, s'il est suivi d'un ton H (*cf.* l'exemple de droite ci-dessous) :

|bà´-ŋ̀-gàŋ` a|	băŋgàŋɔ̀		|bà´-ŋ̀-kwéntì a|	băŋk↑wéntɔ̀
2-1-Ngang Me			*2-1-Nkwenti Me*	
"Ceux de Ngang."			"Ceux de Nkwenti."	

Dans le deuxième exemple la première syllabe de la racine du nom de personne "Nkwenti" porte un ton supra-haut : ceci est dû au phénomène de faille tonale engendré par le ton H du préfixe d'accord.

---

[104] C'est aussi le cas lorsque le N_2 est antéposé au nom (N_1) qu'il détermine (*cf.* V.10.3.3.).

Suivent d'autres exemples de substituts associatifs :

nì-fâŋ   ɲí   fí   nǎ-s ꜛɔ̂
5-taille sa ressembler *5-éléphant*+Me
"Sa taille ressemble à celle de l'éléphant."

nì-vuò nì-m ꜛíɣ ꜜám   b ꜛɔ́ ꜜŋ ntsǎ nǎ-lòmɔ̀
5-chute 5-saison des pluies+5 être bon passer *5-saison sèche*+Me
"Tomber en saison des pluies vaut mieux que tomber en saison sèche."

> REMARQUE 2 : Dans le syntagme associatif nì-vuò ním ꜛíɣ ꜜám "chute en saison des pluies", le
> nom déterminé nìvuò "chute" est présent : c'est donc le préfixe associatif |ní-| qui est utilisé et
> non |nà ́-|.

à-ɣɔ̂   ʒí   á   fí   zǎ-ŋgv ꜛwô
7-errance sa 7 ressemble *7-chien*+Me
"Son vagabondage, il ressemble à celui d'un chien."

ŋgá ꜛ ́ d ꜛí?ɔ́   mb ꜜó tʃí   ǹdz ꜛɔ́ŋ ŋg ꜜá zâ-f ꜛúr ꜜɔ́ [...] mà kǐ ŋgá
donner 7+terrain à Chi ensuite donner *7-Fru*   je aussi donner

zà-wérɔ́[105] tsè?è ɣànɔ́
7-lui   juste donner+Me
"...et j'ai donné un terrain à Chi, ensuite j'en ai donné un à Fru (*plus litt* : "j'ai donné celui
de Fru") [...] Je lui ai effectivement donné le sien (de terrain à Fru)."

ǹ-dʒwǐ   ʒí   bě   tsǒ   zì-ɲàmɔ̀
9-respiration sa être comme *9-animal*+Me
"Sa respiration est comme celle d'une bête."

nì-ʒwì   ɲí   bé   tsǒ   nà-ɲámɔ̀
5-respiration sa être comme *5-animal*+Me
"Sa respiration est comme celle d'une bête."

m̀bá?à   kwèbìt ꜛíɲí ŋ-kyèrɔ́   ʒì   tsǒ   zà-tʃwì   lá...
comme+1 changer   9-apparence sa comme *9-gazelle* Ma
"Comme il (caméléon) a changé son apparence pour ressembler à la gazelle..."

m̀b ꜛɔ́ŋ ꜜɔ́ zǎ-ŋgɔ̀?ɔ́ zíɲɔ̀   kí   ntʃé t ꜜú   z ꜜúɩ́ɔ́ mb ꜛɔ́ŋ ꜜɔ́ zà-ɣâŋní
avant   *7-pierre* cette-ci aussi être tête elle   avant+que *7-hirondelle*

kí   mb ꜜɔ́ ŋkí   ntʃé
aussi encore aussi être+Me
"D'autre part, celle de la pierre est aussi quelque chose en soi. D'autre part celle de
l'hirondelle est aussi quelque chose en soi."

> REMARQUE 3 : dans ce dernier exemple, le nom auquel renvoient les deux substituts, zǎŋgɔ̀?ɔ́
> et zàɣâŋní, est àfùɔ́ "feuille, médicament" (cl. 7).

5.11. | -tsùm ` | "tout"

Les préfixes d'accord de |-tsùm ` | "tout" substitut sont les mêmes que ceux de
|-tsùm ` | "tout" déterminant :

---

[105] wérɔ́ "lui" (cl. 1) n'est pas un nom mais un pronom indépendant.

nd ⸜ɔ́ɣ ⸝í   mí-tsùm   mì-tsùm   mì-tsùm…
prendre   _6-tous_   _6-tous_   _6-tous_
"…et il les prit tous, tous, tous…"

mà wî?ìtí   ŋgǔ í-tsùm   tsá // mb ⸜á? ⸝á mà sùŋn ⸜í l ⸝á à ní tsǎ //
je pense   que _8-tous_   _Rel_ que   je dire _Ma_ _1_ être _Rel_

mb ⸜á? ⸝á mà tʃìní   wàŋní ɣǎ
que   je pouvoir vite   faire+_Me_
"Je pense que tout ce que j'ai dit, c'est ce que je peux rapidement réaliser."

REMARQUE 4 : dans le premier exemple le substitut renvoie au syntagme **mìb ⸜úŋ m ⸝íníkɔ̀ŋɔ́** "paquets de sagaies" (cl. 6). Dans le deuxième exemple, c'est à **ìnùɔ̀** "choses" (cl. 8) que renvoie le substitut.

5.12. | -sé?´ | "combien?"

Les préfixes d'accord de |-**sé?**´| "combien de ?" substitut sont les mêmes que ceux de |-**sé?**´| "combien de ?" déterminant. La question est de savoir si on doit, ou non, utiliser le morphème numéral |-é|.

Lorsque le nom auquel renvoie l'interrogatif appartient aux cl. 2 et 6, classes pour lesquelles le préfixe d'accord qui précède l'interrogatif est de structure CV(n), l'emploi du morphème numéral est facultatif :

bí m ⸜á? ⸝á wɔ́ kɔ̀ ŋg ⸜ár ⸝í   kwí?ì ŋg ⸜ám w-⸝í m ⸜ɔ́? ⸝ɔ́ kɔ̀ mì-sé?é…
_2_ lancer vous ou fusil   encore parler _3-Mn_ _3+un_ ou _6-combien_
"S'ils tiraient sur vous, que [votre] fusil résonnait une [fois] ou plus…"

En revanche, lorsque le nom auquel renvoie l'interrogatif appartient aux cl. 8 et 10, l'informatrice auprès de laquelle cette enquête sur les numéraux cardinaux et "combien de ?" a été menée, n'est pas certaine qu'on puisse se passer du morphème numéral. Elle donne donc comme sûr l'énoncé suivant (avec le Mn) :

ts-í   sé?é   dzúɔ̀
_10-Mn_ combien manger+_Me_
"Combien (de chèvres) ont mangé ?

5.13. Les (noms) numéraux cardinaux

5.13.1. Les numéraux

On retrouve, avec les numéraux cardinaux, le même problème qu'avec l'interrogatif |-**sé?**´| : lorsque le nom auquel renvoie le numéral cardinal appartient aux classes pour lesquelles le préfixe d'accord qui précède le numéral est de structure CV(n), l'emploi du morphème numéral est facultatif quelle que soit la fonction (sujet ou complément) du substitut :

199

(n-í)   ní-m↑ɔ́?↓ɔ́   ɣé   "Un."[106]   (b-í)   bí-tárɔ́   ɣé   "Trois."
(5-Mn) *5-un*   *Me*   *(2-Mn)* *2-trois* *Me*

mà lǎm (n-↑í)   ní-mɔ́?↓ɔ́   ɣé   "J'en ai cuit un."
je cuire *(5-Mn)* *5-un*   *Me*

mà lǎm   (m-↑í)   mín-tárɔ́   ɣé   "J'en ai cuit trois."
je cuire *(6-Mn)* *6-trois*   *Me*

Lorsque le nom auquel renvoie le numéral appartient aux classes pour lesquelles le préfixe d'accord est de structure V, on a obtenu des réponses différentes selon que le substitut numéral est sujet ou complément :
- S'il est sujet, il semble que la présence du morphème numéral soit facultative aux cl. 1, 3 et 9, obligatoire à la cl. 7 :

    ì-mɔ̀?ɔ́ ɣè   ou   wî mɔ̀?ɔ́ ɣè (cl. 1 et 9)
    í-m↑ɔ́?↓ɔ́ ɣé ou   wí m↑ɔ́?↓ɔ́ ɣé (cl. 3)

mais : zíɔ́ m↑ɔ́?↓ɔ́ ɣé (cl. 7)

D'un autre côté, si le substitut est complément, l'emploi du morphème numéral semble être obligatoire, même aux cl. 1, 3, et 9 :

    (mà lǎm) w↑î mɔ̀?ɔ́ ɣè   "(J'en ai cuit) un" (cl. 1)
    (mà lǎm) z↑î mɔ̀?ɔ́ ɣè   "(J'en ai cuit) un" (cl. 9)
    (mà lǎm) w↑í mɔ́?↓ɔ́ ɣé   "(J'en ai cuit) un" (cl. 3)
    (mà zǔŋ) z↑íɔ́ mɔ́?↓ɔ́ ɣé   "(J'en ai acheté) une" (cl. 7)

REMARQUE 5 : Nous ne disposons d'aucune donnée pour les cl. 8 et 10.

5.13.2. Les noms numéraux

La présence du morphème numéral est facultative quelle que soit la fonction du substitut :

    níkwà ɣè   ou   tsí níkwà ɣè   "Quatre."
    nìwúmɔ̀   ou   tsí n↑íw↓úmɔ̀   "Dix."

5.14. Les substituts et le fonctionnel objet |á |[107]

Nous avons pu constater, à travers les différents exemples donnés ci-dessus, que les substituts pouvaient assumer différentes fonctions.

Lorsqu'ils ont la fonction objet, certains de ces substituts sont précédés du fonctionnel objet |á|, d'autres ne le sont pas.

---

[106] Lorsque l'énoncé se réduit à l'ensemble [(morphème numéral) + numéral] ou à un numéral seul, il s'agit d'un énoncé réponse à des questions telles que : "Combien de X ont mangé / sont perdus ?" ou encore "Combien de X as-tu vu(e)s ?".

[107] Le fonctionnel objet |á| régit des termes appartenant à différentes catégories (*cf.* V.1.3.3.A.).

5.14.1. Les substituts régis par le fonctionnel |á |

Il s'agit des démonstratifs, de l'interrogatif |-úŋá| "lequel ?", du relatif |-à´ |, des adjectifs ou participes, de |-mɔ̀ʔá| "autre", de l'indéfini |-tsé´| "un (certain)" et du nom associé (N$_2$)[108]. Insistons sur le fait que l'emploi du fonctionnel |á| est lié aux substituts eux-mêmes, et non aux classes auxquelles ils appartiennent par accord :

á zíŋɜ̀	"Celui-ci." (cl. 7 ou 9)
á tsúuŋɔ́	"Lesquels ?" (cl. 8)
á nă ò ɣàn ꜜɔ́	"Celui que tu m'as donné." (cl. 5)
á mâm ꜛɔ́ʔ ꜜɔ́ ɣé	"Les autres." (cl. 6)
á wúbàŋnɔ́	"Le rouge." (cl. 3)
á bâtsé ɣé	"Quelques-uns." (cl. 2)
á fâf ꜛúr ꜜɔ́	"Celui de Fru." (cl. 19)

Lorsqu'ils ne sont pas précédés du verbe dont ils sont l'objet, et donc qu'ils constituent à eux seuls l'énoncé, certains des substituts donnés ci-dessus peuvent ne pas être précédés du fonctionnel |á| : il s'agit des démonstratifs, des adjectifs et des participes, et de |-tsé´| "un certain". Par exemple à côté de á zíŋɜ̀ "celui-ci", on peut dire : zíŋɜ̀. Mais en présence du verbe, le fonctionnel |á| doit s'utiliser (il se réalise [ə] dans l'exemple ci-dessous) :

|mà zóní` á z-én a| mà zùŋɔ́ z ꜛíŋɜ̀   "J'ai acheté celui-ci."
je   acheter *Fo* *7-ce-ci* *Me*

D'autre part, on a relevé des occurrences de noms associés (N$_2$) non régis par le fonctionnel |á| :

à-ɣɜ̂   ʒí   á   fí   ză-ŋgv ꜛwô
7-errance *sa* *7* *ressemble* <u>*7-chien*</u>+*Me*
"Son vagabondage, il ressemble à celui d'un chien."

5.14.2. Les substituts non régis par le fonctionnel |á |

Il s'agit des possessifs, du morphème numéral, de |-tsùm`| "tout", des numéraux cardinaux, et de l'interrogatif numéral |-sé?´| :

ìɣɜ̀	"Le mien." (cl. 1)
àzɜ̂	"Le mien." (cl. 7)
ìmɜ̂	"Les miens." (cl. 6)

ìn-ô   nì-f ꜛúŋ ꜜ´   tsátî   n-ɜ̂   "Tu es plus noir que moi."
5-ta   *5-noirceur*+*5* *dépasser* <u>*5-mienne*</u>+*Me*

mà lãm ɣ-ɜ̀		mà sùɣɜ̂ z-ɜ̂	
je cuire <u>*1-mien*</u>+*Me*		je laver+<u>*7*</u> <u>*7-mien*</u>+*Me*	
"J'ai cuit le mien."		"J'ai lavé le mien."	

Dans l'exemple de droite, le [ə] en finale du verbe est la réalisation de la voyelle initiale de àzɜ̂ "Le mien." (cl. 7), et non du fonctionnel |á|.

---

[108] Aucune des données recueillies ne permet de dire ce qu'il en est avec les participes négatifs.

sóbí ǹ-tsùmɔ̀ "Coupe-la (la poule) entièrement!"
couper *9*-tout+*Me*

lám mí-tsùmɔ̀ "Cuis-les tous!"   lɔ̀ɣí bí-tsùmɔ̀   "Prends-les tous!"
cuire *6*-tous+*Me*   prendre *2*-tous+*Me*

ò lăm (m-ˀí) mí-sé?é   "Combien en as-tu cuit ?"
tu cuire *(6-Mn)* *6*-combien

màlăm (m-ˀí) mín-tárɔ́ ɣé   "J'en ai cuit trois."
je cuire *(6-Mn)* *6*-trois *Me*

màlăm w-ˀí mɔ̀?ɔ́ ɣè   "J'en ai cuit un."
je cuire *1-Mn* *1*+un *Me*

5.14.3. Succession de substituts ayant la fonction objet

En cas de succession de substituts ayant la fonction objet, la rection dépend du premier de ces substituts :

à sùɣɔ́ z-ˀên dzà-tsé ɣé[109]   "Il a lavé l'un de ceux-ci."
1 laver+*Fo* *7*-ce-ci *7*-certain *Me*

à sùɣí mì-tsùm m-íŋɔ̀   "Il a lavé tous ceux-ci."
1 laver *6*-tous *6*-ces-ci+*Me*

Dans le premier exemple, le premier substitut étant un démonstratif z ˀên "ce-ci" la rection se fait par le fonctionnel |ɔ́| (*cf.* le ɔ en finale du verbe). En revanche, dans le deuxième exemple, le premier substitut étant **mìtsùm** "tous" la rection est directe.

Tableau 46 – Préfixes des substituts

	a	b	c	d	e	f	g	h
cl. 1	ɣ-	ɣò-	ìɣ`-	ɣò`-	(ɣò)`-	ɣòǹ-	ìǹ-	ìǹ-
cl. 2	b-	bà-	ìb´-	bà´-	bì´-	bà-	bì-	bí-
cl. 3	ɣ-	ɣò-	ìɣ´-	ɣò´-	(ɣò)´-	ɣò-	ì-	í-
cl. 5	n-	nà-	ìn´-	nà´-	nì´-	nà-	nì-	ní-
cl. 6	m-	mà-	ìm´-	mà´-	mì´-	mà-	mì-	mín-
cl. 7	z-	zà-	àz´-	zà´-	zà´-	zà-	à-	á-
cl. 8	ts-	tsà-	ìts´-	tsà´-	(tsì)´-	tsà-	ì-	í-
cl. 9	z-	zì-	ìz`-	zì`-	(zì)`-	zìǹ-	ìǹ-	ìǹ-
cl. 10	ts-	tsà-	ìts´-	tsà´-	(tsì)´-	tsà-	ì-	í-
cl. 19	f-	fà-	ìf´-	fà´-	fì´-	fà-	fì-	fí-

Colonne a : démonstratifs, "quel ?", relatif, morphème numéral
Colonne b : "certain"
Colonne c : possessifs
Colonne d : "autre" ; nom associé (N₂)

---

[109] En tant que deuxième substitut, |-tsé´| ne peut pas être préfixé du préfixe d'accord de structure V |à-| (réalisé [à] dans l'exemple ci-après), alors que s'il détermine un nom il peut l'être : [àkáŋɔ̀ tsé ɣé] ou [àkáŋ dzàtsé ɣé] "une certaine casserole".

Colonne e : participes négatifs (*cf.* en 5.9. pour la justification de la mise entre parenthèses de l'élément CV du préfixe).
Colonne f : adjectifs, participes
Colonne g : "tout"
Colonne h : "combien ?", numéraux

5.15. Conclusion

Suivant la tradition des études bantoues, on a parlé jusqu'ici, aussi bien pour les déterminants que pour les substituts de « préfixes d'accord ». Mais on peut se demander s'il ne serait pas préférable, de parler, à la suite de C. Hagège, de pronoms supports (1982 : 75). En effet en l'absence du nom auquel ils renvoient, ces éléments permettent aux déterminants, non seulement de référer à une entité, mais aussi d'assumer les mêmes fonctions syntaxiques au sein de l'énoncé qu'un nom.

Lorsque les déterminants occupent la fonction de détermination au sein du syntagme nominal, « les pronoms supports » deviennent redondants et ont tendance à se simplifier. Cette simplification (qui touche soit la consonne initiale, soit la voyelle, soit les deux) varie d'un déterminant à l'autre. De plus elle se manifeste d'abord aux classes 1, 3, 7 et 9 ; puis aux classes 8 et 10, les classes 5, 6, et 19 étant les moins touchées par cette simplification.

Nous verrons dans la section suivante que les pronoms sujets (de classes) subissent ce même processus de simplification en présence du nom auquel ils renvoient.

6. LES PRONOMS

6.1. Les pronoms sujets

Les tons que portent les pronoms sujets dépendent en partie de la conjugaison, et participent donc à la constitution des différentes formes verbales.

Du point de vue sémantique, les pronoms sujets ont une valeur déictique s'ils renvoient à l'un des participants d'une situation d'énonciation (1ère et 2ème pers. sg. et pl.), ou anaphorique s'ils renvoient à une entité quelconque dont parlent les participants et qui est connue d'eux grâce au contexte linguistique ou extra-linguistique (situationnel).

Tableau 47 – Pronoms sujets

	SINGULIER		PLURIEL	
1ère PERS.	**mà**		**tì**	
2ème PERS.	**ɔ̀ [ò]**		**nì**	
3ème PERS.	cl. 1	**à**	cl. 2	**bí**
	cl. 3	**í**	cl. 6	**mí**
	cl. 5	**ní**	cl. 8	**tsí**
	cl. 7	**á**	cl. 10	**tsí**
	cl. 9	**ì**		
	cl. 19	**fí**		

Les tons des pronoms présentés ci-dessus sont ceux qu'ils portent à l'indicatif effectif, l'une des constructions verbales qui offre le maximum de différentiation tonale entre les pronoms : les pronoms de 1ère et 2ème pers. sg. et pl. portent un ton B ainsi que ceux des cl. 1 et 9. Les pronoms de toutes les autres classes portent un ton H.

– Le pronom de 1ère pers. du pl. **tì** a une valeur de duel[110] :

yìŋɔ́ //   tì   m↑ó↓′tí //   bɔ̀ŋɔ́   ɔ̀   ntí?ɔ́   ŋg↑έ↓′   yó   mú   mìbà?á   yɔ̀…
venir+que <u>nous</u> passer du temps avant+que tu alors aller   toi dans brousse toi
"Viens que nous passions un petit moment ensemble avant que tu ne partes dans ta brousse…"

nìmàŋɔ̀   yɔ́ //   ŋgáŋɔ́   tì   m↑í t↓í?í   kwébt↓í   mb↓ɔ́m sùŋɔ́   yè
civette   dire   non   <u>nous</u>   Fut   alors   changer   coutume aujourd'hui   Me
"La civette dit : "non, nous changerons alors la coutume aujourd'hui.""

Ces deux exemples sont tirés d'un conte dont les deux seuls « personnages » sont la civette et le coq.

---

[110] Pour exprimer l'exclusivité et l'inclusivité, on a recours aux pronoms indépendants **bùɣɔ́** et **bùɣínɔ̀** (*cf. infra* en 6.4.).

– Le pronom de cl. 1 **à** est utilisé comme pronom « vide » dans l'énoncé identifi-cateur (*cf.* V.1.2.2.) et dans le cas de focalisation du sujet (*cf.* V.10.2.1.A.) :

à   nɔ̂   káŋɔ̀   "C'est une casserole."
1 être 7-casserole+*Me*

à   fŭ   bɨ̀kùmɔ́   "Ce sont les notables qui sont sortis."
1 sortir 2-notable+*Me*

– Le pronom de cl. 2 **bɨ́** a soit une valeur anaphorique – il renvoie alors à un nom de cl. 2 – (*cf.* les trois premiers exemples ci-dessous) soit une valeur indéfinie. Il est alors l'équivalent du "on" français, ou permet un effacement de l'agent, dans la mesure où le mankon n'a pas de voix passive :

á   súŋɔ̀   mbˀô bǫ̀   byí // ŋgˀɔ́   bɨ̀ fú // ŋgˀé // ntsˀí // ndyêm ǹtʃwí zâ
1 dire à   2+enfants ses que+que *2* sortir aller rester surveiller maïs le+*Me*
"Elle dit à ses enfants d'aller surveiller le maïs."

bèm   bɨ́ŋgwê yì wá bɨ́ ɣâ   bù?ù   tsɨ̀yà?ànɔ́ mbˀô mbâ wâ
2+gens femme sa la *2* donner esclaves beaucoup à   type le+*Me*
"Les parents de sa femme, ils donnèrent beaucoup d'esclaves au type."

màŋgyê tsê   tsˀí wˀú lê // ntsí nɨ̀ bǫ̀   bɨ́ bíbáˀ↓ // bɨ́ bé
femme certaine+*1* vivre là hein être avec 2+enfants *Mn* deux *2* être

tsɛ̀?ɛ̀   bàŋgyɛ̀ bâŋgyɛ̌
juste   femmes femmes+*Me*
"Il y avait jadis une femme qui avait deux enfants, juste des filles."

bɨ́ twɔ́ŋ mètɨ̀ // sílùmɔ́ kɨ́ ŋgˀú tsɛ̀?é dzàŋ wǎ //à fˀúu?↓útíní lâ
2 enterrer finir Silum+*1* aussi faire juste façon *Rel 1* informer *Ma*+*Me*
"Quand on eut fini de l'enterrer, Silum fit exactement ce qu'elle lui avait dit de faire."

Les trois exemples qui suivent sont des proverbes, ce qui justifie la valeur indéfinie du pronom **bɨ́** :

bɨ́ kûuŋ ŋgvˀwó ndˀá nà kwɛ̣́ ɲámɔ̀
2 boucher trou   maison avec os viande+*Me*
"On a bouché le trou de la maison avec un os à viande." (Proverbe).

bɨ́ tˀámɔ́ bê sǫ̀ mɨ̀sɔ̀ŋɔ́ // ká bɨ̀ ntámɔ̀ yé ŋkˀɔ́mɔ̀ túɔ̀
2 tromper *Foc*+*Fo* tailleur dents *Nég 2* tromper+*Fo* lui+*Fo* gratteur tête+*Me*
"On trompe le tailleur de dents ; on ne trompe pas le coiffeur." (Proverbe).

ká bɨ̀ mbúʔɔ̀   yé lˀíʔí tɨ̌ fˀúɣɨ̀ nɨ̀kfúrɔ̀
Nég 2 défricher+*Fo* lui champ *Nég* enlever tas d'herbe+*Me*
"On ne défriche pas un champ sans enlever les tas d'herbe." (Proverbe).

REMARQUE 1 : Dans les deux derniers exemples, on a employé la négation |ká|. Cette négation entraîne la présence obligatoire d'un pronom objet à valeur réfléchi (*cf.* 6.3.2. et IV.4.3.1.A.). Ici le pronom est **yé** (3ème pers. du singulier) et non pas **wá** (3ème pers. du pluriel) justement à cause de la valeur indéfinie qu'a **bɨ́**.

bɨ́ dʒwˀíɔ̀   yǫ̀ á   ŋgùlúŋɔ́
2 donner le jour+*Fo* me *Loc* Ngulung+*Me*
"Je suis né à Ngulung." (*litt.* : "on m'a donné le jour...")

Notons que certains locuteurs emploient de préférence le pronom indépendant de 3ème pers. pl. **bó** "eux", quand il s'agit de renvoyer à des personnes connues, définies (ou animaux personnifiés), et utilisent **bɨ** plutôt avec sa valeur indéfinie :

bɨ   tɔŋnɔ́   ntàŋnì   bó   bɨ́ʔìnɔ̀
2   appeler   trompette   <u>eux</u>+*2*   commencer+*Me*
"On sonna de la trompette et ils commencèrent."

bó   ʒɨ́   ŋgǔ bô   m⁺ɨ́ ts⁺ɨ́   nɨ́   ntùɣɨ́   tìbɔ̀ŋ   mb⁺á?⁺á   bé   bɨ
<u>eux</u>+*2*   savoir   que   <u>eux</u>+*2* *Fut*   être   avec   règle   mauvais   que   si   *2*

tsɔ́ʔɔ́   yé
choisir+*Fo*   le+*Me*
"Ils savaient qu'ils seraient maltraités si on le choisissait."

6.2. Les indices sujets

Aux 3ème pers. sg. et pl., un nom sujet, ou un syntagme nominal sujet, est repris par un indice sujet[111]. Ces indices sont de structure V (|a| aux cl. 1 et 7 et |ɨ| à toutes les autres classes), et leurs réalisations dépendent des règles de sandhi présentées en II.1. Leur ton, comme celui des pronoms sujets, dépend en partie de la construction verbale (leur ton dans le tableau ci-dessous est celui qu'ils portent à l'indicatif effectif) :

Tableau 48 – Les indices sujets

cl. 1	à	cl. 2	ɨ́
cl. 3	ɨ́	cl. 6	ɨ́
cl. 5	ɨ́	cl. 8	ɨ́
cl. 7	á	cl. 10	ɨ́
cl. 9	ɨ̀		
cl. 19	ɨ́		

tʃwɨ̀ɔ́   bɔ̀ŋnɔ̂   ŋg⁺ǔ z⁺ǔ tʃé   làŋ   wá…
antilope<u>+*1*</u>   retourner que   elle être   chaise   la
"Après que Antilope se fut retournée pour s'asseoir…"

m̀bâ   wíŋɔ̀   ɣǔ   ŋgwá?át⁺ɔ́   ndʒw⁺ɨ́   w⁺ê…
type   ce-ci<u>+*1*</u>   *Aux*   penser   jour   ce-ci
"Le type pensa un jour…"

àlá?⁺á   z⁺íŋɔ̀   k⁺ɔ́   dz⁺ǔ   ntsò…
pays   ce-ci<u>+*7*</u>   *Pas*   manger+*I*   guerre
"Ce pays gagnait les guerres…"

Dans tous les exemples ci-dessus l'indice |a| des cl. 1 et 7 se réalise [ə].

---

[111] C'est aussi le cas, pour les pronoms indépendants de personnes **zɨ́ú** "lui", **bɨ̀ɣɔ́** "nous (exclusif)", **bɨ̀ɣɨ́nɔ̀** "nous (inclusif)" et **bó** "eux", ainsi que pour les pronoms indépendants de classes. L'indice sujet est alors |ɨ́|.

nìmí yɛ̃ ɣùnə̂ ŋkfuó yí...
mère sa+*1* *Aux* mourir elle
"Quand plus tard sa mère mourut..."

mb↑áʔ↓à ŋkùʔə́ à bènɨ́ mbâŋnɨ́ lá àtúə̀ ʒɛ́ kɨ̂ mb↑áŋ↓ə́ ŋgǔ bôm[112]
que coq *1* être mâle Ma tête sa+*7* aussi être rouge très
"Puisque le coq, il est un mâle, sa tête est donc vraiment rouge..."

Dans les deux exemples ci-dessus, le **i** du possessif et le **a** de l'indice des cl. 1 et 7 s'amalgament pour donner [ɛ].

lá ɨ̀ʃy↑é z↓ɨ̂ŋ tíʔ↓í ntʃɛ́ mɨ̀sɔ̌ŋ mè...
mais terre cette+*9* alors être+*Loc* dents moi
"Mais cette terre est maintenant sur mes dents..."

Dans cet exemple l'indice de cl. 9 se manifeste par la réalisation [z↓ɨ̂ŋ] et non [z↓ên] du démonstratif. Enfin dans les deux exemples ci-dessous, l'indice de cl. 10 (1er exemple) et de cl. 2 (2ème exemple) est indécelable :

ɨ̀ɲàm tsùm tsùm tíʔə̀ mb↑óm↓ə́...
animaux tous tous+*10* alors rencontrer
"Tous les animaux commencèrent à se rassembler..."

ɨ̀b↑ɔ́m b↓á f↓ú ŋgɛ̀ nɨ̂ tʃúʔ↑ú w↓á...
enfants les+*2* sortir aller avec nuit la
"Les enfants y allèrent cette nuit..."

6.3. Les pronoms objets

Tableau 49 – Pronoms compléments d'objet

	SINGULIER		PLURIEL	
1ère PERS.	|ɣ-an`|[113]	ɣə̰̂	|ɣo-ɔɣá`|	wɔ́ɣə ɣè[114]
			|ɣo-ɯɣ´|	wɯ́ɣə́
			|ɣo-ɯɣɨ́nà|	wɯ́ɣɨ́nə̀ ɣè
2ème PERS.	|ɣ-ɔ`|	ɣô	|ɣo-ən´|	wɯ́ŋə́
3ème PERS.	|ɣ-i´|	ɣɛ́	|ɣo-a´|	wá ɣé

Les pronoms objets sont régis par le fonctionnel |**á**|, dont le ton H explique les réalisations tonales des formes données dans les troisième et cinquième colonnes.

Tous les pronoms objets se décomposent en un préfixe (|**ɣ-**| au singulier et |**ɣo-**| au pluriel) et une racine. Les racines de ces pronoms sont identiques à celles des possessifs (*cf.* 4.5.1. tableau 34).

L'emploi des pronoms objets de 1ère et 2ème pers. est obligatoire. Celui de 3ème pers. est facultatif, l'expression de l'anaphore du complément d'objet étant

---

112 **ŋgǔ bôm** est un idéophone utilisé seulement avec |**bàŋ-**| "être rouge".
113 En ce qui concerne les tons des formes structurelles, se reporter à la section 4.5.1.
114 On a aussi la prononciation **á ɣɔ́ɣə̀ ɣè.**

souvent rendue (surtout lorsqu'il ne s'agit pas d'humain) par l'absence de pronom :

tàmâ   yə̂   yũ   ntɔ́ŋɔ́   wᵀŵɣꜜɔ́   ǹdʒùʔù   zŵɔ́
grand-père mon *Aux* appeler+*Fo* nous+*Loc* concession lui+*Me*
"Plus tard mon grand-père nous appela chez lui."

ànùɔ́   ndʒùʔù   wíŋə̀   tsí   kèʔé   wɔ́n   tsátə̀
chose concession ce-ci pouvoir *Nég*+*Fo* vous dépasser+*Me*
"Le problème de cette concession ne peut pas être difficile pour vous."

Les deux exemples suivants, dans lesquels figure le verbe |bítí| "questionner" illustrent le caractère facultatif du pronom objet yí "le/la" : celui-ci est employé dans le premier exemple mais pas dans le second :

à ɣènə̂ ŋgá   níŋgɔ̀m nᵀá   mbꜜɔ́   mântũnìsɔ̀ŋ   wâ //
1 venir donner plantain le   à   femme à la longue dent la

mbítɔ́   yí //   ŋgᵀúuꜜˊ…
questionner+*Fo* la   que
"Après avoir donné le plantain à la femme à la longue dent, il lui demanda…"

màŋgyê ntᵀɔ́ʔɔ́   wꜜá ɣê ŋkúŋᵀɔ́ ndꜜâ ŋgúbì // mbítí //   ŋgúuꜜˊ…
femme palais la aller entrer maison Ngubi questionner que
"La femme du chef entra dans la maison de Ngubi et lui demanda…"

mbâ wᵀá bꜜúʔútì   mbô   ŋgᵀwáŋnꜛɔ́   ŋgyè ntʃwá…
type le frapper mains vite   venir saisir
"Le type la supplia, arriva vite et (la) saisit…"

REMARQUE 2 : L'usage des pronoms de 3ème pers. est obligatoire dans le discours rapporté au style indirect (premier exemple ci-après) ou semi-direct (deuxième exemple) lorsque ces pronoms renvoient au locuteur du discours rapporté ou à son interlocuteur (*cf.* V.8.1.3.) :

ǹdɔ̀m yì   wᵀá wꜜáʔátì // ŋgᵀúu ŋgwê yì wê   à bvùrí tsèʔè tì   tɔ́ŋə̀   yí
mari son le+*1* penser   que femme sa ce-ci *1* rester juste *Nég* appeler+*Fo* le
nə̂
ainsi+*Me*
"Son mari pensa que sa femme, elle ne l'avait pas encore appelé (lui, son mari)."

ìsúŋᵀɔ́ mbꜜô ŋgwê yì wᵀá // ŋgᵀúu ò   ɣᵀúuꜜ'ntʃìʔɔ́ mᵀɔ́ŋ gꜜwê ò tsă
dire   à   femme sa la   que tu *Aux* secouer enfant ce-ci tu passer
bᵀyé   ǹtɔ́ŋtɔ́   yí   nɨ́   ndᵀóm bꜜáɣ̀ə̀ túə̀
dehors appeler+*Fo* le   avec chemin côté tête+*Me*
"…et il dit à sa femme de sortir et de l'(lui son mari)appeler vers le haut lorsqu'elle serait en travail."

6.3.1. Valeur réfléchie des pronoms objets

Un pronom objet a une valeur réfléchie lorsqu'il renvoie à la même entité que le sujet. Il n'est utilisé avec cette valeur qu'avec des verbes intransitifs ou employés intransitivement[115].

---

[115] Les pronoms objets à valeur réfléchie sont traduits par des pronoms indépendants ("moi", "toi", etc.) dans le mot-à-mot.

á tí?ì   ŋkfwó   yí // n⁺ɔ́ŋ⁺ɔ́   dí?í   wâ
1 alors   mourir+Fo elle   être couché+Loc endroit le+Me
"Alors elle mourut et resta allongée à cet endroit."

Cet emploi, très fréquent permet, semble-t-il, d'insister sur l'impact que le procès a sur le sujet (agent ou siège du procès) et sera présenté plus en détail en V.10.3.2. :

6.3.2. Emploi des pronoms objets avec la négation k⁺á

L'emploi d'un pronom objet du même degré[116] que le sujet, est d'autre part obligatoire avec la négation k⁺á (*cf.* IV.4.3.1.A.) :

k⁺á mà bú?ɔ́   yɔ̂
Nég je défricher+Fo moi+Me
"Je n'ai pas défriché."

ìyòbí tsíɣà?àtíní ká bì b⁺ɔ́   ndʒ⁺é   wá   mb⁺ɔ́mə̀ l⁺á?⁺á...
enfants nombreux   *Nég 2 encore savoir+Fo eux* coutumes pays
"Beaucoup d'enfants, ils ne connaissent plus les coutumes du pays..."

> REMARQUE 3 : Il se peut, qu'à l'origine, dans le contexte de la négation k⁺á, le pronom objet ait aussi eu une valeur réfléchie. Mais actuellement il n'a qu'une fonction syntaxique. Il s'emploie avec tous les verbes, que ceux-ci soient intransitifs ou transitifs et peut être suivi d'un nom (ou syntagme) exprimant le "patient" et ayant donc la fonction syntaxique d'objet (*cf.* le deuxième exemple ci-dessus). On a ici affaire à la seule construction où le verbe peut régir deux compléments d'objet.

6.4. Les pronoms indépendants de personne

6.4.1. Formes

Tableau 50 – Pronoms indépendants de personne

	SINGULIER		PLURIEL	
1ère PERS.	|mè`|	mè ɣè	|b-ɔɣá`|	bɔ̀ɣɔ́ ɣè
			|b-ɯɣ´|	bùɣɔ́
			|b-ɯɣínà|	bùɣínə̀ ɣè
2ème PERS.	|ɣ-ɔ̀`|	ɣò ɣè	|b-ən´|	bùŋɔ́
3ème PERS.	|zú´|	zúɔ́	|bó´|	bó ɣé

En fin d'énoncé, certains de ces pronoms sont suivis de la marque d'énoncé |ɣe|, les autres de la marque |a|.

A la 1ère pers. pl., il y a trois pronoms : bɔ̀ɣɔ́ (ɣè) pronom duel, bùɣɔ́ pronom exclusif et bùɣínə̀ (ɣè) pronom inclusif.

On peut constater que certains de ces pronoms (nommément les pronoms de 2ème pers. sg., 1ère et 2ème pers. pl.) sont analysés comme étant composés d'un

---

[116] C'est-à-dire de 1ère, 2ème ou 3ème personne.

préfixe consonantique et d'une racine. Les racines de ces pronoms se retrouvent dans les possessifs et les pronoms objets.

Remarquons enfin que la consonne initiale de tous les pronoms pluriel est **b**, et que la consonne du pronom de 2ème pers. sg. est **ɣ**, consonnes caractérisant respectivement les classes 2 (classe pluriel) et 1 (classe singulier) auxquelles appartiennent, entre autres, des noms référant à des personnes[117].

6.4.2. Emplois

6.4.2.A. Ils sont régis par les fonctionnels simples | nì| "avec", | tì| "sans" et | tsò´`| "comme" (*cf.* V.1.3.3.)

ò	tʃˈúʔɔ̀	tʃˈúʔú //	ò	ɣâ	ŋkɔ̀ŋ	ní	mè...
tu	*Cd*+piler	atchou	tu	*S*+donner	pilon	<u>avec</u>	<u>moi</u>

"Lorsque tu piles de l'*atchou*, tu me donnes le pilon..."

mà	ɣǎ	mɨ̀lù̀ʔù	ní	zˈɯ́ɔ́
je	*P₀*+donner	vin	<u>avec</u>	<u>lui</u>+*Me*

"Je lui ai donné du vin."

6.4.2.B. Ils sont déterminants d'un nom verbal

Ils correspondent alors à l'objet du verbe dont est dérivé le nom verbal (alors que le possessif correspond au sujet du verbe - *cf.* 4.5.3.B.).

ǹdìbɨ́	zˈɯ́	kâ	bˈɔ́ŋˈɔ́	yé
<u>garroter</u>+9	<u>lui</u>	*Nég*+9	être bon	elle+*Me*

"La manière dont on l'a garrotté, elle n'est pas bonne."

mà	kɔ̌ŋ	ǹdzù̀ʔú	zˈɯ́ɔ́
je	*P₀*+aimer	écouter+9	lui+*Me*

"J'aime l'écouter."

6.4.2.C. Ils sont déterminants d'un nom quelconque régi par le fonctionnel locatif |á| (*cf.* 4.11.1.C.) ou d'un nom entrant dans la composition d'une locution locative (*cf.* V.1.3.3.G.)

ɲàm	zâ	ɣɯ̀nɔ̂	ŋkˈɯ́ˌ´ //	ŋgè //	ŋgˈé //	ŋkˈúŋɔ́
animal	le	*P₀*+Aux+A	courir	*C[-F]*+aller	*C[-F]*+aller	*C[-F]*+entrer+*Loc*

ndzù̀ʔú	zˈɯ́...
concession+*Loc*	<u>lui</u>

"Après être parti en courant, l'animal entra dans sa concession (à lui, l'animal)..."

m̀bâ	wˈá	ɣˈê //	ɲˈɔ́ˈŋ	ndzàm	zˈá	ntsùtûŋkǔŋ	zˈɯ́...
type	le+*1*	*S*+aller	*C[-F]*+poser (à plat)	hache	la+*Loc*	dessous de lit+*Loc*	<u>lui</u>

"Le type alla poser la hache à plat sous son lit (à lui, le type)..."

---

[117] Le préfixe des pronoms objets pluriel n'est pas |b-| mais |ɣo-| [w-] (*cf. supra* en 6.3.). On ne peut pas dire pourquoi. Anderson relève la même alternance sous la forme [p/w] en **ngyembɔɔn-bamileke** (Anderson, 1985 : 61-74).

à làmnð   míwàŋ má // mbðŋkɔ́   m ꜛúð kàŋ   ǹtéɣ ꜛɔ́
1 P₀+cuire+A bouillie la   C[-F]+retourer+Loc dans écuelle C[-F]+poser debout+Loc

ʃy ꜛí   z ꜜúɔ́
visage+*Loc* lui+*Me*

"Après avoir cuit la bouillie, il la retourna dans une écuelle et il [la] posa devant lui[-même]".

mbábtí   ɲâm z ꜛá w ꜜúɔ́   k ꜜúŋ z ꜜúɯ...
C[-F]+chauffer animal le   avec elle+*Loc* lit+*Loc* lui

"...et il (l'enfant) chauffa l'animal sur son lit (le lit de l'animal) avec elle (la hache)..."

> REMARQUE 4 : dans les trois premiers exemples, le pronom indépendant renvoie à la même entité (personne ou animal) que le sujet. Il a donc une valeur réfléchie (en l'absence de cette valeur réfléchie il faudrait employer le pronom indépendant de classe **wérɔ́** (*cf. infra* en 6.5.). Dans le dernier exemple, le pronom indépendant renvoie à la même entité (personne ou animal) que l'objet. Il est probable que le complément locatif détermine **ɲàm** "animal" malgré l'intercalation de **w ꜜú** "avec elle". Mais hors contexte, on comprendrait que le lit est celui de l'enfant.

6.4.2.D. On les utilise en cas de focalisation du sujet (*cf.* V.10.2.1.A.)

à ɣá   ɣò wú ámb ꜛ6́[118]   "Est-ce que c'est toi qui le lui donna ?"
1 P₂+donner toi lui à

6.4.2.E. Ils peuvent être prédicats de l'énoncé identificateur, tout comme les noms (*cf.* V.1.2.2.)

à ní mè ɣè   "C'est moi."
1 être moi *Me*

6.4.2.F. Tous, à l'exception des pronoms de 1ère et 2ème pers. sg. peuvent être sujets

Les pronoms indépendants **bùɣɔ́** "nous (exclusif)", **bùɣínð** "nous (inclusif)", **bó** "eux/elles" et **zú** "lui/elle" peuvent être sujets. Ils doivent alors être repris, comme le sont les noms en fonction sujet, par un indice sujet ("Is" dans le mot-à-mot des exemples ci-dessous), en l'occurrence **í** (ou **ì** dans certaines constructions verbales). Certains locuteurs prononcent clairement cet indice dans un débit lent, mais en général, il ne se manifeste que tonalement.

Le seul pronom sujet de 1ère pers. pl. qui existe est **tì** "nous (duel)", donc pour exprimer les valeurs exclusive et inclusive, on a recours aux pronoms indépendants **bùɣɔ́** et **bùɣínð** respectivement.

On a déjà vu que certains locuteurs préféraient employer **bó** "eux/elles" plutôt que le pronom de cl. 2 **bí** pour référer à des humains (*cf. supra* en 6.1.).

Enfin, comme l'illustre le dernier exemple ci-après, **zú** "lui/elle" est employé dans un discours rapporté au style semi-direct ou indirect s'il y a coréférence avec une "troisième" personne qui a proféré ce discours (*cf.* V.8.1.3.B. et C.) :

---

[118] Il y a deux façons de construire un complément "destinataire" : avec le fonctionnel |nì| et avec la locution |á mbó` | "à mains (de)" (*cf.* V.1.3.3.C.d. et V.1.3.3.F.). La construction **wú ámb ꜛó** est présentée *infra* en 6.6.1.

bùɣí   tɔ̂ŋnì   kòm   wá   ŋgǔ   mákɔ̀ŋgó…
<u>nous+Is</u> S+appeler danse la que makongo
"Nous appelions cette danse "makongo"…"

á   bùɣínɔ̀   ì   y ꜛíɣ ꜜíní //   ŋgǔ…
que <u>nous (tous)</u> <u><i>Is</i></u> <i>Exh</i>+être attentif que
"Nous devrions tous faire attention de…"

múŋ   bó   í   zɔ́ʔɔ̀   ɲê   zà   ní   bù…
alors <u>eux</u> <u>Is</u> P₀+frotter corps leurs avec padouk
"…alors ils se frotteraient le corps de padouk…"

m ꜛúm ꜜâ   wǎ   wûmɔ̀ʔɔ́   túŋɔ̀   yí //   ŋg ꜛúu   zûu   m ꜛí   k ꜜí   zɔ̌ŋnɔ̀
frère leur autre S+refuser+<i>Fo</i> lui que <u>lui+<i>Is</i></u> <i>Fut</i> aussi suivre+<i>I</i>

ɲàm   zên…
animal ce-ci
"L'un des frères refusa pour la raison qu'il voulait continuer à suivre cet animal-ci…"

6.4.2.G. Ils peuvent être déterminés ou suivis d'un nom en apposition

mè //   mb ꜛáʔ ꜜá   mà   fàʔàn ꜛí   tísón //   mà   kɔ̂
<u>moi</u> <u>que</u> <u>je</u> P₀+<u>travailler+R</u> trop je P₀+être fatigué+Me
"Moi qui travaille trop, je suis fatigué."

bó   bítsùm[119]   ts ꜛí ꜜkí   ní   bô̰   "Elles furent toutes enceintes."
elles <u>toutes</u>+2 <i>P₂</i>+être avec enfants+<i>Me</i>

bó   bítsùm   bômkɔ̀   "Eux tous se réunirent."
eux <u>tous</u>+2 S+se réunir+<i>Me</i>

yò   tɔ̰́   ò   súŋ //   ŋgɔ̌   bé //   mà   kàʔá   zɔ́ʔɔ̀
<u>toi</u> <u>père</u> tu S+dire que+1 Cd+être je S+Nég marier+Me
"Toi, Père, tu dis que je ne devrais pas me marier."

mè   mâfɔ̀   mà   tùŋɔ̀   "Moi, Mafo, je refuse."
<u>moi</u> <u>Mafo</u> je P₀+refuser+Me

fùrɔ̀   zḛ̌   ɣ ꜛán   mè   mâfɔ̀   ɣè   "Fru m'a vue, moi Mafo."
Fru+1 <i>P₀</i>+voir+<i>Fo</i> me <u>moi</u> <u>Mafo</u> <i>Me</i>

REMARQUE 5 : le pronom indépendant ne peut pas s'employer en même temps que le pronom sujet ou objet si un nom ne lui est pas apposé. Les deux énoncés ci-après sont donc inacceptables :

*mè   mà   tùŋɔ̀   "Moi, je refuse."   *fùrɔ̀   zḛ̌   ɣ ꜛán mè ɣè   "Fru m'a vue, moi"
<u>moi</u> je refuser+Me   Fru voir me <u>moi</u> Me

6.5. Les pronoms indépendants de classes

6.5.1. Formes

Les pronoms indépendants de classes se composent d'un préfixe d'accord correspondant à la classe du nom auquel ils renvoient et d'une racine |-érá|.

---

[119] *Cf.* les arguments pour et contre le statut nominal de |-tsùm`| "tout" dans la note 84 en 4.12.

En fin d'énoncé assertif ils sont suivis de la marque énonciative |γe|.

Les préfixes d'accord sont ceux qu'on utilise aussi avec les démonstratifs, etc. :

Tableau 51 – Pronoms indépendants de classes

cl. 1	|γo-érá |	wérɔ́ γé	cl. 7	|z-érá |	zérɔ́ γé
cl. 2	|b-érá |	bérɔ́ γé	cl. 8	|ts-érá |	tsérɔ́ γé
cl. 3	|γo-érá |	wérɔ́ γé	cl. 9	|z-érá |	zérɔ́ γé
cl. 5	|n-érá |	nérɔ́ γé	cl. 10	|ts-érá |	tsérɔ́ γé
cl. 6	|m-érá |	mérɔ́ γé	cl. 19	|f-érá |	férɔ́ γé

6.5.2. Emplois

Dans les textes dépouillés, le pronom indépendant le plus souvent attesté, et de loin, est le pronom de cl. 1 référant à des humains (ou animaux personnifiés). Certains des emplois des pronoms indépendants de classes sont les mêmes que ceux des pronoms indépendants de personnes.

6.5.2.A. Ils sont régis par les fonctionnels simples

On n'a relevé dans les textes que des occurrences de rection par le fonctionnel |nɨ| "avec" ; et c'est dans cet emploi qu'on trouve des pronoms appartenant à d'autres classes que les classes 1 et 2 :

ɲàm zá byéʔénɔ̀ mɨkɔ̀ŋ mâ // ŋkɨ̀ɯ́ɔ́ n'ɨ́ m'érɔ́...
animal le S+porter+I sagaies les C[-F]+courir+I avec elles
"L'animal fuyait, emportant les sagaies sur lui..."

ǹdzàm zê á tɨʔí ŋgè // ntʃé yí n'ɨ́ z'érɔ́...
hache ce-ci 1 S+alors C[-F]+aller C[-F]+rester+Fo elle avec elle
"Cette hache, elle l'avait emportée et la gardait chez elle..."

ìnù tsá // bô y'én'ɨ́ ní tsérɔ́...
choses Rel eux+Is P₂+venir+R avec elles
"Les choses qu'ils apportèrent..."

ŋgy'é n'ɨ́ w'érɔ́ ntsŭndâ
C[-F]+venir avec elle+Loc maison+Me
"...et il la (son épouse) ramena chez lui."

6.5.2.B. Ils sont déterminants d'un nom verbal

mà kɔ̌ŋ ndzù?ú w'érɔ́ yé
je P₀+aimer entendre+9 lui Me
"J'aime l'écouter."

Tout comme c'est le cas pour le pronom indépendant de personne (*cf.* 6.4.2.B.), le pronom indépendant de classe correspond alors à l'objet du verbe dont est dérivé le nom verbal (*cf.* **mà zù?ɔ́ w'érɔ́ γé** "Je l'ai écouté.").

REMARQUE 6 : étant donné que le pronom sujet du verbe et le pronom ne sont pas du même degré, le problème de coréférence ne se pose pas. On peut aussi employer **zŭ** (*cf. supra* en 6.4.2.B.). Dans des cas comme celui-ci, le choix entre **zŭ** et **wérɔ́** dépend du locuteur. Le problème se pose différemment dans un discours rapporté (*cf.* V.8.1.3.).

6.5.2.C. Ils sont déterminants d'un nom quelconque régi par le fonctionnel locatif |â|, ou d'un nom entrant dans la composition d'une locution locative

bí tí?ì	**ŋgá**	**ŋkyĕ**	**mbᵗó**	**bᵗérɔ́**	**ɣé**	"Alors ils étaient baptisés."
2 S+alors	donner	eau	<u>à</u>	<u>eux</u>	*Me*	

wérɔ̀	**kᵗú?ᵗɔ́**	**dᵗí?ɔ́**	**lᵗáŋ**	**wá**	**mìkù**	**ŋkúu tȩ̂**	**ᵗámbyᵗí**	**ŋàm**
lui+*1*	*P₂*+atteindre+*Loc*	endroit	tabouret	le	pieds	cent	cinq	devant	animal

zǎ //	**à**	**kᵗɔ́**	**zɔ̀ŋnᵗɔ́**	**ndzŭm**	**wᵗérɔ́**	**ɣé**
Rel	*1*	*Pas*	suivre+*Loc*	dos	<u>lui</u>	*Me*

"Elle (l'antilope) atteint le tabouret cinq cents pieds avant l'animal qui suivait derrière elle."

mbᵗíↆˊ	**ŋgùʔù záᵗˊ**	**tↆúɔ́**	**níʃyĕ**	**wᵗérɔ́...**
C[-F]+planter	courge	la+*Loc* <u>dessus+7</u>	tombe+*Loc*	elle

"...et elle (Silum) planta la graine de courge sur sa tombe (de sa mère)..."

REMARQUE 7 : dans les deux derniers exemples, il n'est pas possible d'employer le pronom indépendant de pers. |zŭ|, puisque le pronom ne renvoie pas à la même entité que le sujet (*cf.* la remarque 4 en 6.4.2.C.).

6.5.2.D. On les utilise en cas de focalisation du sujet

ḿbyᵗí	**zↆâ**	**à**	**zŭŋ**	**wᵗérɔ́**	**ɣé**	"La chèvre, c'est lui qui l'a achetée."
chèvre	la	*1*	*P₀*+acheter	<u>lui</u>	*Me*	

6.5.2.E. Ils peuvent être prédicats de l'énoncé identificateur

à	**ní**	**bérɔ́**	**ɣé**	"Ce sont eux."
1	être	<u>eux</u>	*Me*	

6.5.2.F. Ils peuvent être sujets

Ils sont repris, comme le sont les noms en fonction sujet, par l'indice sujet correspondant à la classe du nom auquel ils renvoient :

ɲòm	**à**	**kùʔùnɔ̂ //**	**wérɔ́**	**tí?í**	**ndᵗóↆˊ //**	**ŋgyè //**	**ŋkwátɔ́**	**ŋkùʔɔ́...**
temps	*1*	*P₀*+atteindre+*A*	<u>elle</u>+*1*	*S*+alors	*C[-F]*+se lever	*C[-F]*+aller	rencontrer+*Fo*	coq

"Quand arriva le moment (du rendez-vous), elle alla retrouver le coq..."

ámᵗû	**ndzèm**	**wá**	**wérɔ́**	**lánì**	**ntʃéᵗˊ**	**mↆú**	**nìdórí**	**tsè?è**	**nàwìɔ́**
dans	rêve	le	<u>lui</u>+*1*	*S*+vraiment	être		dans joie	juste	grand+*Me*

"Dans ce rêve, il était vraiment très heureux."

wérɔ̂	**yùnɔ̂**	**ŋgᵗéↆˊ**	**lá?á**	**zàmᵗɔ́?ↆɔ́**	**ntó...**
<u>lui</u>+*1*	*P₀*+Aux+*A*	aller+*Loc*	pays	autre+*Loc*	combattre

"Après être allé dans un autre pays pour se battre..."

bérɔ́   ɣ‖ú   ŋgyè ‖ ŋkón   dá ‖ bɨ́ zúŋ   mɨ̀lù?ɔ̀
eux+2 P₀+Aux venir C[-F]+entrer Ma 2 S+acheter vin+Me
"Quand ils viennent, ils achètent du vin."

á tsáɣɔ̀   ŋkù?ɔ́ ‖ ŋg‖ɔ́ w‖érɔ́ ɣ‖ę̌↓′   mbyɛ̀
1 S+envoyer+Fo coq   que+que lui+1 Exh+aller+Loc devant+Me
"Elle (la civette) envoya le coq devant."

Dans tous ces exemples on aurait pu employer un pronom sujet. Aucune différence sémantique n'a été décelée entre l'emploi des pronoms sujets et des pronoms
indépendants de classes. Il s'agit peut-être du même type de phénomène déjà signalé
à propos du pronom indépendant de personne **bó** et du pronom de classe 2 **bɨ́** plus
haut. La fréquence d'emploi des pronoms indépendants en fonction sujet varie avec
les informateurs.

A noter que, toujours dans les exemples donnés ci-dessus, il n'est pas possible
d'utiliser le pronom indépendant de personne **zú** à la place de **wérɔ́** parce que : 1)
zú en fonction de sujet ne peut pas s'employer hors discours rapporté ; 2) dans le
dernier exemple, il y a bien du discours rapporté (les paroles de la civette), mais
w‖érɔ́ représente le coq ; il n'y a pas coréférence entre les sujets des deux propositions, donc l'emploi de **zú** est exclu.

6.5.2.G. Ils peuvent être déterminés ou suivis d'un nom en apposition

wérɔ́ ‖ mb‖á?à tsìn‖ɨ́   k‖wébtɨ́   ŋky‖érɨ́ ʒɨ̀ án̂ê zúmɔ̀ tsùmɔ́
lui   que+1 P₀+être+R C[+F]+changer apparence sa contre chose tout+Loc

kù?ù   z‖ú lá…
environnement lui Ma
"Lui qui peut adapter son apparence à n'importe quoi dans son environnement…"

wérɔ́ tsɔ́?ɔ̀ ntá?á   ‖á zóm…   "Elle, la perdrix des collines, elle maigrit…"
elle perdrix colline 1 déssécher

wérɔ́ sílùm á ɣótɨ́   nt‖wɔ́ŋɔ́   ŋkàmŋgɔ̌m m‖úm‖â yɛ̌
elle Silum 1 rassembler enterrer+Loc plantation sœur   sa+Me
"Elle, Silum, elle les rassembla et les enterra dans la plantation de plantains de sa sœur."

Mais ils remplissent aussi des fonctions que ne peuvent pas remplir les pronoms
indépendants de personnes :

6.5.2.H. Ils peuvent être déterminants d'un nom quelconque au sein d'une construction
associative.

Dans tous les exemples donnés ci-dessous on aurait pu employer des possessifs
sans qu'il y ait une quelconque différence de sens, au dire même des informateurs :

ìm‖úɣ‖ɨ́ mɨ́-wérɔ́ fúŋ…   "Ses yeux s'obscurcirent…"
6+yeux 6-elle S+noircir

búŋ   ká mà ʒɛ́   yɔ̂ ‖ nɔ́ z‖úm‖ɔ́ wérɔ́ ɣé
alors Nég je savoir+Fo moi+1 être chose+7 lui Me
"…alors je n'accepte pas que ce soit à lui."

mà	ɣâ	kǒ	wérɔ́	ɣé	"Je lui ai donné son bois."
je	S+donner	bois+_7_	lui	_Me_	

mà	kǔ	ŋg᷆á	zâ-wérɔ́…	"Je lui ai aussi donné le sien (terrain)…"
je	_P0_+aussi	donner	_7_-lui	

REMARQUE 8 : dans ce dernier exemple **zâwérɔ́** "le sien" est un substitut.

6.5.2.l. Ils peuvent être compléments d'objet

Seul est attesté, dans les textes dépouillés, le pronom de 3ème pers. du sg. (référant donc à un humain ou animal personnifié). Dans tous les exemples qui suivent on aurait pu utiliser le pronom objet **yí** (on a d'ailleurs un exemple de **yí** régi par le verbe |**bítɨ**| en 6.3. *supra*).

Le pronom indépendant en fonction objet est régi par le fonctionnel objet |**á**|.

Si les pronoms indépendants des autres classes ne sont pas attestés, c'est très certainement parce que l'anaphore à la 3ème pers., en fonction objet, se manifeste, en règle générale, négativement, c'est-à-dire par l'absence de tout pronom, surtout si la référence est à une entité non humaine.

ŋkɔ̰̀	bítɔ̀	wérɔ́ //	ŋg᷆ú᷆᷆…	"Le singe lui demanda…"
singe	S+demander+_Fo_	lui	que	

àdùr᷆ɔ́	t᷆ú	á	lánɨ̀	ŋg᷆wém᷆ɔ́	wérɔ́	tsɛ̀ʔé	ŋkɔ̰̀
lourdeur	tête	_7_	vraiment	saisir+_Fo_	lui	juste	vrai+_Me_

"La honte, elle l'envahit vraiment."

m̀b᷆ɔ́	n᷆úŋɔ́	wérɔ́	ŋwà?ànɔ̀…	"de plus, je l'envoyai à l'école…"
_C[-F]_+encore	mettre+_Fo_	lui+_Loc_	école	

REMARQUE 9 : dans les deux premiers exemples **wérɔ́** renvoie à des animaux personnifiés.

6.6. Le pronom | ɣó´ |

Il serait peut-être plus juste de parler d'un "pro-syntagme à fonctionnel". En effet ce pronom est anaphorique parce qu'il renvoie à un nom déjà mentionné ou connu, tout en lui conférant, dans la proposition où il apparaît, la même fonction qu'à un nom régi par le |**á**| locatif ou le fonctionnel |**nɨ̀**|)[120]. |**ɣó´**| réfère aussi bien à des entités [+animé] que [-animé].

|**ɣó´**| se réalise selon le contexte précédent [**wú**] ou [**gu**]/[**gwu**]. La marque énonciative |**a**| s'amalgame à |**ɣó´**| d'où les réalisations [**wɔ́**] ou [**gwɔ́**].

REMARQUE 10 : rappelons que le préfixe d'accord que prennent certains déterminants d'un nom sg. régi par le fonctionnel locatif |**á**| est |**yo**| réalisé [**wu**] ou [**gu**] / [**gwu**] devant une consonne (*cf.* note 82 en 4.11.1.). L'identité de ce préfixe d'accord et du pronom |**ɣó´**| n'est certainement pas due au hasard.

---

[120] Nous verrons en V.1.3.3. que les fonctionnels |**á**| locatif et |**nɨ̀**| associatif sont souvent interchangeables.

bèm bál ꜜá? ꜜá   b ꜜá   ɣûu   ndí? ꜛí   ʃ ꜛóm   fɔ̀ //   mb ꜛí ꜜ́   mísáŋ   wú...
gens du pays   les   *S+Aux*   cultiver   champ   chef   *C[-F]*+semer   sorgho   là
"Plus tard, les gens du pays cultivèrent le champ du chef et y semèrent du sorgho…"

ɲàm   z ꜛá   l ꜛô   t ꜜú̗u   ŋ̀g ꜛɛ́   ŋ ꜜá?á   nd ꜜá   ză //   mb ꜛá? ꜜá
animal   le   *S*+venir   debout   *C[-F]*+aller   *C[-F]*+ouvrir   maison   *Rel*   que

mìkɔ̀ŋ   má   mí   ts ꜛín ꜜí   wú lá...
sagaies   les   6   *P0*+être+R   là   *Ma*
"L'animal se leva et alla ouvrir une maison où les sagaies, elles se trouvaient…"

ŋg ꜛɛ̗́ ꜜ́   ɲê   yí   ʃ ꜛóm //   ntsí   wɔ́
C[-F]+aller   à   son champ   *C[-F]*+rester   là+*Me*
"…et elle alla à son propre champ et y resta."

á   kɔ̗́?ɔ́   ŋgɛ̆   k ꜛúŋ   z ꜜúu //   ŋgé   nɔ̀ŋɔ́   yí   wú...
1   *S*+grimper   *C[-F]*+aller+*Loc*   lit+*Loc*   lui   *C[-F]*+aller   *C[-F]*+coucher+*Fo*   lui   là
"Il grimpa sur son lit et s'y allongea…"

à   lɔ̗́yɔ̀ //   ŋgá   lìvâns[121]   wɔ́[122]
1   *S*+prendre   *C[-F]*+donner   avance   à lui+*Me*
"Il prit (l'argent) et lui donna un acompte."

mbábtí   ɲâm   z ꜛá   w ꜜɔ́   k ꜛúŋ   z ꜜúu...
C[-F]+chauffer   animal   le   avec elle+*Loc*   lit+*Loc*   lui
"…et il (l'enfant) chauffa l'animal sur son lit (celui de l'animal) avec elle (la hache)…"

mbɔ̗́?ɔ́tî   ŋkyì //   ìs ꜛúɣ ꜜí   mbô   myí   wú...
C[-F]+puiser   eau   *C[-F]*+laver   mains   ses   avec elle
"…et il puisa de l'eau et se lava les mains avec…"

On trouve aussi fréquemment |ɣó´| dans la première proposition de contes ou d'autres récits, proposition qu'on peut qualifier d'existentielle. |ɣó´| réfère alors à "notre monde" (|ɣó´| n'est pas traduit dans les traductions libres ci-dessous) :

màŋgyê   tsê   ts ꜛí   w ꜜú   lê //   ntsí   nî̗   bɔ̗̂   byí   bíb ꜛá ꜜ́...
femme   certain+*1*   *P2*+être   là   hein+*Me*   *C[-F]*+être   avec   enfants   ses   deux
"Il y avait jadis une femme, hein! qui avait deux enfants…"

àl ꜛá? ꜜá   tómɔ̀   tsé   ts ꜛí   w ꜜú //   nt ꜛɔ́n   tsè?é   ŋkɔ̗̀
pays   étranger   certain+*7*   *P2*+être   là   *C[-F]*+être   fort   juste   vrai+*Me*
"Il y avait jadis un pays étranger qui était vraiment très fort."

6.6.1. | ɣó´| dans l'expression du tout et de sa partie

|ɣó´| renvoie à une entité considérée dans son ensemble. Il est suivi d'un nom en locatif (*i.e.* régi par le fonctionnel locatif |á|) qui, lui, renvoie à une partie de l'entité évoquée par |ɣó´| :

---

[121] Il s'agit d'un mot d'emprunt à l'anglais "advance".
[122] |ɣó´|, employé seul, ne peut référer à des entités [+animé] qu'avec la fonction sémantique de destinataire.

mì k⁺úŋ   w⁺ú á   nt⁺ɔ́ŋ[123]…
6 S+entrer là   Loc gorge
"Elle (l'eau) lui (la perdrix) entra dans la gorge…"

bɨ́ f⁺ú?⁺ɔ́   ké zúm // bún bɨ́ m⁺ɨ́ ɲɔ̀ŋ wú á   míkù…
2 Cd+récolter quoi chose alors 2 Fut poser là   Loc pieds
"Quel que soit ce qu'ils récolteront, ils le lui (leur oncle) déposeront aux pieds…"

ŋwɔ̀   w⁺ár⁺ɨ́   làm   yí // ɨ́ tsɔ́m   tsè?è   wú á   n⁺ɨ́d⁺úɣɔ̀
personne Cd+couper liquide son 3 S+goutter juste   là   Loc œil+Me
"Si une personne coupe sa sève (de banane plantain), elle (la sève) ne gouttera que dans son œil." (i.e. "On récolte ce qu'on a semé." – Proverbe).

|ɣɔ́´| peut aussi être suivi d'une locution locative, ce qui n'est qu'un cas particulier de la construction précédente :

mà ɣûɨ   mbɔ̂ sàmb⁺á // ŋgá   wú ⁺á mb⁺ô[124]
je S+faire livres sept   C[-F]+donner là   Loc mains+Me
"Je rassemblai sept livres et les lui donnai."

ntí?ɔ́   nd⁺í?ì   ŋgú?⁺ú w⁺ú á   mb⁺ô
C[-F]+puis+I montrer tourment là   Loc mains+Me
"…et elle commença à la (la femme) maltraiter."

ŋká   t⁺á?à ɲèrɔ́ // ɲ⁺ɔ́ŋ   wú á   t⁺úɔ̀
C[-F]+cueillir unité prune C[-F]+poser là   Loc tête+Me
"…et il cueillit une prune et la posa dessus (i.e. sur la hache)."

ŋgy⁺é⁺´ // ntém   wú á   mbyè // ndz⁺ɔ́b⁺ɔ́
C[-F]+venir C[-F]+se tenir là   Loc côté   C[-F]+chanter+Me
"…et il vint se tenir à côté (de l'arbre) et chanta."

ìɲàm   tsùm (…) kyáŋtì //   kɨ́   lɔ̀ɣɔ́   d⁺í?í wú á   m⁺úɔ́
animaux tous   S+se préparer C[+F]+aussi C[+F]+prendre place là   Loc intérieur+Me
"Tous les animaux se préparèrent pour y (la course) prendre part."

m⁺ɔ́ŋ gw⁺á zɔ̂ŋ // ŋkɔ́ŋ   gú á bɔ̀?
enfant ce S+suivre C[-F]+entrer là   Loc milieu
"L'enfant le suivit et entra avec lui!"

á kwótɨ̀ // ŋg⁺é   n⁺ɨ́ z⁺érɔ́ wú á   bɔ̀?ɔ́
1 S+attacher C[-F]+aller avec lui   là   Loc milieu+Me
"Il l'empaqueta (l'okro) et l'emporta avec tout le reste (i.e. le plantain plein de piment)."

---

[123] Dans cette construction |á| se prononce [á] rarement [ɔ́].

[124] Pour des raisons de présentation, j'ai séparé dans tous les exemples le pronom, le fonctionnel locatif et le nom régi par le fonctionnel. Mais les locuteurs avec qui j'ai travaillé sur ce point considèrent, par exemple w⁺ámb⁺ô, comme un tout indécomposable.

7. LE SYNTAGME COORDINATIF

7.1. Coordination par |ɪ̀|

7.1.1. Le premier terme

Le premier terme du syntagme à coordonnant |ɪ̀| est obligatoirement un pronom pluriel de 1ère, 2ème ou 3ème pers. renvoyant à des humains, ou à des animaux personnifiés. En ce qui concerne la 1ère pers., seul les pronoms exclusifs sont utilisés.

REMARQUE 1 : cette restrition touchant les pronoms de 1ère pers. est logique puisque les pronoms duels et inclusifs suffisent en eux-mêmes à définir la composition du groupe. Les pronoms duels incluent "toi" et "moi", et les pronoms inclusifs renvoient à "tout le monde", *i.e.* "toi", "moi" et "les autres".

Selon la fonction que remplit le syntagme coordinatif, les pronoms appartiennent aux paradigmes des pronoms indépendants de personnes (*cf.* 6.4.2.), des pronoms objets (*cf.* 6.3.) ou des (pronoms) possessifs (*cf.* 4.5.3. et 5.5.).

Tableau 52 – Premier terme du syntagme coordinatif à coordonnant |ɪ̀|

	PRONOMS		
	INDÉPENDANTS	OBJETS	POSSESSIFS[125]
1ère PERS.	|b-ɯɣ´|	|ɣo-ɯɣɔ́|	|-ɯɣ´|
2ème PERS.	|b-ən´|	|ɣo-ən´|	|-ən´|
3ème PERS.	|bó´|	|ɣo-a´|	|-a´|

Les pronoms de 1er degré indiquent qu'un "moi" fait partie du groupe, ceux du 2ème degré qu'un "toi" (mais pas de "moi") en fait partie, et ceux du 3ème degré qu'une tierce personne (mais pas de "toi" ni de "moi") en fait partie.

| \|bùɣ´ ɪ̀ fùr´ a\| | bùɣí fùrɔ́ | "Fru et moi." (*litt.* : "Moi et lui") |
| nous et Fru *Me* | | |

| \|bən´ ɪ̀ fùr´ a\| | bŭŋ fùrɔ́ | "Fru et toi." (*litt.* : "Toi et Fru.") |
| vous et Fru *Me* | | |

| \|bó´ ɪ̀ fùr´ a\| | bó fùrɔ́ | "Lui et Fru." |
| eux et Fru *Me* | | |

7.1.2. Le deuxième terme

Le deuxième terme du syntagme peut être un nom ou un pronom de 3ème pers., singulier ou pluriel. Si le nom ou le pronom est au singulier, le groupe ne comprend que deux personnes et si le nom ou le pronom est au pluriel, le groupe comprend plus de deux personnes (ou "moi", ou "toi", ou "lui/elle" et d'autres personnes).

---

125 Il s'agit ici des racines possessives, qui, en contexte, prennent le préfixe d'accord correspondant à la classe du nom qu'elles déterminent ou auquel elles renvoient.

Ce deuxième terme, à la différence du premier, n'est pas affecté par la fonction qu'assume le syntagme coordinatif.

Tableau 53 – Deuxième terme du syntagme coordinatif à coordonnant |ɨ|

NOM	PRONOM
nom sg.	|zɯ́ ´| (sg.)
nom pl.	|bó´| (pl.)

7.1.2.A. Le deuxième terme est un nom

bé ànɯ̀ə̀ ɣ [↑]ɯ́ f [↓]ɯ́ɔ́ ɲ [↓]é b [↓]ó àŋkɯ̀ʔɔ́ bíbá [↓]´...
si chose+7 Cd+Aux sortir+Loc contre eux+et coq deux
"Si quelque chose leur arrive à tous les deux, à elle-même et au coq…"

bó àdzɔ̀ŋɔ́ fɔ̀mɯ̂ŋgɔ̃m tɔ̀nɪ̀nə̂ lá…
eux+et géant Fomingom+Is P₀+se battre+A Ma
"Après que lui-même et Géant Fomingom se furent battus…"

bɯ̀ɣí nɪ̀mɯ́ŋə̀ tíʔì ntsí yá …[126]
nous+et ma mère+Is S+alors rester là
"Ma mère et moi restâmes alors là…"

mà yên // bɯ̀ɣí bɪ̀nɪ̀mɯ́ŋə̀ dzɯ́ə̀
je S+venir nous+et mes mères+Is S+manger+Me
"Je viens et mes mères et moi mangeons."

> REMARQUE 2 : dans ces quatre exemples, le premier terme du syntagme coordinatif est un pronom indépendant de personne. Dans le premier exemple, parce que le syntagme est régi par la locution locative |á ɪ̀ɲé`| "contre", dans les trois autres parce qu'il est sujet.

7.1.2.B. Le deuxième terme est un pronom

Seuls les pronoms indépendants de personnes |zɯ́´| "lui/elle" au singulier et |bó´| "eux" au pluriel peuvent figurer comme deuxième terme, et ce, quelle que soit la fonction du syntagme coordinatif.

bɯ̀ɣí b [↑]ó tíʔə̀ ndórə́…
nous+et eux+Is S+alors+I être heureux+I
"Eux et moi étions alors heureux…"

màŋgyê ntɔ́ʔ [↑]ɔ́ w [↓]á tsî:tì // ntsí:tí // ntɔ́ŋɔ́ sílùm // á
femme palais la+I S+être C[-F]+être C[-F]+appeler+Fo Silum I

ɣê // b [↑]ó z [↓]ɯ́ dzɯ́ə̀ // ɲùm ŋkwɛ̌fò̰ yɯ̀nə̂ ŋkúʔú //
S+aller elles+et elle+Is S+manger+Me temps soir P₀+Aux+A ateindre

---

[126] L'indice sujet (Is) est indiqué dans le mot-à-mot, mais n'est pas décelable dans la réalisation à cause des structures tonale et segmentale de **nɪ̀mɯ́ŋə̀** "ma mère". Ceci est valable pour la plupart des exemples utilisée dans ce chapitre.

màŋgyê ntɔ́ʔ⁺ɔ́   w⁺á kɨ̂   ntɔ́ŋtɨ́ //   bó⁺ˊ   z⁺ʉ́   kwȩ̂
femme palais   la+*1* *S*+aussi appeler   elles+et   elle+*Is*   *S*+rentrer+*Me*

"Après quelque temps, la femme du chef appela Silum qui vint, et elles mangèrent ensemble. Le soir arrivé, la femme du chef l'appela (Silum) aussi et elles rentrèrent ensemble."

n̂dʒwí lànɔ̂   nɨ̀ɣȩ̂   n⁺á   z⁺ʉ́ nâ   báɣàfɔ́[127] //   ɲ̀um à
jour   *P₀*+être clair+*A*   *5*+voyage *5*+leur+et   lui   le+*Loc*   Bagafon   temps *1*

kù̧ʔùnɔ̂ //   wɔ́rɔ́ tíʔì   nd⁺ó⁺ˊ //   ŋgyè //   ŋkwátɔ́
P₀+atteindre+*A*   elle+*1* *S*+alors   se lever   *C[-F]*+venir   *C[-F]*+rencontrer+*Fo*

ŋkù̧ʔɔ́ //   b⁺ó   z⁺ʉ́   ɣȩ̂
coq   eux+et   lui+*Is*   *S*+aller+*Me*

"Le matin de leur voyage à Bagafon, lorsque le moment fut arrivé, elle (la civette) se leva et vint rencontrer le coq et ils partirent ensemble."

> REMARQUE 3 : dans le dernier exemple ci-dessus, on a deux syntagmes coordinatifs : le premier est un syntagme coordinatif possessif – le premier terme est donc un possessif qui s'accorde avec le nom déterminé (ici en cl. 5) – et le deuxième est sujet.

áɲ⁺ê   nù̧ɔ́   t⁺ú⁺ɔ́ lûm ká bù̧ɣɨ́   ŋwò̧   tʃé   wʉ́ɣɨ́ z⁺ʉ́ nɔ́
contre chose tête   Lum *Nég* nous+et personne+*Is*   être+*Fo*   nous+et elle   avec

nù   wɔ́
chose   là+*Me*

"En ce qui concerne la dot de Lum, personne ne m'a aidé."

> REMARQUE 4 : **wʉ́ɣɨ́ z⁺ʉ́** est un syntagme coordinatif objet (régi donc par le fonctionnel objet |á|) à valeur réfléchie, renvoyant au syntagme coordinatif sujet **bù̧ɣɨ́ ŋwò̧**, lui-même composé d'un pronom et d'un nom. Rappelons que la présence d'un pronom objet à valeur réfléchie est obligatoire lorsque la négation est |ká| (*cf.* IV.4.3.1.).

mà tsí   tsɛ̀ʔè   yȩ̂   ntsúnd⁺â   bù̧ɣɨ́   z⁺ʉ́…
je *S*+être juste   me+*Loc* maison+*Loc* nous+et   lui

"je restai ici même dans notre maison…" (*litt.* : "dans la maison de moi et de lui")

> REMARQUE 5 : dans l'exemple ci-dessus le syntagme coordinatif détermine un nom régi par le fonctionnel locatif |á|. Le premier terme en est donc un pronom indépendant de personne.

Dans les deux exemples ci-après, le syntagme coordinatif est postposé au verbe. Son premier terme renvoie à la même personne que le sujet du verbe. Il prend alors une valeur comitative :

mà tíʔì   ntʃé   ntsúnd⁺á […] //   ɨ̀f⁺á́ʔ⁺á   bʉ́ɣɨ́   z⁺ʉ́ɔ́   mbɔ́rɔ́ ʃòm…
je *S*+alors rester+*Loc* maison   *C[-F]*+travailler   nous+et   elle+*Loc*   champ

"Je restai alors à la maison […] et travaillai avec elle (ma mère) au champ."

ò ts⁺í   z⁺ú́ʔɔ́   dzàŋ zá //   mb⁺á́ʔá wérɔ́ tɔ́ŋn⁺ɨ́   bèm
tu *P₀*+être *C[+F]*+entendre façon *Rel*   que   lui+*1* *P₀*+appeler+*R*   gens

byí //   ŋg⁺ɔ́⁺ˊ   bì   y⁺é⁺ˊ //   nts⁺í   bó   b⁺ó ɣé
ses   que+que *2*   *Exh*+venir *C[-F]*+rester eux+et   eux   *Me*

" …on peut entendre comment il (le caméléon) appelle ses sujets pour qu'ils viennent et qu'ils vivent avec lui."

---

[127] **báɣàfɔ́** *litt.* "côté de la campagne", est utilisé ici comme nom "propre" d'un lieu.

7.2. Coordination par | bó` |

|bó` | coordonne deux noms, ou deux substituts (*cf.* le premier exemple ci-après).

Le syntagme coordinatif peut remplir différentes fonctions comme l'illustrent les exemples suivants. En cas de rection par un fonctionnel, seul le premier terme du syntagme coordinatif est affecté.

ìɲàm	tsùm	zìŋgwì	bó	zìŋkìù?úmì	kyáɲtì	kí	lɔ̀ɣɔ́
10+animaux	tous	*9*+grand	et	*9*+petit+*10*	*S*+se préparer	*C[+F]*+aussi	prendre

d ⁺í?í wú á m ⁺úɔ́
place   là   *Loc*   dans+*Me*

"Tous les animaux, grands et petits, se préparèrent à y (la course) participer."

tsɔ́?ɔ̀	ntá?⁺á	b⁺ó	tsɔ̀?ɔ́	kŏ	búú?únə̀
perdrix	colline	et	perdrix	bois+*2*	*S*+rivaliser+*Me*

"La perdrix des collines et la perdrix des bois étaient rivales."

àdé	bó	fùrɔ́	bí	tʃé	n ⁺íbàrə̀
Ade	et	Fru	*2*	*P₀*+être+*Loc*	limite+*Me*

"Ade et Fru, ils ont une limite (de terrain) en commun."

mà	fú //	ɲè?ètɔ́	nìmúmɔ̀	bó	tʃ̀ //	ŋg⁺ɛ́↓	tómə̀
je	*S*+sortir *C[-F]*+laisser+*Fo*	ma mère	et	mon père	*C[-F]*+aller+*Loc*	étranger+*Me*

"Je quittai ma mère et mon père et partis pour un autre pays."

m̀bâ	w ⁺á	l⁺ɔ́ɣì	bù?ù	tsá	bô	ŋgwê	yí	wá…
type	le+*1*	*S*+prendre	esclaves	les	et	femme	sa	la

"L'homme emmena les esclaves et sa femme…"

ŋ̀kí	ŋá?á	⁺íʃ⁺óm	míŋgɔ̀m	bó	bə̀mbŏ	ɣé
C[-F]+aussi	ouvrir	champ	plantains	et	bananes	*Me*

"… j'ouvrirais aussi un champ de bananes plantains et de bananes douces."

à	kɔ́	fìŋɔ́	mílù?ù	màf⁺ú↓ɔ́	bó	mìlù?ù	mâkárɔ́	ɣé
1	*Pas*	vendre+*I*	vin	blanc	et	vin	Blanc	*Me*

"Elle vendait du vin de palme et de la bière."

bí	b ⁺óm	tsŏ	nìkɔ̀ŋ	bô	fʒ̀
2	*P₀*+rencontrer	comme	sagaies	et	fer+*Me*

"Ils sont faits l'un pour l'autre."

REMARQUE 6 : certains informateurs ont donné comme équivalent du syntagme coordinatif à coordonnant |bó` |, un syntagme déterminatif, le déterminant étant un nom régi par l'une des deux locutions locatives : á bɔ̀?ɔ́n ⁺ɔ́ et á bɔ̀?ɔ́.

mún	bɛ̌	l ⁺íɔ́	tsè?ɛ́	m ⁺ûndâ	bèn	zá //	mb ⁺á?⁺á	bí
alors	gens	*Pr*+dormir+*I*	juste+*Loc*	maison	chaume	*Rel*	que	*2*

v ⁺ún↓ɔ́ t⁺úə̀ ʒí ní ndə̌ŋnə̀ ábɔ̀?ɔ́n ⁺í bìŋə̀
P₀+construire+*R*   tête   sa   avec   bambou   et   chaume+*Me*

"…alors les gens dormiraient juste dans une maison en chaume dont le toit est fait de bambou et de chaume."

bí tí?ə̀ sún ìnù tsɪ̀ʃí?ìnɔ́ ábɔ̀?ɔ́n ⁺ɪ̀ tsɪ̀tíbɔ̀ŋə̀
2 S+alors+*I* dire <u>choses</u> <u>bonnes</u> <u>et</u> <u>mauvaises</u>+*Me*
"Alors ils disaient de bonnes et de mauvaises choses."

fùrɔ́ bɔ̀?ɔ́ ŋgùm lí?ə̀ "Fru et Ngum ont cultivé."
<u>Fru</u> <u>et</u> <u>Ngum</u>+*2 P₀*+cultiver+*Me*

A noter que dans les textes recueillis, **á bɔ̀?ɔ̀** n'est attesté que postposé au pronom |ɣó´| (*cf.* 6.6.1.).

IV. LE VERBE

1. BASE : RADICAL ET EXTENSIONS

1.1. La base

La base est la partie lexicale d'une forme verbale. Elle consiste soit en un radical (ou racine) seul, soit en un radical élargi d'une extension, ou suffixe. On peut résumer la structure de la base verbale à l'aide de la formule suivante :

base verbale = radical (+ suffixe)

1.1.1. Le radical

Le radical est de structure $C_1V(C_2)$, soit une consonne initiale, une voyelle suivie ou non d'une consonne finale. Rappelons que les consonnes pouvant apparaître en finale (C_2) sont :

m	n	ŋ	
b	r	ɣ	ʔ

bè- [bì]	"planter"	**zɔ̀b-**	"chanter"
lám-	"cuire"	**bɔ́r-**	"être doux"
kwén-	"rentrer"	**sùɣ-**	"laver"
bàŋ-	"être rouge"	**zú?-**	"entendre"

Le ton lexical du radical est haut ou bas (*cf.* les exemples ci-dessus).

1.1.2. Les extensions

Il existe deux sortes d'extensions : les suffixes formels et les suffixes de dérivation.

1.1.2.A. Les suffixes formels

Ils sont inséparables du radical. Autrement dit, il n'existe pas de base simple correspondant aux formes analysées en radical + suffixe formel. Il y a quatre suffixes formels, identiques aux suffixes de dérivation, soit |-ni|, |-ti|, |-ki| et |-si|, qui tout comme les suffixes dérivationnels n'ont pas de ton inhérent.

kúɣ-nɨ	"être sourd"	**fùŋ-kɨ**	"être chauve"
bán-nɨ	"être fou"	**wú?-sɨ**	"acclamer"
bí-tɨ	"demander"		

La présence d'un suffixe formel exclut l'emploi de tout suffixe dérivationnel, ce qui semble bien prouver leur origine commune, les suffixes formels correspondant à un emploi figé d'anciens suffixes dérivationnels.

La proportion de verbes à suffixe formel est relativement forte, puisque sur un total de cinq cent soixante-dix verbes il y en a cent un à suffixe formel[1].

1.1.2.B. Les suffixes de dérivation

Ces suffixes permettent de dériver des bases verbales complexes à partir de bases verbales simples (*i.e.* à partir de radicaux). Dans la plupart des cas, l'adjonction de ces suffixes modifie le sens du radical :

sán-	"fendre"	**sán-nɨ₁**	"se fendre"
		sáŋ-kɨ₁	"se fendre en plusieurs endroits"
à sə̰̂[2]	"Il a fendu."		
á sánə̀	"Il s'est fendu."		
á sə̰́ŋkə̂	"Il s'est fendu à plusieurs endroits."		

Au plan formel, il y a quatre suffixes : |-nɨ|, |-tɨ|, |-kɨ| et |-sɨ|. Mais lorsqu'on prend en considération les implications sémantico-syntaxiques de ces suffixes (*cf.* plus bas), on est amené à distinguer entre deux suffixes |-nɨ| (|-nɨ₁| et |-nɨ₂|) et deux suffixes |-kɨ| (|-kɨ₁| et |-kɨ₂|), ce qui porte à six le nombre des suffixes dérivationnels.

Ces suffixes n'ont pas de ton inhérent. Les tons qu'ils portent dans un énoncé sont ceux des flexions, ou finales.

Les suffixes de dérivation s'excluent mutuellement.

Dans l'exposé qui suit, on distingue entre suffixes qui, généralement, changent la valence du verbe (il s'agit de |-nɨ₁| et de |-kɨ₁|) et ceux qui ne la changent pas (soit |-nɨ₂|, |-kɨ₂|, |-tɨ| et |-sɨ|).

1.1.2.B.a. Changement de valence

– Le suffixe |-nɨ₁|

Les verbes en |-nɨ₁| sont, en majorité, dérivés de verbes bivalents, donc de verbes à deux actants, d'action-devenir[3], c'est-à-dire des verbes exprimant un procès qui

---

[1] A côté de ces verbes, on note la présence de : **yàb-rɨ** "divaguer (en paroles)", **téb-rɨ** "froisser", **léb-rɨ** "se déplacer au hasard", **léɣ-rɨ** "être élancé", **bɔ̀ɣ-rɨ** "retourner", **tù?-rɨ** "être rond", **wù?-rɨ** "desserrer", **báɣ-rɨ** "prétendre". Il est probable que -rɨ est une variante de -tɨ. Les conditions d'emploi de cette variante ne sont pas connues. Tout au plus notons que le suffixe -rɨ n'est pas attesté après une consonne nasale. De plus, à côté de **yàb-rɨ** "divaguer" on trouve **yàb-tɨ** "divaguer un peu" ; quant à **bɔ̀ɣ-rɨ** "retourner", il est à mettre en relation avec **bɔ̀ŋ-** "retourner"; enfin **léb-rɨ** "être plan" peut être un emprunt à l'anglais "level".

[2] *Cf.* II.1.5.1. pour la réalisation des séquences |Vn|.

est à la fois fait par quelqu'un (d'où le terme d'action) et subi par quelqu'un d'autre ou quelque chose (d'où le terme "devenir"). Les actants des verbes d'action-devenir correspondent à l'agent et au patient.

Les verbes dérivés sont eux monovalents, c'est-à-dire qu'ils ne sont accompagnés que d'un actant. Ce sont à une exception près, des verbes de devenir : l'actant subit le procès exprimé par le verbe dérivé ; il correspond au patient du verbe bivalent.

ké-	"filtrer"	ké-ni₁	"décanter"
kúb-	"couvrir"	kúb-ni₁	"se fermer"
kwèm-	"planter, ficher"	kwèm-ni₁	"se planter"
mù?-	"déraciner"	mù?-ni₁	"se déraciner"
ŋám-	"tordre"	ŋám-ni₁	"se tordre"
sɔ̀ŋ-	"tirer hors de"	sɔ̀ŋ-ni₁	"sortir"
bàγ-	"fendre"	bàγ-ni₁	"se fendre"
tʃî?	"secouer"	tʃî?-ni₁	"trembler"

Cependant tous les verbes d'action-devenir ne peuvent pas subir cette dérivation : il semble que la dérivation ne s'applique que s'il est concevable que le procès puisse se produire de lui-même, sans l'intervention d'un agent.

On a relevé deux cas où la dérivation en |-ni₁| s'applique à des verbes monovalents d'action pour donner des verbes monovalents de devenir. Il n'y a pas alors réduction de la valence, mais seulement changement de fonction sémantique de l'actant unique. On passe d'un agent à un siège du procès :

ʃí?-	"descendre"	ʃí?-ni₁	"baisser"
nɔ̀ŋ-	"se coucher"	nɔ̀ŋ-ni₁	"s'aplanir"

Par exemple, |ʃí?-| "descendre" s'emploie, pour une personne, tandis que |ʃí?-ni₁| "baisser" s'emploie pour le niveau d'eau d'une rivière.

Signalons aussi le cas de la dérivation d'un verbe monovalent de devenir à partir d'un verbe lui même monovalent de devenir :

ʃèγ-	"devenir glissant"	ʃèγ-ni₁	"glisser (involontairement)"

On constate donc que, du point de vue sémantique, le dénominateur commun à tous ces dérivés en |-ni₁|, est l'absence de volonté de la part de l'unique actant, le fait qu'il subit le procès.

REMARQUE 1 : Il semble exister au moins une exception à cette généralisation : |kùi-ni₁| "se dépêcher", verbe monovalent, est dérivé du verbe |kùi-| "courir". Ces deux verbes sont des verbes d'action et impliquent la volonté de l'actant.

– Le suffixe |-ki₁|

La dérivation en |-ki₁| est de même nature que celle en -ni₁ dans la mesure où elle peut réduire la valence du verbe auquel elle s'applique : en effet, elle produit aussi des verbes monovalents de devenir à partir de verbes bivalents d'action-devenir :

---

[3] On distingue, à la suite de W.L. Chafe (1970) et de R.E. Longacre (1976), quatre groupes principaux de verbes : les verbes d'état, de devenir, d'action-devenir et d'action.

fɔr-	"plumer, peler"	fɔr-ki₁	"peler"
sàr-	"déchirer"	sàr-ki₁	"se déchirer"
ká-	"cueillir"	ká-ki₁	"tomber (non naturellement)"
bíŋ-	"écraser"	bíŋ-ki₁	"devenir paralysé des deux jambes"
kɔ́ɣ-	"frotter"	kɔ́ɣ-ki₁	"s'user par frottement"
tsùŋ-	"pétrir en boule"	tsùŋ-ki₁	"acquérir une forme sphérique"

|-ki₁| diffère de |-ni₁| par les nuances de sens qu'il véhicule : beaucoup de verbes dérivés en |-ki₁| décrivent un devenir non naturel, anormal. Une autre nuance de sens que porte |-ki₁|, dans certains cas, est celle de répétition. En fait, il existe des verbes pour lesquels les deux dérivations, celle en |-ni₁| et celle en |-ki₁| sont toutes deux possibles. Dans ce cas, |-ki₁| implique nettement la répétition :

sán-	"fendre"	sán-ni₁	"se fendre"
		sán-ki₁	"se fendre en plusieurs endroits"
bɛ́ʔ-	"casser"	bɛ́ʔ-ni₁	"se casser"
		bɛ́ʔ-ki₁	"se casser en plusieurs morceaux"
ŋɔ́m-	"tordre"	ŋɔ́m-ni₁	"se tordre"
		ŋɔ́m-ki₁	"se tordre en plusieurs endroits"

Néanmoins, la dérivation en |-ki₁| s'applique aussi à des verbes monovalents :

wɛ̀ʔ-	"boiter"	wɛ̀ʔ-ki₁	"se courber par infirmité"
kɔ́ʔ-	"monter"	kɔ́ʔ-ki₁	"enfler à plusieurs endroits"
ʃɛ̀ɣ-	"devenir glissant"	ʃɛ̀ɣ-ki₁	"glisser plusieurs fois"
ɣán-	"errer"	ɣán-ki₁	"errer inconsciemment"
ʃú?-	"sangloter"	ʃú?-ki₁	"bégayer"
kwɛ̀ɣ-	"tousser"	kwɛ̀ɣ-ki₁	"tousser avec violence"

La dérivation |kɔ́ʔ-| "monter", |kɔ́ʔ-ki₁| "enfler à plusieurs endroits" est à rapprocher de la dérivation |ʃí?-| "descendre", |ʃí?-ni₁| "baisser" : l'actant du verbe simple est agent, celui du verbe dérivé est siège. De même, la dérivation |ʃɛ̀ɣ-| "devenir glissant", |ʃɛ̀ɣ-ki₁| "glisser plusieurs fois" est à rapprocher de la dérivation |ʃɛ̀ɣ-| "devenir glissant", |ʃɛ̀ɣ-ni₁| "glisser (involontairement)".

REMARQUE 2 : les dérivations en |-ni₁| et |-ki₁| permettent dans de nombreux cas de passer de verbes bivalents dont le sujet est l'agent à des verbes monovalents dont le sujet est le siège. L'agent n'est alors plus mentionné. A côté de ces processus de dérivation, il existe une construction impersonnelle qui permet de ne pas spécifier l'agent : dans cette construction le sujet est le pronom de cl. 2 |bɪ́|. A noter que |bɪ́| n'a pas toujours une valeur impersonnelle (*cf.* III.6.1.) :

| bɪ́ | bɛ́?ɛ̀ | làŋɔ́ | "On a cassé le siège." |
| 2 | P_0+casser | siège+*Me* | |

– Le suffixe |-sɪ|

D'une certaine façon, la dérivation en |-sɪ|, qu'on peut appeler causative, est l'inverse de celles en |-ni₁| et |-ki₁|, puisqu'elle augmente la valence du verbe auquel elle s'applique. Elle transforme des verbes monovalents de devenir ou d'action en verbes bivalents d'action-devenir :

ʃíʔ-	"descendre"	ʃíʔ-sɨ	"descendre" (transitif)
kɔ́ʔ-	"monter"	kɔ́ʔ-sɨ	"hisser"
lwì-	"devenir amer"	lwì-sɨ	"rendre amer"

Des trois dérivations présentées jusqu'ici, celle en |-sɨ| est de loin la moins productive ; de plus certains des dérivés donnés par un informateur ont été rejetés par un autre.

Lorsque la dérivation en |-sɨ| n'est pas possible, les locuteurs ont recours à une construction factitive :

ǹdùʔɔ̂ kòŋɔ̂   "Nde s'est noyé."
Nde+1 P_0+se noyer+Me

mà ɣǔu //   **ndùʔɔ́ kóŋɔ̂**   "J'ai noyé Nde" (litt. : "J'ai fait et Nde s'est noyé.")
je P_0+faire Nde+1   S+se noyer+Me

Notons que ces verbes dérivés en **-sɨ** peuvent eux-mêmes apparaître dans cette construction avec **ɣùu-** "faire" :

ǹdùʔɔ̂ ʃíʔìsɔ̂   "Nde l'a hissé."
Nde+1 P_0+hisser+Me

mà ɣǔu //   **ǹdùʔɔ́ ʃíʔìsɔ̂**   "Je l'ai fait hisser à Nde" (litt. : "J'ai fait et Nde l'a hissé.")
je P_0+faire Nde+1   S+hisser+Me

1.1.2.B.b. Pas de changement de valence

– Le suffixe |-nɨ₂| globalisant

|-nɨ₂| implique la démultiplication d'un des actants. En même temps, ce suffixe porte en lui la notion de globalité.

Si le sujet du verbe dérivé en |-nɨ₂| est au pluriel, la présence du suffixe indique que les êtres ou les choses qui ont la fonction syntaxique de sujet, sont considérés globalement : ils participent tous, en tant que groupe, au procès exprimé par le verbe. De plus ils y participent simultanément, mais pas forcément ensemble ("simultanément" ne doit pas être pris au pied de la lettre : cela peut impliquer "la même semaine", "la même année") :

mâŋkǔŋ f⸗úŋnɔ́ ɣé   "Les Mankons sont noirs."
Mankon+2 Pr+être noir+1 Me

bùɣí z⸗ú dʒwínɔ̂   "Elle et moi avons accouché en même temps."
nous+et elle+Is P_0+accoucher+Me

nê bó fùrú sámnɔ̂
Ne et Fru+2 P_0+retourner+Me
"Neh et Fru sont retournées dans leur famille respective en même temps."

bó v⸗ún⸗ɨ ndâ
eux+Is P_0+construire maison+Me
"Ils ont tous construit une maison en même temps."

bó   sónî   mə̀ʃòm má ɣé
eux+*Is* *P₀*+désherber champs leurs *Me*
"Elles ont toutes désherbé leurs champs en même temps."

bó   ʒíní //   ŋgɔ̂ kfwô
eux+*Is* *P₀*+savoir que+*1* *P₀*+être mort+*Me*
"Ils savent tous qu'il est mort." (*i.e.* : il n'y en a pas un qui l'ignore)

|-ni₂| prend, avec certains verbes, une valeur réciproque. Il ne peut avoir cette valeur qu'avec des verbes multivalents. |-ni₂| implique alors un chassé-croisé de deux fonctions sémantiques. Soit la phrase :

ǹdù?ù bó fùrú fínɔ̂   "Nde et Fru se ressemblent."
Nde   et   Fru+*2* *P₀*+se ressembler+*Me*

Le verbe |fí-ni₂| "se ressembler" est dérivé du verbe |fí-| "ressembler à". |fí-| est un verbe bivalent : l'un des actants est le siège de la ressemblance, l'autre actant est la mesure de la ressemblance. La phrase donnée ci-dessus implique donc :

ǹdù?ɔ̂ fíɔ̂   f↑úr↓ɔ́   "Nde ressemble à Fru."
Nde+*1* *P₀*+ressembler+*Fo* Fru+*Me*

fùrɔ̂ fíɔ́   ndù?ɔ́   "Fru ressemble à Nde."
Fru+*1* *P₀*+ressembler+*Fo* Nde+*Me*

La dérivation en |-ni₂|, quand elle a le sens réciproque, entraîne un changement syntaxique. En effet, tandis que le verbe |fí-| "ressembler à" doit être suivi d'un complément d'objet, |fí-ni₂| "se ressembler" ne peut pas en être suivi.

Ce qui vient d'être dit à propos de |fí-/fí-ni₂| est aussi valable pour les verbes suivants :

tó-	"battre, combattre"	tó-ni₂	"se battre"
kù?-	"atteindre"	kù?-ni₂	"être égal"
ʒí-	"connaître"	ʒí-ni₂	"se connaître"
kwéb-	"changer"	kwéb-ni₂	"échanger"

Si le sujet est au singulier et que le complément d'objet est au pluriel (le sujet peut être au pluriel mais alors la phrase est ambiguë), la présence de |-ni₂| indique que l'action porte sur plusieurs objets à la fois :

mà mìnî   fùɔ́   "J'ai avalé toutes les pilules à la fois."
je *P₀*+avaler feuilles+*Me*

mà yànî   ŋgyɛ̌   "J'ai soulevé toutes les herbes à la fois."
je *P₀*+soulever herbes+*Me*

Cet emploi de |-ni₂|, avec le sujet au singulier et le complément d'objet au pluriel, est moins fréquent que celui de |-ni₂|, avec le sujet au pluriel.

|-ni₂| ne change pas la valence du verbe auquel il se fixe tandis que |-ni₁| le fait, en général : il s'agit là d'une différence importante. |-ni₁| et |-ni₂| ont cependant quelque chose en commun : tous deux portent en eux la notion de non-répétition, de globalité. Cela apparaît nettement quand on les compare à |-ki₁| et à |-ki₂| qui portent en eux la notion de répétition.

– Le suffixe |-ki₂| distributionnel, itératif

|-ki₂|, tout comme |-ni₂|, implique la démultiplication d'un des actants. Cependant, à la différence de |-ni₂|, |-ki₂| porte en lui la notion de distribution, de répétition.

Si le sujet est au pluriel, |-ki₂| indique que les êtres ou les choses qui ont la fonction syntaxique de sujet, sont considérés individuellement, bien qu'ils participent tous à un même procès. |-ki₂| peut prendre la nuance de "l'un après l'autre" :

bó dʒwíkə̂
elles+*Is* P₀+accoucher+*Me*
"Elles accouchent les unes après les autres" (dit à propos de femmes dans une maternité).

bó bˀómkⱡə̂   "Ils se sont réunis."
eux+*Is* P₀+se réunir+*Me*

bó kfwókə̂   "Elles meurent les unes après les autres."
eux+*Is* P₀+mourir+*Me*

á fáŋkə̂[4]   "Elles (feuilles de bananier) sont trop grandes."
7 P₀+être grand+*Me*

bó bîtsùm tsíkì nì bộ̂   "…et elles furent toutes enceintes."
elles toutes S+être avec enfants+*Me*

Cette dérivation est plus fréquente que celle en |-ni₂|.

Si le complément d'objet est au pluriel, |-ki₂| indique que l'action porte sur plusieurs objets ou qu'elle est faite pour plusieurs personnes :

mà kyèmkî m̀byê   "J'ai égorgé plusieurs chèvres."
je P₀+égorger chèvres+*Me*

mà kèkí mìlù?ə́ mbˀó bè̀ "J'ai filtré le vin pour plusieurs personnes."
je P₀+filtrer vin pour personnes+*Me*

|-ki₂| diffère de |-ki₁| de la même façon que |-ni₂| diffère de |-ni₁| : |-ki₂| ne change pas la valence du verbe auquel il est suffixé tandis que |-ki₁| le fait, en général. Mais |-ki₂|, tout comme |-ki₁|, porte en lui la notion de répétition : c'est en ceci que |-ki₁| et |-ki₂| s'opposent à |-ni₁| et à |-ni₂|. Dans une certaine mesure |-ki₂| s'oppose aussi au suffixe |-ti| présenté ci-dessous.

– Le suffixe |-ti| diminutif

La dérivation en |-ti| est de loin la plus productive. |-ti| prend différentes nuances de sens selon les verbes auxquels il se suffixe, mais le dénominateur commun à ces nuances est la notion de petitesse : |-ti| est un suffixe diminutif (tout au moins, telle semble être sa vocation première) :

Avec les verbes monovalents d'action ou de devenir, |-ti| indique que le procès s'accomplit "un peu", "partiellement" "imparfaitement" ou "pendant une courte durée" :

---

[4] Le sujet **á** (cl. 7) est au singulier mais il a ici une valeur de collectif, d'où le pluriel dans la traduction.

kwí-	"pousser, grandir"	**kwí-tɨ**	"pousser un peu"
ŋwé-	"fondre"	**ŋwé-tɨ**	"fondre partiellement"
zóm-	"sécher"	**zóm-tɨ**	"sécher partiellement"
ɣèn-	"aller"	**ɣèn-tɨ**	"faire un écart"
wè-	"rire"	**wè-tɨ**	"rire un peu"

Avec les verbes bivalents d'action-devenir, |-tɨ| peut avoir le même sens que ci-dessus, mais lorsque le complément d'objet est au pluriel, il peut indiquer que l'action porte sur quelques objets seulement :

ɣá-	"donner"	**ɣá-tɨ**	"donner une partie de"
ké-[5]	"filtrer"	**ké-tɨ**	"filtrer en partie, une petite quantité"
tʃú-	"rendre"	**tʃú-tɨ**	"rendre une partie de"

C'est dans ce cas, c'est-à-dire lorsqu'il indique que l'action porte sur quelques objets seulement, que |-tɨ| s'oppose à |-kɨ₂|. Il existe plusieurs paires de dérivés en |-tɨ| et en |-kɨ₂| qui illustrent cette opposition :

ké-	"filtrer"	**ké-kɨ₂**	"filtrer (du vin) pour plusieurs personnes"
		ké-tɨ	"filtrer en partie, une petite quantité"
vwò-	"tomber"	**vwò-kɨ₂**	"tomber plusieurs fois"
		vwò-tɨ	"marcher courbé"
zɔ̀b-	"chanter"	**zɔ̀b-kɨ₂**	"chanter beaucoup de chansons"
		zɔ̀b-tɨ	"chanter un peu"
kwèm-	"ficher"	**kwèm-kɨ₂**	"ficher, planter un grand nombre de"
		kwèm-tɨ	"ficher, planter une partie de"

Cependant il existe un assez grand nombre de verbes dérivés pour lesquels |-tɨ| n'a plus son sens diminutif mais a le sens de |-kɨ₂|, c'est-à-dire le sens de "beaucoup", "plusieurs" ; de répétition :

kó-	"attraper"	**kó-tɨ**	"attraper beaucoup de"
sób-	"couper"	**sób-tɨ**	"hacher"
fú-	"sortir"	**fú-tɨ**	"sortir plusieurs fois"

Certains verbes dérivés peuvent avoir les deux sens :

kwà-	"élaguer"	**kwà-tɨ**	"élaguer beaucoup de", "élaguer une partie de"
fèn-	"vendre"	**fèn-tɨ**	"vendre beaucoup de", "vendre quelques"

Enfin, quelquefois |-tɨ| a les deux sens à la fois :

lí-	"voler"	**lí-tɨ**	"voleter"
tsí-	"être, rester"	**tsí-tɨ**	"passer son temps à s'asseoir et à se relever"

Il n'a été relevé qu'un seul exemple où |-tɨ| apporte une information complémentaire sur le sujet, celui-ci étant au pluriel :

mìbɔ̀ʔɔ́ tómtɔ̀   "Une partie des citrouilles a germé."
citrouilles P_0+germer+Me

---

[5] |ké-| est le seul morphème lexical de structure CV dans lequel la voyelle ε est réalisée [ɛ] et non [e] (*cf.* I.5.1.4.).

2. LES CONJUGAISONS : INTRODUCTION

Les formes verbales peuvent être regroupées en quatre ensembles en tenant compte de l'opposition aspectuelle perfectif / imperfectif, et de l'opposition polaire affirmatif / négatif. On distingue ainsi quatre conjugaisons :
- la conjugaison perfective affirmative
- la conjugaison perfective négative
- la conjugaison imperfective affirmative
- la conjugaison imperfective négative

Ces conjugaisons ne sont pas entièrement symétriques.

2.1. La conjugaison perfective affirmative

Au sein de cette conjugaison, les formes verbales se répartissent en sept modes :
- l'indicatif, mode personnel et temporel qui actualise et situe le procès dans le temps (passé, présent et futur).
- le relatif, mode personnel et temporel utilisé dans la proposition relative (à la différence de l'indicatif ce mode ne présente pas de forme futur).
- le conditionnel, mode personnel utilisé dans la proposition hypothétique (domaine du réalisable), que la condition soit temporelle ou logique.
- l'impératif, mode de l'injonction ne présentant qu'une forme de 2ème pers. sg.
- l'exhortatif, mode personnel de l'injonction, pouvant être utilisé en proposition indépendante, ou "enchaînée"[6] (s'il y a changement de sujet par rapport à la proposition précédente).
- le successif, mode personnel utilisé dans une proposition "enchaînée", s'il y a changement de sujet par rapport à la proposition précédente (les facteurs qui conditionnent l'emploi de l'exhortatif ou du successif seront précisés lors de la présentation de ces modes).
- le consécutif, mode non personnel (*i.e.* ne comportant pas de marques de personnes) employé dans une proposition "enchaînée" sans changement de sujet par rapport à la proposition précédente.

A l'indicatif existe une triple distinction aspectuelle : effectif / achevé / virtuel (*i.e.* pas encore réalisé).

L'effectif et l'achevé (A) se combinent à trois valeurs temporelles :
- l'effectif P_0 et l'achevé P_0 A s'emploient pour des procès dynamiques passés ayant des répercussions dans le présent ou pour des états présents ;
- l'effectif P_1 et l'achevé P_1 A renvoient à un passé proche ;
- l'effectif P_2 et l'achevé P_2 A renvoient à un passé éloigné.

Le virtuel coïncide avec le temps futur.

---

[6] Cette notion est abordée en V.3.

Au relatif (R) seules sont attestées les constructions effectives $P_0 R$, $P_1 R$ et $P_2 R$, parallèles aux constructions effectives P_0, P_1 et P_2 de l'indicatif.

2.2. La conjugaison perfective négative

L'aspect achevé de l'indicatif et le mode relatif sont absents de cette conjugaison.

2.3. La conjugaison imperfective affirmative

A l'indicatif, il n'y a que trois constructions (passé, présent et futur) au lieu de sept au perfectif.

Au relatif, il n'y a que deux constructions (passé et présent) au lieu de trois au perfectif.

2.4. La conjugaison imperfective négative

L'aspect achevé de l'indicatif et le mode relatif sont absents de cette conjugaison comme ils le sont de la conjugaison perfective négative.

A l'indicatif, il y a quatre constructions (passé éloigné, passé proche, présent et futur) alors qu'il n'y en a que trois à la conjugaison imperfective affirmative.

Pour élucider les caractéristiques tonales des finales des différentes constructions, on a placé des verbes à ton lexical H et B dans les contextes suivants :
– en fin d'énoncé, le verbe étant suivi d'une des deux marques d'énoncé |a| ou |ye|[7]
– devant un nom objet à Pn CV
– devant un nom objet à Pn V ou N
– devant un nom objet sans Pn (cl. 1ᵃ) précédé du fonctionnel objet |á|
– devant un nom objet à Pn N (cl. 1ᵇ) précédé du fonctionnel objet |á|

Le verbe conjugué dans ces quatre contextes est présenté sous forme synoptique pour chaque construction.

Les verbes utilisés pour cette présentation sont :
|zɔ̀b-| "chanter", |lɔ̀ɣ-| "prendre", |bòm-| "rencontrer", |sùɣ-| "laver", |wàɣ-| "effrayer" ; |sób-| "couper", |béʔ-| "casser", |léɣ-| "persuader", |búʔ-| "défricher", |fúr-| "pourchasser", |zúʔ-| "entendre".

Les noms sont :
|mìkòm´| "chants" (cl. 6), |mìbɔ̀ʔ´| "citrouilles" (cl. 6), |mìdzúu`| "nourriture" (cl. 6), |mìʃóm´| "champs" (cl. 6), |ŋgúb`| "poule" (cl. 9), |ǹdzàm´| "hache" (cl. 9), |ǹdɔ̀m`| "sorcier" (cl. 1ᵇ), |ŋkúm´| "notable" (cl. 1ᵇ), |kàŋ`| "écureuil" (cl. 1ᵃ).

---

[7] Les marques d'énoncé sont présentées en V.2.1.

234

3. LA CONJUGAISON PERFECTIVE AFFIRMATIVE

3.1. Introduction

Organisation linéaire du syntagme verbal :

(Pronom sujet) + (Formatif) + Base + Finale

La base[8] et la terminaison (finale) sont obligatoires. L'impératif ne comporte ni pronom sujet, ni formatif. Le consécutif ne comporte pas de pronom sujet. Le P_0[9] de l'indicatif et le P_0 du relatif ne comportent pas de formatif.

Sur la base de leur comportement tonal on peut répartir les pronoms sujets (ou indices sujets de classe lorsque le sujet est un nom) en trois groupes :

– Pronoms de personnes : |**mà**| "je", |**ò**| "tu", |**tî**| "nous (duel)"[10], |**nì**| "vous"

– Pronoms de classes : |**à**| (cl. 1), |**ì**| (cl. 9)

– Pronoms de classes : |**í**| (cl. 3), |**ní**| (cl. 5), |**á**| (cl. 7), |**fí**| (cl. 19), |**bí**| (cl. 2), |**mí**| (cl. 6), |**tsí**| (8 et 10).

Les indices sujets de classes ont les mêmes caractéristiques tonales que les pronoms correspondants : on a donc d'un côté les indices des classes 1 |**à**| et 9 |**ì**| et de l'autre, les indices de la classe 7 |**á**| et de toutes les autres classes |**í**|.

Dans la conjugaison perfective affirmative, on distingue trois[11] paradigmes tonals de pronoms/indices sujets (S_1, S_2 et S_3) :

– S_1 : **mà, à, bí** (pr. de pers. et de cl. 1 et 9 : B ; autres pronoms : H)

– S_2 : **mà, á, bí** (pr. de pers. : B ; pronoms de cl. : H)

– S_3 : **mà, à, bì** (tous les pronoms sont B)

Le formatif donne des informations temporelle et/ou modale.

La base (V) est constituée d'un radical verbal et éventuellement d'un suffixe formel ou de dérivation.

La finale (ou terminaison) donne des informations aspectuelle et/ou modale.

---

[8] La base est présentée en 1.1.

[9] P_0 : "présent" effectif.

[10] "nous (excl)" et "nous (incl)" s'expriment respectivement par les pronoms indépendants **bùɣà** et **bùɣínà**. Ils sont repris par l'indice sujet |**í**|.(*cf.* III.6.4.2.F.).

[11] Il existe un quatrième paradigme présent exclusivement dans la conjugaison affirmative imperfective : S_4 : **má, á, bí** (tous les pronoms sont H).

Tableau 54 – La conjugaison perfective affirmative

	1	2	3	4
Imp	–	–	V	î̀ / í
P_0		–		
P_1	S_1	kà̀	V	î̀
P_2		kà̀´ ` ´		
$P_0 R$		–		
$P_1 R$	S_1	kà̀	V	nî̀ ´
$P_2 R$		kà̀´ ` ´		
$P_0 A$		`		
$P_1 A$	S_1	kà̀	V	´nà / ´nà` ´
$P_2 A$		kà̀´ ` ´		
Suc	S_2		V	ì̀
Cd	S_2	´		
Exh	S_3			
C[-F]	–	ǹ´	V	í
C[+F]		î̀		
Fut	S_1 (`)	´mì̀î̀		

Dans le tableau 54 le nom des constructions figure à gauche :

Imp : impératif ; P_0 "présent" de l'indicatif effectif ; P_1 passé proche de l'indicatif effectif ; P_2 passé éloigné de l'indicatif effectif ; $P_0 R$: "présent" du relatif ; $P_1 R$: passé proche du relatif ; $P_2 R$: passé éloigné du relatif ; $P_0 A$ "présent" de l'indicatif achevé ; $P_1 A$ passé proche de l'indicatif achevé ; $P_2 A$ passé éloigné de l'indicatif achevé ; Suc : successif ; Cd : conditionnel ; Exh : exhortatif ; C[-F] : consécutif non futur ; C[+F] : consécutif futur ; Fut : futur de l'indicatif.

La colonne 1 est celle du sujet, la colonne 2 celle du formatif, la colonne 3 celle de la base, et la colonne 4 celle de la finale.

L'ordre de présentation des formules des différentes constructions de la conjugaison perfective affirmative vise à faire ressortir les ressemblances et différences entre ces constructions.

236

3.2. L'impératif

3.2.1. Forme

Imp	–	–	V	í` / í

L'impératif ne comporte ni pronoms sujets, ni formatif.
Le radical porte son ton lexical, B ou H :

|zɔ̀bí` a| zɔ̀bâ "Chante!"
|bú?í` a| bú?ɔ̂ "Défriche!"

La finale |í` | rend compte des réalisations du verbe en fin d'énoncé : les deux tons se combinent en un ton modulé <u>HB</u> si le radical porte un ton B. Seul le ton B est représenté si la base porte un ton H (*cf.* II.2.3.2.A.).

REMARQUE 1 : on peut se demander si la présence du ton de B final n'est pas due à un phénomène d'intonation (descendante) correspondant à la fonction d'incitation, phénomène qu'on retrouve lorsque des verbes au consécutif non futur (C[-F]) sont enchaînés à un verbe à l'impératif : la finale du verbe au consécutif non futur est alors |í` | et non |í|.

Présentation synoptique du verbe à l'Impératif dans les contextes autres que "fin d'énoncé"

|zɔ̀bí mìkòm´ a|	zɔ̀bì míkòmɔ́ / zɔ̀bí míkòmɔ́
|sóbí mìbɔ̀?´ a|	sóbí míbɔ̀?ɔ́
|lɔ̀yí ǹdzàm´ a|	lɔ̀yí ndzàmɔ́
|bé?í ǹdzàm´ a|	bé?é ndzàmɔ́
|bòmí á ǹdəm` a|	bòmɔ́ ndəmə̀
|léyí á ǹdəm` a|	léyɔ́ ndəmə̀
|sùyí mìdzú` a|	sùyì mídz↑ɯɔ̀ / sùyí m↑ídz↓ɯɔ̀
|bú?í mìʃóm´ a|	bú?ú m↑íʃ↓ómɔ́
|lɔ̀yí ŋgúb` a|	lɔ̀yí ŋg↑úbə̀
|fúrí ŋgúb` a|	fúr↑ú ŋg↓úbə̀
|bòmí á ŋkúm´ a|	bòmɔ́ ŋk↑úmɔ́
|léyí á ŋkúm´ a|	léy↑ɔ́ ŋk↓úmɔ́
|wàyí á kàŋ` a|	wàyɔ́ káŋə̀
|fúrí á kàŋ` a|	fúrɔ́ káŋə̀

REMARQUE 2 : Lorsque le nom objet a un Pn CV, le H de la finale se répète sur ce Pn. En ce qui concerne la finale elle-même, lorsque le radical est B, on observe deux possibilités selon les locuteurs : elle porte soit un ton H (*cf.* II.2.3.7.B) soit un B (*cf.* II.2.3.6.B). En cas de faille sur le nom objet, la faille est montante si la finale porte un B (*cf.* II.2.3.10.A.), mais descendante si elle porte un H (*cf.* II.2.3.9.A.).

3.2.2. Valeur et emploi

L'impératif exprime un ordre. Il n'existe qu'à la seconde personne du singulier (aux autres personnes on emploie l'exhortatif) :

màʔá   m˦ɔ́ŋ   gwˇá // m̀b˦áʔˇó   kwèʔènˇó   b˯ó   ɣô lá...

Imp+<u>jeter</u> enfant ce-là   que+tu P_0+porter+R+I+*Loc* bras   toi   *Ma*

"Jette cet enfant que tu portes dans les bras..."

C'est aussi ce mode qu'on utilise dans les "textes" prescriptifs :

sùɣí   kùʔú // ndám[12]   áɲ˦é   bìàwà   bìb˦áˇ   ɣé // kɔ̀ɣí //

Imp+<u>laver</u> ignames *C[-F]*+cuire   contre   heures   deux   *Me*   *Imp*+<u>retirer du feu</u>

ndzǒm // ntʃ˦úʔˇó   múɔ̀ kɔ̀bɔ́

C[-F]+peler *C[-F]*+piler   dans   mortier+*Me*

"Laver les ignames et les cuire deux heures. Les retirer du feu, les éplucher et les piler dans un mortier."

3.3. L'indicatif

3.3.1. L'effectif : P_0, P_1, P_2

3.3.1.A. Formes

3.3.1.A.a. Le P_0

P_0	S_1	–	V	í˴

Le paradigme des pronoms sujets est le paradigme S_1, soit |mà, à, bí|.

Le P_0 ne comporte pas de formatif.

Le ton du pronom interfère avec celui du radical.

REMARQUE 3 : le présent effectif (P_0) de l'indicatif et du relatif ainsi que le présent imperfectif (Pr) de l'indicatif et du relatif sont les seules constructions dans lesquelles le ton du pronom (ou indice) interfère avec les tons subséquents, celui du radical au P_0, ceux du formatif et du radical au Pr.

— lorsque le pronom est B, le radical porte un ton B, que son ton lexical soit B ou H. L'opposition tonale lexicale est donc neutralisée (*cf.* II.2.3.6.B.) :

|mà zɔ̀bí˴ a| mà zɔ̀bɔ̂   "J'ai chanté."

|mà búʔí˴ a| mà bùʔɔ̂   "J'ai défriché."

En général (mais *cf.* la remarque ci-après), lorsque le pronom est H, un radical à ton lexical H porte un ton H, et un radical à ton lexical B porte un ton ˦H (suprahaut) :

|bí búʔí˴ a| bí búʔɔ̀   "Ils ont défriché."

|bí zɔ̀bí˴ a| bí z˦ɔ́bɔ̀   "Ils ont chanté."

---

[12] Le consécutif non futur (C[-F]) est employé dans les propositions enchaînées à la proposition dont le verbe est à l'impératif.

Ce ton supra-haut est suivi d'un abaissement si le ton H de la finale se réalise :

|bí zɔ̀bɨ̀` | bí z ꜛɔ́b ꜜɨ́   "Ont-ils chanté ?"[13]

|bí zɔ̀bɨ̀` mɨ̀kòm´ a| bí z ꜛɔ́b ꜜɨ́ mɨ̀kòmɔ́   "Ils ont chanté des chants."

REMARQUE 4 : on a relevé deux contextes (précédent ou subséquent) dans lesquels les verbes à ton lexical H et B présentent les mêmes réalisations tonales :

— en présence d'un nom sujet |B H B|, à indice sujet H (cf. II.2.3.9.C. pour le verbe à ton lexical H et II.2.3.14.B.c. pour le verbe à ton lexical B) :

|àbéb` á zúʔɨ̀ a| àb ꜛéb ꜜɔ́ zúʔɔ̀   "Le bouc a entendu."

|àbéb` á dzɨ̀ŋɨ̀ a| àb ꜛéb ꜜɔ́ dzíŋɔ̀   "Le bouc a uriné."

— en présence d'un ton H subséquent, par exemple celui du fonctionnel objet |á| (cf. II.2.3.11. pour le verbe à ton lexical H et II.2.3.14.B.c. pour le verbe à ton lexical B) :

|bí zúʔɨ̀ á súŋ´ a| bí z ꜛúʔ ꜜɔ́ súŋɔ́   "Ils ont entendu un oiseau."

|bí lɔ̀ɣɨ̀ á súŋ´ a| bí l ꜛɔ́ɣ ꜜɔ́ súŋɔ́   "Ils ont pris un oiseau."

|bí zúʔɨ̀` á ǹdɔ̀m` a| bí z ꜛúʔ ꜜɔ́ ǹdɔ̀mɔ̀ "Ils ont entendu un sorcier."

|bí bòmɨ̀ á ǹdɔ̀m` a| bí b ꜛóm ꜜɔ́ ǹdɔ̀mɔ̀ "Ils ont croisé un sorcier."

Présentation synoptique du verbe au P₀ dans les différents contextes

|mà zɔ̀bɨ̀` a|	mà zɔ̀bɔ̂
|mà sóbɨ̀` a|	mà sòbɔ̂
|mà zɔ̀bɨ̀` mɨ̀kòm´ a|	mà zɔ̀bɨ́ mɨ̀kòmɔ́
|mà sóbɨ̀` mɨ̀bɔ̀ʔ´ a|	mà sòbɨ́ mɨ̀bɔ̀ʔɔ́
|mà lɔ̀ɣɨ̀` ǹdzàm´ a|	mà lɔ̀ɣɨ̂ ndzàmɔ́
|mà béʔɨ̀` ǹdzàm´ a|	mà bè̀ʔɛ̂ ndzàmɔ́
|mà bòmɨ̀ á ǹdɔ̀m` a|	mà bòm ꜛɔ́ ndɔ̀mɔ̀
|mà léɣɨ̀ á ǹdɔ̀m` a|	mà lèɣ ꜛɔ́ ndɔ̀mɔ̀
|mà sùɣɨ̀` mɨ̀dzú ` a|	mà sùɣɨ́ mɨ̀dzúɔ̀
|mà búʔɨ̀` mɨ̀ʃóm´ a|	mà bùʔú mɨ̀ʃòmɔ́
|mà lɔ̀ɣɨ̀` ŋ̀gúb` a|	mà lɔ̀ɣɨ̂ ŋgúbɔ̀
|mà fúrɨ̀` ŋ̀gúb` a|	mà fùrɨ̂ ŋgúbɔ̀
|mà bòmɨ̀ á ŋ̀kúm´ a|	mà bòm ꜛɔ́ ŋk ꜜúmɔ́
|mà léɣɨ̀ á ŋ̀kúm´ a|	mà lèɣ ꜛɔ́ ŋk ꜜúmɔ́
|mà wàɣɨ̀` á kàŋ` a|	mà wàɣɔ́ k ꜛáŋɔ̀
|mà fúrɨ̀` á kàŋ` a|	mà fùrɔ́ k ꜛáŋɔ̀
|bí lɔ̀ɣɨ̀` a|	bí l ꜛɔ́ɣɔ̀
|bí sóbɨ̀` a|	bí sóbɔ̀
|bí zɔ̀bɨ̀` mɨ̀kòm´ a|	bí z ꜛɔ́b ꜜɨ́ mɨ̀kòmɔ́ / bí z ꜛɔ́bɨ̀ mɨ̀kòmɔ́
|bí sóbɨ̀` mɨ̀bɔ̀ʔ´ a|	bí sóbɨ́ mɨ̀bɔ̀ʔɔ́ / bí sóbɨ̀ mɨ̀bɔ̀ʔɔ́
|bí lɔ̀ɣɨ̀` ǹdzàm´ a|	bí l ꜛɔ́ɣɨ̀ ndzàmɔ́
|bí béʔɨ̀` ǹdzàm´ a|	bí béʔè ndzàmɔ́

---

[13] En l'absence de la marque énonciative |a| le ton B de la finale ne se manifeste pas.

|bí bòmíˋ á ǹdə̀mˋ a| bí bˆóm ꜜˊɔ́ ndə̀mə̀
|bí léɣíˋ á ǹdə̀mˋ a| bí lˆéɣ ꜜˊɔ́ ndə̀mə̀

|bí sùɣíˋ mìdzúꜜˋ a| bí sˆúɣ ꜜˊí mìdzúꜜə̀ / bí sˆúɣì mìdzúꜜə̀
|bí búʔíˋ mìʃóm´ a| bí búʔú mìʃòmɔ́ / bí búʔù mìʃòmɔ́

|bí lɔ̀ɣíˋ ŋgúbˋ a| bí lˆɔ́ɣì ŋgúbə̀
|bí fúríˋ ŋgúbˋ a| bí fúrì ŋgúbə̀

|bí bòmíˋ á ŋkúm´ a| bí bˆóm ꜜˊɔ́ ŋkꜜˊúmɔ́
|bí léɣíˋ á ŋkúm´ a| bí lˆéɣ ꜜˊɔ́ ŋkꜜˊúmɔ́

|bí wàɣíˋ á kàŋˋ a| bí wˆáɣ ꜜˊɔ́ káŋə̀
|bí fúríˋ á kàŋˋ a| bí fˆúr ꜜˊɔ́ káŋə̀

3.3.1.A.b. Le P₁

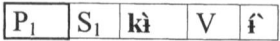

Le paradigme des pronoms sujet est le paradigme S₁, soit |mà, à, bí|, comme au P₀.

Quel que soit le ton du pronom, le formatif |kì| porte un ton B. Il en va de même pour le radical que son ton lexical soit B ou H :

	|mà kì zɔ̀bíˋ a|	mà kì zɔ̀bə̂	"J'ai chanté."
	|mà kì búʔíˋ a|	mà kì bùʔɔ̂	"J'ai défriché."
	|bí kì zɔ̀bíˋ a|	bí kì zɔ̀bə̂	"Ils ont chanté."
	|bí kì búʔíˋ a|	bí kì bùʔɔ̂	"Ils ont défriché."

Présentation synoptique du verbe au P₁ dans les contextes autres que "fin d'énoncé"

Etant donné que le radical porte un ton B, on a les mêmes réalisations qu'au P₀ en présence d'un pronom sujet à ton B. En fin d'énoncé, on a donc un ton descendant <u>HB</u>, (*cf.* les exemples ci-dessus) et devant un nom objet on obtient :

|mà kì zɔ̀bíˋ mìkòm´ a| mà kì zɔ̀bí mìkòmɔ́
|mà kì sóbíˋ mìbɔ̀ʔ´ a| mà kì sòbí mìbɔ̀ʔɔ́

|mà kì lɔ̀ɣíˋ ǹdzàm´ a| mà kì lɔ̀ɣí ndzàmɔ́
|mà kì béʔíˋ ǹdzàm´ a| mà kì bèʔê ndzàmɔ́

|mà kì bòmíˋ á ǹdə̀mˋ a| mà kì bòm ꜜˊɔ́ ndə̀mə̀
|mà kì léɣíˋ á ǹdə̀mˋ a| mà kì lèɣ ꜜˊɔ́ ndə̀mə̀   etc.

240

3.3.1.A.c. Le P₂

Le P_2 ne se distingue du P_1 que par le ton H de son formatif. Ce ton H se manifeste dans la réalisation du radical.

– un radical à ton lexical H porte un ton H :

|mà kì´bú?í` a| mà kì bú?ə̀ "Je défrichai [jadis]."
|bí kì´bú?í` a| bí kì bú?ə̀ "Ils défrichèrent [jadis]."

– un radical à ton lexical B porte un ton ꜛH (supra-haut) :

|mà kì´zɔ̀bí` a| mà kì z↑ɔ́bə̀ "Je chantai [jadis]."
|bí kì´zɔ̀bí` a| bí kì z↑ɔ́bə̀ "Ils chantèrent [jadis]."

Ce ton supra-haut est suivi d'un abaissement si le ton H de la finale se réalise :

|bí kì´zɔ̀bí` | bí kì z↑ɔ́b↓í "Chantèrent-ils ?"[14]
|bí kì´zɔ̀bí` mìkòm´ a| bí kì z↑ɔ́b↓í mìkòmɔ́ "Chantèrent-ils des chants ?"

La partie segmentale du formatif peut ne pas s'employer. Son ton B se manifeste alors éventuellement sur le pronom :

|bí `` bú?í` a| bí bú?ə̀ "Ils défrichèrent [jadis]."
|bí `` zɔ̀bí` a| bí z↑ɔ́bə̀ "Ils chantèrent [jadis]."

Présentation synoptique du verbe au P₂ dans les contextes autres que "fin d'énoncé"

Etant donné que le radical porte un ton non-bas, on a les mêmes réalisations qu'au P_0 en présence d'un pronom sujet à ton H. En fin d'énoncé, on a donc un ton B (*cf.* les exemples *supra*), et devant un nom objet on obtient :

|bí kì´ zɔ̀bí` mìkòm´ a| bí kì z↑ɔ́b↓í mìkòmɔ́ / bí kì z↑ɔ́bì mìkòmɔ́
|bí kì´ sóbí` mìbɔ?´ a| bí kì sóbí mìbɔ?ɔ́ / bí kì sóbì mìbɔ?ɔ́

|bí kì´ lɔ̀ɣí` ǹdzàm´ a| bí kì l↑ɔ́ɣì ndzàmɔ́
|bí kì´ bé?í` ǹdzàm´ a| bí kì bé?è ndzàmɔ́

|bí kì´ bòmí` á ǹdə̀m` a| bí kì b↑óm↓ɔ́ ndə̀mə̀
|bí kì´ léɣí` á ǹdə̀m` a| bí kì l↑éɣ↓ɔ́ ndə̀mə̀   etc.

3.3.1.B. Valeur et emploi

3.3.1.B.a. Le P₀

Le P_0 est un présent par rapport au P_1, passé proche, et au P_2, passé éloigné. Son emploi est compatible avec des expressions temporelles renvoyant à une période actuelle, donc non révolue, comme "aujourd'hui", "cette année", etc.

Mais sa valeur est surtout aspectuelle : il indique que le procès, au sens large, est d'actualité au moment de l'énonciation. Avec un verbe d'état, il évoque un état

---

[14] *Cf.* la note précédente.

actuel (présent) ; avec un verbe dynamique (action ou procès) il indique qu'un procès passé a des conséquences dans le présent. C'est l'utilisation des auxiliaires temporels |lò| et |ɣ̀ù| qui permet de situer un procès dans un passé plus récent (passé de la journée) que ne le fait le P_1 (*cf.* 7.2.).

nù   tsó fɔ̀ í búɣí //   ǹtsǎ[15]   mbô
8+choses 8+tes Lion 8 P_0+être mauvais C[-F]+passer mains+Me
"Ton caractère, Lion, il est très mauvais."

á súŋ // ŋgǎ ànùǎ tsé tʃí zǎ // mà m̀ʼí sↆúŋ ní bùŋɔ́
1 S+dire que chose certaine P_0+être *Rel* je *Fut* dire avec vous+*Me*
"Il dit : 'Je vais vous dire quelque chose'." (*litt.* : "Il dit : 'quelque chose existe que je vous dirai'.")

ǹdʒèlà?à zɔ̰̀ lwìtɔ̂
histoire   ma P_0+finir+*Me*
"Mon histoire est finie."

mà zù?ɔ̂   nù zên // mà tsì[16]   kà?á   bↆémè
je P_0+entendre chose ce-ci je P_0+être C[+F]+*Nég* accepter+*Me*
"J'entends ce que tu dis! Je ne peux pas l'accepter."

ŋgwé ò lŏ   lↆá ɣↆé
femme tu P_0+venir de *Foc* où ?
"Jeune fille, mais d'où viens-tu ?"

ŋgùʔú dìʔî   ndá nì mè…
liane P_0+montrer maison avec moi
"La liane m'a montré la maison…" (conséquence : je suis maintenant dans cette maison)

lá bèm bìtsùm sↆéↆ   kɔ̂ŋ // mbúʔↆú ŋgǔ wérɔ̂ vùrí   tↆísúŋɔ́
mais gens tous P_2+*Nég* aimer parce que   lui+*1* P_0+terrifier très+*Me*
"Mais personne n'aima cela parce qu'il était trop terrifiant."

bé á zↆɔ́ŋ ↆɔ́   ndzǔm màŋgyè // búŋ à byɛ̃
si *1* *Cd*+suivre derrière femme   alors *1* P_0+être perdu+*Me*
"S'il suit [sa] femme, alors il est perdu."

Le P_0 s'utilise dans bon nombre de formules de salutation :

LOCUTEUR :	INTERLOCUTEUR :
ǹdʒwí lǎ	è ǹdʒwí lɔ̰̂
jour P_0+être clair	oui jour P_0+être clair+*Me*
"Bonjour!"	"Bonjour!" (le matin)
ò ʒwìɣî	è mà ʒwìɣɔ̂
tu P_0+rester	oui je P_0+rester+*Me*
"Bonjour!"	"Bonjour!" (l'après-midi)

---

[15] Le verbe |tsà| "passer" conjugué au consécutif sert à exprimer la comparaison (*cf.* V.3.5.1.). Ici on a une valeur superlative.
[16] Le verbe |tsí| "être, exister" exprime la capacité lorsqu'il est suivi d'un verbe au consécutif futur (C[+F]) (*cf.* V.5.3.1.).

nì kwɛ̌
vous P_0+rentrer
"Bonsoir!"

è tì kwɛ̰̂
oui nous (deux) P_0+rentrer+Me
"Bonsoir!"　(en fin d'après-midi)

ò yǐŋ
tu P_0+venir
"Bonjour!"

è mà yìŋɔ̂
oui je P_0+venir+Me
"Bonjour!"　(à tout moment)

La traduction littérale de ces salutations est :
  "Le jour est clair ?　— Oui, le jour est clair."
  "Tu es resté ?　— Oui, je suis resté."
  "Tu es rentré ?　— Oui, je suis rentré."
  "Tu es arrivé ?　— Oui, je suis arrivé."

3.3.1.B.b. Le P_1

Le P_1 permet de situer un procès, au sens large, dans une période du passé relativement récente (à l'exclusion de la journée) par rapport au moment d'énonciation.

Les expressions temporelles qu'on peut employer avec un verbe au P_1 sont, par exemple, "hier", "avant-hier", "la semaine dernière", le mois dernier", etc.

ò kì tì?í[17] ŋkwᵗέʔétɔ́ mⱽɔ́ // ǹtíʔí ŋgᵗέ // ŋgɛ̌ ɣᵗó...
tu P_1 alors C[-F]+porter+Fo enfant C[-F]+puis C[-F]+aller C[-F]+aller toi
"… tu t'es alors occupée de l'enfant, puis tu es partie…"

3.3.1.B.c. Le P_2

Le P_2 permet de situer un procès, au sens large, dans un passé lointain, indéfini, ou même imaginaire. Le P_2 est souvent utilisé dans la première phrase d'un récit ou d'un conte.

Les expressions temporelles compatibles avec l'emploi du P_2 sont, par exemple, "jadis", "auparavant", etc.

à bᵗéⱽ ŋgùʔù lá // ìŋàm tsùm tʃíntà...
1 P_2+être+Loc jadis Ma animaux tous+10 S+être uni
"Jadis tous les animaux étaient unis…"

à bᵗéⱽ ɲê tʃúʔú wûtsé // ìlᵗúⱽ nⱽô yí...
1 P_2+être contre nuit certain 3+fourmi+3 S+boire+Fo elle
"[Jadis] par une belle nuit, Fourmi but…"

màŋgyê tsê tsᵗí wⱽú // ǹtsí nî bǫ byí bíbáⱽ...
femme certain+1 P_2+être là C[-F]+être avec enfants ses deux
"[Jadis] il y avait une femme qui avait deux enfants…"

tsɔ́ʔɔ̀ ntáʔᵗá bⱽó tsɔ́ʔɔ̀ kǒ bᵗúʔⱽúnɔ̀
perdrix colline et perdrix bois+2 P_2+rivaliser+Me
"Perdrix des collines et Perdrix des bois se défièrent."

---

[17] |tìʔ| "puis, alors" est un auxiliaire (*cf.* 7.3.3.). Il est conjugué au P_1. Le verbe, quant à lui, est au consécutif non futur (C[-F]).

243

àfừŋə̂	tsê	v↑wɔ́↓ˊ	mɨ́ə̀	bɨ̀ɨ̀ //	mbɨ́ɣɔ́		wɔ́

7+lion+7 certain+7 P_2+<u>tomber</u> dans fosse C[-F]+pleurer+I là+Me

"[Jadis] un lion, tombé dans une fosse, s'y lamentait."

3.3.2. L'achevé : $P_0 A$, $P_1 A$, $P_2 A$

3.3.2.A. Formes

3.3.2.A.a. Le $P_0 A$

$P_0 A$	S_1	ˋ	V	ˊnà / ˊnàˋˊ

Les constructions de l'achevé se distinguent des constructions de l'effectif par leur finale. Le $P_0 A$ se distingue en plus du P_0 par son formatif.

Le radical porte un ton B que son ton lexical soit H ou B. C'est pour cela qu'on a posé un ton B comme formatif.

|mà ˋ zɔ̀b ˊnà ɣe|	mà zɔ̀bínə̀ ɣè	"J'ai déjà chanté."
|bɨ́ ˋ zɔ̀b ˊnà ɣe|	bɨ́ zɔ̀bínə̀ ɣè	"Ils ont déjà chanté."
|mà ˋ bɨ́ʔ ˊnà ɣe|	mà bù?únə̀ ɣè	"J'ai déjà défriché."
|bɨ́ ˋ bɨ́ʔ ˊnà ɣe|	bɨ́ bù?únə̀ ɣè	"Ils ont déjà défriché."

REMARQUE 5 : Le ton du pronom n'interfère pas avec les tons subséquents. Donc, malgré la présence en structure de la suite tonale HBH (lorsque le ton du pronom est H), il n'y a pas formation d'une faille tonale. Rappelons que le ton du pronom n'interfère avec les tons subséquents que dans quatre constructions, à savoir : le présent effectif (P_0) de l'indicatif et du relatif ainsi que le présent imperfectif (Pr) de l'indicatif et du relatif.

La finale |ˊnà| rend seulement compte des réalisations du verbe en fin d'énoncé. Elle est alors suivie de la marque d'énoncé |ɣe| qui copie le ton B de la finale (*cf.* V.2.1.1.A.). Devant un nom objet, la finale est|ˊnàˋˊ|.

Selon les locuteurs, le premier ton H de l'une et de l'autre finale se réalise à deux endroits différents : soit sur la voyelle épenthétique qui s'intercale entre le radical et la finale, comme dans le premier exemple ci-dessous, soit sur la finale elle-même, comme dans le deuxième exemple :

|mà ˋ zɔ̀b ˊnà ɣe|	mà zɔ̀bínə̀ ɣè	"J'ai déjà chanté."
|mà ˋ zɔ̀b ˊnà ɣe|	mà zɔ̀bìnə̂ ɣè	"J'ai déjà chanté."

REMARQUE 6 : s'il n'y a pas de voyelle épenthétique, ce ton H se réalise sur la finale elle-même dans la prononciation de tous les locuteurs, et on a donc en fin d'énoncé : **mà bòmnə̂ ɣè** "Je (l') ai déjà rencontré.", par exemple. Dans chacun des autres contextes, il n'y a de même qu'une seule prononciation possible.

Les deux tons B de la finale |ˊnàˋˊ| permettent de rendre compte des tons B et <u>BH</u> que porte la finale lorsque son premier ton H se réalise sur la voyelle épenthétique qui s'intercale entre le radical et la finale.

Présentation synoptique du verbe au P₀ A dans les contextes autres que "fin d'énoncé"

– Le premier H de la finale se réalise sur la voyelle épenthétique

|mà ˋzɔb´nàˋˋ mìkòm´ a|	mà zɔ́bínə̀ míkòmə́
|mà ˋsób´nàˋˋ mìbɔʔ´ a|	mà sòbínə̀ míbɔ̀ʔɔ́
|mà ˋlɔ̀ɣ´nàˋˋ ǹdzàm´ a|	mà lɔ̀ɣínə̀ ndzàmə́
|mà ˋbéʔ´nàˋˋ ǹdzàm´ a|	mà bèʔínə̀ ndzàmə́
|mà ˋwàɣ´nàˋˋ á ǹdə̀m` a|	mà wàɣínə̌ ndə̀mə̀
|mà ˋléɣ´nàˋˋ á ǹdə̀m` a|	mà lèɣínə̌ ndə̀mə̀
|mà ˋsùɣ´nàˋˋ mìdzú` a|	mà sùɣínə̀ mídzˀúə̀
|mà ˋbúʔ´nàˋˋ mìʃóm´ a|	mà bùʔúnə̀ míʃˀómə́
|mà ˋlɔ̀ɣ´nàˋˋ ŋgúb` a|	mà lɔ̀ɣínə̀ ŋgˀúbə̀
|mà ˋfúr´nàˋˋ ŋgúb` a|	mà fùrínə̀ ŋgˀúbə̀
|mà ˋwàɣ´nàˋˋ á ŋkúm´ a|	mà wàɣínə̌ ŋkˀúmə́
|mà ˋléɣ´nàˋˋ á ŋkúm´ a|	mà lèɣínə̌ ŋkˀúmə́
|mà ˋwàɣ´nàˋˋ á kàŋ` a|	mà wàɣínə̀ káŋə̀
|mà ˋfúr´nàˋˋ á kàŋ` a|	mà fùrínə̀ káŋə̀

– le premier H se réalise sur la finale elle-même :

|mà ˋzɔb´nàˋˋ mìkòm´ a|	mà zɔ̀bínə̂ míkòmə́
|mà ˋlɔ̀ɣ´nàˋˋ ǹdzàm´ a|	mà lɔ̀ɣìnˀɔ́ ndzàmə́
|mà ˋléɣ´nàˋˋ á ǹdə̀m` a|	mà lèɣìnˀɔ́ ndə̀mə̀
|mà ˋsùɣ´nàˋˋ mìdzú` a|	mà sùɣínə̂ mídzˀúə̀
|mà ˋlɔ̀ɣ´nàˋˋ ŋgúb` a|	mà lɔ̀ɣìnˀɔ́ ŋgˀúbə̀
|mà ˋléɣ´nàˋˋ á ŋkúm´ a|	mà lèɣìnˀɔ́ ŋkˀúmə́
|mà ˋwàɣ´nàˋˋ á kàŋ` a|	mà wàɣìnɔ̂ káŋə̀

Là où, dans le premier groupe de réalisations, est attesté un ton montant <u>BH</u>, on a, dans le deuxième groupe, un ton supra-haut. A noter qu'on retrouve les mêmes réalisations à ton supra-haut au mode relatif dont la finale est \|nɪ́ˋ´\| (*cf.* 3.4.1. mais aussi II.2.3.13.C.).

3.3.2.A.b. Le P₁ A

P₁ A	S₁	kɨ̀	V	´nà / ´nàˋˋ

Le formatif \|kɨ̀\| est le même qu'au P₁. Il porte un ton B.
Tout comme au P₁, le radical porte un ton B que son ton lexical soit B ou H :

|mà kɨ̀ zɔb´nà ɣe|	mà kɨ̀ zɔ̀bínə̀ ɣè	"J'ai déjà chanté."
|bɨ́ kɨ̀ búʔ´nà ɣe|	bɨ́ kɨ̀ bùʔúnə̀ ɣè	"Ils ont déjà défriché."

Présentation synoptique du verbe au $P_1 A$ dans les différents contextes

Etant donné que le radical porte un ton B, on a les mêmes réalisations qu'au $P_0 A$:

— le premier H de la finale se réalise sur la voyelle épenthétique :

|mà kɨ̀ zɔ̀b´nà ɣe| mà kɨ̀ zɔ̀bínə̀ ɣè
|mà kɨ̀ bú?´nà ɣe| mà kɨ̀ bù?únə̀ ɣè

|mà kɨ̀ zɔ̀b´nà˵ mɨ̀kòm´ a| mà kɨ̀ zɔ̀bínə̀ míkòmɔ́
|mà kɨ̀ sób´nà˵ mɨ̀bɔ̀?´ a| mà kɨ̀ sòbínə̀ míbɔ̀?ɔ́

|mà kɨ̀ lɔ̀ɣ´nà˵ ǹdzàm´ a| mà kɨ̀ lɔ̀ɣínə̌ ndzàmɔ́
|mà kɨ̀ bé?´nà˵ ǹdzàm´ a| mà kɨ̀ bè?ínə̌ ndzàmɔ́

|mà kɨ̀ wàɣ´nà˵ á ǹdə̀m` a| mà kɨ̀ wàɣínə̌ ndə̀mɔ̀
|mà kɨ̀ léɣ´nà˵ á ǹdə̀m` a| mà kɨ̀ lèɣínə̌ ndə̀mɔ̀   etc.

— le premier H se réalise sur la finale elle-même :

|mà kɨ̀ zɔ̀b´nà ɣe| mà kɨ̀ zɔ̀bìnə̂ ɣè
|mà kɨ̀ bú?´nà ɣe| mà kɨ̀ bù?ùnə̂ ɣè
|mà kɨ̀ zɔ̀b´nà˵ mɨ̀kòm´ a| mà kɨ̀ zɔ̀bìnə̂ míkòmɔ́
|mà kɨ̀ lɔ̀ɣ´nà˵ ǹdzàm´ a| mà kɨ̀ lɔ̀ɣìn ꜜɔ́ ndzàmɔ́
|mà kɨ̀ léɣ´nà˵ á ǹdə̀m` a| mà kɨ̀ lèɣìn ꜜɔ́ ndə̀mɔ̀   etc.

3.3.2.A.c. Le $P_2 A$

$P_2 A$	S_1	kɨ̀´ ˵	V	´nà / ´nà˵

Le $P_2 A$ ne se distingue du $P_1 A$ que par le ton H de son formatif. Ce ton H se manifeste dans la réalisation du radical.

— un radical à ton lexical H porte un ton H et un radical à ton lexical B porte un ton ꜛH꜌ (supra-haut suivi d'un abaissement (*cf.* II.2.3.9.B.) :

    |mà kɨ̀´bú?´nà ɣe| mà kɨ̀ bú?únə̀ ɣè   "J'avais déjà défriché."
    |mà kɨ̀´zɔ̀b´nà ɣe| mà kɨ̀ zꜛɔ́b꜌ínə̀ ɣè   "J'avais déjà chanté."

REMARQUE 7 : Il n'y a pas de variations tonales liées à la finale comme il y en a au $P_0 A$ et au $P_1 A$. Mais certains locuteurs ne font pas de différence entre radical à ton lexical B et radical à ton lexical H, ce dernier portant aussi un ꜛH꜌ :

    |mà kɨ̀´bú?´nà ɣe| mà kɨ̀ bꜛú?꜌únə̀ ɣè   "J'avais déjà défriché."

Comme au P_2, la partie segmentale du formatif peut ne pas s'employer, d'où :
mà bú?únə̀ ɣè "J'avais déjà défriché." et **mà zꜛɔ́b꜌ínə̀ ɣè** "J'avais déjà chanté".

Présentation synoptique du verbe au P₂ A dans les contextes autres que "fin d'énoncé"

|mà kɨ́ zɔ̀b´nà`` mɨ̀kòm´ a|	mà kɨ̀ z⸢ɔ́b⸣ɨ́nɨ̀ mɨ́kòmɔ́
|mà kɨ́ sób´nà`` mɨ̀bɔ̀?´ a|	mà kɨ̀ sóbɨ́nɨ̀ mɨ́bɔ̀?ɔ́
|mà kɨ́ lɔ̀ɣ´nà`` ǹdzàm´ a|	mà kɨ̀ l⸢ɔ́ɣ⸣ɨ́nɨ̀ ndzàmɔ́
|mà kɨ́ bé?´nà`` ǹdzàm´ a|	mà kɨ̀ bé?énɨ̀ ndzàmɔ́
|mà kɨ́ wày´nà`` á ǹdə̀m´ a|	mà kɨ̀ w⸢áɣ⸣ɨ́nɨ̀ ndə̀mɔ̀
|mà kɨ́ léɣ´nà`` á ǹdə̀m` a|	mà kɨ̀ léɣɨ́nɨ̀ ndə̀mɔ̀
|mà kɨ́ sùɣ´nà`` mɨ̀dzúʉ` a|	mà kɨ̀ s⸢úɣ⸣ɨ́nɨ̀ mɨ́dz⸢úʉ̀ɔ̀
|mà kɨ́ bú?´nà`` mɨ̀ʃóm´ a|	mà kɨ̀ bú?únɨ̀ mɨ́ʃ⸢ómɔ́
|mà kɨ́ lɔ̀ɣ´nà`` ŋgúb` a|	mà kɨ̀ l⸢ɔ́ɣ⸣ɨ́nɨ̀ ŋg⸢úbɔ̀
|mà kɨ́ fúr´nà`` ŋgúb` a|	mà kɨ̀ fúrínɨ̀ ŋg⸢úbɔ̀
|mà kɨ́ wàɣ´nà`` á ŋkúm´ a|	mà kɨ̀ w⸢áɣ⸣ɨ́nɨ̀ ŋk⸢úmɔ́
|mà kɨ́ léɣ´nà`` á ŋkúm´ a|	mà kɨ̀ léɣínɨ̀ ŋk⸢úmɔ́
|mà kɨ́ wàɣ´nà`` á kàŋ` a|	mà kɨ̀ w⸢áɣ⸣ɨ́nɨ̀ káŋɔ̀
|mà kɨ́ fúr´nà`` á kàŋ` a|	mà kɨ̀ fúrínɨ̀ káŋɔ̀

3.3.2.B. Valeur et emploi

L'aspect achevé indique qu'un procès, au sens large, est achevé au moment de l'énonciation, ou au moment où se réalise un autre procès.

Cet aspect ne se rencontre qu'à l'indicatif où il se combine avec les valeurs temporelles "présent" ou "passé" (passé proche et passé éloigné).

Seul le P₀ A est attesté dans les textes dépouillés[18].

Sa valeur est (tout comme celle du P₀) surtout aspectuelle : il indique que le procès, au sens large, est (bien) achevé au moment de l'énonciation.

Dans les récits ou les contes, il est fréquent qu'une proposition dont le verbe est au P₀ A ouvre un nouveau "paragraphe" et constitue l'arrière-plan (le cadre) des événements à suivre. Une telle proposition reprend, ou résume souvent, une information qui vient d'être donnée, renforçant ainsi la cohésion du récit :

à lì?ìn ⸢ɨ́   ʃ⸢ôm yí   w⸢á l⸢á // ŋg⸢wár⸢ɨ́   ntʃwì   ʒέ
1 P₀+bêcher+A champ son le Ma C[-F]+planter maïs   son+Me
"Une fois son champ bêché, elle planta son maïs."

à kwènɔ̀   lá // ndwɛ̌m   ŋkyì...
1 P₀+rentrer+A Ma C[-F]+chauffer eau
"Une fois rentrée, elle chauffa de l'eau…"

---

[18] *Cf.* aussi son emploi avec l'auxiliaire temporel \|ɣʉ̀\| en 7.2.4. Dans le mot-à-mot P₀ A est marqué comme P₀+...+A (P₀ pour le temps "présent" et A pour l'aspect "achevé").

bó àdzɔ̀ŋɔ́ fɔ̀múŋgòm tònìnɔ̂   lá // wérɔ́ ɣá?à   dzɔ̀ŋɔ́ fɔ̀múŋgòm
eux géant Fomingom *P₀*+<u>se battre</u>+*A* *Ma* lui *S*+battre géant Fomingom
"Après que lui-même et Géant Fomingom se furent battus, il vainquit Géant Fomingom."

ìtʃ↑ú?↓ú   fùuŋnɔ̂ //   á kɔ́?ɔ́   ŋgě   k↑úŋ z↓ú...
nuit   *P₀*+<u>être noir</u>+*A* *1* *S*+grimper *C[-F]*+aller lit lui
"Une fois la nuit tombée, il grimpa sur son lit..."

> REMARQUE 8 : dans les trois premiers exemples, l'usage de la marque anaphorique |lá| indique que le contenu de la proposition a déjà été mentionné plus tôt.

Le P_0 A peut s'employer dans exactement les mêmes formules de salutation que le P_0 :

LOCUTEUR :	INTERLOCUTEUR :

ǹdʒwí làna̢   è ǹdʒwí lànɔ̂   ɣè
jour *P₀*+<u>être clair</u>+*A*   oui jour *P₀*+<u>être clair</u>+*A* *Me*
"Bonjour!"   "Bonjour!"   (le matin)

ò ʒwìɣìnɔ̂   è mà ʒwìɣìnɔ̂   ɣè
tu *P₀*+<u>rester</u>+*A*   oui je *P₀*+<u>rester</u>+*A* *Me*
"Bonjour!"   "Bonjour!"   (l'après-midi)

nì kwèna̢   è tì   kwènɔ̂   ɣè
vous *P₀*+<u>rentrer</u>+*A*   oui nous (deux) *P₀*+<u>rentrer</u>+*A* *Me*
"Bonsoir!"   "Bonsoir!"   (en fin d'après-midi)

ò yìŋɔ̂   è mà yìŋɔ̂   ɣè
tu *P₀*+<u>venir</u>+*A*   oui je *P₀*+<u>venir</u>+*A* *Me*
"Bonjour!"   "Bonjour!"   (à tout moment)

La traduction littérale de ces salutations est :

"Le jour est déjà clair ?   — Oui, le jour est déjà clair."
"Tu es déjà resté ?   — Oui, je suis déjà resté."
"Vous êtes déjà rentrés ? — Oui, nous sommes déjà rentrés."
"Tu es déjà arrivé ?   — Oui, je suis déjà arrivé."

3.3.3. Le futur

3.3.3.A. Forme

Fut	S₁(`)	´mì ì`	V	í

Le ton B entre le pronom et le formatif | ´mì ì` | se combine avec le ton du pronom si celui-ci est H. Sa présence est loin d'être systématique :

|bí (`) ´mì ì` bú?í a| bí m ´ì b↓ú?ɔ́   "Ils défricheront."
            bí m ´ì b↓ú?ɔ́

|mà (`) mì ì` zɔ̀bí a| mà m ´ì zɔ̀bɔ́   "Je chanterai."

> REMARQUE 9 : |(`) ´mì ì`| est traité ici comme un formatif, mais les réalisations, tant tonale que segmentale, incitent à penser que |mì| est issu d'un auxiliaire. Les arguments en faveur de cette hypothèse sont les suivants :

– Certains locuteurs utilisent |bì| au lieu de |mì|. Il n'existe pas de verbe à sens plein |mì| (ou |bì|). En revanche, il existe un verbe |bə̀n| (réalisations segmentales : [buɯŋ], [bən], [bə], etc.) "retourner". Ce verbe connaît, actuellement, un emploi très fréquent d'auxiliaire avec le sens de "encore, de nouveau" (*cf.* 7.4.2.). Dans cet emploi d'auxiliaire, la consonne [m] peut se substituer au [b] initial[19]. Il est possible que |mì| / |bì| soit une forme réduite de l'auxiliaire |bə̀n|/|mə̀n| servant à exprimer le futur.
– Certains informateurs font précéder le radical verbal d'un ɨ dans un débit lent (mà m˦ɨ́ ízɔ̀bɔ́ "Je chanterai."). Ce ɨ pourrait être celui du formatif |ɨˆ| du consécutif futur (C[+F]). La suite tonale H B associée à ce morphème est de toute façon nécessaire pour rendre compte des réalisations tonales.

Sur la base de ces deux observations, on peut penser que le futur est issu d'une construction complexe soit : [á S₃ ´bə̀nɨ́]+[ɨˆ Vɨ] (auxiliaire conjugué à l'exhortatif + verbe auxilié au consécutif futur[20]) ayant le sens suivant : "que X retourne afin de faire…". On suppose que :
– le paradigme des pronoms S₃ |mà, à, bì| a été remplacé par le paradigme S₁ |mà, à, bí|, le ton de S₃ se maintenant néanmoins chez certains locuteurs (*cf.* le ton B entre parenthèse après S₁ dans la formule) ;
– l'auxiliaire |bə̀n| "retourner", au futur, a pris la forme réduite de |bì| ou |mì|. Autrement dit il s'est complètement grammaticalisé et est de structure CV comme les formatifs des P₁, P₂, etc.[21] ;
– enfin, la conjonction |á| obligatoire actuellement lorsque le verbe d'une proposition est à l'exhortatif a disparu.

Le formatif |´mì ̀| se réalise [m˦ɨ] toujours avec un ton supra-haut, suivi d'un abaissement si le verbe qui le suit est à ton lexical H.
Le ton que porte le radical correspond à son ton lexical :

|mà (`) ´mìɨˆ zɔbɨ́ a| mà m˦ɨ zɔ̀bɔ́   "Je chanterai."
|mà (`) ´mìɨˆ búʔɨ a| mà m˦ɨ b↓úʔɔ́   "Je défricherai."

REMARQUE 10 : La partie segmentale du formatif peut ne pas s'employer :

mà↑´ zɔ̀bɔ́ / má zɔ̀bɔ́   "Je chanterai."
mà↑´ b↓úʔɔ́ / m↑á b↓úʔɔ́   "Je défricherai."

Présentation synoptique du verbe au Futur dans les contextes autres que "fin d'énoncé"

Les réalisations du verbe sont identiques à celles qu'il a à l'impératif quand le radical est B. Mais lorsque le radical est H, on observe, des réalisations de failles différentes de celles attestées à l'impératif, ceci à cause du formatif du futur (*cf.* II.2.3.11.) :

---

[19] Il existe au moins un autre cas d'alternance **b/m** à l'initiale : **búŋ/múŋ** (aussi réalisé [mu̧]) "alors" (à valeur logique).
[20] Remarquons que de nos jours, c'est normalement le consécutif non futur (C[-F]), et non le consécutif (C[+F]), qu'on utilise après un verbe à l'exhortatif, à moins de vouloir exprimer la finalité.
[21] En yemba (Bamileke-Dschang) le verbe **lè-pìŋ** "retourner" est employé dans la formation d'un des futurs de cette langue, mais sous une forme non-réduite (*cf.* Hyman, 1980).

|(mà m↑ɨ) zɔ̀bí mɨ̀kòm´ a|	mà m↑ɨ́ zɔ̀bɨ̀ mɨ́kòmə́ / mà m↑ɨ́ zɔ̀bí mɨ́kòmə́
|(mà m↑ɨ) sóbí mɨ̀bɔ̀ʔ´ a|	mà m↑ɨ́ s↓óbí mɨ́bɔ̀ʔɔ́
|(mà m↑ɨ) lɔ̀ɣí ǹdzàm´ a|	mà m↑ɨ́ lɔ̀ɣí ndzàmə́
|(mà m↑ɨ) bέʔí ǹdzàm´ a|	mà m↑ɨ́ b↓έʔέ ndzàmə́
|(mà m↑ɨ) bòmí á ǹdəm` a|	mà m↑ɨ́ bòmə́ ndəmə̀
|(mà m↑ɨ) lέɣí á ǹdəm` a|	mà m↑ɨ́ l↓έɣə́ ndəmə̀
|(mà m↑ɨ) sùɣí mɨ̀dzɯ́` a|	mà m↑ɨ́ sùɣɨ̀ mɨ́dz↑ɯ́ə̀ / mà m↑ɨ́ sùɣí m↑ɨ́dz↓ɯ́ə̀
|(mà m↑ɨ) búʔí mɨ̀ʃóm´ a|	mà m↑ɨ́ b↓úʔú mɨ́ʃ↓ómə́
|(mà m↑ɨ) lɔ̀ɣí ŋ̀gúb` a|	mà m↑ɨ́ lɔ̀ɣí ŋg↑úbə̀
|(mà m↑ɨ) fúrí ŋ̀gúb` a|	mà m↑ɨ́ f↓úrí ŋg↓úbə̀
|(mà m↑ɨ) bòmí á ŋ̀kúm´ a|	mà m↑ɨ́ bòmə́ ŋk↑úmə́
|(mà m↑ɨ) lέɣí á ŋ̀kúm´ a|	mà m↑ɨ́ l↓έɣə́ ŋk↓úmə́
|(mà m↑ɨ) wàɣí á kàŋ` a|	mà m↑ɨ́ wàɣə́ káŋə̀
|(mà m↑ɨ) fúrí á kàŋ` a|	mà m↑ɨ́ f↓úrə́ káŋə̀

3.3.3.B. Valeur et emploi

Le futur indique que le procès se réalisera n'importe quand à partir du moment d'énonciation.

ŋwɔ̀ŋ gw↑á ɣ↓ɯ́ // zɯ̀ m↑ɨ́ kf↓wó kfwònə́
personne la *S*+dire elle *Fut* mourir mourir+*Me*
"La personne dit qu'elle mourrait, un point c'est tout."

ànùə tsé tʃí zǎ // mà m↑ɨ́ s↓úŋ ní bɯ̀ŋə́
chose une P_0+être *Rel* je *Fut* dire avec vous+*Me*
"Il y a quelque chose que je vais vous dire."

bɨ̀ súŋ // ŋgɯ̌ b↓ô m↑ɨ́ bɯ̀ŋə́ wá ɣé
2 *S*+dire que eux *Fut* rentrer eux *Me*
"Ils dirent qu'ils allaient rentrer."

ŋgàŋə̀ // tɨ̀ b↑ɨ́ t↓ɨ́ʔɨ́[22] **kwέbt↓ɨ́ mbɔ̀m sɯ̀ŋə́ ɣè**
non+*Me* nous *Fut* alors *C[+F]*+changer coutume aujourd'hui *Me*
"Non. Nous allons changer de coutume aujourd'hui."

zɯ̂ m↑ɨ́ k↓ə́ zɔ̌ŋnə̀ ɲàm zên tsὲʔὲ zɔ̀ŋnə́ // ɨ́ɣɯ̌
lui *Fut* aussi+*I* *C[+F]*+suivre+*I* animal ce-ci juste suivre *C[+F]+Aux*
ɣε̌ z↑έ̰ d↓ɨ́ʔí zǎ // mb↑áʔà m↑ɨ́ ɣε̌ k↑úŋə́
C[+F]+aller *C[+F]*+voir endroit *Rel* que+*1* *Fut* aller *C[+F]*+entrer+*Me*
"Lui, de son côté, ne ferait que suivre l'animal et il verrait où l'animal entrerait."

mà↑´ yě // á tɨ̀ ɣ↑έ̰↓´ "Je viendrai et nous partirons."
je+*Fut* venir que nous(deux) *Exh*+aller+*Me*

---

[22] |tɨʔ| "puis", "alors", et |kɨ́| "aussi" dans l'exemple suivant, sont des auxiliaires. Ils sont conjugués au futur. Le verbe, quant à lui, est au consécutif futur (*cf.* 7.1.).

3.4. Le relatif

Les constructions P_0R, P_1R et P_2R du relatif sont à l'aspect effectif. Le relatif ne possède ni constructions à l'achevé, ni construction au futur.

3.4.1. Formes

Formellement, les constructions du relatif se distinguent de celles de l'indicatif effectif par leur finale.

3.4.1.A. Le P_0R

P_0R	S_1	–	V	**ní˵**

Le P_0R, tout comme le P_0 de l'indicatif, ne comporte pas de formatif.

Et comme au P_0 de l'indicatif, le ton du pronom interfère avec celui du radical :

– Lorsque le pronom est B, le radical porte un ton B, que son ton lexical soit B ou H. L'opposition tonale lexicale est donc neutralisée. La finale, quant à elle porte un ton supra-haut (*cf.* II.2.3.13.A.) :

|mà zɔbní˵ a|	mà zɔ̀bìn ꜛɔ́	"... j'ai chanté."
|mà bú?ní˵ a|	mà bù?ùn ꜛɔ́	"... j'ai défriché."

– Lorsque le pronom est H, le radical porte un ton supra-haut suivi d'un abaissement (ꜛH'), que son ton lexical soit B ou H. Cette neutralisation tonale entre radicaux est due à la suite H B H de la finale (*cf.* II.2.3.11. et II.2.3.14.A.a.). La finale porte un ton H, abaissé par rapport au ton ꜛH du radical :

|bí zɔbní˵ a|	bí z ꜛɔ́b ꜜíná	"... ils ont chanté."
|bí bú?ní˵ a|	bí b ꜛú? ꜜúná	"... ils ont défriché."

Présentation synoptique du verbe au P_0R dans les contextes autres que "fin d'énoncé"

|mà zɔbní˵ mìkòm´ a|	mà zɔ̀bìní m ꜛíkòmá
|mà sóbní˵ mìbɔ?´ a|	mà sòbìní m ꜛíbɔ́?ɔ́
|mà lɔɣní˵ ǹdzàm´ a|	mà lɔ̀ɣìn ꜛí ndzàmá
|mà bé?ní˵ ǹdzàm´ a|	mà bè?èn ꜛí ndzàmá
|mà bòmní˵ á ǹdɜ̀m` a|	mà bòmn ꜛɔ́ ndɜ̀mɜ̀
|mà léɣní˵ á ǹdɜ̀m` a|	mà lèɣìn ꜛɔ́ ndɜ̀mɜ̀
|mà sùɣní˵ mìdzú` a|	mà sùɣìní m ꜛídz ꜜúɜ̀
|mà bú?ní˵ mìʃóm´ a|	mà bù?ùní m ꜛíʃ ꜜómá
|mà lɔɣní˵ ŋgúb` a|	mà lɔ̀ɣìn ꜛí ŋg ꜜúbɜ̀
|mà fúrní˵ ŋgúb` a|	mà fùrìn ꜛí ŋg ꜜúbɜ̀
|mà bòmní˵ á ŋkúm´ a|	mà bòmn ꜛɔ́ ŋk ꜜúmá
|mà léɣní˵ á ŋkúm´ a|	mà lèɣìn ꜛɔ́ ŋk ꜜúmá

|mà wàɣnɨ˅˴ á kàŋ˴ a|	mà wàɣìnɔ́ k ꜛáŋə̀
|mà fúrnɨ˅˴ á kàŋ˴ a|	mà fùrìnɔ́ k ꜛáŋə̀
|bɨ́ zɔ̀bnɨ˅˴ mɨ̀kòmˊ a|	bɨ́ z ꜛɔ́b ꜛɨ́nɨ́ mɨ́kòmɔ́
|bɨ́ sóbnɨ˅˴ mɨ̀bɔ̀ʔˊ a|	bɨ́ s ꜛób ꜛɨ́nɨ́ mɨ́bɔ̀ʔɔ́
|bɨ́ lɔ̀ɣnɨ˅˴ ǹdzàmˊ a|	bɨ́ l ꜛɔ́ɣ ꜛɨ́nɨ́ ndzàmɔ́
|bɨ́ bé?nɨ˅˴ ǹdzàmˊ a|	bɨ́ b ꜛé? ꜛénɨ́ ndzàmɔ́
|bɨ́ bòmnɨ˅˴ á ǹdə̀m˴ a|	bɨ́ b ꜛómn ꜛɔ́ ndə̀mə̀
|bɨ́ léɣnɨ˅˴ á ǹdə̀m˴ a|	bɨ́ l ꜛéɣ ꜛɨ́nɔ́ ndə̀mə̀
|bɨ́ sùɣnɨ˅˴ mɨ̀dzúɨ̀˴ a|	bɨ́ s ꜛúɣ ꜛɨ́nɨ́ mɨ́dz ꜛɯ̀ə̀
|bɨ́ bú?nɨ˅˴ mɨ̀ʃómˊ a|	bɨ́ b ꜛú? ꜛúnɨ́ mɨ́ʃ ꜛómɔ́
|bɨ́ lɔ̀ɣnɨ˅˴ ŋgúb˴ a|	bɨ́ l ꜛɔ́ɣ ꜛɨ́nɨ́ ŋg ꜛúbə̀
|bɨ́ fúrnɨ˅˴ ŋgúb˴ a|	bɨ́ f ꜛúr ꜛɨ́nɨ́ ŋg ꜛúbə̀
|bɨ́ bòmnɨ˅˴ á ŋkúmˊ a|	bɨ́ b ꜛómn ꜛɔ́ ŋk ꜛúmɔ́
|bɨ́ léɣnɨ˅˴ á ŋkúmˊ a|	bɨ́ l ꜛéɣ ꜛɨ́nɔ́ ŋk ꜛúmɔ́
|bɨ́ wàɣnɨ˅˴ á kàŋ˴ a|	bɨ́ w ꜛáɣ ꜛɨ́nɔ́ káŋə̀
|bɨ́ fúrnɨ˅˴ á kàŋ˴ a|	bɨ́ f ꜛúr ꜛɨ́nɔ́ káŋə̀

3.4.1.B. Le P₁ R

P₁ R	S₁	kɨ̀	V	nɨ˅˴

Le formatif du P₁ R est le même que celui des P₁ et P₁ A de l'indicatif, soit \|kɨ̀\|. Il porte toujours un ton B. Il en va de même pour le radical que son ton lexical soit B ou H :

|mà kɨ̀ zɔ̀bnɨ˅˴ a|	mà kɨ̀ zɔ̀bìn ꜛɔ́	"... j'ai chanté."
|bɨ́ kɨ̀ zɔ̀bnɨ˅˴ a|	bɨ́ kɨ̀ zɔ̀bìn ꜛɔ́	"... ils ont chanté."
|mà kɨ̀ bú?nɨ˅˴ a|	mà kɨ̀ bù?ùn ꜛɔ́	"... j'ai défriché."
|bɨ́ kɨ̀ bú?nɨ˅˴ a|	bɨ́ kɨ̀ bù?ùn ꜛɔ́	"... ils ont défriché."

Présentation synoptique du verbe au P₁ R dans les contextes autres que "fin d'énoncé"

Etant donné que le radical porte un ton B, on a les mêmes réalisations qu'au P₀ R en présence d'un pronom sujet à ton B. En fin d'énoncé, on a donc un ton supra-haut (ꜛH), (*cf.* les exemples ci-dessus) et devant un nom objet on obtient :

|mà kɨ̀ zɔ̀bnɨ˅˴ mɨ̀kòmˊ a|	mà kɨ̀ zɔ̀bìnɨ́ m ꜛɨ́kòmɔ́
|mà kɨ̀ sóbnɨ˅˴ mɨ̀bɔ̀ʔˊ a|	mà kɨ̀ sòbìnɨ́ m ꜛɨ́bɔ̀ʔɔ́
|mà kɨ̀ lɔ̀ɣnɨ˅˴ ǹdzàmˊ a|	mà kɨ̀ lɔ̀ɣìn ꜛɨ́ ndzàmɔ́
|mà kɨ̀ bé?nɨ˅˴ ǹdzàmˊ a|	mà kɨ̀ bè?èn ꜛɨ́ ndzàmɔ́
|mà kɨ̀ bòmnɨ˅˴ á ǹdə̀m˴ a|	mà kɨ̀ bòmn ꜛɔ́ ndə̀mə̀
|mà kɨ̀ léɣnɨ˅˴ á ǹdə̀m˴ a|	mà kɨ̀ lèɣìn ꜛɔ́ ndə̀mə̀

|mà kì sùɣnɪ̀˝ mìdzúᷝ a| mà kì sùɣìnɪ́ m ꜛɪ́dz ꜜɯ́ə
|mà kì búʔnɪ̀˝ mìʃóm´ a| mà kì bùʔùnɪ́ m ꜛɪ́ʃ ꜜómə́

|mà kì lɔ̀ɣnɪ̀˝ ŋ̀gúbᷝ a| mà kì lɔ̀ɣìn ꜛɪ́ ŋg ꜜúbə̀
|mà kì fúrnɪ̀˝ ŋ̀gúbᷝ a| mà kì fùrìn ꜛɪ́ ŋg ꜜúbə̀

|mà kì bòmnɪ̀˝ á ŋ̀kúm´ a| mà kì bòmn ꜛɔ́ ŋk ꜜúmə́
|mà kì léɣnɪ̀˝ á ŋ̀kúm´ a| mà kì lèɣìn ꜛɔ́ ŋk ꜜúmə́

|mà kì wàɣnɪ̀˝ á kàŋᷝ a| mà kì wàɣìnɔ́ k ꜛáŋə̀
|mà kì fúrnɪ̀˝ á kàŋᷝ a| mà kì fùrìnɔ́ k ꜛáŋə̀

3.4.1.C. Le P₂ R

P₂R	S₁	kì´ ˅ˋ	V	nɪ́˝

Le P₂ R ne se distingue du P₁ R que par le ton H de son formatif. Ce ton H se manifeste dans la réalisation du radical.

Le radical porte un ton supra-haut suivi d'un abaissement ($^{\uparrow}$H$^{\downarrow}$), que son ton lexical soit B ou H. Cette neutralisation tonale entre radicaux est due à la suite tonale H B H de la finale, comme au P₀ R (*cf.* 3.4.1.A.) :

|mà kì´zɔ̀bnɪ̀˝ a| mà kì z ꜛɔ́b ꜜɪ́nɔ́   "... je chantai [jadis]"
|mà kì´búʔnɪ̀˝ a| mà kì b ꜛú? ꜜúnɔ́   "... je défrichai [jadis]."

Présentation synoptique du verbe au P₂ R dans les contextes autres que "fin d'énoncé"

Etant donné que le radical porte un ton $^{\uparrow}$H$^{\downarrow}$, on a les mêmes réalisations qu'au P₀ R en présence d'un pronom sujet à ton H :

|mà kì´ zɔ̀bnɪ̀˝ mìkòm´ a| mà kì z ꜛɔ́b ꜜɪ́nɪ́ mɪ́kòmɔ́
|mà kì´ sóbnɪ̀˝ mìbɔ̀ʔ´ a| mà kì s ꜛób ꜜɪ́nɪ́ mɪ́bɔ̀ʔɔ́

|mà kì´ lɔ̀ɣnɪ̀˝ ǹdzàm´ a| mà kì l ꜛɔ́ɣ ꜜɪ́nɪ́ ndzàmɔ́
|mà kì´ béʔnɪ̀˝ ǹdzàm´ a| mà kì b ꜛéʔ ꜜénɪ́ ndzàmɔ́

|mà kì´ bòmnɪ̀˝ á ǹdə̀mᷝ a| mà kì b ꜛómn ꜜɔ́ ndə̀mə̀
|mà kì´ léɣnɪ̀˝ á ǹdə̀mᷝ a| mà kì l ꜛéɣ ꜜɪ́nɔ́ ndə̀mə̀

|mà kì´ sùɣnɪ̀˝ mìdzúᷝ a| mà kì s ꜛúɣ ꜜɪ́nɪ́ mɪ́dz ꜜɯ́ə̀
|mà kì´ búʔnɪ̀˝ mìʃóm´ a| mà kì b ꜛúʔ ꜜúnɪ́ mɪ́ʃ ꜜómɔ́

|mà kì´ lɔ̀ɣnɪ̀˝ ŋ̀gúbᷝ a| mà kì l ꜛɔ́ɣ ꜜɪ́nɪ́ ŋg ꜜúbə̀
|mà kì´ fúrnɪ̀˝ ŋ̀gúbᷝ a| mà kì f ꜛúr ꜜɪ́nɪ́ ŋg ꜜúbə̀

|mà kì´ bòmnɪ̀˝ á ŋ̀kúm´ a| mà kì b ꜛómn ꜜɔ́ ŋk ꜜúmə́
|mà kì´ léɣnɪ̀˝ á ŋ̀kúm´ a| mà kì l ꜛéɣ ꜜɪ́nɔ́ ŋk ꜜúmə́

|mà kì´ wàɣnɪ̀˝ á kàŋᷝ a| mà kì w ꜛáɣ ꜜɪ́nɔ́ káŋə̀
|mà kì´ fúrnɪ̀˝ á kàŋᷝ a| mà kì f ꜛúr ꜜɪ́nɔ́ káŋə̀

3.4.2. Valeur et emploi

Le relatif est utilisé exclusivement dans les propositions relatives.

Au plan sémantique, les constructions P_0 R, P_1 R et P_2 R du relatif équivalent respectivement aux constructions P_0, P_1 et P_2 de l'indicatif effectif[23].

nts ꜛáɣ ꜜí	nísɔ̌ŋ	ɲí	nǎ //	mb ꜛáʔ ꜜá	ní	sáɣín ꜜí		lâ
C[-F]+envoyer	dent	sa	Rel	que	5	P_0+être long+R		Ma

"…et elle envoya sa dent, qui est longue."

ŋwʉ̀ɔ́ //	mb ꜛáʔà	kyèɣìní	n ꜛíb ꜜúʔ ꜜú	n ꜜá	lá //	á	zúʔú…
personne+Rel	que+1	P_0+ défaire+R	paquet	le		Ma	1	S+ entendre

"Celui qui a défait le paquet entendit…"

ò	tù ꜛɔ́	nd ꜜâ	nìɣǒ	nɔ̌ŋ //	búŋ	ò	sɔ̌	ʒ ꜛέ	àdzàŋɔ́ //
tu	P_0+Nég+Loc	maison	maladie	dormir	alors	tu	P_0+ Nég	savoir	façon+Rel

mb ꜛáʔ ꜜá	nìɣò̰	b ꜛén ꜜɔ́
que	maladie+5	P_0+être+R+Me

"Si on ne dormait pas dans la maison du malade, on ne connaîtrait pas la gravité de la maladie." (Proverbe).

àkò	zǎ //	ts ꜛín ꜜɔ́	ámɔ́s ꜜáŋ	ádíʔí	wǎ //	ndz ꜛû ndá	kì
palmeraie	Rel+7	P_0+être+R+Loc	Amesang	endroit	Rel	héritier+1	P_1

kfwòn ꜛí	lá […]
mourir+R	Ma

"… la palmeraie qui est à Amesang, là où l'héritier est mort…"

ànù	zâ //	f ꜛún ꜜí //	á	bé //	ŋgǔ	bô	t ꜛéɣ ꜜíní…
chose	Rel+7	P_2+sortir+R	7	S+être	que	ils	P_2+décider

"Le résultat fut qu'ils décidèrent…"

á	kí	mbé	tsèʔè	ŋkábí	zǎ //	mb ꜛáʔì	f ꜛún ꜜɔ́	mb ꜜó	mè…
1	S+aussi	être	juste	argent	Rel	que+9	P_2+sortir+R	à	moi

"Et c'était seulement de l'argent qui venait de moi…"

3.5. Le successif

3.5.1. Forme

Suc	S_2	´	V	ì

Le paradigme de pronoms utilisé est le paradigme S_2, soit |mà, á, bí|.

Le radical porte un ton H que son ton lexical soit H ou B. C'est pour cela qu'on a posé un ton H comme formatif :

|mà ´ búʔì a|	mà búʔ̀	"…et j'ai défriché."
|á ´ búʔì a|	á búʔ̀	"…et il a défriché."
|mà ´ zɔ̀bì a|	mà zɔ́bɔ̀	"…et j'ai chanté."
|á ´ zɔ̀bì a|	á zɔ́bɔ̀	"…et il a chanté."

---

[23] Dans le mot-à-mot P_0 R est marqué comme P_0+…+R (P_0 pour le temps "présent" et R pour le mode "relatif").

Présentation synoptique du verbe au Successif devant un nom objet

La finale |ì| rend compte des réalisations d'un verbe à ton lexical B dans tous les contextes – aussi bien, donc, en fin d'énoncé (*cf.* ci-dessus) que devant les noms objet – et d'un verbe à ton lexical H dans tous les contextes sauf dans celui du fonctionnel objet |á| (*cf.* les exemples marqués d'un astérisque) :

|mà ´zɔ̀bì mìkòm´ a|	mà zɔ́bì mìkòmɔ́
|mà ´ sóbì mìbɔ̀ʔ´ a|	mà sóbì mìbɔ̀ʔɔ́ / mà sóbí mìbɔ̀ʔɔ́
|mà ´lɔ̀ɣì ǹdzàm´ a|	mà lɔ́ɣì ndzàmɔ́
|mà ´béʔì ǹdzàm´ a|	mà béʔè ndzàmɔ́
|mà ´bòmì á ǹdə̀m` a|	mà bómɔ̌ ndə̀mə̀
|mà ´léɣì á ǹdə̀m` a|	mà léɣɔ̌ ndə̀mə̀*
|mà ´sùɣì mìdzúu` a|	mà súɣì mìdzúùə̀
|mà ´búʔì mìʃóm´a|	mà búʔù mìʃòmɔ́ / mà búʔú mìʃòmɔ́
|mà ´lɔ̀ɣì ŋ̀gúb` a|	mà lɔ́ɣì ŋgúbə̀
|mà ´fúrì ŋ̀gúb` a|	mà fúrù ŋgúbə̀
|mà ´bòmì á ŋkúm´ a|	mà bómɔ̌ ŋkᵗúmɔ́
|mà ´léɣì á ŋkúm´ a|	mà léɣɔ̌ ŋkᵗúmɔ́*
|mà ´wàɣì á kàŋ` a|	mà wáɣə̀ káŋə̀
|mà ´fúrì á kàŋ` a|	mà fúrə̀ káŋə̀ *

– En ce qui concerne les verbes à ton lexical H, dans le contexte du fonctionnel |á|, on s'attendrait à avoir une faille tonale sur le verbe (par exemple *mà fᵗúrᴴɔ́ káŋə̀) puisqu'en structure on a une suite H B H : H du radical, B de la finale, H du fonctionnel. Ce qui n'est pas le cas.

Ou on pose une finale |ì`| à deux tons B – la présence de deux tons B empêchant la formation d'une faille – ou on considère que ces réalisations sont dues à un phénomène de régularisation du paradigme sur le modèle des réalisations du verbe à ton lexical B. C'est cette deuxième analyse qu'on a choisie.

– Lorsque le ton lexical du verbe est H et que le nom objet a un Pn CV, la finale porte soit un ton H (*cf.* II.2.3.6.A.) soit un ton B (*cf.* II.2.3.7.A.). La prononciation avec un ton B est peut-être due ici encore à un phénomène d'analogie.

3.5.2. Valeur et emploi

– Lorsque deux propositions forment une chaîne, le verbe de la deuxième proposition[24] se met au successif, si son sujet est différent de celui de la première

---

[24] Ce qui est dit pour une suite de deux propositions est valable pour une suite de plus de deux propositions : les verbes de toutes les propositions enchaînées, sauf la toute première, sont au successif si leur sujet est différent de celui de la proposition précédente. Une chaîne de propositions (enchaînées) est constituée de propositions non reliées par des conjonctions (*cf.* V.3.).

proposition[25]. Cependant, le verbe de la première proposition ne doit être ni à l'exhortatif, ni au consécutif futur, ni au futur de l'indicatif (*cf.* V.3.1.).

Le successif n'a pas de valeur temporelle. Il indique tout au plus qu'un procès est dans un rapport de succession avec d'autres procès. La référence temporelle « absolue » est donnée dans la première proposition (dans le premier exemple ci-dessous, le verbe est au P_2 de l'indicatif ; et dans le deuxième exemple l'auxiliaire est au P_0 A de l'indicatif) :

à	b ⁺é	ɲ ⁺ê	tʃúʔú	wùʃíʔìní	wûtsé //	ìl ⁺ú̀ ⁺	nô	yí...
1	*P_2+être*	*contre*	*nuit*	*belle*	*certaine*	*fourmi+3*	*S+*boire*+Fo*	*elle*

"Jadis, par une belle nuit, la fourmi but..."

sílùmə̀	ɣừnə̂	ndⁿ⁺ó	ndʒ ⁺wí	wê //	fú		tsɛ̀ʔɛ̀	tì	dzú̀ə̀
Silum	*P_0+Aux+A*	*lever*	*jour*	*ce-ci*	*C[-F]+*sortir	*juste*		*sans*	*manger*

zúm //	ŋgⁿ⁺é //	ntʃ ⁺é	d ⁺íʔɔ́	ntsǐŋ	mìsàŋ	má //	ɲùmə̀
chose	*C[-F]+*aller	*C[-F]+*être	*endroit*	*surveillance*	*sorgho*	*le*	*soleil+1*

tá //	ndʒì	záŋ //	ìm ⁺ú̀ɣ ⁺	míwérɔ́	fúŋ //	á	zɛ̂
*S+*briller	*faim+9*	*S+*faire mal	*yeux*	*à elle+Is*	*S+*noircir	*1*	*S+*voir

ŋgɔ̀ʔɔ̀	tséré //	ŋkɔ́ʔɔ́ //	ìʃíʔítí //		ntsí	w ⁺á	t ⁺ú...
rocher	*certain*	*C[-F]+*grimper	*C[-F]+*s'asseoir	*C[-F]+*être		*là*	*sur*

"Un jour, plus tard, après s'être levée, Silum sortit à jeûn, s'en alla et s'installa à l'endroit d'où on surveillait le sorgho, le soleil brillait, elle avait faim, ses yeux étaient obscurcis, elle vit un rocher, l'escalada et s'assit dessus..."

– Après une proposition hypothétique (domaine du réalisable), le verbe de la proposition principale est au successif, même sans changement de sujet[26] :

mà túʔú	ŋkyì //	m ⁺ét ⁺ //	mà súɣù	káŋə̀
je	*Cd+*puiser eau	*C[-F]+*finir	*je*	*S+*laver	*casseroles+Me*

"Lorsque j'ai fini d'aller chercher de l'eau, je fais la vaisselle."

REMARQUE 11 : dans l'exemple ci-dessus, la deuxième proposition (m ⁺ét ⁺ "et j'ai fini"), n'est pas la proposition principale, mais une hypothétique enchaînée à la première, parce que son verbe est au consécutif.

ò	ɣ ⁺ú̀	ntʃìʔɔ́	m ⁺ɔ́ŋ	gw ⁺ê //	ò	tsâ	áby ⁺é...
tu	*Cd+Aux*	*secouer+Fo*	*enfant*	*ce-ci*	*tu*	*S+*passer	*dehors*

"Lorsque tu seras en travail, tu sortiras..."

3.6. L'exhortatif

3.6.1. Forme

Exh	S_3	´	V	í

Le paradigme de pronoms utilisé est le paradigme S_3, soit |mà, à, bì|.
Le formatif est un ton H qui rend compte des réalisations du radical.

---

[25] Lorsqu'il n'y a pas de changement de sujet, on utilise le consécutif non futur (C[-F]).
[26] A condition que la proposition principale ne soit pas introduite par **múŋ/búŋ** "alors".

En effet, un radical à ton lexical H porte un ton H, tandis qu'un radical à ton lexical B porte un ton ꜛH꜒ (*cf.* II.2.3.6.B.) :

|(á) mà ´búʔí a|	(á) mà búʔɔ́	"(Que) je défriche!"
|(á) à ´búʔí a|	â búʔɔ́	"(Qu') il défriche!"
|(á) bì ´búʔí a|	(á) bì búʔɔ́	"(Qu') ils défrichent!"
|(á) mà ꜛzɔ̀bí a|	(á) mà zꜛɔ́bꜜɔ́	"(Que) je chante!"
|(á) à ꜛzɔ̀bí a|	â zꜛɔ́bꜜɔ́	"(Qu') il chante!"
|(á) bì ꜛzɔ̀bí a|	(á) bì zꜛɔ́bꜜɔ́	"(Qu') ils chantent!"

REMARQUE 12 : une proposition dont le verbe est à l'exhortatif est toujours introduite par la conjonction \|á\|.

Présentation synoptique du verbe à l'Exhortatif devant un nom objet

Devant un nom objet, les réalisations du verbe, lorsque le radical porte un ton H, sont identiques à ses réalisations à l'impératif , mais lorsqu'il porte un ton supra-haut, on observe des réalisations de failles à rapprocher de celles du futur de l'indicatif :

|mà ´zɔ̀bí mìkòm´ a|	mà zꜛɔ́bꜜɔ́ míkòmɔ́
|mà ´sóbí mìbɔ̀ʔ´ a|	mà sóbí míbɔ̀ʔɔ́
|mà ´lɔ̀ɣí ǹdzàm´ a|	mà lꜛɔ́ɣꜜɔ́ ndzàmɔ́
|mà ´béʔí ǹdzàm´ a|	mà béʔé ndzàmɔ́
|mà ´bòmí á ǹdə̀m` a|	mà bꜛómꜜɔ́ ndə̀mə̀
|mà ´léɣí á ǹdə̀m` a|	mà léɣɔ́ ndə̀mə̀
|mà ´sùɣí mìdzú` a|	mà sꜛúɣꜜɔ́ mídzꜜúə̀
|mà ´búʔí mìʃóm´ a|	mà búʔú m ꜛíʃꜜómɔ́
|mà ´lɔ̀ɣí ŋgúb` a|	mà lꜛɔ́ɣꜜɔ́ ŋgꜜúbə̀
|mà ´fúrí ŋgúb` a|	mà fúrꜛú ŋgꜜúbə̀
|mà ´bòmí á ŋkúm´ a|	mà bꜛómꜜɔ́ ŋkꜜúmɔ́
|mà ´léɣí á ŋkúm´ a|	mà léɣꜛɔ́ ŋkꜜúmɔ́
|mà ´wàɣí á kàŋ` a|	mà wꜛáɣꜜɔ́ káŋə̀
|mà ´fúrí á kàŋ` a|	mà fúrɔ́ káŋə̀

3.6.2. Valeur et emploi

L'exhortatif a plusieurs valeurs. A défaut de terme générique pouvant convenir à toutes les valeurs, on a choisi le terme "exhortatif" qui correspond à la valeur que cette construction a dans la proposition indépendante.

– L'exhortatif exprime l'obligation :

mà ɣꜛô //   mꜛáʔꜜá   zúm   zꜜá   tíʃyé…
je P_0+dire+que+tu *Exh*+<u>jeter</u> chose ce-là par terre
"Je t'ai dit de jeter cette chose par terre…"

mà kɔ̌ŋ // ŋgɔ̌ ô d‌ꜛíʔ‌ꜜɔ́ yìγ̀ìnì zó zên…
je P₀+aimer que+que tu Exh+<u>montrer</u> adresse ta ce-ci
"J'aimerais que tu [me] montres ton adresse…"

á súŋɔ̀ // mb‌ꜛô bô̰ byí // ŋg‌ꜛɔ́ bì fû // ŋg‌ꜛé // nts‌ꜜí
1 S+dire à enfants ses que+que 2 Exh+<u>sortir</u> C[-F]+aller C[-F]+être

ndy‌ꜜêm ntʃwì zâ…
C[-F]+surveiller maïs le
"Elle dit à ses enfants d'aller surveiller le maïs …"

– L'exhortatif doit s'utiliser dans une proposition enchaînée, lorsque son sujet est différent[27] de celui de la proposition précédente. Le verbe de cette proposition doit lui-même être à l'exhortatif, au consécutif futur ou au futur de l'indicatif. L'exhortatif n'exprime pas alors forcément l'obligation (*cf.* V.3.1.)

mǎ yě // á tì γ‌ꜛḛ́‌ꜜ
je+*Fut* venir que nous*(duel)* Exh+<u>aller</u>+Me
"Je viendrai et nous nous en irons."

bí m‌ꜛí t‌ꜛí zḛ̀ʔḛ̀ nívuô ɲí // mèt‌ꜛɔ́ // ŋgùʔù zâ tómɔ́
2 Fut Aux C[+F]+pleurer funérailles ses C[+F]+finir+ que courge la Exh+<u>germer</u>+ Me
"Avant même que les funérailles ne soient finies, la citrouille germera."

má lǒ l‌ꜛáʔá tsí ní m‌ꜜɔ́ // tsí 3‌ꜜwíɔ́ // bì
je+*Fut* Aux C[+F]+jamais C[+F]+être avec enfant C[+F]+être enfanter+que 2

kwḛ́ʔḛ́
Exh+<u>porter</u>+Me
"[Il ne savait pas que] je serais un jour enceinte, que je pourrais accoucher et qu'on aurait l'enfant sur les genoux."

mà kɔ̌ŋ // ŋgɔ̌ ô d‌ꜛíʔ‌ꜜɔ́ yìγ̀ìnì zó zên // á mà zé
je P₀+aimer que+que tu Exh+<u>montrer</u> adresse ta ce-ci que je Exh+<u>voir</u>+Me
"J'aimerais que tu [me] <u>montres</u> ton adresse et que je la <u>constate</u>."

ìsúŋ w‌ꜛámb‌ꜜó // ŋgɔ̌ â y‌ꜛíŋ‌ꜜɔ́ // bó zûu fú // â γ‌ꜛé //
C[-F]+dire à elle que+que 1 Exh+<u>venir</u>+que elles elle Exh+<u>sortir</u> que+1 Exh+<u>aller</u>

ndz‌ꜜúʔɔ́ dzàŋɔ́ kòm zǎ // mb‌ꜛáʔ‌ꜜá mɔ́ŋ w‌ꜜá zɔ̀bìnɔ́ γé
C[-F]+entendre genre chant Rel que enfant le Pr+chanter+R+I Me
"…et elle lui dit qu'elle <u>devrait venir</u> ; qu'elles <u>sortent</u>, et qu'elle <u>aille</u> entendre le genre de chant que chante l'enfant."

ô kòʔó ɲ‌ꜛḛ́ʔétḛ́ɔ́ // â fá̰ʔà̰ fà̰ʔà̰[28]
que+tu Exh+ Nég faire que+1 Exh+<u>travailler</u> travail+Me
"Tu ne dois pas lui donner de travail à faire."

Comme déjà mentionné, le verbe d'une proposition enchaînée est normalement au successif, si celui de la proposition précédente est à un autre mode que l'exhor-

---

[27] Lorsqu'il n'y a pas de changement de sujet, on utilise le consécutif non futur si le verbe de la proposition précédente est à l'exhortatif, mais le consécutif futur si le verbe de la proposition précédente est au consécutif futur ou à l'indicatif futur.

[28] Dans cet énoncé, on a affaire à une construction factitive.

tatif, le consécutif futur ou le futur de l'indicatif. Mais même dans ce cas, il peut néanmoins être à l'exhortatif, si on veut exprimer la finalité ou l'obligation :

ò	yá	mbô bù?ù	tsê //	á	tsì	f↑á?à //	ŋgá	wámb↑ô
tu	P_0+donner	à 8+ esclaves ces-ci	que	8		Exh+<u>travailler</u>	C[-F]+donner	à elle+Me

"Tu le (le travail) donnes à ces esclaves-ci pour qu'ils le fassent à sa place."

núuŋ	n↑ík↓í //	ntáyínî //	î	fúyɔ́
Imp+mettre potasse		C[-F]+mélanger	9	Exh+<u>être blanc</u>+Me

"Ajouter de la potasse et mélanger jusqu'à ce qu'il (le bouillon) soit blanc."

– Il est le mode requis dans les propositions introduites par les locutions conjonctives |m̀bɔ̀ŋ á| "avant que" (*cf.* V.4.2.) et |tàŋ á| "afin que" (*cf.* V.5.2.), locutions dans lesquelles on retrouve d'ailleurs la conjonction |á| qui introduit les propositions dont le verbe est à l'exhortatif.

3.7. Le conditionnel

3.7.1. Forme

Cd	S₂	´	V	í

Le paradigme de pronoms utilisé est le paradigme S₂, soit |mà, á, bí|. C'est en cela que le conditionnel se distingue de l'exhortatif, car par ailleurs, le formatif et la finale sont les mêmes pour les deux modes.

Donc, un radical à ton lexical H porte un ton H, tandis qu'un radical à ton lexical B porte un ton ↑H↓. On attribue ces réalisations tonales au fait que le radical est encadré de tons H :

|mà ´ bú?í a|	mà bú?ɔ́	"[Si] je défriche."
|á ´ bú?í a|	á bú?ɔ́	"[S'] il défriche."
|bí ´ bú?í a|	bí bú?ɔ́	"[S'] ils défrichent."
|mà ´zɔ̀bí a|	mà z↑ɔ́b↓ɔ́	"[Si] je chante."
|á ´zɔ̀bí a|	á z↑ɔ́b↓ɔ́	"[S'] il chante."
|bí ´zɔ̀bí a|	bí z↑ɔ́b↓ɔ́	"[S'] ils chantent."

Pour les réalisations du verbe au conditionnel devant un nom, se reporter à la présentation de l'exhortatif.

3.7.2. Valeur et emploi

Le conditionnel s'emploie dans les propositions hypothétiques (domaine du réalisable). Il indique que, du procès évoqué par le verbe au conditionnel, dépend l'actualisation d'un autre procès, évoqué dans la proposition principale. Le lien sémantique entre les deux propositions est logique ou simplement temporel :

bó ʒí ǁ ŋgǔ bô m˥ˇɨ̀ ts˦ɨ́ nɨ̂ ntùɣí tɨ̀bɔ̀ŋ ǁ mb˥á?˦á bé bɨ́
eux *S*+savoir que eux *Fut* être avec traitement mauvais que si *2*

tsɔ́?ɔ́ yé
Cd+<u>choisir</u>+*Fo* le+*Me*

"Ils savaient qu'ils seraient maltraités si on le choisissait."

bé ò fúɣɔ́ ɣ˥ɔ́ m˦úɔ̀ búɨ ǁ mà kà?á nùɔ̀ tɨ́bɔ̀ŋ áɲ˥é ɣò bɔ̂
si tu *Cd*+<u>retirer</u>+*Fo* me dans fosse je *S*+*Nég* chose mauvaise contre toi encore

ŋgɨ́ɔ́
C[-F]+faire+*Me*

"Si tu me retires de la fosse, je ne te ferai plus de mal."

mà tú?ú ŋkyì ǁ m˥ét˦ɨ́ ǁ mà súɣù káɲɔ̀
je *Cd*+<u>puiser</u> eau *C[-F]*+finir je *S*+laver casserole+*Me*

"Lorsque j'ai fini d'aller chercher de l'eau, je fais la vaisselle."

3.8. Le consécutif

Ce mode ne comporte pas de pronoms (ni d'indices) sujets. Par définition, le sujet d'un verbe au consécutif est identique à celui du verbe précédent.

3.8.1. Le consécutif non futur

3.8.1.A. Forme

$$\boxed{\text{C [-F]}} - \boxed{\text{ǹ}´} \quad \boxed{\text{V}} \quad \boxed{\text{ɨ}}$$

Les deux tons du formatif ne sont simultanément présents qu'après une pause :

|ǹ´dɔ̀ɣɨ́ a| ǹd˥ɔ́ɣ˦ɔ́ "...et il [l'] a pris."
|ǹ´díɨ́ a| ǹdí?ɔ́ "...et il a cultivé."

Le ton B se réalise sur le formatif |n|, le ton H se manifeste dans le ton supra-haut, suivi d'abaissement (˥H˦) du radical à ton lexical B (et dans le ton H du radical à ton lexical H).

Lorsque le verbe suit un autre terme, soit un seul de ces deux tons se manifeste, soit même aucun.

On a relevé trois groupes de réalisation selon le contexte précédent :

Tableau 55 – Réalisations tonales du consécutif non futur

groupe	ton lexical B		ton lexical H	
1	nd˥ɔ́ɣ˦ɔ́	(˥H˦H)	ndí?ɔ́	(H H)
2	ndɔ̀ɣɔ́	(B H)	nd˦í?ɔ́	(˦H H)
3	ndɔ̀ɣɔ́	(B H)	nd˥í?ɔ́	(˥H H)

REMARQUE 13 : les groupes 2 et 3 se distinguent par la réalisation du verbe à ton lexical H, le verbe à ton lexical B ayant la même réalisation dans les deux cas.

Dans certains cas, les tons du contexte conditionnent à eux seuls les réalisations du verbe au consécutif. Pour d'autres contextes, on a besoin de faire appel à un ton H ou B associé au formatif du consécutif.

3.8.1.A.a. Réalisations du groupe 1 : ꜛH ꜜH / H H (*cf.* II.2.3.9.B.)

Les tons du contexte sont suffisants :

– après un nom |(B)-H H| :

|bìsúŋ ́   ndyèmí   a| bìsúŋ ndy ꜛém ꜜɔ́
oiseaux   *C[-F]*+surveiller *Me*
"…[il attrapa] des oiseaux et les surveilla."

|bìsúŋ ́   ndámí   a| bìsúŋ ndámɔ́
oiseaux   *C[-F]*+cuire *Me*
"…[il tua] des oiseaux et les cuisit."

– après un nom |(B)B H| :

|àtsè? ́   ŋgò?í   a| àtsè?è ŋg ꜛɔ́? ꜜɔ́
tissu   *C[-F]*+repasser *Me*
"…[il prit] un tissu et le repassa."

|àtsè? ́   ndzúɲí   a| àtsè?è ndzúŋɔ́
tissu   *C[-F]*+acheter *Me*
"…[il choisit] un tissu et l'acheta."

– après un verbe (ton lexical H) à l'exhortatif ou au conditionnel :

|à ́lí?í   ŋgwàrí   a| à lí?í ŋg ꜛwár ꜜɔ́
1   Exh+cultiver *C[-F]*+planter *Me*
"[Qu']il cultive et plante !"

|à ́fúrí   ŋkóí   a| à fúrú ŋkó
1   Exh+poursuivre *C[-F]*+attraper *Me*
"[Qu']il le poursuive et l'attrape !"

– après un verbe (ton lexical H) au consécutif non futur :

|ǹ ́dí?í   ŋgwàrí   a| ǹdí?í ŋg ꜛwár ꜜɔ́
C[-F]+cultiver *C[-F]*+planter *Me*
"…et il cultiva et planta."

|ǹ ́dvú?í   ntéɣí   a| ǹdvú?ú ntéɣɔ́
C[-F]+remuer *C[-F]*+poser *Me*
"…et il la remua et la posa."

– après un verbe (ton lexical B ; réalisé [B]) au consécutif non futur :

|ndòɣí   ŋgyìɲí   a| ndòɣì ŋgy ꜛíŋ ꜜɔ́
C[-F]+prendre *C[-F]*+venir *Me*
"…et il [le] prit et vint."

|ndòɣí   ŋkúɲí   a| ndòɣì ŋkúŋɔ́
C[-F]+prendre *C[-F]*+entrer *Me*
"…et il [le] prit et entra."

– après un verbe à l'achevé de l'indicatif, P_0 A, P_1 A ou P_2 A (les exemples ci-dessous sont au P_0 A et au P_2 A :

|à `lɔɣ´nà`` ŋgyìŋí a| à lɔɣìnə̂ ŋgy ꜛíŋ ꜜɔ́²⁹

|à `lí?´nà`` ŋgwàrí a| à lì?ìnə̂ ŋg ꜛwár ꜜɔ́

|à `lɔɣ´nà`` ŋkúŋí a| à lɔɣìnə̂ ŋkúŋɔ́

|à `fúr´nà`` ŋkóí a| à fùrìnə̂ ŋkó

|à ``´lɔɣ´nà`` ŋgyìŋí a| à lꜛɔ́ɣ ꜜínə̂ ŋgy ꜛíŋ ꜜɔ́

|à ``´lí?´nà`` ŋgwàrí a| à lí?ínə̂ ŋg ꜛwár ꜜɔ́

|à ``´lɔɣ´nà`` ŋkúŋí a| à lꜛɔ́ɣ ꜜínə̂ ŋkúŋɔ́

|à ``´fúr´nà`` ŋkóí a| à fúrínə̂ ŋkó

Les tons du contexte ne suffisent pas. Il faut poser un formatif à ton H :

– après un nom |(B)B B| :

|mìlù?` ńtʃwìrí a| mìlù?ù ntʃ ꜛwír ꜜɔ́
vin   C[-F]+verser *Me*
"…[il prit] du vin et le versa."

|mìlù?` ńdámí a| mìlù?ù ndámɔ́
vin   C[-F]+cuire *Me*
"…[il prit] du vin et le chauffa."

– après un verbe (ton lexical B) au successif :

|á ´lɔɣì ŋgyìŋí a| à lɔ́ɣì ŋgy ꜛíŋ ꜜɔ́
1 S+prendre C[-F]+venir *Me*
"…et il [le] prit et vint."

|á ´lɔɣì ŋkúŋí a| à lɔ́ɣì ŋkúŋɔ́
1 S+prendre C[-F]+entrer *Me*
"…et il [le] prit et entra."

3.8.1.A.b. *Réalisations du groupe 2 :* B H / ꜜH H

(pour ꜜH H *cf.* II.2.3. 9.C. et II.2.3.14.A.a.)

Les tons du contexte sont suffisants :

– après un nom |(B)H B| :

|àbéb` ndyèmí a| àbébí ndyèmɔ́
bouc   C[-F]+surveiller *Me*
"…[il attacha] un bouc et le surveilla."

|àbéb` ŋkyém´ a| àbéb ꜛí ŋky ꜜémɔ́
bouc   C[-F]+égorger *Me*
"…[il choisit] un bouc et l'égorgea."

---

[29] Les verbes à ton lexical B sont : |lɔɣ-| "prendre", |yèn-| "venir", |wàr-| "planter" ; les verbes à ton lexical H sont : |lì?-| "cultiver", |fúr-| "poursuivre", |kón-| "entrer", |kó-| "attraper".

– après un verbe (ton lexical H) au successif :

|á   lí?ì   ŋgwàrí   a| á lí?í ŋgwàrɔ́
1   S+cultiver C[-F]+planter Me
"…et il cultiva et planta."

|á   fúrì   ŋkóí   a| á fúr ⁺í ŋk ⁺ó
1   S+poursuivre C[-F]+attraper Me
"…et il [le] poursuivit et l'attrapa."

– après un verbe (radical portant un ton non-bas : ⁺H⁺ ou H) à l'effectif de l'indicatif
   (P_0, P_2) :

|bí lɔ̀ɣî`   ŋgyìŋí   a| bí l ⁺ɔ́ɣ ⁺í ŋgyìnɔ́
2   P_0+prendre C[-F]+venir Me
"Ils l'ont pris et sont venus."

|bí lí?î`   ŋgwàrí   a| bí lí?í ŋgwàrɔ́
2   P_0+chltiver C[-F]+planter Me
"Ils ont cultivé et planté."

|bí lɔ̀ɣî`   ŋkúŋí   a| bí l ⁺ɔ́ɣ ⁺í ŋk ⁺úŋɔ́
2   P_0+prendre C[-F]+entrer Me
"Ils l'ont pris et sont entrés."

|bí fúrí`   ŋkóí   a| bí fúr ⁺í ŋk ⁺ó
2   P_0+poursuivre C[-F]+attraper Me
"Ils l'ont poursuivi et attrapé."

– après un verbe (ton lexical H) à l'impératif :

|lí?í`        ŋgwàrí`   a| lí?í ŋgwàrɔ̂[30]
Imp+cultiver C[-F]+planter Me
"Cultive et plante !"

|fúrí`        ŋkóí`   a| fúr ⁺í ŋk ⁺ô
Imp+poursuivre C[-F]+attraper Me
"Poursuis-le et attrape-le !"

Les tons du contexte ne suffisent pas. Il faut poser un formatif à ton B :

– après un verbe (ton lexical B) à l'exhortatif ou au conditionnel :

|à   ´lɔ̀ɣí   ŋ̀gyìŋí   a| à l ⁺ɔ́ɣ ⁺í ŋgyìnɔ́
1   Exh+prendre C[-F]+venir Me
"[Qu']il le prenne et vienne !"

|à   ´lɔ̀ɣí   ŋ̀kúŋí   a| à l ⁺ɔ́ɣ ⁺í ŋk ⁺úŋɔ́
1   Exh+prendre C[-F]+entrer Me
"[Qu']il le prenne et entre !"

---

[30] Après un verbe à l'impératif, la finale du verbe au consécutif non futur (C[-F]) comporte un ton B final, probablement lié à un phénomène d'intonation, déjà signalé à propos de l'impératif (*cf.* 3.2.A. remarque 1). Il n'y a pas de ton B lorsqu'un nom objet suit le verbe. C'est pour cela qu'on n'a pas posé de consécutif « impératif » à côté des consécutifs « futur » et « non futur ».

– après un verbe au relatif, P_0 R, P_1 R ou P_2 R (*cf.* II.2.3.13.B. et II. 2.3.14.A.a.) :

| à lɔ̀ɣnɨ́ˇˋ ŋ̀gyìŋɨ́ a| à lɔ̀ɣìn ꜛɨ́ ŋgyìŋɔ́[31]

|à lí?nɨ́ˇˋ ŋ̀gwàrɨ́ a| à lí?ìn ꜛɨ́ ŋgwàrɔ́

|à lɔ̀ɣnɨ́ˇˋ ŋ̀kúŋɨ́ a| à lɔ̀ɣìn ꜛɨ́ ŋk ꜜúŋɔ́

|à fúrnɨ́ˇˋ ŋ̀kóɨ́ a| à fùrìn ꜛɨ́ ŋk ꜜó

|bɨ́ lɔ̀ɣnɨ́ˇˋ ŋ̀gyìŋɨ́ a| bɨ́ l ꜛɔ́ɣ ꜜɨ́nɨ́ ŋgyìŋɔ́

|bɨ́ lí?nɨ́ˇˋ ŋ̀gwàrɨ́ a| bɨ́ l ꜛí? ꜜɨ́nɨ́ ŋgwàrɔ́

|bɨ́ lɔ̀ɣnɨ́ˇˋ ŋ̀kúŋɨ́ a| bɨ́ l ꜛɔ́ɣ ꜜɨ́nɨ́ ŋk ꜜúŋɔ́

|bɨ́ fúrnɨ́ˇˋ ŋ̀kóɨ́ a| bɨ́ f ꜛúr ꜜɨ́nɨ́ ŋk ꜜó

– après un verbe (ton lexical B) portant un ton ꜛH↓ au consécutif non futur :

|ǹ ꜛdɔ̀ɣɨ́ ŋ̀gyìŋɨ́ a| ǹd ꜛɔ́ɣ ꜜɨ́ ŋgyìŋɔ́

C[-F]+rendre *C[-F]*+venir *Me*

"…et il (le) prit et partit."

|ǹ ꜛdɔ̀ɣɨ́ ŋ̀kúŋɨ́ a| ǹd ꜛɔ́ɣ ꜜɨ́ ŋk ꜜúŋɔ́

C[-F]+predre *C[-F]*+entrer *Me*

"…et il (le) prit et entra."

3.8.1.A.c. *Réalisations du groupe 3 :* B H / ꜛH H (pour ꜛH H *cf.* II.2.3.10.A.)

Les tons du contexte sont suffisants :

– après un verbe (radical portant un ton B) à l'effectif de l'indicatif (P_0, P_1) :

|à lɔ̀ɣɨ́ˋ ŋ̀gyìŋɨ́ a| à lɔ̀ɣɨ́ ŋgyìŋɔ́

1 P_0+prendre *C[-F]*+venir *Me*

"Il l'a pris et est venu."

|à lí?ɨ́ˋ ŋ̀gwàrɨ́ a| à lí?ɨ́ ŋgwàrɔ́

1 P_0+cultiver *C[-F]*+planter *Me*

"Il a cultivé et planté."

|à lɔ̀ɣɨ́ˋ ŋ̀kúŋɨ́ a| à lɔ̀ɣɨ́ ŋk ꜛúŋɔ́

1 P_0+prendre *C[-F]*+entrer *Me*

"Il l'a pris et est entré."

|à fúrɨ́ˋ ŋ̀kóɨ́ a| à fùrɨ́ ŋk ꜛó

1 P_0+poursuivre *C[-F]*+attraper *Me*

"Il l'a poursuivi et attrapé."

– après un verbe (ton lexical B) à l'impératif :

|lɔ̀ɣɨ́ˋ ŋ̀gyìŋɨ́ˋ a| lɔ̀ɣɨ́ ŋgyìŋɔ̂

Imp+prendre *C[-F]*+venir *Me*

"Prends-le et viens !"

|lɔ̀ɣɨ́ˋ ŋ̀kúŋɨ́ˋ a| lɔ̀ɣɨ́ ŋk ꜛúŋɔ̂

Imp+prendre *C[-F]*+entrer *Me*

"Prends-le et entre !"

---

[31] Les verbes à ton lexical B sont : |lɔ̀ɣ-| "prendre", |yèn-| "venir", |wàr-| "planter" ; les verbes à ton lexical H sont : |lí?-| "cultiver", |fúr-| "poursuivre", |kón-| "entrer", |kó-| "attraper".

264

On constate que dans le contexte d'une même construction grammaticale (mais pas du même contexte tonal), on peut avoir à poser un formatif différent pour le consécutif. C'est ainsi que :

- après un verbe au successif, si le ton lexical de ce verbe est H, on n'a pas à poser de ton pour le formatif du consécutif (*cf.* 3.8.1.A.b.) ; mais si le ton lexical du verbe est B, on doit poser un ton H pour le formatif du consécutif (*cf.* 3.8.1.A.a.).

- après un verbe à l'exhortatif ou au conditionnel, si le ton lexical de ce verbe est H on n'a pas à poser de ton pour le formatif du consécutif (*cf.* 3.8.1.A.a.) ; mais si le ton lexical du verbe est B (et que le radical porte alors un ton ꜛH꜖) on doit poser un ton B pour le formatif du consécutif (*cf.* 3.8.1.A.b.).

- après un verbe au consécutif non futur, si le ton lexical de ce verbe est H ou B (et que le radical porte alors un ton B) on n'a pas à poser de ton pour le formatif du consécutif (*cf.* 3.8.1.A.a.) ; mais si le radical du verbe à ton lexical B porte un ton ꜛH꜖, on doit poser un ton B pour le formatif du consécutif (*cf.* 3.8.1.A.b.).

Le résultat de ce conditionnement tonal est que, conjugués au consécutif non futur, des verbes (ou auxiliaires) à ton lexical H qui se succèdent se réalisent tous au même niveau (*cf.* les deux premiers exemples ci-dessous), mais que des verbes à ton lexical B se réalisent [ꜛH꜖H] ou [BB] en une alternance parfaitement régulière (*cf.* les deux derniers exemples) :

ǹtsɔ́ʔɔ́tí //   ntsɔ́ʔɔ́tí //   ntsɔ́ʔɔ́tí   mítsùm…
*C[-F]+*extirper *C[-F]+*extirper *C[-F]+*extirper toutes
"…et il les extirpa, extirpa, extirpa toutes (les sagaies) …"

m ꜛɔ́ŋ gw ꜖á kî   ʃíʔí //   ntúʔútí //   ŋkɔ́ʔɔ́ //   ndzú …
enfant le   *S+*aussi *C[-F]+*descendre *C[-F]+*puiser *C[-F]+*monter *C[-F]+*manger
"…l'enfant aussi puisait (de la bouillie dans l'écuelle), la portait à sa bouche et mangeait…"

á ɣɔ́ʔɔ̀ //   ŋg ꜛɔ́ʔ ꜖ɔ́ //   ŋgɔ̀ʔɔ̀ //   ŋg ꜛɔ́ʔ ꜖ɔ́…
*S+*moudre *C[-F]+*moudre *C[-F]+*moudre *C[-F]+*moudre
"…et elle le moulut, moulut, moulut, moulut…"

ŋkw ꜛíʔ ꜖í   ŋgè   nd ꜛɔ́ɣ ꜖í   màm ꜛɔ́ʔ ꜖ɔ́…
*C[-F]+*ajouter *C[-F]+*aller *C[-F]+*prendre autre
"…de nouveau, il alla en prendre d'autre (bouillie)…"

On ne fournit pas ici de présentation synoptique du verbe au consécutif non futur devant un nom objet dans la mesure où les réalisations sont les mêmes que pour d'autres constructions. Ainsi pour les réalisations du groupe 1, se reporter à la présentation de l'exhortatif en 3.6.1., pour celles du groupe 2, se reporter à la présentation du futur en 3.3.3.A. ; et pour celles du groupe 3, se reporter à la présentation du consécutif futur en 3.8.2.A.

3.8.1.B. Valeur et emploi

Lorsque deux propositions sont enchaînées, le verbe de la deuxième proposition[32] se met au consécutif non futur, si son sujet est le même que celui de la première proposition[33], à condition, cependant, que le verbe de la première proposition ne soit ni au consécutif futur, ni au futur de l'indicatif (*cf.* V.3.1.).

Malgré ce que pourrait faire croire son appellation, le consécutif non futur[34] n'a pas plus de valeur temporelle que le successif. Il indique tout au plus qu'un procès est dans un rapport de succession avec d'autres procès. La référence temporelle "absolue" est donnée dans la première proposition, successivement le P_0 A et le P_2 de l'indicatif, l'impératif, le conditionnel, et l'exhortatif, dans les exemples ci-après :

à kwènô // ndz$^\uparrow$ǵ ŋg$^\downarrow$wé yì wâ...
1 P_0+rentrer+*A C[-F]*+<u>voir</u> femme sa la
"Après être rentré, il trouva sa femme..."

mà kì tʃǐ ŋgyè[35] nî ŋgwê yàŋ gwê // ìsúŋ$^\uparrow$ɔ́ mb$^\downarrow$ó yò
je P_2 *Aux C[-F]*+venir avec femme ma ce-ci *C[-F]*+<u>dire</u> à toi
l$^\uparrow$á ŋg$^\downarrow$ɔ́ kè
Foc que quoi ?
"Lorsque j'avais ramené ma femme, qu'est-ce-que je t'avais donc dit ?"

ɣě // ndɔ̀ɣí ndzǎm zò zá...
Imp+aller *C[-F]*+<u>prendre</u> hache ta la
"Va prendre ta hache..."

bé mà ts$^\uparrow$áɣ$^\downarrow$ɔ́ bô zâ // ìm$^\uparrow$ɔ́mt$^\downarrow$í móɣí wêŋ gú...
si je *Cd*+envoyer main ma *C[-F]*+<u>toucher</u> feu ce-ci avec elle
"Si je tends la main et que j'en touche ce feu..."

mà ɣ$^\uparrow$ô m$^\uparrow$á?$^\downarrow$á zúm z$^\downarrow$á tʃʃyé // ŋgyè // ʃí?ísí
je dire+que tu *Exh*+jeter chose ce-là par terre *C[-F]*+<u>venir</u> *C[-F]*+<u>descendre</u>
níkôm ná nê...
panier mon ce-ci
"Je t'ai dit de jeter cette chose-là par terre et de venir descendre mon panier..."

---

[32] Ce qui est dit pour une chaîne de deux propositions est valable pour une chaîne de plus de deux propositions : les verbes de toutes les propositions formant une chaîne, sauf la toute première, sont au consécutif si leur sujet est le même que celui de la proposition précédente.

[33] Rappelons que lorsqu'il y a changement de sujet, on utilise le successif.

[34] Le "consécutif futur" s'appelle ainsi seulement parce qu'on l'utilise après un verbe au consécutif futur ou au futur de l'indicatif, et par opposition, le « consécutif non futur » s'appelle ainsi parce qu'on ne peut justement pas l'employer après un verbe au consécutif futur ou au futur de l'indicatif.

[35] mà kì tʃǐ ŋgyè constitue une chaîne verbale (*cf.* 7.). L'auxiliaire |tsí-| est conjugué au P_2 et le verbe est au consécutif non futur.

á súnə̀ // mbˈô bộ̀   byí // ǹgˈɔ́ bì̀ fû //   ŋgˈé // ntsˀí
1 S+dire à   enfants ses que+que 2 Exh+sortir C[-F]+<u>aller</u> C[-F]+<u>être</u>

ndyˀêm   ntʃwì zâ...
C[-F]+<u>surveiller</u> maïs le

"Elle dit à ses enfants d'aller surveiller le maïs…"

L'extrait suivant, déjà en partie utilisé pour le successif, est repris ici pour illustrer le consécutif non futur :

sílùmə̀ yùnə̂   ndˈó ndʒˀwí wê // fú   tsè̀ʔè̀ tì̀ dzúə̀ zúm //
Silum P₀+Aux+A lever jour ce-ci C[-F]+<u>sortir</u> juste sans manger choses

ǹgˈé // ntʃˀé dˀíʔɔ́ ntsı̌ŋ   mìsàŋ má // ɲùmə̀ tá //   ndʒì záŋ //
C[-F]+<u>aller</u>C[-F]+<u>être</u> endroit surveillance sorgho le soleil S+briller faim S+faire mal

ìmˈúyˀí míwérɔ́ fúŋ //   á zệ̀ ŋgɔ̀ʔɔ́ tséré // ŋkɔ́ʔɔ́ // ìʃíʔítí //
yeux à elle S+noircir 1 S+voir rocher certain C[-F]+<u>grimper</u> C[-F]+<u>s'asseoir</u>

ntsí   wˈá tˀú // ǹtíʔɔ́   ndzˈɔ́bˀɔ́³⁶ //   ŋgûˀ [...] // màŋgyê ntɔ́ʔɔ́
C[-F]+<u>être</u> là sur C[-F]+<u>alors</u>+I C[-F]+<u>chanter</u>+I que femme palais

wùmə̀ʔɔ́ kə̂   fúə̀   yí áfɔ̀n tsè̀ʔé ndˈóm mˀá wá // ǹgˈé //
autre S+aussi+I C[-F]+<u>sortir</u>+Fo elle champ juste chemin vrai le C[-F]+<u>aller</u>

ndzˀúʔɔ́   dzàŋ zǎ // mbˈáʔˀá sílùmɔ́ zɔ̀bìnɔ́   lá...
C[-F]+<u>entendre</u> façon Rel que Silum+I Pr+chanter+R+I Ma

"Un jour, plus tard, après s'être levée, Silum <u>sortit</u> à jeûn, <u>s'en alla</u> et <u>s'installa</u> à l'endroit d'où on surveillait le sorgho, le soleil brillait, elle avait faim, ses yeux étaient obscurcis, elle vit un rocher, l'<u>escalada</u> et <u>s'assit</u> dessus, <u>puis</u> elle se mit à chanter [...], une femme du chef, alors qu'elle aussi <u>s'en allait</u> au champ juste le long du même chemin, <u>entendit</u> comment chantait Silum…"

3.8.2. Le consécutif futur

3.8.2.A. Forme

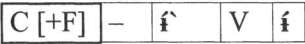

Dans tous les contextes, un radical à ton lexical H porte un ton non-bas (ˈH (*cf.* II.2.3.10.C.) ou ˀH (*cf.* II.2.3.14.) et un radical à ton lexical B porte un ton B. Ce sont ces réalisations qui justifient la suite tonale H B du formatif :

|ǐˋ zɔ̀bí a| ízɔ̀bɔ́   "…et je chanterai."
|ǐˋ búʔí a| íbˈúʔɔ́   "…et je défricherai."

Après une pause, le formatif porte un ton H.

Lorsque le verbe suit un autre terme, il y a toujours au moins un des tons du formatif à se manifester. Il arrive que les deux tons se manifestent simultanément, comme c'est le cas, par exemple, après |mìlùʔˋ| "vin" dans les énoncés ci-dessous :

---

³⁶ ntíʔɔ́ ndzˈɔ́bˀɔ́ constitue une chaîne verbale (*cf.* 7.). L'auxiliaire |tíʔ-| est conjugué au consécutif non futur comme l'est le verbe.

|(mà m ʼɪ́ t ꜜó)   mɪ̀lù?` ꜜ nóɪ́   a| mà m ʼɪ́ t ꜜó mɪ́lù?ú n ꜛó
(je *Fut* récolter) vin   *C[+F]*+boire *Me*
"(Je récolterai) du vin et le boirai."

|(mà m ʼɪ́ t ꜜó)   mɪ̀lù?` ꜜ fìŋɪ́   a| mà m ʼɪ́ t ꜜó mɪ́lù?ú fìŋɔ́
(je *Fut* récolter) vin   *C[+F]*+vendre *Me*
"(Je récolterai) du vin et le vendrai."

C'est la suite tonale H B du formatif qui est responsable, d'une part, du ton H en finale de "vin", et d'autre part, du surélèvement sur n ꜛó "boirai" (*cf.* II.2.3.10.A.), et du ton B sur fìŋɔ́ "vendrai".

Présentation synoptique du verbe au C [+F] devant un nom objet

Les réalisations du verbe devant un nom sont les mêmes qu'au futur de l'indicatif :

|ꜜ zɔ̀bɪ́ mɪ̀kòm´ a| ɪ́zɔ̀bɪ̀ mɪ́kòmɔ́ / ɪ́zɔ̀bɪ́ mɪ́kòmɔ́
|ꜜ sóbɪ́ mɪ̀bɔ̀?´ a| ɪ́s ꜛóbɪ́ mɪ́bɔ̀?ɔ́

|ꜜ lɔ̀ɣɪ́ ǹdzàm´ a| ɪ́lɔ̀ɣɪ́ ndzàmɔ́
|ꜜ bé?ɪ́ ǹdzàm´ a| ɪ́b ꜛé?é ndzàmɔ́

|ꜜ bòmɪ́ á ǹdɘ̀m` a| ɪ́bòmɔ́ ndɘ̀mɔ̀
|ꜜ léɣɪ́ á ǹdɘ̀m` a| ɪ́l ꜛéɣɔ́ ndɘ̀mɔ̀

|ꜜ sùɣɪ́ mɪ̀dzú` a| ɪ́sùɣɪ̀ mɪ́dz ꜛúɘ̀ / ɪ́sùɣɪ́ m ʼɪ́dz ꜜúɘ̀
|ꜜ bú?ɪ́ mɪ̀ʃóm´ a| ɪ́b ꜛú?ú m ʼɪ́ʃ ꜜómɔ́

|ꜜ lɔ̀ɣɪ́ ŋgúb` a| ɪ́lɔ̀ɣɪ́ ng ꜛúbɘ̀
|ꜜ fúrɪ́ ŋgúb` a| ɪ́f ꜛúrú ng ꜜúbɘ̀

|ꜜ bòmɪ́ á ŋkúm´ a| ɪ́bòmɔ́ ŋk ꜛúmɔ́
|ꜜ léɣɪ́ á ŋkúm´ a| ɪ́l ꜛéɣɔ́ ŋk ꜜúmɔ́

|ꜜ wàɣɪ́ á kàŋ` a| ɪ́wàɣɔ́ káŋɘ̀
|ꜜ fúrɪ́ á kàŋ` a| ɪ́f ꜛúrɔ́ káŋɘ̀

3.8.2.B. Valeur et emploi

– Lorsque deux propositions sont enchaînées, le verbe de la deuxième proposition[37] se met obligatoirement au consécutif futur, si son sujet est le même que celui de la première proposition, et que le verbe de la première proposition est au consécutif futur, ou au futur de l'indicatif [38].

Soit il indique qu'un procès est dans un rapport de succession avec d'autres procès (comme le fait le consécutif non futur), soit il a une valeur finale.

Utilisé après toute autre construction (*i.e.* autre que le consécutif futur, ou le futur de l'indicatif), il prend une valeur finale (*cf.* le dernier exemple ci-après) :

---

[37] *Cf.* note 32.
[38] Lorsqu'il y a changement de sujet, on utilise l'exhortatif.

àdzàŋɔ́ // mbˈá?ˌá zûu mˈí lɔyì míkɔ̀ŋ má // íyɛ̌ yí ní mérɔ́ yé
façon+*Rel* que lui *Fut* prendre sagaies les *C[+F]* +<u>aller</u>+*Fo* lui avec elles *Me*
"… la façon dont il prendrait les sagaies et les emporterait."

má lŏ lˈáʔá tsˈí[39] ní mˈǫ́ // tsˈí dʒˈwíɔ́[40] //
je+*Fut* *Aux* *C[+F]* +<u>jamais</u> *C[+F]* +être avec enfant *C[+F]* +<u>être</u> *C[+F]* +<u>accoucher</u>+que
bì kwéʔé
2 *Exh*+porter+*Me*
"[Il ne savait pas que] je serais un jour enceinte, que je pourrais accoucher et qu'on aurait l'enfant sur les genoux."

á súŋ // ŋgǔu zúu mˈí lˈání tʃé mûndá // ílwè?ètɔ́
1 *S*+dire que lui *Fut* vraiment *C[+F]* +<u>être</u>+*Loc* maison *C[+F]* +<u>se cacher</u>
yˈé bvˈú?úní // ízˈé ŋwɔ̀ŋ…
lui+*Loc* coin *C[+F]* +<u>voir</u> personne
"Il dit qu'il resterait vraiment à la maison, se cacherait dans un coin, et verrait la personne…"

ìŋàm tsùm […] kyáŋtì // kí lɔyɔ́ dˈíʔí wá mˈúɔ́
animaux tous *S*+se préparer *C[+F]* +<u>aussi</u> *C[+F]* +<u>prendre</u> place là dans+*Me*
"Tous les animaux […] se préparèrent à y (à la course) participer."

REMARQUE 14 : si le verbe de la deuxième proposition du dernier exemple ci-dessus était au consécutif non futur, ce qui est possible puisque celui de la première proposition est au successif, on aurait le sens suivant : "Tous les animaux se préparèrent (à la course) et y participèrent."

– Le consécutif futur est aussi utilisé :
1) après l'auxiliaire de négation |tú| (*cf.* 4.7.2.)
2) après l'auxiliaire |tí| (*cf.* 7.3.5.)
3) dans les propositions introduites par les conjonctions |ìmbɔ̀ŋ| "avant de" (*cf.* V.4.2.) et |tàŋ| "afin de" (*cf.* V.5.2.).
4) pour exprimer la capacité/possibilité (*cf.* V.5.3.1.)
5) pour exprimer l'hypothétique (domaine de l'imaginaire) (*cf.* V.5. 3.2.)
6) dans l'expression de la durée et de la distance (*cf.* V.1.3.3.G.b.)

---

[39] **má lŏ lˈáʔá tsˈí** constitue une chaîne verbale (*cf.* 7.). Le premier auxiliaire est conjugué au futur de l'indicatif, le deuxième auxiliaire et le verbe sont au consécutif futur.
[40] |tsí| "être" suivi d'un verbe au consécutif futur a le sens de "pouvoir" (*cf.* V.3.1.). Mais ici, indépendamment du sens, |dʒwí| "accoucher" doit être au consécutif futur puisque |tsí| lui-même est au consécutif futur.

4. LA CONJUGAISON PERFECTIVE NÉGATIVE

4.1. Introduction

La conjugaison perfective négative est plus réduite que la conjugaison perfective affirmative : il n'y a de constructions négatives ni à l'indicatif achevé, ni au relatif. En plus, comme on peut le voir grâce au tableau 56, il y a un syncrétisme fort.

Tableau 56 – La conjugaison perfective négative

P_0	ká	S_3	´	V-ɨ́	Fo + pr réfléchi

	sujet	formatif	négation	verbe
P_0	S_1	–		
P_1		kɨ̀	sè´(ˋ)	
P_2		kɨ̀´		
		ˋ ˊ		
Imp	–			
Suc	S_2	–		V-ɨ̀
Exh	S_3		kè?´(ˋ)	
C [-F]		ǹ		
C [+F]	–	ɨ̀ˋ		
Fut	S_1 (ˋ)	´mɨ̀ɨ̀ˋ		
Cd	S_2	´	tú-ɨ́	ɨ̀ˋ -V-ɨ́

On a relevé quatre négations courantes : |ká|, qui ne s'emploie qu'au P_0, |sè´| qui s'utilise aux P_0, P_1 et P_2, |tú| négation du conditionnel, et |kè?´| négation du reste des constructions.

Le verbe apparaît sous la même "forme négative" [V-ɨ̀] avec les négations |sè| et |kè?´|. Une sorte d'harmonie vocalique s'opère entre la voyelle des négations |sè´| et |kè?´| et celle des pronoms sujets de 1ère et 2ème pers. sg. On a donc, respectivement, sǎ et kà?á à la 1ère pers. sg., sǒ et kò?ó à la 2ème pers. sg. Avec tout autre sujet, on a sě et kè?é :

mà sǎ zɔ̀bɜ̀	"Je n'ai pas chanté."
ò sǒ zɔ̀bɜ̀	"Tu n'as pas chanté."
à sě zɔ̀bɜ̀	"Il n'a pas chanté."
bɨ́ sě zɔ̀bɜ̀	"Ils n'ont pas chanté."

Le verbe est au consécutif futur après la négation |tú|, ce qui incite à considérer que cette négation est un auxiliaire.

REMARQUE 1 : la question s'est posée de décider si |sè´| et |kè?´| devaient être considérés comme des auxiliaires négatifs ou non. En faveur d'un statut d'auxiliaire, on a le fait que |kè?´| soit clairement préfixé des formatifs des consécutifs futur et non futur. En défaveur du statut d'auxiliaire, le fait que le verbe ne soit pas lui-même au consécutif. C'est ce dernier fait qui l'a emporté dans la présente analyse.

Le verbe peut suivre directement les trois négations |kè?´|, |sè´| et |tú|, ou être rejeté en fin de proposition[41] :

kò?ó bú?ú mìʃòmɔ́	"Ne défriche pas les champs!"
à sě bú?ú mìʃòmɔ́	"Il n'a pas défriché de champs."
á tú ꜛʹ b↓ú?ú míʃ↓ómɔ́	"(S)'il n'a pas défriché de champs."
kò?ó m ꜛíʃ↓óm bú?ə̀	"Ne défriche pas les champs!"
à sě m ꜛíʃ↓om bú?ə̀	"Il n'a pas défriché de champs."
á tú m ꜛíʃ↓om b↓ú?ɔ́	"(S)'il n'a pas défriché de champs."

4.2. L'impératif

4.2.1. Forme

Imp	–	–	kè?´(`)	V-ɨ̀

Bien que l'impératif soit dépourvu de pronom sujet, c'est la variante correspondant à la 2ème pers. sg. qui s'utilise, soit **kò?ó**.

Lorsque le verbe suit directement la négation, on observe deux groupes de réalisation tonale (en fonction des informateurs) : ou le radical à ton lexical B se réalise avec un ton B et alors le radical à ton lexical H se réalise avec un ton ꜛH ; ou le radical porte un ton H, quel que soit son ton lexical :

|kè?´` zɔ̀bɨ̀ a|	kò?ó zɔ̀bə̀	"Ne chante pas!"
|kè?´` bú?ɨ̀ a|	kò?ó b↓ú?ə̀	"Ne défriche pas!"
|kè?´ zɔ̀bɨ̀ a|	kò?ó zɔ́bə̀	"Ne chante pas!"
|kè?´ bú?ɨ̀ a|	kò?ó bú?ə̀	"Ne défriche pas!"

Le premier groupe de réalisations plaide pour un ton B entre la négation et le verbe, mais pas le deuxième.

Lorsque le verbe est rejeté en fin de proposition, il n'y a de trace de ton B, ni entre la négation et le terme qui la suit, ni entre le verbe et le terme qui le précède :

Dans les exemples ci-dessous, les noms compléments d'objet qui s'intercalent entre la négation et le verbe, comportent un Pn CV et sont de structure tonale BBB |mìlù?`| "vin" ; BBH |mìbɔ̀?´| "citrouilles" ; BHB |mìvúr`| "huile" et BHH |mìʃóm´| "champs". Le ton H de la finale se répète sur le Pn du nom (ce qui ne serait pas possible s'il y avait un ton B entre la négation et le nom) occasionnant une faille sur les noms BHB |mìvúr`| "huile" et BHH |mìʃóm´| "champs" :

---

[41] Ce problème d'ordre des constituants dans la proposition négative sera abordé en V.1.4.

kò?ó mílù?ù zúŋà	"N'achète pas de vin!"
kò?ó míbò?ò zúŋà	"N'achète pas de citrouilles!"
kò?ó m ꜛíʃꜜóm zúŋà	"N'achète pas de champs!"
kò?ó m ꜛívꜜúrí zꜜúŋà	"N'achète pas d'huile!"
kò?ó mílù?ù fíŋà	"Ne vends pas de vin!"
kò?ó míbò?ò fíŋà	"Ne vends pas de citrouilles!"
kò?ó m ꜛíʃꜜóm fíŋà	"Ne vends pas de champs!"
kò?ó m ꜛívꜜúrí fíŋà	"Ne vends pas d'huile!"

Le ton que porte le radical dépend, quant à lui, à la fois de son ton lexical et de la structure tonale du nom précèdent : le ton final B de |mìvúrˋ| "huile" provoque l'abaissement, par rapport au ton H précèdent, du ton H de |zúŋ| "acheter". Quant à |fîŋ| "vendre", il porte un ton B si le ton final du nom précédent est B, mais un ton H si le ton final du nom précédent est H.

La finale de la forme négative du verbe est |ì|, comme au successif affirmatif (*cf.* 3.5.), et elle pose les mêmes problèmes qu'au successif. En effet, elle rend compte des réalisations d'un verbe à ton lexical B dans tous les contextes, et de toutes les réalisations d'un verbe à ton lexical H, sauf dans le contexte du fonctionnel objet |á| (*cf.* les exemples marqués d'un astérisque).

Présentation synoptique du verbe à l'Impératif devant un nom objet

|(kò?ó) zòbì mìkòmˊ a|	kò?ó zóbì mìkòmó / kò?ó zòbì mìkòmó
|(kò?ó) sóbì mìbò?ˊ a|	kò?ó sóbí mìbò?ó / kò?ó sꜛóbì mìbò?ó
|(kò?ó) lòɣì ǹdzàmˊ a|	kò?ó lóɣì ndzàmó / kò?ó lòɣì ndzàmó
|(kò?ó) bé?ì ǹdzàmˊ a|	kò?ó bé?è ndzàmó / kò?ó bꜛé?è ndzàmó
|(kò?ó) bòmì á ǹdòmˋ a|	kò?ó bómǎ ndòmà / kò?ó bòmǎ ndòmà
|(kò?ó) léɣì á ǹdòmˋ a|	kò?ó léɣǎ ndòmà / kò?ó lꜛéɣǎ ndòmà*
|(kò?ó) sùɣì mìdzúˋ a|	kò?ó súɣì mìdzúà / kò?ó sùɣì mìdzúà
|(kò?ó) bú?ì mìʃómˊ a|	kò?ó bú?ú mìʃòmó / kò?ó bꜛú?ù mìʃòmó
|(kò?ó) lòɣì ŋgúbˋ a|	kò?ó lóɣì ŋgúbà / kò?ó lòɣì ŋgúbà
|(kò?ó) fúrì ŋgúbˋ a|	kò?ó fúrù ŋgúbà/ kò?ó fꜛúrù ŋgúbà
|(kò?ó) bòmì á ŋkúmˊ a|	kò?ó bómǎ ŋkꜛúmó / kò?ó bòmǎ ŋkꜛúmó
|(kò?ó) léɣì á ŋkúmˊ a|	kò?ó léɣǎ ŋkꜛúmó / kò?ó lꜛéɣǎ ŋkꜛúmó*
|(kò?ó) wàɣì á kàŋˋ a|	kò?ó wáɣà káŋà / kò?ó wàɣà káŋà
|(kò?ó) fúrì á kàŋˋ a|	kò?ó fúrà káŋà / kò?ó fꜛúrà káŋà*

En ce qui concerne les verbes à ton lexical H, dans le contexte du fonctionnel |á|, on s'attendrait à avoir une faille tonale sur le verbe (par exemple *kò?ó fꜛúrꜜó káŋà) puisqu'en structure on a une suite H B H : H du radical, B de la finale, H du fonctionnel. Ce qui n'est pas le cas.

Comme au successif affirmatif, on considère que ces réalisations sont dues à un phénomène de régularisation du paradigme sur le modèle des réalisations du verbe à ton lexical B.

Lorsque le ton lexical du verbe est H et que le nom objet a un Pn CV, la finale porte soit un ton H soit un ton B. Il s'agit encore là d'un point commun avec le successif.

REMARQUE 2 : la manifestation d'un ton B entre la négation et le verbe, et, d'autre part, la réalisation du ton B de la finale sur la finale elle-même, lorsqu'un verbe à ton lexical H est suivi d'un nom à Pn CV, relèvent de la prononciation des mêmes locuteurs.

4.2.2. Emploi

kò?ó	kànɜ̀	m[↑]úɜ̀ tsùm	wíŋɜ̀	"Ne saute pas dans ce lac!"
Imp+<u>Nég</u>	<u>sauter</u>+*Loc*	dans lac	ce-ci+*Me*	

kò?ó	ní	nìbóɣ[↑]í	tʃ[↓]ê	"N'aie pas peur!"
Imp+<u>Nég</u>	avec	peur	<u>être</u>+*Me*	

4.3. L'indicatif

4.3.1. L'effectif : P_0, P_1, P_2

Deux négations s'utilisent : |**ká**|, au P_0 exclusivement, et |**sè´**| aux trois constructions P_0, P_1 et P_2.

4.3.1.A. Formes

4.3.1.A.a. Le P_0 à négation |**ká**|

P_0	ká	S_3	´	V-í	Fo + pr réfléchi

La négation porte toujours un ton supra-haut. Ceci est peut-être dû à un phénomène d'intonation (accent portant sur la négation). Son ton (H) n'interfère pas avec les tons subséquents.

Le paradigme des pronoms employé est le paradigme S_3, soit |**mà, à, bì̀**|.

Le radical porte un ton H si son ton lexical est H, et un ton [↑]H[↓] si son ton lexical est B (d'où le ton H devant le verbe en structure) :

|ká	mà	´bú?í	á	ɣàn	a|	k[↑]á mà bú?ɔ́ ɣɜ̰̀
Nég	je	défricher	*Fo*	moi	*Me*	
"Je n'ai pas défriché."						

|ká	bì̀	´zɔ̀bí	á	wá´	ɣe|	k[↑]á bì̀ z[↑]ɔ́b[↓]ɔ́ wá ɣé
Nég	2	chanter	*Fo*	eux	*Me*	
"Ils n'ont pas défriché."						

Cette négation entraîne l'emploi obligatoire, directement après le verbe, d'un pronom réfléchi (renvoyant au sujet). Formellement ce pronom est identique au pronom objet et est aussi régi par le fonctionnel objet |**á**|. Lorsque le sujet réfère à une personne, le pronom réfléchi "s'accorde" en personne avec le sujet : on utilise

273

donc |ɣàn| "moi" si le sujet est |mà| "je" ; |ɣò| "toi" si le sujet est |ò| "tu" ; |ɣí| "lui, elle" si le sujet est |à| "il, elle", etc. :

kꜝá mà búʔɔ́ ɣə̂	"Je n'ai pas défriché."
kꜝá ò búʔɔ́ ɣô	"Tu n'as pas défriché."
kꜝâ búʔɔ́ yé	"Il n'a pas défriché."
kꜝá tì búʔɔ́ ɣɔ́ɣə̀ ɣè	"Nous (deux) n'avons pas défriché."
kꜝá bùɣî búʔɔ́ wúɣɔ́	"Nous (excl) n'avons pas défriché."
kꜝá bùɣínə̀ búʔɔ́ wúɣínə̀ ɣè	"Nous (incl) n'avons pas défriché."
kꜝá nì búʔɔ́ wúŋɔ́	"Vous n'avez pas défriché."
kꜝá bì búʔɔ́ wá ɣé	"Ils n'ont pas défriché."

Lorsque le sujet ne réfère pas à une personne, c'est invariablement le pronom de 3ème pers. sg. |ɣí| "lui, elle" qu'on utilise, ce qui prouve que l'usage actuel de ce pronom relève purement d'une exigence syntaxique :

kꜝá sꜝúŋə̀ líɔ́ yé	"L'oiseau n'a pas volé." (cl. 1ᵃ)
kꜝá bìsûŋ zꜝɔ́bꜝɔ́ yé	"Les oiseaux n'ont pas chanté." (cl. 2)
kꜝá fìŋgwâŋ ŋwé yé	"Le sel n'a pas fondu." (cl. 19)

4.3.1.A.b. Le P_0 à négation |sè´|

P_0	S_1	–	sè´(`)	V-ə̀

Le paradigme des pronoms sujet est S_1 soit |mà, à, bí|, comme à l'affirmatif.

Le ton du pronom n'interfère pas avec celui de la négation |sè´| qui se réalise avec un ton montant <u>BH</u> :

mà să zɔ̀bə̀	"Je n'ai pas chanté."
bí sě zɔ̀bə̀	"Ils n'ont pas chanté."

Tout comme avec la négation |kèʔ´ |, on observe deux groupes de réalisation tonale (en fonction des informateurs) si le verbe suit directement la négation :

|à sè´ ` zɔ̀bì a|	à sě zɔ̀bə̀	"Il n'a pas chanté."
|à sè´ ` búʔì a|	à sě bꜝúʔə̀	"Il n'a pas défriché."
|à sè´zɔ̀bì a|	à sě zɔ́bə̀	"Il n'a pas chanté."
|à sè´búʔì a|	à sě búʔə̀	"Il n'a pas défriché."

Les réalisations du premier groupe plaident pour un ton B entre la négation et le verbe, mais pas celles du deuxième.

Tout comme avec la négation |kèʔ´|, lorsque le verbe est rejeté en fin de proposition, il n'y a de trace de ton B, ni entre la négation et le terme qui la suit, ni entre le verbe et le terme qui le précède :

à sě mílùʔù zúŋə̀	"Il n'a pas acheté de vin."
à sě míbɔ̀ʔɔ̀ zúŋə̀	"Il n'a pas acheté de citrouilles."
à sě mꜝíʃꜝɔ́m zúŋə̀	"Il n'a pas acheté de champs."
à sě mꜝív ꜝúrí zꜝúŋə̀	"Il n'a pas acheté d'huile."

à sě mílùʔù fîŋә̀	"Il n'a pas vendu de vin."
à sě míbɔ̀ʔɔ̀ fîŋә̀	"Il n'a pas vendu de citrouilles."
à sě m ⁺íʃ ⁺óm fîŋә̀	"Il n'a pas vendu de champs."
à sě m ⁺ív ⁺úrí fîŋә̀	"Il n'a pas vendu d'huile."

Présentation synoptique du verbe au P_0 devant un nom objet :

|(à sě) zɔ̀bì mìkòm´ a|	à sě zɔ́bì mìkòmɔ́/à sě zɔ̀bì mìkòmɔ́
<u>|(à sě) sóbì mìbɔ̀ʔ´ a|</u>	à sě sóbí mìbɔ̀ʔɔ́/à sě s ⁺óbì mìbɔ̀ʔɔ́
|(à sě) lɔ̀ɣì ǹdzàm´ a|	à sě lɔ́ɣì ndzàmɔ́/à sě lɔ̀ɣì ndzàmɔ́
|(à sě) béʔì ǹdzàm´ a|	à sě béʔè ndzàmɔ́/à sě b ⁺éʔè ndzàmɔ́
|(à sě) bòmì á ǹdә̀m` a|	à sě bómɔ̌ ndә̀mә̀/à sě bòmɔ̌ ndә̀mә̀
|(à sě) léɣì á ǹdә̀m` a|	à sě léɣɔ̌ ndә̀mә̀/à sě l ⁺éɣɔ̌ ndә̀mә̀* etc.

(*cf.* en 4.2.1. la présentation du verbe à l'impératif devant un nom objet).

4.3.1.A.c. Le P_1

P_1	S_1	kì	sè´(`)	V-ì

Le formatif est le même qu'au P_2 affirmatif, soit \|kì\|.

La négation se réalise avec un ton montant comme au P_0 :

|mà kì sè´` zɔ̀bì a|	mà kì sǎ zɔ́bә̀	"Je ne chantai pas."
|bí kì sè´` búʔì a|	bí kì sě b ⁺uʔә̀	"Ils ne défrichèrent pas."
|mà kì sè´zɔ̀bì a|	mà kì sǎ zɔ́bә̀	"Je ne chantai pas."
|bí kì sè´ búʔì a|	bí kì sě búʔә̀	"Ils ne défrichèrent pas."

Les exemples ci-dessus illustrent aussi les deux groupes de réalisation tonale du verbe.

Présentation synoptique du verbe au P_1 devant un nom objet

|(à kì sě) zɔ̀bì mìkòm´ a|	kì sě zɔ́bì mìkòmɔ́ / à kì sě zɔ̀bì mìkòmɔ́
<u>|(à kì sě) sóbì mìbɔ̀ʔ´ a|</u>	kì sě sóbí mìbɔ̀ʔɔ́ / à kì sě s ⁺óbì mìbɔ̀ʔɔ́
|(à kì sě) lɔ̀ɣì ǹdzàm´ a|	kì sě lɔ́ɣì ndzàmɔ́ / à kì sě lɔ̀ɣì ndzàmɔ́
|(à kì sě) béʔì ǹdzàm´ a|	kì sě béʔè ndzàmɔ́ / à kì sě b ⁺éʔè ndzàmɔ́
|(à kì sě) bòmì á ǹdә̀m` a|	kì sě bómɔ̌ ndә̀mә̀ / à kì sě bòmɔ̌ ndә̀mә̀
|(à kì sě) léɣì á ǹdә̀m` a|	kì sě léɣɔ̌ ndә̀mә̀ / à kì sě l ⁺éɣɔ̌ ndә̀mә̀*

etc. (on retrouve exactement les mêmes réalisations qu'au P_0).

4.3.1.A.d. Le P_2

P_2	S_1	kì´	sè´(`)	V-ɨ
		ˬ		

Le formatif est le même qu'au P_2 affirmatif, soit |kì´|. Son ton H entraîne la formation d'une faille sur la négation |sè´| qui se réalise avec un ton descendant ꜛH ꜜH :

|mà kì´sè´` zɔ̀bì a| mà kì s ꜛá ꜜ´zɔ̀bə̀   "Je ne chantai pas."
|bɨ́ kì´sè´` bú?ì a| bɨ́ kì s ꜛé ꜜ´bú?ə̀   "Ils ne défrichèrent pas."
|mà kì´sè´zɔ̀bì a| mà kì s ꜛá ꜜ´zɔ́bə̀   "Je ne chantai pas."
|bɨ́ kì´sè´bú?ì a| bɨ́ kì s ꜛé ꜜ´bú?ə̀   "Ils ne défrichèrent pas."

Les exemples ci-dessus illustrent les deux groupes de réalisations tonales du verbe. Tout comme à l'affirmatif, la partie segmentale du formatif peut ne pas s'employer :

mà s ꜛá ꜜ´zɔ̀bə̀   "Je ne chantai pas."
bɨ́ s ꜛé ꜜ´bú?ə̀   "Ils ne défrichèrent pas."
mà s ꜛá ꜜ´zɔ́bə̀   "Je ne chantai pas."
bɨ́ s ꜛé ꜜ´bú?ə̀   "Ils ne défrichèrent pas."

Présentation synoptique du verbe au P_2 devant un nom objet

|(à s ꜛé ꜜ´) zɔ̀bì mìkòm´ a| à s ꜛé ꜜ´zɔ́bì mìkòmɔ́ / à s ꜛé ꜜ´zɔ̀bì mìkòmɔ́
|(à s ꜛé ꜜ´) sóbì mìbɔ̀?´ a| à s ꜛé ꜜ´sóbɨ́ mìbɔ̀?ɔ́ / à s ꜛé ꜜ´sóbì mìbɔ̀?ɔ́
|(à s ꜛé ꜜ´) lɔ̀ɣì ǹdzàm´ a| à s ꜛé ꜜ´lɔ́ɣì ndzàmɔ́ / à s ꜛé ꜜ´lɔ̀ɣì ndzàmɔ́
|(à s ꜛé ꜜ´) bé?ì ǹdzàm´ a| à s ꜛé ꜜ´bé?è ndzàmɔ́
|(à s ꜛé ꜜ´) bòmì á ǹdə̀m` a| à s ꜛé ꜜ´bómə̌ ndə̀mə̀ / à s ꜛé ꜜ´bòmə̌ ndə̀mə̀
|(à s ꜛé ꜜ´) léɣì á ǹdə̀m` a| à s ꜛé ꜜ´léɣə̌ ndə̀mə̀*

etc. (on retrouve exactement les mêmes réalisations qu'au P_0 et au P_1).

4.3.1.B. Emploi

4.3.1.B.a. La négation est |ká|

ká bìʃ ꜛwí ꜜ´ bɨ́mb ꜜô k ꜛú? ꜜúnɔ́ yé[42]
Nég 2+doigts 2+mains <u>être égal</u>+*Fo* lui+*Me*
"Les doigts des mains n'ont pas la même taille." (Proverbe)

ìfɔ̀ tì bèn k ꜛâ bé yí fɔ̀ ɣè
chef sans gens *Nég*+1 <u>être</u>+*Fo* lui chef *Me*
"Un chef sans sujets, ce n'est pas un chef."

k ꜛá mà ʒé ɣə̂
Nég je <u>savoir</u>+*Fo* moi+*Me*
"Je ne sais pas."

---

[42] Le pronom réfléchi est yí parce que le nom sujet, de cl. 2, ne renvoie pas à des personnes.

bɨ́ sá?ànə̀   ndʒèlà?à // ɨ́fùʔùɯtɨ́nə̀   nù   tsá // mbˊáʔˋá ká
2 S+raconter+I histoires   C[+F]+informer+I choses Rel   que   _Nég_

bùɣɨ́ ʒé   wúɯˊɔ́ // mbˋó bùɯʒɔ́
nous savoir+Fo nous+Loc à   nous+Me

"Elles nous racontaient des histoires pour nous informer de choses que nous ne connaissions pas."

nìmàŋ zén //   ŋgǔ kˊá ìmòɣɨ̂ tʃé   yí áŋgǎ   àŋkɯ̀?ɔ́ ɣé
civette S+voir   que _Nég_ feu être+Fo lui Loc+crête coq   Me

"La civette constata qu'il n'y avait pas de feu dans la crête du coq."

tsɔ́?ɔ̀ kǒ tʃwíɣɨ́   ŋgǔ kˊá zˋɯ̀ tʃé   yí ná nù zàsùŋnɔ́
perdrix forêt S+répondre que _Nég_ elle être+Fo elle avec chose à dire+Me
"La perdrix des forêts répondit qu'elle n'avait rien à dire."

4.3.1.B.b. La négation est |sèˊ|

ò tùˊɔ́   ndˋâ nìyǒ̰ nɔ̌ŋ // búŋ ò sǒ   ʒˊé   àdzàŋɔ́ //
tu P₀+ _Nég_+Loc maison maladie dormir alors tu P₀+ _Nég_ savoir façon+Rel

mbˊáʔˋá nìyò̰   bˊénˋɔ́
que   maladie P₀+être+R+Me

"Si on ne dormait pas dans la maison du malade, on ne connaîtrait pas la gravité de la maladie." (Proverbe).

ò kɔ?ɔ́   nˊíkàŋ // ntsótˊɔ́   mˋándzù nɨ̂ mbˊó mˋímbˋá //
tu P₀+grimper grenier C[-F]+prendre arachides avec mains deux

búŋ ò sǒ   ʃˊíʔɔ̀
alors tu P₀+ _Nég_ descendre+Me

"Tu montes au grenier et prends des arachides des deux mains, alors tu ne peux pas descendre." (Proverbe).

bìtá bùɣɨ́ kɨ̂   fˊúʔˋɯ́tɨ́ nù   tsìmˊɔ́?ˋɔ́ tsá // mbáʔˋá bùɣɨ́ sě   ʒê
pères nos S+aussi informer choses autres Rel   que   nous P₀+ _Nég_ savoir+Me
"Nos pères nous informaient aussi d'autres choses que nous ne connaissions pas."

ɨ́kˊɨ́   zˋé   ɲâm tsìmˊɔ́?ˋɔ́   tsǎ // mbˊáʔˋá ɨ́ sèˊ
C[+F]+aussi C[+F]+voir animaux autres Rel   que   10 P₀+ _Nég_+Loc

áfrˋíkà tʃê
Afrique être+Me

"…et pour voir d'autres animaux qui n'existent pas en Afrique."

lá bèm bìtsùm sˊéˋˊ   kɔ̂ŋ // mbúˊˋɯ́ ŋgǔ wérə̂ vùrɨ́   tˊísúŋɔ́
mais gens tous P₂+ _Nég_ aimer parce que lui+I P₀+terrifier très+Me
"Mais personne n'aima cela parce qu'il était trop terrifiant."

zɯ̀ sˊéˋˊ ʒí // ŋgǔ má lǒ lˊáʔá   tsˋɨ́   nɨ́ mò̰ //
lui P₂+ _Nég_ savoir que je+Fut Aux C[+F]+jamais C[+F]+être avec enfant

tsí   dʒwì…
C[+F]+être C[+F]+accoucher
"Il ne savait pas que je serais un jour enceinte et que je pourrais accoucher…"

bô s⁺é↓´ ní ŋwɔ̀ŋ ∥ gwǎ mb⁺á?à m⁺í s⁺á?ànɔ̀ wá ∥ tʃê
eux *P₂+Nég* avec personne *Rel* que+1 *Fut* juger les être+*Me*
"Ils n'avaient personne pour les juger."

4.3.2. Le futur

4.3.2.A. Forme

Fut	S₁ (`)	ᵐìí`	kè?´(`)	V-ɨ̀

Les pronoms et le formatif sont les mêmes qu'au futur affirmatif :

|à(`)ᵐìí` kè?´` zɔ̀bì a| à m⁺í kè?é zɔ̀bɔ̀ "Il ne chantera pas."

|bí(`)ᵐìí` kè?´` bú?ì a| bí m⁺í kè?é b⁺ú?ɔ̀ "Ils ne défricheront pas."

|à(`)ᵐìí` kè?´zɔ̀bì a| à m⁺í kè?é zɔ́bɔ̀ "Il ne chantera pas."

|bí(`)ᵐìí` kè?´bú?ì a| bí m⁺í kè?é bú?ɔ̀ "Ils ne défricheront pas."

Les exemples ci-dessus illustrent les deux groupes de réalisations tonales du verbe.

Présentation synoptique du verbe au Futur devant un nom objet

|(à mì kè?é) zɔ̀bì mìkòm´ a| à m⁺í kè?é zɔ́bì mìkòmɔ́ /
                               à m⁺í kè?é zɔ̀bì mìkòmɔ́

|(à mì kè?é) sóbì mìbɔ̀?´ a| à à m⁺í kè?é sóbí mìbɔ̀?ɔ́ /
_____   à m⁺í kè?é s⁺óbì mìbɔ̀?ɔ́

|(à mì kè?é) lɔ̀ɣì ǹdzàm´ a| à m⁺í kè?é lɔ́ɣì ndzàmɔ́ /
                               à m⁺í kè?é lɔ̀ɣì ndzàmɔ́

|(à mì kè?é) bé?ì ǹdzàm´ a| à m⁺í kè?é bé?è ndzàmɔ́ /
                               à m⁺í kè?é b⁺é?è ndzàmɔ́

|(à mì kè?é) bòmì á ǹdɔ̀m` a| à m⁺í kè?é bómɔ̌ ndɔ̀mɔ̀ /
                               à m⁺í kè?é bòmɔ̌ ndɔ̀mɔ̀

|(à mì kè?é) léɣì á ǹdɔ̀m` a| à m⁺í kè?é léɣɔ̌ ndɔ̀mɔ̀ /
                               à m⁺í kè?é l⁺éɣɔ̌ ndɔ̀mɔ̀*

etc. (on retrouve exactement les mêmes réalisations qu'à l'impératif).

4.3.2.B. Emploi

ŋwɔ̀ ntsùmɔ̀ k⁺ɔ́ kwà?àtɔ́ ∥ ŋg⁺úɯ mà m⁺í kà?á tsî ∥ ntɔ̀n…
personne tout+1 *Pas* penser+1 que je *Fut* *Nég* être *C[-F]*+être fort
"Tout le monde pensait que je ne vivrais pas en bonne santé…"

278

4.4. Le successif

4.4.1. Forme

| Suc | S₂ | – | kè?′(`) | V-ɨ |

Le paradigme de pronoms utilisé est le même qu'à l'affirmatif, soit S_2, mais il n'y a pas le formatif H de l'affirmatif puisque la négation se réalise [B H].

Le ton du pronom n'interfère pas avec celui de la négation (donc même en présence d'une séquence HBH en structure, il n'y pas formation d'une faille tonale) :

|mà kè?′ zɔ̀bɨ̀ a|	mà kà?á zɔ́bɔ̀	"…et je n'ai pas chanté."
|á kè?′ bú?ɨ̀ a|	á kè?é bú?ɔ̀	"…et il n'a pas défriché."
|mà kè?′` zɔ̀bɨ̀ a|	mà kà?á zɔ̀bɔ̀	"…et je n'ai pas chanté."
|á kè?′` bú?ɨ̀ a|	á kè?é b ꜜú?ɔ̀	"…et il n'a pas défriché."

Les exemples ci-dessus illustrent aussi les deux groupes de réalisations tonales du verbe.

Présentation synoptique du verbe au Successif devant un nom objet

|(á kè?é) zɔ̀bɨ̀ mɨ̀kòm′ a|	á kè?é zɔ́bɨ mɨ̀kòmɔ́ / á kè?é zɔ̀bɨ̀ mɨ̀kòmɔ́
|(á kè?é) sóbɨ̀ mɨ̀bɔ?′ a|	á kè?é sóbɨ́ mɨ̀bɔ?ɔ́ / á kè?é s ꜛóbɨ̀ mɨ̀bɔ?ɔ́
|(á kè?é) lɔ̀ɣɨ̀ ǹdzàm′ a|	á kè?é lɔ́ɣɨ̀ ndzàmɔ́ / á kè?é lɔ̀ɣɨ̀ ndzàmɔ́
|(á kè?é) bé?ɨ̀ ǹdzàm′ a|	á kè?é bé?è ndzàmɔ́ / á kè?é b ꜛé?è ndzàmɔ́
|(á kè?é) bòmɨ̀ á ǹdɔ̀m` a|	á kè?é bómɔ̌ ndɔ̀mɔ̀ / á kè?é bòmɔ̌ ndɔ̀mɔ̀
|(á kè?é) léɣɨ̀ á ǹdɔ̀m` a|	á kè?é léɣɔ̌ ndɔ̀mɔ̀ / á kè?é l ꜛéɣɔ̌ ndɔ̀mɔ̀*

etc. (on retrouve exactement les mêmes réalisations qu'à l'impératif et qu'au futur).

4.4.2. Emploi

| bé | ŋwɔ̀ | tú | n ꜛɨ́ | z ꜜérɔ́ | ts ꜜɨ́ // | á | kè?é | dórɔ̀ |
| si | personne | *Cd+Nég* | avec lui | être | *1* | *S+Nég* | être heureux+Me |

"Si on n'en (argent) a pas, on n'est pas heureux."

| ìmòɣɨ́ | tʃ ꜛɛ́ | t ꜜú | mè // | mà kà?á | kúu // | á | búŋɔ̀ |
| feu | *P₀+être+Loc* | tête | moi | je *S+Nég* | brûler | *1* | *S+retourner+I* |

| mbɔ́ɣɔ̀ | ɣô lé |
| *C[-F]+craindre+I+Fo* | toi hein ? |

"Il y a du feu sur ma tête, je ne brûle pas, et c'est toi qui a peur?"

| mbé zúu | ɣ ꜛúu | ŋkf ꜜwó | yí // | mà kà?á | l ꜛáŋɔ̀ | bê | nízè?é… |
| si | elle *Cd+Aux* | *C[-F]+mourir+Fo* | elle | je *S+Nég* | passer | du temps *Foc* | *Loc*+ pleurs |

"Lorsqu'elle mourra, je ne passerai pas de temps à pleurer…"

bé ò fúŋɔ́   ɣᵇɔ̃́   m↓úɔ̀ búɪ ǁ mà kà?á   nùɔ̀   tíbɔ̀ŋ   áɲᵇé
si tu Cd+retirer+Fo me+Loc dans fosse je S+_Nég_ chose mauvaise contre

ɣò bɔ̂   ŋgúɔ́⁴³
toi _encore_ C[-F]+faire+Me
"Si tu me retires de la fosse, je ne te ferai plus de mal."

mú   yì   wᵇá kè?é   nɔ̂   lèmní   tʃɛ̀
enfant son le+1 S+_Nég_ avec blessure _être_+Me
"Son enfant ne fut pas blessé."

4.5. L'exhortatif

4.5.1. Forme

Exh	S₃	–	kè?´(`)	V-ɨ̀

Le paradigme de pronoms utilisé est le même qu'à l'affirmatif, soit S₃. C'est seulement en cela que l'exhortatif négatif se distingue du successif négatif (_cf._ 4.4.1. supra).

|(á) mà kè?´ zɔ̀bɪ̀ a| (á) mà kà?á zɔ́bɔ̀   "[Que] je ne chante pas!"
|(á) à kè?´ bú?ɪ̀ a| â kè?é bú?ɔ̀   "[Qu'] il ne défriche pas!"

|(á) mà kè?´` zɔ̀bɪ̀ a| (á)mà kà?á zɔ̀bɔ̀   "[Que] je ne chante pas!"
|(á) à kè?´` bú?ɪ̀ a| â kè?é b↓ú?ɔ̀   "[Qu'] il ne défriche pas!"

Les exemples ci-dessus illustrent aussi les deux groupes de réalisations tonales du verbe.

Présentation synoptique du verbe à l'Exhortatif devant un nom objet

|(à kè?é) zɔ̀bɪ̀ mìkòm´ a| à kè?é zɔ́bɪ̀ mìkòmá / à kè?é zɔ̀bɪ̀ mìkòmá
|(à kè?é) sóbɪ̀ mìbɔ̀?´ a| à kè?é sóbɪ́ mìbɔ̀?ɔ́ / à kè?é s↓óbɪ̀ mìbɔ̀?ɔ́

|(à kè?é) lɔ̀ɣɪ̀ ǹdzàm´ a| à kè?é lɔ́ɣɪ̀ ndzàmɔ́ / à kè?é lɔ̀ɣɪ̀ ndzàmɔ́
|(à kè?é) bé?ɪ̀ ǹdzàm´ a| à kè?é bé?ɪ̀ ndzàmɔ́ / à kè?é b↓é?ɛ̀ ndzàmɔ́

|(à kè?é) bòmɪ̀ á ǹdɔ̀m` a| à kè?é bómɔ̌ ndɔ̀mɔ̀ / à kè?é bòmɔ̌ ndɔ̀mɔ̀
|(à kè?é) léɣɪ̀ á ǹdɔ̀m` a| à kè?é léɣɔ̌ ndɔ̀mɔ̀ / à kè?é l↓éɣɔ̌ ndɔ̀mɔ̀*
etc. (on retrouve les mêmes réalisations à l'impératif, au futur, etc.).

4.5.2. Emploi

ô   kò?ó   ɲᵇé?étɔ́ ǁ â   fá?à   fà?à
que+tu Exh+_Nég_ _faire_   que+1 Exh+travailler travail+Me
"Tu ne dois pas lui donner de travail à faire."

---

⁴³ On a affaire ici à une chaîne verbale. L'auxiliaire bɔ̂ "encore" apparaît sous la forme négative, le verbe quant à lui est au consécutif non futur.

4.6. Le consécutif

4.6.1. Le consécutif non futur

4.6.1.A. Forme

C [-F]	–	ǹ	kè?´(`)	V-ɨ̀

Segmentalement, le formatif est le même qu'à l'affirmatif, soit |n|. Après une pause, il porte un ton B. Mais à la différence de ce qui se passe à l'affirmatif, il n'y a jamais de trace de ton H associé au formatif puisque |kè?´| se réalise toujours [B H].

Bien que par définition le consécutif soit un mode sans pronoms, |kè?´| présente, la plupart du temps, trois allomorphes **kà?á** (correspondant à |mà| "je"), **kò?ó** (correspondant à |ò| "tu") et **kè?é** (correspondant à toutes les autres personnes et classes), car il y a harmonisation avec le sujet de la proposition précédente.

|ŋkè?´ zɔ̀bɨ̀ a|	ŋkà?á zɔ́bɔ̀	"…et je n'ai pas chanté."
|ŋkè?´ bú?ɨ̀ a|	ŋkè?é bú?ɔ̀	"…et il n'a pas défriché."
|ŋkè?´` zɔ̀bɨ̀ a|	ŋkà?á zɔ̀bɔ̀	"…et je n'ai pas chanté."
|ŋkè?´` bú?ɨ̀ a|	ŋkè?é b↑ú?ɔ̀	"…et il n'a pas défriché."

Les exemples ci-dessus illustrent aussi les deux groupes de réalisations tonales du verbe.

Les réalisations du verbe devant un nom objet sont les mêmes que dans toutes les constructions où est utilisée |kè?´|. Se reporter à l'impératif, par exemple.

4.6.1.B. Emploi

ŋk↑yé?↓étí // ŋkyè?ètɨ̀ // ŋkè?é z↑ḛ̂ zúmɔ̀
C[-F]+éclairer C[-F]+éclairer C[-F]+ Nég voir chose+Me
"Il éclaira, éclaira et ne vit rien."

màŋgyè w↑á ʃ↓í?ítɨ̀ // ntʃé yí tsè?è tsìní ŋkḛ́ //
femme la S+descendre C[-F]+être elle juste C[-F]+être vraiment

ŋkè?é ɣɔ̂ nùɔ̀ tsé ɣé
C[-F]+ Nég faire chose certaine Me
"La femme resta vraiment assise et ne fit rien."

á sá?ànɨ̀ // s↑á?↓ání kòŋ gwá // […] ŋkè?é z↑úmɔ̀ tsé zḛ̂
1 S+éparpiller C[-F]+éparpiller lit le C[-F]+ Nég chose certain voir+Me
"Il mit le lit sens dessus dessous […] et ne vit rien."

4.6.2. Le consécutif futur

4.6.2.A. Forme

C [+F]	–	**ɨ́`**	**kèʔ´(`)**	V-ɨ̀

Le formatif est le même qu'à l'affirmatif, soit |**ɨ́`**|. Après une pause, il porte un ton H.

|**ɨ́` kèʔ´zɔ̀bɨ̀ a**|	**ɨ́kàʔá zɔ́bə̀**	"…et je n'ai pas chanté."
|**ɨ́` kèʔ´búʔɨ̀ a**|	**ɨ́kèʔé búʔə̀**	"…et il n'a pas défriché."
|**ɨ́` kèʔ´` zɔ̀bɨ̀ a**|	**ɨ́kàʔá zɔ̀bə̀**	"…et je n'ai pas chanté."
|**ɨ́` kèʔ´` búʔɨ̀ a**|	**ɨ́kèʔé b↑úʔə̀**	"…et il n'a pas défriché."

Ce ton H peut aussi éventuellement se manifester sur le terme précédent :

mà m↑ɨ́ z↓úŋ mɨ́lùʔú // kàʔá n↑ô
je *Fut* acheter vin *C[+F]+Nég* boire+*Me*
"J'achèterai du vin mais ne le boirai pas"

Le ton H du formatif se réalise en finale de |**mɨ̀lùʔ`**| "vin".

L'exemple ci-dessus illustre aussi l'harmonisation de la voyelle de |**kèʔ´**| avec le sujet de la proposition précédente.

On constate au consécutif futur, comme dans toutes les constructions avec |**kèʔ´**|, deux groupes de réalisations tonales du verbe (*cf.* les exemples plus haut).

Les réalisations du verbe devant un nom objet sont les mêmes que dans toutes les constructions où est utilisée |**kèʔ´**|. Se reporter à l'impératif, par exemple.

4.6.2.B. Emploi

mà tsì↑´ // kàʔá b↑émə̀
je P_0+pouvoir *C[+F]+Nég* accepter+*Me*
"Je ne peux pas [l'] accepter."

mà tʃì↑´ // kàʔá mb↑ó ŋwɔ̰̀ yáŋnɨ̀ ŋgá
je P_0+être *C[+F]+Nég* à personne vite *C[-F]*+donner+*Me*
"Je ne peux pas [le] donner facilement à quelqu'un."

REMARQUE 3 : les deux exemples ci-dessus font intervenir le verbe |**tsí**| "être exister". On obtient le sens de "pouvoir" en conjuguant le verbe de la proposition suivante au consécutif futur. Ici la possibilité étant niée, c'est le consécutif futur négatif qui est utilisé (*cf.* V.5.3.1.).

4.7. Le conditionnel

4.7.1. Forme

Cd	S_2	´	**tú-ɨ́**	**ɨ́` -V-ɨ́**

L'auxiliaire |**tú**| est conjugué au conditionnel.
Le verbe est au consécutif futur.

|**mà ´túɨ́ ɨ́` zɔ̀bɨ́ a**|	**mà tú zɔ̀bə́**	"[Si] je ne chante pas."
|**á ´túɨ́ ɨ́` búʔɨ́ a**|	**á tú↑´b↓úʔə́**	"[S']il ne défriche pas."

Lorsque le verbe suit un autre terme, il y a toujours au moins un des tons du formatif (du consécutif futur) à se manifester. Il arrive que les deux tons se manifestent simultanément, comme c'est le cas, par exemple, après |mìlù?`| "vin" dans les énoncés ci-dessous :

| |á ´túí mìlù?` f̀ fìŋí a| | á tú mílù?ú fìŋɔ́ |
| | 1 Cd+Nég vin C[+F]+vendre Me | |

"…(s')il ne vend pas de vin."

| |á ´túí mìlù?` f̀ zúŋí a| | á tú mílù?ú z†úŋɔ́ |
| | 1 Cd+Nég vin C[+F]+acheter Me | |

"…(s')il n'achète pas de vin."

C'est la suite tonale H B du formatif qui est responsable du ton H en finale de "vin" d'une part, de la surélévation sur z†úŋɔ́ "acheter" et du ton B sur fìŋɔ́ "vendre", d'autre part.

Présentation synoptique du verbe au Cd devant un nom objet

	á ´túí f̀ zɔ̀bí mìkòm´ a		á tú zɔ̀bì míkòmɔ́ / a tú zɔ̀bí míkòmɔ́
	á ´túí f̀ sóbí mìbɔ̀?´ a		á tú†´ s↓óbí míbɔ̀?ɔ́
	á ´túí f̀ lɔ̀ɣí ǹdzàm´ a		á tú lɔ̀ɣí ndzàmɔ́
	á ´túí f̀ bé?í ǹdzàm´ a		á tú†´ b↓é?é ndzàmɔ́
	á ´túí f̀ bòmí á ǹdɜ̀m` a		á tú bòmɔ́ ndɜ̀mɜ̀
	á ´túí f̀ léyí á ǹdɜ̀m` a		á tú†´ l↓éyɔ́ ndɜ̀mɜ̀
	á ´túí f̀ sùɣí mìdzú` a		á tú sùɣì mídz†úɜ̀ / á tú sùɣí m†ídz↓úɜ̀
	á ´túí f̀ bú?í mìʃóm` a		á tú†´ b↓ú?ú m↓íʃómɔ́
	á ´túí f̀ lɔ̀ɣí ŋgúb` a		á tú lɔ̀ɣí ŋg†úbɜ̀
	a ´túí f̀ fúrí ŋgúb` a		á tú†´ f↓úrú ŋg↓úbɜ̀
	á ´túí f̀ bòmí á ŋkúm´ a		á tú bòmɔ́ ŋk†úmɔ́
	á ´túí f̀ léyí á ŋkúm´ a		á tú†´ l↓éyɔ́ ŋk↓úmɔ́
	a ´túí f̀ wàyí á kàŋ` a		á tú wàyɔ́ káŋɜ̀
	a ´túí f̀ fúrí á kàŋ` a		á tú†´ f↓úrɔ́ káŋɜ̀

REMARQUE 4 : comme au consécutif futur, la finale du verbe porte soit un ton B, soit un ton H devant un nom complément d'objet à Pn CV (*cf.* 3.8.2.)

4.7.2. Emploi

| bé ŋwɔ̀ tú n†í z↓érɔ́ ts↓í // | á kè?é dórɜ̀ |
| si personne Cd+Nég avec lui C[+F]+être 1 S+Nég être heureux+Me | |

"Si on n'en (argent) a pas, on n'est pas heureux."

| bí tú †áŋ↓ê ŋg†ár↓í túm // | kɜ̀ bí tóŋɔ̀ ɲ†é↓` ntàŋ |
| 2 Cd+Nég contre fusil C[+F]+tirer ou 2 S+souffler contre trompette | |

"Quand on ne l'envoyait pas (la potion) au fusil, on l'envoyait par une trompette…"

5. LA CONJUGAISON IMPERFECTIVE AFFIRMATIVE

5.1. Introduction

Tableau 57 – La conjugaison imperfective affirmative

	1	2	3	4
Pr R	S_4	`	V	ná/ní``
Pas R	S_1(`)	´kà´`		
Pr	S_4	`		
Pas	S_1(`)	´kà´`		
Exh I	S_3	ń	V	á/í``
Cd I	S_2			
C[-F] I	–	ǹ´		
C[+F] I		í`		
Fut I	S_1(`)	´mìɨ`	V	á`/á` nà
Suc I	S_2	´		
Imp I	–	áǹ		

Dans le tableau 57, la première case donne le nom des constructions :
Pr R : présent du relatif ; Pas R : passé du relatif ; Pr : présent de l'indicatif ; Pas : passé de l'indicatif ; Exh I : exhortatif ; Cd I : conditionnel ; C[-F] I : consécutif non futur ; C[+F] I : consécutif futur ; Fut I : futur de l'indicatif ; Suc I : successif ; Imp I : impératif. (Dans ces formules : I = imperfectif).

L'ordre de présentation des formules des différentes constructions de la conjugaison imperfective affirmative adopté dans le tableau 57 vise à faire ressortir les ressemblances et différences entre ces constructions.

5.2. L'indicatif

5.2.1. Formes

5.2.1.A. Le présent

Pr	S_4	`	V	á/í``

Le paradigme des pronoms utilisé au présent est le paradigme S_4, soit |má, á, bí| (paradigme non attesté dans les autres conjugaisons).

Le formatif est un ton B.

Le ton du pronom interfère avec les tons subséquents.[44]

---

[44] Rappelons que les seules constructions dans lesquelles le ton du pronom interfère avec les tons subséquents sont : le présent effectif (P_0) de l'indicatif et du relatif ainsi que le présent imperfectif (Pr) de l'indicatif et du relatif.

Un radical à ton lexical B porte un ton B, et un radical à ton lexical H porte un ton ↑H, en raison de la suite tonale H B constituée du H du pronom et du B du formatif qui le précède (*cf.* II.2.3.10.C.) :

|má `zɔ̀bá ɣe|	má zɔ̀bɔ́ ɣé	"Je chante."
|má `bú?á ɣe|	má b↑ú?ɔ́ ɣé	"Je défriche."
|má `zɔ̀bɪ́`` mɪ̀kòm´ a|	má zɔ̀bɪ́ mɪ̀kòmɔ́	"Je chante des chants."
|má `bú?ɪ́`` mɪ̀ʃóm´ a|	má b↑ú?ù mɪ̀ʃòmɔ́	"Je défriche des champs."

La finale \|á\| est attestée en fin d'énoncé, suivie éventuellement de la marque énonciative \|ɣe\|. Le ton H de la finale se répète sur cette marque (*cf.* les exemples donnés ci-dessus).

Les deux finales \|á\| et \|ɪ́``\| sont attestées devant un nom objet à Pn CV. Les locuteurs attribuent une valeur d'habituel à la forme verbale en \|á\| et une valeur de progressif à la forme en \|ɪ́``\|. Cette différence de sens liée à l'usage de l'une ou de l'autre des finales n'est claire qu'au présent :

|má `fìŋá mìvúr` a|	má fìŋɔ́ m↑ív↓úrə̀
je *Pr*+vendre+*I* huile *Me*	

"Je vends de l'huile.", *i.e.* : "Je suis marchand d'huile."

|má `fìŋɪ́`` mìvúr` a|	má fɪ̃ŋ mìvúrə̀
je *Pr*+vendre+*I* huile *Me*	

"Je suis à vendre de l'huile."

Présentation synoptique du verbe au Présent devant un nom objet

REMARQUE 1 : les exemples marqués d'un astérisque sont ceux qui justifient les deux tons B de la finale (*cf.* II.2.3.2.B. et C., II.2.3.4.A. et B., II.2.3.5.B.).

|má `zɔ̀bɪ́`` mɪ̀kòm´ a|	má zɔ̀bɪ̂ mɪ̀kòmɔ́*
|má `sóbɪ́`` mɪ̀bɔ̀?´ a|	má s↑óbì mɪ̀bɔ̀?ɔ́*
|má `lɔ̀ɣɪ́`` ǹdzàm´ a|	má lɔ̀ɣɪ̂ ndzàmɔ́
|má `bé?ɪ́`` ǹdzàm´ a|	má b↑é?è ndzàmɔ́
|má `bòmɪ́`` á ǹdə̀m´ a|	má bòm↑ɔ́ ndə̀mə̀
|má `léɣɪ́`` á ǹdə̀m´ a|	má l↑éɣɔ̌ ndə̀mə̀*
|má `sùɣɪ́`` mìdzú` a|	má sùɣɪ̂ mìdzúə̀
|má `bú?ɪ́`` mɪ̀ʃóm´ a|	má b↑ú?ù mɪ̀ʃòmɔ́
|má `lɔ̀ɣɪ́`` ŋ̀gúb` a|	má lɔ̀ɣɪ̂ ŋgúbə̀
|má `fúrɪ́`` ŋ̀gúb` a|	má f↑úrì ŋgúbə̀
|má `bòmɪ́`` á ŋ̀kúm´ a|	má bòm↑ɔ́ ŋk↑úmɔ́
|má `léɣɪ́`` á ŋ̀kúm´ a|	má l↑éɣɔ̌ ŋk↑úmɔ́*
|má `wàɣɪ́`` á kàŋ` a|	má wàɣɔ̂ káŋə̀*
|má `fúrɪ́`` á kàŋ` a|	má f↑úrə̀ káŋə̀*

5.2.1.B. Le passé

Pas	$S_1(\grave{\ })$	´kà˝	V	á/í˵

Le paradigme des pronoms utilisé est le paradigme S_1, soit |mà, à, bí|.
Le ton B mis entre parenthèses se manifeste en se combinant avec le ton d'un pronom H, et encore pas toujours :

|bí (`)´kà˝ zɔ̀bá ɣe| bí k¹ɔ́ zɔ̀bɔ́ ɣé   "Ils chantaient."
                      bí k¹ɔ́ zɔ̀bɔ́ ɣé

La réalisation segmentale du formatif varie entre [kʌ] et [kə].

Un radical à ton lexical H porte un ton H abaissé par rapport au ton supra-haut (¹H) du formatif, tandis qu'un radical à ton lexical B porte un ton B :

|mà (`)´kà˝ bú?á ɣe| mà k¹ɔ́ b↓ú?ɔ́ ɣé "Je défrichais."
|mà (`)´kà˝ zɔ̀bá ɣe| mà k¹ɔ́ zɔ̀bɔ́ ɣé "Je chantais."

La distribution et les réalisations des finales sont les mêmes qu'au présent. On a donc la finale |á| en fin d'énoncé (*cf.* les exemples ci-dessus) ou devant un nom à Pn CV :

> mà k¹ɔ́ fîŋɔ́ m¹ív↓úrə̀   "Je vendais de l'huile.",
>   ou   "J'étais à vendre de l'huile."
> mà k¹ɔ́ fîŋ mìvúrə̀   "J'étais à vendre de l'huile."

Et on trouve |í˵| quand le verbe est suivi d'un nom objet, y compris un nom à Pn CV.

Présentation synoptique du verbe au Passé devant un nom objet

|mà (`) ´kà˝ zɔ̀bí˵ mìkòm´ a| má k¹ɔ́ zɔ̀bí mìkòmɔ́
|mà (`) ´kà˝ sóbí˵ mìbɔ̀?´ a| má k¹ɔ́ s↓óbì mìbɔ̀?ɔ́

|mà (`) ´kà˝ lɔ̀ɣí˵ ǹdzàm´ a| má k¹ɔ́ lɔ̀ɣî ndzàmɔ́
|mà (`) ´kà˝ bé?í˵ ǹdzàm´ a| má k¹ɔ́ b↓é?è ndzàmɔ́

|mà (`) ´kà˝ bòmí˵  á ǹdə̀m` a| má k¹ɔ́ bòm¹ɔ́ ndə̀mə̀
|mà (`) ´kà˝ léɣí˵  á ǹdə̀m` a| má k¹ɔ́ l↓éɣɔ̌ ndə̀mə̀   etc.

5.2.1.C. Le futur

Fut	$S_1(\grave{\ })$	´mɨ̀˵	V	á` / á` nà

Le paradigme des pronoms et le formatif sont les mêmes qu'au perfectif.
Ce sont donc seulement les finales qui distinguent la construction imperfective de la construction perfective.

REMARQUE 2 : les finales imperfectives du verbe se retrouvent, entre autres, au consécutif futur, ce qui corrobore l'hypothèse avancée dans la remarque 9 en 3.3.3.A., hypothèse selon laquelle le futur serait à l'origine une forme complexe (une chaîne verbale) constituée d'un auxiliaire et du verbe conjugué au consécutif futur.

Un radical à ton lexical B porte un ton B, et un radical à ton lexical H porte un ton H, abaissé par rapport au ton ꜛH du formatif :

|(à m ꜛɨ) zɔ̀bá` ɣe| à m ꜛɨ zɔ̀bə̂ ɣè   "Il sera à chanter."
|(à m ꜛɨ) zɔ̀bá` nà ɣe| à m ꜛɨ zɔ̀bə́nə̀ ɣè
|(à m ꜛɨ) bú?á` ɣe| à m ꜛɨ b ꜜú?ə̀ ɣè   "Il sera à défricher."
|(à m ꜛɨ) bú?á` nà ɣe| à m ꜛɨ b ꜜú?ə̀nə̀ ɣè

Les deux finales s'emploient lorsque le verbe est en fin d'énoncé. Le ton H de ces finales se manifeste si le radical porte un ton B (*cf.* II.2.3.3.A.), mais pas s'il porte un ton H (*cf.* II.2.3.7.A.). La marque énonciative copie le ton B des finales (*cf.* les exemples ci-dessus).

Mais la finale |á` nà| semble être préférée à |á` | lorsque le verbe est suivi d'un autre terme, tout au moins un nom :

Présentation synoptique du verbe au Futur devant un nom objet

|(à m ꜛɨ) zɔ̀bá` nà mɪ̀kòm´ a| à m ꜛɨ zɔ̀bə́nə̀ mɪ̀kòmɔ́
|(à m ꜛɨ) sóbá` nà mɪ̀bɔ̀?´ a| à m ꜛɨ s ꜜóbə̀nə̀ mɪ̀bɔ̀?ɔ́

|(à m ꜛɨ) lɔ̀ɣá` nà ǹdzàm´ a| à m ꜛɨ lɔ̀ɣə́nə̀ ndzàmɔ́
|(à m ꜛɨ) bé?á` nà ǹdzàm´ a| à m ꜛɨ b ꜜé?ènə̀ ndzàmɔ́

|(à m ꜛɨ) bòmá` nà á ǹdə̀m` a| à m ꜛɨ bòmɔ́nə̌ ndə̀mə̀
|(à m ꜛɨ) léɣá` nà á ǹdə̀m` a| à m ꜛɨ l ꜜéɣə̀nə̌ ndə̀mə̀

|(à m ꜛɨ) sùɣá` nà mɪ̀dzúu` a| à m ꜛɨ sùɣə́nə̀ mɪ̀dzúùə̀
|(à m ꜛɨ) bú?á` nà mɪ̀ʃóm´ a| à m ꜛɨ b ꜜú?ə̀nə̀ mɪ̀ʃòmɔ́

|(à m ꜛɨ) lɔ̀ɣá` nà ŋ̀gúb` a| à m ꜛɨ lɔ̀ɣə́nə̀ ŋgúbə̀
|(à m ꜛɨ) fúrá` nà ŋ̀gúb` a| à m ꜛɨ f ꜜúrə̀nə̀ ŋg ꜜúbə̀

|(à m ꜛɨ) bòmá` nà á ŋ̀kúm´ a| à m ꜛɨ bòmɔ́nə̀ ŋk ꜛúmɔ́
|(à m ꜛɨ) léɣá` nà á ŋ̀kúm´ a| à m ꜛɨ l ꜜéɣə̀nə̀ ŋk ꜛúmɔ́

|(à m ꜛɨ) wàɣá` nà á kàŋ` a| à m ꜛɨ wàɣɔ́nə̀ káŋə̀
|(à m ꜛɨ) fúrá` nà á kàŋ` a| à m ꜛɨ f ꜜúrə̀nə̀ káŋə̀

5.2.2. Valeur et emploi

5.2.2.A. Le présent (Pr)

– Il permet d'évoquer un procès qui se déroule au moment même où le locuteur / narrateur s'exprime :

nɪ̀bàŋə̀   nê ní   ɣàmꜛɔ́   ɣ ꜜé // tsò   ní   ɣàmꜛɔ́   ndʒù?ú   z ꜛúu l ꜜé
sifflet   ci 5 *Pr*+parler+*I* où? comme 5 *Pr*+parler+*I* concession lui hein!
"Ce sifflement, d'où vient-il ? Hein ! On dirait qu'il vient de chez moi !"

má ɣɛ̌   ɣán tsè?è   ɣènɔ́ // ŋg ꜛéꜜ`   ɣé
je *Pr*+aller+*I* moi juste   aller   *C[-F]*+aller+*I* lui+*Me*
"Je m'en vais, c'est tout." Et il s'en alla."

– Il permet d'exposer des caractéristiques permanentes :

fìŋgwáŋ	lə̀mɔ́	ɣé	"Le sel est doux."
sel	*Pr+*<u>être doux</u>*+I Me*		

REMARQUE 3 : On peut opposer à cet énoncé qui présente une vérité générale, l'énoncé suivant qui, lui, présente un cas particulier : on y parle du sel dans une soupe précise et non du sel en général. Dans cet énoncé, le verbe est au P₀ (présent perfectif) :

fìŋgwˈáˬˊŋ	lɔ́mˬɔ́	ndzà	wíɲə̀	"Le sel de cette soupe est doux."
sel	*P₀+*<u>être doux</u>*+Loc*	soupe	ce-ci+*Me*	

– Il permet d'exposer des faits répétés ou d'habitude :

má fìŋɔ́	mˈˊívˬúrə̀	"Je suis marchand d'huile."
je	*Pr+*<u>vendre</u>*+I* huile+*Me*	

bàŋgyé	lˈˊíʔɔ́	ɣé	"Les femmes (à Mankon) cultivent."
femmes	*Pr+*<u>cultiver</u>*+I Me*		

– Il permet d'exposer des faits d'expérience, ou des constatations d'ordre général :

bí	tˈámɔ́	bê	sə̂	nìsɔ̀ŋɔ́ //	kˈá	bì	ntámə̀	ɣé	ŋkɔ́mə̀	túə̀
2	*Pr+*<u>tromper</u>*+I Foc*	coupeur	dent	*Nég*	*2*	*Pr+*<u>tromper</u>*+I* lui+*Fo*		tondeur	tête+*Me*	

"On trompe le tailleur de dents, mais pas le coiffeur." (Proverbe).

5.2.2.B. Le passé imperfectif (Pas)

– Il évoque des faits répétitifs ou habituels qui ne font plus partie de l'actualité du locuteur/narrateur.

– Il peut aussi décrire un procès passé dans son déroulement (*cf.* le dernier exemple) :

kíkáŋ	kíkáŋ	ìnù	tíbɔ̀ŋ	tsɪ̀ɣà?àtíní	kˈɔ́	fˬúɔ́	ɣé
en vain	en vain	choses	mauvais	nombreux	*Pas*	<u>sortir</u>*+I Me*	

"De nombreux méfaits étaient perpétrés, sans solution aucune."

àlá?ˈá	zˬíɲə̀	kˈɔ́	dzˬûu	ntsò...	"Ce pays gagnait les guerres..."
pays	ce-ci+*7*	*Pas*	<u>manger</u>*+I*	guerre	

à	kˈɔ́	lə̂	tˈúˬɔ́	ɲé	wérɔ́	ɣé	"Il le (l'enfant) gardait."
1	*Pas*	<u>être clair</u>*+I*	tête+*Loc*	contre	lui	*Me*	

ŋwɔ̀	ntsùmə̀	kˈɔ́	kwà?àtɔ́ //	ŋgˈúu	mà	mˈí	kà?á	tsî //	ntə̀n...
personne	tout+*I*	*Pas*	<u>penser</u>*+I*	que	je	*Fut*	*Nég*	être	*C[-F]+*être fort

"Tout le monde pensait que je ne pourrais pas vivre en bonne santé..."

nìmí	ɣɔ̀ɣə̂	kˈɔ́	kfˬwó	lá //	ŋgˬá	ŋgìu?ìu	zê...
mère	notre	*Pas*	<u>mourir</u>*+I*	*Ma*	*C[-F]+*donner	graine	ce-ci

"Alors qu'elle était à l'agonie, notre mère me donna cette graine..."

5.2.2.C. Le futur imperfectif

– Il permet d'exprimer le caractère répétitif ou habituel d'un procès à venir (quel que soit le point de repère temporel)

288

– Il permet d'envisager un événement à venir dans son déroulement :

bù?ù   tsê bɪ́ m ⸍ɪ́ fà?ánə̀   ámb ⸍ô ŋgwê yò wɪ́ŋə̀
esclaves ci 2 *Fut* <u>travailler</u>+*I* pour femme ta ci+*Me*
"Ces esclaves-ci, ils travailleront pour (à la place de) ta femme."

mà m ⸍ɪ́ k ⸌ɪ́ zúŋ   ɪ́yə̀ mɔ́tò wá // mb ⸍á?⸌á mà m ⸍ɪ́ yĕnə̀
je *Fut* aussi *C[+F]*+acheter ma voiture *Rel* que je *Fut* aller+*I*

nì wèrɔ́ fɔ̰̀...
avec elle champ
"(Si j'avais de l'argent,) j'achèterais ma propre voiture que j'utiliserais pour aller au champ..."

bô s ⸍é ⸌' nɪ́   ŋwɔ̀ŋ gwá // mb ⸍á?à m ⸍ɪ́ s ⸌á?ànə̀ wá tʃê
eux *P₂*+*Nég* avec personne *Rel* que+*I* *Fut* <u>juger</u>+*I* les être+*Me*
"Ils n'avaient personne pour les juger."

á túŋə̀   yí // ŋg ⸍ɪ́ɯ z ⸍ɯ̀ɯ m ⸍ɪ́ k ⸌ɔ́   zɔ̀ŋínə̀[45]   ɲàm zên tsὲ?ὲ zɔ̀ŋnɔ́...
1 S+refuser lui que lui *Fut* aussi+*I* *C[+F]*+<u>suivre</u>+*I* animal ce-ci juste suivre
"Il refusa (de rentrer comme ses frères), pour la bonne raison que lui, ne ferait que poursuivre cet animal…"

5.3. Le relatif

5.3.1. *Formes*

Le présent et le passé du relatif imperfectif se distinguent de ceux de l'indicatif par leurs finales qui présentent un |n| initial. (Rappelons que ce |n| est aussi présent au perfectif).

Les paradigmes de pronoms et les formatifs sont en revanche les mêmes aux deux modes.

5.3.1.A. Le présent

Pr R	S₄	`	V	ná/nɪ́ ` `

Comme au présent de l'indicatif :
Le paradigme des pronoms utilisé est le paradigme S₄, soit |má, á, bɪ́|.
Le formatif est un ton B.
Le ton du pronom interfère avec les tons subséquents : un radical à ton lexical B porte un ton B, et un radical à ton lexical H porte un ton ⸍H :

|má ` zɔ̀bná ɣe|	má zɔ̀bɪ̀nɔ́ ɣé	"...je chante."
|á ` bú?ná ɣe|	á b ⸍ú?únɔ́ ɣé	"...il défriche."
|á ` zɔ̀bnɪ́ ` ` ɪ̀kòm´ a|	á zɔ̀bɪ̀nɪ́ kòmɔ́	"...il chante un chant."
|á ` bú?nɪ́ ` ` ɪ̀ʃóm´ a|	á b ⸍ú?únɪ́ ʃómɔ́	"...il défriche un champ."

---

[45] On a ici une chaîne verbale : l'auxiliaire |kɪ́| est conjugué au futur imperfectif et le verbe est au consécutif futur imperfectif (*cf.* le chapitre sur les auxiliaires).

La distribution des finales |ná| et |nꜜ``| est la même que celle des finales |á| et |ꜜ``| de l'indicatif :

|ná| est attestée en fin d'énoncé, suivie de la marque énonciative |ɣe|. La marque porte un ton H.

Les deux finales sont attestées devant un nom objet à Pn CV (on retrouve la même nuance de sens qu'à l'indicatif) :

|á| `tóná	mìlù?` a|	á t ꜛóná mílù?ə
1	Pr+récolter+R+I vin	Me

"[Celui qui] récolte du vin (habituellement)"

|á| `tónꜜ``	mìlù?` a|	á t ꜛonꜟ mìlù?ə
1	Pr+récolter+R+I vin	Me

"[Celui qui] est en train de récolter du vin."

Présentation synoptique du verbe au Présent R devant un nom objet

REMARQUE 4 : les réalisations sont les mêmes qu'au présent de l'indicatif, sauf aux formes marquées d'un astérisque : le ton <u>HB</u> ne se simplifie pas en raison de la structure CV et non V de la finale (*cf.* la remarque 5 en II.2.3.2.C.).

|má `zɔ̀bnꜟ`` mìkòm´ a|	má zɔ̀bìnꜟ mìkòmə́
|má `sóbnꜟ`` mìbɔ̀?´ a|	má s ꜛóbínꜟ mìbɔ̀?ə́*
|má `lɔ̀ɣnꜟ`` ǹdzàm´ a|	má lɔ̀ɣìnꜟ ndzàmə́
|má `bé?nꜟ`` ǹdzàm´ a|	má b ꜛé?énꜟ ndzàmə́*
|má `bòmnꜟ`` á ǹdə̀m` a|	má bòmn ꜛə́ ndə̀mə̀
|má `léɣnꜟ`` á ǹdə̀m` a|	má l ꜛéɣínə̀ ndə̀mə̀
|má `sùɣnꜟ`` mìdzúu` a|	má sùɣìnꜟ mìdzúuə̀
|má `bú?nꜟ`` mìʃóm´ a|	má b ꜛú?únꜟ mìʃòmə́*
|má `lɔ̀ɣnꜟ`` ŋgúb` a|	má lɔ̀ɣìnꜟ ŋgúbə̀
|má `fúrnꜟ`` ŋgúb` a|	má f ꜛúrínꜟ ŋgúbə̀*
|má `bòmnꜟ`` á ŋkúm´ a|	má bòmn ꜛə́ ŋk ꜜúmə́
|má `léɣnꜟ`` á ŋkúm´ a|	má l ꜛéɣínə̀ ŋk ꜜúmə́
|má `wàɣnꜟ`` á kàŋ` a|	má wàɣìnə̀ káŋə̀
|má `fúrnꜟ`` á kàŋ` a|	má f ꜛúrínə̀ káŋə̀*

5.3.1.B. Le passé

Pas R	S₁(`)	´kà´`	V	ná/nꜟ``

Comme à l'indicatif, le ton B mis entre parenthèses se manifeste en se combinant avec le ton d'un pronom H, et encore pas toujours :

|bꜟ (`)´kà´` zɔ̀bná ɣe|	bꜟ k ꜛə́ zɔ̀bìná ɣé	"Ils chantaient."
		bꜟ k ꜛə́ zɔ̀bìná ɣé	

Un radical à ton lexical H porte un ton H abaissé par rapport au ton supra-haut (↑H) du formatif, tandis qu'un radical à ton lexical B porte un ton B :

|à (`)´kà⸢⸢ bú?ná ɣe| à k↑ɔ́ b↓ú?únɔ́ ɣé   "...il défrichait."
|à (`)´kà⸢⸢ zɔ̀bná ɣe| à k↑ɔ́ zɔ̀bìnɔ́ ɣé   "...il chantait."

Présentation synoptique du verbe au Passé R devant un nom objet

REMARQUE 5 : Les réalisations sont les mêmes qu'au passé imperfectif de l'indicatif, sauf aux formes marquées d'un astérisque : le ton <u>HB</u> ne se simplifie pas en raison de la structure CV et non V de la finale.

|(à k↑ɔ́) zɔ̀bná mìkòm´ a|	à k↑ɔ́ zɔ̀bìnɔ́ míkòmɔ́
|(à k↑ɔ́) bú?ná mìʃóm´ a|	à k↑ɔ́ b↓ú?únɔ́ míʃ↓ómɔ́
|(à k↑ɔ́) zɔ̀bní⸢⸢ mìkòm´ a|	à k↑ɔ́ zɔ̀bìnî̀ mìkòmɔ́
|(à k↑ɔ́) sóbní⸢⸢ mìbɔ̀?´ a|	à k↑ɔ́ s↓óbínî̀ mìbɔ̀?ɔ́*
|(à k↑ɔ́) lɔ̀ɣní⸢⸢ ǹdzàm´ a|	à k↑ɔ́ lɔ̀ɣìnî̀ ndzàmɔ́
|(à k↑ɔ́) bé?ní⸢⸢ ǹdzàm´ a|	à k↑ɔ́ b↓é?énî̀ ndzàmɔ́*
|(à k↑ɔ́) bòmní⸢⸢ á ǹdə̀m` a|	à k↑ɔ́ bòmn↑ɔ́ ndə̀mɔ̀
|(à k↑ɔ́) léɣní⸢⸢ á ǹdə̀m` a|	à k↑ɔ́ l↓éɣínɔ̀ ndə̀mɔ̀ etc.

5.3.2. Valeur et emploi

5.3.2.A. Le présent

Le présent du relatif a les mêmes valeurs que le présent de l'indicatif. Il permet donc :

– de présenter un procès dans son déroulement :

ǹtʃwî tsé zú?ú // mb↑á?↓á bí ɣàmnɔ́   wú lá...
antilope certain S+entendre que 2 Pr+<u>parler</u>+R+I là Ma
"Une antilope entendit comme ils parlaient…"

z↓úu lání yě // z↑é ŋwɔ̀ŋ gwǎ // mb↑á?↓á tɔ́ŋnɔ́
lui+Fut vraiment C[+F]+venir C[+F]+voir personne Rel que+1 Pr+<u>souffler</u>+R+I
níbàŋɔ̀ ɲí n↑á l↓â
sifflet son le Ma
"…il viendrait vraiment voir qui siffle de son sifflet."

mà?á m↑ɔ́ŋ gw↓á // m̀b↑á?↓ó kwè?èn↑ɔ́ b↓ó yô lá...
Imp+jeter enfant ce-là que+tu Pr+<u>porter</u>+R+I bras toi Ma
"Jette cet enfant que tu portes dans les bras…"

– d'évoquer un procès habituel ou répétitif :

ò ts↑í z↓ú?ú   àdzàŋ zá // mb↑á?↓á wérɔ́ tɔ́ŋnî   bèm byí...
tu P₀+être C[+F]+entendre façon Rel que lui+I Pr+<u>appeler</u>+R+I gens ses
"…on peut entendre comme il appelle ses sujets…"

tăŋ ít↑úm ɲâm zá // mb↑á?↓í yènɔ́   mpfúrɔ́   lâ
pour C[+F]+tirer animal Rel que+9 Pr+<u>venir</u>+R+I C[-F]+manger+I Ma
"…pour tirer sur l'animal qui vient et le mange."

5.3.2.B. Le passé

Le passé imperfectif du relatif a les mêmes valeurs que celui de l'indicatif. Il permet donc :

– de présenter un procès dans son déroulement :

ꜛámb ꜜí	ɲàm	zã̄ //	kꜛɔ́	zɔ̀ŋnɔ́	ndzǔm wɔ́rɔ́	ɣé
devant	animal	Rel+I Pas		suivre+R+I	derrière lui	Me

"…[cinq cents mètres] devant l'animal qui le suivait."

– d'évoquer un procès habituel :

ndʒí	nùɔ́	lꜛáʔá	tsɛ̀ʔɛ̀	tsó	ntsàɣî	ŋkùŋɔ̀	wá //	mbꜛáʔ ꜜá	bɨ́
C[-F]+savoir	choses	pays	juste	comme	envoyer	nouvelle	Rel	que	2

kꜛɔ́	tsàɣìnɔ́ //	mbúʔɔ́		bê	à	kwꜛíŋ ꜜɔ́...
Pas	envoyer+R+I	C[-F]+battre+I		Foc	Loc	tambour

"…on connaissait les techniques traditionnelles comme envoyer un message tambouriné…"

5.4. L'impératif

5.4.1. Forme

Imp	–	áǹ	V	á` /á` nà

Le formatif se réalise toujours avec un ꜛH même devant un radical à ton B. Ceci est peut-être dû à un phénomène d'intonation.

Un radical à ton lexical B porte un ton B et un radical à ton lexical H porte un ton H abaissé par rapport au supra-haut du formatif.

|áǹdzɔ̀bá` ɣe|	ꜛándzɔ̀bâ ɣè	"Sois à chanter!"
|áǹdzɔ̀bá` nà ɣe|	ꜛándzɔ̀bɛ́nɔ̀ ɣè	"Sois à chanter!"
|áǹdámá` ɣe|	ꜛánd ꜜámɔ̀ ɣè	"Sois à cuisiner!"
|áǹdámá` nà ɣe|	ꜛánd ꜜámɔ̀nɔ̀ ɣè	"Sois à cuisiner!"

Les deux finales |á` | et |á`nà| s'emploient lorsque le verbe est en fin d'énoncé (cf. les exemples ci-dessus). Mais lorsque le verbe est suivi d'un nom, ce sont les finales |á| ou |ɨ`` | qui s'utilisent – |á| ou |ɨ`| devant un nom à Pn CV, |ɨ``| ailleurs – (ce qui n'est pas indiqué dans la formule du tableau 57 et ci-dessus).

Présentation synoptique du verbe à l'Impératif devant un nom objet

|(ꜛán)dzɔ̀bá mìkòm´ a|	ꜛándzɔ̀bá mìkòmɔ́
|(ꜛá)s ꜜóbá mìbɔ̀ʔ´ a|	ꜛás ꜜóbá mìbɔ̀ʔɔ́
|(ꜛán)dzɔ̀bɨ`` mìkòm´ a|	ꜛándzɔ̀bɨ̀ mìkòmɔ́
|(ꜛá)s ꜜóbɨ`` mìbɔ̀ʔ´ a|	ꜛás ꜜóbì mìbɔ̀ʔɔ́
|(ꜛán)dɔ̀ɣɨ`` ǹdzàm´ a|	ꜛándɔ̀ɣî ndzàmɔ́
|(ꜛám)b ꜜéʔɨ`` ǹdzàm´ a|	ꜛámb ꜜéʔɛ̀ ndzàmɔ́
|(ꜛám)bòmɨ`` á ǹdɔ̀m` a|	ꜛámbòm ꜛɔ́ ndɔ̀mɔ̀
|(ꜛán)d ꜜéɣɨ` á ǹdɔ̀m` a|	ꜛánd ꜜéɣɔ̀ ndɔ̀mɔ̀	etc. (cf. le présent de l'indicatif).

5.4.2. Valeur et emploi

L'imperfectif permet d'envisager dans son déroulement le procès qu'on ordonne de faire :

[↑]áŋgě   nî   mbyὲ   "Continue!"
Imp+<u>aller</u>+*I* avec avant+*Me*

5.5. Le successif

5.5.1. Forme

Suc	S₂	´	V	á`/á`nà

Le paradigme des pronoms et le formatif sont les mêmes qu'au perfectif. Ce sont donc seulement les finales qui distinguent la construction imperfective de la construction perfective.

Les deux finales peuvent s'employer lorsque le verbe se trouve en fin de proposition, mais la finale |á`nà| semble être préférée lorsque le verbe est suivi d'un autre terme (préférence qui a déjà été signalée à propos du futur de l'indicatif).

|á ´zɔbá` ɣe|	á zɔ́bɔ̀ ɣὲ	"…et il chante."
|mà ´lèná` nà ɣe|	mà líɲɔ̀nɔ̀ ɣὲ	"…et je cherche."
|mà ´bú?á` ɣe|	mà bú?ɔ̀ ɣὲ	"…et je défriche."
|á ´lámá` nà ɣe|	á lámɔ̀nɔ̀ ɣὲ	"…et il cuit."

REMARQUE 6 : Le radical à ton lexical B porte un ton H tout comme le radical à ton lexical H. On a vu à propos du successif perfectif que cette réalisation demandait que le radical soit précédé d'un formatif H et suivi d'une finale à ton B. Pourquoi alors ne pas avoir posé des finales |à| et |ànà| pour le successif imperfectif (au lieu de |á`| et |á`nà|) ?

Si l'on posait des finales |à| et |ànà|, le successif serait alors la seule construction à posséder ces finales. Or il y a une explication possible au ton H (et non [↑]H[↓], supra-haut suivi d'abaissement) que porte le radical à ton lexical B, même s'il est suivi en structure d'un H. En effet le ton H des finales ne peut pas se manifester, car il forme avec le ton B suivant une séquence HB qui étant précédée d'un ton non-bas, se simplifie en B (*cf.* II.2.3.7.A.). L'abaissement ne peut donc lui-même jamais se manifester. Or on a vu qu'au P₂ de l'indicatif perfectif, certains locuteurs ne prononcent un radical à ton lexical B avec un [↑]H[↓], que dans les contextes où l'abaissement se manifeste. Dans les autres contextes, ils le prononcent avec un ton H. On a peut-être affaire ici au même phénomène.

Présentation synoptique du verbe au Successif devant un nom objet

|mà ´zɔbá` nà mìkòm´ a|	mà zɔ́bɔ̀nɔ̀ mìkòmɔ́
|mà ´sóbá` nà mìbɔ?´ a|	mà sóbɔ̀nɔ̀ mìbɔ?ɔ́
|mà ´lɔɣá` nà ǹdzàm´ a|	mà lɔ́ɣɔ̀nɔ̀ ndzàmɔ́
|mà ´bé?á` nà ǹdzàm´ a|	mà bé?ɛ̀nɔ̀ ndzàmɔ́
|mà ´bòmá` nà á ǹdɔ̀m´ a|	mà bómɔ̀nɔ̌ ndɔ̀mɔ̀
|mà ´léɣá` nà á ǹdɔ̀m` a|	mà léɣɔ̀nɔ̌ ndɔ̀mɔ̀

etc. (*cf.* le verbe à ton lexical H au futur de l'indicatif).

293

5.5.2. Valeur et emploi

Comme aux autres modes, l'imperfectif au successif permet de décrire un procès dans son déroulement ou d'évoquer des faits répétitifs ou habituels :

ìnúŋ	ŋkà?á	ŋk⸜yérí	wŭntsàmbì	ámú	ŋ̀kyérɔ̀ //	mú	yǐ	w⸜á
C[-F]+mettre	flèche	arc		première	dans arc	enfant	son	le

l⸜íŋìnɔ̀	yè
S+<u>regarder</u>+I	Me

"...et il mit la première flèche dans son arc ; son enfant le regardait."

ɲàm	zá	byɛ́?énɔ̀	mìkɔ̀ŋ	má //	ŋ̀kùɔ́	n⸜í	m⸝érí...
animal	le	S+<u>porter</u>+I	sagaies	leurs	C[-F]+courir+I	avec	elles

"L'animal portait leurs sagaies et s'enfuyait avec elles..."

ìl⸜ɛ́⸝m	fúɔ̀nɔ̀	wámb⸜ô //	á	ɣɔ́?ɔ̀ //		mbúɣɔ́ //		ŋ̀g⸜ɔ́?⸝ɔ́
sangs	S+<u>sortir</u>+I	de elle+Me	1	S+<u>moudre</u>+I	C[-F]+pleurer+I		C[-F]+moudre+I	

mbúɣɔ́ //		àl⸜ém⸝ɔ́	fúɔ̀nɔ̀	wámb⸜ô
C[-F]+pleurer+I		sang	S+<u>sortir</u>+I	de elle+Me

"...du sang s'écoulait d'elle. Elle moulait et pleurait ; du sang s'écoulait d'elle."

mb⸜á?⸝á	wérɔ̀	tì?ìnɔ̀	ŋg⸜ɛ́⸝´	á	ntʃé	làŋ //	ǹdʒì	yíŋɔ̀ //
que	elle	P_0+alors+A	C[-F]+aller	Loc	être+Loc	chaise	voix	S+<u>venir</u>+I

nd⸜ó⸝´	l⸝áŋ	wá //	súŋ⸝ɔ́ ...
venir de+Loc	chaise	la	S+<u>dire</u>+I

"...alors qu'elle a commencé à s'asseoir, une voix s'élève de la chaise et dit..."

ǹtʃwì	ʒì	zá	ɣùnɔ̀	ŋkwí //		ìɲàm	zìtsé	í	yíŋɔ̀ //
maïs	son	le	P_0+Aux+A	C[-F]+pousser		animal	un	9	S+<u>venir</u>+I

mpfúrù	ntʃwì	zá...
C[-F]+manger+I	maïs	le

"Une fois son maïs poussé, un animal, il venait et mangeait le maïs..."

á	lám	m⸜ídz⸝ú //	á	má?ànɔ̀	ntsà?á	mb⸜ó	màŋgyè	wâ //	màŋgyè
1	Cd+cuire	nourriture	1	S+<u>jeter</u>+I	épluchures	à	femme	la	femme

wá	sé?étìnɔ̀	ntsà?à	tsá...
la	S+<u>ramasser</u>+I	épluchures	les

"Quand elle prépare à manger, elle jette les épluchures à la femme et la femme les ramasse..."

á	tí?ì	ŋgy⸜é	mâ	ntŭ	nìsɔ̀ŋ	ŋg⸜yé //	b⸝ó	zú	tʃènɔ̀ //
1	S+alors	C[-F]+arriver	femme	piquant	dent	C[-F]+arriver	elles	elle	S+<u>être</u>+I

á	dí?ɔ̀nì	ŋg⸜ú?⸝ɔ́	mbó	z⸝úɔ́
1	S+<u>montrer</u>+I	tourment	à	elle+Me

"C'est alors la femme à la longue dent qui arriva ; elles vivaient ensemble, elle (la femme à la longue dent) la faisait souffrir."

bìl⸜óm	y⸝íŋɔ̀ //	mbít⸜ɔ́		ŋg⸝úbì //	á	túŋìnɔ̀	yé
maris	S+<u>venir</u>+I	C[-F]+demander+Fo		Ngubi	1	S+<u>refuser</u>+I+Fo	elle+Me

"Des maris venaient et demandaient Ngubi en mariage ; elle refusait."

mɨ́ kɔ́ʔ⁺ɔ́ // ŋk⁺ɔ́ʔɔ́ // ɨ̀dz⁺ú⁺ˊm kfúrə̀nə̀
6 S+grimper C[-F]+grimper choses S+<u>manger</u>+I+Me
"Il (le sorgho) poussa et poussa ; des bêtes [le] mangeaient."

5.6. L'exhortatif

5.6.1. Forme

Exh	S₃	ń	V	a/ɨ` `

L'exhortatif imperfectif se distingue de l'exhortatif perfectif par son formatif et ses finales. (Le paradigme des pronoms étant le même aux deux aspects).

Un radical à ton lexical H porte un ton H et un radical à ton lexical B porte un ton ⁺H, suivi d'un abaissement lorsqu'il est suivi, dans les réalisations, d'un ton H (c'est ce qui se passe avec la finale |á|) :

|(á) mà ḿbúʔá ɣe| á mà mbúʔɔ́ ɣé "Que je sois à défricher!"
|(á) à ńdzɔ̀bá ɣe| â ndz⁺ɔ́b⁺ɔ́ ɣé "Qu' il soit à chanter!"

Lorsque le verbe est suivi d'un nom, |á| aussi bien que |ɨ` `| s'utilise si le nom a un Pn CV, |ɨ` `| s'utilise ailleurs.

Présentation synoptique du verbe à l'Exhortatif devant un nom objet

|mà ḿbúʔá mɨ̀ʃóm´ a|	mà mbúʔɔ́ m⁺ɨ́ʃ⁺ómɔ́
|mà ńdzɔ̀bá mɨ̀kòm´ a|	mà ndz⁺ɔ́b⁺ɔ́ mɨ́kòmɔ́
|mà ńdzɔ̀bɨ́`` mɨ̀kòm´ a|	mà ndz⁺ɔ́bɨ̀ mɨ́kòmɔ́
|mà ńsóbɨ́`` mɨ̀bɔʔ´ a|	mà sóbɨ̀ mɨ̀bɔʔɔ́
|mà ńdɔ̀ɣɨ́`` ǹdzàm´ a|	mà nd⁺ɔ́ɣɨ̀ ndzàmɔ́
|mà ḿbéʔɨ́`` ǹdzàm´ a|	mà mbéʔè ndzàmɔ́
|mà ḿbòmɨ́`` á ǹdə̀m` a|	mà mb⁺ómɔ̀ ndə̀mə̀
|mà ńdéɣɨ́`` á ǹdə̀m` a|	mà ndéɣɔ̌ ndə̀mə̀

etc. (*cf.* le verbe à ton lexical H au présent de l'indicatif).

5.6.2. Valeur et emploi

Comme aux autres modes, l'imperfectif permet de décrire un procès dans son déroulement ou d'évoquer des faits répétitifs ou habituels :

yìŋɔ́ // tɨ̀ m⁺ó⁺ˊtɨ́ // bɔ̀ŋɔ́ ò ntɨ́ʔɔ́ ŋg⁺ɛ́⁺ˊ...
Imp+venir+que nous *Exh*+être ensemble avant+que tu *Exh*+<u>alors</u>+ I C[-F]+aller+I
"Viens, que nous passions un peu de temps ensemble avant que tu ne partes…"

ǹts⁺áɣ⁺ɔ́ sɨ́lùm // ŋg⁺ɨ́ɯ⁺ˊ â ŋg⁺ɛ́⁺ˊ // ntsìŋɔ́ mɨ̀sàŋ mɨ́fɔ̀ mâ
C[-F]+envoyer Silum que que+I *Exh*+aller+I C[F]+surveiller+I sorgho chef le+Me
"…et elles envoyèrent Silum garder le sorgho du chef."

5.7. Le conditionnel

5.7.1. Forme

| Cd | S₂ | ń | V | á/ì` |

Le conditionnel imperfectif se distingue du conditionnel perfectif par son formatif et ses finales. (Le paradigme des pronoms étant le même aux deux aspects).

Notons qu'à l'imperfectif, comme au perfectif d'ailleurs, le conditionnel ne se distingue de l'exhortatif que par son paradigme de pronoms sujets. Les réalisations sont donc les mêmes aux deux modes :

Présentation synoptique du verbe au Cd

| |mà ḿbú?á ɣe| | mà mbú?ɔ́ ɣé | "(si) je défriche." |
| |á   ńdzɔ̀bá ɣe| | á ndzꜜɔ́bꜜɔ́ ɣé | "(s') il chante." |

| |á ḿbú?á mìʃóm´ a| | á mbú?ɔ́ m ꜜìʃꜜómɔ́ |
| |á ńdzɔ̀bá mìkòm´ a| | á ndzꜜɔ́bꜜɔ́ míkòmɔ́ |

| |á ńdzɔ̀bí`` mìkòm´ a| | á ndzꜜɔ́bì mìkòmɔ́ |
| |á ńsóbí`` mìbɔ?´ a| | á sóbì mìbɔ?ɔ́ |

| |á ńdɔ̀ɣí`` ǹdzàm´ a| | á ndꜜɔ́ɣì ndzàmɔ́ |
| |á ḿbé?í`` ǹdzàm´ a| | á mbé?ὲ ndzàmɔ́ |

| |á ḿbòmí`` á ǹdɔ̀m` a| | á mbꜜómɔ́ ndɔ̀mɔ̀ |
| |á ńdéɣí`` á ndɔ̀m` a| | á ndéɣǒ ndɔ̀mɔ̀ | etc. (*cf.* l'exhortatif imperfectif). |

5.7.2. Valeur et emploi

L'imperfectif permet de décrire un procès dans son déroulement ou d'évoquer des faits répétitifs ou habituels :

á dꜜórɔ́ //   mbá?á bꜜέ mà ndzꜜɔ́bꜜɔ́   ɣé
1 Pr+être content+*I* que   si   je   *Cd*+<u>chanter</u>+*I Me*
"Il est content quand je chante."

bé mà ndí?ì   mìʃòm // mà kɜ̂   ɣὲ
si   je   *Cd*+<u>cultiver</u>+*I* champs   je   *S*+se fatiguer+*I Me*
"Lorsque je cultive les champs, je me fatigue."

5.8. Le consécutif

5.8.1. Le consécutif non futur

5.8.1.A. Forme

| C[-F] | – | ǹ´ | V | á/ ì` |

Le consécutif non futur imperfectif se distingue du consécutif non futur perfectif par ses finales.

Le formatif, quant à lui, est le même qu'au perfectif. En conséquence, comme au perfectif, en fonction du contexte précédent, un radical à ton lexical H porte un ton non bas (H, ꜜH ou ꜛH) et un radical à ton lexical B porte soit un ton ꜛH, suivi d'un abaissement, soit un ton B. On retrouve donc les trois groupes de réalisation présentés au perfectif :

Tableau 58 – Réalisations tonales du consécutif non futur imperfectif

GROUPE	TON LEXICAL B		TON LEXICAL H	
1	nd ꜛɔ́ɣ ꜜɔ́ ɣé	(ꜛH ꜜH)	ndíʔɔ́ ɣé	(H H)
2	ndɔ̀ɣɔ́ ɣé	(B H)	nd ꜜíʔɔ́ ɣé	(ꜜH H)
3	ndɔ̀ɣɔ́ ɣé	(B H)	nd ꜛíʔɔ́ ɣé	(ꜛH H)

REMARQUE 7 : comme au perfectif, les groupes 2 et 3 se distinguent par la réalisation du verbe à ton lexical H, le verbe à ton lexical B ayant la même réalisation dans les deux cas.
La finale utilisée en fin d'énoncé est |á| :

|m̀ búʔá ɣe| m̀búʔɔ́ ɣé   "…et je défriche."
|ǹ ꞌdzɔ̀bá ɣe| ǹdz ꜛɔ́b ꜜɔ́ ɣé   "…et je chante."
|ndzɔ̀bá ɣe| ndzɔ̀bɔ́ ɣé   "…et je chante."

Lorsque le verbe est suivi d'un nom, |á| aussi bien que |ꜝ`| s'utilisent si le nom a un Pn CV, |ꜝ`| s'utilise ailleurs.

Présentation synoptique du verbe au C[-F] devant un nom objet

– Le radical porte un ton non-bas :

|ǹ ꞌbúʔá m̀ʃóm ꞌ a| m̀búʔɔ́ m ꜛíʃ ꜜómɔ́
|ǹ ꞌzɔ̀bá m̀kòm ꞌ a| ǹdz ꜛɔ́b ꜜɔ́ m̀kòmɔ́
|ǹ ꞌzɔ̀bꜝ` m̀kòm ꞌ a| ǹdz ꜛɔ́bì m̀kòmɔ́
|ǹ ꞌsóbꜝ` m̀bɔ̀ʔ ꞌ a| ìsóbì m̀bɔ̀ʔɔ́

|ǹ ꞌlɔ̀ɣꜝ` ǹdzàm ꞌ a| ǹd ꜛɔ́ɣì ndzàmɔ́
|ǹ ꞌbéʔꜝ` ǹdzàm ꞌ a| m̀béʔè ndzàmɔ́

|ǹ ꞌbòmꜝ` á ǹdə̀m` a| m̀b ꜛómɔ̀ ndə̀mɔ̀
|ǹ ꞌléɣꜝ` á ǹdə̀m` a| ǹdéɣɔ̀ ndə̀mɔ̀

etc. (*cf.* l'exhortatif imperfectif en 5.6.1.).

– Le radical à ton lexical B porte un ton B :

|ndzɔ̀bá m̀kòm ꞌ a| ndzɔ̀bɔ́ mɩ́kòmɔ́

|ndzɔ̀bꜝ` m̀kòm ꞌ a| ndzɔ̀bf m̀kòmɔ́
|ndɔ̀ɣꜝ` ǹdzàm ꞌ a| ndɔ̀ɣf ndzàmɔ́
|mbòmꜝ` á ǹdə̀m` a| mbòm ꜛɔ́ ndə̀mɔ̀

etc. (*cf.* le présent de l'indicatif).

5.8.1.B. Valeur et emploi

L'imperfectif permet de décrire un procès dans son déroulement ou d'évoquer des faits répétitifs ou habituels :

ntʃ ᵗɛ́   ŋg ꜜɔ́ʔɔ́ ntʃwì //   ŋgɔ́ʔì   ntʃwì   z ᵗá // m̀b ꜜúɣɔ́ //
C[-F]+rester+*Loc* pierre   maïs   C[-F] +moudre+*I* maïs   le   C[-F] +pleurer+*I*

ŋ̀g ᵗɔ́ʔ ꜜɔ́ //   mbúɣɔ́
C[-F] +moudre+*I* C[-F] +pleurer+*I*

"…elle s'installa à la meule ; et elle moulait le maïs et pleurait, moulait et pleurait…"

àfùŋɔ̀   tʃê   v ᵗwó ꜜˊ   múɔ̀ búɯ // m̀búɣɔ́   wɔ́
lion   certain+*7* *P₂*+tomber dans fosse C[-F]+pleurer+*I* là+*Me*

"[Jadis] un lion, tombé dans une fosse, s'y lamentait."

ŋ̀gúbìɔ̀   lyɛ̂mtɔ̀ […] //   ndz ꜜú?ɔ́   dzàŋ zǎ // mb ᵗá? ꜜˊ   mɔ́ŋ   gw ꜜá
Ngubi   *S*+cacher   C[-F]+entendre   façon *Rel* que   enfant le

á   búɣínɔ́ //   ndzɔ́b ꜜɔ́   lâ
1 Pr+pleurer+*R* +*I* C[-F]+chanter+*I* *Ma*+*Me*

"Ngubi se cacha […] et entendit comment l'enfant se lamentait tout en chantant."

tăŋ   ít ᵗúm   ɲâm   zá // mb ᵗá? ꜜˊ   yènɔ́ //   mpfúrɔ́   lâ
pour C[+F]+tirer animal *Rel*   que+*9*   *Pr*+venir+*R* +*I* C[-F]+manger+*I* *Ma*+*Me*

"pour tirer sur l'animal qui vient et le manger."

màŋgyè   wá sé?étìnɔ̀   ntsà?à   tsâ // ndzɯ́ɔ́ //   ntʃê   yé
femme   la *S*+ramasser+*I* épluchures ces C[-F]+manger+*I* C[-F]+être+*I*+*Fo* elle+*Me*

"La femme ramasse les épluchures, les mange et reste tranquille."

5.8.2. *Le consécutif futur*

5.8.2.A. Forme

C[+F]	–	f̀	V	᷄a̷` /á` nà

Le consécutif futur imperfectif se distingue du consécutif futur perfectif par ses finales, mais le formatif est le même aux deux aspects.

|f̀ zɔ̀bá` ɣe| f́zɔ̀bɔ̀ ɣè   "…et je serai à chanter."

|f̀ bú?á` ɣe| f́b ᵗú?ɔ̀ ɣè   "…et je serai à défricher."

|f̀ lìŋá` nà ɣe| f́lìŋɔ́nɔ̀ ɣè   "…et je serai à chercher."

|f̀ lámá` nà ɣe| f́l ᵗámɔ̀nɔ̀ ɣè   "…et je serai à cuire."

Les deux finales s'emploient lorsque le verbe est en fin d'énoncé. Le ton H de ces finales se manifeste si le radical porte un ton B mais pas s'il porte un ton ꜜH (*cf.* les exemples ci-dessus).

La finale |á` nà| semble être préférée à |á` | lorsque le verbe est suivi d'un autre terme, tout au moins un nom :

Présentation synoptique du verbe au C[+F] devant un nom objet

|ɟ` zɔ̀bá` nà mìkòm´ a| ɪ́zɔ̀bə́nə̀ mìkòmɔ́
|ɟ` sóbá` nà mìbɔ̀ʔ´ a| ɪ́sóbə̀nə̀ mìbɔ̀ʔɔ́

|ɟ` lɔ̀ɣá` nà ǹdzàm´ a| ɪ́lɔ̀ɣə́nə̀ ndzàmɔ́
|ɟ` béʔá` nà ǹdzàm´ a| ɪ́béʔènə̀ ndzàmɔ́

|ɟ` bòmá` nà á `ndə̀m` a| ɪ́bòmə́nə̌ ndə̀mə̀
|ɟ` léɣá` nà   á ǹdə̀m` a| ɪ́léɣə̀nə̀ ndə̀mə̀

etc. (*cf.* le futur imperfectif de l'indicatif).

5.8.2.B. Valeur et emploi

L'imperfectif permet de décrire un procès dans son déroulement ou d'évoquer des faits répétitifs ou habituels :

mà m[↑]ɪ́ k[↓]ɪ́ ts[↓]ɪ́ tsɛ̀ʔé   ntsùndá bùɣɪ́ z[↑]ʉ́ ∥ ɪ́dʒ[↓]wɪ̀ə̀nə̀
je *Fut* aussi être juste+*Loc* maison nous lui *C[+F]*+<u>accoucher</u>+*I*
b[↑]ɔ́m b[↓]á wɔ́
enfants les là+*Me*
"… je resterais juste chez nous, et donnerais naissance aux enfants là."

bɪ́ sáʔànə̀   ndʒèlàʔà ∥ ɪ́fʉ̀ʔʉ̀tɪ́nə̀   nù   tsá ∥   mb[↑]áʔ[↓]á ká
2 *S*+raconter+ *I* histoires   *C[+F]*+<u>informer</u>+*I* choses *Rel* que   *Nég*
bùɣɪ́ ʒé   wúɣ[↑]ɔ́ ∥   mb[↓]ó bùɣɔ́
nous savoir nous+*Loc* à   nous+*Me*
"Ils nous racontaient des histoires pour nous informer de choses que nous ne connaissions pas."

6. LA CONJUGAISON IMPERFECTIVE NÉGATIVE

6.1. Introduction

Tableau 59 – La conjugaison imperfective négative

Pr	ká	S₃	ń	V-í` `	Fo + pr réfléchi

	sujet	formatif	négation	verbe
P₀I		–	sè´	
P₁I	S₁	kì		
P₂I		kì´ ` ´		
Imp I	–	–		án-V-á/í``
Suc I	S₂	–		
Exh I	S₃		kè?´	
C[-F] I		ǹ		
C[+F] I	–	í`		
Fut I	S₁ (`)	´mɨ́ `		
Cd I	S₂	´	tú-í	í` -V- á`/ á` nà

La conjugaison imperfective négative se distingue de la conjugaison perfective négative par la forme sous laquelle apparaît le verbe :

– il apparaît sous la forme imperfective négative [án-V-á/í` `] après les négations |sè´| et |kè?´| (la forme prefective correspondante étant, rappelons-le [V-ì]).

– il est au au consécutif futur imperfectif après l'auxiliaire négatif |tú|.

– il apparaît sous la forme |ń-V-í``| avec la négation |ká| (au lieu de |´-V-í| au perfectif.

Quelles que soient les négations, les finales des verbes sont les mêmes que dans la conjugaison imperfective affirmative : |á| qui alterne avec |í``|, et |á`| qui alterne avec |á` nà|.

REMARQUE 1 : cette conjugaison est beaucoup moins fréquemment utilisée que les autres. C'est ainsi que dans les textes dépouillés, on a relevé des occurrences du Pr (avec la négation |ká|) et des P₀I et P₂I (avec la négation |sè´ |) de l'indicatif, du successif et de l'exhortatif, mais aucune occurrence des autres constructions.

6.2. L'indicatif

6.2.1. Le présent et les P_0l, P_1l, P_2l

6.2.1.A. Formes

6.2.1.A.a. le présent

Pr	ká	S₃	ń	V-í` `	Fo + pr réfléchi

Comme au perfectif, la négation porte toujours un ton supra-haut, éventuelle-ment suivi d'un abaissement (*cf.* le dernier exemple ci-dessous).

Le paradigme des pronoms sujets est le paradigme S₃.

Les marques de l'imperfectif sont :

– la nasale homorganique à ton H (au perfectif, il n'y a pas de nasale, seulement un ton H)

– la finale |-í` `|. Etant donné que le verbe est toujours suivi d'un pronom réfléchi, il est normal que la finale |á|, qui dans la conjugaison imperfective affirmative alterne avec la finale |-í` `| (*cf.* 5.2.1.), ne soit pas attestée.

|ká mà ńbúʔí` ` á yàn a| k ꜛá mà mbúʔə̀ yə̂
Nég je défricher *Fo* moi *Me*
"Je ne défriche pas."

|ká bì ńdzɔ̀bí` ` á wá´ ye| k ꜛá bì ndzɔ́bə̀ wá yé
Nég 2 chanter *Fo* eux *Me*
"Ils ne défrichent pas."

Un radical à ton lexical B porte un ton H (*cf.* deuxième exemple ci-dessus) tout comme un radical à ton lexical H.

REMARQUE 2 : étant donné qu'un radical à ton lexical B porte un ton H comme un radical à ton lexical H, on peut se poser la même question qu'au successif imperfectif : pourquoi une finale |í`| et non pas |ì`| ? Les arguments en faveur de |í`| au présent de l'indicatif sont les mêmes que ceux développés en faveur de |á`| et de |á` nà| au successif imperfectif (*cf.* la remarque 6 en 5.5.1.).

Au plan segmental, la finale |í` ` | et le fonctionnel |á| fusionnent. La séquence tonale HBBH se simplifie en B (*cf.* II.2.3.2.C.) :

k ꜛá mà mbúʔə̀ yə̂	"Je ne défriche pas."
k ꜛá ò mbúʔə̀ yô	"Tu ne défriches pas."
k ꜛâ mbúʔə̀ yé	"Il ne défriche pas."
k ꜛá tì mbúʔə̀ yɔ́yə̀ yè	"Nous (deux) ne défrichons pas."
ká nì mbúʔə̀ wúŋɔ́	"Vous ne défrichez pas."
k ꜛá bì mbúʔə̀ wá yé	"Ils ne défrichent pas."
k ꜛá fìŋgwâŋ ŋwê yé	"Le sel (cl. 19) ne fond pas."
k ꜛá bìsûŋ ndzɔ́bə̀ yé	"Les oiseaux (cl. 2) ne chantent pas."

6.2.1.A.b. le P₀I

P₀I	S₁	–	sὲ´	án-V-á/í``

Le paradigme des pronoms sujets est le même qu'au P₀ perfectif négatif, mais, pour aucun locuteur il n'y a de trace de ton B entre la négation et le verbe. Les réalisations tonales du verbe sont donc les mêmes pour tous les locuteurs.

Le |á| à l'initiale de la forme verbale ne se manifeste pas segmentalement lorsque le verbe suit directement la négation, sauf si le locuteur marque une pause entre la négation et le verbe. Mais il peut se manifester lorsque le verbe est rejeté en fin de proposition. Dans les énoncés ci-dessous le [ɔ́] en finale du nom objet est la réalisation de |á| :

mà sǎ súŋɔ́ nd ⁺íŋ ↓ɔ́ ɣé	"Je ne cherche pas un oiseau."
mà sǎ míkòmɔ́ ndz ⁺ɔ́b ↓ɔ́ ɣé	"Je ne chante pas de chansons."
mà sǎ mílù?ɔ́ f ⁺íŋ ↓ɔ́ ɣé	"Je ne vends pas de vin."

REMARQUE 3 : l'un de mes informateurs qui prononçait la négation |sὲ´| [sǐ] au perfectif, la prononçait [sɔ̌] à l'imperfectif, preuve de la présence du |á|.

Un radical à ton lexical H porte un ton H et un radical à ton lexical B porte un ton ⁺H, suivi le cas échéant d'un abaissement (*cf.* II.2.3.9.B.) :

| |mà sὲ´ámbú?á ɣe| | mà sǎ mbú?ɔ́ ɣé | "Je ne défriche pas." |
| |mà sὲ´ándzɔ̀bá ɣe| | mà sǎ ndz ⁺ɔ́b ↓ɔ́ ɣé | "Je ne chante pas." |

La finale |á| est attestée en fin d'énoncé, suivie de la marque d'énoncé |ɣe|. Le ton H de la finale se répète sur cette marque (*cf.* ci-dessus). Les deux finales |á| et |í``| sont attestées devant un nom objet à Pn de structure CV. Seule la finale |í``| est attestée ailleurs.

Présentation synoptique du verbe au Présent devant un nom objet

REMARQUE 4 : les exemples marqués d'un astérisque sont ceux qui justifient les deux tons B de la finale.

	mà sὲ´ ándzɔ̀bá mìkòm´ a		mà sǎ ndz ⁺ɔ́b ↓ɔ́ míkòmɔ́
	mà sὲ´ ásóbá mìbɔ̀?´ a		mà sǎ sóbɔ́ míbɔ́?ɔ́
	mà sὲ´ ándzɔ̀bí`` mìkòm´ a		mà sǎ ndz ⁺ɔ́bì mìkòmɔ́*
	mà sὲ´ ásóbí`` mìbɔ̀?´ a		mà sǎ sóbì mìbɔ̀?ɔ́*
	mà sὲ´ ándɔ̀ɣí`` ǹdzàm´ a		mà sǎ nd ⁺ɔ́ɣì ndzàmɔ́
	mà sὲ´ ámbé?í`` ǹdzàm´ a		mà sǎ mbé?ὲ ndzàmɔ́
	mà sὲ´ ámbòmí`` á ǹdə̀m` a		mà sǎ mb ⁺ómɔ́ ndə̀mə̀*
	mà sὲ´ ándéɣí`` á ǹdə̀m` a		mà sǎ ndéɣɔ̌ ndə̀mə̀*
	mà sὲ´ ásùɣí`` mìdzú` a		mà sǎ s ⁺úɣì mìdzúɔ̀*
	mà sὲ´ ámbú?í`` mìʃóm´ a		mà sǎ mbú?ù mìʃòmɔ́*

|mà sè´ ándɔ̀ɣí`` ŋ̀gúb` a| má sǎ ndꜜɔ́ɣì ŋgúbɜ̀
|mà sè´ áfúrí`` ŋ̀gúb` a| mà sǎ fúrì ŋgúbɜ̀

|mà sè´ ámbòmí`` á ŋ̀kúm´ a| mà sǎ bꜜómɜ̌ ŋkꜜúmɔ́*
|mà sè´ ándéɣí`` á ŋ̀kúm´ a| mà sǎ ndéɣɜ̌ ŋkꜜúmɔ́*

|mà sè´ áŋgwàɣí`` á kàŋ` a| mà sǎ ŋgwꜜáɣɜ̀ káŋɜ̀*
|mà sè´ áfúrí`` á kàŋ` a| mà sǎ fúrɜ̀ káŋɜ̀*

6.2.1.A.c. le P₁I

P₁I	S₁	kì	sè´	án-V-á/í``

Le paradigme des pronoms sujet et le formatif sont les mêmes qu'au P₁ perfectif négatif.

Présentation synoptique du verbe au P₁ Imperfectif dans tous les contextes

à kì sě mbúʔɔ́ ɣé   "Il ne défrichait pas."
à kì sě ndzꜜɔ́bꜜɔ́ ɣé   "Il ne chantait pas."

|(à kì sě) ándzɔ̀bá mìkòm´ a| à kì sě ndzꜜɔ́bꜜɔ́ míkòmɔ́
|(à kì sě) ʼasóbá mìbɔ̀ʔ´ a| à kì sě sóbɔ́ míbɔ̀ʔɔ́

|(à kì sě) ándzɔ̀bí`` mìkòm´ a| à kì sě ndzꜜɔ́bì mìkòmɔ́
|(à kì sě) ásóbí`` mìbɔ̀ʔ´ a| à kì sě sóbì mìbɔ̀ʔɔ́

|(à kì sě) ándɔ̀ɣí`` ǹdzàm´ a| à kì sě ndꜜɔ́ɣì ndzàmɔ́
|(à kì sě) ámbéʔí`` ǹdzàm´ a| à kì sě mbéʔɛ̀ ndzàmɔ́

|(à kì sě) ámbòmí`` á ǹdɜ̀m` a| à kì sě mbꜜómɜ̌ ndɜ̀mɜ̀
|(à kì sě) ándéɣí`` á ǹdɜ̀m` a| à kì sě ndéɣɜ̌ ndɜ̀mɜ̀   etc. (*cf.* le P₀ I).

6.2.1.A.d. le P₂I

P₂I	S₁	kì´	sè´	án-V-á/í``
		``		

Le ton H du formatif entraîne la formation d'une faille sur la négation |sè´| qui se réalise avec un ton descendant ꜛHꜜH. La partie segmentale peut ne pas s'employer.

A cause de la faille sur la négation, un radical à ton lexical B ne porte pas, comme au P₀I et au P₁I un ton supra-haut (ꜛH), mais un ton H abaissé par rapport au ꜛH de la négation :

    mà kì sꜛáꜜ´mbúʔɔ́ ɣé   "Je ne défrichais pas."
    mà kì sꜛáꜜ´ndzɔ́bꜜɔ́ ɣé   "Je ne chantais pas."
    bî sꜛéꜜ´mbúʔɔ́ ɣé   "Ils ne défrichaient pas."

Présentation synoptique du verbe au P$_2$ Imperfectif devant un nom objet :

|(à kὶ s ⁺é↓′) ándzɔ̀bá mὶkòm′ a| à kὶ s ⁺é↓′ ndz↓ɔ́b↓ɔ́ míkòmɔ́
|(à kὶ s ⁺é↓′) ásóbá   mὶbɔ̀ʔ′ a| à kὶ s ⁺é↓′ sóbɔ́ míbɔ̀ʔɔ́
_____

|(à kὶ s ⁺é↓′) ándzɔ̀bὶ`` mὶkòm′ a| à kὶ s ⁺é↓′ ndz↓ɔ́bὶ mὶkòmɔ́
|(à kὶ s ⁺é↓′) ásóbὶ``   mὶbɔ̀ʔ′ a| à kὶ s ⁺é↓′ sóbὶ mὶbɔ̀ʔɔ́

|(à kὶ s ⁺é↓′) ándɔ̀ɣὶ`` ǹdzàm′ a| à kὶ s ⁺é↓′ nd↓ɔ́ɣὶ ndzàmɔ́
|(à kὶ s ⁺é↓′) ámbéʔὶ`` ǹdzàm′ a| à kὶ s ⁺é↓′ mbéʔὲ ndzàmɔ́

|(à kὶ s ⁺é↓′) ámbòmὶ`` á ǹdɔ̀m` a| à kὶ s ⁺é↓′ mb↓ómɔ̌ ndɔ̀mɔ̀
|(à kὶ s ⁺é↓′) ándéɣὶ`` á ǹdɔ̀m` a| à kὶ s ⁺é↓′ ndéɣɔ̌ ndɔ̀mɔ̀

etc. (*cf.* les P$_0$I et P$_1$I).

6.2.1.B. Emploi

6.2.1.B.a. *La négation est* |ká|

ká   ὶl̀ũ   ntómɔ̀   yí   ŋkyὶ tí   ŋkàʔà[46]
Nég 3+fourmi traverser+*I*+Fo lui eau sans tige d'herbe+*Me*
"Une fourmi ne peut pas traverser l'eau sans une tige d'herbe à éléphant." (Proverbe).

k⁺á   bὶ   ndzɔ́ʔɔ̀   yé fɔ̀ // ndz⁺éɣ↓ɔ́   mbô ʃyè
Nég 2 *Pr*+oindre+*I*+Fo lui chef *C[-F]*+ essuyer+*I* mains sol+*Me*
"On n'oint pas un chef pour s'essuyer les mains par terre." (Proverbe).

bὶ t⁺ámɔ́   bê sɔ̂   nὶsɔ̀ŋɔ́ // k⁺á bὶ ntámɔ̀   yé
2 *Pr*+tromper+*I* Foc coupeur dent   *Nég* 2 *Pr*+tromper+*I*+Fo lui+*Fo*
ŋkɔ́mɔ̀ túɔ̀
tondeur tête+*Me*
"On trompe le tailleur de dent, mais pas le coiffeur." (Proverbe).

ká   bὶ   mbúʔɔ̀   yé l⁺íʔí   tὶ fúɣὶ nὶkfúrɔ̀
Nég 2 défricher+*I*+Fo lui champ sans enlever tas d'herbe+*Me*
"On ne défriche pas un champ sans enlever les tas d'herbe." (Proverbe).

mà bè⁺′   ts↓í   lá mbyɛ̌ nὶmúŋɔ̀ // múŋ k⁺á mà ndzɛ̂
je *P$_0$*+Aux *C[+F]*+être Foc près mère   alors *Nég* je *Pr*+voir+*I*+Fo
yɔ̂   zíŋɔ̀
moi+*Fo* ceci+*Me*
"Si j'étais près de ma mère, je ne subirais pas ceci."

àdὶʔɔ́ bɔ̂   ntém   wú tsŏ mὶŋgɔ́ŋ mí níkwà // mà ɣŭ //
endroit *S*+encore *C[-F]*+se tenir là comme sillons *N* quatre je *P$_0$*+dire
ká   mà ŋgyébtɔ̀   yɔ̂
Nég je *Pr*+diviser+*I*+Fo moi+*Me*
"Restent quelque quatre sillons ; bon! Je ne les partage pas."

_____

[46] On trouve le pronom réfléchi yí dans cet exemple et dans les trois qui suivent ; dans le premier exemple, parce que le sujet est de cl. 3, et dans les trois autres parce que le sujet bὶ (cl. 2) a ici un sens indéfini "on".

6.2.1.B.b. La négation est |sè´|

mà bè⁺ˊ	ts⁺í	nî	ŋkábí ∥	múŋ mà sǎ	m⁺ɨdz⁺úɔ́ ndˈámɔ́ ɣé
je P₀+Aux être	avec	argent	alors je P₀+Nég	nourriture cuire+I Me

"Si j'avais de l'argent, je ne ferais plus la cuisine."

nìd⁺úɣ⁺í	sě	ŋg⁺ábⁿɔ́	sɔ́bⁿɔ́	ɣé
œil	P₀+Nég	antilope	percer+I	Me

"Un œil ne transperce pas une antilope." (Proverbe).

wîŋ mɔ́n ámú	ǹd⁺á	wⁿên à sě	m⁺ɨs⁺áŋ	mífɔ̌	ŋg⁺ế⁺ˊ ∥ ntsìŋɔ́
ce-ci enfant dans	maison ce-ci	1 P₀+Nég	sorgho	chef	aller+I C[-F]+garder+ I

"Cette enfant, dans cette maison, ne va-t-elle pas garder le sorgho du chef ?"

bî s⁺ế⁺ˊ	nî	bàŋgyé bá	wú	áŋgy⁺íŋⁿɔ́	ɣé
2 P₂+Nég	avec	femmes leurs	là	venir+I	Me

"Ils ne venaient pas là avec leurs femmes."

6.2.2. Le futur

Fut I	S₁ (`)	´mɨ̀`	kè?´	án-V-á/ î``

REMARQUE 5 : Tout comme avec la négation |sè|, le |á| à l'initiale de la forme verbale ne se manifeste pas segmentalement lorsque le verbe suit directement la négation, sauf si le locuteur marque une pause entre la négation et le verbe. Mais il peut se manifester lorsque le verbe est rejeté en fin de proposition. Dans les énoncés ci-dessous le [ɔ́] en finale du nom objet est la réalisation de |á|. Le même informateur qui prononçait la négation |sè´|, [sɨ̌] au perfectif et [sɔ̌] à l'imperfectif, prononçait la négation |kè?´|, [kì?í] au perfectif et [kì?é] à l'imperfectif, la voyelle [ɛ] étant la réalisation du |á| initial de la forme verbale.

Présentation synoptique du verbe au Futur Imperfectif dans tous les contextes

à m⁺ɨ kè?é mbú?ɔ́   ɣé   "Il ne sera pas à défricher."
à m⁺ɨ kè?é ndz⁺ɔ́bⁿɔ́ ɣé   "Il ne sera pas à chanter."

|(à m⁺ɨ kè?é) ándzɔ̀bá mìkòm´ a|	à m⁺ɨ kè?é ndzⁿɔ̀bⁿɔ́ mík̀ɔ̀mɔ́
|(à m⁺ɨ kè?é) ásóbá mìbɔ̀?´ a|	à m⁺ɨ kè?é sóbɔ́ míbɔ̀?ɔ́

|(à m⁺ɨ kè?é) ándzɔ̀bí`` mìkòm´ a|	à m⁺ɨ kè?é ndz⁺ɔ́bì mìkòmɔ́
|(à m⁺ɨ kè?é) ásóbí`` mìbɔ̀?´ a|	à m⁺ɨ kè?é sóbì mìbɔ̀?ɔ́

|(à m⁺ɨ kè?é) ándɔ̀ɣí`` ǹdzàm´ a|	à m⁺ɨ kè?é nd⁺ɔ́ɣì ǹdzàmɔ́
|(à m⁺ɨ kè?é) ámbéʔí`` ǹdzàm´ a|	à m⁺ɨ kè?é mbéʔè ǹdzàmɔ́

|(à m⁺ɨ kè?é) ámbòmí`` á ǹdəm` a|	à m⁺ɨ kè?é mb⁺ómɔ̌ ndəmɔ̀
|(à m⁺ɨ kè?é) ándéɣí`` á ǹdəm` a|	à m⁺ɨ kè?é ndéɣɔ̌ ndəmɔ̀

etc. (*cf.* le P₀I).

6.3. L'impératif

Imp I	–	–	kè?´	án-V-á/í``

Bien que l'impératif soit dépourvu de pronom, c'est la variante correspondant à la 2ème pers. sg. qui s'utilise, soit **kò?ó**.

Présentation synoptique du verbe à l'Impératif Imperfectif dans tous les contextes :

|kè?í ámbú?á ɣe| kò?ó mbú?ɔ́ ɣé   "Ne sois pas à défricher!"
|kè?í ándzɔ̀bá ɣe| kò?ó ndzˈɔ́bᵗɔ́ ɣé   "Ne sois pas à chanter!"

kò?ó ndzˈɔ́bᵗɔ́ mɨ́kòmɔ́
kò?ó sóbɔ́   mɨ́bɔ̀?ɔ́

kò?ó ndzˈɔ́bì mìkòmɔ́
kò?ó sóbì   mìbɔ̀?ɔ́

kò?ó ndˈɔ́ɣì ndzàmɔ́
kò?ó mbé?è ndzàmɔ́

kò?ó mbˈómɔ̌ ndɔ̀mɔ̀
kò?ó ndéɣɔ̌   ndɔ̀mɔ̀   etc. (*cf.* le P₀I).

6.4. Le successif

6.4.1. Forme

Suc I	S₂	–	kè?´	án-V-á/í``

Présentation synoptique du verbe au Successif Imperfectif dans tous les contextes :

|á kè?´ ámbú?á ɣe| á kè?é mbú?ɔ́ ɣé   "...et il ne défriche pas."
|á kè?´ ándzɔ̀bá ɣe| á kè?é ndzˈɔ́bᵗɔ́ ɣé   "...et il ne chante pas."

á kè?é ndzˈɔ́bᵗɔ́ mɨ́kòmɔ́
á kè?é sóbɔ́   mɨ́bɔ̀?ɔ́

á kè?é ndzˈɔ́bì mìkòmɔ́
á kè?é sóbì   mìbɔ̀?ɔ́

á kè?é ndˈɔ́ɣì ndzàmɔ́
á kè?é mbé?è ndzàmɔ́

á kè?é mbˈómɔ̌ ndɔ̀mɔ̀
á kè?é ndéɣɔ̌   ndɔ̀mɔ̀   etc. (*cf.* le P₀I).

6.4.2. Emploi

m⁺ɔ́ŋ gw⁺á kî̀   ŋk⁺ú̀ù⁺ʹ // ndzɔ̀ŋ //   ŋkó //   ɲàm zá kè̀ʔé
enfant le *S*+aussi courir *C[-F]*+suivre *C[-F]*+entrer animal le *S*+*Nég*+

ndzę̂   m⁺ɔ́ŋ g⁺wá
voir+*I*+*Fo* enfant le...

"L'enfant le (l'animal) suivit en courant et entra ; l'animal ne voyait pas l'enfant…"

m⁺ɔ́ŋ gw⁺á kə̂   dzú́ɔ́ // á kè̀ʔé   m⁺ɔ́ŋ g⁺wá ndz⁺ę́ ɣé
enfant le *S*+aussi manger+*I* *1* *S*+*Nég* enfant le voir+*I* *Me*

"L'enfant aussi mangeait ; il (l'animal) ne voyait pas l'enfant."

6.5. L'exhortatif

6.5.1. Forme

Exh I	S₃	–	kè̀ʔ´	án-V-á/ǐ`

Présentation synoptique du verbe à l'Exhortatif Imperfectif dans tous les contextes

|(á) à kè̀ʔé ámbúʔá ɣe| â kè̀ʔé mbúʔɔ́ ɣé   "Qu'il ne soit pas à défricher!"/
                                                      "…et il ne sera pas à défricher."

|(á) à kè̀ʔé ándzɔ̀bá ɣe| â kè̀ʔé ndz⁺ɔ́b⁺ɔ́ ɣé   "Qu'il ne soit pas à chanter!"/
                                                      "…et il ne sera pas à chanter."

â kè̀ʔé ndz⁺ɔ́b⁺ɔ́ mǐkòmɔ́
â kè̀ʔé sóbɔ́ mǐbɔ̀ʔɔ́
___

â kè̀ʔé ndz⁺ɔ́bì̀ mì̀kòmɔ́
â kè̀ʔé sóbì̀   mì̀bɔ̀ʔɔ́
___

â kè̀ʔé nd⁺ɔ́ɣì̀ ndzàmɔ́
â kè̀ʔé mbéʔè̀ ndzàmɔ́

â kè̀ʔé mb⁺ómɔ̌ ndə̀mə̀
â kè̀ʔé ndéɣɔ̌   ndə̀mə̀   etc. (*cf.* le P₀ I).

6.5.2. Emploi

tsè̀ʔè̀   tsó   mb⁺áʔ⁺á à bèn⁺í̀   mb⁺ɔ́mə̀ láʔá // ŋgɔ̌   bì̀ kè̀ʔé
juste comme que *1* *P₀*+être+*R* coutume pays que+que *2* *Exh*+*Nég*

ŋwồ   á   nt⁺ɔ́ʔ⁺ɔ́ ŋkɔ́ntɔ́   lá…
personne *Loc* palais chasser+*I* *Ma*

"En accord avec la coutume selon laquelle on ne doit chasser personne du palais…"

6.6. Le conditionnel

Cd I	S₂	´	tú-í	í` -V- á`/á` nà

Présentation synoptique du verbe au Cd Imperfectif dans tous les contextes

|á ´túí ´ìzòbá` ɣe| á tú zɔ̀bə̂ ɣè   "(s') il ne chante pas."
|á ´túí ´ìbúʔá` ɣe| á túᵗˊbↆúʔə̀ ɣè   "(s') il ne défriche pas."

á tú   zɔ̀bə́nə̀   mìkòmə́
á túᵗˊ sↆóbə̀nə̀   mìbɔ̀ʔɔ́

á tú   lɔ̀ɣə́nə̀   ndzàmə́
á túᵗˊ bↆéʔènə̀   ndzàmə́

á tú   bòmə́nə̌   ndə̀mə̀
á túᵗˊ lↆéɣə̀nə̌   ndə̀mə̀

á tú   sùɣə́nə̀   mìdzɨ́ɨ̀ə̀
á túᵗˊ bↆúʔə̀nə̀   mìʃòmə́

á tú   lɔ̀ɣə́nə̀   ŋgúbə̀
á túᵗˊ fↆúrə̀nə̀   ŋgúbə̀

á tú   bòmə́nə̌   ŋkᵗúmə́
á túᵗˊ lↆéɣə̀nə̌   ŋkᵗúmə́

á tú   wàɣə́nə̀   káŋə̀
á túᵗˊ fↆúrə̀nə̀   káŋə̀

6.7. Le consécutif

6.7.1. Le consécutif non futur

C[-F] I	–	ǹ	kèʔ´	án-V-á/í``

Présentation synoptique du verbe au C[-F] Imperfectif dans tous les contextes

ŋkèʔé   ndzᵗɔ́bↆɔ́   ɣé
ŋkèʔé   sóbɔ́   ɣé

ŋkèʔé   ndzᵗɔ́bↆɔ́   míkòmə́
ŋkèʔé   sóbɔ́   míbɔ̀ʔɔ́

ŋkèʔé   ndzᵗɔ́bì mìkòmə́
ŋkèʔé   sóbì   mìbɔ̀ʔɔ́

ŋkèʔé   ndᵗɔ́ɣì ndzàmə́
ŋkèʔé   mbéʔè ndzàmə́

ŋkèʔé   mbᵗómə̌ ndə̀mə̀
ŋkèʔé   ndéɣə̌   ndə̀mə̀   etc. (*cf.* le P₀ I).

308

6.7.2. Le consécutif futur

| C[+F] I | – | í` | kè?´ | án-V-á/í` ` |

Présentation synoptique du verbe au C[+F] Imperfectif dans tous les contextes

íkè?é ndz⁺ɔ́b⁺ɔ́ ɣé
íkè?é sóbɔ́   ɣé

íkè?é ndz⁺ɔ́b⁺ɔ́ míkòmɔ́
íkè?é sóbɔ́   míbɔ̀?ɔ́

íkè?é ndz⁺ɔ́bì mìkòmɔ́
íkè?é sóbì   mìbɔ̀?ɔ́

íkè?é nd⁺ɔ́ɣì ndzàmɔ́
íkè?é mbé?è ndzàmɔ́

íkè?é mb⁺ómɔ̌ ndɔ̀mɔ̀
íkè?é ndéɣɔ̌   ndɔ̀mɔ̀   etc. (*cf.* le P₀ I).

7. LES AUXILIAIRES

7.1. Introduction

Un verbe est très souvent précédé d'un, ou même de deux, auxiliaires (rarement plus). Sont traités d'auxiliaires les termes qui, se conjuguant librement, sont suivis d'un verbe qui, lui, se présente exclusivement au consécutif ou quelquefois, à l'aspect imperfectif, sous une forme probablement d'origine locative (*cf.* 7.1.1.).

En tenant compte de leur sens, on peut répartir ces auxiliaires en cinq groupes.

1. Les auxiliaires temporels 1

Ils ont une valeur temporelle relative. Il s'agit de : |tsí|, |kwén| ou |kyén|, |kwáŋ| ou |kyáŋ|, |lò| et |yùu|.

Ils sont d'origine verbale : les verbes dont ils sont issus sont respectivement : |tsí| "être, exister", |kwén| "rentrer (chez soi)", |kyáŋ| "initier", |lò| "venir de", |yùu| "dire" ou "faire". |kyén| et |kwáŋ| sont probablement des allomorphes de |kwén| et |kyáŋ| respectivement, dans leur statut d'auxiliaire.

|lò| et |yùu| sont attestés dans les textes dépouillés avec les deux statuts (auxiliaire et verbe) dans une même construction :

tsÈʔÉ   tsŏ   mbˈáʔˌá   mà lònˈí   ndŏ   ándzùm   yì   lá…
juste   comme   que   je P₀+*Aux*+R C[-F]+venir de *loc*+derrière ce-là *Ma*
"Juste comme je suis arrivé de là-bas derrière…"

mà yûu   ŋgˈúu //   mˈá fùʔɔ́ //   ǹtíʔí   séʔétí   mâtsé
je S+*Aux* C[-F]+dire je Pr+récolter+I C[-F]+alors C[-F]+ramasser 6+quelque
mˈá   lˈíʔɔ̀
dans champ+*Me*
"Plus tard je veux faire une récolte [mais] je glane alors peu de nourriture dans le champ."

2. Les auxiliaires temporels 2

|láʔ| "jamais" marque l'éloignement, |fòm| "en premier", |tíʔ| "puis" et |bí| "immédiatement", |tí| ou |tíni| "à peine [...] que", "avant même que", etc. indiquent la chronologie.

De ces cinq auxiliaires, seul |bí| peut être mis en relation avec un verbe, à savoir |bí| "être mûr, être à point". Le sens de l'auxiliaire semble compatible avec celui du verbe.

3. Les auxiliaires de fréquence

|yáʔ| "souvent", |bàn| "encore" et |kwìʔ| "encore" sont d'origine verbale. Les verbes dont ils sont issus sont respectivement |yáʔ| "être abondant", |bàn| "retourner" et |kwìʔ| "ajouter, accroître".

|bàn| est attesté dans les textes dépouillés avec les deux statuts (auxiliaire et verbe) dans une même construction :

á ŋk[↑]wệfọ̀ mà bâ̰   mb[↑]ṹŋ[↓]ɔ́   mûndá…
Loc soir   je *S*+<u>encore</u> *C[-F]*+<u>retourner</u>+*Loc* maison
"Le soir, je retournai encore à la maison…"

4. Les auxiliaires de manière

|ɲá?| "doucement", |wàŋnì| ou |yàŋnì| "rapidement" et |láni| "vraiment".

Il n'y a pas de verbes correspondant à |ɲá?| "doucement" et à |láni| "vraiment" mais |yàŋnì| "rapidement" est peut-être issu du verbe |yàŋ| "être léger".

5. L'auxiliaire de « parallélisme »

|kí| "aussi". Il n'y a pas de verbe correspondant à cet auxiliaire.

Dans la mesure où plusieurs auxiliaires sémantiquement compatibles se succèdent, ils semblent s'ordonner de préférence comme suit : auxiliaires temporels 1, auxiliaires temporels 2, auxiliaires de fréquence, auxiliaire de "parallélisme", auxiliaires de manière.

7.1.1. La proposition est affirmative

Auxiliaire(s) et verbe forment ainsi une chaîne verbale :
$$[Aux_1 + (Aux_2) + Verbe]$$
Seul Aux_1 se conjugue librement. Les autres verbaux (Aux_2 et/ou le verbe) sont au consécutif :

– ils sont invariablement au consécutif futur après |tí|/|tíni| "à peine [...] que"
– après les autres auxiliaires, ils sont au consécutif futur (C[+F]) si Aux_1 est lui-même au C[+F] ou au futur de l'indicatif, et au consécutif non futur (C[-F]) dans tous les autres cas[47].

Dans les exemples ci-après, Aux_1 est conjugué successivement, au futur de l'indicatif (le verbe est donc au C[+F]), au P_0 de l'indicatif et au successif (Aux_2 et/ou le verbe sont donc au C[-F]) :

ndz[↑]ɔ́b[↓]ɔ́   dzàŋɔ́ //   mb[↑]á?à m[↑]í l[↓]ánî   z[↓]ú?ú   ʃí?ìnɔ́
C[-F]+chanter façon   que+*1* *Fut* <u>vraiment</u> *C[+F]*+<u>entendre</u> bien+*Me*
"…et il chanta de façon à ce qu'il l'entende vraiment bien."

mà lŏ   fòm   ntsí   yḛ̂   "J'étais là le premier."
je *P₀*+*<u>Aux</u>* *C[-F]*+<u>d'abord</u> *C[-F]*+<u>être</u> ici+*Me*

á tí?í   ŋgw[↑]áŋn[↓]í   mbúyú…   "…alors rapidement elle cria…"
1 *S*+<u>alors</u> *C[-F]*+<u>rapidement</u> *C[-F]*+<u>crier</u>

Lorsque le procès est présenté comme habituel, ou considéré dans son déroulement, etc., la règle générale veut qu'auxiliaire(s) et verbe soient à l'imperfectif :

---

[47] Cette contrainte fait partie des règles de concordance modo-temporelle qui seront présentées en V.3. à propos des chaînes de propositions.

|má ˋfòmá   mbúʔá   ɣe| má fòmɔ́ mbúʔɔ́ ɣé
je   Pr+d'abord+I C [-F]+défricher+I Me
"Je suis d'abord à défricher."

ìɲàm   tsùm tsùm tíʔɔ̀   mbᵗóm ꜝɔ́…
animaux tous tous S+alors+I C[-F]+se rencontrer+I
"Alors, tous les animaux se rassemblaient…"

Cependant, à l'indicatif et au relatif, si la référence temporelle est au présent, Aux₁ peut être au perfectif (d'où l'emploi du P_0 "présent" perfectif, et non pas du Pr présent imperfectif, dans les exemples ci-dessous). Le deuxième verbal (Aux₂ ou le verbe) se présente alors sous une forme probablement d'origine locative :

|mà fòmɪ́ˋ   ámbúʔá   ɣe| mà fòmᵗɔ́ mbꜜúʔɔ́ ɣé
je P_0+ aussi défricher+I Me
"Je suis d'abord à défricher."

ízꜜɛ́   ŋwɔ̀ŋ gwá // mbᵗáʔà lànínᵗɔ́   ŋgyìŋɔ́…
C[+F]+voir personne Rel   que+I P_0+vraiment+R venir+I
"…et il verra la personne qui réellement vient…"

Cette deuxième tournure est la seule possible avec les auxiliaires temporels (1) :

|mà kì tsíɪ́ˋ   ámbúʔá ɣe| mà kì tʃèᵗˊmbꜜúʔɔ́ ɣé
je P_1 Aux   défricher+I Me
"J'étais à défricher."

7.1.2. La proposition est négative

7.1.2.A. La négation est | sèˊ| , | kèʔˊ| ou | tú|

Les auxiliaires temporels (1) précèdent la négation (ce n'est pas la référence temporelle qui est niée mais le procès). Les auxiliaires temporels (2) autres que |tí|/|tíni| sont attestés soit avant, soit après la négation[48]. Les autres auxiliaires et le verbe la suivent :

$$[\text{Aux}^{\text{Tps1}} + \text{Nég} + \text{Aux}_2 + \text{Verbe}]$$

à lŏ   ŋkèʔé   yàɲnì   ŋkᵗúʔꜜɔ́   ndʒùʔú   mâŋkùŋɔ́
1 P_0+Aux C[-F]+Nég rapidement C[-F]+atteindre+Loc concession Mankon+Me
"Il n'a pas atteint rapidement le cœur de Mankon."

– Lorsque la négation est |sèˊ| ou |kèʔˊ|, le premier verbal à la suivre apparaît sous la "forme négative" V-ɪ̀ (cf. les auxiliaires |kwìʔ| "encore" et |bɔ̀n| "encore" dans les exemples ci-après) et les verbaux suivants sont au consécutif non futur (C[-F]) :

nìmàŋɔ̀ ɣúu // zú tʃᵗí   kèʔé   kwìʔì ntsᵗáyꜜɪ́…
civette+I S+dire elle P_0+être C[+F]+Nég encore C[-F]+envoyer
"La civette dit qu'elle (la civette) ne peut plus l'épargner…"

---

[48] Cf. |láʔ| "jamais" en 7.3.1. et |tíʔ| "puis" en 7.3.3. L'emploi de |tí|/|tíni| est incompatible avec celui d'une négation (cf. 7.3.5.).

à s†é↓ˊ   bə̀   ndzén   tsὲʔὲ   táʔà   màŋgyě
1 P₂+Nég encore *C[-F]+*voir juste unité femme+*Me*
"Il n'aperçut même plus une seule femme."

– Lorsque la négation est |tú|, auxiliaire(s) et verbe sont au consécutif futur :

à lŏ   nt†ú   ɲ↓áʔá   k↓ó //   múŋ m†ɔ́ŋ g↓wâ   bùyɔ̂
1 *P₀+Aux C[-F]+Nég C[+F]+*doucement *C[+F]+*entrer alors enfant le+1 *P₀+*pleurer+*Me*
"si elle n'était pas entrée doucement, l'enfant aurait pleuré."

> REMARQUE 1 : d'après les critères formels énoncés en 7.1.1., la négation |tú| est elle-même un auxiliaire. En effet, comme l'illustre d'ailleurs l'exemple ci-dessus, les auxiliaires et/ou le verbe qui suivent |tú| sont au consécutif. Certes, seul le consécutif futur est employé, mais c'est aussi le cas après l'auxiliaire d'immédiateté |tɨ́|, qui lui-même aurait pu être traité d'auxiliaire de négation, dans la mesure où son emploi exclut celui d'une négation et où les différents sens qu'il prend en contexte incluent souvent un trait négatif.
>
> On a choisi malgré tout de ne pas présenter |tú| dans ce chapitre sur les auxiliaires pour deux raisons : 1) son emploi se restreint à l'expression négative de l'hypothétique (*cf.* le conditionnel en 4.7. et l'hypothétique (domaine de l'imaginaire) en V.5.3.2.) ; 2) son sens est purement négatif.

– Lorsque, en présence de l'une des trois négations |sὲˊ |, |kὲʔˊ |, et |tú|, le verbe est rejeté en fin de proposition, les auxiliaires (autres que les auxiliaires temporels) font bloc avec lui et sont donc aussi rejetés :

$$[\text{Aux}^{\text{Tps}} + \text{Nég} + [...] + \text{Aux} + \text{Verbe}]$$

mbúʔú ŋgŭ mà tsĭ   kàʔá   mb†ô ɲwὸ   yàŋnì ŋgá
parce que   je *P₀+*être *C[+F]+Nég* à   personne vite   *C[-F]+*donner+*Me*
"…parce que je ne peux pas le donner facilement à quelqu'un."

fámìlὲ   yə̀   s†é↓ˊ   yán kwĭʔì   ndʒé
famille   ma+*1 P₂+Nég+Fo* me   encore connaître+*Me*
"Ma famille ne me reconnut pas."

7.1.2.B. La négation est |ká|

Lorsque la négation est |ká|, tous les verbaux, sauf le premier sont au C[-F] :

k†á bì b†ɔ́   ndʒ↓έ   wá níɣàm nál†áʔ↓á   níŋə̀
Nég 2 encore *C[-F]+*savoir+*Fo* eux langue pays   ce-ci+*Me*
"Ils ne connaissent plus la langue de ce pays."

7.2. Les auxiliaires temporels 1

7.2.1. | tsí|

L'auxiliaire |tsí| permet de faire un retour en arrière par rapport à un repère temporel, moment d'énonciation ou autre. Mais il n'est attesté qu'à l'indicatif non futur et au relatif. (En tant que verbe plein, |tsí| signifie "être, exister"[49]. Il connaît un usage extrêmement fréquent).

---

[49] Certains informateurs prononcent [tsɨ́] le verbe et [tʃɨ́] l'auxiliaire.

zúu kì tʃǐ nts⁺áɣì   ntsù   yé b⁺é nd⁺óm b⁺áɣə̀ nt⁺úŋ...
elle *P₁* *Aux* *C[-F]*+envoyer bouche sa *Foc* chemin côté bas
"Elle s'était tournée mais vers le bas..."

mà kì tʃǐ ŋgyè nî ŋgwê ɣàŋ gwê // ìsúŋ⁺ɔ́ mb⁺ó yò l⁺á ŋg⁺ɔ́ kè
je *P₁* *Aux* *C[-F]*+venir avec femme ma ce-ci *C[-F]*+dire à toi *Foc* que quoi?
"Lorsque j'ai ramené ma femme, qu'est-ce que je t'ai donc dit?"

zúu kì tʃǐ ŋgyè nd⁺á l⁺é // ǹtíʔɔ́   ŋg⁺ó̌⁺´   yé
elle *P₁* *Aux* *C[-F]*+venir maison hein *C[-F]*+puis+*I* *C[-F]*+être malade+*I* *Me*
"Elle était rentrée à la maison, puis avait été malade."

à kì ts⁺í nt⁺úuɣí // ŋg⁺ɔ́ mà l⁺ó ŋg⁺á   mílù?ə̀
1 *P₂* *Aux* *C[-F]*+décider que+que je *Exh*+*Aux* *C[-F]*+donner vin+*Me*
"Il avait décidé que je devrais donner du vin."

ndɔ̀ɣí   níbàŋə̀ nǎ // mb⁺áʔ⁺á ɲàm zâ tʃìn⁺í   ndèn   dá
C[-F]+prendre sifflet *Rel* que animal le *P₀*+*Aux*+*R* *C[-F]*+ranger *Ma*
"...et il prit le sifflet que l'animal avait rangé..."

ŋg⁺ú⁺´   tsǒ // mb⁺áʔà tʃìn⁺í s⁺úŋɔ́
C[-F]+faire comme que+*I* *P₀*+*Aux*+*R* *C[-F]*+dire+*Me*
"...et il le préparait comme il l'a dit (plus tôt dans la conversation)."

bí tóŋə̀   ɲ⁺ê ntàŋ zá // mb⁺áʔ⁺á bí tʃìnê   ŋgám   ndâ
2 *S*+souffler contre trompette *Rel* que *2* *P₀*+*Aux*+*A* *C[-F]*+parler *Ma*
"On l'envoyait par la trompette qu'on a déjà mentionnée (plus tôt dans la conversation)."

7.2.2. | kwén | ou | kyén | ; | kwáŋ | ou | kyáŋ |

|kwén| et |kyáŋ| sont en variation avec |kyén| et |kwáŋ| respectivement. (Il existe un verbe |kwén| "rentrer à la maison" et un verbe |kyáŋ| "initier", "inaugurer" d'où sont issus sans aucun doute les auxiliaires |kwén| et |kyáŋ|, mais ni verbe |kyén| ni verbe |kwáŋ|).

Ces auxiliaires ont la même valeur que |tsí|. Mais ils s'emploient dans des constructions, outre celles de l'indicatif non futur et du relatif, où |tsí| n'est pas attesté, notamment le successif (S) et le consécutif non futur (C[-F]) :

à kw⁺áŋ mb⁺é ntsà mbyì // mbɔ̀ŋɔ́   ŋgǎn s⁺úŋə̀ nùə̀ ŋwî y⁺én d⁺á //
1 *P₂*+*Aux* *C[-F]*+être auparavant avant+que missionnaires *Exh*+venir *Ma*
bí tʃê   mâ lá?á wên...
2 *S*+être+*Loc* même pays ce-ci
"Auparavant, avant que les missionnaires arrivent, il y avait dans ce pays même..."

ǹtúmɔ́   ní mìkɔ̌ŋ má mâ // mb⁺á?⁺á bó kwá⁺ŋnɔ́ nt⁺íʔítɔ́...
C[-F]+tirer+*I* avec sagaies leurs *Rel* que eux *P₀*+*Aux*+*R* tenir+*I*
"...et tiraient avec leurs sagaies qu'ils avaient tenues..." (sous-entendu : "depuis le début de leur chasse")

ndz⁺éɣ⁺í   ndâ ʒ̀ì tsè?é dzàŋɔ́ // mb⁺áʔà kwàŋn⁺ɔ́ ndzèɣɔ́   lá
C[-F]+balayer maison sa juste façon que+*I* *P₀*+*Aux*+*R* balayer+*I* *Ma*
"...et il balaya sa maison juste comme d'habitude..."

314

ànúɔ́ mbə̀ŋ zíŋə̀ k↑í mb↓é tsɛ̀ʔɛ̀ ndə̀ŋ // à kwɛ̀n↑í s↓úŋ lâ
chose pluie ce-ci+7 P₂+aussi C[-F]+être juste sorte 1 R₀+ _Aux_+R C[-F]+dire Ma
"Ce truc de la pluie était aussi comme il l'a dit [plus tôt] (dans la conversation)"

bàŋgyè bínt↑ɔ́ʔɔ́ b↓á bí kwɛ̂ ndáʔá ntsí lá // wùtsé kɛ̀ʔé
femmes palais les 2 S+ _Aux_ C[-F]+jamais C[-F]+être Ma une S+ _Nég_

dʒwîə̀
donner le jour+_Me_
"[Jusqu'alors,] aucune des femmes du chef n'avait jamais accouché."

á kyê ŋgy↑é nts↓ɔ́ʔɔ́tí ŋkábə̀
1 S+_Aux_ C[-F]+venir C[-F]+prendre argent+_Me_
"Il était venu et avait emprunté de l'argent."

ìmòɣí tʃ↑é t↓ú ɣò lá // í kw↑áŋ nts↓í wú lé // [...] bé ò kwɛ̧́
feu P₀+être+_Loc_ tête toi Ma 3 S+_Aux_ C[-F]+être là hein si tu Cd+_Aux_

súŋ zò ŋ̀kfù // ŋgûu ŋgà zò bàŋɔ́ yí bàŋnɔ́ // zú kúʔì̀
C[-F]+dire ton temps que crête ta P₀+être rouge elle être rouge lui S+_Nég_

mòmtì̀ // ndzé // ŋg↑úu k↓á ìmòɣí tʃé yí wú lê
toucher C[-F]+voir que _Nég_ feu être lui là hein+_Me_
"...il y a du feu sur ta tête ; il y est comme avant, hein! [...] Quand [l'autre jour] tu as
souhaité toi-même me dire que ta crête était seulement rouge, ne l'ai-je pas touchée et
constaté qu'il n'y avait pas de feu, hein ?"

zàm↑ɔ́ʔ↓ɔ́ tsí // mbê ɣâŋnɔ́ zăŋgɔ̀ʔɔ́ zíŋə̀ ts↑í // ŋkí
autre S+être C[-F]+être hirondelle celle de la pierre ce-ci+7 S+être C[-F]+aussi

ŋkyé mbé
C[-F]+ _Aux_ C[-F]+être+_Me_
"Il y en a une autre (potion), l'hirondelle ; celle[-ci] de la pierre, elle date aussi de long-
temps."

7.2.3. | lò |

Conjugué aux P₀ de l'indicatif et du relatif, l'auxiliaire |lò| situe un procès plus tôt
dans la journée (en tant que verbe |lò| signifie "venir de", "se lever") :

l↑ɔ̧́ t↓úə̀ // mà lŏ fòm ntsí ɣɛ̧̀
Imp+éclaircir tête+_Me_ je P₀+_Aux_ C[-F]+d'abord C[-F]+être ici+_Me_
"Attention ! J'étais là le premier."

à lŏ ŋk↑ó ŋkǔŋ tɛ̧̂ tʃwì...
1 P₀+_Aux_ C[-F]+saisir queue père antilope
"Il a saisi la queue de compère Antilope..."

ò lŏ nt↑ámtɔ́ yí ŋg↓ɔ́ kè
tu P₀+_Aux_ C[-F]+tromper le que quoi ?
"Pourquoi m'as-tu trompé ?"

tsɛ̀ʔɛ̀ tsŏ mb↑áʔ↓á mà lòn↑í ndŏ á ndzùm yì lá
juste comme que je P₀+_Aux_+R C[-F]+venir de _Loc_ derrière ce-là Ma
"Juste quand je suis arrivé de par derrière, là-bas..."

315

ò lŏ fˈúɣí mîŋkàʔà míŋkyˈérí míntárɔ́ lá nùɔ́ kè
tu P₀+*Aux* C[-F]+sortir flèches arc trois *Foc* chose quoi?
"Pourquoi donc as-tu sorti trois flèches ?"

– Aux autres constructions, il indique qu'un procès aura lieu, ou a eu lieu, à partir du lendemain d'un point de repère donné :

zûu sˈéↆ ʒí // ŋgǔu má lŏ lˈáʔá tsↆí ní mὸ //
lui P₂+*Nég* savoir que je+*Fut Aux* C[+F]+jamais C[+F]+être avec enfant

tsí dʒwìɔ́
C[+F]+être C[+F]+accoucher+*Me*
"Il ne savait pas que je serais un jour enceinte et que je pourrais accoucher."

à kì tsˈí ntↆúɣí // ŋgↆɔ́ màlˈó ŋgↆá mílùʔɔ̀
1 P₂ *Aux* C[-F]+décider que+que je *Exh*+*Aux* C[-F]+donner vin+*Me*
"Il avait décidé que je devrais donner du vin."

bó [...] kûuɪ ɲˈéʔↆé ndá zↆâ // mbɔ̂ŋ ndá lô ndáʔá
eux *S*+courir C[-F]+abandonner maison la propriétaire maison *S*+*Aux* C[-F]+jamais

ŋkèʔé bâ ŋkˈwíʔↆí ŋgǔu // zúu yě lˈɔ́ŋtɔ́...
C[-F]+*Nég* encore C[-F]+encore C[-F]+dire lui+*Fut* venir C[+F]+regarder
"Tous deux [...] s'enfuirent et abandonnèrent la maison. Jamais par la suite, le propriétaire n'envisagea de revenir jeter un coup d'œil..."

7.2.4. | ɣùu |

|ɣùu| (issu des verbes |ɣùu| "faire" ou |ɣùu| "énoncer") évoque un moment plus proche de l'instant d'énonciation (ou tout autre repère temporel) que |lò|.

– En ce qui concerne l'indicatif non futur, c'est au P₀ A (aspect achevé) qu'il est bien attesté dans les textes. On peut dire qu'il sert, dans ce cas, à actualiser le procès (*cf.* dans les deux premiers exemples ci-dessous l'emploi concomitant de l'expression temporelle (á) ndʒ ↆwí wê, *litt.* : "en ce jour-ci"), à le rendre plus récent par rapport au point de repère temporel que les procès mentionnés jusqu'alors (d'où quelquefois dans la traduction libre l'expression "plus tard") :

à ɣùunɔ̂ mbↆé ndʒↆwí wê // á súŋɔ̀ mbↆô bὸ byí...
1 P₀+*Aux*+A C[-F]+être jour ce-ci *1* *S*+dire à enfants ses
"Un jour, elle dit à ses enfants..."

sílùmɔ̀ ɣùunɔ̂ ndↆó ndʒↆwí wê // fú...
Silum P₀+*Aux*+A C[-F]+lever jour ce-ci C[-F]+sortir
"Un jour, plus tard, après s'être levée, Silum sortit..."

ndʒwí ɣùunɔ̂ ndán // mↆɔ́ŋ gↆwá á kûu ndↆóↆ tↆúu...
jour P₀+*Aux*+A C[-F]+être clair enfant ce *1* *S*+aussi C[-F]+lever debout
"A l'aube, l'enfant se leva..."

bↆó zↆúu ɣùunɔ̂ ŋkwɛ́ nↆíɣↆán á ndʒwↆí wénɔ̀ // àŋkùuʔɔ́ súŋ...
eux lui P₀+*Aux*+A C[-F]+revenir voyage à jour ce-ci coq *S*+dire
"Plus tard, un jour qu'ils étaient de retour d'un voyage, Coq dit..."

nìmí   yě   yùnə̂   ŋkfwó //   bí   twə́ŋ //   mètí //   sílùmə̀   kî
mère   sa   P₀+*Aux*+A   C[-F]+mourir   2   S+ enterrer   C[-F]+finir   Silum   S+aussi

ŋg↑ú...
C[-F]+faire

"Plus tard, après la mort et l'enterrement de sa mère, Silum fit..."

ǹtʃwì   ʒì   zâ   yùnə̂   ŋkwí //   ɲ̀àm   zìtsé   yíŋə̂ //   ŋkfúrù...
maïs   son   le   P₀+*Aux*+A   C[-F]+pousser   animal   certain   S+venir+I   C[-F]+manger+I

"Plus tard, une fois son maïs poussé, un animal venait et le mangeait..."

– Au futur de l'indicatif et aux autres modes, il indique que le procès ne commencera pas immédiatement après un point de repère donné, mais plus tard :

zûu   m↑í   k↓ó   zə̀ŋínə̂   ɲàm   zên   tsὲʔὲ   zə̀ŋnɔ́ //   íɣŭ
lui   *Fut*   aussi+I   C[+F]+suivre+I   animal   ce-ci   juste   suivre   C[+F]+*Aux*

yě   z↑ę́   d↓íʔí   zǎ //   mb↑á?à   m↑í   yě   k↑úŋɔ́
C[+F]+aller   C[+F]+voir   endroit   *Rel*   que+I   *Fut*   aller   C[+F]+entrer+*Me*

"Lui, de son côté, ne ferait que suivre cet animal et il verrait où l'animal rentrerait."

ò   ɣ↑ú   ntʃ↓íʔɔ́   mɔ́ŋ   gw↓ê //   ò   tsâ   á   by↑ę́...
tu   *Cd*+*Aux*   C[-F]+secouer   enfant   ce-ci   tu   S+passer   *Loc*   dehors

"Lorsque tu seras en travail, tu sortiras..."

à   ɣènə̂   níɣ↑áŋ   gw↓á   l↓á //   ŋgwê   yí   w↑á   ɣûu   ntʃ↑íʔ↓ɔ́
1   P₀+aller+A   voyage   le   *Ma*   femme   sa   la   S+*Aux*   C[-F]+secouer

m↓ɔ́ŋ   gw↓á...
enfant   le

"Quelque temps après son départ, sa femme fut en travail..."

bí   tíʔí   ntsí   lá //   ŋ̀gùʔì   ɣûu   ŋgv↑wó   t↓én   tsὲʔé
2   S+alors   C[-F]+ être   *Ma*   courge   S+*Aux*   C[-F]+produire   calebasses   juste

t↑ú↓ˊ   bàŋgyè   bínt↑ɔ́ɔ́   b↓á...
tête   femmes   du palais   les

"La vie continua ainsi. Au bout d'un certain temps, la courge produisit juste autant de calebasses qu'il y avait de femmes de chef..."

7.3. Les auxiliaires temporels 2

7.3.1. | láʔ | "jamais", "un jour"

Cet auxiliaire permet d'insister sur l'éloignement dans le temps (passé ou futur) d'un procès. Il est souvent précédé des auxiliaires |lò| ou |ɣùu| quand la référence est au futur :

lùʔùu   ŋkwá[50]   ŋwὸ̣   tsé   lô   ndá?í   ntsí   wú   lê...
                  personne   une   S+*Aux*   C[-F]+jamais   C[-F]+être   là   hein+*Me*

"Il était une fois une personne, hein!..."

---

[50] L'une de mes informatrices a utilisé cette expression, intraduisible, au début de plusieurs de ses contes. Elle fait alors toujours précéder le verbe des deux auxiliaires temporels |lò| et |láʔ|, |lò| étant conjugué au successif.

317

zûu sᵗéↆˊ   ʒí //   ŋgŭu má   lŏ   lᵗáʔá   tsↆí   ní   mↆó̧
lui P₂+Nég savoir que je+Fut Aux C[+F]+jamais C[+F]+être avec enfant
"Il ne savait pas que je serais un jour enceinte…"

mà láʔá   ŋgè   ntʃᵗé   dↆíʔə̀ tsé…
je Cd+jamais C[-F]+aller C[-F]+rester endroit certain
"Si jamais, un jour, je vais vivre dans un certain endroit…"

zú   ɣᵗúu   ndↆáʔá   ndzé //   zú   bɔ̂ŋ   nɔ̆ŋ   lyé
elle Cd+Aux C[-F]+jamais C[-F]+voir elle S+ être bon C[+F]+coucher C[+F]+dormir

fílyê
sommeil+Me
"Si jamais elle les voit, alors elle se couchera et dormira."

wérɔ́ kâ //   ŋgᵗúu zↆúu tsí   lↆáʔá   kȩ̀ʔé   lyè //   íkyérɩ̀
lui+1 S+jurer que lui P₀+être C[+F]+jamais C[+F]+ Nég dormir C[+F]+veiller

tsȩ̀ʔè   kyèrɩ̀ní…
juste   veiller
"Il jura qu'il ne pourrait plus jamais dormir, [mais] qu'il ne ferait que veiller…"

mbɔ̂ŋ   ndá   lô   ndáʔá   ŋkȩ̀ʔé   bɔ̂   ŋkᵗwíʔↆí
propriétaire maison S+Aux C[-F]+jamais C[-F]+Nég encore C[-F]+encore

ŋgŭu //   zú   yĕ   lᵗɔ́ŋtɔ́…
C[-F]+dire lui+Fut venir C[+F]+regarder
"Jamais par la suite, le propriétaire n'envisagea de revenir jeter un coup d'œil…"

7.3.2. | fòm| "en premier", "d'abord"

mà lŏ   fòm   ntsí   yэ̧̂
je P₀+Aux C[-F]+d'abord C[-F]+être ici+Me
"J'étais là le premier."

àfùŋɔ̂ bᵗé   ɲàm   zá //   bɩ̀   fᵗómnↆí   ŋkwàʔàtɔ́
lion P₂+être animal Rel 2 P₂+d'abord+R C[-F]+penser+Me
"Lion fut le premier animal à qui on pensa."

ɩ̀ɲàm   zâ   fòmnᵗí   ŋkù̧ʔɔ́   dᵗíʔɔ́   lↆáŋ   wá //   ntsↆí
animal le+Rel P₀+d'abord+R C[-F]+atteindre+Loc endroit chaise le   C[-F]+être

wá   tↆú //   múŋ   bɩ́   mᵗí   tsↆɔ́ʔɔ́ yí áɲↆê fɔ̀   yè
là+Loc   sur   alors 2 Fut choisir le contre chef Me
"Le premier animal à atteindre la chaise et à s'y asseoir, alors on le prendra comme chef."

7.3.3. | tíʔ | "puis", "alors"

C'est un auxiliaire très fréquemment utilisé.

|tíʔ| "puis, alors" explicite le lien de successivité entre différents procès, tout en structurant le récit. C'est ainsi que dans l'exemple ci-après, |tíʔ| délimite des sous-ensembles de procès ayant entre eux des rapports plus étroits qu'avec les procès des autres sous-ensembles, tout en indiquant que les groupes de procès ainsi délimités se succèdent dans le temps :

á yê // ntʃ↑wá z↓úm zà wú // ǹtʃwáʔátí ntsù yí wú //
1 S+venir *C[-F]*+attraper chose ce là *C[-F]*+mâcher bouche sa avec elle

ǹtíʔí mb↑ɔ́ ndɔ̀yí míkɔ̌ŋ myí m↑á // ŋk↓ó //
C[-F]+puis *C[-F]*+encore *C[-F]*+prendre lances ses les *C[-F]*+entrer

ndzéʔékɔ́ mû ndá // ìf↑ûŋ nd↓á // ntíʔí ŋg↑é↓´ yé
C[-F]+planter dans maison *C[-F]*+fermer maison *C[-F]*+puis *C[-F]*+aller lui

fɔ̰̂ wɔ́mɔ̀
champ chasse+*Me*

"Il arriva, attrapa la chose, la mastiqua dans sa bouche, puis reprit ses sagaies, entra dans la maison, les y posa debout, puis alla à la chasse."

títá [...] á kúŋɔ̌ ɲ↑é↓´ kùmɔ̀ nísɔ̀ŋɔ̂ ʒí zá // á tíʔì ŋgw↑áŋn↓í
poivre *1 S*+entrer contre moitié dent sa la *1 S*+alors *C[-F]*+vite

mbúɣú...
C[-F]+crier

"Le poivre [...] il entra dans sa moitié de dent et alors, vite, elle cria..."

à tsànɔ̂ ɲ↑ɔ́↓´ŋ míb↓úŋ [...]lá // ŋkè̀ʔé tíʔí mb↑yéʔ↓é //
1 P₀+passer+*A C[-F]*+poser paquets *Ma C[-F]*+Nég alors *C[-F]*+porter

ŋgɛ̌ yí...
C[-F]+partir lui

"Après être sorti et avoir déposé les paquets [...], il ne les emporta alors pas..."

L'usage de |tíʔ| accompagne souvent un changement d'aspect, surtout quand on passe du perfectif à l'imperfectif :

ǹt↑ɔ́ŋ n↓íbàŋɔ̀ n↑á // ìɲàm tsùm tsùm tíʔɔ̂ mb↑óm↓ɔ́...
C[-F]+appeler sifflet le animaux tous tous *S*+alors+*I C[-F]*+rencontrer+*I*

"...il siffla du sifflet ; et alors tous les animaux se rassemblaient..."

mbɔ̀ŋkɔ́ m↑â káŋ // ntéɣ↑ɔ́ ʃy↓í z↓úu // ǹtíʔɔ́ ndzúúɔ́...
C[-F]+retourner dans écuelle *C[-F]*+poser devant lui *C[-F]*+puis+*I C[-F]*+manger+*I*

"...il la retourna dans une écuelle qu'il plaça devant lui ; puis il mangeait..."

à kùnɔ̂ ŋg↑é↓´ ndʒù̀ʔú zú // ǹtíʔɔ́ ntʃé wɔ́
1 P₀+courir+*A C[-F]*+aller+*Loc* concession lui *C[-F]*+alors+*I C[-F]*+être+*I* là+*Me*

"Après s'être enfuie chez elle, elle y demeurait."

zú kà̀ tʃí ŋgɛ̀ nd↑á l↓é // ǹtíʔɔ́ ŋgó↓´ yé
elle *P₂ Aux C[-F]*+aller maison hein! *C[-F]*+alors+*I C[-F]*+être malade+*I Me*

"Elle était rentrée chez elle, hein! Puis elle avait été malade."

7.3.4. |bí| "immédiatement", "aussitôt", "tout de suite"

L'auxiliaire |bí| (peut-être issu du verbe |bí| "être mûr", "être à point") indique l'absence de délai entre deux procès qui se succèdent.

 m̀bâ w↑á ʒ↓wí?ítì //   mbí   ndʒí //   ŋgâ   ní   súŋ [...] //
type le   *S*+écouter   *C[-F]*+<u>aussitôt</u>   *C[-F]*+savoir   que+*I*   être   oiseau

mbí   m↑á?↓á   ndzàm zá...
C[-F]+<u>aussitôt</u>   *C[-F]*+jeter   hache   la

"Le type écouta, sut tout de suite que c'était l'oiseau [...], jeta immédiatement sa hache..."

ŋgwê yì   w↑á   t↓ém   w↓û //   ŋk↑í   mbí   ntsɔ?ɔ́   yí
femme sa   la   *S*+se tenir   là   *C[-F]*+aussi   *C[-F]*+<u>aussitôt</u>   *C[-F]*+soulever   elle

ŋk↑án↓ɔ́   múɜ̀ tsùm zâ mbí   mbyé
C[-F]+sauter+*Loc*   dans   lac   le   *C[-F]*+<u>aussitôt</u>   *C[-F]*+disparaître+*Me*

"...sa femme était là, et aussi elle sauta tout de suite et disparut immédiatement dans le lac."

wérɔ́ túŋɜ̀   yí //   ǹtí?í   mbí   f↑ú?↓útí...
elle+*I*   *S*+refuser   elle   *C[-F]*+alors   *C[-F]*+<u>aussitôt</u>   *C[-F]*+informer

"...elle refusa, puis aussitôt les informa..."

7.3.5. L'auxiliaire d'immédiateté | tí | / | tíni |

Cet auxiliaire n'est pas un synonyme de l'auxiliaire |bí| (*cf.* 7.3.4.)

Il diffère des autres auxiliaires présentés dans ce chapitre par trois caractéristiques :

– son emploi est incompatible avec celui d'une négation ;

– il ne peut pas s'employer dans une proposition indépendante, sa présence dans une proposition implique une proposition subséquente[51] ;

– il se conjugue librement – il est néanmoins souvent attesté au conditionnel – mais le verbe auxilié est toujours conjugué au consécutif futur.

Selon le contexte on peut traduire cet auxiliaire par : "à peine [...] que", "avant même que/de", "juste", "dès que", "être sur le point de", "devoir" (dans le sens de "avoir l'intention"), etc.

L'emploi de |tí| ou de |tíni| dépend des informateurs.

à lvù?ùnâ //   ntéy↑ɔ́   t↓ʃyé //   nt↑í   dz↑ú //   m↑ɔ́ŋ
I P₀+remuer+*A*   *C[-F]*+poser+*Loc*   par terre   *C[-F]*+<u>Aux</u>   *C[+F]*+manger   enfant

g↓wá kɜ̂   ndzúɔ́...
le   *S*+aussi   manger+*I*

"Après l'avoir remuée (la bouillie) et l'avoir posée par terre, à peine mange-t-il que l'enfant est aussi en train de manger..."

b↑ɔ́ z↑ú tí?ì   ntʃú?ɔ́   zɔ̀ŋ   yá ŋáŋàŋàŋáŋàŋà // mpfù tí   kù?ɔ́ //
eux   lui   *S*+alors   commencer   querelle   là   blablabla.....   temps   *S*+<u>Aux</u>   *C[+F]*+atteindre

---

[51] La proposition dans laquelle apparaît cet auxiliaire est souvent (mais pas exclusivement, comme on peut le constater avec les exemples de cette section) la proposition de tête d'une chaîne de propositions (*cf.* V.3.).

nìmàŋɔ̀ tsáɣ̀ì ntsù yí // ŋg⃰wémɔ́ t⃰úɔ̀ ŋkù?ɔ́ wú...
civette+*1* *S*+envoyer bouche sa *C[-F]*+saisir tête coq avec elle

"...ils commencèrent à se quereller là : blablablablablabla ; très vite la civette en vint à saisir la tête du coq dans sa bouche..."

bɨ̀ m⃰ì t⃰ì zè?è nív⃰wô ɲí // mèt⃰ɔ́ // ŋgù?ìu zâ
2 *Fut* _Aux_ *C[+F]*+pleurer mort sa *C[+F]*+finir+que courge la+*9*

tómɔ́ // á bé ŋg⃰úu⃰´ ŋgù?ìu zá tí dàrí ɣ̌ě
Exh+germer+*Me* si courge la *Cd*+_Aux_ *C[+F]*+ramper *C[+F]*+aller

nd⃰óm wǎ // ì ɣènɔ́ // á kɔ̂ ndz⃰óŋ⃰ɔ́ ɣé
chemin *Rel* *9* *Pr*+aller+*R+I* *1* *S*+aussi suivre+*I* *Me*

"A peine aura-t-on fini de pleurer sa mort que la courge germera. Dès que la courge rampe, quelle que soit la direction qu'elle prend, elle [la] suit."

bé mà t⃰ì s⃰úŋ // nì lúbtì mbô múŋɔ́ t⃰ʃŷê
si je *Cd*+_Aux_ *C[+F]*+dire vous *S*+frapper mains vos+*Loc* par terre+*Me*

"Dès que je le dis, vous frappez le sol de vos mains."

á ɣ⃰úu ndz⃰ú?ú // àdì?ɔ́ ŋkyě t⃰ì dzù?ɔ́ // á ɣ⃰é´ //
1 *Cd*+_Aux_ entendre endroit eau+*7* *Cd*+_Aux_ *C[+F]*+murmurer+*I* *1* *Cd*+aller

ntí kù?ɔ́ wú // ì zómɔ̀ ɣé
C[-F]+_Aux_ *C[+F]*+atteindre+*I* là *3* *S*+être sec+*Fo* elle+*Me*

"Dès qu'elle entend de l'eau murmurer dans un endroit, elle (la perdrix des collines) y va, et avant même qu'elle y arrive, elle (l'eau) s'est évaporée."

ɨt⃰ì?í lɔ̀ɣìnɔ́ ndʒw⃰ì w⃰á ɲùm ŋkwěfɔ̀ tí kù?ú //
C[+F]+alors commencer+*Loc* jour le temps soir *Cd*+_Aux_ *C[+F]*+atteindre

ŋg⃰úb⃰ì kúì ŋkɔ́?ɔ́ ŋg⃰é y⃰é tɔ̀?ɔ́b⃰áŋ //
poule *S*+courir *C[-F]*+grimper *C[-F]*+aller+*Fo* elle+*Loc* poutre

nd⃰yémtɔ́ yí wɔ́
C[-F]+cacher+*Fo* elle là+*Me*

"A partir de ce jour, dès qu'arrive le soir, la poule court se cacher sur une poutre."

á tí kìuɔ́ lá // á tíɣìnɔ̀ ɲ⃰ê ŋkwòrí...
1 *Cd*+_Aux_ *C[+F]*+courir+*I* *Ma* *1* *S*+glisser contre légumes

"Dès qu'elle court, elle glisse sur les légumes..."

á ɣ⃰úu nt⃰ì f⃰ú lá // á mɔ̂sì ndzé // ŋg⃰úu z⃰úu
1 *Cd*+Aux *C[-F]*+_Aux_ *C[+F]*+sortir *Ma* *1* *S*+devoir *C[-F]*+voir que lui

zéɣ̀ì ndâ ʒì...
P₀+balayer maison sa

"Lorsqu'il doit sortir, il s'assure qu'il a balayé sa maison..."

m̀bv⃰wó t⃰ì ɲě nd⃰á l⃰á // á ɣúu // ŋkǔ tʃé⃰´
chien *Cd*+_Aux_ *C[+F]*+déféquer+*Loc* maison *Ma* *1* *S*+dire corde+*3* *P₀*+être+*Loc*

nt⃰ɔ́ŋ zúɔ́
cou lui+*Me*

"Dès qu'un chien défèque à la maison, il dit qu'il a une corde au cou." (Proverbe).

321

à ɣùunô //   ntín ⁺ɨ́   k ꜜwé //   mà dʒwíò   m ⁺ɔ́ŋ gwâ
1 P₀+faire+A C[-F]+Aux C[+F]+rentrer je S+accoucher enfant le+Me
"Après çà, avant même qu'il ne rentre, j'accouchai de l'enfant."

à tìn ⁺ɨ́   yìŋɔ́   ndz ⁺ɔ́ʔɔ́ // ǹd ⁺ɔ́ɣ ꜜɔ́   màsîn w ⁺á mb ꜜó ŋwò̠…
1 P₀+Aux C[+F]+venir+Loc marier   C[-F]+prendre+Fo machine la   à   personne
"Avant même d'arriver pour se marier, il prend à quelqu'un cette machine…"

ŋkàʔà tín ⁺ɨ́   b ꜜéʔénɔ́   lá // súŋɔ́   kɔ̂   ndô   yé
tige *Cd+Aux C[+F]+casser Ma oiseau+1 S+aussi partir+Fo lui+Me*
"Avant que la tige ne se casse, l'oiseau est parti." (Proverbe).

7.4. Les auxiliaires de fréquence

7.4.1. |ɣáʔ| "souvent", "toujours", "constamment"

Cet auxiliaire, issu du verbe |ɣáʔ| "être abondant", indique qu'un procès se réalise très fréquemment :

ìnù   tíbɔ̀ŋ   tsɨ̀ɣàʔàtíní[52]   k ⁺ɔ́   ɣ ꜜáʔá   fúɔ́   yé
choses mauvaises abondantes   *Pas   souvent+I C[-F]+sortir+I Me*
"Beaucoup de mauvaises choses arrivaient souvent."

7.4.2. | bə̀n | "encore", "de plus"

Cet auxiliaire, issu du verbe |bə̀n| "retourner"[53], exprime la répétition d'un procès, la reprise d'un procès momentanément interrompu, ou l'accumulation de procès différents.

Il est très fréquemment utilisé.

támɨ̀tùŋ̀ò bɔ̂   ŋg ⁺é   n ꜛɨ́   m̀bì // ŋg ⁺ɨ́u mà kɔ̌ŋ…
Tameting+1 S+encore C[-F]+aller avec avant que je P₀+aimer
"Tameting reprit : "j'aimerais…"

ǹtíʔí   mb ⁺ɔ́   ndɔ̀ɣɨ́   míkɔ̌ŋ myí m ⁺á // ŋk ꜜó // ndzéʔékɔ́
C[-F]+puis C[-F]+encore C[-F]+prendre lances ses les C[-F]+entrer C[-F]+poser
mû ndá…
dans maison
"…puis il reprit ses sagaies, entra dans la maison, [les] y posa debout…"

mà ɣâ   kŏ   wérɔ́ // mb ⁺ɔ́   n ꜜúŋɔ́   wérɔ́ ŋwàʔànò //
je S+donner bois lui   C[-F]+encore C[-F]+mettre lui   école
mb ⁺ɔ́   s ꜜɔ́   fàʔà   màsîn // núŋɔ́   wérɔ́ wúɔ́
C[-F]+encore C[-F]+fendre travail machine C[-F]+mettre lui là+Me
"Je lui ai donné son bois, de plus je l'ai envoyé à l'école, de plus j'ai pris des mesures pour qu'il soit tailleur."

---

[52] ɣàʔàtíní est lui-même le participe dérivé du verbe |ɣáʔ| "être abondant".
[53] Rappelons qu'on suppose que c'est aussi de ce verbe qu'est issu le formatif du futur de l'indicatif |mì| (*cf.* remarque 9 en 3.3.A.).

ǹdʒwí   zìmɔ̀ʔɔ́   bɘ̀nɘ̂   ndán…
jour   autre   *P₀*+<u>encore</u>+*A*   *C[-F]*+être clair
"Un autre jour de nouveau…"

á   tíʔì   mbˈɔ́   ŋkˈó //   ndê̞   níbàŋɘ̀   nˈá mûndâ
1 S+alors   *C[-F]*+<u>encore</u>   *C[-F]*+entrer   *C[-F]*+ranger   sifflet   le   maison+*Me*
"Puis il entra à nouveau dans la maison et y rangea le sifflet."

ŋkɔ́ʔɔ́   tˈúˈɔ́   ndˈá   màŋgyê   ntɔ́ʔɔ́ //   m̀bˈɔ́ŋnˈɨ́   ʃíʔí //
C[-F]+monter   sur   maison   femme   palais   *C[-F]*+<u>encore</u>   *C[-F]*+descendre
ǹdˈárˈɨ́   ŋgě̞   ŋkàmgɔ̀m…
C[-F]+ramper   *C[-F]*+aller   plantation de plantains
"..et qu'elle est montée sur la maison d'une femme de chef, en est redescendue, et a rampé vers la plantation de plantains…"

En combinaison avec une négation, il signifie "ne plus" :

àtsùm   zá   kèʔé   wú   bɘ̂   mbé…
lac   le   *S*+ *Nég*   là   <u>encore</u>   *C[-F]*+être
"Le lac n'était plus là…"

à   sˈéˈ   bɘ̀   ndzén   tsèʔè   táʔà   màŋgyě
1 P₂+*Nég*   encore   *C[-F]*+voir   juste   une   femme+*Me*
"Il ne vit plus une seule femme."

ŋwò   sˈéˈ   ní   mbɔ̀yɔ́   nùɘ̀   tsé   bɘ̀   ntʃé
personne   *P₂*+*Nég*   avec   peur   chose   certaine   <u>encore</u>   *C[-F]*+être+*Me*
"On n'avait plus peur de rien."

kˈá   bì   bˈɔ́   ndʒˈé   wá   níyàm   nálˈáʔˈá   níŋɘ̀
Nég   2   <u>encore</u>   *C[-F]*+savoir+*Fo*   eux   langue   pays   ce-ci+*Me*
"Ils ne connaissent plus la langue de ce pays."

7.4.3. | kwìʔ | *"encore", "de plus"*

Cet auxiliaire a le même sens que |bɘ̀n|. Il est issu du verbe |kwíʔ| "ajouter", "accroître", "augmenter".

ŋkwˈíʔˈɨ́   ŋgè   ndˈɔ́yˈɨ́   màmˈɔ́ʔˈɔ́…
C[-F]+<u>encore</u>   *C[-F]*+aller   *C[-F]*+prendre   autre
"…il alla encore en prendre d'autre…"

súŋ   wˈáˈ   kwíʔˈɨ́   ŋkɨ́   ndzúʔú //   ndí   ŋgyé…
oiseau   le+*1*   *S*+<u>encore</u>   *C[-F]*+aussi   *C[-F]*+écouter   *C[-F]*+ voler   *C[-F]*+venir
"De son côté l'oiseau entendit à nouveau, vola jusqu'à…"

zú   tsˈí   kèʔé   dzâŋ   wá   kwìʔì   ndzúʔɔ́
lui   *P₀*+être   *C[+F]*+*Nég*   espèce   la   <u>encore</u>   *C[-F]*+entendre+*Me*
"Il ne peut plus entendre ce genre de discours."

Bien qu'ayant le même sens que |bɘ̀n|, il peut s'employer en même temps que cet auxiliaire. En général il le suit, mais peut aussi le précéder. L'emploi simultané de ces deux auxiliaires est un moyen d'insistance :

à bə̀nə̂   ŋkw⸢íʔ⸜í   mbé   ɲ⸜é   ndʒ⸜wí zɨ̀mɔ̀ʔɔ́…
1 P₀+encore+A C[-F]+encore C[-F]+être+Loc corps jour   autre
"Encore le jour suivant…"

à bə̂   ŋkw⸢íʔ⸜í   ŋkwá:tɨ́…
1 S+encore C[-F]+encore C[-F]+répéter
"Elle répéta une fois de plus…"

bɨ́ ts⸢í   kè?é   bə̂   ŋkw⸢íʔ⸜í   ntémɔ́ //   nɨ̀   tɨ́ʔɔ́
2 P₀+être+C[+F]+Nég encore C[-F]+encore C[-F]+se tenir vous S+alors+I

ndz⸢ɔ́ŋ⸜ɔ́ //   ŋgɨ́u bɨ́ m⸢í kwɨ̀ʔí bə̌   témə̀
C[-F]+suivre+I que 2 Fut encore C[+F]+encore C[+F]+se tenir+Me
"Ils ne peuvent pas attendre plus longtemps. Alors vous les suivez pensant qu'ils s'arrêteront à nouveau."

7.5. Auxiliaires de manière

7.5.1. | ɲáʔ | "lentement", "doucement", " soigneusement"

mɔ́ŋ   gw⸜á kə̂   ɲáʔá   ndz⸢ɔ́ŋ⸜ɔ́ //   ŋkɨ́   ndz⸢é…
enfant le S+aussi+I C[-F]+doucement+I C[-F]+suivre+I C[-F]+aussi C[-F]+voir
"De son côté l'enfant suivait doucement et il vit…"

ŋ̀gúbɨ̀ɔ́ tɨ́ʔɨ̀   ɲáʔá   nd⸢ó⸜ //   ŋkw⸜ę́   yí…
Ngubi+I S+alors C[-F]+doucement C[-F]+se lever C[-F]+rentrer elle
"…alors Ngubi se leva doucement et rentra…"

ò tsɨ̀⸢ʼ   ɲ⸜á?á   s⸜ɔ̨́   támɔ́ níbɨ̀ //   wárɨ́
tu P₀+être C[+F]+soigneusement C[+F]+fendre fruit kola C[+F]+couper

bàyì   b⸢á⸜ʼ yé
morceaux deux Me
"Tu peux soigneusement fendre une noix de kola en deux."

7.5.2. | wàŋnɨ | ou | yàŋnɨ | "rapidement", "facilement"

Il s'agit d'un seul et même auxiliaire avec deux allomorphes tout comme on a |kwén| ou |kyén| ; |kwáŋ| ou |kyáŋ| (cf. les auxiliaires temporels 1 en 7.2.2.).

á wâŋnɨ̀   ɲ⸢é?é   b⸜âm⸢ɔ́ʔ⸜ɔ́ yé
1 S+rapidement C[-F]+jeter autres Me
"Il distança rapidement les autres."

á tɨ́ʔí   ŋgw⸢áŋn⸜ɨ́   mbúyú…
1 S+alors C[-F]+rapidement C[-F]+crier
"…alors rapidement elle cria…"

mɨ̀wàŋ mê   mɨ́ w⸢áŋn⸜ɨ́   mɨ́   lá   àkè
bouillie ce-ci 6 P₀+vite C[-F]+finir Foc quoi?
"Pourquoi cette bouillie, a-t-elle été finie rapidement ?"

mà tsɨ̀⸢ʼ //   kà?á   ámb⸢ó ŋwò̩   yáŋnì   ŋgá
je P₀+être C[+F]+Nég à   personne vite C[-F]+donner+Me
"Je ne peux pas le donner rapidement."

7.5.3. | lánɨ | "vraiment", "réellement"

mûndâ ʒǐ lánɨ f⸸áŋ tsɛ̀ʔé ŋkə̰̀
maison sa *S*+<u>vraiment</u> *C[-F]*+être grand juste vrai+*Me*
"Sa maison était vraiment grande, à vrai dire."

ndz⸸ɔ́b⸸ɔ́ dzàŋɔ́ ∥ mb⸸á?à m⸸ɨ l⸸ání z⸸ú?ú ʃí?ìnɔ́
C[-F]+chanter façon que+*I* *F* <u>vraiment</u> *C[+F]*+entendre bien+*Me*
"…et il chanta de façon à ce qu'il l'entende vraiment bien."

íz⸸ɛ́ ŋwɔ̀ŋ gwá ∥ mb⸸á?à lànín⸸ɔ́ ŋgyìŋɔ́ ∥ ŋg⸸ɯ̀à zíŋɔ̀
C[+F]+voir personne *Rel* que+*I* *P₀*+<u>vraiment</u>+*R* venir+*I* *C[-F]*+faire+*I* ce-ci

dzàŋɔ́ nù á m⸸ûnd⸸á z⸸ɯ́ lâ
espèce chose *Loc* maison lui *Ma*
"…et il verra la personne qui réellement vient et fait ce genre de chose chez lui."

7.6. Auxiliaire de "parallélisme" : | kɨ́ | "aussi"

L'emploi, trés fréquent, de |kɨ́| "aussi" permet, entre autres, d'établir un parallèle entre des procès, pour les rapprocher ou les opposer (le rapport de succession n'étant pas forcément pertinent) :

ɨ̀l⸸ɯ́⸸́ n⸸ô yí ∥ ŋkɨ́ ndzɯ́ɔ́ yí tsɛ̀ʔé ŋkə̰̀
fourmi *S*+boire elle *C[-F]*+<u>aussi</u> *C[-F]*+manger elle juste vrai+*Me*
"[Autrefois, par une belle nuit] Fourmi but et mangea vraiment."

bɨ́ ʃómə̀ nɨ̀ mbàŋ ∥ ŋkɔ́ m⸸á?⸸á nɨ ŋkyérə̀
2 *S*+frapper+*I* avec gourdin *C[-F]*+<u>aussi</u>+*I* *C[-F]*+lancer+*I* avec flèche+*Me*
"On se battait avec des gourdins et on se lançait des flèches."

Dans les deux exemples ci-dessus, l'ordre de succession entre les deux procès n'est absolument pas pertinent.

ò tí?ə̀ ndí?ì ŋgɯ́?ɯ nɨ̀ mè ∥ mà kɨ́ ntʃé yə̰̀
tu *S*+puis+*I* *C[-F]*+montrer+*I* tourment avec moi je *S*+<u>aussi</u> *C[-F]*+être moi+*Me*
"Tu as commencé à me maltraiter et malgré cela je suis restée."

Dans l'énoncé ci-dessus |kɨ́| "aussi" établit un rapport d'opposition logique entre les deux propositions.

Par contre dans les exemples ci-dessous, l'emploi de |kɨ́| "aussi" établit un parallèle à un niveau ou à un autre entre deux actions ou des séries d'actions :

mà kɨ̂ ŋg⸸é mbɨ̀ò ∥ ɨ́ t⸸óm ∥ nt⸸í?ɔ́
je *S*+<u>aussi</u> *C[-F]*+aller *C[-F]*+planter+*Me* 9 *S*+germer *C[-F]*+puis+*I*

nd⸸ár⸸ɔ́ ŋgɛ̌ ∥ mà kâ ndz⸸ɔ́ŋ⸸ɔ́ yé
C[-F]+ramper+*I* *C[-F]*+aller+*I* je *S*+<u>aussi</u>+*I* *C[-F]*+suivre+*I* *Me*
"Et c'est ainsi que je la semai. Elle germa et commença à ramper et je la suivais."

Ici, le personnage dit qu'elle a fait exactement ce qu'on lui avait demandé de faire. L'emploi de |kɨ́| souligne cette fidélité aux instructions reçues, instructions qui nous ont déjà été exposées plus tôt dans le récit.

m̀bâ wˆá kˬwíʔì ŋkí fú […] ∥ ǹmí yì wá kwˬíʔì ŋkí
type le S+encore C[-F]+aussi C[-F]+sortir mère sa la S+encore C[-F]+aussi

ŋgˆέˬ fɔ̀ […] ∥ màŋgyè wˆá kwˬíʔì ŋkí
C[-F]+aller champ femme la S+encore C[-F]+aussi

ndˆɔ́ɣˬí ntʃwì zá […] ∥ súŋ wˆá ˬá kwíʔì ŋkí ndźuʔú…
C[-F]+prendre maïs le oiseau le 1 S+encore C[-F]+aussi C[-F]+entendre

"L'homme sortit de nouveau […] ; sa mère, elle, alla de nouveau au champ […] ; la femme, elle, prit de nouveau le maïs […] ; quant à l'oiseau, il entendit de nouveau…"

Ce dernier extrait relate la répétition exacte d'événements qui se sont déjà produits une fois. D'où l'emploi de l'auxiliaire |kwíʔ| "encore". La présence de |kí| "aussi" renforce cette notion d'exactitude dans la répétition, tout en créant un parallèle entre les divers personnages.

V. L'ÉNONCÉ

1. LES FONCTIONS :
SUJET, PRÉDICAT ET COMPLÉMENTS

1.1. Le sujet

Le sujet est avec le prédicat, nécessaire à la constitution de toute proposition, et par suite de tout énoncé.

Il existe deux exceptions à la présence nécessaire du sujet :

– l'énoncé injonctif à la deuxième personne, lorsque le verbe est à l'impératif :

yìŋɔ̂   "Viens!"
Imp+venir+*Me*

– l'énoncé constitué d'une chaîne de propositions (*cf.* 3.), si l'actant assumant la fonction sujet est le même d'une proposition à l'autre : l'actant est exprimé, en fonction sujet, dans la première proposition (*cf.* ŋgwᵗé "femme" dans le premier exemple), mais n'est pas repris dans les propositions suivantes. En effet le verbe de ces propositions est au consécutif, mode qui par définition est non-personnel (*cf.* IV.3.8.) :

ŋgwᵗé m↓ú yì wá lɔ́ɣɑ̀   **ntʃwì zá //**   **ɴtʃé**   **ŋgɔ̀ʔɔ̀ ntʃwì //**
femme enfant son le+*I* S+prendre maïs   le   *C[-F]*+être+*Loc* pierre   maïs

ŋg↑ɔ́ʔɔ̀   **ntʃwì z↑á //**   **mb↓úɣɔ́ //**   **ŋg↑ɔ́ʔ↓ɔ́ //**   **mb↓úɣɔ́ //**
C[-F]+moudre+*I* maïs   le   *C[-F]*+pleurer+*I C[-F]*+moudre+*I C[-F]*+pleurer+*I*

"La femme de son fils prit le maïs et s'installa à la meule ; elle écrasait le maïs en pleurant, écrasait en pleurant…"

Le sujet précède directement le prédicat.

Peuvent assumer la fonction sujet un pronom ou un nom.

1.1.1. Pronoms sujets de personne ou de classe

mà sùɣɔ̂   "J'ai lavé."
<u>je</u>   *P₀*+laver+*Me*

mɨ́ lɔ́mɔ̀   "Il (le vin) est doux."
<u>6</u>   *P₀*+être doux+*Me*

1.1.2. Noms, accompagnés ou non de déterminants, pronoms indépendants de classe, substituts nominaux

L'élément sujet est alors obligatoirement repris par un indice (sujet) correspondant à la classe du nom, pronom ou substitut. Cet indice qui se suffixe ou s'amalgame au morphème précédent (*cf.* II.1.) n'est bien souvent décelable qu'à travers les réalisations tonales :

ŋg ꜛúb ꜜíɔ́   kɪ̂   ndzɔ́ŋ...   "Ainsi Ngubi [la] suivit..."
Ngubi+*1*   *S*+aussi *C[-F]*+suivre

ìɲàm   tsùm   ʃêmnɪ̀...   "Tous les animaux se dispersèrent..."
animaux tous+*10* *S*+se disperser

wérɔ́ lánì̧   ŋg ꜛwém   tsɛ̀ʔé   ŋkɔ̧̀   "Il s'agrippa vraiment bien."
lui+*1* *S*+vraiment *C[-F]*+tenir juste vrai+*Me*

wérɔ̀ ɣùnɔ̂   ŋg ꜛé↓ˊ   láʔá zàm ꜛɔ́ʔ ꜜɔ́ ntó...
lui+*1* *P₀*+*Aux*+*A* *C[-F]*+aller+*Loc* pays autre+*Loc* combattre
"Après être parti dans un autre pays pour faire la guerre..."

wùtsé   kȩ̀ʔé   dʒwî̧ɔ̀
certain+*1* *S*+ *Nég* donner le jour+*Me*
"aucune (des femmes du chef) n'avait donné le jour à un enfant."

> REMARQUE 1 : lorsqu'un nom en fonction sujet est déterminé par une proposition relative, il n'est pas repris par un indice sujet, mais par un pronom sujet correspondant à la classe du nom :
> ìb ꜛɔ̧́↓ˊ bɔ̂ŋgyè bá // bɪ́ ts ꜛín ꜜɪ́   nɪ̂ bɔ́ // bɪ́ ɣɛ̂   ndzúŋ   fú ...
> enfants femmes *Rel* *2* *P₀*+être+*R* avec enfants *2* *S*+aller *C[-F]*+acheter médicaments
> "Les jeunes filles qui sont enceintes vont acheter des médicaments..."
> (*litt.* : "Les jeunes filles qui sont enceintes, elles vont acheter des médicaments...")

1.2. Le prédicat

Comme on l'a déjà mentionné à propos du sujet, le prédicat est nécessaire à la constitution de toute proposition et/ou énoncé. Il suit le sujet (lorsqu'il y en a un) et précède les compléments. Le prédicat peut être un verbe ou un prédicat complexe.

1.2.1. Verbes

táʔà   ŋwɔ̧̀   súyɔ̀   múɔ̂ //   ̀ndám   m ꜛɪ́dz ꜜú...
une   personne+*1* *S*+laver+*Fo* enfant+*Me* *C[-F]*+cuire nourriture
"Une personne lavait l'enfant ; faisait la cuisine..."

à làmnɔ̂ //   ntéɣ ꜛɔ́   ʃ ꜜyí   z ꜜú...
1 *P₀*+cuire+*A* *C[-F]*+poser+*Loc* devant lui
"Après [l']avoir cuite, il [la] posa devant lui..."

mɪ́ kɔ́ʔ ꜛɔ́ //   ŋk ꜜɔ́ʔɔ́ //   ̀dz ꜛú ꜜ ̀m kfúrɔ̀nɔ̀...
6 *S*+grimper *C[-F]*+grimper choses *S*+manger+*1*
"Il (le sorgho) poussa et poussa ; des bêtes [le] mangeaient..."

mbâ w⸜á b⸜ú?útì   mbô // ŋg⸜wáŋn⸜ɨ́ ŋgyè //   ntʃwá…
type le   S+<u>frapper</u> mains C[-F]+vite C[-F]+<u>venir</u> C[-F]+<u>saisir</u>
"Le type frappa des mains, accourut vite et [la] saisit…"

ìfɔ̀ tôm tsérɔ́ yûu ŋg⸜yé // ndzè //   ŋk⸜úu⸜ɨ́   ní w⸜érɔ́ yé
chef étranger certain+1 S+Aux C[-F]+<u>venir</u> C[-F]+<u>voler</u> C[-F]+<u>courir</u> avec elle Me
"Quelque temps plus tard, un chef étranger vint, [la] vola et s'enfuit avec elle."

REMARQUE 2 : dans les deux derniers exemples, un auxiliaire – ŋg⸜wáŋn⸜ɨ́ "vite" et yûu rendu dans la traduction libre par "quelque temps plus tard " – précède le verbe (*cf.* IV.7.).

1.2.2. Prédicats complexes

Le terme "prédicat complexe" désigne l'ensemble constitué d'un nom – avec ou sans déterminants – ou d'un syntagme locatif temporel, et précédé de la copule |ní`| "être", ou du verbe |bé| "être".

Un nom, ou un syntagme nominal, ne peut, à lui seul, remplir la fonction de prédicat. Pour ce faire, il doit être précédé de la copule |ní`| "être", ou du verbe |bé| "être" qui eux-mêmes ne peuvent s'employer seuls. C'est donc l'ensemble { |ní`| / |bé| + nom / syntagme nominal } qui assume la fonction de prédicat.

Du point de vue sémantique, ces prédicats permettent d'attribuer une caractéristique à une entité, ou encore de l'identifier, de la définir.

1.2.2.A. La copule est |ní`|

Elle ne se conjugue pas. Elle a une valeur de présent atemporel. D'autre part un prédicat construit avec cette copule ne peut être nié.

|ní`| est invariablement précédé du pronom, ou indice, sujet |à| de la classe 1, quelle que soit la classe à laquelle appartient le nom sujet. Il est même obligatoire en présence d'un pronom sujet. Dans les trois premiers exemples ci-après, |à| fusionne avec les pronoms sujets |mà| "je", |ò| "tu", |à| "il/elle", mais **nə̀** dans le quatrième exemple est l'amalgame de |nì| "vous" et de |à|, etc. :

mà nɨ̀ lòm nìwúmə̀			"J'ai dix ans."	
je+1 être ans dix+Me				
ò ní màŋgyě			"Tu es une femme."	
tu+1 être femme+Me				
à ní m⸜û mbâŋnɔ́			"Il est un garçon."	
1+1 être enfant mâle+Me				
nə̀ nɨ̀ mbâŋnɔ́			"Vous êtes des hommes."	
vous+1 être mâles+Me				

mû   ŋgúb⸜ɨ́ w⸜á à nɨ̀ ŋk⸜úɣ⸜ɨ́[1]   ŋgúbə̀
enfant poule   le   1 être éleveur   poules+Me
"Le poussin est un poussin femelle."

---

[1] Il s'agit d'un nom dérivé du verbe |kúɣ-| "élever".

ìkǔm yê   nɨ́   bìɔ̀   "Elle s'appelle Bi."
nom son+*1*   être Bi+*Me*

ŋ̀gvùɣɔ́ ʒɛ̃̀   nɨ̂   mbˈɔ́ mˈɨ́mbáˈ⸝   ɣé   "Sa largeur est de deux bras."
largeur sa+*1* être mains deux   *Me*

ŋ̀kɔ̰̀ ntsùmɔ̰̀ nɨ́   mìdzˈɨ́u mˈɨ́mˈɔ́ɣɔ́   "Tout nid brûle." (Proverbe).
9-nid tout+*1* être nourriture feu+*Me*

nɨ̀tˈɛ́m   nˈɨ́màŋgyè à   nɨ́   mbɔ̂m   ʒɛ̃̀   "La démarche d'une femme révèle son caractère." (Proverbe).
5-démarche de femme   *1* être caractère son+*Me*

REMARQUE 3 : Le fait que le pronom ou indice sujet soit invariablement celui de la classe 1, et qu'on l'utilise même en présence d'un pronom sujet, pose un problème d'analyse non résolu. On serait tenté de traduire les énoncés proposés ci-dessus comme "Je/moi, c'est une femme.", "Ce poussin, c'est un poussin femelle.", etc.

à   nɨ́   sˈɨ́uŋɔ́   "C'est un oiseau."
1 être *1*+oiseau+*Me*

à   nɨ́   bìsûŋ bɔ̰̂   "Ce sont mes amis."
1 être *2*+amis mes+*Me*

mbí   ndʒí //   ŋgˈɔ̂ nɨ́   sˈɨ́uŋ wǎ // mbˈá?à kɨ̀ tsìnɨ́   ŋgyè...
C[-F]+aussitôt *C[-F]*+savoir que+*1* être oiseau *Rel* que+*1* *P₁* *Aux*+*R* *C[-F]*+venir
"...et il comprit aussitôt que c'était l'oiseau qui était venu (auparavant)..."

REMARQUE 4 : Il existe trois particules déictiques qui peuvent s'employer en tête d'énoncé identificateur |lán` | "ceci", |lá` | "cela" et |lé` | [lí] "cela là-bas". |lán` à nɨ́` | se réalise [lɔ̰̂ nɨ́], [nɔ̰̂ nɨ́] ou même [nɔ̰̃]² :

lâ nɨ́   kòŋ gwǎ // mà kɨ̀ nɔ̀ŋnɨ́   wˈátˈúɔ̀
là+*1* être lit *Rel* je *P₁* allonger+*R* dessus+*Me*
"C'est, là, le lit sur lequel j'ai dormi."

líɔ̀ nɨ́   kòŋ gwǎ // mà kɨ̀ nɔ̀ŋnɨ́   wˈátˈúɔ̀
là-bas+*1* être lit *Rel* je *P₁* allonger+*R* dessus+*Me*
"Cela, là-bas, est le lit sur lequel j'ai dormi."

lɔ̰̂ nɨ́   kòŋ gwǎ // mà kɨ̀ nɔ̀ŋnɨ́   wˈátˈúɔ̀
ici+*1* être lit *Rel* je *P₁* allonger+*R* dessus+*Me*
"Ceci est le lit sur lequel j'ai dormi."

bˈɔ́ˈ⸝ kɨ́   ŋgˈwémˈɔ́ wérɔ́ // ŋgɨ́u //   nɔ̰̂ nɨ́   tǎ   wǎ
enfants *S*+aussi tenir+*Fo* lui *C[-F]*+dire ici+*1* être père leur+*Me*
"les enfants le traiteront [bien] et diront [de lui] que c'est leur père." (*litt.* : "ceci est leur père")

A noter que |lá` | "cela" est le plus souvent employé sans sa valeur déictique³ et que, le premier exemple ci-dessus peut être équivalent à :

à   nɨ́   kòŋ gwǎ // mà   kɨ̀ nɔ̀ŋnɨ́   wˈátˈúɔ̀
1 être lit *Rel* je *P₁* allonger+*R* dessus+*Me*
"C'est le lit sur lequel j'ai dormi."

_____

² Ces particules déictiques peuvent aussi s'utiliser lorsque le verbe |bé| "être" remplace la copule (*cf. infra* en 1.2.2.B.). On peut aussi les retrouver en fin de proposition relative.
³ On a affaire au même phénomène qu'avec le démonstratif |-á` | "ce (près de toi)" qui est le plus souvent employé comme anaphorique et traduit par l'article défini en français (*cf.* III.4.1.3.C.).

1.2.2.B. Le verbe est |bé| "être"

|bé| "être" est un verbe qui se conjugue à tous les temps et modes aussi bien à l'affirmatif qu'au négatif. Et c'est lui qu'on emploie, si besoin est, à la place de la copule |nî`|.

à	lŏ	mb⁺é	súŋɔ́		"C'était un oiseau (qui a fait ce bruit)."
1	P₀+Aux	C[-F]+<u>être</u>	<u>oiseau</u>+Me		

à	k⁺wé	mb⁺é	bìsûŋ	bɔ̰̂	"C'étaient mes amis."
1	P₂+Aux	C[-F]+<u>être</u>	<u>amis</u>	<u>mes</u>+Me	

mà	k⁺wé	mb⁺é	ntã̄	tsè?é	"[Avant] j'étais couturier."
je	P₂+Aux	C[-F]+<u>être</u>	<u>couturier</u>	<u>habits</u>+Me	

má	lŏ̰		ŋgɛ̆	dwàlá //	íb⁺é	nd⁺âm	mìdzúɔ̀
je	Pr+vouloir+I		aller	Douala	C[+F]+<u>être</u>	<u>cuisinier</u>	<u>nourriture</u>+Me."

"Je veux aller à Douala pour être cuisinier."

nìmàŋ	bô	ŋg⁺úb⁺í	bé	bìsùŋɔ́	"La civette et le coq étaient amis."
civette	et	coq+2	S+<u>être</u>	<u>amis</u>+Me	

bɔ̰̂	b⁺ɔ̰́	b⁺é	bí	sàmb⁺á⁺´	yé	"Mes enfants sont au nombre de sept."
enfants	mes+2	S+<u>être</u>	Mn	<u>sept</u>	Me	

ìkŭm	yî	b⁺é	àdzɔ̀ŋɔ́	fɔ̀mìŋgòmɔ́	"Son nom était Géant Fomingom."
nom	son+3	P₂+<u>être</u>	<u>géant</u>	<u>Fomingom</u>+Me	

à	b⁺é	mb⁺á?⁺á	mà	b⁺én⁺í	lòm	ts⁺í	nt⁺úyɔ̀...
1	P₂+<u>être</u>	que	je	P₂+<u>être</u>+R	<u>ans</u>	Mn	<u>six</u>

"C'était quand j'avais six ans..."

> REMARQUE 5 : dans l'exemple ci-dessus l'antécédent |ŋkfù`| "temps" de la relative est sous-entendu (cf. 4.1.1.). On a donc en fait deux prédicats construits avec le verbe |bé| "être", le deuxième étant enchâssé dans le premier.

à	b⁺é⁺´	ŋgù?ù	lá //	ìɲàm	tʃíntḭ̀...
1	P₂+<u>être</u>+Loc	<u>temps</u>	Ma	<u>animaux</u>	S+<u>être</u> uni

"Jadis, les animaux étaient unis..."

à	b⁺é	ɲ⁺ê	tʃú?ú	wùʃí?ìnì	wûtsé //	̰̀l⁺íu⁺´	n⁺ô	yí...
1	P₂+<u>être</u>	contre	<u>nuit</u>	<u>belle</u>	<u>certaine</u>	fourmi	S+boire+Fo	elle

"Par une belle nuit, Fourmi but..."

à	sɛ̆	b⁺é	s⁺úŋɔ́
1	P₀+Nég	<u>être</u>	<u>oiseau</u>+Me

"Ce n'est pas un oiseau."

ìfɔ̀	tì	bèn	k⁺â	bé	yí	fɔ̀	γè
chef	sans	gens	Nég+1	<u>être</u>+Fo	lui	<u>chef</u>	Me

"Un chef sans sujet, ce n'est pas un chef."

1.2.3. Un verbe à double statut : | tsí | "exister"

Le verbe |tsí| "être, exister" peut à lui seul remplir la fonction de prédicat. Mais il peut aussi être, tout comme l'est le verbe |bé| "être", le premier terme d'un prédicat complexe dont le deuxième terme est un élément à valeur locative (adverbe, pronom ou syntagme) ou un syntagme régi par |nì| "avec".

1.2.3.A. | tsí | "être, exister" remplit la fonction de prédicat

ŋwìə̀	tʃẽ̂		"Dieu est."
dieu+1	P_0+être+Me		

mìlù?ù	tʃê		"Le vin [est une chose qui] existe."
vin	P_0+être+Me		

ìbù?ù   tsîŋ   ts ⁺í   l⁺á //   bí   m ⁺í   fà?ánə̀   wámb ⁺ô
esclaves ces-ci+10 P_0+exister Ma 2   Fut travailler+I pour elle+Me
"Il y a ces esclaves-ci ; ils travailleront pour elle."

nìmí   wǎ   ɣûu   ntsí //   ntsí...
mère   leur S+Aux C[-F]+être   C[-F]+être
"Leur mère vécut (encore) quelque temps..."

í   tsítí //   ǹtsítí //   ǹtómə́
9   S+être un peu C[-F]+être un peu C[-F]+germer+Me
"Après quelque temps, elle germa."

b ⁺ó   z⁺úu   tʃênə̀   "Et elles vivaient ensemble."
elles elle   S+vivre+I+Me

ò   tsǐ   ʃí?ìní   "Tu vas bien ?"[4]
tu P_0+être   bien ?

1.2.3.B. | tsí | est le premier terme d'un prédicat complexe

1.2.3.B.a. Le deuxième terme est un adverbe de lieu

mà   lǒ   fòm   ntsí   ɣə̂   "J'étais ici le premier."
je P_0+Aux C[-F]+d'abord C[-F]+être ici+Me

1.2.3.B.b. Le deuxième terme est le pronom | ɣó´ |

ŋg ⁺ę́⁺   ɲê   yí   ʃ ⁺óm // ntsí   wə́
C[-F]+aller contre son   champ   C[-F]+être là+Me
"...et elle alla à son champ et y resta."

àl ⁺á?⁺á   tómə̀   tsé   tʃ ⁺í   wú // ǹt ⁺ə́n   tsè?é   ŋkə̀̂
pays   étranger certain P_2+être là   C[-F]+être fort juste   vrai+Me
"Il y avait (jadis) une contrée étrangère vraiment forte."

1.2.3.B.c. Le deuxième terme est un syntagme locatif

 m̀bâ w ⁺á tʃ ⁺ę́⁺   bvú?úní... "Le type resta dans le coin..."
type le S+être+Loc   coin

---

[4] Il s'agit d'une formule de salutation à laquelle on répond è mà ts ⁺î ʃí?ìnə́ "Oui, je vais bien."

332

sílùmə̀ bə ŋkí ŋkɔ́ʔɔ́ // ntʃé↑´ t↓ú ŋgɔ̀ʔɔ̀ zá…
Silum+1 S+encore C[-F]+aussi C[-F]+grimper C[-F]+être+Loc sur rocher le
"De son côté, Silum grimpa à nouveau et resta sur le rocher…"

wérɔ́ lánɪ̀ ntsí ↑ám↓ú nɪ̀dórí tsèʔè nàwìɔ́
lui+1 S+vraiment C[-F]+être dans joie juste grande+Me
"Il était vraiment très heureux."

zûu m↑í l↓ání tʃé mûndá // ílwèʔètí y↑é bv↓úʔúní…
lui+1 Fut vraiment C[+F]+être+Loc maison C[+F]+cacher lui+Loc coin
"Il restera vraiment à la maison, se cachera dans un coin…"

1.2.3.B.d. Le deuxième terme est un syntagme régi par |nɪ̀| "avec"

Le prédicat exprime alors la possession ou l'obligation :

màŋgyê tsê ts↑í w↓ú lê // ntsí nɪ́ bô̝ byí bíb↑á↓´…
femme certain P₂+être là hein! C[-F]+être avec enfants ses deux
"Il y avait (jadis) une femme qui avait deux enfants…"

mà tsǐ nɪ̀ múə̀ "Je suis enceinte."
je P₀+être avec enfant+Me

kò̝ʔó nɪ́ nɪ̀bɔ́ɣ↑í tʃ↓ê⁵ "N'aie pas peur !"
Imp+Nég avec peur être+Me

m̀bâ w↑á k↓í ntsí nɪ́ ŋg↑ê̝ yé n↑íɣ↓ɔ̝ "Le type, de son côté, devait voyager."
type le S+aussi C[-F]+être avec voyager+Fo lui+Loc voyage+Me

1.2.4. Un démonstratif

En tant que prédicat, les démonstratifs servent à désigner une entité en vue. Pour pouvoir remplir la fonction prédicative, les démonstratifs doivent être précédés d'un sujet (un pronom (sujet), ou un syntagme nominal repris par un indice sujet). Et le préfixe d'accord du démonstratif, et le pronom ou indice sujet correspondent à la classe nominale de l'entité désignée :

mɪ̀lù?ù m-íŋə̀ "Voici du vin !"
vin+6 6-ce-ci+Me

mɪ́ m-íŋə̀ "En voici (du vin) !"
6 6-ce-ci+Me

ǹdùʔɔ̂ yè "Voilà Nde, là-bas !" ou "C'est Nde, là-bas !"
Nde+1 1+ce-là bas+Me

à wâ "Le voilà (près de toi)"
1 1+ce-là+Me

REMARQUE 6 : chez certains locuteurs il y a un ton B entre le pronom ou l'indice sujet et le démonstratif (d'où le ton descendant sur le pronom sujet mɪ̂ dans le premier exemple ci-dessous et sur le démonstratif zâ dans le deuxième exemple) :

---

⁵ *Cf.* 1.4. pour l'ordre relatif des constituants dans les énoncés négatifs.

mî   m-íŋɔ̀   "En voici (du vin)!"
6   6-ce-ci+*Me*

àdʒìnɔ̀   ʒwéʔé   zâ   z-íŋɔ̀   "Voici le bouchon de calebasse!"
7+bouchon calebasse 7+ce-là 7-ce-ci+*Me*

1.3. Les compléments

1.3.1. Combinatoire

Le(s) complément(s) se place(nt) après le prédicat[6]. Lorsque plusieurs compléments sont présents, ils s'ordonnent en fonction de leur contenu sémantique. Le
complément correspondant à l'actant "patient" vient en premier, suivi du complément correspondant à l'actant "destinataire". Viennent ensuite les compléments
circonstantiels. En ce qui concerne ces compléments, tout ce qu'on peut dire avec
certitude, c'est que le complément locatif est avant-dernier et le complément de
temps est le dernier. En pratique, sont attestées dans les textes dépouillés surtout des
suites de deux compléments, ceci d'autant plus que, d'une proposition à l'autre,
certains compléments, principalement celui qui correspond à l'actant patient – si
toutefois il s'agit d'une "3ème pers." – ne sont pas répétés ou même repris par un
pronom.

– patient + destinataire :

ò   tʃꜛúʔɔ̀   tʃꜜúʔú //   ò   ɣâ   ŋkɔ̀ŋ   ní   mè…
tu *Cd*+piler atchou   tu *S*+donner pilon   avec moi
"Lorsque tu piles de l'*atchou*, tu me donnes le pilon…"

– patient + moyen :

á   sántɔ̌   nìmí   yì   wá   nì   ndzàm zâ
1 *S*+hacher+*Fo* mère sa   la   avec hache la+*Me*
"Il hacha sa mère avec la hache."

– patient + lieu :

ò   tsá   bꜛyê //   ntɔ́ŋtɔ́   yí[7]   nî   ndꜛóm bꜜáyɔ̀ túɔ̀
tu *S*+passer+*Loc* dehors *C[-F]*+appeler+*Fo* le   avec chemin côté   tête+*Me*
"tu sortiras et tu m'appelleras vers le haut."

– patient + temps :

tì   bꜛí   tꜜíʔí   kꜜwébtí   mbꜜɔ́m sùŋɔ́   yè
nous *Fut* alors *C[+F]*+changer habitude aujourd'hui *Me*
"Nous changerons d'habitude aujourd'hui."

– lieu + temps :

bꜛó   zꜜúu yê   níɣꜛɔ̌ꜜꜜ   ŋdʒwí wꜜá //   ŋkꜜwé
eux lui *S*+aller+*Loc* voyage+*Loc* jour   le   *C[-F]*+rentrer+*Me*
"Ils continuèrent leur voyage ce jour et rentrèrent."

---

[6] Sauf parfois dans les énoncés négatifs (*cf.* 1.4.)

[7] Cet énoncé est au style semi-direct, d'où l'emploi du pronom de 3ème pers sg pour renvoyer au
locuteur (*cf.* 8.1.3.C.).

REMARQUE 7 : Dans les contes et récits, le cadre temporel est souvent spécifié dans une proposition de tête, proposition dont le contenu sémantique peut se réduire à la seule information temporelle :

ìtʃ↑ú?↓ú	fùŋnâ //	á kɔ́?ɔ́	ŋgě̌	k↑úŋ	z↓úu …
nuit	P₀+être noir+A	1 S+grimper	C[-F]+aller+Loc	lit	lui

"A la nuit tombée, il grimpa sur son lit…"

à	b↑é	ɲ↓ê	tʃú?ú	wùʃí?ìnì	wûtsé //	ìl↑úu↓´	nô	yí …
1	P₂+être	contre	nuit	belle	certaine	fourmi	S+boire+Fo	elle

"Par une belle nuit, la fourmi but…"

zìmɔ́?ɔ́ ndʒ↑wî bènâ	ndán //	sílùmɔ́ bâ	ŋkí	fúɔ́
autre jour	P₀+encore+A	C[-F]+être clair	Silum+1 S+encore	C[-F]+aussi	C[-F]+sortir+Me

"Le lendemain, Silum, de son côté, sortit à nouveau."

– accompagnement + lieu :

bí	tí?ɔ̀	ŋg↑é̩↓´	nô	nùɔ̀	ŋwî	zê	nî	mbyì…
2	S+alors	aller	avec	chose	dieu	ce-ci	avec	devant

"Ils continuèrent à aller de l'avant avec l'évangélisation…"

– patient + moyen + lieu :

mbábtí	ɲâm	z↑á	w↓ɔ́	k↓úŋ	z↓úu…
C[-F]+chauffer	animal	ce	avec elle+Loc	lit	lui

"…et il brûla l'animal sur son lit avec elle (la hache)…"

– lieu + lieu : expression du tout et de sa partie

Le premier complément est toujours le pronom |ɣóˊ| wú. Il renvoie à une entité considérée dans son ensemble. Le deuxième est soit un nom quelconque régi par le fonctionnel locatif |á| (*cf.* le premier exemple ci-après), soit une locution locative, commençant elle-même par le fonctionnel |á| (*cf.* le deuxième exemple). Ce deuxième complément renvoie à une partie de l'entité évoquée par |ɣóˊ|[8] :

mì	k↑úŋ	w↓ú	á	nt↓ɔ́ŋ[9]…
6	S+entrer	elle	Loc	gorge

"Elle (l'eau) lui (la perdrix) entra dans la gorge…"

mà	ɣûu	mbô	sàmb↑á //	ŋgá	wú	↑á	mb↓ô[10]
je	S+faire	livres	sept	C[-F]+donner	lui	Loc	mains+Me

"Je rassemblai sept livres et les lui donnai."

– Suivent trois exemples de non-représentation du complément correspondant au patient lorsque ce dernier a déjà été mentionné :

ŋgwê	yì	w↑á t↓ém	w↓ú […] //	mbâ	w↑á	b↓ú?útì	mbô //	ŋg↑wáŋn↓í	ŋgyè //
femme	sa	la+1 S+se tenir	là	type	le	S+frapper	mains	C[-F]+vite	venir

ntʃwá…
C[-F]+saisir

"…sa femme se tenait là […]. Le type la supplia, vint vite et [la] saisit…"

---

[8] Pour d'autres exemples, *cf.* III.6.6.1.

[9] Dans cette construction |á| se prononce [á] rarement [ɔ́].

[10] Pour des raisons de présentation, j'ai séparé dans tous les exemples le substitut, le fonctionnel locatif et le nom régi par le fonctionnel. Mais les locuteurs avec qui j'ai travaillé sur ce point considèrent, par exemple w↑ámb↓ô, comme un tout indécomposable.

ǹkwì:tí   ntʃwì   zá //   ŋgá   ꜜámbꜜô   ŋgꜛwé   mꜜú   yì…
C[-F]+égrainer <u>maïs</u>   le   *C[-F]*+donner *Loc*+mains+*CL.* femme   enfant   son
"…et elle égraina le maïs et [<u>le</u>] donna à la femme de son enfant…"

ǹtsɔ́ʔɔ́tí   mítsùm   mìtsùm //   ŋkwórꜛɔ́   ɲꜜê   mìbúuŋ…
C[-F]+retirer <u>toutes</u>   toutes   *C[-F]*+attacher+*Loc* corps+*Loc* paquets
ǹdzéʔékꜛɔ́   bvꜜúʔúní…
C[-F]+dresser+*Loc*   coin
"…et il les (sagaies) retira toutes, [<u>les</u>] attacha en paquets et il [<u>les</u>] posa debout dans un coin…"

1.3.2. Rection directe

Certains compléments sont régis directement par le verbe.

1.3.2.A. Le complément correspond au "patient" (complément objet)

La rection est directe si le complément est représenté par un nom appartenant à tout autre classe que la classe 1, ou par les substituts suivants : les possessifs, le morphème numéral |-é|, |-tsùm`| "tout", les numéraux cardinaux, ou l'interrogatif numéral |-séʔ´| (*cf.* III.5.14.2.) :

à   tsànɔ̂ //   ɲꜛɔ́ŋ   míbꜜúꜜŋ   mímíkɔ̀ŋ   má   sàŋɔ̀ byèn   dꜛá
1 P_0+passer+*A C[-F]*+poser <u>6</u>+paquets   sagaies   ces+*Loc*   cour   *Ma*
"Après être sorti et avoir déposé les paquets de sagaies dans la cour…"

ìnô   nìfꜛúuŋꜜ´   tsátî   nɔ̂   "Tu es plus noir que moi."
ta   noirceur   *P_0*+dépasser <u>la mienne</u>+*Me*

lám   mítsùmɔ̀   "Cuis-les tous!"
Imp+cuire <u>tous</u>+*Me*

1.3.2.B. Le complément est représenté par un nom évoquant un lieu

La rection directe est possible à deux conditions :

- le verbe régissant est un verbe de direction (et c'est justement à cause de cela que le nom complément évoque un lieu).
- le nom complément est déterminé.

Cette rection directe est, selon le nombre (sg./pl.) du nom et selon le déterminant, facultative ou obligatoire. Le complément vient immédiatement après le verbe, qui, de par son sens même, exclut la présence d'un complément patient et/ou destinataire.

Dans le tableau 60[11] la colonne de gauche donne le nombre (sg./pl.) du nom déterminé ; la colonne du milieu spécifie les déterminants concernés ; dans la colonne de droite le signe + indique que la rection est directe et ± qu'elle peut être directe ou indirecte.

---

[11] Ce tableau est à rapprocher du tableau 61.

Tableau 60 – Rection directe des noms compléments évoquant un lieu

NOMBRE	DÉTERMINANTS	RECTION DIRECTE
pl.	démonstratifs, relatif, "certain", "quel ?"	+
sg./pl.	numéraux, "combien de ?"	+
pl.	"tous"	+
sg.	"tout"	±
sg./pl.	"autre"	±

mà	**y̌ě**	**mìʃòm**	**mímb ꜛá ꜜ´yé**	"Je suis allée à deux champs."
je	P_0+aller	<u>champs</u>	<u>deux</u> Me	

mà	**kǔŋ**	**ǹdá**	**zìmɔʔɔ́**	**yé**	"Je suis entrée dans une autre maison."
je	P_0+entrer	<u>maison</u>	<u>autre</u>	Me	

1.3.2.C. Le complément est représenté par le pronom |ɣó´|

|ɣó´|[12] remplace un complément introduit par un fonctionnel simple ou par une locution locative La place qu'occupe |ɣó´| dépend de la valeur sémantique du complément qu'il remplace.

– |ɣó´| renvoie au moyen :

á	**lɔ́yì** //	**ŋg ꜛɛ́** //	**ndz ꜜúŋɔ́**	**ŋgwê**	**yì**	**wɔ́**
1	S+prendre	C[-F]+aller	C[-F]+acheter+Fo	femme	sa	<u>avec lui</u>+Me

"Il le prit (l'argent) et alla acheter sa femme avec (l'argent)."

– |ɣó´| renvoie à un lieu :

bèm	**bál ꜛá? ꜜá**	**b ꜜá**	**yûu**	**ndíʔ ꜛí**	**ʃ ꜜóm**	**fɔ̀** //	**mb ꜛí ꜜ´**	**mísáŋ**	**wú…**
gens du pays	les	S+Aux	cultiver	champ	chef	C[-F]+semer	sorgho	<u>là</u>	

"Plus tard, les gens du pays cultivèrent le champ du chef et y semèrent du sorgho…"

– |ɣó´| renvoie au destinataire :

á	**lɔ́yɔ̀** //	**ŋgá**	**lìvâns**	**wɔ́**	"Il le prit (l'argent) et lui donna un acompte."
1	S+prendre	C[-F]+donner	acompte	<u>à lui</u>+Me	

1.3.2.D. Le complément est représenté par un adverbe de lieu, de temps ou de manière ou encore par un idéophone.

Sa place dépend de son contenu sémantique.

l ꜛɔ̌	**t ꜜúɔ̀** //	**mà**	**lǒ**	**fòm**	**ntsí**	**yɔ̂**
Imp+éclaircir	tête	je	P_0+Aux	premier	être	<u>ici</u>+Me

"Fais attention ! J'étais ici le premier."

tì	**b ꜛí**	**t ꜜíʔí**	**kwébt ꜜí**	**mb ꜜɔ́m**	**sɨ̀ŋɔ́**	**yè**
nous	Fut	alors	changer	habitude	<u>aujourd'hui</u>	Me

"Nous allons changer d'habitude aujourd'hui."

---

[12] Ce pronom ou "pro-syntagme" a été présenté en III.6.6.1. Se reporter à cette section pour d'autres illustrations de l'emploi de |ɣó´|.

á   zúʔú   kìkàŋ // mb↑úŋ↓ɔ́   yɛ́
1   S+écouter <u>en vain</u> *C[-F]+retourner+Fo elle+Me*
"Elle était désemparée et s'en retourna."

ìs↑úɣ↓ú   mb↓ô myí wú [...] // s↑úɣ↓ú   ʃíʔìní...
C[-F]+laver mains ses avec elle *C[-F]+laver* <u>bien</u>
"Il se lava les mains avec elle (l'eau) [...] se les lava bien..."

ŋkúʔú́   nísɔ̀ŋ   n↑á   w↓ú   ŋ̀g↑ú kwɔ́:ŋ
C[-F]+couper dent   la   avec elle <u>que</u>   <u>clac</u>
"...et il coupa avec elle (la hache) la dent dans un bruit sec!"

> REMARQUE 8 : tous les idéophones relevés commencent par la conjonction |ŋ̀ ´gù⌐| "que", qu'ils soient communs à tous les locuteurs, ou qu'ils soient des créations personnelles (les deux derniers ci-après) : ŋg↑ú b↓ə̂m "intensité de la chaleur", ŋgǔ bôm "intensité du rouge", ŋg↑ú v↓íp "rapidité en montant" ŋg↑ú ɣ↓írídídí "rapidité en desendant", etc.

1.3.3. Rection indirecte

Certains compléments sont introduits par un fonctionnel.
Les fonctionnels sont simples ou complexes :
– fonctionnels simples |á| fonctionnel objet
                        |á| locatif
                        |nì| "avec"
                        |tì| "sans"
                        |tsò´`| "comme"
– locutions locatives
– verbes grammaticalisés

1.3.3.A. Rection par le fonctionnel objet | á |

Le complément qu'introduit ce fonctionnel correspond au patient. Mais |á| n'est utilisé que si le complément est représenté par un nom appartenant à la classe 1 (1a ou 1b), un pronom personnel objet (*cf.* III.6.3.), un pronom indépendant de classe (*cf.* III.6.5.), les substituts autres que ceux mentionnés en 1.3.2.A., à savoir : les démonstratifs, participes, etc.[13])

ntɔ́ŋɔ́   sílùm... "...et elle appela Silum..."
C[-F]+appeler+Fo <u>Silum</u>

> REMARQUE 9 : |á| ne se manifeste directement comme á qu'après une pause. Par exemple en réponse à la question "Qui appela-t-elle ?", on peut donner : á sílùmɔ̀ "Silum".

ò   ɣ↑ú   tʃìʔɔ́   m↑ɔ́ŋ   g↓wê // ò   tsá   by↑é
tu Cd+Aux secouer+Fo *1b+enfant* ce-ci *tu S+passer+Loc* dehors
ntɔ́ŋtɔ́   yí[14]...
C[-F]+appeler+Fo <u>le</u>
"Lorsque tu sentiras les douleurs du travail, tu sortiras et tu m'appelleras..."

---

[13] *Cf.* III.5.14.1.
[14] *Cf.* note 7.

mà tòŋ́   ɣ⁺ó // ŋgǎ   ô y⁺é   ndz⁺ɔ́ʔɔ́   mâ̂ŋgyě…
je P₀+appeler+_Fo_ te   que+que tu Exh+venir C[-F]+marier+_Fo_ 1+femme
"Je t'ai appelé pour que tu viennes épouser une femme…"

àdùr⁺ɔ́ t⁺ú á lánì   ŋg⁺wém⁺ɔ́ wérɔ́…
lourdeur tête 7 S+vraiment saisir+_Fo_ lui
"La honte, elle le remplissait vraiment…"

múŋ mà kwì̀ʔí s⁺úŋɔ́   tsɨ̀ɣà̀ʔàtínɔ́
alors je P₀+encore dire+_Fo_ 10+beaucoup+_Me_
"…alors je dirais encore beaucoup de choses."

á kɨ̂ ndzúŋɔ́ zâf⁺úrɔ́   "Il acheta aussi celui de Fru."
1 S+aussi acheter+_Fo_ 7+Fru+_Me_

1.3.3.B. Rection par le fonctionnel locatif |â|

1.3.3.B.a. Localisation spatiale ou temporelle

Ce fonctionnel est formellement identique au fonctionnel objet et se manifeste de la même façon.

Le complément que régit le fonctionnel locatif |á| est un complément de localisation spatiale ou temporelle :

á témɔ̌   ntsǔ nd⁺á nì nìkǒm ɲé   t⁺ú z⁺ǘɔ́[15]
elle S+se tenir+_Loc_ bouche maison avec panier son+_Loc_ tête elle+_Me_
"Elle se tenait à la porte, son panier sur la tête."

ŋkúŋɔ́   ndʒù̀ʔú   z⁺ú…   "…et il entra dans sa concession…"
C[-F]+entrer+_Loc_ concession lui

á tíʔì   nd⁺é ⁺á ntúŋ y⁺ê   "Il la garda alors, en bas (i.e. sur la côte)."
1 S+alors garder _Loc_ bas ce-là (bas)+_Me_

tsè̀ʔè tsǒ mb⁺áʔ⁺á mà lònì   ndǒ   ndzùm yì   lá…
juste comme que je P₀+Aux+R venir+_Loc_ derrière ce-là (bas) Ma
"Juste quand je suis parti de par-derrière, là-bas…"

á tsáɣɔ̀   ŋkù̀ʔɔ́ // ŋg⁺ɔ́ w⁺érɔ̀ ɣ⁺é́⁺ mbyè
1 S+envoyer+_Fo_ coq   que+que lui+1 Exh+aller+_Loc_ devant+_Me_
"Il envoya le coq devant."

m̀bâ w⁺á l⁺ô // ntém⁺ɔ́   t⁺ûu // ndzúʔú…
type ce S+venir de C[-F]+rester+_Loc_ arbre C[-F]+écouter
"Le type se leva, resta debout et écouta…"

bù̀ɣí b⁺úŋ⁺ɔ́   ŋkwě fɔ̀[16]
nous P₀+rentrer+_Loc_ retour champ+_Me_
"Nous nous en sommes retournés dans la soirée."

---

[15] Dans cet énoncé, on a un deuxième syntagme locatif, t⁺ú z⁺ǘɔ́ "sur sa tête", qui détermine nìkǒm "panier".
[16] ŋkwě fɔ̀ "soirée" est un nom composé du nom verbal (cl. 9) dérivé du verbe |kwén| "rentrer", et du nom àfɔ̀ "champ, campagne".

339

á ntŭuŋ[17] tʃù?ú ò ts⬆í z⬇ú?ú ádzàŋ zǎ // mb⬆á?⬇á wérɔ́
Loc force nuit tu *P₀*+pouvoir *C[+F]*+entendre façon *Rel* que lui+*I*

tɔ́ŋn⬇í bèm byí…
Pr+appeler+*R*+*I* gens ses
"Au plus profond de la nuit, on peut entendre comment il appelle ses sujets…"

b⬆ó z⬇ú yê̂ níɣ⬆ɔ́⬇′ ŋdʒwí w⬇á // ŋk⬇wɛ́
eux lui *S*+aller+*Loc* voyage+*Loc* jour le *C[-F]*+rentrer+*Me*
"Ils continuèrent leur voyage ce jour et rentrèrent."

1.3.3.B.b. Non emploi du |á| locatif avec les noms [+ animé]

|á| ne peut pas s'employer directement devant un nom [+ animé]. Il faut employer une locution locative. Le nom [+ animé] est alors déterminant du nom en locatif au sein d'une construction associative locative : c'est-à-dire que le morphème associatif est |f̀| :

mà bè⬆′ ts⬇í lá mbyê̆ nìmúuŋɔ̀ mún…
je *P₀*+*Aux* *C[+F]*+être *Foc*+*Loc* côté+*Loc* ma mère alors
"Si j'étais restée auprès de ma mère, alors…"

cf. : |á ǹ-byèǹ` f̀ Ø-nìmúuŋà| "auprès de ma mère"
       Loc 9-côté *Loc* *1ᵃ*-ma mère

àkwèɣɔ̂ tʃ⬆é ɲ⬇é m⬇ɔ́ŋ g⬇wâ
toux *P₀*+être+*Loc* corps+*Loc* enfant le+*Me*
"L'enfant tousse." (*litt.* : "la toux est contre l'enfant")

múɔ̂ lŏ ŋgê̆ ɲ⬆é ǹgvwô "L'enfant est allé vers le chien."
enfant *P₀*+*Aux* aller+*Loc* corps+*Loc* chien+*Me*

à tʃè⬆′ nd⬇á nìmí yě "Il habite chez sa mère."
I *P₀*+être+*Loc* maison+*Loc* mère sa+*Me*

1.3.3.B.c. Restriction d'emploi du |á| locatif lorsque le nom régi est déterminé

L'emploi du |á| locatif dépend à la fois du nombre (sg./pl.) du nom déterminé et du déterminant. Dans le tableau 61[18] la colonne de gauche donne le nombre (sg./pl.) du nom ; la colonne du milieu spécifie les déterminants concernés ; dans la colonne de droite, le signe + indique que le complément est régi par |á| et ± que la rection par |á| n'est pas systématique.

---

[17] ǹtŭuŋ est un nom verbal de cl. 9 dérivé du verbe |tàn-|"être fort", le nom de cl. 9 est déterminé par ìtʃù?ú "nuit" avec lequel il forme un nom composé.
[18] Ce tableau est à rapprocher du tableau 60.

Tableau 61 – Rection par le fonctionnel locatif des noms déterminés

NOMBRE	DÉTERMINANTS	RECTION PAR |á|
sg.	démonstratifs, relatif, "certains", "quel ?"	+
sg./pl.	participes, N_2, pronom indépendant	+
sg./pl.	"autre"	±
sg.	"tout"	±

ndʒèlàʔà   zə̀   mǐɔ́   yé   dˈíʔí   wíŋə̀   "Mon histoire se termine ici."
histoire   mon P_0+finir   elle+*Loc*+*7* endroit *1*+ce-ci+*Me*

súŋ   wâ   tʃèˈ↗   ŋkàn   dzìŋgwiɔ́   "L'oiseau occupe un grand nid."
oiseau   le P_0+être+*Loc* nid   grand+*Me*

mà kùŋˈɔ́   ndˈá   zìmɔ̀ʔɔ́   yé   "Je suis entré dans une autre maison."
je P_0+entrer+*Loc* maison   autre   *Me*

ìlə̀m   tʃˈé   nˈíkfˈú   nìtsùmə̀   "La sorcellerie est dans tout le quartier."
sorcellerie P_0+être+*Loc* quartier   tout+*Me*

Si le nom déterminé est au pluriel, on a noté l'utilisation certaine du \|á\| locatif lorsque le déterminant est un adjectif/participe et \|mɔ̀ʔá\| "autre".

bó   fˈúˈɔ́   ndˈá   tsìwiɔ́   "Ils sont sortis des grandes maisons."
ils P_0+sortir+*Loc* maisons   grandes+*Me*

á   mˈíʃˈóm   mâmˈɔ̀ʔˈɔ́   ɣé[19]   "Dans les autres champs"
Loc   champs   autres   *Me*
(réponse à la question : "Où travaillent-ils ?")

Mais si le déterminant est autre, les informateurs hésitent. Lorsque le verbe est un verbe de direction, ils ont recours plutôt à une construction directe, le verbe indiquant à lui seul la valeur locative de son complément, ou ils utilisent des locutions locatives, en particulier **áɲˈê** "à, contre" :

à   yě̌   ǹdˈá   tsˈíŋə̀   "Il est allé à ces maisons-ci."
1 P_0+aller   maisons   ce-ci+*Me*

bí   fˈúˈɔ́   ɲˈê   ndˈá   tsˈúŋɔ́   "De quelles maisons sont-ils sortis ?"
2 P_0+sortir+*Loc* contre+*Loc* maison   quel

bó   kì   yèˈ↗   ɲˈé   mìʃyè   mìséʔé   "A combien de tombes sont-ils allés ?"
eux P_1 aller+*Loc* contre   tombes   combien

1.3.3.B.d. Syntagme locatif à valeur de but

Lorsque le nom complément est un verbo-nominal de cl. 9, il peut exprimer le but. Néanmoins, on n'utilise cette construction que si le verbo-nominal et le verbe régissant évoquent des actions qui ont le même agent :

---

[19] Nous avons vu en 1.3.2.B. qu'un nom déterminé par "autre" pouvait être régi directement par le verbe, si celui-ci est un verbe de direction.

341

ŋg˥ɛ˩˥ yɛ́ sə̂ ŋk˥wíŋ z˩ɯ́ɔ́   "…et il alla fendre du bois."
C[-F]+aller+Fo lui+_Loc_ 9+fendre bois lui+_Me_

tsɛ̀ʔɛ̀ mb˥á?˩á wɛ́rə̂ tìʔìnə̂ ŋg˥ɛ˩˥ á ntʃé l˩áŋ…
juste que lui+_1_ P₀+alors+A C[-F]+aller Loc 9+être+Loc chaise
"Juste au moment où il va s'asseoir sur la chaise…"

ò tsǐ nɪ̀ mìtùŋ˥ɔ́ ŋg˩ɯ́ɔ́ nù zá mb˥á?˩á…
tu P₀+être avec force+_Loc_ 9+faire chose _Rel_ que
"tu as la force de faire ce que…"

á ndzɔ̀ŋ˥ɔ́ ɲ˩ê kàn dzá bô ɣ˥ɯ́n˩í lá…
Loc 9+suivre+_Loc_ corps accord _Rel_ ils P₂+faire+R _Ma_
"Pour respecter l'accord qu'ils avaient conclu…"

1.3.3.B.e. Mise en locatif de l'idiotisme àt˥ú˩ɔ́ mbə̀mə̀ ʒɛ́ "sa tête de tronc"

|à-tú`  á-m̀-bə̀m` àz´-í a| àt˥ú˩ɔ́ mbə̀mə̀ ʒɛ́   "Lui-même."
7-tête 7-3-tronc 7-sa _Me_

Lorsqu'il n'est pas régi par le fonctionnel locatif |á|, cet idiotisme donne plus de force à l'expression de l'identité d'une personne :

àt˥ú˩ɔ́ mbə̀mə̀ z˥ɔ̌˩˥ sě ʃíʔìní tʃê   "Moi, je ne me porte pas bien."
tête tronc ma+7 P₀+_Nég_ bien être+_Me_

En locatif, ce même idiotisme indique qu'on fait quelque chose de soi-même, en en prenant l'entière responsabilité :

à m˥í lɔ̀ɣɔ́ t˥ú˩ɔ́ mbə̌m z˥ɯ́ɔ́
_1_ _Fut_ prendre+_Loc_ tête tronc lui+_Me_
"Il le prendra en son nom." (_i.e._ "Il le prendra, en assumant l'entière responsabilité de sa décision.")

_cf._ |á à-tú`  á-m̀-bə̀m` i` zú´ a| át˥ú˩ɔ́ mbə̌m z˥ɯ́ɔ́
Loc 7-tête 7-3-tronc _Loc_ lui _Me_
"Lui-même (en tant que responsable)"

L'informatrice qui a produit cet exemple a aussi donné spontanément les expressions suivantes comme équivalentes :

à m˥í lɔ̀ɣɪ̀ nə̂ t˥ú˩ɔ́ mbə̀mə̀ ʒɛ́   "Elle le prendra en son nom."
_1_ _Fut_ prendre avec+_7_ tête tronc sa+_Me_

à m˥í lɔ̀ɣɪ̀ á ɲ˩ê t˥ú˩ɔ́ mbə̀mə̀ ʒɛ́   "Elle le prendra en son nom."
_1_ _Fut_ prendre _Loc_ corps tête tronc sa+_Me_

Le premier exemple illustre l'interchangeabilité des fonctionnels |á| et |nɪ̀| dans certains contextes. Le deuxième exemple illustre l'emploi de áɲ˥ê "à, contre", locution locative "passe-partout" fréquemment utilisée (_cf. infra_ en 1.3.3.F.).

1.3.3.C. Rection par le fonctionnel |nɪ̀| "avec"

Les pronoms qui peuvent être régis par ce fonctionnel, ainsi d'ailleurs que par les fonctionnels |tɪ̀| "sans" et |tsò ˆ| "comme" sont les pronoms indépendants.

Les valeurs sémantiques que prend un complément construit avec ce fonctionnel sont multiples.

1.3.3.C.a. Accompagnement, instrument

mà ɣꜛέꜜˊ   fɔ̂ // mà ʒwíɣí   nì   múɔ̀
je Cd+aller+Loc champ je S+rester avec enfant+Me
"Lorsque je vais au champ, je reste avec l'enfant."

mà kì tʃí ŋgyè nꜛí ŋgwê ɣàŋ gwê // ìsúŋꜛɔ́   mbꜜó yò lꜛá ŋgɔ̌ kè
je P₂ Aux venir avec femme ma ce-ci C[-F]+dire à toi Foc que quoi ?
"Lorsque j'ai ramené cette épouse à moi, qu'est-ce que je t'ai dit ?"

mà mꜛí ɣěnɔ̀ nì wèrɔ́ fɔ̀ á mbyèʔé mìdzûu máŋ gúɔ́
je Fut aller+I avec elle+Loc champ Loc porter nourriture ma là+Me
"J'irais au champ avec elle (la voiture) pour transporter mes récoltes dedans."

á témɔ̌   ntsǔ ndꜛá nì nìkɔ̌m ɲé   tꜛú z↓úɔ́
1 S+être debout+Loc bouche maison avec panier son+Loc tête elle+Me
"Elle se tenait à la porte, son panier sur la tête."

ǹdzꜛɔ́ŋꜜɔ́ //   fúrɔ́ //   ǹtúmɔ́   nì mìkɔ̌ŋ má...
C[-F]+suivre+I C[-F]+chasser+I C[-F]+tirer+I avec sagaies leurs
"…et ils [le] pourchassaient et tiraient avec leurs sagaies…"

C'est aussi le fonctionnel |nì| qu'on utilise, quand le verbe régissant est |tsí| "être", pour exprimer la possession et l'obligation :

ò tsǐ   nì mìtùŋꜛɔ́ ŋgꜜúɔ́ nù zá // mbꜛáʔꜜá...
tu P₀+être avec force+Loc faire chose Rel que
"tu as la force de faire ce que…"

ǹbâ wꜛá kꜜí   ntsí nꜛí ŋgꜛέꜜˊ yé   níɣꜜɔ̀
type ce+I S+aussi être avec aller lui+Loc voyage+Me
"D'un autre côté, le type devait partir en voyage."

1.3.3.C.b. Moyen, manière

àbàn dzê bí tá   nì ŋgòbɔ̀   "Ce sac, on l'a fait en cuir."
sac ce-ci 2 coudre avec cuir+Me

à ɣǎm   nɔ̀ lꜛwé   ntꜛɔ́ŋɔ́   "Il a parlé avec colère."
1 P₀+parler avec amertume gorge+Me

bí tíʔɔ̀   ntɔ́ŋɔ̀   wá ní bìkìrítènɔ̀...
2 S+alors+I appeler+I+Fo les avec chrétiens
"Alors on les appelait des Chrétiens…"

1.3.3.C.c. Localisation spatiale ou temporelle

bí tíʔɔ̀   ŋgꜛέꜜˊ nɔ̂ nùɔ̀ ŋwî zê nꜛí mbyì...
2 S+alors+I aller+I avec chose dieu ce-ci avec devant
"Ils continuèrent à aller de l'avant avec l'évangélisation…"

343

ŋwɔ̀ŋ   gwˈá tsˈá   nɪ̀   mbyɪ̀ // ɪ̀fˈóˈm   ŋgyɛ̀ // ɪ̀súŋ //   ŋgˈɔ́ˈ
personne la   S+passer <u>avec</u> <u>devant</u> C[-F]+d'abord arriver C[-F]+dire que+que

bɪ́ ɣá   ŋkˈábɔ̀
2 Exh+donner argent+Me
"La personne [le] dépassa, arriva la première et demanda de l'argent."

ɪ̀bˈɔ́m bˈá fˈú //   ŋgˈɛ́   nɪ́ tʃúʔˈú   wˈá...
enfants les+2 S+sortir C[-F]+aller <u>avec</u> <u>nuit</u>
"Les enfants partirent cette nuit-là..."

1.3.3.C.d. Destinataire

ànùɔ̀ tsé   tʃí   zǎ //   mà mˈɪ́ sˈúŋ   nɪ́ bɪ̀ŋɔ́...
chose certaine+7 P₀+être Rel je Fut dire <u>à</u> <u>vous</u>
"Il y a quelque chose que je vous dirai..."

ò tíʔɔ̀   ndíʔɪ̀ ŋgɯ́ʔɯ́ nɪ̀ mɛ̀...
tu S+alors+I montrer tourment <u>à</u> <u>moi</u>
"Alors tu commenças à me tourmenter..."

ɪ̀tˈɯ́ʔɯ̀ ŋgɯ̀ʔɯ́ dɪ̀ʔɪ̀   ndá nɪ̀ mɛ̀...
tige   citrouille+9 P₀+montrer maison <u>à</u> <u>moi</u>
"La tige de citrouille m'a montré la maison..."

á súŋ   nɪ̀ mˈɔ́ŋ gˈwá // ŋgɔ̀ â   fˈúrˈɪ   ndzùm ʒɪ̀ // ŋgá
1 S+dire <u>à</u> <u>enfant</u> le   que que+1 Exh+tourner dos   son C[-F]+donner

nˈɪ́ zˈɯ́ɔ́
<u>à</u> <u>lui</u>+Me
"Il dit à l'enfant de lui tourner le dos."

1.3.3.D. Rection par le fonctionnel | tɪ̀ | "sans"

Ce fonctionnel est en partie le pendant négatif de |nɪ̀| "avec", mais il est d'un usage plus restreint :

mà kɪ̀ ɣɛ̌   nˈɪ́ɣˈán tɔ̀ kóŋɔ̀ zɔ̂
je P₂ aller+Loc voyage <u>sans</u> <u>parapluie</u> mon+Me
"J'ai voyagé sans mon parapluie."

à ɣǎm tɔ̀ lˈwé ntˈɔ́ŋɔ́
1 P₀+parler <u>sans</u> <u>amertume</u> gorge+Me
"Il a parlé sans amertume."

mà wɛ̀mˈɔ́   ndzɛ̀rɔ̂ tɪ̀ ŋkɯ̀ɔ́
je P₀+tenir+Fo voleur <u>sans</u> <u>corde</u>+Me
"J'ai tenu un voleur sans avoir de corde."

àtúɔ̀ tʃˈɪ́ kɛ̀ʔé   tsâ   mbyɪ̀ tɪ̂ mbyɛ̀ʔɛ̀nɔ̀[20]
tête P₀+être C[+F]+Nég passer+Loc devant <u>sans</u> <u>épaule</u>+Me
"La tête ne peut pas aller de l'avant sans les épaules."

---

[20] Cet exemple, ainsi que les deux suivants sont des proverbes.

k ꜛá ìlûu   ntómə̀   yí ²¹ ŋkyì tî   ŋkàʔà
Nég fourmi *Pr*+traverser+*I*+*Fo* elle eau <u>sans</u> <u>tige,*sp*.</u>+*Me*
"Une fourmi ne traverse pas l'eau sans une tige d'herbe à éléphant."

k ꜛá bì ndʒíyə̀   yí ŋkyèrì tì   tùɔ́
Nég 2 *Pr*+épingler+*I*+*Fo* eux natte <u>sans</u> <u>piquets</u>+*Me*
"On ne fixe pas une natte sans piquets (comme support)."

> REMARQUE 10 : sont aussi attestés, des cas de détermination nominale par l'intermédiaire de |tì| "sans" :
>
> ìfɔ̀ tì   bèn k ꜛâ   bé   yí fɔ̀   yè   "Un chef sans sujets, ce n'est pas un chef."
> chef <u>sans</u> gens *Nég*+1 être+*Fo* lui chef *Me*
>
> m̀bvwó tì   mbə̀ŋnɔ́   "Un chien sans cloche (*i.e.* un voleur)"
> chien <u>sans</u> <u>cloche</u>

1.3.3.E. Rection par le fonctionnel | tsò ´ ` | "comme"

mà fàʔá   tsǒ   z ꜛúɔ́   "J'ai autant travaillé que lui."
je *P₀*+travailler <u>comme</u> <u>lui</u>+*Me*

nìʒwì   ɲí bé   tsǒ   nìɲámə̀   "Il respire comme une bête."
respiration sa+5 *P₀*+être <u>comme</u> <u>celle d'une bête</u>+*Me*

bí b ꜛóꜜ'm tsǒ   nìkɔ̀ŋ bô fɔ̂
2 *P₀*+joindre <u>comme</u> <u>sagaie</u> et <u>fer</u>+*Me*
"Ils sont faits l'un pour l'autre." (*litt.* : "Ils joignent comme le fût et le fer d'une sagaie.")

1.3.3.F. Rection par des locutions locatives

Les locutions locatives sont formellement identiques au syntagme locatif décrit en III.4.11. Elles sont donc composées d'un nom, régi par le fonctionnel locatif |á| et déterminé par un nom ou un pronom indépendant. Le lien syntaxique entre le déterminé et le déterminant étant marqué par le morphème associatif locatif |ì` | :

|á   ǹ-dzùm`    ì`   ŋ̀-kòm` a| á ndzǔm ŋ̀kòmə̀   "Derrière la boîte."
Loc 9-dos   *Loc* 3-boîte *Me*

|á   ǹ-dzùm`    ì`   yò` ye| á ndzǔm yò yè   "Derrière toi."
Loc 9-dos   *Loc* toi *Me*

> REMARQUE 11 : A noter que les noms qui entrent dans la composition de ces locutions, peuvent, pour la plupart, être régis par les fonctionnels |á| ou |nì| sans pour autant être déterminés par un nom ou un pronom indépendant, *i.e.* sans servir de marque de fonction à un autre terme (on en a vu des exemples en 1.3.3.B.a. : á mbyè "devant", á ntúŋ y⁴ê "en bas", á ndzǔm yì "de par derrière", á tû "debout" et en 1.3.3.C.c. : nì mbyì "de l'avant").

La liste ci-dessous donne les noms qui peuvent entrer dans les locutions locatives, et le sens des locutions incluant ces noms :

|ìɲé` | (cl. 9)   "corps"   "à, contre, etc."
|àtú` | (cl. 7)   "tête"   "sur, dessus"
|ìʃì` | (cl. 3)   "visage"   "devant"

---

²¹ Lorsque la particule négative |ká| est utilisée, un pronom réfléchi s'insère obligatoirement entre le verbe et le complément objet (*cf. infra* en 1.4.1.)

|ìʃúrˋ| (cl. 3)　　　　"anus"　　　　　"sous, au fond"

|ǹdzùmˋ| (cl. 9)　　　 "dos"　　　　　 "derrière"

|m̀bóˋ| (cl. 6)　　　　"mains"　　　　"à, pour, à la place de, etc."

|bàɣˋ| (cl. 1ᵃ)　　　　"côté"　　　　　"du coté de"

|m̀byènˋ| (cl. 9)　　　"côté"　　　　　"à côté"

|tùtàrˋ| (cl. 1ᵃ)　　　"milieu"　　　　"au milieu"

|àmú´| (cl. 9)　　　　 "intérieur"　　　 "dans"

|ǹtúŋˋ| (cl. 9)　　　　"bas"　　　　　 "en bas, en dessous"

|m̀bìˋ| (cl. 9)　　　　"devant"　　　　"devant"

|ǹdzùŋ´| (cl. 7)　　　 "au-delà"　　　 "au-delà"

|àtú´| (cl. 7)　　　　　"arbre"　　　　 "en haut, debout"

|àbyén´| (cl. 7)　　　 "atmosphère"　　"dehors"

|ǹdómˋ| (cl. 3)　　　　"chemin"　　　 "en direction de"

|àdíʔ´| (cl. 7)　　　　"endroit"　　　 "à la place de"

|ŋ̀kfùˋ| (cl. 9)　　　　"temps"　　　　"à la place de"

|àbɔʔˋ| (cl. 7)　　　　 "milieu"²²　　　 "parmi, avec"

kòʔó　　 kánə̀　　　 mˈúə̀　　　 tsùm　　 wíɲə̀
Imp+Nég sauter+*Loc* intérieur+*Loc* lac　 ce-ci+*Me*
"Ne saute pas dans ce lac !"

bí téɣə̀　　　 tákɔ̀ʔɔ̀bɔ́ làɲə̀　　　 ʃˈúrə̀　　　 lvùŋə̀　　 tˈú̀　 zↆâtsé…
2 S+placer+*Fo* grand　 siège+*Loc* anus+*Loc* vieillesse arbre　 certain
"On plaça un grand siège sous un certain arbre…"

ŋkɔ́ʔɔ́　　　 yé　　 tˈúə̀　　 tùə́　　　 "…et il grimpa sur un arbre."
C[-F]+grimper+*Fo* lui+*Loc* tête+*Loc* arbre+*Me*

ntsí　　　 ɣˈá　 lↆáʔà　 tˈóm　 wↆá　 tú　　 lòm　 tsí　 bˈáↆˊ…
C[-F]+rester là+*Loc* pays　 étranger le+*Loc* tête+*Loc* années *Mn* deux
"et je restai là, à l'étranger, trois ans…"

ǹtéɣˈɔ́　　　 ʃɣↆí　　　 zↆú́ə́　　　 "…et il [la] posa devant lui."
C[-F]+poser+*Loc* visage+*Loc* lui+*Me*

ká　bì　ndɔ́ɣə̀　　　 yí　f ˈán　 nↆíkɔ̀ŋ　 wí　 mˈɔ́ʔↆɔ́ ∥ ntáʔↆá
Nég 2 Pr+prendre+*I*+*Fo* lui　 fer　　 sagaie　 *Mn* un　 *C[-F]*+ouvrir+*Loc*

tↆú̀　　 nìpfúrɔ́　　 wↆúɔ́
haut+*Loc* herbe　　 avec elle+*Me*
"On ne prend pas son unique fer de lance pour ouvrir un tas d'herbe." (autrement dit :
"quand on n'a qu'une chose, on en prend soin." – Proverbe.)

àtântʃò　 à　 tʃèˈ ˊ　　 bɔ̀ʔɔ́　　 bùɣì　súŋə̀　　　 yè
Atancho　 *1 P₀*+être+*Loc* milieu+*Loc* nous　 aujourd'hui　 *Me*
"Atancho, il est parmi nous aujourd'hui."

Les locutions les plus fréquemment utilisées sont |á ìɲé˙ íˋ| et |á m̀bó˙ íˋ|.

La locution |á ìɲé˙ íˋ|, qui signifie littéralement "à corps de", est souvent utilisée

---

²² Ce nom n'est attesté qu'en locution locative.

là où on ne peut pas employer le |á| locatif seul, entre autres, devant un nom désignant un animé (*cf.* 1.3.3.B.b.) ou encore après des verbes de mouvement, lorsqu'on ne peut pas avoir une construction directe (*cf.* en fin de 1.3.3.B.c.), mais elle permet, par ailleurs, d'indiquer divers rapports sémantiques :

àkwèɣɔ̂ tʃ↑έ   ɲ↓é   m↓ɔ́ŋ g↓wâ   "L'enfant tousse."
toux P_0+être+*Loc* corps+*Loc* enfant le+*Me*

múɔ̌ lɔ̌ ŋgɛ̌ ɲ↑é   ŋ̀gvwô   "L'enfant est allé vers le chien."
enfant P_0+*Aux* aller+*Loc* contre+*Loc* chien+*Me*

bɪ́ f↑ú↓ɔ́   ɲ↓ê   nd↑á   ts↓úɯ̀ŋɔ́
2 P_0+sortir+*Loc* corps+*Loc* *10*+maisons *10*+quel ?
"De quelles maisons sont-ils sortis ?"

ǹdzàm z↑á t↓í?ì ŋgɔ́ŋ↑ɔ́ ɲ↓ê   kùmɔ̀ nísɔ̀ŋ zâ
hache la *S*+alors rester+*Loc* corps+*Loc* moitié dent la+*Me*
"La hache resta alors contre la moitié de dent."

tʃwì á tí?ì ndzέ zɔ̀ŋ wǎ // bɪ́ l↑ɔ́b↓ítínɔ́   ɲ↓é   z↓úu lá
antilope *1 S*+alors voir tour *Rel* 2 P_0+imaginer+*R*+*Loc* corps+*Loc* lui *Ma*
"L'antilope, elle vit alors le tour qu'on avait imaginé contre elle…"

á tí?ì   ntsɔ́?ɔ́tí mɪ́kɔ̀ŋ m↑á ɲ↓é   z↓úu […] // ŋkwór↑ɔ́
1 S+alors retirer sagaies les+*Loc* corps+*Loc* lui   *C[-F]*+attacher+*Loc*

ɲ↓é   mìbúuŋ…
corps+*Loc* tas
"…puis il retira de sur lui les sagaies […] et les attacha en paquets…"

múŋ bɪ́ m↑ɪ́ ts↓ɔ́?ɔ́ yé ɲ↓é   fɔ̀ yè
alors *2* *Fut* tirer le+*Loc* corps+*Loc* chef *Me*
"…alors on le choisirait comme chef."

à b↑é   ɲ↓ê   tʃú?ú wùʃí?ìní wûtsé // àl↑ɯ̀↓ n↓ô   yí…
1 P_2+être+*Loc* corps+*Loc* nuit belle certaine fourmi *S*+boire elle
"Il y a de celà longtemps, par une belle nuit, la fourmi but…"

La locution |á m̀bó` ɪ̀` |, qui signifie littéralement "aux mains de"[23], sert, tout comme |nì|, à construire le complément "destinataire" :

á má?ánɔ̀ ntsà?ǎ   mb↑ó   màŋgyè wâ
1 S+jeter épluchure+*Loc* mains+*Loc* femme la+*Me*
"Elle jetait les épluchures à la femme."

ìsúŋ↑ɔ́   mb↓ô ŋgwê yì w↑á…   "…et il dit à son épouse…"
C[-F]+dire+*Loc* mains+*Loc* femme sa la

ǹd↑ɔ́ɣ↓ɔ́   màsîn wâ mb↑ó ŋwò̀…
C[-F]+prendre+*Fo* machine la+*Loc* mains+*Loc* personne
"…et il prit la machine à la personne…"

REMARQUE 12 : dans le dernier exemple il serait plus juste de parler de "source" que de "destinataire".

---

[23] On a relevé quelques occurrences avec le nom employé au sg. |á àbó` | "à main de".

1.3.3.G. Rection par des verbes grammaticalisés

1.3.3.G.a. |m̀ ´ bù?í (á)| "à cause de", "au sujet de"

|m̀ ´ bù?í (á)|, ou |m̀ ´ bìu?í (á)| pour certains locuteurs, est clairement d'origine verbale. En effet |bù?|/|bìu?| a gardé de son statut de verbe non grammaticalisé la rection de son complément (d'objet). C'est ainsi que le fonctionnel objet |á| est utilisé avec les noms de cl. 1, les pronoms personnels objet, etc. (*cf.* 1.3.3.A.), alors que dans tous les autres cas, la rection est directe :

mà	yě	mbù?ɔ́	ŋ-k ↑úmɔ́	"Je suis venu à cause du notable."
je	P_0+venir	à cause de+*Fo*	*1^b*-notable+*Me*	

à	zɔ̀bɨ́	mbù?ɔ́	yé	"Il a chanté une chanson sur lui."
1	P_0+chanter	à propos de+*Fo*	lui+*Me*	

mà	yě	mbù?ù	bɨ-k ↑úmɔ́	"Je suis venu à cause des notables."
je	P_0+venir	à cause de	*2*-notable+*Me*	

|bù?|/|bìu?| a été grammaticalisé au consécutif non futur.

REMARQUE 13 : à l'origine on devait donc avoir une proposition enchaînée avec comme prédicat |bù?| déterminé par un complément d'objet ; le sujet de cette proposition étant identique à celui de la proposition précédente, |bù?| était conjugué au mode consécutif. La grammaticalisation s'est accompagnée de l'élimination de l'alternance entre les consécutifs futur et non futur.

à	nɨ́	s ↑ún	wǎ // mb ↑á?	à	kɨ̀	tʃìnɨ́	ŋgyè //	ndz ↑ɔ́b ↓ɨ́	mbú? ↓ɔ́
1	être	oiseau	*Rel* que	*1*	P_1	*Aux*+*R*	venir	*C[-F]*+chanter	<u>au sujet de+*Fo*</u>

ŋg ↓wê	yé
<u>femme</u>	sa+*Me*

"c'est l'oiseau qui était venu et avait chanté au sujet de sa femme."

ŋg ↑ámn ↓ɔ́	nù	mb ↑ɨ́ɨ? ↓ɨ́ɨ ntsì	nù	tíbɔ̀ŋ	tsíɲɔ̀
C[-F]+discuter	chose	<u>à propos de</u> <u>état</u>	choses	mauvais	ce-ci+*Me*

"…et ils discutèrent de ce mauvais état de choses."

á	ɣ ↑ɨ́ɨ ↓´	súŋɔ́	nù	mb ↑ú? ↓ú	mít ↑ɨ́ŋ	m ↓á //	ŋwɔ̌	kè?é	tsɔ́?ɔ́tɔ̀
1	*Cd*+*Aux*	dire	chose	<u>au sujet de</u>	<u>plantation</u>	les	personne	*S*+*Nég*	enlever+*Me*

"Si elle dit quelque chose sur ces plantations, personne ne pourra rien y changer."

1.3.3.G.b. |ɨ̂ lɔ̀ɣìnɨ́ (á)| "à partir de", etc.

Certains verbes grammaticalisés au consécutif futur[24] permettent d'indiquer les points de départ et d'arrivée d'une période ou d'une distance, et peut-être même l'intervalle séparant ces deux points.

Ces verbes ont gardé de leur statut de verbes non grammaticalisés la rection de leur complément par le fonctionnel locatif |á| ou la rection directe lorsque le complément ne permet pas l'emploi du locatif |á| (*cf.* 1.3.3.B.).

Le verbe |lɔ̀ɣnɨ́| "commencer" est utilisé pour le point de départ d'une période :

---

[24] Le verbe employé pour le point de départ peut cependant être au consécutif non futur.

ílɔ̀ɣìnɔ́   ndʒ↑wí   w↓á   wérɔ́   kâ //   ŋg↑ú...
C[+F]+commencer+*Loc* jour   le   lui   *S*+jurer que
"A partir de ce jour, il jura que..."

ít↑í?í   lɔ̀ɣìnɔ́   ndʒ↑wí   w↓á   ɲùm   ŋkwḛ̂fò̰ tí
C[+F]+alors *C[+F]*+commencer+*Loc* jour   le   temps   soir   *Cd*+*Aux*

kù?ɔ́ //   ŋg↑úb↓í   kúḭ̀   ŋkɔ́?ɔ́...
C[+F]+atteindre poule   *S*+courir *C[-F]*+grimper
"Alors depuis ce jour, avant même que le soir ne tombe, la poule court grimper..."

Dans l'exemple ci-dessous, et le point de départ et le point d'arrivée sont explicités. C'est le verbe **yě** "venir" qui est ici employé pour indiquer le point d'arrivée :

lá   lɔ̀ɣìnɔ́   ndʒ↑wí   w↓á   yě   ɣá súŋɔ̀   ŋgɔ̀ŋ ŋkfù
mais *C[+F]*+commencer+*Loc* jour   le   *C[+F]*+venir   là aujourd'hui   sorte temps

ntsùm zǎ //   mb↑á?↓á   nìmàŋɔ̀   zèn↑í   ŋg↑úbí l↓á // à   tsǐ   kè?é
tout   *Rel*   que   civette+*1*   *P₀*+voir+*R* volaille *Ma*   *1*   *P₀*+être *C[+F]*+*Nég*

tsáɣɔ̀
envoyer+*Me*
"A partir de ce jour jusqu'à aujourd'hui, chaque fois que la civette voit une volaille, elle ne peut l'épargner."

Dans l'exemple suivant **(í)lɔ̀ɣìnɔ́** "commencer" est une fois de plus utilisé pour le point de départ. Quant à la chaîne **(í)yě (í)f↑ú** "venir et sortir", on peut se demander si elle sert uniquement pour le point d'arrivée, ou si le premier verbe **(í)yě** évoque l'intervalle :

nɔ̰̌ mbì?ìnɔ́ zɔ̰̀   lɔ̀ɣìnɔ́   m↑âŋkúɯ yě   f↑ú
être début   mon *C[+F]*+commencer+*Loc* enfance   *C[+F]*+venir *C[+F]*+sortir

t↓ítsɔ̀ŋnɔ̀
maintenant+*Me*
"C'est mon début [de vie], de l'enfance à maintenant."

Dans les deux exemples ci-dessous, aucun verbe grammaticalisé n'est utilisé pour le point de départ. On serait tenté ici encore plus que dans l'exemple précédent, de considérer que les verbes **ík↑ɔ́?ɔ́** "monter" et surtout **(í)ts↑í** "rester" dans le deuxième exemple, évoquent l'intervalle entre les points de départ et d'arrivée. De plus on peut se demander si on a vraiment affaire à des verbes grammaticalisés ou tout simplement à des propositions dont le sujet serait le même que celui des propositions précédentes, soit **mà** "je" :

mà kwènâ //   ntʃé   ntsǔndá ík↑ɔ́?ɔ́   ŋgǔ[25] kù?ú
je   *P₀*+rentrer+*A* *C[-F]*+être+*Loc* maison   *C[+F]*+monter   que *C[+F]*+atteindre

lòm   b↑á // ndì   yɔ̰̀ zɔ́?ɔ́   ŋg↑wê yě
années deux   frère mon *S*+marier+*Fo* épouse sa+*Me*
"Après mon retour, je restai à la maison presque deux ans et mon frère se maria."

---

[25] **ŋgǔ** marque ici l'approximation et est rendu par "presque" dans la traduction libre. **ŋgǔ** constitue une incise dans la chaîne **ík↑ɔ́?ɔ́ (í)kù?ú**.

mà tíʔì **ŋkɨ́** **ntsɨ́** // **ntʃé** **ntsûndá** **bɨ̀ɣɔ́** **mpfù wá**
je S+alors C[-F]+aussi C[-F]+être C[-F]+être+*Loc* maison nous+*Loc* temps le
tsᵗɨ́ **fᵠú** **súŋɔ̀**…
C[+F]+être C[+F]+sortir aujourd'hui
"Alors, c'est ainsi que je suis restée, restée chez nous, depuis ce temps jusqu'à aujourd'hui…"

La façon "traditionnelle"[26] d'exprimer une quelconque distance importante est de la comparer à une distance équivalente connue. Ici encore on utilise des verbes grammaticalisés pour spécifier les points de départ et d'arrivée. Dans l'exemple ci-après (ɨ̀)lŏ "partir de" est utilisé pour le point de départ, (ɨ)kᵗwé "rentrer" et (ɨ)kù?ɔ́ "atteindre" pour le point d'arrivée :

tsó **lŏ** **yɘ̰̌** **kᵗwé** **kù?ɔ́** **ndʒù?ú** **máŋkòŋ**
comme C[+F]+partir de ici C[+F]+rentrer C[+F]+atteindre+*Loc* concession mankon
bɨ́ **téyɔ̀** **tákɔ?ɔ̀bɔ̀** **làŋ**…
2 S+poser grandeur tabouret
"A une distance comme d'ici au cœur de Mankon, on plaça un grand tabouret…"

> REMARQUE 14 : comme déjà mentionné, pour le point de départ, il est possible de mettre le verbe au consécutif non futur au lieu de le mettre au consécutif futur. Le premier énoncé ci-dessous a été produit spontanément par le conteur, le deuxième a été signalé comme possible (mais c'est néanmoins le consécutif futur que le conteur a utilisé spontanément) :
>
> **ndᵗɔ́ɣᵠɨ́nɔ́** **ndʒwí** **wᵠâ** **ŋgwèyɔ́** **ŋkù?ɔ́ tíʔì** **mbé** //
> C[-F]+commencer+*Loc* jour le race coq S+alors C[-F]+être
> **yᵘ̌u** **lᵗá?á** **mì** **ámbᵗô**[27] **nìmàŋɔ̀** …
> C[+F]+Aux C[+F]+jamais C[+F]+finir à cause civette
> "A partir de ce jour, la race du coq faillit disparaître à jamais à cause de la civette…"
>
> **tsó** **ndŏ** **yɘ̰̌** **kᵗwé** **kù?ɔ́** **ndʒù?ú** **máŋkòŋ**
> comme C[-F]+partir de ici C[+F]+rentrer C[+F]+atteindre+*Loc* concession mankon
> "A une distance comme d'ici au cœur de Mankon…"

1.4. L'ordre des constituants dans les propositions négatives

L'ordre des constituants assumant les fonctions de sujet, prédicat et complément dans les propositions et/ou énoncés affirmatifs peut être résumé dans la formule [S + Prédicat + O + C] où S est le sujet, O le complément correspondant au patient, C les autres compléments.

Ce fait a été largement illustré dans les sections précédentes.

1.4.1. La négation est | sè´ |, | kèʔ´ | ou | tú |

Dans les énoncés négatifs, où la négation est |sè´|, |kèʔ´| ou |tú|, il y a deux ordres possibles : [S + Nég + prédicat + O + C] ou [S + Nég + O + C + prédicat].

---

[26] *Cf.* III.4.13.5.
[27] Il s'agit ici de la seule occurrence de **ámbᵗô** avec le sens de "à cause de", sens qui est autrement rendu par |ɨ̀ɓù?ɨ́| (*cf.* 1.3.3.G.a.).

Notons : 1. que dans un cas comme dans l'autre le complément objet précède les autres compléments ; 2. que les éventuels auxiliaires, mis à part les auxiliaires temporels, font bloc avec le verbe et sont donc rejetés en fin de proposition si le verbe l'est lui-même (*cf.* IV.7.1.2.A.).

Les informateurs disent que le sens est le même, quel que soit l'ordre adopté. Cependant en se basant sur les occurrences des deux ordres dans les textes dépouillés, on propose l'hypothèse suivante : le contenu d'une proposition, dont l'ordre des constituants est [S + Nég + O + C + prédicat] est moins informatif que celui d'une proposition dont l'ordre des constituants est [S + Nég + prédicat + O + C]. « Moins informatif » parce qu'il reprend une information déjà donnée plus tôt dans le discours, ou parce qu'on peut l'anticiper d'après le contexte, ou encore qu'il traite d'une vérité générale.

Soient les deux extraits suivants qui, dans le conte d'où ils sont tirés, apparaissent dans l'ordre de leur présentation ci-dessous :

ɲàm	zá	kèʔé	ndzê̞	mˈɔ́ŋ	gˈꜜwâ //	mbˈúʔꜜɔ́	ké	ŋgúꜜ	mɔ́ŋ	gꜜwá
animal	le	*S+Nég*	voir+*I*+*Fo*	enfant	le	parce que			enfant	le

lànɪ́	ŋkˈúꜝɣɪ́	tɪ́súŋɔ́	á	nɪ́dꜜúɣɪ̀	ɲàm	zâ
P₀+vraiment	*C[-F]*+être	petit trop	*Loc*	œil	animal	le+*Me*

"L'animal ne voyait pas l'enfant, parce que l'enfant était vraiment trop petit aux yeux de l'animal."

à	lvù ʔùnô //	ntéɣˈɔ́	tꜝíʃˈyé //	ntꜝɪ́	dzꜜúu //	mɔ́ŋ
1	*P₀*+mélanger+*A*	*C[-F]*+poser+*Loc*	sol	*C[-F]*+à peine	manger	enfant

gwꜜá	kô̞	ndzúuɔ́ //	á	kèʔé	mˈɔ́ŋ	gwꜜá	ndzꜜɛ̞́	ɣé
le	*S+aussi+I*	manger+*I*	*1*	*S+Nég+Fo*	enfant	le	voir+*I*	*Me*

"Après l'avoir mélangée (la bouillie) et l'avoir posée par terre, à peine mange-t-il (l'animal) que l'enfant mange, et il (l'animal) ne voit pas l'enfant."

Le contenu de la proposition principale "L'animal ne voyait pas l'enfant..." (ordre [S + Nég + prédicat + O]) dans le premier extrait, est nouveau. On savait que l'animal était énorme, mais pas que la différence de taille entre l'enfant et l'animal était telle que l'animal ne puisse même pas voir l'enfant (la conteuse nous en explique d'ailleurs la raison dans la proposition causale).

En revanche, lors de l'épisode où l'animal mange, on sait déjà que l'animal ne peut pas voir l'enfant et on sait pourquoi, donc l'ordre dans la proposition "Il [l'animal] ne voit pas l'enfant." est : [S + Nég + O + prédicat]).

Dans l'énoncé suivant le fait que la femme ne fasse rien est nouveau, car jusqu'ici elle exécutait immédiatement tout ce que "la femme à la longue dent" lui ordonnait de faire (d'où l'ordre [Nég + prédicat + O]) :

màŋgyè	wˈáꜜ	ʃíʔítà [...] //	ŋkèʔé	ɣà̞	nùà̞	tsé	ɣé
femme	la	*S+s'asseoir*	*C[-F]+Nég*	faire	chose	certain	*Me*

"La femme s'assit [...] et ne fit rien "

Dans l'exemple ci-après, la proposition négative reprend, en le niant, le contenu de la proposition précédente (d'où l'ordre [S+ Nég + C + prédicat] :

bɨ́ túmɔ̀   ɲ᷈é   ŋgárɔ̀ // bɨ́ tú   ᷈áɲ᷄é   ŋ̀g᷈árᷟ   túm //   kɔ̀²⁸
2 S+tirer+*Loc* contre fusil+*Me 2* *Cd*+<u>*Nég*</u> contre fusil *C[+F]*+<u>tirer</u> ou

bɨ́ tɔ́ŋɔ̀   ɲ᷈é᷇᷄   ntàŋ ...
2 S+appeler contre trompette

"On l'envoyait (le poison) en tirant au fusil. Lorsqu'on ne l'envoyait pas au fusil, on l'envoyait en soufflant dans une trompette..."

Dans l'énoncé ci-dessous l'élément le plus informatif est "cette enfant-ci"²⁹ (et non le fait d'aller surveiller le sorgho du chef). Car à l'origine, comme vient de le mentionner le conteur, ce sont les femmes du chef et non l'enfant, qui devaient aller surveiller le sorgho, d'où l'ordre [S + Nég + C + prédicat] :

wɨ̂ŋ mɔ́n ám᷈ú ndᷟá   w᷄ên à sě   m᷈ís᷄áŋ   m᷄ɨ́fɔ̌ ŋg᷈ḛ́᷄ // ntsɨ̀ŋɔ́
ce-ci enfant dans maison ce-ci *1* *P₀*+<u>*Nég*</u> sorgho chef <u>aller</u>+*I C[-F]*+<u>surveiller</u>+*I*
"<u>Cette enfant-ci</u>, dans cette maison, ne va-t-elle pas surveiller le sorgho du chef ?"

Les deux derniers exemples ci-dessous énoncent des vérités générales, d'où l'ordre [S + Nég + O + C + prédicat] :

tsɛ̀ʔɛ̀ tsǒ   mb᷈áʔᷟà bèn᷈ɨ́   mb᷄ɔ́mɔ̀ láʔá // ŋgɔ̌   bɨ̀   kèʔé
juste comme que+*I* *P₀*+être+*R* coutume pays que+que *2* *Exh*+<u>*Nég*</u>

ŋwɔ̰̂   nt᷈ɔ́ʔɔ́   ŋkɔ́ntɔ̀ lá...
personne+*Loc* palais <u>chasser</u>+*I Ma*
"Comme c'est la coutume du pays de ne chasser personne du palais..."

nɨ̀d᷈úɣᷟɨ́ sě   áŋg᷈ábᷟɔ́ sɔ́bᷟɔ́   γé
œil *P₀*+<u>*Nég*</u>+*Fo* antilope <u>transpercer</u> *Me*
"Un œil ne peut pas transpercer une antilope." (Proverbe).

1.4.2. La négation est | ká |

Lorsque la négation utilisée est la particule |ká| le prédicat précède toujours les compléments mais un pronom réfléchi (sémantiquement démotivé) est obligatoirement inséré entre le verbe et le complément objet (*cf.* IV.4.3.1.A.a.) :

ɨ̀yòbɨ́ tsɨ́ɣà̰ʔàtɨ́nɨ́ ká bɨ̀ b᷈ɔ́   ndʒ᷄é   wá mb᷄ɔ́mɔ̀ láʔà
jeunes nombreux *Nég 2* encore *C[-F]*+<u>savoir</u>+*Fo* <u>eux</u> coutume pays+*Me*
"De nombreux jeunes, ils ne connaissent plus les traditions du pays."

mà bè᷈᷇   ts᷄ɨ́   lá mbyɛ̌ nɨ̀múᷟŋɔ̀ // múŋ k᷈á mà ndʒɛ̰̂   yɔ̰̀
je *P₀*+*Aux C[+F]*+être *Foc* près mère alors *Nég* je *Pr*+<u>voir</u>+*I*+*Fo* <u>moi</u>+*Fo*
zíŋɔ́
ceci+*Me*
"Si j'étais près de ma mère, je ne subirais pas ceci."

---

²⁸ kɔ̀ "ou" comme équivalent de múŋ/búŋ "alors" n'est attesté qu'une seule fois dans les textes dépouillés.
²⁹ L'antéposition du démonstratif permet d'emphatiser le nom qu'il détermine *cf.* 10.3.3.

2. LES DIFFÉRENTS TYPES D'ÉNONCÉS

2.1. L'énoncé assertif

La fin de tout énoncé assertif, qu'il soit affirmatif ou négatif, simple ou complexe, est marquée par l'une des deux particules (marques énonciatives) suivantes : |ɣe| et |a|.Tant que n'apparaît pas l'une de ces deux marques, l'énoncé est incomplet, on s'attend à une suite. Ou alors on a affaire à une interrogation totale.

Ces particules n'ont pas de ton inhérent.

Elles sont en distribution complémentaire. Leur distribution diffère selon que le dernier terme de l'énoncé est un verbe ou un autre morphème (le nom dans l'exposé ci-dessous).

2.1.1. Le dernier terme est un verbe

2.1.1.A. La marque énonciative |ɣe|

On emploie |ɣe| si la voyelle de la finale verbale est **a**, donc si le verbe est conjugué à l'une des trois constructions de l'achevé de l'indicatif (*cf.* le premier exemple ci-dessous) ou à l'une des constructions de l'imperfectif. La marque d'énoncé porte un ton identique au dernier ton de la finale :

|mà `bú?-́nà ɣe|	mà bù?ùnɔ̂ ɣè	"J'ai déjà défriché."
je P_0+défricher+A Me		
|má `bú?-á ɣe|	má b↑ú?ɔ́ ɣé	"Je suis en train de défricher."
je Pr+défricher+I Me		
|má `só-á ɣe|	má s↑ó ɣé	"Je suis en train de désherber."
je Pr+désherber+I Me		
|má `sán-á ɣe|	má s↑ɔ̰́ ɣé	"Je suis en train de fendre (du bois)."
je Pr+fendre+I Me		

2.1.1.B. La marque énonciative |a|

On emploie |a| si la voyelle de la finale verbale est |ɨ|, c'est-à-dire à toutes les constructions, autres que celles de l'achevé et de l'imperfectif :

|mà bú?-í` a|	mà bù?ɔ̂	"J'ai défriché."
je P_0+défricher Me		
|mà fú-í` a|	mà fùɔ̂	"Je suis sorti."
je P_0+sortir Me		
|mà só-í` a|	mà sɔ̃̂	"J'ai désherbé."
je P_0+désherber Me		
|mà ɣén-í` a|	mà ɣɛ̰̂	"Je suis parti."
je P_0+voir Me		

2.1.2. Le dernier terme est un nom

2.1.2.A. La marque énonciative |ɣe|

On emploie |ɣe| dans deux cas différents :

– Le nom comporte un suffixe dont la voyelle est **a**. C'est le cas, par exemple, des noms verbaux (dérivés par suffixation de |á| au radical verbal) :

|m̀-bú?-á ɣe|	m̀bù?ɔ́ ɣé	"le fait de défricher"
9-défricher-*Suf Me*		
|ì-fú-á ɣe|	ìfùɔ́ ɣé	"le fait de sortir"
9-sortir-*Suf Me*		
|ì-só-á ɣe|	ìsŏ ɣé	"le fait de désherber"
9-désherber-*Suf Me*		
|ǹ-ỳèn-á ɣe|	ǹgĕ ɣé	"le fait de partir"
9-partir-*Suf Me*		

Ou encore des noms suivants : |àŋkù?á ɣe| àŋkù?ɔ́ ɣé "coq" ; |nìbàŋà ɣe| nìbàŋɔ̀ ɣè "sifflet" ; |àntɔ̀nà ɣe| àntɔ̀ ɣè "pot", etc.

– La racine nominale est de structure CV ; sa voyelle est **ɛ** [e], **ɔ** [o] ou **a**, sa structure tonale est H H ou B B.

Pour que |ɣe| soit utilisée il faut néanmoins que cette racine porte, dans les réalisations, son premier ton lexical, |ɣe| portant le deuxième ton de la racine :

|ìlà` ɣe|	ìlà ɣè		"pont"
pont *Me*			
|ì` lɔ̀ɣɪ́ àfɔ́´ ɣe|	ílɔ̀ɣɔ́ fⁱɔ́ ɣé	"…et je prendrai de l'aubier."
C[+F]+prendre aubier *Me*			

REMARQUE 1 : Lorsque le premier ton lexical d'une racine |H H| ou |B B| n'est pas représenté, on emploie la marque énonciative |a|. Dans l'exemple ci-dessous, le premier ton H de la racine de |àfɔ́´| "aubier" est remplacé par un ton B (*cf.* II.2.3.6.B.). Ce ton B se combine avec le deuxième ton H de la racine en un ton montant BH. Au plan segmental, la marque fusionne avec la voyelle |ɔ| de la racine nominale (en l'absence de la marque |a| on n'aurait pas fŏ mais fò "aubier") :

|mà lɔ̀ɣɪ́` àfɔ́´ a|	mà lɔ̀ɣɔ̂ fŏ	"J'ai pris de l'aubier."
je *P₀*+prendre aubier *Me*		

Suit un autre exemple de cette alternance entre |ɣe| et |a| qui met en jeu le possessif de 2ème personne du sg. Si le ton d'accord est B, comme celui de la racine possessive, le possessif porte un ton B et on emploie la marque |ɣe| qui elle-même porte un ton B. Mais si le ton d'accord est H, le possessif porte un ton HB et on emploie la marque |a| (en l'absence de la marque |a| on n'aurait pas zô mais zó "ton") :

|ǹ-bɪ́`    ì-z`-ɔ` ɣe|	m̀byɪ̂ zò ɣè	"Ta chèvre."
9-chèvre 9-9-ta *Me*		
|à-béb`    à-z´-ɔ` a|	àbébɔ̀ zô	"Ton bouc."
7-bouc 7-7-ton *Me*		

2.1.2.B. La marque énonciative |a|

On emploie |a| dans tous les autres cas (*cf.* II.1.1. pour les réalisations de |a|) :

	àkù` a		àkùə̀	"pied"
	ǹdzà´ a		ndzǎ	"soupe"
	àbàn` a		àbə̂	"sac"
	ǹbí` a		m̀byê	"chèvre"
	àtsùm´ a		àtsùmɔ́	"lac"
	àláŋ´ a		àlàŋɔ́	"siège"
	àsɔ̀ʔ` a		àsɔ̀ʔɔ̀	"spatule" etc.

Suivent quelques exemples d'énoncés assertifs, simples et complexes, extraits de textes :

ǹdʒèlàʔà   zə̀ mìɔ́   y⁺ɛ́   d⁺íʔí   wíŋə̀
histoire   ma P₀+finir+Fo elle+Loc endroit   ce-ci+Me
"Mon histoire se termine ici."

ìbùʔù tsê   bɪ́ m⁺ɪ̀ fàʔánə̀   ámb⁺ô ŋgwê yò wíŋə̀
esclaves ces-ci 2   Fut travailler+I pour   femme ta ce-ci+Me
"Ces esclaves, ils travailleront pour cette femme-ci à toi."

mà lŏ   fòm   ntsí   yə̂
je P₀+Aux C[-F]+ d'abord C[-F]+ être ici+Me
"J'étais là le premier."

bô s⁺ɛ́⁺´   nɪ́   ŋwɔ̀ŋ // gwǎ mb⁺á́ʔà m⁺ɪ̀ s⁺á́ʔànə̀   wá // tʃê
eux P₂+Nég avec personne Rel que+I   Fut juger   les être+Me
"Ils n'avaient personne pour les juger."

kíkáŋ ìnù   tíbɔ̀ŋ   tsìyàʔàtíní   k⁺ɔ́   y⁺á́ʔá   f⁺úɔ́   yɛ́
en vain choses mauvais nombreux   Pas   souvent+I C[-F]+ sortir+I Me
"De nombreux méfaits étaient souvent perpétrés, sans solution aucune."

à b⁺ɛ́⁺´   ŋgùʔù lá // ìɲàm   tsùm tʃíntì // ntʃ⁺ɛ́   d⁺íʔɔ́ mɔ́ʔ⁺ɔ́ yɛ́
1 P₂+être époque Ma   animaux tous S+être uni C[-F]+être+Loc place une   Me
"Jadis, les animaux étaient unis et vivaient dans un même endroit."

àfùŋə̂ tsé   à v⁺wó⁺´   múə̀ búu // mbúyɔ́   wúɔ́
lion+7 certain 7 P₂+tomber+Loc dans fosse C[-F]+se lamenter+I là+Me
"[Jadis,] un lion, tombé dans une fosse, s'y lamentait."

2.2. L'interrogation totale

L'interrogation totale se distingue de l'énoncé assertif par l'absence de marque énonciative.

2.2.1. Absence de la marque énonciative | ɣe |

A gauche figurent les énoncés à interrogation totale (sans |ɣe|), à droite les énoncés assertifs correspondants (avec |ɣe|) :

ò	yènə̂		è	mà	yènə̂	ɣè[30]
tu	P_0+arriver+A		oui	je	P_0+arriver+A	Me

"Tu es (déjà) là ?"   "Oui, je suis (déjà) là."

ó	zɔ̀bə́		má	zɔ̀bə́	ɣé
tu	Pr+chanter+I		je	Pr+chante+I	Me

"Chantes-tu ?"   "Je chante."

ò	lɔ̀ɣí	nìbàŋə̀		mà	lɔ̀ɣí	nìbàŋə̀	ɣè
tu	P_0+prendre	sifflet		je	P_0+prendre	sifflet	Me

"As-tu pris un sifflet ?"   "J'ai pris un sifflet."

ò	kɔ̌ŋ	ŋ̀gvùə́		mà	kɔ̌ŋ	ŋ̀gvùə́	ɣé
tu	P_0+aimer	construire"		je	P_0+aimer	construire	Me

"Aimes-tu construire ?   "J'aime construire."

ò	kɔ̌ŋ	ǹtɔ̌		mà	kɔ̌ŋ	ǹtɔ̌	ɣé
tu	P_0+aimer	percer		je	P_0+aimer	percer	Me

"Aimes-tu percer ?"   "J'aime percer."

fílɔ̀ɣɔ́	f↑ó		fílɔ̀ɣɔ́	f↑ó	ɣé
$C[+F]$+prendre	aubier		$C[+F]$+prendre	aubier	Me

"…et prendras-tu de l'aubier ?"   "…et je prendrai de l'aubier."

2.2.2. Absence de la marque énonciative |a|

L'absence de la marque |a| a des conséquences tant au plan segmental que tonal qui permettent de distinguer l'interrogation totale de l'énoncé assertif.

2.2.2.A. Caractéristiques segmentales

A gauche figurent les interrogations totales, sans |a|, à droite les énoncés assertifs correspondants, avec |a| (*cf.* II.1.1. pour les réalisations avec |a|) :

ò	fùrî	mbyí		mà	fùrî	mbyê
tu	P_0+chasser	chèvre		je	P_0+chasser	chèvre+Me

"As-tu chassé une chèvre ?"   "J'ai chassé une chèvre."

ò	fǔ		mà	fùə̂
tu	P_0+sortir		je	P_0+sortir+Me

"Es-tu sorti ?"   "Je suis sorti."

ò	lɔ̀ɣ̂	bà(n)		mà	lɔ̀ɣ̂	bə̰̀
tu	P_0+prendre	sac		je	P_0+prendre	sac+Me

"As-tu pris un sac ?"   "J'ai pris un sac."

ò	lɔ̀ɣí	mìkò(n)		mà	lɔ̀ɣ̂	mìkùŋɔ́
tu	P_0+prendre	lits		je	P_0+prendre	lits+Me

"As-tu pris les lits ?   "J'ai pris les lits."

---

[30] Il s'agit de formules de salutation (question-réponse) utilisables à toute heure.

ò	dzùɣɔ̂	bébɨ́	mà	dzùɣɔ̂	bébɔ̀

ò   dzùɣɔ̂   bébɨ́
tu P₀+nourrir bouc
"As-tu nourri le bouc ?"

mà dzùɣɔ̂   bébɔ̀
je P₀+nourrir bouc+Me
"J'ai nourri le bouc."

ò   lì?ɔ̂   lí?í
tu P₀+cultiver champ
"As-tu cultivé un champ ?"

mà lì?ɔ̂   lí?ɔ̀
je P₀+cultiver champ+Me
"J'ai cultivé un champ."

ò   bè?ê   làŋ
tu P₀+casser chaise
"As-tu cassé une chaise ?"

mà bè?ê   làŋɔ́
je P₀+casser chaise+Me
"J'ai cassé une chaise."

ò   zŏn
tu P₀+acheter
"(L') as-tu acheté ?"

mà zùŋɔ̂
je P₀+acheter+Me
"Je (l') ai acheté."

REMARQUE 2 : toute forme fléchie du verbe comporte une finale plus ou moins complexe. La finale minimale, au plan segmental, est |ɨ| (cf. II.1.4.). La réalisation des verbes à racine CVn incite à penser que l'interrogation totale, quand le dernier terme est un verbe, se marque par l'absence et de la marque d'énoncé |a|, et de la finale |ɨ| (cf. le dernier exemple ci-dessus).

2.2.2.B. Caractéristiques tonales

Plusieurs cas de figure sont à envisager :

2.2.2.B.a. La réalisation tonale de la question diffère de celle de l'assertion.

Le dernier ton (T_2) est différent du ton précédent (T_1). T_2 ne se réalise pas ; la voyelle de relâchement porte un ton identique à T_1 :

ò   mᵗɨ́   sùɣɨ̀
tu Fut laver
"Laveras-tu ?"

mà mᵗɨ́   sùɣɔ́
je Fut laver+Me
"Je laverai."

á   lí?í
1 S+cultiver
"…et a t-il lavé ?"

á   lí?ɔ̀
1 S+cultiver+Me
"…et il a lavé."

ò   sŏ   lí?í
tu P₀+Nég cultiver
"Tu n'as pas cultivé ?"

mà sǎ   lí?ɔ̀
je P₀+Nég cultiver+Me
"Je n'ai pas cultivé."

ò   lɔ̀ɣɨ́   nɨ̀bɔ̀?(ɨ̀)
tu P₀+prendre citrouille
"As-tu pris une citrouille?"

mà lɔ̀ɣɨ́   nɨ̀bɔ̀?ɔ́
je P₀+prendre citrouille+Me
"J'ai pris une citrouille."

ò   dzùɣɔ̂   bébɨ́
tu P₀+nourrir bouc
"As-tu nourri le bouc?

mà dzùɣɔ̂   bébɔ̀
je P₀+nourrir bouc+Me
"J'ai nourri le bouc."

ò   lɔ̀ɣɨ́   nɨ̀ɣàɣɨ̀
tu P₀+prendre mâchoire
"As-tu pris une mâchoire?"

mà lɔ̀ɣɨ́   nɨ̀ɣàɣɔ́
je P₀+prendre mâchoire+Me
"J'ai pris une mâchoire."

357

Les constructions de l'effectif de l'indicatif constituent un cas particulier, puisque les deux tons T_1 et T_2 sont associés à la flexion même (|ꜜ |). Seul T_1 (le ton haut) se réalise.

ò	lì?í	"As-tu cultivé ?"		mà	lì?ê̂	"J'ai cultivé."
tu	P_0+cultiver			je	P_0+cultiver+*Me*	

ò	sùɣí	"As-tu lavé ?"		mà	sùɣɛ̂	"J'ai lavé."
tu	P_0+laver			je	P_0+laver+*Me*	

REMARQUE 3 : dans l'énoncé assertif, lorsque le radical porte un ton B, les tons de la flexion se combinent en un ton descendant <u>HB</u> (*cf.* les exemples ci-dessus). Mais lorsque le radical porte un ton H ou ꜛH, ce ton descendant se simplifie en ton B (*cf.* II.2.3.2.A.) :

bí	lí?í	"Ont-il cultivé ?"		bí	lí?ɛ̀	"Ils ont cultivé."
2	P_0+cultiver			2	P_0+cultiver+*Me*	

bí	sꜛúɣꜜí	"Ont-ils lavé ?"		bí	sꜛúɣɛ̀	"Ils ont lavé."
2	P_0+laver			2	P_0+laver+*Me*	

2.2.2.B.b. La réalisation tonale de la question est identique à celle de l'assertion

– Le dernier ton (T_2) et le ton précédent (T_1) ont la même valeur

ò	sǒ	sùɣì		mà	sǎ	sùɣɛ̀
tu	P_0+*Nég*	laver		je	P_0+*Nég*	laver+*Me*
"Tu n'as pas lavé ?"				"Je n'ai pas lavé."		

ò	mꜛí	lꜜí?í		mà	mꜛí	lꜜí?ɛ́
tu	*Fut*	cultiver		je	*Fut*	cultiver+*Me*
"Cultiveras-tu ?"				"Je cultiverai."		

ò	bòmɛ̂	bù?ù		mà	bòmɛ̂	bù?ɛ̀
tu	P_0+rencontrer	esclave		je	P_0+rencontrer	esclave+*Me*
"As-tu rencontré un esclave ?"				"J'ai rencontré un esclave."		

ò	bǒm	bìbú?ú		mà	bǒm	bìbú?ɛ́
tu	P_0+rencontrer	gorilles		je	P_0+rencontrer	gorilles+*Me*
"As-tu rencontré des gorilles ?"				"J'ai rencontré des gorilles."		

ò	mꜛí	lɔ̀ɣì	níɣꜛáɣí		mà	mꜛí	lɔ̀ɣì	níɣꜛáɣɛ́
tu	*Fut*	prendre	mâchoire		je	*Fut*	prendre	mâchoire+*Me*
"Prendras-tu la mâchoire ?"					"Je prendrai la mâchoire."			

– Le premier ton (T_1) n'est pas le ton lexical de la racine verbale ou nominale. Dans tous les cas attestés, le ton lexical est B – *cf.* |sùɣ| "laver", |fɔ̀r`| "bouc castré", |bù?´| "termite" – et le T_1 qui le remplace est H. T_2 peut être B ou H

á	súɣì		á	súɣɛ̀
1	S+laver		*1*	S+laver+*Me*
"...et a-t-il lavé ?"			"...et il a lavé."	

ò	sǒ	súɣì		mà	sǎ	súɣɛ̀
tu	P_0+*Nég*	laver		je	P_0+*Nég*	laver+*Me*
"Tu n'as pas lavé ?"				"Je n'ai pas lavé."		

ò m ʼɨ fìŋɔ́   fɔ́rɨ̀
tu *Fut* vendre+*Fo* bouc castré
"Vendras-tu le bouc castré ?"

mà m ʼɨ fìŋɔ́   fɔ́rɔ̀
je *Fut* vendre+*Fo* bouc castré+*Me*
"Je vendrai le bouc castré."

â   s ʼúɣ ʼɨ
que+*1* *Exh*+laver
"…et lavera-t-il ?"

â   s ʼúɣ ʼɔ́
que+*1* *Exh*+laver+*Me*
"…et il lavera."

ò m ʼɨ lɔ̀ɣɔ́   b ʼɯ̀ʔ ʼɨ
tu *Fut* prendre+*Fo* termite
"Prendras-tu des termites ?"

mà m ʼɨ lɔ̀ɣɔ́   b ʼɯ̀ʔ ʼɔ́
je *Fut* prendre+*Fo* termite+*Me*
"Je prendrai des termites."

Les constructions du relatif constituent un cas particulier, puisque trois tons sont associés à la flexion même (|nɨ` ´ |) :

à lìʔìn ʼɨ
1 *P₀*+cultiver+*R*
"…qui a cultivé ?"

à lìʔìn ʼɔ́
1 *P₀*+cultiver+*R*+*Me*
"…qui a cultivé."

bɨ́ l ʼíʔ ʼíní
2 *P₀*+cultiver+*R*
"…qui ont cultivé ?"

bɨ́ l ʼíʔ ʼínɔ́
2 *P₀*+cultiver+*R*+*Me*
"…qui ont cultivé."

2.3. L'interrogation partielle

L'interrogation partielle se distingue de l'énoncé assertif par l'emploi des termes interrogatifs suivants :

– les noms : |ɨ̀ɣwá´| "qui" (1/2) et |àké´| "quoi" (7/8)

– les adverbes : |nɔ́| "comment" et |(ɨ̀)ɣé| "où"

– le prédicat : |´mè´| "où est"

– les déterminants nominaux : |-úŋá| "quel" ; |-sɛ́ʔ´| "combien de"

Ces termes interrogatifs occupent la même place que les termes non interrogatifs auxquels ils correspondent dans l'énoncé assertif.

Lorsque la question partielle se termine par un terme autre qu'interrogatif, les marques d'énoncé |ɣe| et |a| sont employées tout à fait régulièrement. Mais lorsque le terme interrogatif se trouve en fin d'énoncé, la marque |ɣe| n'est jamais utilisée là où on pourrait s'attendre à la trouver, en particulier après |ɨ̀ɣwá´| "qui", |àké´| "quoi" et |-úŋá| "quel". La marque |a| est utilisée, mais pas de façon systématique. On peut se demander si l'absence de marque énonciative lorsque le terme interrogatif est en finale d'énoncé n'est pas due à une "confusion" avec la question totale qui se marque justement par l'absence des marques d'énoncé |ɣe| et |a|.

2.3.1. Interrogation portant sur le sujet

On utilise les noms interrogatifs. Ils précèdent directement le prédicat, et sont repris par l'indice correspondant à leur classe.

359

ìwã̀	zǔŋ	mìlù?ə̀	"Qui a acheté du vin ?"
qui+1	P_0+acheter	vin+Me	

àkě	v↑wô	"Qu'est-ce qui est tombé ?"
quoi+7	P_0+tomber+Me	

àkě	kì fǔ	zǒ̧	ɣé	"Qu'est-ce qui est arrivé hier ?"
quoi+7	P_1	sortir	hier	Me	

2.3.2. Interrogation portant sur le prédicat

2.3.2.A. Prédicat locatif interrogatif |´mè´| " être où"

Ce prédicat s'emploie pour s'enquérir du lieu où se trouve une entité, à condition que la référence temporelle soit au présent, et que cette référence ne soit pas explicitée.

bí	m↑é↓´	"Où sont-ils ?
2	être où	

mbâ w↑á ɣ↓ɔ́ ∥	àɲèrɔ́	ɣə̧̀	à	m↑é↓´	"Le type dit :"Mon aubergine, où est-elle ?"
type le	S+dire	aubergine	ma	1	être où	

REMARQUE 4 : lorsque la référence est au passé ou au futur, ou que la référence au présent est explicitée, on ne peut pas employer |´mè´|, on utilise alors le verbe |tsí| "être, exister" suivi de l'interrogatif |(f)ɣé| "où" :

ò	lǒ	nts↑í	ɣé	t↓ə̀ndʒwê	"Où étais-tu ce matin ?"
tu	P_0+Aux	être	où+Loc	matin+Me	

2.3.2.B. Les noms interrogatifs précédés de la copule |ní`| "être" ou du verbe |bé| "être"

Les noms interrogatifs précédés de la copule |ní`| "être", ou du verbe |bé| "être", constituent des prédicats interrogatifs complexes qui permettent de s'enquérir de l'identité d'une entité.

à	nî	wǎ[31]	"Qui est-ce ?"
1	être+1	qui+Me	

ìkǔm	ɣô	nî	wǎ	"Comment t'appelles-tu ?"
nom	ton+1	être+1	qui+Me	

à	nô̂	kě	"Qu'est-ce que c'est ?" / "Qu'y a-t-il ?"
1	être+7	quoi+Me	

à	k↑wȩ́↓´	mbé	kě	"Qu'est-ce que c'était ?" (réponse possible : "– Une maison.")
1	P_2+Aux	être	quoi+Me	

2.3.2.C. S'enquérir de l'état

Pour s'enquérir de l'état, de la qualité, d'une entité, on emploie le verbe |bé| "être", déterminé par |nɔ́| "comment" (à droite de chaque question figure une réponse possible) :

---

[31] A côté de la prononciation [wǎ] et [(à)kě] on a aussi relevé la prononciation [wà] et [(à)kè]. Cette deuxième prononciation implique que la marque d'énoncé |a| n'est pas utilisée.

ǹdzã̀ bě n⌐ɔ́   ɪ̀ bàɣɔ̂
soupe+*9* P_0+<u>être</u> <u>comment</u>   *9* P_0+être acide+*Me*
"Comment est la soupe ?"   "– Elle est acide."

ŋwɔ̀ŋ gwâ bě n⌐ɔ́   à vùɣɔ̂
personne la+*1* P_0+<u>être</u> <u>comment</u>   *1* P_0+être court+*Me*
"Comment est cette personne ?"   "– Elle est petite."

á b⌐é n↓ɔ́[32]   á b⌐ɔ́ŋɔ̀
7 P_0+<u>être</u> <u>comment</u>   *7* P_0+être bon+*Me*
"Comment ça va ?"   "– Ça va bien."

REMARQUE 5 : le verbe |**bé**| "être", déterminé par |**nɔ́**| "comment ?" est aussi utilisé dans une proposition enchaînée pour demander des précisions sur un état :

àtùɔ́ fá⌐′ŋ // mb↓é nɔ́   "Quelle est la taille de l'arbre ?"
arbre P_0+être grand *C[-F]*+être <u>comment</u>

ɪ̀nê zò zùɣɪ́ // mb⌐é nɔ́   "Comment vont tes démangeaisons ?"
corps ton P_0+démanger *C[-F]*+<u>être</u> <u>comment</u>

Réponses possibles à ces deux questions :

á fáŋ tsõ̀ tùɔ́ bómà ɣè   "Il est grand comme un baobab."
7 P_0+être grand comme arbre baobab *Me*

ɪ̀ ɲà?á ʃ⌐wétó   "Cela va un peu mieux."
9 P_0+lentement *C[-F]*+être frais+*Me*

(le pronom sujet **ɪ̀** (cl. 9) représente **ɪ̀nê** "corps")

2.3.2.D. S'enquérir d'un procès dynamique

Pour s'enquérir d'un procès dynamique, on emploie le verbe |**ɣùu**| "faire", déterminé par |**nɔ́**| "comment" ou par |**àké⌐**| "quoi" (à droite de chaque question figure une réponse possible) :

ɲàm zâ ɣŭu n⌐ɔ́   ɪ̀ dù?ɔ́ ɣ⌐ɔ̀
viande ce P_0+<u>faire</u> <u>comment</u>   *9* P_0+dégoûter+*Fo* me+*Me*
"Qu'est-ce qu'a la viande ?"   "Elle me dégoûte."

mìv⌐úr↓ɪ́ ɣúu n↓ɔ́   mɪ́ tʃ⌐wínɔ̀
huile+*6* P_0+<u>faire</u> <u>comment</u>   *6* P_0+se répandre+*Me*
"Qu'est-ce qu'a l'huile ?"   "Elle s'est répandue par terre."

mbítɔ́ tsɔ́?ɔ̀ kò // ŋg⌐úu z↓ûu m⌐ɪ́ t↓í?í ɣùu nɔ́ lé...
C[-F]+demander perdrix bois que elle *Fut* alors <u>faire</u> <u>comment</u> hein
"...et elle demanda à la perdrix des bois comment alors elle (la perdrix des collines) allait bien se débrouiller ?..."

bé mà ɲ⌐é?↓étɪ́ ŋkŭŋ ɣó // mà ɣùu nɔ̌ nɪ́ ʃ⌐yé z↓íŋɔ̀
si je *Cd*+lâcher queue ta je *S*+<u>faire</u> <u>comment</u> avec terre ce-ci+*Loc*

mísɔ̃̀ŋ mè ɣè
dents moi *Me*
"Si je lâche ta queue, que ferai-je de cette terre-ci entre mes dents ?"

---

[32] Cette question constitue une des formules de salutation utilisables à toute heure.

mà bè⸍ˊ   tsˡí   nî   ŋkábí zìŋgàʔàtíní ∥ múŋ mà   yǔu
je P_0+être C[+F]+être avec argent beaucoup   alors je P_0+faire

nɔ́   wúɔ́
comment avec lui+Me
"Si j'avais beaucoup d'argent, qu'est-ce que j'en ferais ?"

fùrɔ̂   yɔ̄   kě   à   zèɣî   ndâ
Fru+I P_0+faire+7 quoi   I P_0+balayer maison+Me
"Qu'est-ce que Fru a fait ?"   "– Il a balayé la maison."

                                  à   yě   mˡítˡɔ̧́
                                  I P_0+aller+Loc marché+Me
                                  "– Il est allé au marché."

2.3.3. Interrogation portant sur les compléments

2.3.3.A. Rection directe

2.3.3.A.a. Le complément d'objet

Il est représenté par les noms interrogatifs |àkéˊ| "quoi" (7/8) ou |bìwáˊ| "qui" (cl. 2) :

ò bǒm   bìwǎ   "Qui as-tu rencontré ?"
tu P_0+trencontrer qui+Me

ò zùŋɔ̂   kě   "Qu'est-ce que tu as acheté ?"
tu P_0+acheter quoi+Me

m̀bâ wˡá ɣˡɔ́ ∥ ə̧̀ à yɔ̄   kè lé…
type ce S+dire hè! I P_0+dire quoi hein
"Le type dit : "hé! qu'est-ce qu'il a dit, hein ?"…"

2.3.3.A.b. Le complément est représenté par |(ì)ɣé| "où"

à lǒ   ɣˡé   "D'où vient-il ?"
I P_0+venir de où

ò lǒ   ndzˡúŋ ɲàm   ɣé   tɔ̂ndʒwê "Où as-tu acheté la viande ce matin ?"
tu P_0+Aux acheter viande où+Loc ce matin+Me

nìbàŋɔ́ nê ní ɣàmˡɔ́   ɣˡé   "Ce sifflet, où l'utilise-t-on ?"
sifflet ce-ci 5 Pr+parler+I où

2.3.3.B. Rection indirecte

2.3.3.B.a. Rection par le fonctionnel objet |á|

Le complément correspond au patient et est représenté par le nom interrogatif |ìwáˊ| "qui" (cl. 1)

ò bòmˡɔ́   wˡá   mítˡɔ̧́   "Qui as-tu rencontré au marché ?
tu P_0+rencontrer+Fo qui+Loc marché+Me

362

2.3.3.B.b. Rection par le fonctionnel |nɨ̀|

ò	tùŋnɨ̂	mbyí	nə̀	kě	"Avec quoi as-tu attaché la chèvre ?"
tu	P_0+attacher	chèvre	<u>avec+7</u>	<u>quoi</u>+Me	

ò	ɣǎ	mìlù?ù	ní	wǎ	"A qui as-tu donné du vin ?"
tu	P_0+donner	vin	<u>avec</u>	<u>qui</u>+Me	

2.3.3.B.c. Rection par le fonctionnel |ǹ´ bù?´(á)| "au sujet de", "à cause de"

nɨ̀	ɣǎm	mbù?ɔ́	wᵗá	"De qui avez-vous parlé ?"
vous	P_0+parler	<u>au sujet de</u>	<u>qui</u>	

ò	kɨ̀	zǔŋ	mìlù?ɔ́	mᵗɨ́tᵛɔ́	zò̰	mbᵗú?ᵛɔ́	ké
tu	P_2	acheter	vin+Loc	marché	hier	<u>à cause de</u>	<u>quoi</u>

"Pourquoi as-tu acheté du vin hier au marché ?"

> REMARQUE 6 : "pourquoi" peut se traduire aussi par la locution figée ŋ̀gᵗɔ́ kě. Il est clair que cette locution a pour origine une proposition coordonnée (tout comme mbᵗú?ᵛɔ́ ké) dont le prédicat était le verbe |ɣú| "dire" conjugué au consécutif non futur suivi du nom interrogatif |àké´| "quoi" comme complément :
>
> | ò | lǒ | ntᵗámtɔ́ | yí | ŋgᵗɔ́ | kě | "Pourquoi m'as-tu trompé ?" |
> |---|---|---|---|---|---|---|
> | tu | P_0+Aux | tromper | le | <u>que</u> | <u>quoi</u>+Me | |

2.3.3.B.d. Rection par une locution locative

ò	ɲɔ̃ŋ	ŋkábɨ̀	zǒ	tᵗúə̀	kě	"Sur quoi as-tu posé ton argent ?"
tu	P_0+poser	argent	ton+<u>Loc</u>	<u>tête</u>	<u>quoi</u>+Me	

ŋgᵗú	ŋkábɨ̀	mᵗɨ́	lòᵗ´		ɲᵛê	kè	lê	"Dis! D'où viendra l'argent, hein ?"
que	argent	Fut	venir	de+<u>Loc</u>	<u>corps</u>	<u>quoi</u>	hein+Me	

ò	ɣǎ	mìlù?ɔ́	mbᵗô	wǎ	"A qui as-tu donné du vin ?"
tu	P_0+donner	vin+<u>Loc</u>	<u>mains</u>	<u>qui</u>+Me	

2.3.4. Le terme interrogatif est déterminant d'un nom

Il existe deux déterminants interrogatifs : |-úŋá| "quel" et |-sé?´| "combien de"[33]

ò	zǔŋ	mbᵗyí	zᵛúŋɔ́	"Quelle chèvre as-tu achetée ?"
tu	P_0+acheter	chèvre	<u>quel</u>	

ò	zə̰̌	yᵗɛ́	ŋkfù	wúŋɔ́[34]	"Quand l'as-tu vu ?"
tu	P_0+voir+Fo	le+Loc	temps	<u>quel</u>	

ò	tsǐ	nɨ̀	bᵗɔ́m	bᵛísé?é	"Combien as-tu d'enfants ?"
tu	P_0+être	avec	enfants	<u>combien</u>	

Les noms interrogatifs peuvent eux-mêmes fonctionner comme déterminants au sein du syntagme nominal :

---

[33] En tant que déterminants du nom, |-úŋá| "quel" et |-sé?´| "combien de" ont été présentés en III.4.2. et III.4.13. respectivement.

[34] Alors qu'il y a un interrogatif locatif spécifique pour s'enquérir d'un lieu, il n'y en a pas pour le temps.

fìs**ꜜáŋ**   f**ꜜíw**ꜜ**á**   byê   "Quel balai est perdu ?" (*litt* : "le balai de qui est perdu ?")
19+balai *19*+*1*+qui *P₀*+être perdu+*Me*

à ní nìbòm nák**ꜜé**   "C'est un œuf de quoi ?"
1 être *5*+œuf *5*+*7*+quoi

ò lăm mìdz**ꜜúɯ** m**ꜜáké**   "Quelle sorte de nourriture as-tu préparée ?"
tu *P₀*+cuire *6*+nourriture *6*+*7*+quoi

à yḛ̀**ꜜ´** ŋkfùə̀ kě   "Quand est-il parti ?"
1 *P₀*+partir+*Loc* temps+*9*+*7* quoi+*Me*

2.4. L'énoncé injonctif

On distingue deux sous-types d'énoncé injonctif selon qu'on y emploie l'impératif ou l'exhortatif.

2.4.1. Le mode utilisé est l'impératif

L'énoncé à mode impératif se caractérise par l'absence de sujet. Cependant lorsque l'ordre donné est une défense, la variante de la négation |kè?´| qu'on utilise est kò?ó, variante qui correspond à la deuxième personne du singulier (*cf.* le pronom sujet |ò| "tu").

mà?á z**ꜜúm** z á b**ꜜó** yò tʃʃyé // ŋgy**ꜜé** // ʃ**ꜜí?ísí**
Imp+ jeter chose ce+*Loc* bras toi *Loc*+sol *C[-F]*+venir *C[-F]*+descendre

níkôm ná nê ŋgá **ꜜámb**ꜜ**ó** mè yè
panier mon ce-ci *C[-F]*+donner *Loc*+mains moi *Me*
"Jette cette chose (celle que tu portes) sur ton bras par terre et viens descendre mon panier pour moi!"

yě // ndɔ̀yí ndzăm zò z**ꜜá** ntsùtɪ̃kùŋó
Imp+aller *C[-F]*+prendre hache ta ce+*Loc* dessous de lit+*Me*
"Va prendre ta hache sous le lit!"

sùyí kù?ú // ndám án**ꜜé** bɪ̀áwà bɪ̀b**ꜜá**ꜜ**´** yé
Imp+laver ignames *C[-F]*+ cuire contre heures deux *Me*
"Laver les ignames et les cuire pendant deux heures."

kò?ó kànə̀ m**ꜜúə̀** tsùm wíŋə̀   "Ne saute pas dans ce lac!"
Imp+*Nég* sauter+*Loc* dans lac ce-ci+*Me*

2.4.2. Le mode utilisé est l'exhortatif

L'impératif n'ayant qu'une forme, de deuxième personne du singulier, pour donner un ordre à une autre personne, on utilise l'exhortatif. Ceci dit, on peut utiliser l'énoncé à mode exhortatif même pour une deuxième personne du singulier.

L'énoncé à mode exhortatif est toujours introduit par la conjonction |á| "que".

á nì f**ꜜá?**ꜜ**á**   "Travaillez!" / "Vous devriez travailler!"
que vous *Exh*+travailler+*Me*

á   bô   bú?ɔ́   "Qu'ils défrichent!" / "Ils devraient défricher!"
que eux *Exh*+<u>défricher</u>+*Me*

á súŋ   nɪ̀   m↑ɔ́ŋ gw↓á // ŋg↑ɔ́   â   f↑úr↓ɪ̌   ndzùm ʒɪ̀ ŋgá //
1 S+dire à   enfant le   que   que+*1 Exh*+<u>tourner</u> dos   son *C[-F]*+donner

n↑ɪ̌   z↓ɯ́ɔ́
avec lui+*Me*
"Il dit à l'enfant de lui tourner le dos."

mà kɔ̌ŋ //   ŋgɔ̌   ô   d↑í?↓ɔ́   yɪ̀ɣɪ̀nɪ̀ zó zên // á mà zɛ́
je *P₀*+aimer que+que tu *Exh*+<u>montrer</u> adresse ta ce-ci que je *Exh*+<u>voir</u>+*Me*
"J'aimerais que tu [me] <u>montres</u> ton adresse et que je la <u>constate</u>."

ô   kò?ó   ɲ↑έ?étɔ́ //   â   fá?à   fà?à
que+tu *Exh*+<u>Nég</u> faire   que+*1 Exh*+ travailler travail+*Me*
"Tu ne dois pas lui donner de travail à faire."

> REMARQUE 7 : l'énoncé à mode exhortatif peut être précédé de |nà?|. Ce terme est un emprunt au mberewi (mundum I)[35]. Dans ce parler |nà?| signifie "dire". En mankon il n'est utilisé que pour exprimer un ordre. Dans les textes il est attesté dans les discours rapportés au style indirect pour une première personne (autrement dit on utilise cette tournure lorsqu'un personnage pense à ce qu'il doit faire) :

ŋ̀g↑ɔ́   nà?á   zûu   t↑ír↓ɪ̌[36] //   ŋgè //   ŋkwárɪ́   ndzàm zâ
C[-F]+dire dire+que lui+*1 Exh*+essayer *C[-F]*+aller *C[-F]*+prendre hache la+*Me*
"…et il dit qu'il devait essayer d'aller prendre la hache."

nà?á   zûu   kwé //   ŋg↑yé //   nd↓ɔ́ŋtɪ́…
dire+que lui+*1 Exh*+rentrer *C[-F]*+venir *C[-F]*+regarder un peu
"Qu'il rentre regarder un peu…"

2.5. L'énoncé optatif

2.5.1. Souhait réalisable

La proposition est introduite par |bé| "si"[37] et est close par l'interjection |mbà| ou par |ŋ̀ ´gùu ´| "que", suivie de la marque énonciative |a|[38], le verbe est au successif :

bé mà zɔ́bɪ̀   mbà   **bé mà zɔ́bɪ̀   ŋg↑ɔ́**
si je *S*+chanter *Int*   si je *S*+chanter que+*Me*
"Je souhaiterais chanter!"

bé mà tsî   nɪ̂ ŋkábɪ́ mbà   **bé mà tsî   nɪ̂ ŋkábɪ́ ŋgɔ̌**
si je *S*+être avec argent *Int*   si je *S*+être avec argent que+*Me*
"Ah! Si j'avais de l'argent!"

---

[35] Le mberewi (Mundum I) est une langue appartenant comme le mankon au groupe Ngemba.

[36] De l'anglais " (to) try".

[37] |bé| "si" est la conjonction qui peut introduire les propositions hypothétiques, domaine du réalisable, mais le verbe de ces propositions hypothétiques est au conditionnel (*cf.* 7.1.1.A.), alors que pour exprimer le souhait le verbe est au successif.

[38] La notation ŋg↑ɔ́ implique la présence de la marque énonciative |a|, mais il faudrait vérifier la prononciation.

bé wérɔ́ ɣántə̀   ɣâ mbà   bé wérɔ́ ɣántə̀   ɣá ŋgɔ̌
si elle+*1 S*+visiter+*Fo* me *Int*   si elle+*1 S*+visiter+*Fo* me que+*Me*
"Ah! Si elle me rendait visite!"

REMARQUE 8 : lors de leur prise de parole dans une conversation, les locuteurs commencent souvent par **mà ɣú mbà** ou **ŋ̀gʰú mbà**, ou encore **ŋ̀gʰú** "que" (expressions équivalentes de *I say* quand ils parlent en anglais). Il semble clair que **mà ɣú mbà** est une réduction de l'énoncé **bé mà ɣú mbà** "Je souhaiterais parler!"[39].

Les informateurs ont aussi proposé cette construction (sans interjection finale toutefois), comme équivalente de la proposition injonctive avec verbe à l'exhortatif, dans le discours rapporté. La proposition introduite par |**bé**| "si" aurait peut-être plus de force que la proposition introduite par |**á**| "que" :

à sùʰ́ŋ // ŋgↆɔ́   mà zↆɔ́bↆɔ́   "Il a dit que je devrais chanter."
1 P₀+dire que+que je *Exh*+chanter+*Me*

à sùʰ́ŋ // ŋgↆɔ́   bé mà zɔ́bə̀[40]   "Il a dit que je devais chanter."
1 P₀+dire que+*1* si je *S*+chanter+*Me*

à sùʰ́ŋ // ŋgↆɔ́   bì̀ kè?é   zɔ́bə̀   "Il a dit qu'ils ne devraient pas chanter."
1 P₀+dire que+que *2 Exh*+*Nég* chanter+*Me*

à sùʰ́ŋ // ŋgↆɔ́   bé bí kè?é zɔ́bə̀   "Il a dit qu'ils ne devaient pas chanter."
1 P₀+dire que+*1* si *2 S*+*Nég* chanter+*Me*

á súŋ // ŋgɔ̌   bé mà kà?á zɔ́?ə̀...
1 S+dire que(+*1*) si je *S*+*Nég* marier
"Il disait que je ne devais pas me marier…"

2.5.2. Souhait irréalisé

Mis à part la présence de **mbà** ou de **ŋgↆɔ́**, **ŋgɔ̌**, etc. en finale, l'expression du souhait irréalisé est identique à celle du fait hypothétique, domaine de l'imaginaire (*cf.* 5.3.2.). On a donc une première proposition dont le prédicat est le verbe |**bé**| à l'indicatif effectif, suivie d'une deuxième proposition dont le verbe est au consécutif futur :

mà bě // zↄ̀bì̀   súŋə̀   mbà   "J'aurais aimé chanter aujourd'hui!"
je *P₀*+être *C[+F]*+chanter aujourd'hui *Int*

wérə̀ bʰé // ɣántↄ́   ɣə̂   ŋgù?ù ŋgↆɔ́
elle+*1 P₂*+être *C[+F]*+visiter+*Fo* me+*Loc* année que+*Me*
"J'aurais aimé qu'elle me rende visite l'année dernière!"

---

[39] Le nom "Ngemba" donné au groupe de langues auquel appartient le mankon, vient de l'expression **ŋ̀gʰú mbà** qu'on retrouve dans toutes les langues du groupe.
[40] La notation **ŋgↆɔ́** implique cette fois la présence de l'indice sujet de cl. 1 |**a**| ; si tel est bien le cas, on aurait alors affaire à une grammaticalisation d'une proposition |**á bé**| dont le prédicat est le verbe "être". Toutefois, ici encore la prononciation demande à être vérifiée.

3. LES CHAÎNES DE PROPOSITIONS

3.1. Caractéristiques formelles

Ces caractéristiques définissent le concept même de "chaîne de propositions."

Aucune conjonction ne relie ces propositions entre elles, sauf si le verbe en est à l'exhortatif. En effet toute proposition, même indépendante, est introduite par la conjonction |á| "que" lorsque son verbe est à l'exhortatif (*cf.* 2.4.2.).

Dans une chaîne de propositions, la première de ces propositions (ci-après "proposition de tête") est une proposition quelconque dont le verbe[41] est conjugué, selon le type ou le statut de cette proposition, aux modes indicatif, relatif, impératif, conditionnel, etc.[42] Mais le verbe des propositions suivantes est au consécutif futur (C[+F]) ou non futur (C[-F]) tant qu'il n'y a pas, d'une proposition à l'autre, de changement de sujet, et à l'exhortatif (Exh) ou au successif (S) à chaque changement de sujet[43].

De plus, les chaînes de propositions obéissent à des règles de concordance modo-temporelle strictes résumées dans le tableau ci-dessous ("Fut" désigne le futur de l'indicatif et "P₀, etc." désigne toutes les constructions verbales non mentionnées dans ce tableau) :

Tableau 62 – Règles de concordance modo-temporelle

		(1)					
		C[+F]	Fut	Exh	C[-F]	P_0, etc.	S
(2)	Exh	+	+	+			
	C[+F]	+	+	−			
	C[-F]	−	−	+	+	+	+
	S	−	−	−	+	+	+

Le tableau 62 se lit comme suit : si dans une proposition (1) le verbe est au consécutif futur (C[+F]), alors le verbe de la proposition suivante (2) pcut être à l'exhortatif (Exh) ou au consécutif futur (C[+F]), mais pas au consécutif non futur (C[-F]) ou au successif (S), etc.

REMARQUE 1 : les cases laissées vides indiquent que les combinaisons entre les constructions verbales sont possibles (*cf.* 5.), mais pas dans le cadre des chaînes de propositions telles qu'elles ont été définies ci-dessus.

---

[41] Il peut s'agir aussi d'un auxiliaire.
[42] On peut ainsi parler de "chaîne relative" si la proposition de tête est une relative, de "chaîne injonctive" si la première proposition est une injonctive, etc.
[43] Il y a deux exceptions à cet emploi du successif (*cf.* 7.1.1.B.a.)

Lorsque le verbe d'une proposition apparaît sous sa forme négative, le verbe de la proposition suivante est toujours au consécutif non futur (C[-F]), s'il n'y a pas de changement de sujet[44].

Suivent quelques exemples illustrant les règles de concordance modo-temporelle. A noter que l'utilisation d'une marque énonciative (*cf.* 2.1.) n'indique pas forcément la fin d'une chaîne.

Le verbe (ou l'auxiliaire) de la proposition de tête des quatre exemples ci-après est à l'indicatif futur (Fut) ; ceux des propositions suivantes sont donc au consécutif futur (C[+F]) ou à l'exhortatif (Exh). Dans le dernier de ces quatre exemples, on a deux chaînes, la deuxième étant une "chaîne relative" :

[ǹtíʔɔ́	nd ̂ọ́ ̌	àdzàŋɔ́ //]	mb ̂áʔ ̌á	zûûu	m ̂ǐ	kànɔ́	mú	àtsùm	wâ //
[C[-F]+alors+I	chercher	façon+Rel]	que	lui+Is	Fut	sauter+Loc	dans	lac	le

íɣě̌	yé
C[+F]+aller+Fo	elle+Me

[...cherchant le moyen] de sauter dans le lac et de disparaître."

zûu	m ̂ǐ	l ̌ání	tʃé		mûndá //	ɓlwèʔètɔ́	y ̂é	bv ̌úʔúní
lui	Fut	vraiment	C[+F]+rester+Loc		maison	C[+F]+cacher	lui+Loc	coin...

"[Il dit qu']il resterait vraiment à la maison et se cacherait dans un coin..."

[zûu	s ̂é ̌	ʒí //	ŋgŭu]	má	lŏ	l ̂áʔá	tsí	ní	m ̌ɔ́ //
[lui	P₂+Nég	savoir	que]	je+Fut	Aux	C[+F]+jamais	C[+F]+être	avec	enfant

tsí	ʒ ̌wíɔ́[45] //	bì	kwéʔé
C[+F]+être	C[+F]+accoucher+que	2	Exh+porter+Me

"[Il ne savait pas que] je serais un jour enceinte, que je pourrais accoucher et qu'on aurait l'enfant sur les genoux."

mà	m ̂ǐ	ɲɔ̀ŋɔ́	t ̂ámɔ́	níbì	át ̂ú	m ̌ú	ɣò	wûmbâŋní //	íɣě̌ //
je	Fut	poser	fruit	kola	Loc+tête	enfant	ton	mâle	C[+F]+aller

t ̂éɣɔ́	yí	nâ	ɣáɣì //	ô	d ̂íʔɔ́	dzàŋ	zá //	ò	m ̂ǐ	t ̌úm //
C[+F]+placer+Fo	le	avec	distance	que+tu	Exh+montrer	façon	Rel	tu	Fut	tirer

ís ̌ɔ̌ //	wàrí //	tíɣǎ[46]	ò	lèm ̂ɔ́	m ̌ɔ́ŋ	g ̌wâ
C[+F]+fendre	C[+F]+couper	sans	tu	P₀+blesser+Fo	enfant	le+Me

"Je vais poser une noix de kola sur la tête de ton fils, j'irai le placer à [une certaine] distance et tu montreras comment tu tires et [la] fends sans blesser l'enfant."

Dans l'exemple ci-dessous le verbe de la proposition de tête est à l'impératif, celui de la proposition suivante est donc au consécutif non futur :

---

[44] Dans les textes dépouillés, cette règle est bien attestée dans les chaînes verbales (*cf.* IV.7.1.2.) ; l'exemple illustrant l'application de cette règle au sein d'une chaîne de propositions (*cf. infra*) est le seul à avoir été relevé. D'autre part, je n'ai pas de documentation en cas de changement de sujet.

[45] La capacité ou la possibilité se rend par l'emploi du verbe |tsí| "être" suivi d'un verbe au consécutif futur, |ʒwí| "accoucher" dans le présent exemple (*cf.* 5.3.1.).

[46] Cette conjonction tíɣǎ ou tíkǎ n'a été relevée que deux fois et n'a pas été analysée. La première syllabe est sans doute la négation tì (*cf.* I.3.3.D, III.4.9.2.). Le deuxième énoncé dans lequel on l'a trouvé est le suivant : mìwàŋ mê w ̂áŋn ̌ǐ mì lâ kè/ tíkǎ mà ʒùrú l ̂é "Pourquoi donc cette bouillie a-t-elle été si vite finie, sans que je sois rassasié ?"

sùɣí   kùʔú // ndám   áɲ[↑]é bìáwà bìb[↑]á[↓] ɣé
Imp+<u>laver</u> ignames *C[-F]*+<u>cuire</u> contre heure deux *Me*
"Laver les ignames et les cuire deux heures."

Les verbes (ou auxiliaires) des propositions de tête des exemples suivants sont à l'indicatif passé, respectivement, aux P_1, P_2 (aspect effectif), et au P_0A (aspect achevé). Les verbes des propositions suivantes sont donc au consécutif non futur ou au successif :

mà kì tʃǐ ŋgyè   nî̂ ŋgwê yàŋ gwê // ìsúŋ[↑]ɔ́ mb[↓]ó yò l[↑]á ŋg[↓]ɔ́ kè
je P_1 *Aux* *C[-F]*+venir avec femme ma ce-ci *C[-F]*+<u>dire</u> à toi *Foc* que quoi?
"Lorsque j'ai ramené ma femme, qu'est-ce que je t'ai dit ?"

à b[↑]é[↓] ɲê   tʃúʔú wûtsé // ìl[↑]úɯ[↓]′ n[↓]ô   yí // ŋkí́
1 P_2+<u>être</u> contre nuit certain fourmi *S*+<u>boire</u>+*Fo* elle *C[-F]*+<u>aussi</u>

ndzɯ́ɔ́   yí...
C[-F]+<u>manger</u>+*Fo* elle
"Jadis, une nuit, Fourmi but et mangea..." (*litt.* "Ce fut par une certaine nuit, Fourmi...")

tʃwìɔ̂ bɔ̀ŋnɔ̂ //   ŋg[↑]ɯ z[↓]ɯ   tʃé   l[↓]áŋ wá[47] // nínáʔá ɲéʔètì //
antilope+*1* P_0+<u>retourner</u>+*A* que elle+*Fut* être+*Loc* chaise la caméléon *S*+<u>lâcher</u>

ŋk[↑]án[↓]ɔ́   tú[↓]ɔ́ láŋ zâ //   tʃwì á tíʔì ndzɛ́   zɔ́ŋ...
C[-F]+<u>sauter</u> sur chaise la+*Me* antilope *1* *S*+<u>alors</u> *C[-F]*+voir tour
"Antilope s'est déjà retournée pour s'asseoir, Caméléon lâche (la queue de l'antilope) et saute sur la chaise ; alors Antilope, elle voit la ruse..."

à yìunɔ̂ mb[↑]é   ndʒ[↓]wí w[↓]é //á súɲɔ̀ mb[↑]ó b[↓]ô̤   byí...
1 P_0+<u>Aux</u>+*A* *C[-F]*+être+*Loc* jour ce-ci *1* *S*+<u>dire</u> à enfants ses
"Un jour, plus tard, elle dit à ses enfants..."

Bien que le futur soit employé dans la première proposition de l'exemple ci-dessous, le verbe apparaît sous la forme négative, et on emploie donc le consécutif non futur dans la proposition suivante :

[ŋwò   ntsùmɔ̀ k[↑]ɔ́ kwàʔàtɔ́ //]   ŋg[↑]ɯ mà m[↑]í kàʔá tsî // ntɔ̀n...
[personne tout+*1* *Pass* penser+*I*]   que je *Fut* <u>*Nég*</u> être *C*+*[-F]*+<u>être fort</u>
"[Tout le monde pensait] que je ne vivrais pas en bonne santé..."

Il n'y a pas de limite théorique au nombre de propositions formant une chaîne. Suit un exemple de chaîne assez longue. Le verbe (l'auxiliaire en l'occurrence) de la première proposition est au P_0 de l'indicatif (aspect achevé). La chaîne s'arrête lorsqu'on retrouve une proposition dont le verbe est au P_0 de l'indicatif (aspect achevé), proposition qui ouvre une nouvelle chaîne. Cet exemple illustre bien aussi l'alternance entre le consécutif non futur (C[-F]) et le successif (S)[48] :

---

[47] la proposition **ŋg[↑]ɯ z[↓]ɯ tʃé l[↓]áŋ wá** est une proposition complétive enchâssée dont le verbe est au futur. En raison des règles de concordance modo-temporelles, la proposition **nínáʔá ɲéʔètì...** est donc enchaînée à la proposition **tʃwìɔ̂ bɔ̀ŋnɔ̂** et non à la complétive (*cf.* 3.2.).
[48] *Cf.* IV.3.5.2., IV.3.8.1.B. et en début de cette section.

sílùmə̀	ɣùnə̂	ndᵗó	ndʒ⁺wí	wê //	fú		tsɛ̀ʔɛ̀	tì	dzúŭə̀	zúm //
Silum	P_0+_Aux_+A	lever	jour	ce-ci	C[-F]+<u>sortir</u>		juste	sans	manger	chose

"Un jour, plus tard, après s'être levée, Silum sortit à jeûn,

ŋgᵗέ //	ntʃ⁺έ		dᵗí?ɔ́	ntsĭŋ	mìsàŋ	má //	ɲùmə̀	tá //
C[-F]+<u>aller</u>	C[-F]+être+Loc		endroit	surveillance	sorgho	le	soleil	S+<u>briller</u>

s'en alla et s'installa à l'endroit d'où on surveillait le sorgho, le soleil brillait,

ndʒì	záŋ //	ìmᵗúɣ⁺í	míwérɔ́	fúŋ //	á	zɛ̂	ŋgɔ̀?ɔ̀	tséré //
faim	S+<u>faire mal</u>	yeux	de elle	S+<u>noircir</u>	I	S+<u>voir</u>	rocher	certain

elle avait faim, ses yeux étaient obscurcis, elle vit un rocher,

ŋkɔ́?ɔ́ //	ìʃí?ítí //	ntsí	wᵗátᵗú //	ǹtí?ɔ́
C[-F]+<u>grimper</u>	C[-F]+<u>s'asseoir</u>	C[-F]+être	dessus	C[-F]+<u>alors</u>+ I

l'escalada et s'assit dessus, puis elle se mit

ndzᵗɔ́b⁺ɔ́	ŋgûu [...] //	màŋgyê	ntɔ́?ɔ́	wùmɔ̀?ɔ́	kə̂		fúə̀
C[-F]+<u>chanter</u>+ I	que	femme	palais	autre	S+<u>aussi</u>+ I		C[-F]+<u>sortir</u>

à chanter [...], une autre femme du chef, alors qu'elle aussi s'en allait

yí	áfɔn	tsɛ̀?é	ndᵗóm	m⁺á	wá //	ŋgᵗέ //	ndz⁺ú?ɔ́	dzàŋ	zǎ //
elle	champ	juste	chemin	vrai	le	C[-F]+<u>aller</u>	C[-F]+<u>entendre</u>	façon	Rel

au champ juste le long du même chemin, entendit comment

mbᵗá?⁺á	sílùmɔ́	zɔ̀bìnɔ́		lá //	sílùmə̀	zènə̂		mâŋgyê...
que	Silum+_I_	Pr+<u>chanter</u>+R+_I Ma_			Silum+_I_	P_0+<u>voir</u>+A		femme

chantait Silum. Après avoir vu la femme, Silum..."

REMARQUE 2 : la traduction française s'éloigne de la structure syntaxique du texte dans la mesure où sont utilisées des subordonnées temporelles, d'où une hiérarchisation syntaxique des propositions, absente en mankon.

3.2. Enchâssement et enchaînement

Une proposition enchâssée à l'intérieur d'une chaîne garde ses caractéristiques ; en particulier, elle n'est pas affectée par les règles de concordance modo-temporelle. On peut dire que ces règles "ignorent" les propositions enchâssées. Mais la question se pose alors de savoir, lorsqu'on trouve, à la suite d'une proposition enchâssée une proposition dont le verbe est au consécutif, au successif ou à l'exhortatif, si cette proposition forme une chaîne avec la proposition enchâssée, ou avec la proposition matrice (enchâssante). En pratique, ce risque d'ambiguïté est infime, pour des raisons de compatibilité sémantique, énonciative et/ou syntaxique (dans les lignes qui suivent, la compatibilité sémantique ne sera pas commentée bien qu'elle aide au découpage syntaxique) :

bì	sùŋnə̂ //	ŋgᵗúu	b⁺ô	mᵗí	bùŋɔ́	wá	lá //	mᵗúmᵗâ	wà	wúmɔ̀?ɔ́	túŋə̀
2	P_0+<u>dire</u>+A	que	eux	Fut	<u>rentrer</u>	eux	Ma	frère	leur	autre	S+<u>refuser</u>+Fo

yí...	
lui	"Après qu'ils eurent dit qu'ils rentreraient, l'un des frères refusa..."

370

La proposition "l'un des frères refusa…" ne peut pas être enchaînée à la complétive "qu'ils rentreraient" parce que son verbe est au successif, alors que le verbe de la complétive est au futur de l'indicatif. Elle forme donc une chaîne avec la proposition enchâssante "après qu'ils eurent dit" dont le verbe est au P_0 (aspect achevé).

á súŋ // ŋgŭ zú m ꜜí lꜜání tʃé　　　mûndá // ílwèʔètɔ́　　yé　　bvꜜúʔúní //
1 S+<u>dire</u> que　lui　*Fut*　<u>vraiment</u>　être+*Loc* maison　*C[+F]*+<u>cacher</u>　lui+*Loc* coin

ízɛ́　　　ŋwɔ̂ŋ　gwá // mbꜜáʔà lànínꜜɔ́　　　ŋgyìŋɔ́ // ŋgúà̀
C[+F]+<u>voir</u> personne *Rel*　que+*1*　*P_0*+<u>vraiment</u>+*R* venir+*I*　*C[-F]*+<u>faire</u>+*I*

zíŋà̀ dzàŋɔ́ nùɔ́　　　mûndꜜá　zꜜúu lá // ǹtúʔú　　mî̀ŋkyì m ꜜá…
ce-ci genre chose+*Loc* maison lui *Ma C[-F]*+<u>puiser</u> eaux　les
"Il [se] dit qu'il resterait à la maison, se cacherait dans un coin et verrait qui vraiment vient et fait ce genre de choses chez lui ; il alla chercher de l'eau…"

Dans ce deuxième exemple, il y a deux propositions enchâssées : une complétive et une relative. Le verbe (plus exactement l'auxiliaire lꜜání "vraiment") de la complétive est au futur de l'indicatif, les verbes des deux propositions suivantes sont au consécutif futur (C[+F]), elles forment donc une chaîne avec la complétive. La relative est enchâssée dans la "chaîne complétive". Son verbe (ou plutôt l'auxiliaire lànìnꜜɔ́) est conjugué au P_0 du mode relatif. Le verbe ŋgúà̀ "fait" de la proposition suivante est au consécutif non futur (C[-F]). Cette proposition peut donc, théoriquement, être enchaînée soit à la relative "qui vraiment vient", soit à la proposition enchâssante "Il dit", mais pas à la chaîne complétive "qu'il resterait à la maison…", pour des raisons de concordance modo-temporelle. Cependant la proposition "…et fait ce genre de choses chez lui" se termine avec la marque anaphorique lá. Cette marque n'a pas une fonction syntaxique mais énonciative (*cf.* 3.4. et 9.4.) : elle indique que le contenu de(s) prosition(s) précédente(s) est connu. Or le conteur nous a déjà dit que quelqu'un venait régulièrement salir la maison de la personne dont il relate ici la pensée. Donc la proposition "…et fait ce genre de choses chez lui" est enchaînée à la relative "qui vraiment vient". Reste la dernière proposition dont le verbe ǹtúʔú "puiser" est au consécutif non futur (C[-F]). A cause de la présence de lá qui clôt la chaîne relative, cette proposition ne peut être enchaînée qu'à la proposition enchâssante "Il dit".

3.3. Rapports sémantiques entre propositions en chaîne

3.3.1. Proposition de tête

C'est la proposition de tête qui situe, en grande partie grâce à la forme de son verbe, l'ensemble de la chaîne par rapport à la situation d'énonciation, ou à la situation rapportée (lorsqu'on a affaire à du discours rapporté), ou encore par rapport à un ensemble de faits qui vient d'être exposé dans le récit.

Les énoncés ou extraits d'énoncés présentés ci-dessous ouvrent tous des contes : le verbe de la première proposition est conjugué au P_2 de l'indicatif (aspect effectif), ce qui permet de situer l'histoire dans un passé lointain par rapport à maintenant.

Dans les deux derniers exemples, la seule information que fournit la proposition de tête est temporelle.

màŋgyê tsê ts⌃í w↓ú // ǹtsí nî bǫ̂ bí bíbá↓´…
femme certain *P₂*+être là *C[-F]*+être avec enfants *N* deux
"[Jadis] il y avait une femme qui avait deux enfants…"

àl⌃á?↓á tómɔ̀ tsé ts⌃í w↓û // nt⌃ɔ́n tsè?έ ŋkɔ̀ ìm⌃á?↓á
pays étranger certain *P₂*+être là *C[-F]*+être fort juste vrai *C[-F]*+jeter
ntsò ndzúu⌃´ t↓óm tsìyà?àtínɔ́
guerre *C[-F]*+manger pays étrangers nombreux+*Me*
"Il y avait [jadis] un pays vraiment fort, qui déclara la guerre à beaucoup de pays étrangers et les battit."

àfùŋɔ̂ tsê v⌃wó↓´ múɔ̀ bûu // mbúyɔ́ wúɔ́
lion un *P₂*+tomber dans fosse *C[-F]*+pleurer+*I* là+*Me*
"[Jadis] un lion, tombé dans une fosse, s'y lamentait."

à b⌃é↓´ ŋgù?ù lá // ìɲàm tsùm tʃíntὶ…
1 *P₂*+être+*Loc* jadis *Ma* animal tout *S*+être uni
"Jadis, tous les animaux étaient unis…"

à b⌃é↓´ mbyì lá // nìmàŋ bô ŋg⌃úb↓í bé bísùŋɔ́…
1 *P₂*+être+*Loc* avant *Ma* civette et poule *S*+être amis
"Auparavant, la civette et la poule étaient amies…"

Dans les discours rapportés, la première proposition offre plus de choix quant aux références temporelles. Dans les exemples ci-après, le verbe (ou l'auxiliaire) est conjugué au P_1 (aspect perfectif) de l'indicatif, et dans le dernier exemple, au futur de l'indicatif (*cf.* 3.1. pour d'autres illustrations) :

m̀bítɔ́ yí // ŋg⌃úu↓´ ò kὶ tî?í ŋkw⌃έ?étɔ́ m↓ɔ́ //
C[-F]+questionner+*Fo* la que tu *P₁* alors *C[-F]*+porter+*Fo* enfant
ǹtí?í ŋg⌃é // ŋgĕ ɣ⌃ó b↓é nìŋkɔ́ŋ[49] ŋgɔ́ kè lé //
C[-F]+puis *C[-F]*+aller *C[-F]*+aller+*Fo* toi *Foc* pour toujours que quoi hein
mâ ntŭu nìsɔ̀ŋ w⌃á s↓úŋ // ŋgŭu zúu kὶ tʃí ŋg↓yè nd⌃á l↓é //
mère pique dent la+*I* *S*+dire que elle *P₁* *Aux* *C[-F]*+venir maison hein
ntí?ɔ́ ŋg⌃ǫ̀↓´ ɣé
C[-F]+puis+*I* *C[-F]*+être malade+*I* *Me*
"…et il lui demanda : "tu t'es alors occupée de l'enfant, puis tu es partie, pourquoi ?". La femme à la longue dent dit qu'elle était rentrée[50] chez elle, puis qu'elle était [tombée] malade."

bù?ù tsê bí m⌃í fà?ánɔ̀ ámb⌃ô ŋgwê ɣò wíɲɔ̀ // ô kò?ó
esclaves ces-ci 2 *Fut* travailler+*I* pour femme ta ce-ci+*Me* que+tu *Exh*+*Nég*
ɲ⌃έ?↓étɔ́ // â f⌃á?à fà?à
laisser que+*I* *Exh*+travailler travail+*Me*
"Ces esclaves-ci, ils travailleront pour ta femme ; tu ne la (ta femme) feras pas travailler."

---

[49] On a probablement affaire à un nom régi par le fonctionnel |nì| "avec", mais mes informateurs n'ont pas pu me donner le sens de ce nom.

[50] Dans le texte mankon on a : "elle était venue".

3.3.2. Propositions suivantes

Les constructions verbales des propositions autres que la proposition de tête, permettent de situer temporellement les procès par rapport au temps évoqué dans la proposition de tête. Seul le temps de la proposition de tête peut donc être absolu, ceux des autres propositions sont relatifs.

Les rapports entre les propositions constituant une chaîne sont chronologiques. L'ordre d'apparition des propositions correspond, en général, à leur enchaînement chronologique. Certains auxiliaires[51] permettent de préciser et de nuancer ces rapports, mais aussi de hiérarchiser les procès au niveau énonciatif.

Le rapport de succession peut être explicité par l'auxiliaire |tíʔ| "puis", "alors" ; cet auxiliaire permet aussi de délimiter des sous-ensembles de procès ayant entre eux des rapports plus étroits qu'avec les procès des autres sous-ensembles ; d'autre part l'usage de |tíʔ| accompagne souvent un changement d'aspect, surtout quand on passe du perfectif à l'imperfectif (*cf.* IV.7.3.3.) :

títá […]	á kúŋǝ̀	ɲˈéꜜ	kùmǝ̀ nísǝ̀ŋǝ̀ ʒí	zá //	á tíʔì	ŋgwˈáŋnꜜí	mbúyú…
poivre	1 S+entrer	contre	moitié dent	sa ce	1 S+alors	C[-F]+vite	C[-F]+crier

"Le poivre […] il entra dans sa moitié de dent et alors, vite, elle cria…"

wérǝ́ lɔ́yì	ŋgùʔù // ntéyí //	ntíʔǝ́	ŋkǝ́btǝ́…
elle+1 S+prendre graines	C[-F]+poser C[-F]+alors+I		C[-F]+décortiquer+I

"Elle prit les graines de courge, les posa [devant elle] ; puis elle était à les décortiquer…"

L'auxiliaire |kí| "aussi" permet d'exprimer la simultanéité entre procès, de mettre en parallèle des personnages, des procès (*cf.* IV.7.6.) :

ìlˈúuꜜ	nꜜô	yí //	ŋkí	ndzúǝ́	yí	tsèʔé	ŋkǝ̀
fourmi	S+boire	elle	C[-F]+aussi	C[-F]+manger	elle	juste	vrai+Me

"[Autrefois, par une belle nuit] Fourmi but et mangea vraiment."

ŋgwˈé mꜜú	yì	wá lɔ́yì	ntʃwì	zá //	ǹtʃé	ŋgɔʔɔ̀	ntʃwì //
femme enfant son	le	S+prendre	maïs	le	C[-F]+être+Loc	pierre	maïs

ŋgˈɔʔɔ̀	ntʃwì	zˈá //	mbˈúyǝ́ //		ŋgˈɔʔꜜɔ̀ //		mbˈúyǝ́ //
C[-F]+moudre+I	maïs	le	C[-F]+pleurer+I		C[-F]+moudre+I		C[-F]+pleurer+I

ìlˈéꜜm fúǝ̀nǝ̀	wámbˈô //	súŋ wûtsé	á kí	ndzúʔǝ́	dzàŋ wá //
sang S+sortir+I	là+de+Me	oiseau certain	1 S+aussi	C[-F]+entendre	façon Rel

[…]	ǹgˈyéꜜ	ndí…
	C[-F]+venir	C[-F]+voler

"La femme de son fils prit le maïs et s'installa à la meule ; elle écrasait le maïs en pleurant, écrasait en pleurant ; elle saignait. De son côté un certain oiseau, il entendit comment […] et arriva en volant…"

L'auxiliaire |lò|, mais surtout l'auxiliaire |yìu|, permettent d'indiquer qu'un certain laps de temps sépare deux procès (*cf.* IV.7.2.4.) :

---

[51] Tous ces auxiliaires ont été présentés en IV.7.

à ɣènâ   níɣ⸍táŋ gw⸜á l⸜á // ŋgwê yí w⸍á ɣûu ntʃ⸍íʔ⸜ɔ́   m⸜ɔ́ŋ gw⸜á…
1 P₀+aller+A voyage ce *Ma* femme sa ce *S+Aux C[-F]+*secouer enfant ce
"Quelque temps après son départ, sa femme fut en travail…"

Les auxiliaires |kwén| et |kwáŋ| permettent de faire un retour en arrière (*cf.* IV.7.2.2.) :

í   yùunâ   mbí //   á ʃwíʔì //   s⸍úɣ⸜í //   ŋg⸍yéb⸜í   ámb⸜ó
*10 P₀+Aux+A C[-F]+*pourrir *1 S+*déterrer *C[-F]+*laver *C[-F]+*diviser à

bàŋgyè bínt⸍ɔ́ʔɔ́ b⸜á tsè⸜ʔè   bìtsùmâ [...] //   bàŋgyè bínt⸍ɔ́ʔɔ́   b⸜á bí
femmes du palais les juste toutes   femmes du palais   les 2

kwḛ̂ ndáʔá   ntsí   lá //   wùtsé kè⸜ʔé   dʒwíâ //
*S+Aux C[-F]+*jamais *C[-F]+*être *Ma* un   *S+Nég* accoucher+*Me*
"Une fois qu'elles (les calebasses) eurent pourri, elle les déterra, les lava et les partagea entre toutes les femmes du palais [...]. Aucune des femmes du palais n'avait jamais accouché."

3.4. La marque anaphorique | lá` |[52]

Il arrive souvent que la proposition de tête d'une chaîne (ou plus rarement la deuxième proposition) se termine par la marque anaphorique |lá` |.

|lá` | structure le récit au plan énonciatif et non syntaxique. Elle indique que le contenu de la proposition (ou de la chaîne de propositions) qu'elle clôt, est connu, ou supposé connu. Alors que les procès évoqués dans les propositions suivantes sont nouveaux.

– Le contenu peut être connu parce qu'il n'est que la simple reprise, ou le résumé, d'une information qui vient d'être fournie. La proposition close par |lá` | peut alors être considérée, au plan du récit, comme une charnière entre deux groupes d'événements :

á kyê   ŋgy⸍é   nts⸜ɔ́ʔɔ́tí   ŋkábâ [...] //   á b⸍ítɔ́   lá //
*1 S+Aux C[-F]+*venir *C[-F]+*percevoir argent   *1 Pr+*demander+*I Ma*

nd⸜ɔ́btɔ́   lá nùâ
*C[-F]+*penser+*I Foc* chose+*Me*
"Il était venu percevoir de l'argent [...]. Alors qu'il en demande (de l'argent), il a quelque chose en tête."

nìmí ɣɔ̀ɣɔ̂ kfwònâ   yé [...] //   nìmí ɣɔ̀ɣɔ̂ k⸍ɔ́ kfwó⸜ lá // ŋg⸜á
mère notre *P₀+*mourir+*A* elle   mère notre *Passé* mourir+*I Ma C[-F]+*donner

ŋgùʔùu   zê…
courge   ce-ci
"Notre mère est morte [...]. Alors que notre mère se mourait, elle me donna cette graine…"

_____

[52] Comme on l'a déjà signalé plus haut, cette marque s'utilise aussi en fin de proposition relative (*cf.* aussi en 9.4.).

ŋgúbɨɔ́   tíʔì   ɲáʔá   ndᵗóↆ   ŋkↆwé̦   yí […] ∥
Ngubi+*1*   S+puis   C[-F]+doucement   C[-F]+partir   C[-F]+rentrer   elle

à   kwènɔ̂   lá ∥   ndwĕm   ŋkyì…
1   P₀+rentrer+A   *Ma*   C[-F]+chauffer   eau

"…puis Ngubi partit doucement et rentra [...]. Une fois rentrée, elle chauffa de l'eau…"

mântŭɯnìsɔ̀ŋ   wᵗá sↆú̦ŋ ∥   ŋgŭ […] ∥   à   sùŋnɔ̂   lá ∥   ì̦ʃᵗwéↆ
femme à la longue dent   la   S+dire   que   *1*   P₀+dire+A   *Ma*   C[-F]+délier

níŋgɔ̀m   ná…
plantain   le

"La femme à la longue dent dit que [...]. Après avoir dit cela, elle délia le paquet de plantain…"

màŋgyê tsê   tsᵗí   wↆú ∥   ǹdíʔᵗí   ʃↆôm   yé ∥   à   lìʔìn ᵗí   ʃↆôm
femme   certaine   P₂+être là   C[-F]+bêcher   champ   son+*Me*   *1*   P₀+bêcher+A   champ

yí   wᵗá lↆá ∥   ŋ̀gᵗwárↆí   ntʃwì   ʒé ∥   ntʃwì ʒì zâ   yùnɔ̂   ŋkwí ∥
son   ce   *Ma*   C[-F]+semer   maïs   son+*Me*   maïs   son ce   P₀+Aux+A   C[-F]+pousser

ì̦ɲàm   zàtsé   í   yíɲɔ̀…
animal   certain   9   S+venir+*I*

"Il était une fois une femme qui bêcha son champ. Après avoir bêché son champ, elle sema son maïs. Lorsque, plus tard, son maïs eut poussé, un animal venait…"

– Le contenu des propositions closes par |lá`| peut aussi être supposé connu, comme c'est le cas dans les deux exemples ci-après. Les propositions en question ouvrent un conte et situent l'histoire dans le temps passé, supposé connu de tous :

à   bᵗéↆ   ŋgùʔù lá ∥   ì̦ɲàm   tsùm   tʃíntì…
1   P₂+être+*Loc*   temps   *Ma*   animaux   tout   S+être uni

"En ce temps là, tous les animaux étaient unis…"

à   bᵗéↆ   mbyì lá ∥   nìmàŋ bô ŋgᵗúbɨ   bᵗé   bìsùŋɔ́
1   P₂+être   devant   *Ma*   civette et poule   S+être   ami+*Me*

"Auparavant, la civette et la poule étaient amies."

Ces deux exemples s'opposent à l'exemple suivant, dans lequel la première proposition ouvre, elle aussi, un conte, et situe l'histoire dans le passé, mais à un moment précis du passé qui n'est identifié que grâce à la proposition suivante. |lá`| ne s'emploie donc pas :

à   bᵗéↆ   ɲê   tʃúʔú   wûtsé ∥   ì̦lᵗíɯↆ   nↆô   yí…
1   P₂+être   contre   nuit   certain   fourmi   S+boire+*Fo*   elle

"Jadis, une nuit, Fourmi but…"

3.5. Cas particuliers

3.5.1. La comparaison

La comparaison entre deux termes se fait grâce à une proposition dont le verbe est |tsà| "passer, dépasser", et qui est enchaînée à la proposition précèdente. Le sujet de |tsà| "passer, dépasser" est obligatoirement le même que celui du verbe de la proposition précédente. Il est donc conjugué au consécutif, futur ou non futur, selon les règles de concordance.

– Si le premier terme de la comparaison est sujet dans la première proposition, le deuxième terme de la comparaison est objet du verbe |tsà| (les autres éléments de la première proposition, quand il y en a, ne sont pas repris) :

mà m$^\uparrow$í fà?á // (í)tsă   f$^\uparrow$úr$^\downarrow$ɔ́   "Je travaillerai plus que Fru."
je *Fut* travailler *C[+F]*+<u>passer</u>+*Fo* Fru+*Me*

mà fà?á //   ntsă   f$^\uparrow$úr$^\downarrow$ɔ́   "J'ai travaillé plus que Fru."
je *P$_0$*+travailler *C[-F]*+<u>passer</u>+*Fo* Fru+*Me*

nìvwò ním$^\uparrow$íɣ$^\downarrow$ám   bɔ̂ŋ //   ntsă   nǎlòmɔ́
chute de saison des pluies *P$_0$*+être bon *C[-F]*+<u>passer</u>+*Fo* celle de saison sèche+*Me*
"Tomber en saison des pluies vaut mieux que tomber en saison sèche."

wérɔ́ ɣ$^\uparrow$á?á   ŋk$^\downarrow$úú́ɔ́ //   ntsă   yə̂
lui+*1* *Pr*+souvent+*I* *C[-F]*+courir+*I* *C[-F]*+<u>passer</u>+*Fo* me+*Me*
"Il court plus souvent que moi."

àdzɔ̀ŋ zâtsê ts$^\uparrow$í   w$^\downarrow$ú // nt$^\uparrow$ɔ́$^\downarrow$′n //   ntsă   dzɔ̀ŋ tsîm$^\uparrow$ɔ́?$^\downarrow$ɔ́…
géant un *P$_2$*+être là   *C[-F]*+être fort *C[-F]*+<u>passer</u> géants autres
"Il y avait autrefois un géant plus fort que les autres géants…"

m$^\uparrow$úm$^\downarrow$â ndóm yì […] à kwí //   ntsă   yə̂
frère mari son   *1* *P$_2$*+grandir *C[-F]*+<u>passer</u>+*Fo* me+*Me*
"Le frère de son mari […] il était plus grand que moi."

wérɔ̀ bè?ê   ntʃwì // í ɣá?á //   ntsă   zə̂
lui+*1* *P$_0$*+casser maïs   *9* *S*+être abondant *C[-F]*+<u>passer</u> le mien+*Me*
"Elle a cueilli plus de maïs que moi." (*litt* : "Elle a cueilli du maïs et il (le maïs) est plus abondant que le mien.")

REMARQUE 3 : dans ce dernier exemple, le premier terme de la comparaison est la quantité de maïs cueillie et non le procès (cueillir du maïs). |ǹtʃwì `| "maïs" (cl. 9) a la fonction objet dans la première proposition, il est repris dans la deuxième proposition (*cf.* l'emploi du pronom sujet de cl. 9 |í|) où il est sujet du verbe |ɣá?á| "être abondant", conjugué au successif ; le deuxième terme de la comparaison (la quantité de maïs que j'ai cueillie) peut alors être l'objet du verbe |tsá| "dépasser".

REMARQUE 4 : lorsque le verbe |tsá| "passer" a pour complément le nom | m̀bó`| "mains", la proposition : "(X) dépasse mains" exprime l'intensité (le superlatif) :

ǹdzòmɔ̂   ntɔ̀ wên ì tsă   mbô   "Ce pot, il chauffe très vite."
9+sécheresse+*9 1*+pot ce-ci *9* *P$_0$*+<u>passer</u> mains+*Me*

nù   ts$^\uparrow$ó fò í bùyî //   ntsă   mb$^\uparrow$ô // í t$^\uparrow$ú
choses tes Lion *10* *P$_0$*+être mauvais *C[-F]*+<u>passer</u> mains+*Me* *10* *P$_0$*+*Nég*

bùyì //   tsă   mb$^\uparrow$ó // múŋ   mà dì?í   …
C[+F]+être mauvais *C[+F]*+<u>passer</u> mains   alors je *P$_0$*+montrer
"Ton caractère, Lion, il est très mauvais. S'il n'était pas si mauvais, je te montrerais…"

– Si le premier terme de la comparaison a une autre fonction que celle de sujet dans la première proposition, |tsà| a pour objet le nom générique |àdzàŋ`| "espèce", "façon" déterminé par une relative. Tous les éléments exprimés dans la première proposition sont repris dans cette relative, à l'exception du terme sur lequel porte la comparaison[53] :

mà fà?á // ntsǎ dzàŋɔ́ // mà fɔ̀rɪ̀n ꜜtɔ́
je *P₀*+travailler *C[-F]*+<u>passer</u> <u>façon</u>+*Rel* je *P₀*+jouer+*R*+*Me*
"J'ai travaillé plus que je n'ai joué."

mà bǐ ǹtʃwì // ntsꜜtá ꜜ˙ dzàŋ zǎ // mbꜛtá?ꜜtá mà bìní fꜛꜜík ꜜúŋɔ̀
je *P₀*+planter maïs *C[-F]*+<u>passer</u> <u>façon</u> *Rel* que je *P₀*+planter+*R* haricot+*Me*
"J'ai semé plus de maïs que de haricots."

mà m ꜛꜜí ɣ ꜜtá mɪ̀lù?ɔ́ mbꜛtó fùrꜛí // tsǎ dzàŋɔ́ // mà m ꜛꜜí ɣ ꜜtá
je *Fut* donner vin à Fru *C[+F]*+<u>passer</u> <u>façon</u>+*Rel* je *Fut* donner
mbꜛtó ndù?ɔ́[54]
à Nde+*Me*
"Je donnerai plus de vin à Fru qu'à Nde."

má fꜛtɔ́rɔ́ búɣ ꜜí ndù?ì // ntsꜜtá ꜜ˙ dzàŋɔ́ // má fꜛtɔ́rínɔ́ búɣ ꜜí
je *Pr*+jouer+*I* nous Nde *C[-F]*+<u>passer</u> <u>façon</u>+*Rel* je *Pr*+jouer+*R*+*I* nous
fùrɔ́
Fru+*Me*
"Je joue plus avec Nde qu'avec Fru."

3.5.2. Expression du "bénéficiaire"

La fonction (sémantique) du bénéficiaire[55] s'exprime le plus souvent, au plan syntaxique, grâce à une proposition dont le verbe est |ɣá| "donner" et qui est enchaînée à la proposition précédente. Le sujet de |ɣá| "donner" est obligatoirement le même que celui du verbe de la proposition précédente. Il est donc conjugué au consécutif, futur ou non futur, selon les règles de concordance. Le nom évoquant le bénéficiaire, est régi par la locution locative |á m̀bó`| "à" ou la préposition |nì| "avec", et est complément de |ɣá| :

mà fà?á // ŋgꜛtá ní wérɔ́ ɣé
je *P₀*+travailler *C[-F]*+<u>donner</u> <u>avec</u> lui *Me*
"J'ai travaillé pour lui." (*litt.* : "J'ai travaillé, j'ai donné à lui.")

mà m ꜛꜜí fà?á // ɣ ꜜtá mbꜛtó zúɔ́
je *Fut* travailler *C[+F]*+<u>donner</u> <u>à</u> lui+*Me*
"Je travaillerai pour lui." (*litt.* : "Je travaillerai, je donnerai à lui.")

---

[53] Les exemples donnés ci-dessous ont été obtenus par questionnaire. Dans les textes, on n'a relevé que des exemples où le premier terme de la comparaison est sujet.

[54] L'omission de l'objet |m̀lù?`| "vin" comme procédé anaphorique n'est pas spécifique à l'expression de la comparaison.

[55] C'est un critère syntaxique qui justifie la distinction faite entre les fonctions sémantiques de "bénéficiaire" et de "destinataire" : en effet, on n'a jamais recours à la construction présentée ici pour exprimer la fonction sémantique de "destinataire", l'inverse n'étant pas vrai (*cf. infra* Remarque 6).

àdzɔ̀ŋɔ́ fɔmúŋgòm á súŋ   nì   m[↑]ɔ́ŋ g[↓]wá // ŋgɔ́ â   f[↑]úr[↓]ɨ́
géant   Fomingom *1* S+dire avec enfant ce   que que+*1* *Exh*+tourner

ndzùm ʒì //   ŋgá   n[↑]ɨ́ z[↓]úɨ́ɔ́
dos   son   *C[-F]*+<u>donner</u> <u>avec</u> lui+*Me*
"Géant Fomingom, il dit à l'enfant de lui tourner le dos."

ŋgyè   ʃí?ísí   n[↑]ɨ́k[↓]óm ná   nê //   ŋgá[↑]´   mb[↓]ó mè   yè
C[-F]+venir *C[-F]*+descendre panier ce   ce-ci *C[-F]*+<u>donner</u> <u>à</u>   moi *Me*
"…et viens descendre ce panier pour moi!"

ŋgá[↑]´   mb[↓]ô ŋg[↑]wé m[↑]ú yì wá //   ŋg[↑]ɔ́ à y[↑]ɔ́?[↓]ɔ́ //   ŋg[↓]á
C[-F]+<u>donner</u> <u>à</u>   femme enfant son ce   que+que *1* *Exh*+moudre *C[-F]*+<u>donner</u>

mb[↓]ó z[↓]úɨ́ɔ́
<u>à</u>   elle+*Me*
"…et le donna à la femme de son enfant pour qu'elle le moule pour elle."

àfà?à tsùm tsùm […] ò yá   mb[↑]ô bù?ù   tsê // á   tsì   f[↑]á?[↓]á //
travail tout tout   tu S+donner à   esclaves ces-ci que *10* *Exh*+travailler

ŋgá   wámb[↓]ô
C[-F]+<u>donner</u> <u>à elle</u>+*Me*
"Tout travail […] tu le donnes à ces esclaves-ci pour qu'ils le fassent à sa place."

REMARQUE 5 : dans l'exemple ci-dessus, on a : 1) une illustration de l'emploi de l'exhortatif après un successif, combinaison qui sera examinée dans le chapitre suivant ; 2) une illustration de l'emploi du consécutif non futur après un verbe à l'exhortatif.

REMARQUE 6 : dans les deux exemples ci-après, les narrateurs n'ont pas eu recours à la construction exposée ici : l'expression syntaxique du "bénéficiaire" ne se distingue alors pas de celle du "destinataire". (Le premier de ces exemples a été relevé dans le même conte que le dernier ci-dessus) :

bù?ù tsê bɨ́ m[↑]ɨ́ fà?ánà   ámb[↑]ô ŋgwê yò wíŋ̀ɔ̀
esclaves ce-ci *2* *Fut* travailler+*1* <u>à</u>   femme ta ce-ci+*Me*
" […] ces esclaves travailleront pour cette femme à toi."

à tsí   kè?é   súŋ // ŋgɨ̌u zɨ́u f[↑]á?[↓]á   mbô tǎ yì …
1 *P₀*+être *C[+F]*+*Nég* dire   que lui *P₀*+travailler <u>à</u> père son
"Il ne peut pas dire qu'il a travaillé pour son père…"

3.5.3. La construction factitive[56]

La construction factitive est une chaîne de deux propositions.

La première proposition se réduit au verbe |yù| "faire" conjugué librement, et à son sujet.

Le sujet de la deuxième proposition étant différent de celui de la première, le verbe de cette deuxième proposition est au successif ou à l'exhortatif, selon les régles de concordance :

---

[56] Se reporter à la section IV.1.1.2.B.a., pour le rapport qu'il y a entre la construction factitive exposée ici, et la dérivation causative.

ŋkábɨ́ à nə̂ zúm ză // mbˀáʔˀá ỳuní // ŋwɔ̀ ntsùm á dórìnə̀ yɛ̀
argent *1* être chose *Rel* que+*7* *P₀*+<u>faire</u>+*R* personne tout *1* *S*+<u>être heureux</u>+*I Me*
"L'argent est quelque chose qui rend tout le monde heureux."

Dans l'exemple ci-après, le verbe |yù| "faire" est conjugué dans ses deux premières occurrences au consécutif futur (C[+F])[57], le verbe de la proposition suivante est donc à l'exhortatif ; puis il est conjugué au consécutif non futur (C[-F]), le verbe de la proposition suivante est alors au successif :

tsɔ́ʔɔ́ kǒ súŋ // ŋgǔ zú tsˀíˀˀ // yʉ́uɔ́ // mbə̀ŋ lˀóˀˀ // tsɔ́ʔɔ̀
perdrix brousse *S*+dire que elle *P₀*+être *C[+F]*+<u>faire</u>+que pluie *Exh*+<u>lever</u> perdrix

ntˀáʔá sˀúŋ // ŋgǔ zú tsˀíˀˀ // yʉ́uɔ́ // lòmə̀ tá // [...] à
colline *S*+dire que elle *P₀*+être *C[+F]*+<u>faire</u>+que saison sèche *Exh*+<u>briller</u> *1*

tsìtìnə̂ // ntsítí // ŋgˀúuˀˀ // àlòmə̀ tâ
P₀+être un peu+*R+A C[-F]*+être un peu *C[-F]*+faire saison sèche *S*+<u>briller</u>+*Me*
"Perdrix de la brousse dit qu'elle peut faire tomber la pluie, Perdrix de la colline dit qu'elle peut faire briller la saison sèche [...]. Après quelque temps, elle (Perdrix de la colline) fit briller la saison sèche."

3.6. Chaînes de propositions et négation

Le domaine d'une négation semble être, en général, la seule proposition où elle se trouve :

wérɔ́ kâ // ŋgˀúu zˀúu tsˀí // lˀáʔá kèʔé lyè // íkˀyérə̀ tsèʔè
elle+*1 S*+jurer que elle *P₀*+être *C[+F]*+jamais *C[+F]*+<u>Nég</u> dormir *C[+F]*+veiller juste

kyèrìní...
veiller
"Elle jura qu'elle ne pourrait jamais plus dormir, [mais] seulement veiller..."

ŋkábɨ̀ tsé mà kàʔá mbˀó ŋwɔ̀ kɨ́ ŋkwárɔ́ // ŋgá ˀátˀú
argent certain je *S*+<u>Nég</u> à personne aussi *C[-F]*+prendre+*Me C[-F]*+donner dot

ŋgwê yɛ̀
femme ma+*Me*
"De l'argent, je n'en ai pris à personne ; et [néanmoins] j'ai payé la dot de ma femme."

ŋkyˀéʔˀétí dìʔí // ŋkyˀéʔˀétí // ŋkyèʔètì // ŋkèʔé zˀɛ́ //
C[-F]+éclairer endroits *C[-F]*+éclairer *C[-F]*+éclairer *C[-F]*+<u>Nég</u> *C[-F]*+voir

mbˀɔ́ ʃˀíʔí nɔ́ŋə̀
C[-F]+encore *C[-F]*+descendre *C[-F]*+être coucher+*Me*
"Il éclaira la pièce, éclaira, éclaira, ne vit rien et se recoucha."

---

[57] Son emploi au consécutif futur, après le verbe |tsí| "être", permet d'exprimer la capacité (*cf.* 5.3.).

bì sˈéꜜ ŋwàʔànì ʒˈí lꜜá ∥ǹdʒí nùɔ́ lˈáʔá tsɛ̀ʔɛ̀ tsó ntsàɣî
2 P₂+_Nég_ lettres connaître _Ma_ C[-F]+connaître choses pays juste comme envoyer

ŋkùŋɔ̀ wá ∥ mbˈáʔꜜá bì kɔ́ tsàɣìnɔ́ mbúʔɔ́ bê kwˈíŋꜜɔ́...
message _Rel_ que 2 _Pas_ envoyer+R+I C[-F]+frapper+I Foc+Fo tambour

"Alors qu'on ne connaissait pas les lettres, on connaissait par contre des techniques traditionnelles comme envoyer un message par tambour…"

En conséquence, si dans une chaîne plusieurs propositions sont niées, la négation doit être répétée dans chacune d'elle :

mâŋkúɯ à tsí ∥ kèʔé mbˈó tă yì ɣámɔ̀ ∥ ŋkèʔé ŋkˈí
enfant 1 P₂+être C[+F]+_Nég_ à père son parler+_Me_ C[-F]+_Nég_ C[-F]+aussi

ntsɔ́ʔɔ́ kùɔ̀ ʒí ŋgwábítɔ́ ʃí tă yě
C[-F]+soulever jambe sa C[-F]+croiser+_Loc_ devant père son+_Me_

"Un enfant ne pouvait pas répondre mal à son père, et il ne croisait pas non plus les jambes devant son père."

Citons cependant le proverbe suivant dans lequel le domaine de la négation n'est pas la proposition où elle se trouve (_i.e._ la première proposition) mais le lien entre les deux propositions (_i.e._ l'enchaînement des deux actions) :

kˈá bì ndzɔ́ʔɔ̂ yé fɔ̂ ∥ ndzˈéɣꜜɔ́ mbô ʃyè
Nég 2 _Pr_+oindre+_I_+Fo lui chef C[-F]+ essuyer+ _I_ mains sol+_Me_

"On n'oint pas un chef pour s'essuyer les mains par terre." (Proverbe)

4. LA PROPOSITION TEMPORELLE

Deux constructions syntaxiques bien différentes sont utilisées selon qu'on veut exprimer d'un côté, un rapport de simultanéité ou de postériorité, de l'autre, un rapport d'antériorité, entre deux procès.

4.1. Rapport de simultanéité ou de postériorité

4.1.1. Utilisation d'une proposition relative [58]

Pour exprimer ces deux rapports sémantiques, on utilise une proposition relative dont l'antécédent, quand il est exprimé, est |ŋ̀kfù`| "temps" (cl. 9). L'antécédent n'est pas repris dans la proposition relative.

Cette proposition relative précéde, en général, la proposition régissante, mais elle peut aussi la suivre.

Lorsque la relative est en tête, les règles de concordance modo-temporelle s'appliquent en général au verbe de la proposition principale : on y retrouve donc le consécutif, le successif ou l'exhortatif. Deux cas d'utilisation de l'indicatif ont cependant été relevés (*cf.* les deuxième et troisième exemples en 4.1.2.).

4.1.2. Condition d'emploi de l'antécédent

En fait, l'antécédent |ŋ̀kfù`| "temps" n'est exprimé que s'il est déterminé. Dans tous les cas relevés, il l'est par |-tsùm`| "tout". Il peut lui-même déterminer, au sein d'un syntagme associatif, le nom |ŋ̀gɔ̀ŋ`| "sorte" (cl. 9)[59] :

ŋ̀gɔ̀ŋ	ŋkfù	ntsùm	ză //	mb↑á?↓á	bó	zú	yènâ		nɨ́ɣ↑án	d↓á //
sorte	temps	tout	*Rel*	que	eux	lui	*Pr*+aller+*R*+*I*+*Loc*	voyage		*Ma*

nìmàŋ	súŋ	tsè?è	nɔ̀	àŋkɨ̀ù?ɔ́...			
civette	*S*+dire	juste	avec	coq			

"Chaque fois qu'ils vont ensemble en voyage, la civette dit juste au coq…"

lá	lɔ̀yìnɔ́		ndʒ↑wí	w↓á[60]	ŋ̀gɔ̀ŋ	ŋkfù	ntsùm	ză //	mb↑á?↓á
mais	*C[+F]*+commencer+*Loc*		jour	le	sorte	temps	tout	*Rel*	que

nìmàŋɔ̀	zèn↑ɨ́	ŋg↓úbɨ́	l↓á //	à	tsɨ̌	kè?é	tsáɣɔ̀
civette+*I*	*P₀*+voir+*R*	volaille	*Ma*	*I*	*P₀*+être	*C[+F]*+*Nég*	envoyer+*Me*

"A partir de ce jour, chaque fois que la civette voit une volaille, elle ne peut l'épargner."

ŋkfù	ntsùm	wă //	mb↑á?↓á	bɨ́	ɣ↑úun↓ɨ́	mídz↓ú //	mà	ɣě	nɔ̀	káŋɔ̀
temps	tout	*Rel*	que	2	*P₀*+faire+*R*	nourriture	je	*P₀*+aller	avec	casserole

zɔ̂...	
ma+*Me*	"Chaque fois qu'on prépare de la nourriture, je vais avec ma casserole…"

---

[58] La proposition relative est présentée en 9.

[59] |ŋ̀gɔ̀ŋ`| signifie "sorte, espèce" mais ce nom n'est utilisé qu'avec |-tsùm| "tout".

[60] *Cf.* l'analyse de l'expression **ɨ́lɔ̀yìnɔ́ ndʒ↑wí w↓á** "A partir de ce jour" en 1.3.3.G.b.

REMARQUE 1 : dans le dernier exemple ci-dessus, le préfixe d'accord du morphème relatif est locatif w-, bien que ŋkfù "temps" ne soit pas régi par le fonctionnel locatif |á|. Le non-emploi du fonctionnel |á| explique sans doute que le relatif puisse aussi s'accorder en cl. 9 (préfixe d'accord z-), classe inhérente à ŋkfu "temps".

Lorsque ŋkfù "temps" n'est pas déterminé, la relative n'est introduite que par la conjonction |m̀bà?´| mb↑á?↓á "que". Notons qu'en l'absence d'antécédent, il est parfois difficile de savoir si la valeur de la proposition subordonnée est temporelle ou causale (cf. infra, la remarque 2), ce d'autant plus que les deux valeurs ne s'excluent pas forcément. mb↑á?↓á peut être précédé de tsɛ̀?ɛ̀ "juste", de tsɔ̌ "comme" ou des deux à la fois :

mb↑á?↓á	bó	yùnɔ́		dzàŋ	wên	dá //	ŋkfwókɔ́		yé
que	eux	Pr+faire+R+Loc	espèce	ce-ci	Ma	C[-F]+mourir+I		Me	

"Tandis qu'elles agissent ainsi, elles meurent."

m̀b↑á?à	kì	kfwòn↑í	l↓á //	mà	yâ		mbyê
que+I	P₁	mourir+R	Ma	je	S+donner	chèvre+Me	

"Quand elle est morte, j'ai donné une chèvre."

tsɛ̀?ɛ̀	mb↑á?↓á	bî̀	m↑ét↓íní	ŋg↓ótɔ́ //	ìɲàm	tsùm	ʃêmnì...
juste	que	2	P₂+finir+R	réunion	animaux	tous	S+s'éparpiller

"Dès la fin de la rencontre, tous les animaux s'éparpillèrent..."

m̀b↑á?↓á	bô	v↑ún↓í		ndâ	ŋwì	zên	dá // ǹtí?í	ŋgótí
que	eux+2	P₂+construire+R	maison	Dieu	ce-ci	Ma	C[-F]+puis	C[-F]+rassembler

bê...
gens   "Quand ils eurent construit cette église, ils rassemblèrent alors les gens..."

m̀b↑á?à	sùyìn↑í	mb↓ô	myí	m↑á	l↓á //	ìfúyí	n↑íb↓ú?ú	nâtséré	bɔ̌
que+I	P₀+laver+A	mains	ses	ces	Ma	C[-F]+sortir	ballot	certain+Loc	sac

z↑úɔ́
lui+Me   "Après s'être lavé les mains, il retira un ballot de son sac."

REMARQUE 2 : l'informatrice qui m'a donné le conte d'où est extrait l'exemple ci-dessus, prononce, dans la plupart des contextes, le P₀ du relatif (P₀ R) et le P₀ de l'indicatif à l'aspect achevé (P₀ A) de la même façon. Le sens qu'elle a atttribué ici au verbe de la relative correspond à celui du P₀ A, d'où la traduction "après s'être lavé les mains..." (le rapport entre les deux propositions est purement temporel). Mais un autre informateur, pour qui la prononciation du verbe dans la relative de l'exemple ci-dessus, ne peut être que celle du P₀ R a traduit la relative par "comme il s'est lavé les mains..." et a justifié sa traduction par les deux commentaires suivants : 1. s'il se lave les mains c'est qu'il a une idée en tête, une raison de le faire, i.e. sortir le ballot de son sac (le rapport entre les deux propositions est donc plutôt causal) ; 2. pour lui, si le sens était "après s'être lavé les mains..." (rapport purement temporel), on aurait m̀b↑á?à sùyíní mb↑ô myí m↑á l↓á, le verbe étant alors au P₀ de l'indicatif à l'aspect achevé (cf. aussi la remarque 2 en 6.1.1.).

m̀b↑á?à	tì?ìnî	nt↑ɔ́nt↓í	áŋkyáŋt↓í	ŋwò	ntsùm	ndá //	bó	tí?ì
que+I	P₀+puis+A	C[-F]+être dur	Loc+satisfaire	personne	toute	Ma	eux	S+puis

ntéyíní	↑áŋ↓ê	ndòmdʒì	àdzàŋà
C[-F]+placer	contre	chemin	espèce+Me

"Après qu'il s'est avéré difficile de satisfaire tout le monde, ils décident alors d'un autre moyen."

382

tsὲʔὲ   mbˈáʔꜜá   wérↄ̂   tîʔìnↄ̂   ŋgˈέꜜ˅   ántʃέ   lâŋ // ndʒì yíŋↄ̀
juste   que   lui+*1*   P₀+puis+*A*   *C[-F]*+aller+*I* *Loc*+être+*Loc* chaise voix *S*+venir+*I*

ndˈóꜜ˅   lˈáŋ   wá…
C[-F]+se lever+*I*+*Loc* chaise la

"juste après qu'il a commencé à s'asseoir, une voix s'élève de la chaise…"

tsὲʔὲ   tsŏ   mbˈáʔꜜá   màlònˈí   ndŏ   ándzùm   yì   lá //…
juste   comme que   je P₀+Aux+*R* *C[-F]*+venir de *Loc*+derrière ce-là *Ma*

"Juste comme j'arrivais de par derrière là-bas…"

Suivent deux exemples où la proposition régissante précède la proposition subordonnée :

à   lŏ   ŋkˈó   ŋkŭŋ tↄ̂   tʃwì // tsὲʔὲ mbˈáʔꜜá nìkừ ná
1 P₀+Aux *C[-F]*+attraper queue père antilope juste que   course la

bˈîʔꜜínↄ́
P₀+commencer+*R*+*Me*

"Il a attrapé la queue de Père Antilope, juste au début de la course."

ŋ̀gúbì ̌ɔ tíʔì   ɲáʔá   ndˈóꜜ˅ // ŋkwꜜέ   yí // mbˈáʔꜜá
ngubi+*1* *S*+puis *C[-F]*+doucement *C[-F]*+se lever *C[-F]*+rentrer+*Fo* elle que

zὲnↄ̂   ŋkí   ndzúʔú   ŋgↄ̀ŋ nù   tsá tsùm ndâ
P₀+voir+*A* *C[-F]*+aussi *C[-F]*+entendre sortes choses ces toutes *Ma*+*Me*

"Puis Ngubi se releva doucement et rentra, après avoir vu et entendu tout ça."

4.2. Rapport d'antériorité

Le rapport d'antériorité entre deux procès se marque grâce à la juxtaposition de trois propositions.

La première est une proposition quelconque ; la deuxième est constituée du verbe |bↄ̀ŋ| (il s'agit peut-être du verbe |bↄ̀ŋ| "être bien/bon") conjugué selon les règles de concordance modo-temporelle, et de son sujet qui renvoie toujours à la même entité que le sujet de la première proposition ; le verbe de la troisième est au consécutif futur, quand il n'y a pas de changement de sujet par rapport à la proposition précédente, ou à l'exhortatif quand il y en a un (la proposition est alors introduite par la conjonction |á|). On peut résumer cette construction par la formule suivante :

$$\text{proposition X} + \text{(S)} \, |bↄ̀ŋ| + \begin{cases} \text{proposition Y (verbe au consécutif futur)} \\ |á| \text{ proposition Y (verbe à l'exhortatif)} \end{cases}$$

á bé ŋgˈú   zꜜú ɣˈú   ndáʔá   ndzé // zú bↄ̂ŋ // nŏŋ //
si   lui *Cd*+Aux *C[-F]*+jamais *C[-F]*+voir lui *S*+<u>être bien</u> *C[+F]*+<u>se coucher</u>

lyé   fílyê
C[+F]+<u>dormir</u> sommeil+*Me*

"Si jamais il les voit, alors il se couchera et dormira." (c'est-à-dire : il faut qu'il les voie avant de pouvoir se coucher et dormir).

383

Ce premier énoncé est au style indirect, d'où l'utilisation du pronom logophorique |zɨú| "lui" en fonction sujet (*cf.* 8.1.3.). La première proposition est une hypothétique (son verbe est au conditionnel), donc, malgré l'identité des sujets, on n'emploie pas le consécutif mais le successif dans la proposition "régissante" **zɨú bɔ̀ŋ** (*cf.* 7.1.1.B.). Le verbe des deux propositions suivantes est au consécutif futur puisqu'il n'y a pas de changement de sujet par rapport à la proposition précédente.

mà zèɣî   ndá //   mbɔ̌ŋ //   fꜛúɔ́
je P_0+balayer+A maison $C[-F]$+être bien $C[+F]$+sortir+Me
"J'ai balayé la maison avant de sortir."

Dans l'exemple ci-dessus le verbe |zèɣ| "balayer" est au P_0, donc |bɔ̀ŋ| "être bien" est au consécutif non futur. En revanche, dans l'exemple ci-après, |zèɣ| "balayer" est au futur, donc |bɔ̀ŋ| "être bien" est au consécutif futur. Dans les deux cas le verbe de la troisième proposition |fú| "sortir" est au consécutif futur.

mà mꜛí zèɣí   ndꜛáꜜ // (í)bɔ̌ŋ //   fꜛúɔ́
je *Fut* balayer maison $C[+F]$+être bien $C[+F]$+sortir+Me
"Je balayerai la maison avant de sortir."

Enfin, dans l'exemple ci-dessous, le verbe |yèn| "venir" est au successif, donc |bɔ̀ŋ| "être bien" est au consécutif non futur et le verbe de la troisième proposition, |kà?| "ourdir", est à l'exhortatif, cette troisième proposition étant introduite, comme il se doit, par la conjonction |á| réalisée [ɔ́] :

ìɲàm   tsìmꜛɔ́?ꜜɔ́   tsâ   yê //   mbꜛɔ́ŋꜜɔ́ //   wérɔ̀   kꜛá?ꜜá
animaux autres   ces S+venir $C[-F]$+être bien+que lui+1 *Exh*+ourdir

ŋgɨùɔ́ bvꜛúꜜɔ́   ɲꜜé   nínáꜜ?á
9+faire mal   contre caméléon+Me
"Les autres animaux arrivèrent avant qu'il ourdisse un méfait contre le caméléon."

Ces quatre exemples, en particulier le premier, prouvent bien que |bɔ̀ŋ| est un verbe, et que **zɨú bɔ̀ŋ, mbɔ̌ŋ, íbɔ̌ŋ** et **mbꜛɔ́ŋ** sont des propositions.

On peut considérer que cette proposition (**zɨú bɔ̀ŋ**, etc.) opère, au plan sémantique, une transition entre la première et la troisième proposition : elle clôt le premier procès, tout en introduisant un objectif à atteindre (d'où l'emploi du consécutif futur ou de l'exhortatif, *cf.* 5.).

Suivent d'autres exemples. On remarque dans certains de ces exemples l'emploi simultané de |bɔ̀ŋ| dans la deuxième proposition et de |tí?| "puis, alors" dans la troisième (la traduction donnée par les informateurs est alors : "...before you/he then...") :

yɛ̌   tì   mꜛóꜜꜛtí //   mbɔ̀ŋɔ́ //   ò ntí?ɔ́   ŋgꜛɛ́ꜜ
Imp+venir+*que* nous(deux) *Exh*+être ensemble $C[-F]$+être bien+que tu *Exh*+alors+I aller+Fo

ɣó mú   mìbà?á   yò...
toi   dans brousse   ta
"Viens que nous restions un peu ensemble avant que tu ne t'en ailles errer dans ta brousse..."

ənlês[61]   bí ɣûu   nt⁺ó̩↓ˊ   ŋgɔ̀ʔɔ̀ zá // mbɔ̀ŋ⁺ɔ́ //   bérə̀ kfwó́[62]
à moins que 2 S+Aux C[-F]+brûler pierre la C[-F]+être bien+que eux+Is Exh+mourir+Me
"A moins qu'ils (les ennemis) brûlent la pierre, ils (les bonnes personnes) ne mourront
pas." (*Plus litt.* : "seulement s'ils (les ennemis) brûlent la pierre, ils (les bonnes personnes)
mourront.")

á mɔ́sì̀[63]   ndzé //   ŋg⁺úu↓ˊ zúu zéɣì   ndâ   ʒǐ ntúʔú
1 S+devoir C[-F]+voir que   lui P₀+balayer maison sa   C[-F]+transporter

ŋkyì [...] // mb⁺ɔ́↓ŋ̩ //   (ì)t⁺íʔí   ɣě̩   yé   fò̩
eau   C[-F]+être bien C[+F]+puis C[+F]+aller+Fo lui+Loc champ+Me
"...il s'assurait qu'il avait balayé sa maison, transporté de l'eau [...] avant d'aller au champ."

má s⁺á́ʔà   ndʒèlà̀ʔà   ádzàŋɔ́ //   mb⁺áʔ↓á nìmàŋə̀ ts⁺án↓ɨ́ //
je Pr+raconter+I histoire   Loc+espèce+Rel que   civette+1 P₂+passer+R

mbɔ̌ŋ //   tí́ʔí   kfúrìnə̀   ŋgúbə̀
C[-F]+être bien C[+F]+alors C[+F]+manger+I volaille+Me
"Je raconte comment la civette en vint à manger les poules."

zúu kì mɔ̀mtɔ́   ndʒ⁺wí l⁺á // m̀b⁺ɔ́ŋ //   z⁺é //   ŋgǔ mòɣɨ́ ts⁺í
lui P₁ toucher+Loc jour   Ma   C[-F]+être bien C[+F]+voir que feu P₀+être

w⁺ú lé
là   hein
"Il l'a touchée (la crête) l'autre jour, est-ce qu'il a constaté qu'il y avait du feu dedans ?"

nìɣáɣì   n⁺ó z⁺áŋɔ́ //   m̀b⁺ɔ́ŋ↓ɔ́ //   ò fɔ́rɔ́
mâchoire ta Pr+faire mal+I C[-F]+être bien+que tu Exh+jouer+I
"As-tu mal à la mâchoire quand tu joues ?"

REMARQUE 3 : le contexte dans lequel a été utilisé ce dernier énoncé est le suivant : la mère se
met à travailler. Sa fille, qui jusque-là jouait tranquillement, vient aussitôt la trouver et se plaint
d'avoir mal à la mâchoire. Sa mère lui répond, un peu ironiquement, par l'énoncé interrogatif ci-
dessus.

---

[61] Il s'agit d'un emprunt à l'anglais "unless".
[62] Cet énoncé est tiré d'un récit sur les magies de guerre. L'une de ces magies consistait à se
protéger des ennemis en se mettant tous dans une pierre préparée à cet effet.
[63] Il s'agit d'un emprunt à l'anglais "must".

5. LA PROPOSITION FINALE

La proposition subordonnée à valeur finale vient après la proposition qui la régit (*i.e.* la proposition principale). Elle peut être, soit simplement juxtaposée à la proposition principale, soit introduite par la conjonction |tàŋ´| "pour, afin", ou la locution conjonctive |tàŋ´ á| si le verbe est à l'exhortatif[64].

Le verbe de cette proposition est à l'exhortatif ou au consécutif futur selon qu'il y a, ou non, changement de sujet par rapport à la proposition principale.

5.1. Juxtaposition

Aucune conjonction ne relie la proposition finale à la proposition précédente, sauf si le verbe de la finale est à l'exhortatif (*cf.* 3.1.). De ce fait on aurait pu parler de chaîne et intégrer ce chapitre dans le 3. Cependant, le concept de « chaîne de propositions » repose non seulement sur l'absence de conjonction, mais aussi sur les règles de concordance modo-temporelle exposées en 3.1. Or, en présence d'une proposition à valeur finale ces règles ne sont pas respectées. Soit l'exemple suivant :

bí sá?ànɔ̀   ndʒèlà?à // ífʉ̀?ʉ̀tínɔ̀   nù   tsá // mb↑á↓á ká bʉ̀ɣí
2 *S*+raconter+*I* histoires *C[+F]*+informer+*I* choses *Rel* que *Nég* nous

ʒɛ́   wʉ́ɣ↑ɔ́ //mb↓ó bʉ̀ɣɔ́ // bìtá bʉ̀ɣí kɨ̀   f↑ʉ́?↓ʉ́tí...
savoir+*Fo* nous à   nous+*Me* pères nos *S*+aussi informer

"Elles (nos mères) racontaient des histoires pour nous informer de choses que nous ne connaissions pas. Nos pères [nous] informaient aussi..."

Le verbe de la première proposition (la principale) est au successif. Le verbe de la proposition subordonnée finale est au consécutif futur (la relative enchâssée dans la proposition finale n'est pas concernée par les règles de concordance), puis on retrouve le successif dans la proposition suivante. Les règles ignorent, en quelque sorte, la subordonnée à valeur finale, et l'enchaînement se fait entre la proposition principale **bí sá?ànɔ̀ ndʒèlà?à** "Elles (nos mères) racontaient des histoires" et la proposition **bìtá bʉ̀ɣí kɨ̀ f↑ʉ́?↓ʉ́tí...** "Nos pères [nous] informaient aussi..."

REMARQUE 1 : Si, dans l'exemple ci-dessus, on avait le consécutif non futur à la place du consécutif futur, la proposition serait enchaînée à la précédente et la notion de finalité serait absente. Le sens serait alors : "Elles (nos mères) racontaient des histoires et nous informaient de choses que nous ne connaissions pas. Nos pères [nous] informaient aussi...".

àfà?à tsùm tsùm [...] ò ɣá   mb↑ó bù?ù tsê // á ts̀ì f↑á?↓á //
travail tout tout   tu *S*+donner à   esclaves ces-ci que 10 *Exh*+travailler

ŋgá   wámb↓ô[65]
C[-F]+donner à+elle+*Me*

"Tout travail [...] tu le donnes à ces esclaves-ci pour qu'ils le fassent à sa place."

---

[64] Une proposition introduite par |ŋ̀ gʉ̀´| "que" peut aussi prendre une valeur finale (*cf.* 8.4.).

[65] La proposition **ŋgá wámb↓ô** sert à exprimer la fonction sémantique de "bénéficiaire" (*cf.* 3.5.2.). Elle est enchaînée à la proposition **á ts̀ì f↑á?↓á**. Le fait que le verbe **ŋgá** soit au consécutif non futur est conforme aux règles de concordance (*cf.* le tableau (62)).

ɨɲàm	tsùm	zɨ̀ŋgwì	bó	zɨ̀ŋkùʔúnɨ̀	kyáɲtɨ̀ //	kɨ́		lɔ̀ɣɔ́
animaux	tous	grand	et	petit	S+préparer	C[+F]+<u>aussi</u>		C[+F]+<u>prendre</u>

d ꜛíʔí wám ꜜúɔ́
place dedans+Me

"Tous les animaux, grands et petits se préparèrent à y participer."

bɨ́	y ꜛɛ́ꜜ //	ntsɔ̀ŋkɨ́	ʃôm	yɨ́ //	ɟ [66]	ʃ ꜛá ꜜɨ̀ŋ	ʃàŋ //
2	P₀+venir	C[-F]+saccager	champ	son	que+3	Exh+<u>disperser</u>	C[-F]+disperser

"[Elle voit qu']on est venu et qu'on a saccagé son champ à en disperser complètement la terre !" (*litt.* : "jusqu'à ce que le champ soit complètement dispersé")

núŋ	n ꜛík ꜜɨ́	ntáɣínɨ́ //	ɨ̂	fúɣɔ́ //	núŋ	f ꜛíŋg ꜜwáŋɔ̀
Imp+mettre	potasse	C[-F]+remuer	que+9	Exh+<u>blanchir</u>+Me	Imp+mettre	sel+Me

"Ajouter de la potasse et remuer jusqu'à ce qu'il (le bouillon) soit blanc. Ajouter du sel."

Si les règles de concordance modo-temporelle appellent de toute façon l'utilisation du consécutif futur et de l'exhortatif, il y a ambiguïté, la notion de finalité pouvant être, ou ne pas être, impliquée :

á	súŋ //	ŋgǔ	zû	m ꜛɨ́	l ꜜání	tʃé		mûndá //	ɨ́lwɛ̀ʔètɔ́		y ꜛɛ́
1	S+dire	que	elle	Fut	vraiment	C[+F]+être+Loc		maison	C[+F]+<u>se cacher</u>		elle+Loc

bv ꜜúʔúnɨ́ //	ɨ́zɛ́		ŋwɔ̂ŋ...
coin	C[+F]+<u>voir</u>+Fo		personne

A cette suite de propositions, correspondent, en théorie, quatre interprétations :

1. "[Il dit qu']il restera vraiment à la maison, se cachera dans un coin et verra la personne…"
2. "[Il dit qu']il restera vraiment à la maison et se cachera dans un coin pour voir la personne…"
3. "[Il dit qu']il restera vraiment à la maison pour se cacher dans un coin et voir la personne…"
4. "[Il dit qu']il restera vraiment à la maison pour se cacher dans un coin pour voir la personne…"

L'interprétation choisie par l'informatrice qui a raconté le conte est la première. On a donc une chaîne de propositions.

REMARQUE 2 : pour exprimer la finalité, il est aussi possible d'utiliser un nom verbal régi par le fonctionnel locatif |á|, si les procès décrits par le nom verbal et le verbe qu'il détermine ont le même agent (*cf.* 1.3.3.B.d.) :

ndì	yɔ̀	fú	ŋgɛ̌	yé	tómɔ̀	á	ŋgy ꜛɛ́ʔɛ̀	fàʔà	ʒɛ́
frère	mon+1	S+sortir	C[-F]+aller	lui+Loc	étranger	Loc	<u>apprendre</u>	métier	son+Me

"Mon frère partit à l'étranger pour apprendre son métier."

5.2. Emploi de la conjonction | tàŋ ´ | "pour, afin"

Il est aussi possible d'introduire la proposition à valeur finale par la conjonction |tàŋ ´| "pour, afin". Les modes utilisés sont là encore le consécutif futur ou l'exhor-

---

[66] Ici, seul le ton H de la conjonction |á| "que" se manifeste en se combinant au ton du pronom |ɨ̀| de cl. 9.

tatif. Lorsque le verbe est à l'exhortatif la conjonction |á| se maintient, d'où la locution conjonctive |tàŋ ˊá| "pour que, afin que".

Lorsqu'on emploie la conjonction |tàŋ ˊ| "pour, afin", il n'y a aucun risque d'ambiguïté : la proposition ne peut qu'avoir une valeur finale.

REMARQUE 3 : la conjonction |tàŋ ˊ|, qui se réalise toujours [tăŋ] ou [tàŋ], est, selon toute probabilité, issue d'un verbe (peut-être |tàŋ| "tirer, s'étirer" qui existe toujours dans l'état actuel de la langue) conjugué au consécutif futur. Il ne reste du préfixe |ɪ̀| du consécutif futur qu'une trace dans le ton BH ou B que porte la conjonction, quel que soit le contexte tonal précédent.

Si cette hypothèse est juste, on avait à l'origine trois propositions juxtaposées dont la première était une proposition quelconque, la deuxième se réduisait au verbe |tàŋ| conjugué au consécutif futur (son sujet étant obligatoirement identique à celui de la proposition précédente), et la troisième avait son verbe à l'exhortatif ou au consécutif futur selon qu'il y avait changement ou non changement du sujet par rapport à la proposition précédente (la troisième proposition étant enchaînée à la deuxième puisque les règles de concordance modo-temporelle étaient respectées). Cette hypothèse rend compte aussi de la présence de la conjonction |á| "que", qui introduit toujours une proposition dont le verbe est à l'exhortatif.

á	súŋə̀	mbˈô bǫ̀	byí //	ŋgˈɔ́ˊᵛ	bì	fú //	ŋ̀gˈé //	ntsˊí //
1 S+dire	*à*	*enfants ses*	*que+que 2*	*Exh+sortir*	*C[-F]+aller*	*C[-F]+être*		

ndyêm	ntʃwì	zá //	tăŋ	tˈúm	ɲâm	ză //	mbˈá?ˊí	yèná
C[-F]+garder maïs		*le*	*pour*	*C[+F]+tirer*	*animal*	*Rel*	*que+9*	*Pr+venir+R+I*

ŋkfúrɔ́	lâ //	ə̀bˈɔm	bˊá	fˊú...
C[-F]+manger+I	*Ma+Me enfants*	*les*	*S+sortir*	

"Elle dit à ses enfants de sortir et d'aller surveiller le maïs pour tirer sur l'animal qui vient et le mange. Les enfants sortirent…"

múŋ	mà	làní	ndzˈúŋ	ŋwà?ànə̀ […] //	tăŋ	ítˈɔ́ɲìnə̀	yè
alors	*je*	*P₀+vraiment*	*C[-F]+acheter*	*livres*	*pour*	*C[+F]+lire+I*	*Me*

"…alors, j'achèterais vraiment des livres […] pour étudier."

mà	kí	ntôŋ	ŋwà?ànə̀	tsê //	tàŋá	mìkárɔ́	yə̀	bˈɔ́ŋˊɔ́
je	*S+aussi*	*C[-F]+lire*	*livres*	*ce-ci*	*pour+que*	*blanc*	*mon*	*Exh+être bon+Me*

"Je lirais aussi ces livres pour que mon anglais soit bon."

bó	zɔ́?ɔ̀	ɲê	zá	ní	bìu	wǎ //	mbˈá?ˊá	bí	ɲˈáˊmtíní
eux	*S+frotter*	*corps*	*leur*	*avec*	*bois de padou*	*Rel*	*que*	*2*	*P₀+mélanger+R*

ábɔ̀?ɔ́nˈí	mìvúrí	màbàŋná //	tăŋ	ífféyì̀⁶⁷	kè?é	wá	ŋkó	yé
dans	*huile*	*rouge*	*pour*	*que+froid*	*Exh+Nég+Fo*	*les*	*attraper+I*	*Me*

"Ils s'enduisaient le corps de bois de padouk mélangé à de l'huile de palme pour ne pas attraper froid."

ŋgàŋá fâ?à	kˊɔ́	lòˊ	tˊúu //	íyě //	bˈém	míkûm má //
ouvriers	*Pas*	*venir de+I*	*debout*	*C[+F]+aller*	*C[+F]+accepter*	*noms leurs*

tàŋá	bì	yˈébtˊɔ́	wá...
pour+que	*2*	*Exh+diviser+Fo*	*les*

"Les ouvriers se levaient pour aller à l'appel afin qu'on les répartît…"

REMARQUE 4 : dans ce dernier exemple les deux possibilités syntaxiques, simple juxtaposition et utilisation de la locution conjonctive |tàŋ ˊá|) sont représentées.

---

⁶⁷ Ici seul le ton de |á| "que" se manifeste, et ce, sur le Pn du nom ífféyì̀ "froid".

5.3. Cas particuliers

5.3.1. L'expression de la capacité / possibilité

– La première proposition se réduit au verbe |tsí| "exister, être" conjugué librement[68], précédé de son sujet.

– Le sujet de la deuxième proposition, est toujours le même que celui de |tsí| "exister, être". Son verbe est donc au consécutif futur :

wérɔ́ mbˈáʔà tsìnˈí // kwˈébtí ŋkˈyérí ʒˈí…
lui   que+1   P0+être+R C[+F]+changer apparence son
"Lui (le caméléon) qui peut changer son apparence…"

ò tsìˈ′ // tʃèrɔ́ lˈwé ntˈɔ́ŋɔ̀ ʒí…
tu P0+être C[+F]+juger amertume gorge sa
"Vous pouvez juger de son amertume…"

zú tsˈíˈ′ // ɣùɔ́ // mbàŋ lˈóˈ…
elle P0+être C[+F]+faire+que pluie Exh+lever
"…elle (Perdrix des bois) peut faire pleuvoir…"

zú sˈéˈ ʒí // ŋgǔ má lŏ lˈáʔá tsˈí nˈí mˈɔ̰́ //
lui P2+Nég savoir que je+Fut Aux C[+F]+jamais C[+F]+être avec enfant
tsˈí // dʒˈwíɔ́ // bì kwéʔé
C[+F]+être C[+F]+accoucher+que 2 Exh+porter+Me
"Il ne savait pas que je serais un jour enceinte, que je pourrais accoucher et qu'on porterait [l'enfant] sur les genoux."

> REMARQUE 5 : si la possibilité est envisagée dans le futur, et que le contexte ne permet pas de lever l'ambiguïté, il vaut mieux conjuguer le verbe |tsí| au P0, la référence temporelle étant alors exprimée grâce à l'emploi de l'un des auxiliaires temporels |ɣùu| |lò| ou |láʔ| dans la proposition suivante (si |tsí| "être" était conjugué au futur de l'indicatif le sens de l'énoncé serait plutôt : "Je resterai et cultiverai.") :
>
> mà tsìˈ′ // lŏ líʔɔ́ "Je pourrai cultiver."
> je P0+être C[+F]+Aux cultiver+Me

Lorsque la possibilité est niée, on utilise la négation |kèʔ˥|, conjugué au consécutif futur, dans la deuxième proposition (le verbe |tsí| "exister, être" n'est pas dans le champ de la négation) :

zí tʃí // kèʔé dzâŋ wá kwǐʔì ndzúʔɔ́
lui P0+être C[+F]+Nég façon la encore C[-F]+entendre+Me
"Il ne peut plus entendre ce genre de chose."

mà tʃìˈ′ // kàʔá mbˈó ŋwò̰ yáŋnì ŋgá
je P0+être C[+F]+Nég à personne vite C[-F]+donner+Me
"Je ne peux pas le donner facilement à quelqu'un."

---

[68] Il y a cependant des restrictions : il ne se conjugue qu'au perfectif et il ne peut être nié.

wérɔ́ kâ // **ŋg꜔ꜛúɯ z꜕úɯ ts꜔ꜛíɯ** // **l꜕áʔá** **kèʔé** **lyè** // **ík꜔ꜛyérɔ̀** **tsɛ̀ʔɛ̀**
elle+*1 S*+jurer que elle *P₀*+être *C[+F]*+jamais *C[+F]*+*Nég* dormir *C[+F]*+veiller juste
kyèrìní...
veiller
"Elle jura qu'elle ne pourrait jamais plus dormir, mais seulement veiller..."

> REMARQUE 6 : ce dernier exemple illustre 1. que le verbe |tsí| "exister, être" ne peut pas être nié quand il sert à exprimer la capacité ; 2. que dans ce même usage, il n'est pas conjugué au futur mais qu'on utilise plutôt un auxiliaire (ici |lá?| "jamais") dans la proposition suivante pour situer le procès dans le futur.

5.3.2. L'hypothétique (domaine de l'imaginaire)[69]

On a déjà vu en IV.3.6. que pour exprimer un procès hypothétique appartenant au domaine du réalisable, le mankon disposait d'une construction verbale spécifique, à savoir le conditionnel.

Pour exprimer un fait hypothétique appartenant au domaine de l'imaginaire, on a recours à une construction syntaxique qui n'est pas sans ressemblance avec l'expression de la capacité/possibilité.

Cette construction est composée de deux propositions[70] :

– La première se réduit au verbe |bé| "être" et à son sujet. Le verbe |bé| est conjugué exclusivement à l'indicatif, aspect effectif. |bé| peut être précédé d'un auxiliaire temporel, |yὺu|, |lò| ou |tsí| ; dans ce cas c'est l'auxiliaire qui est conjugué à l'indicatif, aspect effectif et |bé| est au consécutif non futur (*cf.* IV.7.)

– Le sujet de la deuxième proposition, qui décrit le procès hypothétique, est toujours le même que celui de |bé| "être". Son verbe est donc au consécutif futur (perfectif ou imperfectif) :

mà bè꜔ꜛ´ // **b꜕é** **yô** // **múŋ** **mà** **tʃě** **y꜔ꜛɔ́꜕ꜛ** **kàmìrún**
je *P₀*+être *C[+F]*+être toi alors je *P₀*+rester moi+*Loc* Cameroun
"Si j'étais toi, je resterais au Cameroun."

ò kì bè꜔ꜛ´ // **b꜕úʔú** **míʃ꜕ꜛóm** // **búŋ** **mà lî?ɔ̂**
tu *P₁* être *C[+F]*+défricher champs alors je *P₀*+cultiver+*Me*
"Si tu avais défriché les champs (hier), je les cultiverais."

mà b꜔ꜛé // **ts꜕á** **kwà?ànì** // **múŋ** **mà yè꜔ꜛ´** **l꜕áʔá** **míkárɔ́** **yé**
je *P₂*+être *C[+F]*+passer examens alors je *P₀*+aller+*Loc* pays Blanc *Me*
"Si j'avais passé des examens (dans le temps), je serais allé en Europe."

mà lŏ **mb꜔ꜛé** // **yě** **mít꜔ꜛá** // **búŋ** **mà zùŋɔ̂**
je *P₀*+*Aux* *C[-F]*+être *C[+F]*+aller+*Loc* marché alors je *P₀*+acheter+*Me*
"Si j'étais allé au marché (aujourd'hui), j'aurais fait des achats."

---

[69] *Cf.* 7.

[70] Dans les lignes qui suivent, est exposée l'expression du fait hypothétique, et non la relation entre le groupe subordonné hypothétique (composé de deux propositions) et la principale (*cf.* 7.).

REMARQUE 7 : si l'hypothèse est projetée dans le futur, |bé| est conjugué au P₀, la référence temporelle étant alors exprimée grâce à l'emploi de l'un des auxiliaires temporels |yùu|, |lò| ou |láʔ| dans la proposition subordonnée :

à bèˈ′ //   lŏ   wàŋní   fˈú //   múŋ à mˈɨ yǐŋ   zˈέ yə̂

1 P₀+ être   C[+F]+ Aux   C[+F]+vite   C[+F]+sortir   alors 1 Fut   venir   C[+F]+voir me+Me

"Si (demain) il sortait vite (de l'école), il viendrait me voir."

Lorsque l'hypothèse est niée, on utilise l'auxiliaire négatif |tú|, conjugué au consécutif futur, dans la deuxième proposition (le verbe |bé| "être" n'est pas dans le champ de la négation) :

mà bˈέ↓′ //   túɔ́   kwàʔànɔ̌ tsǎ //   múŋ kˈá mà bé   yə̂

je P₂+être   C[+F]+Nég   examen   C[+F]+passer   alors Nég je être+Fo moi

ndìʔɔ̀ ŋwàʔànɔ̀

instituteur+Me

"Si je n'avais pas passé l'examen, je ne serais pas instituteur."

REMARQUE 8 : en présence de |tú| le verbe |bé| peut ne pas s'employer. Dans ce cas, |tú| a un statut de verbe : il est à lui seul le prédicat de la première proposition et se conjugue donc à l'indicatif effectif :

à tˈú↓′ //   pf↓wó //   búŋɔ̀ kˈwát↓ɔ́   yə̂

1 P₂+Nég   C[+F]+mourir   alors+1 P₀+aider+Fo me+Me

"Si elle n'était pas morte, elle me protégerait."

6. LA PROPOSITION CAUSALE

Il y a deux possibilités : on emploie soit une proposition relative, soit une proposition introduite par la locution |m̀´ bʉ̀ʔɨ́ àké´ ŋgʉ̀´| "parce que".

6.1. La proposition causale est une relative

Dans les textes étudiés, la relative à valeur causale n'est pas précédée d'un antécédent ; elle est seulement introduite par la conjonction |m̀´ bàʔ´| "que".

Mais par questionnaire, on a obtenu un énoncé où la relative à valeur causale a pour antécédent le nom |àdzàŋ`| "façon" (cl. 7) :

àdzàŋɔ́ //	mbˈáʔⱽá	à kì sě	ɣán tsí	lˈá //	mà	ɣɛ̂		ɣɔ̂
façon+Rel	que	1 P₁ Nég	ici être	Ma	je	S+aller+Fo		moi+Me

"Comme il n'était pas là, je suis parti."

Cette proposition circonstancielle causale peut, soit précéder (cas le plus fréquent), soit suivre la proposition régissante.

6.1.1. La subordonnée précède la principale

C'est de loin le cas le plus fréquemment attesté.

Les modes utilisés dans la proposition principale sont le consécutif, le successif ou l'exhortatif.

m̀bˈáʔⱽá tɨ́	lònˈɔ́		ɣɛ̌	á	nˈɨ́ɣⱽɔ̂	á	báɣá fɔ̀
que	nous deux	Pr+se lever+R+I	C[+F]+aller	Loc	voyage	Loc	côté brousse

ɨ́zˈɔ̂	lá //	ô	tsˈɨ́ŋⱽɔ́	ɣán...
demain	Ma	que+tu	Exh+attendre+Fo	me

"Puisque nous allons demain en voyage du côté de la brousse, tu m'attendras..."

ŋ̀gwèɣɔ̀ ŋkʉ̀ʔɔ́ bô	ŋ̀gwèɣɨ̀	ŋgúbɨ́[71] //mbˈáʔⱽâ	nɨ́	ŋgwèɣɨ̀	zˈɨ́	mⱽɔ́ʔɔ́ lé
race	coq et	race	poule	que+1	être race	Num	un hein

lá //	nìmàŋɔ̀ ɣɔ́ //	zúu tʃí	kèʔé	kwɨ̀ʔí	ntsˈáɣⱽɨ́ ...
Ma	civette S+dire lui	P₀+être	C[+F]+Nég	encore	C[-F]+envoyer

"La race du coq et la race de la poule, comme elles n'en font qu'une, la civette dit qu'elle ne peut plus l'épargner..."

ŋ̀kfʉ̀ ntsùm zǎ //	mbˈáʔⱽá	nìmàŋ bô ŋgˈúbⱽɨ́	ɣènɔ́		díʔí	lá //
temps tout	Rel que	civette et volaille	Pr+aller+R+I+Loc		endroit	Ma

m̀bˈáʔⱽá	àŋkʉ̀ʔɔ́ à bèní	mbâŋní lá //	àtúɔ̀ ʒé kɔ̂	mbˈáŋⱽɔ́	ŋgǔ
que	coq 1 P₀+être+R	mâle Ma	tête sa S+aussi	C[-F]+être rouge+I	très

---

[71] Ce syntagme nominal est topicalisé : c'est pour cela qu'il se retrouve devant la proposition causale.

mbôm⁷² // á tsáɣɔ̀   ŋkừ?ɔ́ // ŋg⁺ɔ́   w↓érɔ̀ ɣ⁺ɛ̣↓   byɛ̀
rouge   *1* S+envoyer+*Fo* coq   *C[-F]*+dire+que lui+*1* *Exh*+aller+*Loc* devant+*Me*
"Chaque fois que la civette et le coq vont quelque part – puisque le coq est un mâle, sa tête est très rouge – elle (la civette) envoie le coq devant."

REMARQUE 1 : dans l'exemple ci-dessus on a une proposition subordonnée temporelle (avec présence de l'antécédent) régie par la proposition á tsáɣɔ̀ ŋkừ?ɔ́ "il envoie le coq". La proposition causale introduite seulement par |m̀ bà?´| "que" et la proposition qui la régit, forment une incise dans l'énoncé.

La proposition causale (tout comme la proposition temporelle) peut aussi être introduite par la locution |tsò´mbà?´| "comme" :

tsǒ   mb⁺á?à kwèbt⁺ínì   ŋky↓érɔ́ ȝì tsǒ   zɪ̀tʃwì   lá // ŋwǫ̀   tsé
<u>comme</u> <u>que</u>+*1* *P₀*+changer+*R* apparence sa comme antilope *Ma* personne certaine

kè?é   yí zɛ̣̂
S+*Nég*+*Fo* le voir+*Me*
"Comme il a changé son apparence pour celle de l'antilope, personne ne peut le voir."

tsɛ̀?ɛ̀   tsǒ   mb⁺á?à bèn⁺ì   mb↓ɔ́mɔ̀ lá?á // ŋgǒ   bì kè?é
juste <u>comme</u> <u>que</u>+*1* être+*R* coutume pays que+que *2* *Exh*+*Nég*+*Fo*

ŋwǫ̂   nt⁺ɔ́?↓ɔ́   ŋkɔ́ntɔ́ lá // sílùmɔ̀ kɔ̂   ntí?ɔ́
personne+*Loc* palais   chasser+*I* *Ma* Silum+*1* *S*+aussi *C[-F]*+puis+*I*

ntʃé   yí ánd⁺á↓   màngyê ntɔ́?⁺ɔ́   w↓á…
C[-F]+être+*I*+*Fo* elle *Loc*+maison femme palais la
"Puisque la coutume du pays veut qu'on ne chasse personne du palais, Silum resta donc dans la maison de la femme du chef…"

REMARQUE 2 : on a relevé un exemple de proposition relative causale non introduite par |m̀ bà?´| "que". Seul l'emploi du mode relatif indique qu'il s'agit d'une relative :
sílùmɔ̀   yèbtín⁺ì   t↓én   ts↓á l↓á // bó   bítsùm tsîkɪ̀ nɪ̀   bǫ̂
Silum+*1* *P₀*+<u>partager</u>+*R* calebasses les *Ma* elles toutes *S*+être avec enfants+*Me*
"Dès lors que Silum partagea les calebasses, elles se retrouvèrent toutes enceintes."

L'informateur qui m'a donné le conte d'où est extrait l'énoncé ci-dessus prononce différemment le P_0 du relatif (P_0 R) et le P_0 de l'indicatif à l'aspect achevé (P_0 A). S'il avait voulu que la subordonnée ait un sens temporel plutôt que causal il aurait dit : sílùmɔ̀ yèbtínɪ̌ t↓én ts↓á l↓á "Après que Silum eut partagé les calebasses", proposition dans laquelle le verbe est conjugué au P_0 de l'indicatif à l'aspect achevé (*cf.* la remarque 2 en 4.1.2.)

6.1.2. La subordonnée suit la principale

Lorsque la subordonnée suit la principale, le verbe de la principale est conjugué en fonction du rapport qu'entretient cette proposition avec la proposition précédente. Dans l'exemple ci-dessous il est au P_0 de l'indicatif effectif :

mà bè⁺´ // ts↓í   nɪ̂   ŋkábí // múŋ mà làní   ndz⁺úŋ   ŋwà?ànɔ̀
Je *P₀*+être *C[-F]*+être avec argent   alors je *P₀*+<u>vraiment</u> *C[-F]*+acheter livres

---

⁷² Il s'agit d'un idéophone d'intensité, employé seulement avec le verbe |bàŋ| "être rouge".

[...] // mb⸢á?⸤á mà kìn⸢í ŋkɔ̌ŋ ŋwà?àní kwà?ànɔ̀ lâ
que je P₀+aussi+R C[-F]+aimer écrire examens Ma+Me
"Si j'avais de l'argent, alors j'achèterais des livres [...] puisque j'aimerais aussi passer des examens."

6.2. La proposition causale est introduite
par la locution |m̀´ bù?í àké´ ŋgìu´| "parce que"

La locution complète est |m̀´ bù?í àké´ ŋgìu´| ou |m̀´ bùu?í àké´ ŋgìu´| "parce que". On a présenté en 1.3.3.G.a. le fonctionnel |m̀´ bù?í (á)| – ou |m̀´ bùu?í (á)| , pour certains locuteurs – "à cause de, au sujet de". Le premier terme de la locution conjonctive est ce fonctionnel qui régit le nom interrogatif |àké´| "quoi", qui est lui-même développé par la proposition introduite par |ŋ̀´gìu´| "que".

Le nom interrogatif |àké´| "quoi" peut ne pas être exprimé. La locution est alors |m̀´ bù?í ŋgìu´| ou |m̀´ bùu?í ŋgìu´| [73].

Cette proposition circonstancielle causale peut, soit suivre (cas le plus fréquent), soit précéder la proposition régissante.

6.2.1. La subordonnée suit la principale

Les modes utilisés dans la proposition causale sont l'indicatif ou l'exhortatif (s'il y a une notion d'obligation) :

mà m⸢í yɛ̌ nt⸢ɔ́?ɔ̀ zɔ̆ // mb⸢ú?⸤ɔ́ k⸤é ŋg⸤ùu fɔ̀ m⸢í ts⸢í wɔ́
je Fut aller+Loc palais demain parce que chef Fut être là+Me
"J'irai demain au palais, parce que le chef y sera."

ɲàm zá kè?é ndzɛ̂ m⸢ɔ́ŋ g⸤wâ // mb⸢ú?⸤ɔ́ ké ŋgúu⸤´ mɔ́ŋ g⸤wá
animal le S+Nég voir+I+Fo enfant le parce que enfant le
làní ŋk⸢úuγí tísúuŋɔ́...
P₀+vraiment C[-F]+être petit trop
"L'animal ne voyait pas l'enfant, parce que l'enfant était vraiment trop petit..."

m̀bɔ́mɔ̀ lá?á í kè?é bâ mbé // mb⸢úu?⸤ɔ́ k⸤é ŋgìu yòbí
coutume pays 9 S+Nég C[-F]+encore être parce que enfants
tsíγà?àtíní ká bì b⸢ɔ́ ndʒ⸤é wá mbɔ́mɔ̀ lá?à
nombreux Nég 2 encore C[-F]+savoir+Fo eux coutume pays+Me
"Il n'y a plus de traditions parce que beaucoup d'enfants, ils ne connaissent plus les traditions."

kíkáŋ kíkáŋ ìnù tíbɔ̀ŋ tsìγà?àtíní k⸢ɔ́ γ⸤á?á fúɔ́ //
en vain en vain choses mauvaises nombreuses Pas souvent C[-F]+sortir+I
mbúu?úu ŋgǔu ŋwɔ̀ s⸢é⸤´ nì mbɔ̀γɔ̂ nùɔ̀ tsé bâ ntʃé
parce que personne P₂+Nég avec peur chose certain encore C[-F]+être+Me
"De nombreux méfaits arrivaient souvent, sans qu'on puisse les résoudre, parce que personne n'avait plus peur de quoi que ce fût."

---

[73] Une proposition causale peut aussi être introduite par la seule conjonction |ŋ̀´gìu´| "que" (cf. 8.5.).

lá   bèm bìtsùm s⸝é⸜′   kɔ̂ŋ //mb⸝ú?⸜ú ŋgǔ wérɔ̀   vùrí   tísúŋɔ́
mais gens tous   *P₂*+*Nég* aimer parce que   lui+*1*   *P₀*+<u>être féroce</u> trop+*Me*
"Mais personne ne voulut de lui parce qu'il est trop féroce."

lá   mb⸝índ⸜ɔ́ŋ bô mbíndzùu í tûŋ   ntʃě n⸝í w⸜érɔ́ // mbú?ú ŋgǔ
mais Mouton   et Chèvre   *Is* *S*+refuser rester avec lui   parce que

à bé   ŋwɔ̀   kìbɔ̌ wǎ
1 *P₂*+<u>être</u> personne haine leur+*Me*
"Mais Mouton et Chèvre refusèrent de l'avoir [comme chef] parce qu'il était leur ennemi."

à tsǐ   kè?é   tɔ́ŋtì // mb⸝ú?⸜ú ŋgǔ à   fùuɣɔ̂
1 *P₀*+être *C[+F]*+*Nég* lire   parce que *1* *P₀*+<u>être aveugle</u>+*Me*
"Il ne peut pas lire parce qu'il est aveugle."

<small>REMARQUE 3 : dans ce dernier exemple, le sujet de la proposition causale est le même que celui de la principale. Cependant, malgré la présence de la conjonction |ǹ´gùu´ | "que" dans la locution, le pronom utilisé dans la proposition causale est celui de la cl. 1 |à|, et non le pronom logophorique |zúu| (*cf.* 8.1.3.).</small>

6.2.2. La subordonnée précède la principale

m̀b⸝ú?⸜ú ŋgǔ nìmàŋɔ̀ zɛ   ŋgà ŋkùu?ɔ́ // mb⸝á?⸜á ì kìní   mbàŋɔ́
parce que   civette+*1* *P₀*+voir crête coq   que   *9* *P₀*+aussi+*R* rouge

lá // ìsúŋ //   ŋg⸝ûu mòɣí ts⸝í   w⸜ú...
Ma *C[-F]*+<u>dire</u> que feu *P₀*+être là
"Parce que la civette voit la crête du coq, qui est donc rouge, elle dit qu'elle contient du feu..."

mb⸝ú?⸜ú ŋgǔ mà b⸝é   k⸜í   ɣá   wûtsíɔ́ //   ntúŋ //
parce que   je *P₀*+être *C[+F]*+aussi *C[+F]*+donner celui de Che+*Me* *C[-F]*+<u>refuser</u>

ŋg⸝ûu mà sǎ   àzúmɔ̀ zán zâtsérɔ́ ŋgá   ɣé
que   je *P₀*+*Nég* chose ma certain donner+*I* *Me*
"Bien que j'eusse dû en donner un [fusil] à Che, je refuse [de le lui donner] parce que je ne lui donne rien qui m'appartient."

<small>REMARQUE 4 : La première proposition de ce dernier exemple prend une valeur concessive à cause de la construction complexe hypothétique (*cf.* 5.3.2.) qui y est employée. La dernière proposition de cette exemple est aussi une proposition causale introduite par la seule conjonction |ŋgùu´ | "que" (*cf.* 8.5.).</small>

Le verbe de la principale, **ìsúŋ** "dire" dans le premier exemple ci-dessus et **ntúŋ** "refuser" dans le deuxième, est au consécutif non futur, ce qui indique que lorsque la subordonnée précède la principale, les règles de concordance modo-temporelle s'appliquent dans la principale.

7. LES PROPOSITIONS HYPOTHÉTIQUES

On utilise les propositions hypothétiques lorsqu'il existe entre deux procès *a* et *b*, une relation telle que *a* doit se réaliser pour que *b* se réalise aussi. Autrement dit *a* conditionne l'actualisation de *b*. On doit distinguer deux cas de figures :

– l'actualisation de *a*, et donc de *b*, a été, est, ou sera possible : on est dans le domaine du réalisable.
– *a* ne s'est pas réalisé (ou son actualisation est considérée comme improbable) ; en conséquence *b* ne s'est pas réalisé non plus (ou ne le sera pas). On est dans le domaine de l'imaginaire.

7.1. Domaine du réalisable

La plupart du temps, la proposition hypothétique précède la principale, mais elle peut aussi la suivre.

7.1.1. La proposition hypothétique précède la principale

7.1.1.A. Caractéristiques de la proposition hypothétique

Il y a trois possibilités :

– seul l'emploi du mode conditionnel indique le statut de la proposition hypothétique
– la proposition est introduite par la conjonction |**bé**| ou |**mbé**| "si, quand", le mode utilisé est encore le conditionnel
– la proposition est introduite par la locution conjonctive **bé á bé ŋg⸢úɯ**⸜⸍ "si, quand", le mode utilisé peut alors être le conditionnel ou l'indicatif.

7.1.1.A.a. Seul l'emploi du conditionnel marque le statut de la proposition hypothétique

mà túʔú   ŋkyì // m⸢ét⸜ɨ //   mà súyì   káŋə̀
je <u>*Cd*+puiser</u> eau *C[-F]*+finir je *S*+laver casseroles+*Me*
"Lorsque j'ai fini de puiser de l'eau, je fais la vaisselle."

REMARQUE 1 : dans l'exemple ci-dessus, la deuxième proposition **m⸢ét⸜ɨ** "et j'ai fini" est enchaînée à l'hypothétique. Elle ne peut pas être la principale car son verbe est au consécutif non futur et non au successif (*cf. infra* en 7.1.1.B.).

ò ɣ⸢úɯ⸜⸍   ntʃîʔɔ́   m⸢ɔ́ŋ gw⸜ê //ò   tsâ   byé //
tu <u>*Cd*+*Aux*</u> *C[-F]*+secouer+*Fo* enfant ce-ci   tu *S*+passer+*Loc* dehors

ntɔ́ŋtɔ́   yí...
C[-F]+appeler+*Fo* le
"Lorsque tu seras en travail, tu sortiras et m'appelleras…"

á ɣ⁺ɛ́⁺́ díʔí wă // ìtʃ⁺ú?⁺ú fúɯŋnɔ́ // á lɔ́ɣɛ̀ ŋgὺ?ὺ z⁺á //
1 <u>Cd</u>+aller endroit Rel nuit P₀+être noir+R 1 S+prendre courge la

ŋk⁺árɔ́ tú z⁺ɯ́ //ɛ̀ɲ⁺ɔ́ŋ // nd⁺yé
C[-F]+enrouler tête elle C[-F]+se coucher C[-F]+dormir+Me

"Quand elle arrive à un endroit où il fait nuit, elle prend la liane de courge, l'enroule autour de sa tête, se couche et dort."

bɨ́ f⁺ú?⁺ɔ́ ké z⁺ɯ́m // búŋ bɨ́ m⁺ɨ́ ɲɔ̀ŋ wúɔ́ míkὺ…
2 <u>Cd</u>+récolter quoi chose alors 2 Fut poser lui+Loc pieds

"Quoi que ce soit qu'ils récoltent, ils le déposeront à ses pieds…"

7.1.1.A.b. La proposition hypothétique est introduite par |bé| ou |mbé|

Le verbe (ou l'auxiliaire) est conjugué au conditionnel.

bé ò fúɣí ɣ⁺ɔ́ m⁺úɔ̀ bú //mà kàʔá nὺɔ̀ tíbɔ̀ŋ áɲ⁺é yò bɔ̂
<u>si</u> tu <u>Cd</u>+sortir me+Loc dans fosse je S+Nég chose mauvais contre toi encore

ŋgɯ́ɔ́ "Si tu me tires de la fosse, je ne te ferai plus de mal."
faire+Me

ìbɛ̀ súŋ // ŋgὺ //mbé ò l⁺ɔ́ɣ⁺ɔ́ táʔà ŋkàʔá ŋk⁺yérí // ò túmɔ̀ z⁺úm
gens S+dire que <u>si</u> tu <u>Cd</u>+prendre une flèche arc tu S+tirer chose

w⁺ú nɔ̂ ɣáɣɔ̀
avec elle avec distance+Me

"Les gens disent que d'une seule flèche, tu atteins une cible de loin."

bé á z⁺ɔ́ŋ⁺ɔ́ ndzŭm màŋgyè // búŋ à byɛ̀
<u>si</u> 1 <u>Cd</u>+suivre+Loc derrière femme alors 1 P₀+êtreperdu+Me

"S'il suit sa femme, il est perdu."

bé ànὺɔ̀ ɣ⁺ɯ́⁺́ fúɔ́ ɲὲ bô ŋkὺ?ɔ́ bíb⁺á⁺́ //múŋ ɨ̂ b⁺ɨ́ t⁺í?í
<u>si</u> chose <u>Cd</u>+<u>Aux</u> sortir+Loc corps eux coq deux alors 3 Fut puis

tǫ̀ n⁺ú z⁺á â m⁺í⁺ɔ́
brûler chose la que+7 Exh+finir+Me

"Si quelque chose leur arrive à tous les deux, le coq et elle (la civette), alors elle (la crête) brûlera complètement la chose." (litt. : "elle (la crête) brûlera la chose, elle (la chose) sera finie", ou "elle (la crête) brûlera la chose, jusqu'à ce qu'elle (la chose) soit finie").

bé ò kwɛ́ súŋ zò ŋ̀kfù // ŋgὺ ŋgà zò bàŋɔ́ yí bàŋnɔ́ //
<u>si</u> tu <u>Cd</u>+<u>Aux</u> C[-F]+<u>dire</u> ton temps que crête ta P₀+être rouge elle être rouge

zú kɯ́?ì mɔ̀mtɛ̀ ndzé // ŋg⁺ɯ́ k⁺á ìmòɣí tʃé yí wú lê
lui S+Nég toucher C[-F]+voir que Nég feu être+Fo lui là hein+Me

"Quand [l'autre jour] tu as souhaité toi-même me dire que ta crête était <u>rouge</u>, ne l'ai-je pas touchée et constaté qu'elle n'était pas de feu, hein ?"

7.1.1.A.c. La proposition hypothétique est introduite par la locution bé á bé ŋg⁺ɯ́⁺́

Cette locution se décompose comme suit :

bé á bé ŋg⁺ɯ́⁺́ … "…si c'est que…"
<u>si</u> 1 Cd+être que

Autrement dit, on a une proposition hypothétique dont le verbe est |bé| "être", conjugué au conditionnel, suivie d'une complétive qui développe les termes de la condition.

Cette locution se simplifie souvent en **á bé ŋg⸴ǔꜜ** ou quelque fois en **bé bé ŋg⸴ǔꜜ**.

Quelle que soit la variante choisie, les locuteurs traitent cette locution comme un tout indécomposable et la traduisent par "si, quand".

Après cette locution, on peut employer soit l'indicatif, soit le conditionnel : cette variation reflète l'évolution de la locution : si les locuteurs traitent au niveau syntaxique **bé á bé** comme une proposition hypothétique – ce qu'elle était à l'origine – il est logique que le mode utilisé dans la complétive, introduite par **ŋg⸴ǔꜜ**, soit l'indicatif. Mais si les locuteurs traitent **bé á bé ŋg⸴ǔꜜ** comme une locution inanalysable équivalente de **bé** ou **mbé**, il n'est alors pas surprenant qu'ils utilisent le conditionnel. Dans le premier exemple ci-dessous, c'est l'indicatif futur qui est employé dans la complétive, mais dans les deux autres exemples, le conditionnel apparaît dans ce qui est alors la proposition hypothétique :

á bé //	ŋg⸴ǔꜜ	wérə̀ m⸴í s⸴úŋ //	ŋg⸴ǔ	àz⸴úm	z⸴ên	à	nô	ʒí //
1 Cd+être que		lui+1 *Fut* dire	que	chose	ce-ci	1	être	sienne

bún	ká	mà ʒé	yə̀ //	ŋgú	à	nô	z⸴úmꜜ	wérə́	yé
alors	*Nég*	je savoir+*Fo*	me	que	1	être	chose	lui	*Me*

"S'il dit que cette chose-ci, c'est la sienne, je refuse qu'elle soit à lui."

á bé	ŋg⸴ǔꜜ bí	y⸴ǔꜜ	nt⸴wə́ŋə́	yí //	mét⸴í //	á	yê //
1 Cd+être que	2 Cd+*Aux*	enterrer+*Fo*	la	C[-F]+finir 1	S+aller		

mb⸴í	ŋgù?ù zâ	t⸴úꜜ	níʃ⸴yé	zúə́
C[-F]+planter	courge la+*Loc*	tête	tombe	elle+*Me*

"Lorsqu'on aura fini de l'enterrer (la mère), elle (sa fille) ira planter la graine de courge sur sa tombe (celle de sa mère)."

á bé	ŋg⸴ǔ ´	á	wéꜜm	bóm	b⸴á	tsɛ̀?ɛ̀	ʃí?ìní //	ìbô̰	kí
1 Cd+être que		1	Cd+tenir	enfants les	juste	bien	enfants S+aussi		

ŋg⸴wémꜜ	wérə́…
tenir+*Fo*	lui

"S'il traite vraiment bien les enfants, les enfants en feront autant vis-à-vis de lui…"

L'exemple ci-après est intéressant parce qu'il fait intervenir la conjonction simple et la locution : le narrateur met en parallèle deux scénarios. Pour le premier scénario il utilise la conjonction simple et donc le conditionnel dans la proposition hypothétique ; pour le deuxième, il emploie la locution et le P_0 de l'indicatif dans l'hypothétique :

bé	mú	yə̀	ɲ⸴é?ꜜétə́	yí	bây fə́s //	mà tʃúə̀	yé //	á
Si	enfant	mon	Cd+abandonner+*Fo*	le	par force	je S+payer+*Fo*	le+*Me*	1

bé	ŋg⸴ǔꜜ à	ɲɛ̀?ètí	z⸴úu ɲé?ꜜétə́	m⸴ú	yàn //	á	tʃúə̀	yə̀
Cd+être que	1 P_0+jeter	lui	jeter	enfant	mon	1	S+payer+*Fo*	me+*Me*

"Si mon enfant le quitte contre son gré, je le dédommage. Si c'est lui qui quitte mon enfant, il me dédommage."

7.1.1.B. Caractéristiques de la proposition principale

Il y a deux possibilités (ces deux possibilités sont illustrées dans les exemples donnés ci-dessus à propos de la proposition hypothétique) :

7.1.1.B.a. elle est simplement juxtaposée à la proposition hypothétique

On utilise alors le mode successif, même si le sujet est le même que celui de la proposition hypothétique. Cet emploi du successif dans la principale a deux conséquences :

– si deux propositions à se suivre sont sémantiquement des hypothétiques et qu'il n'y a pas de changement de sujet de l'une à l'autre, le verbe de la première est au conditionnel, et celui de la deuxième est au consécutif non futur, conformément aux règles de concordance modo-temporelle énoncées en 3.1. (elles forment une chaîne hypothétique) :

mà tú?ú	ŋkyì //	m˦ét˦í //	mà súyì	káŋə
je *Cd*+puiser eau	*C[-F]*+finir	je	*S*+laver	casseroles+*Me*

"Lorsque j'ai fini de puiser de l'eau, je fais la vaisselle."

– mais s'il y a changement de sujet d'une proposition hypothétique à l'autre, on n'emploie pas dans la deuxième le successif (ce que demanderaient les règles de concordance modo-temporelle) mais le conditionnel. Le successif est « réservé » à la principale :

á bé ŋg˦ûu	ǹdʒ˦wí l˦án //	í tí	dàrí	yĕ	nd˦óm wǎ //
si	jour *Cd*+être clair 9	*Cd*+Aux	*C[+F]*+ramper	*C[+F]*+aller chemin	*Rel*

í yènə //	á kə	ndz˦ə́ŋ˦ə́ yé
9 *Pr*+aller+*R*+*I*	1 *S*+aussi	suivre+*I* *Me*

"Le matin, dès qu'elle (la courge) rampe, quelle que soit la direction, elle [la] suit."

á y˦ú	ndz˦ú?ú //	àdì?ə́ ŋkyĕ t˦í	dzù?ə́ //	á y˦ɛ́˦ //
1 *Cd*+Aux	entendre	endroit eau+7 *Cd*+Aux	*C[+F]*+murmurer+*I* 1	*Cd*+aller

ntí	kù?ə́	wú //	í zómə	yé
C[-F]+Aux	*C[+F]*+atteindre+*I*	là	3 *S*+être sec+*Fo*	elle+*Me*

"Dès qu'elle entend de l'eau murmurer dans un endroit, et avant même qu'elle (la perdrix des collines) y arrive (à l'eau), elle (l'eau) s'est évaporée."

7.1.1.B.b. elle est introduite par |múŋ| ou | búŋ | "alors" et on utilise l'indicatif

Se reporter aux sections précédentes pour des illustrations de l'emploi de |múŋ| ou |búŋ| "alors".

REMARQUE 2 : **múŋ/búŋ** "alors", peut marquer un lien d'antécédent à conséquence en dehors de l'utilisation d'une proposition hypothétique :

mà yè˦ˊ	f˦ə́rə́ //	múŋ mà zĕ	y˦ɛ́
je *P₀*+aller+*Loc*	Bafut	alors je *P₀*+voir+*Fo*	le+*Me*

"Quand je vais à Bafut, alors je le vois."

mú   yà   ntsùm wá // mb ˈá?ˬá mà kɔ̀ŋní //   b ˈúŋ mà m ˈí ɣ ˬá   wámb ˬô
enfant mon tout   Rel que   je P₀+aimer+R alors je Fut donner à lui+Me
"N'importe lequel de mes enfants que j'aime, alors je [la] lui donnerai."

ìɲàm zâ // fòmní   ŋkù?ɔ́   d ˈí?ɔ́   l ˬáŋ g ˬwá // nts ˬí   wá
animal Rel+9 P₀+d'abord+R atteindre endroit chaise la   C[-F]+être là+Loc

tu // múŋ bí m ˈí ts ˬɔ́?ɔ́   yí áɲê   fɔ yè
tête alors 2 Fut choisir+Fo le Loc+corps chef Me
"Le premier animal à atteindre la chaise, alors on le prendra comme chef."

7.1.2. La proposition hypothétique suit la proposition principale

Cet ordre est beaucoup moins fréquent que l'ordre proposition subordonnée + proposition principale.

Le mode utilisé dans la principale dépend de son lien avec la proposition précédente et non pas de la proposition hypothétique.

La proposition hypothétique est toujours introduite par la locution mb ˈá?ˬá bé "que si"[74]. Le mode utilisé dans cette proposition est le conditionnel.

bó ʒí //   ŋgŭ bô m ˈí ts ˬí   nɨ̂ ntùɣí tɨ̀bɔ̀ŋ //   mb ˈá?ˬá bé bí
eux S+savoir que eux Fut être   avec règle mauvais que   si 2

tsɔ́?ɔ́   yé
Cd+choisir+Fo le+Me
"Ils savaient qu'ils seraient maltraités si on le choisissait [comme chef]."

ìnù   tsîŋ tsùm tsùm tsá // mb ˈá?ˬá mà tʃìn ˈí   ɣŭu //   mb ˈá?ˬá
choses+10 ces-ci toutes toutes Rel   que   je P₀+être+R C[+F]+faire que

bé mà tsí   nɨ̂ ŋkábɔ́ ábɔ̀?ɔ́n ˈí tsǎ // mb ˈá?ˬá mà tʃìn ˈí
si je Cd+être avec argent et   Rel   que   je P₀+être+R

kà?á   yûu // mb ˈá?ˬá bé mà tú   nɨ̂ ŋk ˈáb ˬí tʃ ˬé
C[+F]+Nég   faire que   si je Cd+Nég avec argent C[+F]+être+Me
"Voilà tout ce que je peux faire si j'ai de l'argent, et ce que je ne peux pas faire si je n'en ai pas."

7.2. Domaine de l'imaginaire

Nous avons vu en 5.3.2. comment exprimer un procès hypothétique relevant du domaine de l'imaginaire : on a recours à deux propositions juxtaposées, la première étant constituée du verbe |bé| "être", conjugué à l'indicatif, aspect effectif, et de son sujet, la deuxième, qui présente le procès envisagé, ayant son verbe au consécutif futur.

La proposition principale vient après ce groupe subordonné (composé de deux propositions) et est introduite par |múŋ| / |búŋ| "alors". Le verbe y est conjugué à l'indicatif :

---

[74] On retrouve dans cette locution la conjonction mb ˈá?ˬá qui introduit aussi les relatives, quelle que soit leur valeur (cf. 4., 6. et 9.).

mà bè ꜛ′ // ts ꜜí   nî   ŋkábí // múŋ mà vũ   nd ꜛá   wúɔ́
je *P₀*+être *C[+F]*+être avec argent <u>alors</u> je *P₀*+<u>construire</u> maison avec lui+*Me*
"Si j'avais de l'argent, je l'utiliserais pour construire une maison."

mà bè ꜛ′ // b ꜜé   γô // múŋ mà tʃě   γ ꜛɔ̰̂ ꜜ′ kàmìrún
je *P₀*+être *C[+F]*+être toi <u>alors</u> je *P₀*+<u>rester</u> moi+*Loc* Cameroun
"Si j'étais toi, je resterais au Cameroun."

mà lŏ   mb ꜛé //   ʒw ꜜí:tɔ́   m ꜜú γàn // múŋ mìŋkàʔà m ꜛá   m ꜜí
je *P₀*+ *Aux* *C[-F]*+être*C[+F]*+tuer enfant mon <u>alors</u> flèches ces *N*

mímbá ꜜ′   mí lw ꜛéʔ ꜜétɔ́   γô
deux   6 *P₀*+<u>emporter</u> te+*Me*
"Si j'avais tué mon enfant, ces deux flèches, elles t'auraient emporté."

mà bè ꜛ′ // ts ꜜí   lá mbyḛ̌ nìmúŋɔ̀ // múŋ k ꜛá mà ndʒḛ̂ γɔ̰̂ zíŋɔ̀
je *P₀*+être *C[+F]*+être *Foc* près mère <u>alors</u> *Nég* je <u>voir</u>+*I* moi ceci+*Me*
"Si j'étais près de ma mère, je ne subirais pas ceci."

ŋgǎŋ súŋɔ̀ nùɔ̀ ŋwî t ꜛú   yě //   múŋ bí tʃ ꜛé ꜜ′   mâ láʔà wê tsὲʔé
missionaires   *P₂*+*Nég* *C[+F]*+venir <u>alors</u> 2 *P₀*+<u>être</u> dans pays ce-ci juste

ndzùmnɔ́ tìbɔ̀ŋɔ̀
obscurité mauvais+*Me*
"Si les missionnaires n'étaient pas venus, on serait, dans ce pays, dans une obscurité néfaste."

401

8. LA PROPOSITION COMPLÉTIVE

La proposition complétive peut remplir plusieurs fonctions : elle est très souvent complément d'objet, mais elle peut aussi former un prédicat complexe avec |ní ˋ / bé| "être", ou encore déterminer un nom.

Les propriétés de la complétive sont exposées en 8.1., section qui traite de cette proposition dans sa fonction de complément d'objet.

La section 8.5. explique pourquoi la conjonction |ŋ́ gùu ́| "que", qui introduit la complétive, peut aussi introduire des propositions subordonnées circonstancielles.

8.1. Complément d'objet

La proposition complétive est complément d'objet d'un grand nombre de verbes qui se construisent transitivement. Il s'agit de verbes :

– d'énonciation tels que |ɣùu| "énoncer, dire", |súŋ| "dire", |fúu?ti| "informer, |tʃwíɣ| "répondre", |bíti| "questionner", |zɔ̀b| "chanter" ;

– d'opinion : |wá?ti| "penser", |kwà?ti| "penser", |bém| "accepter", |túɣ| "décider" ;

– de sentiments : |kɔ̀ŋ| "aimer", |bɔ́ɣ| "craindre", |lɔ̀n| "vouloir" ;

– de connaissance |ʒí| "savoir", |lùɣni| "oublier" ;

– de perception |lén| "regarder, chercher", |zén| "voir, constater, s'assurer", |zú?| "entendre, comprendre" ;

– de phase : |tʃú?| "commencer" ;

etc.

8.1.1. La conjonction | ŋ́ gìu ́| "que"

Les propositions complétives sont introduites par la conjonction |ŋ́ gùu ́|, réalisée [ŋgǔu] ou [ŋg↑úu↓´] selon le contexte tonal précédent, sauf si le verbe régissant est |ɣùu| "énoncer, dire" :

nɪ̀màŋɔ̀ ɣúu // ŋ̀gáŋɔ́ tì   m↑í t↓í?í kwéb↓ítí mb↓ɔ́m sὺŋɔ́   ɣè
civette+*1* S+<u>dire</u> non   nous (deux) *Fut* alors changer   coutume aujourd'hui *Me*
"La civette dit : "Non, nous allons changer nos habitudes aujourd'hui."

bɪ́ ɣâ   bùʔù tsɪ̀ɣàʔànɔ́ mb↑ô mbâ wâ // ŋgǔu // bùʔù tsê bɪ́
2 S+donner esclaves nombreux   à   type le   *C[-F]*+<u>dire</u> esclaves ces-ci *2*
m↑í fàʔánă   mb↑ô ŋgwê ɣò wíŋɔ̀
Fut travailler+*1*   pour   femme ta ce-ci+*Me*
"Ils lui donnèrent au type de nombreux esclaves et dirent : "Ces esclaves-ci, ils travailleront pour ta femme"."

Mais :

á súŋ //   ŋgǔ zû m ꜛí l ꜜání   tʃé   mûndá…
1 S+dire <u>que</u> *lui Fut* vraiment rester+*Loc* maison
"Il dit qu'il resterait vraiment à la maison…"

bí kwáʔátì //   ŋg ꜛǒ   nî   ŋgùŋ   mâŋkúǒ tséré   γé
2 S+penser <u>que</u>+*1* être étranger enfant   certain *Me*
"On pensait qu'elle était une enfant étrangère."

kǒ̰ ŋkèʔé   b ꜛém //   ŋg ꜜǒ   mà m ꜛǒmt ꜜí   z ꜜúmǒ
ou *C[-F]+Nég* <u>accepter</u> <u>que</u>+*que* je *Exh*+toucher choses+*Me*
"de même, il n'acceptait pas que je touche à quoi que ce fût."

à kì ts ꜛí   nt ꜜúγí //   ŋgǒ   má l ꜜó   ŋg ꜜá   mby ꜜí kwìʔìfǒ
1 P₂ Aux   C[-F]+<u>décider</u> <u>que</u>+*que* je *Exh*+*Aux C[-F]*+donner chèvre Kwifo
"Il avait décidé que je devrais donner une chèvre à Kwifo…"

bí téγǒ   tákɔ̀ʔɔ̀bǒ   làŋ   áʃ ꜛúrǒ   lvùŋǒ   t ꜛú zâtsé //   mb ꜛáʔ ꜜá   bó
*2 S+*placer grandeur tabouret sous   vieillesse arbre certain que   eux
b ꜛé ꜜꞌmní //   ŋgǔ à ní   àdìʔó   nts ꜛí   bìŋwì bó   γé
P₀+<u>accepter</u>+*R* <u>que</u>   *1* être endroit séjour dieux   eux *Me*
"On plaça un grand tabouret sous un arbre qu'ils s'accordaient pour le considérer comme la
demeure de leurs dieux."

bó ʒí //   ŋgǔ bô m ꜛí ts ꜜí   nî   ntùγí   tìbɔ̀ŋ //   mb ꜛáʔ ꜜá bé bí
eux *S+*<u>savoir</u> <u>que</u> eux *Fut* être   avec traitement mauvais que   si *2*
tsɔ́ʔó   γé
*Cd+*choisir+*Fo* le+*Me*
"Ils savaient qu'ils seraient maltraités si on le choisissait."

ŋ̀gwèγì zǒ̰ l ꜛúγ ꜜíní //   ŋgǔ mú   wá tsǐ   l ꜛá //   ŋkwíó   γé
famille ma *P₂+*<u>oublier</u>   <u>que</u> enfant leur *P₀+*être *Ma   C[-F]+*grandir+*I   Me*
"Ma famille avait oublié qu'elle avait un enfant qui grandissait."

á zé //   ŋgǔ bí   y ꜛé ꜜꞌ //   ntsǒ̰ŋkí   ʃôm   yí…
1 S+<u>voir</u> <u>que</u> *2   P₀+*venir *C[-F]+*gâter champ son
"Elle constatait qu'on avait saccagé son champ…"

à tʃṵ̀ʔùnǒ //   ŋg ꜛú z ꜜú ʒé //   ǹd ꜛó   ŋkùǒ   γé
1 P₀+<u>commencer</u>+*A* <u>que</u>   lui *Pr+*savoir+*I C[-F]+*partir *C[-F]+*courir+*Fo* lui+*Me*
"Après avoir commencé à connaître le travail, il s'enfuit."

8.1.2. Origine de la conjonction | ŋ̀ ꞌgùꞌ | "que"

Cette restriction n'a rien de surprenant puisque cette conjonction est issue du
verbe |γṵ̀| "énoncer, dire" lui-même. Elle correspond à la forme figée de ce verbe
au consécutif non futur, que l'on utilise même lorsque les règles de concordance
modo-temporelle exigeraient l'emploi du consécutif futur **íγǔ**, et non
ŋg ꜜú ꜜꞌ comme dans l'exemple ci-dessous :

á kè?é   z[†]úm b[↓]é ză // mb[†]á?à   à   m[†]í s[↓]úŋ // ŋg[↓]ú^{↓´} à   nɔ́ z[†]úmɜ̀ ndâ
7 S+Nég chose être *Rel* que   *1 Fut* dire   que   *1* être chose   maison
tă   wùɯɣɔ́...
père notre
"Ce n'est pas une chose qu'il dira appartenir à notre famille..."

Lorsque la règle de concordance exige de toute façon l'emploi du consécutif non futur, il y a bien des cas où on peut hésiter à traiter |ǹ ´gùɯ ´| comme la conjonction "que", ou comme le verbe |ɣùɯ| "énoncer, (se) dire" conjugué au consécutif non futur.

L'origine verbale de |ǹ ´gùɯ ´| "que" peut expliquer deux faits :

– Lorsque le verbe régissant permet l'expression d'un destinataire, le complément "destinataire" précède la proposition complétive alors qu'il suit le complément d'objet si celui-ci est représenté par un nom :

á súŋɜ̀   mb[†]ô bǫ̀   byí // ŋg[†]ɔ́^{↓´} bì fú   ŋg[†]έ^{↓´} ...
*1 S+*dire à   enfants ses   que+que *2 Exh+*sortir *C[-F]+*aller
"Elle dit à ses enfants de sortir et d'aller..."

mà m[†]í súŋɜ̀ nùɜ̀   tsé   mb[†]ó ɣò   ɣè
je *Fut* dire   chose certaine à   toi *Me*
"Je vais te dire quelque chose."

Au plan synchronique, on peut arguer que la proposition complétive (ou l'énoncé) suit le complément correspondant au destinataire à cause de sa longueur.

Mais au plan diachronique s'impose l'hypothèse suivante : à l'origine on avait affaire à une chaîne de propositions :

X dit (s'adresse) à Y // (et) énonce + [énoncé complétif]

Dans cette construction, le destinataire est complément du verbe de la première proposition, tandis que l'énoncé complétif est complément du verbe de la deuxième proposition |ɣùɯ| "énoncer". Etant donné que le sujet de |ɣùɯ| "énoncer" est le même que celui de la première proposition, |ɣùɯ| est conjugué au consécutif. La première proposition permet donc d'indiquer à qui X s'adresse, et la deuxième expose le contenu de ce que X dit à Y. Cette analyse n'est plus possible dans l'état actuel de la langue puisque c'est invariablement la forme du consécutif non futur |ǹ ´gùɯ ´ | qui est utilisée. L'émergence de la conjonction |ǹ ´gùɯ ´| "que" par grammaticalisation d'une forme verbale, va de pair avec la restructuration syntaxique de l'énoncé.

– Aucun verbe en mankon ne peut régir simultanément deux compléments d'objet s'ils sont tous les deux représentés par des noms. Or ceci est possible lorsque l'un des compléments est une proposition complétive. Prenons l'exemple de |bíti| "questionner" :

m̀bít[†]ɔ́   ŋg[↓]úbì // ŋg[†]ú^{↓´} ò   ʒǐ
*C[-F]+*questionner+*Fo* Ngubi   que   tu *P₀+*savoir
"...et elle demanda à Ngubi : "Le sais-tu ?""

ŋgꜜúbì "Ngubi" est au plan syntaxique complément d'objet du verbe m̀bítꜛɔ́ "questionner, demander à", tout comme la proposition complétive.

Selon l'hypothèse avancée plus haut, lorsque |ǹ´gùˈ| avait encore son statut de verbe, le verbe |bítì| "questionner, demander à" avait un seul complément d'objet, correspondant au destinataire, tandis que la proposition complétive était, pour sa part, complément d'objet du verbe |yùu| "énoncer".

A noter que, lorsqu'on remplace la complétive par un syntagme nominal, |bítì| "questionner, demander à" ne peut être déterminé que par un seul complément d'objet (le destinataire ou l'objet demandé). Le deuxième complément est régi par la locution á mbꜛô "à" quand il s'agit du destinataire, ou par ní "avec" quand il s'agit de l'objet demandé :

à	bìtî		ŋwìɔ́	mbꜛó	mè	yè	"Il m'a demandé un couteau."
1	*P₀*+demander		couteau	à	moi	*Me*	

à	bìtɔ́		yꜛá	nì	ŋwìɔ́		"Il m'a demandé un couteau."
1	*P₀*+demander+*Fo*		me	avec	couteau+*Me*		

Un autre exemple est celui du verbe |tɔ́ŋ| dans le sens de "nommer", ou de l'expression tʃwǐ ŋkꜛúmɔ́ "donner un nom". Pour évoquer à la fois la personne, ou toute autre entité, nommée, et la façon dont on la nomme, on a recours à une complétive :

bì	kꜛɔ́	tꜛɔ́ŋə̀		yán //	ŋgǔ	mà	ní	fꜛótò		yè
2	*Pass*	nommer+*I*+*Fo*	me	que	je	être		photographie	*Me*	

"On m'appelait "photo" ".

àkò	zǎ //	mbꜛá?ꜜá	bí	tɔ́ŋnɔ́ //		ŋgꜜúu	à	nô	kǒ	ndzꜛûu	ndá...
bois	*Rel*	que	*2*	*Pr*+appeler+*R*+*I*	que	*1*	être	bois	héritier		

"Le bois qu'on appelle le "bois de l'héritier""..."

Dans les exemples suivants la complétive se réduit au nom[75]. Remarquons que, dans le deuxième exemple, la personne à qui est attribuée le nom (c'est-à-dire le destinataire) est complément du nom |ǹkúmˈ| "nom" (cl. 3) au sein d'une construction associative :

bùɣí	tɔ̂ŋnì	kòm	wá //	ŋgǔ	mákɔ̀ŋgó...
nous *(excl)*	*S*+appeler+*I*	musique	la	que	makongo

"Nous appelions cette musique *makongo*..."

m̀bꜛá?ꜜà	tʃwìn ꜛí	kꜜúm	ntsà	mbyì	mú	yàŋ	gwá //	ŋgꜜúu	fèndzò	lá...
que+*I*	*P₀*+donner+*R*	nom	premier		enfant	mon	le	que	Fendzo	*Ma*

"Puisqu'il a donné à mon premier enfant le nom "Fendzo"..."

---

[75] A ce propos, rappelons que tous les idéophones qu'on a relevés ont comme premier élément la conjonction |ǹ´gùˈ| "que" : ǹgꜛúu bꜜə̂m "intensité de la chaleur" (*cf.* 1.3.2.D. remarque 8).

8.1.3. Caractéristiques internes de la proposition (énoncé) complétive

La proposition complétive ne se distingue de la proposition indépendante que par le jeu des pronoms singuliers qu'on y utilise lorsque le sujet du verbe régissant est une 3ème pers. sg.

Si le sujet du verbe de la complétive est différent de celui du verbe de la principale, on emploie le pronom sujet de cl. 1 |à|, mais si le sujet est le même dans les deux propositions, on emploie dans la complétive le pronom indépendant |zúˊ| "lui/elle" (qui prend alors une valeur logophorique) :

ŋgúbìɔ́ kî   ntʃwíɣí //   ŋgˊúↄˋ à kǐ   ŋgyĕ   yènɔ́
Ngubi+*1* *S*+aussi *C[-F]*+répondre que   *1* *P₀*+aussi *C[-F]*+venir venir+*Me*
"Ngubi répondit qu'elle (Silum) était arrivée, c'est tout."

ìsúŋ   wˊámbↄˋó // ŋgǔ â   yˊíŋˋɔ...
C[-F]+dire à elle   que que+*1* *Exh*+venir
"...et elle (la femme du chef) lui dit (à Ngubi) qu'elle (Ngubi) devrait venir..."

m̀bâ wíŋɔ̀   yûↄ //   ŋgwáʔátˊɔ́   ndʒↄ́wí wê // ŋgˊú ǹdzàm zê
type ce-ci+*1* *S*+*Aux* *C[-F]*+penser+*Loc* jour   ce-ci que   hache   ce-ci

à tìʔí   ŋgè //   ntʃé   yí   nˊↄí   zↄ́érɔ́ [...] // zúↄ mˊↄí tↄˊíʔí
1 *P₀*+alors *C[-F]*+aller *C[-F]*+être elle avec elle   lui *Fut* alors

íↄyùↄ   nɔ́   lé...
C[+F]+faire comment hein
"Un jour, plus tard, ce type pensa que, cette hache, elle (la femme à la longue dent) l'avait emportée et la gardait chez elle [...] comment allait-il (le type) faire, hein ?"

wérↄ́ kâ //   ŋgˊúↄˋ zúↄ tsˊↄí   lↄˊáʔá   kèʔé   lyê...
elle+*1* *S*+jurer que   elle *P₀*+être *C[+F]*+jamais *C[+F]*+*Nég* dormir
"Elle (la fourmi) jura qu'elle (la fourmi) ne pourrait plus dormir..."

àfòŋ gwˊↄá tʃↄˊúʔú //   ŋgɔ̌   zûↄ fúrú...
lion le   *S*+commencer que+que lui *Exh*+chasser
"Le lion se mit à le prendre en chasse..."

á zé //   ŋgǔ zúↄ ɲˊétↄˊↄí   ndâ   ʒì ìʃíʔìní...
1 *S*+voir que lui *P₀*+arranger maison sa bien
"...il s'assurait de bien ranger sa maison..."

Lorsque le verbe régissant est un verbe d'énonciation (dont le sujet est une troisième personne du singulier), le contenu de la proposition est souvent un discours (dialogue) rapporté. Il y a trois façons (styles) de rapporter ce discours qui se distinguent par le jeu des pronoms utilisés : le style direct, le style indirect et le style semi-direct.

8.1.3.A. Le style direct

Au style direct, le discours est rapporté tel qu'il est censé avoir été prononcé. Les pronoms sont donc les mêmes que dans un énoncé indépendant : les pronoms (sujet, objet et possessif) de 1ère pers. renvoient au locuteur, ceux de 2ème pers. à son interlocuteur et ceux de 3ème pers. à toute entité absente de la situation d'énonciation.

L'utilisation des pronoms de 1ère pers. renvoyant au locuteur est suffisante pour identifier le style direct :

á ɣɨ́u // mà lɔ̌ mbᵗém lá // ìʃᵗɣé zⱽíŋ tíʔì ntʃé
1 S+dire je P₀+Aux C[-F]+accepter Ma terre cette S+alors C[-F]+être+Loc

mísɔ̌ŋ mè nâ // mà mᵗɨ́ ɣɨ̌u ní wúɔ́
dents moi ainsi je *Fut* faire comment avec elle+*Me*
"Il dit : "J'ai accepté ; mais maintenant il y a cette terre-ci entre mes dents ; que vais-je en faire ?""

àfùŋɔ́ súŋ // ŋgɨ̌u // bé ò fúuɣɔ́ ɣᵗɔ̌ mⱽúɔ̀ búu // mà kàʔá núɔ̀ tíbɔ̀ŋ
lion+*7 S*+dire que si tu *Cd*+sortir me dans fosse je S+*Nég* chose mauvais

áɲᵗé ɣò bɔ̀ ŋgɨ́uɔ́
contre toi encore C[-F]+faire+*Me*
"Le lion dit : "Si tu me tires de la fosse, je ne te ferai jamais plus de mal.""

ìsúŋ // ŋgᵗɨ́u màʔá mᵗɔ́ŋ gⱽwá // m̀bᵗáʔⱽó kwèʔènᵗɔ́ bⱽó ɣò
C[-F]+dire que *Imp*+jeter enfant *Rel* que+tu P₀+porter+R+*Loc* bras ton

lá // ŋgyè // ʃíʔísí nᵗɨ́kⱽômná nê // ŋgá ᵗámbⱽó mè ɣè[76]
là[77] C[-F]+venir C[-F]+descendre panier mon ce-ci C[-F]+donner à moi *Me*
"...et elle dit : "Jette cet enfant que tu portes sur ton bras et viens descendre pour moi ce panier à moi !""

támìtɨ̀uŋɔ̀ bɔ̂ ŋgᵗé nᵗɨ́ mbyì ŋgᵗɨ́uⱽⁱ // mà kɔ̌ŋ // ŋgɨ̌u ô
tameting S+encore C[-F]+aller avec avant C[-F]+dire je P₀+aimer que que+tu

dᵗíʔⱽɔ́ yìɣìnì zó zên // á mà zɛ́
Exh+montrer adresse ta cette que je *Exh*+voir+*Me*
"Tameting continua : "J'aimerais que tu [me] montres ton adresse et que je la constate.""

tà mâ ɣàŋ gᵗwá zⱽɔ́mɔ̀ ɣá // ŋgɨ̌u mú máŋkùŋ gwê ò ɣɔ̌ //
père mère mon le S+insulter+*Fo* me que enfant mankon ce-ci tu P₀+dire

ò tsɔ̀ʔɔ́ tᵗúⱽɔ́ mⱽâ ɣò [...] tá ɣò lɛ̂ ŋgúbⁱ ʒì ámbᵗó mè ɣán...
tu P₀+choisir tête mère ta père ton S+garder volaille sa à moi ici
"Mon grand-père m'insulta : "Enfant de Mankon, tu dis que tu as pris la tête de ta mère (*i.e.* la tête de la poule, morceau normalement réservé à la mère) [...] Est-ce que ton père m'a confié sa volaille ici... ?""

nìmàŋɔ̀ ɣɔ́ // ŋgáŋɔ́ tì mᵗɨ́ tⱽíʔí kwébⱽítí mbⱽɔ́m sùuŋɔ́ ɣè
civette+*1 S*+dire non nous (deux) *Fut* alors changer coutume aujourd'hui *Me*
"La civette dit : "Non, nous allons changer nos habitudes aujourd'hui.""

> REMARQUE 1 : dans ce dernier exemple le pronom duel **tì** inclut le locuteur (la civette) et son interlocuteur (le coq).

---

[76] En général, la fonction sémantique de "bénéficiaire" s'exprime grâce à une proposition dont le verbe est |ɣá| "donner" conjugué au consécutif (*cf.* 3.5.2.).

[77] Il semble bien qu'ici il ne s'agisse pas de la marque anaphorique (Ma) mais de l'une des trois particules déictiques (*cf.* 9.4. remarque 6).

8.1.3.B. Le style indirect

Seuls les pronoms (sujet, objet et possessif) de 3ème pers. sont utilisés, aussi bien pour le locuteur, son interlocteur que pour toute entité absente de la situation d'énonciation.

Toutefois, comme mentionné plus haut, si le sujet de la complétive correspond au sujet du verbe régissant, on utilise le pronom indépendant |zɨ́ʼ| "lui/elle", et non le pronom sujet |à|.

L'utilisation des pronoms de 3ème pers. renvoyant à l'interlocuteur est suffisante pour identifier le style indirect :

...ŋgá	ŋgɨ̀ʔɔ́	mbᵗóↆˊ	sìlùm //	ŋgᵗɨↆ́ˊ //	á bé ŋgᵗɨↆ́ˊ [78]	zɨ́	ɣᵗɨ́
C[-F]+donner	graine	à	Silum	C[-F]+dire	quand	*elle*	Cd+Aux

kfↆwó	yí //	á kè?é	láŋɔ̀	bê	nízè?è̀
mourir	*elle*	*1* S+Nég	rester	Foc	Loc+pleurer+Me

"...et elle (la mère) donna une graine à Silum et dit que quand elle (la mère) mourrait, elle (Silum) ne passerait pas son temps à pleurer."

nìmàŋɔ̀	kɨ̂	súŋ	nɔ̂	ŋkɨ̀ʔɔ́ //	ŋgᵗɨ́	à	ɣɛ̣́ↆˊ	mbyì...
civette+*1*	S+aussi	dire	à	coq	que+que	*1*	Exh+aller+Loc	devant

"La civette dit au coq qu'il (le coq) devait aller devant..."

ŋgwê	yì	wᵗá tↆí?ì	súŋ	wᵗámbↆó //	ŋgɨ̌	zɨ́	kɨ̀	tʃí	ntsᵗáyↆɨ́
femme	sa	cette S+alors	C[-F]+dire à lui		que	*elle*	P₁	Aux	C[-F]+envoyer

ntsù	yé	bᵗé	ndↆóm	bàyɔ̀	ntᵗɨↆŋ //	ntↆɔ́ŋtɔ́	yí	wúɔ́ //	á tↆí?ì
bouche	sa	Foc	chemin	côté	bas	C[-F]+appeler+Fo	le	là	*1* S+alors

ŋgᵗyé	mↆâ ntɨ̌ɨ nìsɔ̀ŋ //	ŋgᵗyé //	bↆó	zↆɨ́ [79]	tʃênɔ̀ //
C[-F]+venir	femme à la longue dent	C[-F]+venir	*elles*	*elle*	S+être+*1*

á	dí?ɔ̀nì	ŋgᵗɨ́?ↆɔ́	mbó	zↆɨ́ɔ́
1	S+montrer+*1*	tourment	à	*elle*+Me

"Sa femme lui dit alors (à son mari) qu'elle (sa femme) avait dirigé la bouche vers le bas (et non vers le haut) et l'avait appelé (son mari) dans cette direction. Alors, c'est la femme à la longue dent qui était arrivée ; elle était arrivée, elles vivaient ensemble et elle (la femme à la longue dent) la tourmentait (sa femme)."

8.1.3.C. Le style semi-direct

Les pronoms (sujet, objet et possessif) de 3ème pers. sont utilisés pour le locuteur et pour toute entité absente de la situation d'énonciation (en fonction sujet on emploie |zɨ́˧| "lui/elle" pour le locuteur et |à| pour toute entité absente de la situation d'énonciation). Mais ce sont les pronoms (sujet, objet et possessif) de 2ème pers. qu'on utilise pour l'interlocuteur.

Pour pouvoir identifier le style semi-direct, il faut que, et le locuteur, et l'interlocuteur soient représentés dans l'énoncé complétif : si le locuteur est représenté par des pronoms de 3ème pers., le style direct est exclu. Restent les deux autres possi-

---

[78] á bé ŋgᵗɨↆ́ˊ "quand, si" est présenté en 7.1.1.A.c.
[79] Au style direct on aurait bɨ̀ɣɨ́ zᵗɨ́ "elle et moi" (*litt.* : "nous elle", *cf.* III.7.1.)

bilités, le style indirect et le style semi-direct. Si l'interlocuteur est aussi représenté par des pronoms de 3ème pers., on est en style indirect, s'il l'est par des pronoms de 2ème pers., on est en style semi-direct :

màŋgyè wᵗá ɣ⌄ɔ́ //   zùu lᵗɔ́⌄ˊ   wádàŋ // ŋgáᵗˊ   mbᵗ̌ó ɣò
femme la S+dire+que+que <u>elle</u> Exh+chercher différent C[-F]+donner à <u>toi</u>
"La femme dit : "Me faut-il en chercher une autre pour toi ?""[80]

ŋgǔu //   ò lǒ   ntámtɔ́   yí ŋgɔ́ kè
C[-F]+dire <u>tu</u> P₀+Aux C[-F]+tromper <u>le</u> que quoi
"…et il dit : "Pourquoi m'as-tu trompé ?""

á ɣɔ́ //   ééè zú bᵗɔ́ɣɔ́ //   ŋgᵗ̌u // zᵗ̌u yê   fátɔ́   ɣó tísɔ́ //
I S+dire eh <u>lui</u> Pr+craindre+I que <u>lui</u> Cd+venir C[-F]+approcher+Fo te trop

m̀bᵗ̌u?ᵗ̌u ŋgǔu ìmòɣì wá   tú ɣò í mᵗ̌í tǒ̀   yé
parce que feu le+Loc tête <u>toi</u> 3 Fut brûler <u>la</u>+Me
"Elle dit : "Eh ! je crains que si je m'approche trop près de toi… parce que le feu sur ta tête, il me brûlera"."[81]

ìsúŋᵗ̌ɔ́   mbᵗ̌ô ŋgwê yì   wᵗá // ŋgᵗ̌u ò   ɣᵗ̌u   ntʃì?ɔ́   mᵗ̌ɔ́ŋ gwᵗ̌ê //
C[-F]+dire à femme sa la que <u>tu</u> Cd+Aux C[-F]+secouer+Fo enfant ce-ci

ò tsá   bᵗyé ǹtɔ́ŋtɔ́   yí nf̀ ndᵗ̌óm bàɣɔ̀ túɔ̀
<u>tu</u> S+passer+Loc dehors C[-F]+appeler+Fo <u>le</u> à chemin côté tête+Me
"…et il dit à sa femme : "Quand tu commenceras à être en travail, tu sortiras et tu m'appeleras vers le haut.""

Lorsque le pronom indépendant |zúu´| "lui/elle" remplit une fonction autre que celle de sujet, il peut y avoir, au moins au plan syntaxique, ambiguïté sur l'entité à laquelle il renvoie :

ŋgᵗ̌u […] â   yê   mbᵗ̌í⌄ˊ   ŋgùu?ùu zâ tᵗ̌ú⌄ɔ́ níʃyè zúuɔ́
C[-F]+dire que+I Exh+aller C[-F]+planter courge la sur tombe <u>elle</u>+Me
"…et elle (la mère) dit que […] elle (sa fille) devra semer la graine de courge sur sa tombe (de la mère)."

ŋ̀gᵗ̌u […] á lɔ́ɣ̀ì   ŋgùu?ùu zᵗá // ŋkᵗ̌árɔ́   tᵗ̌ú zᵗ̌u…
C[-F]+dire I S+prendre courge la C[-F]+entourer+Loc tête <u>elle</u>
"…et elle (la mère) dit que […] elle (sa fille) prendra la tige de la courge et l'enroulera autour de sa tête (de la fille)…"

Dans le premier exemple, le pronom **zúu** renvoie à la locutrice, la mère : il a donc une valeur logophorique. Mais dans le deuxième exemple, il renvoie au sujet de l'énoncé complétif, la fille : il a alors une valeur réfléchie (*cf.* III.6.4.2.C.)

Le tableau 63 synthétise l'emploi des pronoms singuliers dans le discours rapporté. Notons que la présence des pronoms objets de 1ère et 2ème pers. **ɣàn** et **ɣò** est obligatoire ; et que celle du pronom objet de 3ème pers. **yí** est obligatoire s'il

---

[80] En l'absence de l'équivalent du style semi-direct en français, dans la traduction, on utilise les pronoms de 1ère pers, et non de 3ème pers, pour le locuteur (d'où "me" dans cet exemple).

[81] Il y a dans cet exemple une rupture de construction : le conteur commence par une subordonnée hypothétique qu'il ne fait pas suivre de la proposition qui devrait la régir, mais il enchaîne avec une subordonnée causale qui ne peut être régie que par **zú bᵗɔ́ɣɔ́** "il craint" / "il a peur".

correspond à une 1ère ou 2ème pers. du style direct, mais facultative s'il correspond à une 3ème pers. (*cf.* 1.3.1.).

Tableau 63 – Les pronoms singuliers dans le discours rapporté

		Style direct	Style semi-direct	Style indirect
Sujet	1	mà	zúɯ	zúɯ
	2	ò	ò	à/wérɔ́
	3	à/wérɔ́	à/wérɔ́	à/wérɔ́
Objet	1	ɣàn (obl.)	yí (obl.)	yí (obl.)
	2	ɣò (obl.)	ɣò (obl.)	yí (obl.)
	3	yí (fac.)	yí (fac.)	yí (fac.)
Possessif	1	-an`	-i´	-i´
	2	-o`	-o`	-i`
	3	-i´	-i´	-i´
Indépendant	1	mè	zúɯ	zúɯ
	2	ɣò	ɣò	wérɔ́
	3	zúɯ/wérɔ́	wérɔ́	wérɔ́

8.2. Prédicat

Les énoncés ci-après illustrent l'occurrence de complétives en fonction de prédicat

àfàʔà   z⌐ɔ́   bé ǁ   ŋgǔ mà ɣè⌐'   fɔ̀
travail   mon+7 S+être que je P₀+aller+*Loc* champ+*Me*
"Mon travail était d'aller au champ."

á tíʔì   mbé ǁ ŋgɯ́ á   bùɯɣínà   y⌐íɣ⌐íní ǁ   ŋg⌐ɯ́ú...
1 S+puis être que que nous(*incl*) *Exh*+veiller que
"Il s'ensuit que nous devrions veiller à ce que ..."

ànù   zâ ǁ   f⌐ún⌐ɯ ǁ   á bé ǁ   ŋgǔ bô téɣíní ǁ   ŋgǔ bô m⌐ɯ ts⌐ɔ́ɔ́ fɔ̀   ɣè
chose *Rel* P₂+sortir+*R 7* S+être que eux P₂+décider que eux *Fut* choisir chef *Me*
"Le résultat fut qu'ils décidèrent de choisir un chef."

REMARQUE 2 : dans ce dernier énoncé, c'est la première complétive ŋgǔ bô téɣíní "qu'ils décidèrent" qui forme un prédicat complexe avec bé "fut". La deuxième ŋgǔ bô m⌐ɯ ts⌐ɔ́ɔ́ fɔ̀ ɣè "de choisir un chef" est complément du verbe téɣíní "décidèrent".

8.3. Déterminant d'un nom

Dans cette fonction la proposition complétive spécifie en quoi consiste une certaine chose :

tsɛ̀ʔɛ̀   tsŏ   mbˈáʔˀá   à   bɛ̀nˈɨ   mbˀɔ́mˀɔ́ láʔá // ŋgŭ bɨ̀ kɛ̀ʔé
juste   comme   que   1 P_0+être+R   coutume   pays   que 2 S+Nég

ŋwɔ̂   ntˈɔ́ʔˀɔ́   ŋkɔ́ntɔ́   lá...
Fo+personne+Loc   palais   chasser+I Ma
"Comme c'est la coutume du pays de ne chasser personne du palais..."

lâ   nɨ́   ŋkɔ̀   nù // ŋgˈɨ́u sˀɨ́lùmɔ̀   nɨ́   mˈúmˀâ yɨ̀ lé
Pd+1 être vrai chose que   Silum+1 être sœur   sa hein
"Est-ce vrai que Silum est sa sœur ?"

á bé   àfˈúnˀɔ́ nù // ŋgˈɨ́uˀˀ à sˈéˀˀ   bɔ̀   ndzén   tsɛ̀ʔɛ̀ táʔà màŋgyĕ
1 S+être surprise chose que   1 P_2+Nég encore C[-F]+voir juste   un   femme+Me
"Chose surprenante : il ne pouvait même plus voir une seule femme."

á lɔ́ɣɨ̀nɔ̀   nù   zá[82] //ŋgŭ //tsɛ̀ʔɛ̀   tsŏ   mbˈáʔˀá   mà lòˈˀ
1 S+commencer chose la   que juste comme que   je P_0+venir de+Loc

ndzùm yɨ̀   lá...
dos   ce-là bas Ma
"Elle commença : "Juste quand je suis arrivée de là-bas, par derrière...""

8.4. Expression de la surprise

Pour exprimer la surprise on peut utiliser une proposition dont le verbe |yɨ̀u| "(se) dire" est conjugué au successif ou au consécutif non futur selon qu'il y a, ou non, changement de sujet par rapport à la proposition précédente. Le verbe |yɨ̀u| "(se) dire" de cette proposition a pour objet une proposition complétive se réduisant au verbe |zén| "voir, constater" conjugué au présent de l'indicatif et à son sujet, toujours un pronom (renvoyant à la même personne que le sujet de la proposition régissante, donc |zúuˀ| "lui/elle" à la 3ème pers. sg.) :

ǹtíʔí   ntsí   wú // ŋgˈɨ́u //   zˀɨ́u zˀɔ́ //   bɨ́ yê //   ŋáʔˀá
C[-F]+puis rester là   C[-F]+dire lui Pr+voir+I   2 S+venir C[-F]+ouvrir

ndˀá   zˀá // á ɣˈɨ́u // zˀɨ́u zˀɔ́ //   ŋwò   ntsé kúŋɔ̀
maison la   1 S+dire lui Pr+voir+I personne certain S+entrer+Me
"...puis elle resta [cachée] là et, à sa surprise, on ouvrit la maison et, à sa surprise, quelqu'un entra."

REMARQUE 3 : dans l'énoncé ci-dessus, on retrouve deux fois l'expression de surprise. Dans la première, le verbe |yɨ̀u| "(se) dire" est conjugué au consécutif non futur parce qu'il n'y a pas de changement de sujet par rapport à la proposition précédente. Mais dans la seconde, |yɨ̀u| "(se) dire" est conjugué au successif – á ɣˈɨ́u – parce qu'il y a changement de sujet : le sujet de |yɨ̀u|

---

[82] Un peu plus tôt "elle" (l'antilope) a dit à ses interlocuteurs (le lion et le singe) : ànɨ̀ɔ̀ tsé tʃɨ́ zǎ mà mˈɨ sˈúŋ nɨ́ bɨ̀ŋɔ́ "Il y a quelque chose que je vous dirai.". Dans l'exemple cité ici, elle développe ce qu'elle a à leur dire.

renvoie à "elle" (l'un des personnages du conte) tandis que le sujet de la proposition précédente est **bɨ** "on" qui renvoie à une autre personne du conte non encore identifiée.

ŋg^ꜛwém^ꜜɔ́ túɔ̀ ŋkù̠ʔɔ́ wú // **fáŋní** //   **ndóm** //   **ŋg^ꜛú̠** //   **z^ꜜú̠ z^ꜜɔ̠́** //
C[-F]+tenir tête coq là   *C[-F]*+tenir fort *C[-F]*+mordre *C[-F]*+<u>dire</u> <u>elle</u> *Pr*+<u>voir</u>+*I*

á   **bókɔ̀**
1   *S*+se briser+*Me*

"...et il y (dans sa bouche) tient la tête du coq, il [la] tient fermement et mord, et à sa surprise, elle (la tête) se brise."

ǹtíʔɔ́   **nd^ꜛyé^ꜜ'm ntʃwì zá** // **ŋg^ꜛú̠** //   **b^ꜜɨ z^ꜜɔ̠́** //   **tákɔ̀ʔɔ́kɔ̀ʔɨ̀ ɲàm**
C[-F]+puis+*I* surveiller maïs le   *C[-F]*+<u>dire</u> *2* *Pr*+<u>voir</u>+*I* énormité   animal

ntsé   **á**   **yê̠** //   **ndání**   **fáŋ**...
certain *1*   *S*+arriver *C[-F]*+vraiment *C[-F]*+être grand

"...puis ils étaient à surveiller le maïs et à leur surprise, un énorme animal s'approche, et il est vraiment grand!..."

8.5. Les propositions subordonnées circonstancielles
introduites par |ŋ́ Ꞌgù̠Ꞌ| "que"

Le verbe de la proposition principale est un verbe quelconque, intransitif ou même transitif, mais dans ce cas le sens du verbe ne lui permet pas de régir une complétive (en tant que complément d'objet).

Le verbe de toutes les circonstancielles introduites par |ŋ́ Ꞌgù̠Ꞌ| – au moins de celles qui sont attestées dans les textes dépouillés – est conjugué au présent (imperfectif) ou au futur de l'indicatif ou encore, s'il y a une nuance d'obligation, à l'exhortatif. La valeur de ces propositions est le plus souvent finale, mais peut aussi être causale.

La conjonction |ŋ́ Ꞌgù̠Ꞌ| "que" est, comme nous l'avons vu en 8.1.2., issue du verbe |ɣù̠| "énoncer, (se) dire". On devait dans le cas des circonstancielles, tout comme dans celui des complétives, avoir, à l'origine, trois propositions à se suivre : première proposition : "X fait quelque chose" + deuxième proposition : "...et [se] dit" + troisième proposition – le contenu de la troisième proposition justifiant celui de la première – d'où les valeurs finales ou causales des subordonnées circonstancielles actuelles. Ceci dit, les circonstancielles présentent les mêmes caractéristiques syntaxiques que les complétives (*cf.*, en particulier, dans les exemples qui suivent, l'emploi, avec la valeur logophorique, du pronom indépendant de personne |zú̠| "lui/ elle") :

ŋkú̠ŋɔ́   **ŋkàmŋgɔ̀m** //   **ŋg^ꜛú̠^ꜜ má líʔɔ̀**   **líʔɔ̀**
C[-F]+entrer+*Loc* champ de plantain <u>que</u> je *Pr*+cultiver+*I* champ+*Me*

"...et j'entrai dans le champ de plantain pour cultiver."

mà byê̠   **ŋgɔ̀ʔɔ̀** //   **ŋg^ꜛú̠^ꜜ má tûm**   **ŋgúb^ꜛɨ ts^ꜜá**   **wɔ́**
je *S*+prendre pierres <u>que</u>   je *Pr*+tirer+*I* poules   les   avec elles+*Me*

"...et je pris des pierres pour les lancer sur les poules."

ŋkúŋɔ́   yí // ŋg⸢ú⸣ɯ↓´ zú yɛ̌   l⸢á⸣m   mídz↓ɯ myí...
C[-F]+entrer+Fo lui   que   lui Fut+aller C[+F]+cuire nourriture sa
"...et il entra pour préparer sa nourriture..."

tʃwìɔ́   bɔ̀ŋnɔ̂ //   ŋg⸢ú⸣ɯ↓´ zú tʃé   l↓áŋ wá...
antilope+I P₀+retourner+A que   elle Fut+être+Loc chaise la
"Après que l'antilope se fut retournée pour s'asseoir sur la chaise..."

mà tɔ̀ŋɔ́[83] ɣ⸢ó⸣ // ŋgɯ̌ ô   y⸢é⸣ ndz↓ɔ́ʔɔ́   mâŋgyɛ̌
je P₀+appeler+Fo te que   que+tu Exh+venir C[-F]+marier+Fo femme+Me
"Je t'ai appelé pour que tu viennes te marier."

nts⸢á⸣ɣ↓ɔ́   sílùm //   ŋg⸢ú⸣ɯ↓â   ŋg⸢é⸣ɯ↓´ ntsìŋɔ́   mís⸢á⸣ŋ mífɔ̀
C[-F]+envoyer+Fo Silum que   que+I Exh+aller+I C[-F]+surveiller+I sorgho du chef
mâ...   "...et elles envoyèrent Silum surveiller le sorgho du chef..."
le

m̀b⸢ɔ́⸣   mbùŋɔ́   nî   ndzùm // ŋgɯ́ á   zù y⸢é⸣↓´
C[-F]+encore C[-F]+retourner+I avec   dos   que que lui Exh+venir

ntʃwá   tʃwî wá...
C[-F]+attraper+Fo antilope la
"...et de nouveau il revenait sur ses pas pour attraper l'antilope..."

nî yànɔ̂ //   ŋg⸢ú⸣ɯ z↓ɯ́ kárísɔ̂   mâŋgyè w⸢á⸣ bɔ́
5 P₀+errer+A que   elle Pr+encercler+I+Fo femme la C[+F]+encore

bɔ̌m...
C[+F]+rencontrer
"Alors qu'elle (la dent) est sur le point d'achever son cercle autour de la femme..."

REMARQUE 4 : ce dernier exemple est intéressant parce qu'il illustre la grammaticalisation complète de |ŋ̀ˊgɯ̀| "que", et de |zɯ́| "lui/elle" en tant que pronom logophorique : en effet, "la dent", représentée ici, dans la proposition principale, par le pronom sujet de cl. 5 |nî| n'est nullement personnifiée et pourtant, dans la subordonnée, elle est représentée par le pronom indépendant de personne |zɯ́|, en tant que pronom logophorique ; on peut aussi légitimement penser que, dans cet exemple, |ŋ̀ˊgɯ̀| "que" a perdu son lien sémantique avec le verbe |ɣɯ̀| "(se) dire"...

Les exemples donnés jusqu'ici illustraient la valeur finale de la subordonnée. Suivent deux exemples illustrant sa valeur causale. On a vu en 6.2. que la subordonnée causale pouvait être introduite par la locution |m̀´ bù?í aké´ŋgɯ̀´| "parce que", et que le nom interrogatif |aké´| "quoi" pouvait ne pas s'employer, d'où la locution réduite |mbù?´ ŋgɯ̀´|. |ŋ̀ˊgɯ̀´| "que" introduisant une proposition causale peut être considérée comme la réduction extrême de cette locution :

m⸢ú⸣m↓â wà wúmɔ́ʔɔ́ túŋɔ́   yí // ŋg⸢ú⸣ɯ zɯ̂ m⸢í⸣ k↓í zɔ̌ŋnɔ̂ ɲàm zên
frère   leur autre S+refuser+Fo lui   que lui Fut aussi suivre+I animal ce-ci

tsɛ̀ʔɛ̀ zɔ̀ŋnɔ́...
juste suivre
"L'un des frères refusa [de rentrer à la maison], pour la bonne raison qu'il ne ferait rien d'autre que suivre cet animal-ci..."

---

[83] |tɔ́ŋ| a ici le sens de "appeler, sommer", alors que en 8.1.2. il a le sens de "nommer".

mb ꜛú? ꜝú ŋgǔ màb ꜛé   k ꜝɨ́   ɣá   wûtsíɔ́ //   ntúŋ //
parce que   je P₀+être C[+F]+aussi C[+F]+donner celui de Che+Me C[-F]+<u>refuser</u>

ŋg ꜛɯ́ mà sǎ   àzúmɔ̀ zán zâtsérɔ́ ŋgá   ɣé
<u>que</u> je P₀+Nég chose ma certain donner+I Me

"Bien que j'eusse dû en donner un [fusil] à Che, je refuse [de le lui donner] parce que je ne lui donne rien qui m'appartient."

REMARQUE 5 : La première proposition de l'exemple ci-dessus a une valeur concessive à cause de la construction complexe hypothétique (*cf.* 5.3.2.) qui y est employée.

k ꜛá mɨ̀lù?ù mbɔ́ŋɔ̀   yí // ŋg ꜛɯ́ ꜝ́ bɨ́ súɣɔ̀   lé?è
Nég vin   être bon+*I*+*Fo* lui <u>que</u> 2 P₀+laver calebasse+*Me*

"Le vin n'est pas bon [seulement] parce qu'on a lavé la calebasse." (Proverbe).

9. LA PROPOSITION RELATIVE

On a vu en III.4.4. :

- qu'en tant que déterminant du nom, la proposition relative est reliée à son antécédent par un morphème relatif |-à´| qui s'accorde en classe avec l'antécédent
- qu'elle peut aussi, sous certaines conditions, être signalée par la seule conjonction |m̀´ bà?´| "que"
- que le morphème relatif, dûment accordé, et la conjonction peuvent s'employer simultanément.

Dans ce chapitre, sont présentées les caractéristiques internes de la proposition relative.

9.1. Modes

Il existe un mode spécifique à la proposition relative. Ce mode ne comprend que trois constructions perfectives effectives affirmatives (*cf.* IV.3.4.) et deux constructions imperfectives (*cf.* IV.5.3.) qui correspondent sémantiquement aux trois constructions effectives et aux deux constructions imperfectives – présent et passé – de l'indicatif. Mais on peut employer, dans la relative, un autre mode (indicatif, exhortatif) en cas de négation, de référence au futur, etc.

àfùŋɔ̂ bé ɲàm zá // bɪ̀ f↑ómn↓ɪ́ ŋkwà?àtɔ́
lion P_2+être animal *Rel* 2 $\underline{P_2}$+d'abord+$\underline{R}$ C[-F]+penser+*Me*
"Lion fut l'animal auquel on pensa en premier."

à nɪ̂ dzúm tsă // mà yὲbɪ̀tɪ́nɔ́
1 être choses *Rel* je $\underline{P_0}$+diviser+$\underline{R}$+*Me*
"Ce sont les choses que j'ai partagées."

ŋ̀g↑ɛ́ // ndɔ̀ɣɪ́ nɪ́bàŋɔ̀ ná // mb↑á?↓á ɲàm zâ tʃɪ̀n↑ɪ́
C[-F]+aller C[-F]+prendre sifflet *Rel* que animal ce $\underline{P_0}$+$\underline{Aux}$+$\underline{R}$
ndèn dá…
C[-F]+garder *Ma*
"…et il alla prendre le sifflet que l'animal avait rangé…"

bô s↑é↓´ nɪ́ ŋwɔ̀n gwă // mb↑á?à m↑ɪ́ s↓á?ànɔ̀ wá tʃê
eux P_2+Nég avec personne *Rel* que+*1* $\underline{Fut}$ juger+*I*+*Fo* les être+*Me*
"Ils n'avaient personne qui les jugerait."

íɣŭ yɛ̌ z↑ɛ́ d↓ɪ́?í ză // mb↑á?à m↑ɪ́ yɛ̌ k↑úŋɔ́
C[+F]+Aux C[+F]+aller C[+F]+voir endroit *Rel* que+*1* $\underline{Fut}$ aller C[+F]+entrer+*Me*
"pour aller voir l'endroit où il (l'animal) entrerait."

bɪ̀tá bùɣɪ́ kûu f↑ú?út↑ɪ́ nù tsɪ̀m↑ɔ́?↓ɔ́ tsá // mb↑á?↓á bùɣɪ́
pères nos *S*+aussi C[-F]+informer choses autres *Rel* que nous
sě ʒê
$\underline{P_0}$+*Nég* connaître+*Me*
"Nos pères nous parlaient aussi de choses que nous ne connaissions pas."

415

9.2. Représentation de l'antécédent dans la relative

9.2.1. Par un pronom sujet

Si l'antécédent est sujet dans la relative, il est représenté par le pronom correspondant à la classe de l'antécédent :

ò tsí   nî   ŋgâ   fà?à   wá mbˈô // ò ɣá   mbˈô bù?ù   tʃí tsê //
tu *Cd*+être avec donner travail elle à   tu *S*+donner à   *10*+esclaves ses ces-ci

mbˈá?ˈɨ tsí tsínˈɨ   lâ
que   *10* P_0+être+*R* *Ma*+*Me*

"Si tu as du travail à lui donner, tu le donnes à ces esclaves-ci à elle [qui le feront à sa place]."

REMARQUE 1 : dans l'exemple ci-dessus, la proposition relative est une proposition existentielle qui n'est pas traduite en français.

ntsˈáɣˈɨ   nísɔ̌ŋ   ɲí   nă // mbˈá?ˈá   ní sáɣínˈɨ   lâ
C[-F]+envoyer *5*+dent sa *Rel* que   *5* P_0+être longue+*R* *Ma*+*Me*

"…et elle envoya sa longue dent."

tăŋ   ítˈúm   ɲâm   zá // mbˈá?ˈɨ yènɔ́ //   ŋkfúrɔ́   lâ
pour *C[+F]*+tirer *9*+animal *Rel* que+*9*   *Pr*+venir+*R*+*I* *C[-F]*+manger+*I* *Ma*+*Me*

"… pour tirer sur l'animal qui vient le (sorgho) manger."

REMARQUE 2 : dans un discours (dit ou pensé) au style semi-direct ou indirect, le sujet d'une relative est le pronom indépendant |zú| "lui" (à valeur logophorique) s'il renvoie à la personne qui dit (ou pense) le discours :

ǹdóm yì wˈá wˈá?átì // ŋgˈúˈ [...] à sě   tˈɔ̀ŋà   yí béˈˊ ɲˈé
mari son le *S*+penser que   *1* P_0+*Nég* appeler+*Fo* le *Foc* contre

dzàŋɔ́ //   zú kì tʃìnˈɨ fû?ù̀tì   lˈá lˈé...
façon+*Rel* lui P_1 *Aux*+*R* *C[-F]*+informer *Foc* hein

"Son mari pensa : [...] ne l'a-t-elle [son épouse] pas appelé [lui, son mari] comme il [son mari] le lui avait dit, hein ?..."

ntí?ɔ́   ndˈɔ̀ˈˊ   àdzàŋɔ́ // mbˈá?ˈá zû mˈí kànɔ́   múɔ̀ tsùm...
C[-F]+alors+*I* *C[-F]*+chercher+*I* façon+*Rel* que elle+*1* *Fut* sauter+*Loc* dans lac

"…et elle cherchait comment sauter dans le lac…"

Mais s'il ne s'agit pas d'un discours, comme c'est le cas dans l'exemple qui suit, où le narrateur décrit ce que fait le personnage, on emploie |à| même si le sujet de la relative est le même que celui de la proposition principale :

ndzˈéɣˈɨ   ndâ   ʒì tsè?é dzàŋɔ́ // mbˈá?à kwàŋnˈɔ́   ndzèɣɔ́ lá
C[-F]+balayer maison sa juste façon   que+*1* P_0+*Aux*+*R*+*Loc* balayer *Ma*

"…et il balaya sa maison juste comme d'habitude…"

9.2.2. Par un pronom indépendant

Si le sens nécessite l'emploi du fonctionnel |nì|, l'antécédent est représenté par un pronom indépendant régi par ce fonctionnel :

múŋ mà m↑í k↓ɨ́u zúŋ íɣə̀ mɔ́tò wǎ // mb↑á?↓á mà m↑í ɣěnə̀ nì
alors je *Fut* aussi acheter ma <u>voiture</u> *Rel* que je *Fut* aller+*I* <u>avec</u>

wèrɔ́ fɔ̀ …
<u>elle+*Loc*</u> champ

"…alors j'achèterais une voiture pour moi-même que j'utiliserais pour aller au champ…"

bɔ́m bǎ // mà ɣàn↑í mb↑ɨí nì bó lá // bɨ́ ɣènə̂ ɣè
<u>enfants</u> *Rel* jc *P₀*+donner+*R* chèvre <u>avec</u> <u>eux</u> *Ma* 2 *P₀*+partir+*A* *Me*

"Les enfants à qui j'ai donné une chèvre sont déjà partis."

> REMARQUE 3 : dans le premier exemple, le fonctionnel |nì| exprime le moyen, dans le deuxième, la destination.

9.2.3. Par le pronom | ɣóˊ |

Si l'antécédent a, dans la relative, une valeur de complément de moyen, de propos, d'accompagnement, de destinataire, de lieu, il est représenté par |ɣóˊ| wú :

ŋwì zǎ // mà sètín↑í ɲàm wú lá // ì sòbìkə̂
<u>couteau</u> *Rel* je *P₀*+couper+*R* viande <u>avec lui</u> *Ma* 9 *P₀*+être cassé+*Me*

"Le couteau avec lequel j'ai coupé la viande est cassé."

ŋ̀gùʔùu ʒê ŋkàmŋgɔ̀m lâ yíŋ mè ní zérɔ́ ɣé // mb↑á?↓í
<u>courge</u> ce-là (bas)+*Loc* champ de plantain *Ma*+1 *S*+venir moi avec elle *Me* que

bàŋgyè bínt↑ɔ́?ɔ́ tíʔín↓ɔ́ ndzɔ̀ŋnɔ́ wú lâ
femmes palais *Pr*+alors+*R*+*I* *C[-F]*+se quereller+*I* <u>au sujet d'elle</u> *Ma*+*Me*

"Cette courge là-bas dans le champ de plantain, c'est moi qui l'ai apportée … Au sujet de laquelle se querellent les femmes du chef."

ǹdùʔùu // mb↑á?↓á mà ɣàn↑í mb↑ɨí wú ámb↓ó l↓á // à ɣènə̂ ɣè
<u>Nde</u> que je *P₀*+donner+*R* chèvre <u>lui</u> *Loc*+mains *Ma* 1 *P₀*+partir+*A* *Me*

"Nde, à qui j'ai donné une chèvre, est déjà parti."

nt↓émɔ́ mbyě tìuɔ́ d↑íʔí wǎ // mb↑á?↓á m̀bâ w↑á s↓ání
C[-F]+se tenir+*Loc* côté arbre <u>endroit</u> *Rel* que type le+*I* *Pr*+fendre+*R*+*I*

ŋkwîŋ tʃí tsá wú lá…
bois ses les <u>là</u> *Ma*

"…et il se tint près d'un arbre, là où l'homme fendait son bois…"

> REMARQUE 4 : Si l'antécédent a, dans la relative, une valeur de complément de lieu, l'emploi de |ɣóˊ| est facultatif. Le premier exemple ci-après est extrait du même conte que le dernier exemple ci-dessus.

nt↓émɔ́ ɲ↓ê tìuɔ́ d↑íʔí wǎ // mb↑á?à mbâ w↑á s↓ání
C[-F]+se tenir+*Loc* contre arbre <u>endroit</u> *Rel* que type ce+*I* *Pr*+fendre+*R*+*I*

ŋk↑wén ts↓á lâ
bois les *Ma*+*Me*

"…et il se tint sur un arbre, là où l'homme fendait le bois."

mà fîŋ ʃòm wǎ // mb↑á?↓á mà kì bìːn↑í ndz↓úʔú (wú) lâ
je *P₀*+vendre <u>champ</u> *Rel* que je *P₁* planter+*R* ignames <u>(y)</u> *Ma*+*Me*

"J'ai vendu le champ où j'ai planté des ignames."

417

9.2.4. Par un possessif

Si l'antécédent correspond dans la relative à une entité "possédante" :

múŋ bě̞ l꜀íɔ̀   tsè̞ʔé   m꜀û ndâ   bèn[84] **zá // mb꜀áʔ꜀á bí**
alors gens Pr+dormir+I juste+Loc dans <u>maison</u> herbe Rel que 2

vún꜀ɔ́   túɔ̀ ʒí ní ndɔ̞̀ŋnɔ̀ ábɔ̀ʔɔ́n꜀í   bìŋɔ̀
P₂+construire+R tête <u>sa</u> avec bambou et herbe+Me

"…alors les gens dormiraient juste dans une maison de paille dont le toit était fait de bambou et de chaume."

ŋwɔ̀ŋ   gwǎ //mà sùɣìn꜀ɔ́   m꜀átò yì lá // à tsɔ̀ʔɔ́   fàʔà   zɔ̞̂
<u>personne</u> Rel je P₀+laver+R auto <u>sa</u> Ma 1 sélectionner travail mon+Me

"La personne dont j'ai lavé la voiture m'a donné un pourboire."

9.3. Non-représentation de l'antécédent dans la relative

9.3.1. S'il devait y être représenté en tant que complément d'objet

Cette non-reprise de l'objet, sous certaines conditions, par un pronom n'est pas spécifique à la proposition relative (*cf.* 1.3.1. et 8.1.3.).

ndɔ̀ɣí   níbàŋɔ̀   ná // mb꜀áʔ꜀á ɲàm   zâ   tʃìn꜀í   ndèn dá…
C[-F]+prendre <u>sifflet</u> Rel que animal le+9 P₀+Aux+R C[-F]+ranger Ma

"…et il prit le sifflet que l'animal avait rangé…"

9.3.2. Si l'antécédent a, dans la relative, une valeur de complément de temps

ká   mà ʒé   yɔ̞́ ŋkfù zâ // kì yèn꜀ɔ́
Nég je savoir+Fo moi <u>temps</u> Rel+1 P₁ aller+R+Me

"Je ne sais pas quand il est parti."

9.4. La marque anaphorique | lá` |[85]

La proposition relative est close par la marque anaphorique |lá`| lorsque son contenu est considéré comme connu.

REMARQUE 5 : si la relative apparaît en fin d'énoncé assertif, elle est suivie, selon les cas, des marques d'énoncé |ɣe|, ou |a| qui fusionne avec |lá`|.

Le statut de "présupposé" que reçoit le contenu de la relative a plusieurs sources :

– L'information fournie par la relative peut, par exemple, avoit été introduite plus tôt dans le discours.

La relative dans l'exemple ci-dessous n'est pas close par |lá`|, parce qu'il s'agit d'une première mention de la pièce. Notons d'autre part que **mìkɔ̌ŋ** "lances" n'est pas

---

[84] Il s'agit d'une variété d'herbe utilisée pour la construction.
[85] L'emploi de cette marque a aussi été illustré en 3.4. à propos des chaînes de propositions.

déterminé par le démonstratif à valeur d'anaphorique |**má`** |, parce qu'il s'agit aussi de la première mention des lances :

à ɣùnə̂ ŋg↑έ ŋ↓áʔá rûm wá // mb↑áʔ↓á mɨ̀kɔ̌ŋ ts↑ín↓ɨ́ wú...
1 P_0+Aux+A C[-F]+aller *C[-F]*+ouvrir pièce *Rel* que lances *P_0*+être+*R* là
"Après avoir ouvert une pièce où se trouvaient des lances..."

Mais plus loin dans le conte, on relève :

ɲàm z↑á l↓ô tɯ́ // ŋ̀g↑yέ ŋ↓áʔá nd↓á zǎ // mb↑áʔ↓á mɨ̀kɔ̀ŋ
animal le+*1* *S*+se lever+*Loc* arbre *C[-F]*+aller *C[-F]*+ouvrir maison *Rel* que lances
má mí ts↑ín↓ɨ́ wú lá // ǹd↑ɔ́ɣ↓ɨ́ níbàŋə̀...
<u>les</u> *6 P_0*+être+*R* là <u>*Ma*</u> *C[-F]*+prendre sifflet
"L'animal se réveilla, vint, ouvrit la maison où les lances, elles se trouvaient et prit un sifflet..."

La maison (pièce) où se trouvent les lances et les lances ayant déjà été mentionnées, la relative est close par la marque anaphorique **lá**, et **mɨ̀kɔ̌ŋ** "lances" est déterminé par **má** "les".

Autre exemple : dans un conte, le narrateur nous donne en entier la chanson que l'un des personnages, Silum, chante, se plaignant des mauvais traitements que lui fait subir sa sœur, Ngubi, qui ne l'a pas reconnue. Puis le narrateur nous informe que l'une des femmes du chef, en passant son chemin, entend chanter Silum. La relative qui a trait à la chanson se termine alors par la marque anaphorique **lá** puisque nous (les auditeurs) connaissons déjà cette chanson :

ɨ́ʃíʔítɨ́ // ntsí w↑át↓ú // ǹtíʔə́ ndz↑ɔ́b↓ə́ // ŋgɯ́↓´ m↑úm↓â
C[-F]+s'asseoir *C[-F]*+être dessus *C[-F]*+puis+*I* *C[-F]*+chanter+*I* que sœur
yǐ ŋ̀g↑úb↓ɨ́ [...] // màŋgyê ntɔ́ʔɔ́ wùmə̀ʔɔ́ [...] // ǹdzúʔə́ dzàŋ zǎ // mb↑áʔ↓á
sa Ngubi femme palais autre *C[-F]*+entendre façon *Rel* que
sílùmə́ zɔ̀bɨ̀nə́ lá ...
Silum+*1* *Pr*+chanter+*R*+*I* <u>*Ma*</u>
"...et (Silum) s'assit dessus et se mit à chanter : "Ma sœur, Ngubi..."...Une autre femme du palais entendit comment chantait Silum..."

Par la suite, le narrateur nous rapporte, au style indirect, la conversation entre la femme qui a entendu chanter Silum et Ngubi. Au cours de la conversation la femme demande à Ngubi d'aller écouter Silum, sans toutefois lui dévoiler le contenu de la chanson :

ɨ̀súŋ w↑ámb↓ó // ŋgɯ̌ [...] â ɣ↑έ // ndz↓úʔə́ dzàŋə́ kòm zǎ //
C[-F]+dire à elle que que+*1* *Exh*+aller *C[-F]*+écouter sorte chanson *Rel*
mb↑áʔ↓á mɔ́ŋ g↓wá zɔ̀bɨ̀nə́ ɣé
que enfant le *Pr*+chanter*R*+*I* *Me*
"...et elle lui dit [...] d'aller écouter le genre de chanson que chante l'enfant."

Ici la relative ne se termine pas par la marque anaphorique |**lá`** |, puisque Ngubi, l'interlocutrice de la femme, ne connaît pas la chanson de Silum (la marque énonciative |**ɣe**| indique la fin des paroles de la femme du palais, *i.e.* la fin de l'énoncé dans lequel est insérée la relative et non pas la fin de la relative en elle-même ; notons cependant que l'utilisation de la marque |ɣe| et non de la marque |a| est due à la forme imperfective du verbe de la relative).

– Le locuteur peut aussi considérer que son interlocuteur connaît déjà l'information contenue dans la relative, même s'il ne l'a pas lui-même formulée plus tôt dans son discours ; ou encore, faire comme si son interlocuteur connaissait l'information :

múŋ	bí	sě		lˈá?á	wˈê	ʒí //	ŋgŭ	bí	ŋwà?ànɔ́	ŋwà?ànì //	ŋgˈéˇ //
alors	2	P₀+Nég+Loc		pays	ce-ci	savoir	que	2	Pr+écrire+I	lettre	C[-F]+aller

ntsàɣɔ́ //	mˈá?ˈá	dì?ə̀	tsé //	mbˈá?ˈá	bí	tˈɔ́ŋnɔ́	ní
C[-F]+envoyer	C[-F]+jetter	endroit	certain	que	2	Pr+appeler+R+I	avec

pɔ̀sófìs	lâ
poste	Ma+Me

"…alors dans ce pays, on ne saurait pas écrire de lettres et les remettre à un certain endroit qu'on appelle "la poste"".

wérɔ́ //	mbˈá?à	tsìnˈí //		kˈwébtí	ŋkˈyérí	ʒì	áɲˈê	zúmə̀
lui	que+1	P₀+pouvoir+R		C[+F]+changer	apparence	sa	Loc+corps	chose

tsùmɔ́	kùʔù	zú	lá…
tout+Loc	environnement	lui	Ma

"Lui (le caméléon) qui peut adapter son apparence à n'importe quoi dans son environnement…"

tʃwì	wá //	mbˈá?à	bèní	ŋwô̝	nìkùə̀	tsὲ?é	ŋkàn	dá…
antilope	Rel	que+1	P₀+être+R	personne	course	juste	vrai	Ma

"L'antilope qui est vraiment une sprinteuse…"

Les relatives des deux derniers exemples énoncent des vérités en quelque sorte, universelles, évidentes. Quant à la relative du premier exemple, le locuteur suppose que son interlocuteur sait, et accepte, que c'est à la poste qu'on remet ses lettres.

REMARQUE 6 : lorsque l'antécédent est déterminé par un démonstratif, la marque anaphorique peut être remplacée par la marque déictique lui correspondant[86] :

mà	zùŋɔ̂	bébˈí	zˈê //	mbˈáˈá	fúŋnɔ́	lə̂
je	P₀+acheter	bouc	ce-ci	que+7	Pr+être noir+R+I	ici+Me

"J'ai acheté ce bouc-ci (près de moi), qui est noir."

mà	zùŋɔ́	bébˈí	zˈâ //	mbˈá?ˈá	fúŋnɔ́	lâ
je	P₀+acheter	bouc	ce-là	que+7	Pr+être noir+R+I	là+Me

"J'ai acheté ce bouc-là (près de toi), qui est noir."

mà	zùŋɔ̂	bébí	ʒì //	mbˈá?ˈá	fúŋnɔ́	líɔ̀
je	P₀+acheter	bouc	ce-là	que+7	Pr+être noir+R+I	là-bas+Me

"J'ai acheté ce bouc-là (loin de toi et de moi), qui est noir."

Aucune occurrence de |lí ˋ| "là-bas" et de |lán ˋ| "ici" n'a été relevée dans les textes étudiés[87]. En revanche, l'exemple ci-après, trouvé dans un conte, illustre probablement l'emploi de la

---

[86] Les particules déictiques ne sont pas des adverbes comme pourraient le laisser supposer les traductions. On peut les retrouver aussi en tête de l'énoncé identificateur.

[87] Les trois énoncés ci-dessus ont été obtenus par questionnaire. L'une de mes informatrices qui disait ne pas employer elle-même les marques |lí ˋ| "là-bas" et |lán ˋ| "ici", les acceptait ayant

marque déictique |lá`| "là (près de toi)", associé à l'emploi simultané du démonstratif gw⁺â "ce-là (près de toi)" et des pronoms ò "tu" et yò "toi" :

màʔá   m⁺ɔ́ŋ gw⁺â // mb⁺áʔ⁺ó kwɛ̀ʔɛ̀n⁺ɔ́   b⁺ó yò lá ...
Imp+jeter enfant <u>ce-là</u>   que+<u>tu</u> Pr+porterR+I+Loc bras <u>toi</u> <u>là</u>
"Jette cet enfant-là que tu portes sur ton bras..."

Rappelons que le démonstratif |-á`| "ce-là (près de toi)" est le plus souvent utilisé avec une valeur anaphorique "ce...en question (déjà connu)", traduit en français par l'article défini (*cf.* III.4.1.3.C.b.). On constate donc le même phénomène avec la marque déictique |lá`|.

9.5. Proposition relative exprimant la manière

Cette relative a pour antécédent le nom |àdzàŋ`| "espèce" (cl. 7).

Cet antécédent peut assumer différentes fonctions : il peut être complément d'objet, être régi par le fonctionnel locatif |á|, la locution locative |á ìɲé`| "contre", former avec la copule |nî`| ou le verbe |bé| un prédicat complexe. Il n'est pas repris dans la relative.

Selon la fonction que remplit l'antécédent, le morphème relatif |-à´| s'accorde en classe 7 (préfixe |z-|), ou en classe locative (préfixe |ɣ-| w-).

Il est cependant fréquent que la consonne d'accord ne soit pas utilisée. Le morphème relatif se réalise alors [ə]. En général, la conjonction |m̀´bàʔ´| "que" introduit la relative, mais ce n'est pas obligatoire. Enfin on a relevé une occurrence de relative introduite par la seule conjonction |m̀´bàʔ´| "que" (*cf.* le dernier exemple *infra*).

REMARQUE 7 : au plan diachronique, on peut penser que ces variations indiquent un changement, en cours, du statut de la relative de manière, qui de subordonnée à un nom deviendrait subordonnée à un verbe[88].

ndzú?ɔ́   dzàŋ zǎ // mb⁺áʔ⁺á síl⁺úmɔ́ z⁺ɔ́bínɔ́   lá...
C[-F]+entendre <u>espèce</u> *Rel* <u>que</u>   Silum+*I* Pr+chanter+R+I *Ma*
"...et elle entendit comment chantait Silum..."

átǔŋ   tʃùʔú ò tsì⁺´/ // z⁺úʔɔ́   dzàŋ zá // mb⁺áʔ⁺á wérɔ́
Loc+force nuit   tu P₀+être *C[+F]*+entendre <u>espèce</u> *Rel* <u>que</u>   lui+*I*
tɔ́ŋnì   bèm byí...
Pr+appeler+R+I gens ses
"Au plus profond de la nuit, tu peux entendre comment il appelle ses sujets..."

tákɔ̀ʔɔ̀bə̀ nù   wûntə̀n à b⁺é⁺´ dzàŋ zá // mb⁺áʔ⁺á bî m⁺ɨ́ ts⁺ɔ́ʔɔ́
grandeur chose dure *I* P₂+être <u>espèce</u> *Rel* <u>que</u> 2 *Fut* choisir
fɔ̀ wíŋə̀   "La grande difficulté, c'était comment on choisirait ce chef."
chef ce-ci+*Me*

á zú?ɔ̀   dzàŋɔ́ // mb⁺áʔ⁺á ŋwò̰   tùmní   n⁺ɨ́bv⁺úrɔ́ bv⁺úʔúnɔ́...
I S+entendre <u>espèce+*Rel*</u> <u>que</u> personne P₀+tirer+R crotte+*Loc* coin
"Il entendit comment la personne avait crotté dans le coin..."

---

remarqué que l'une de ses tantes les utilisait.
[88] *Cf.* les propositions temporelle (4.1) et causale (6.1).

ntíʔɔ́ nd[↑]ó̰[↓]` àdzàŋɔ́ // mb[↑]á̰ʔ[↓]á zûu m[↑]ɨ́ kànɔ́ múə̀

C[-F]+alors+I C[-F]+chercher+I espèce+*Rel* que elle+*I* *Fut* sauter+*Loc* dans

tsùm íɣḛ̌ yé

lac C[+F]+partir elle+*Me*

"…et cherchant comment sauter dans le lac et disparaître."

ndz[↑]ɔ́b[↓]ɔ́ dzàŋɔ́ // mb[↑]á̰ʔà m[↑]ɨ́ l[↓]ání zúʔú ʃíʔìnɔ́

C[-F]+chanter espèce+*Rel* que+*I* *Fut* vraiment C[+F]+entendre bien+*Me*

"…et il (l'oiseau) chanta de façon à ce qu'il (l'homme) l'entende bien."

ŋk[↓]ṵ́ʔɔ́ sàŋəbyě dzàŋɔ́ // mb[↑]á̰ʔ[↓]á zûu m[↑]ɨ́ lɔ̀ɣɨ́ míkɔ̀ŋ má…

C[-F]+empiler+*Loc* cour+*Loc* espèce+*Rel* que lui+*I* *Fut* prendre lances les

"…et il les empila dans la cour comme il les emporterait…"

ndz[↑]éɣ[↓]ɨ́ ndâ ʒì tsḛ̀ʔé dzàŋɔ́ // mb[↑]á̰ʔà kwàŋn[↑]ɔ́ ndzèɣɔ́ lá…

C[-F]+balayer maison sa juste+*Loc* espèce+*Rel* que+*I* P0+Aux+R+*Loc* balayer *Ma*

"…et il balaya sa maison juste comme d'habitude…"

má s[↑]á̰ʔà ndʒèlà̰ʔà ádzàŋɔ́ // mb[↑]á̰ʔ[↓]á nìmàŋ̀ə̀ ts[↑]án[↓]ɨ́ //

je *Pr*+raconter+I histoire *Loc*+espèce+*Rel* que civette+*I* P2+passer+R

mbɔ̌ŋ // tḭ́ʔí kfúrìnɔ̀ ŋgúbə̀

C[-F]+être bon C[+F]+alors C[+F]+manger+I volaille+*Me*

"Je raconte comment la civette en vint à manger les poules."

sílùmə̀ kɨ̀ ŋg[↑]ṵ́u tsḛ̀ʔé dzàŋ wǎ // à fṵ́ʔṵ́tíní lâ

Silum *S*+aussi C[-F]+faire juste+*Loc* espèce *Rel* *I* P2+informer+R *Ma*+*Me*

"Silum agit selon ce qu'elle (sa mère) lui avait dit."

ǹdóm yì w[↓]á w[↓]á̰ʔátì // ŋg[↑]ṵ́u[↓]` […] à sě t<sup>↑</sup>ɔ́ŋə̀ yí bé<sup>↑</sup>` ɲ[↓]é

mari son le *S*+penser que *I* P0+*Nég* appeler+*Fo* le *Foc*+*Loc* corps

dzàŋɔ́ // zṵ́u kì tʃìn[↑]ɨ́ fṵ̀ʔṵ̀tì l[↑]á l[↓]é

espèce+*Rel* lui P1 Aux+R C[-F]+informer *Foc* hein

"Son mari pensa : […] ne l'a-t-elle (son épouse) pas appelé comme il (son mari) le lui avait dit, hein ?"

tʃwì tsé zṵ́ʔú // mb[↑]á̰ʔ[↓]á bɨ́ ɣàmnɔ́ lá…

antilope certaine *S*+entendre que *2* *Pr*+discuter+R+I *Ma*

"Une antilope entendit comment ils discutaient…"

10. HIÉRARCHIE ÉNONCIATIVE

10.1. Topicalisation

La topicalisation permet de présenter l'élément sur lequel porte le reste de l'énoncé, l'entité à propos de laquelle on va dire quelque chose.

10.1.1. Caractéristiques du topique

– Le topique se place en tête d'énoncé.

– Le locuteur marque une légère pause entre le topique et le reste de l'énoncé, ce qui s'accompagne de l'absence de phénomènes de sandhi segmental et/ou tonal entre le dernier terme du topique et le terme suivant.

– Le topique a une fonction énonciative mais pas de fonction syntaxique. Néanmoins, il est repris, à une exception près (*cf. infra*), dans la proposition qui le suit, par un pronom qui, lui, a une fonction syntaxique. Il n'y a pas de représentation du topique en fonction objet, sauf si la référence est à un être humain ou à un animal personnifié ; mais même dans ce cas, l'usage d'un pronom reste facultatif[89].

– Le topique doit être défini, c'est à dire renvoyer à une entité particulière, ou avoir une valeur générique.

10.1.2. Topicalisation du sujet

La topicalisation du sujet est de loin la plus fréquente. Le topique est repris dans la proposition dont il est extrait par un pronom sujet[90] :

sílùm   á súyì   ɲ↑é   w↓ú...
Silum   *1* *S*+laver corps avec elle
"Silum, elle se lava le corps avec (l'eau)…"

tă   yì   àdzɔ̀ŋɔ́   fɔmíŋgòm   á súŋ   nì   m↑ɔ́n gw↓á...
père son géant   Fomingom   *1* *S*+dire avec enfant le
"Son père, le Géant Fomingom, il dit à son enfant…"

àdzɔ̀ŋɔ́   fɔmíŋgòm   mà zù?ú //   ŋgǔ   ò   ʒɛ̃̀   nùɔ́   ŋk↑yér↓ɨ́...
géant   Fomingom   je *P₀*+entendre que tu *P₀*+savoir chose arc
"Géant Fomingom, j'ai entendu dire que tu t'y connaissais au tir à l'arc…"

> REMARQUE 1 : dans ce dernier exemple, le topique est extrait de la proposition complétive et c'est donc dans cette proposition que se trouve le pronom sujet reprenant le topique.

ŋ̀gwé   ó lŏ   l↑á   ɣ↓é   "Jeune fille, d'où viens-tu ?"
jeune fille tu *Pr*+venir+*I* *Foc* où ?

---

[89] *Cf.* 1.3.1., 8.1.3. et 9.3.1.

[90] Dans tous les exemples, le topique (un nom ou le nom de tête dans un syntagme déterminatif) et le pronom qui le reprend sont soulignés dans la traduction mot à mot.

mú   máŋkòŋ gwê ò ɣᵘ̌u //   ò   tsɔ̀ʔɔ̂...
<u>enfant</u> Mankon ce-ci <u>tu</u> P₀+dire tu P₀+enlever
"Enfant de Mankon que voici, tu dis que tu as retiré…"

mè   mâfɔ mà tùŋɔ̂   "Moi, Mafo, je refuse."
<u>moi</u> Mafo <u>je</u> P₀+refuser+Me

Dans tous les exemples donnés ci-dessus, le topique inclut un nom de personne ou à valeur de "titre".

Les pronoms indépendants de personnes, mè "moi", ɣò "toi", etc. ne peuvent pas constituer à eux seuls le topique (*cf.* le dernier exemple ci-dessus). Ceci ne vaut pas pour les pronoms indépendants de classes qui peuvent aussi bien apparaître seuls (*cf.* les deux premiers exemples ci-après) que suivis d'un terme qui les précise, s'il y a un risque d'ambiguïté ; c'est ainsi que dans le dernier exemple, wérɔ́ "elle" est suivi de tsɔ́ʔɔ̀ ntáʔá "la perdrix des collines" pour qu'il n'y ait pas de confusion possible avec tsɔ́ʔɔ̀ kǒ "la perdrix des bois" :

wérɔ́ á tíʔì   ndʒí //   ŋgᵗᵘ́u bᵗᵉ́ ànùɔ́ ɣᵗᵘ́u   fᵗᵘ́...
<u>lui</u> *1* S+alors C[-F]+savoir que si   chose Cd+Aux C[-F]+sortir
"Lui, il savait que, si quelque chose arrivait…"

bᵗɔ́ bᵗɔ́ bɪ́ tíʔᵗɪ́   ŋgéᵗ́   áwᵗɔ́mɔ̀
<u>eux eux</u> *2* S+alors C[-F]+aller+Loc chasse+Me
"Lui (l'animal) et eux (les autres animaux), ils allèrent alors à la chasse."

wérɔ́ tsɔ́ʔɔ̀   ntáʔá á zóm....
<u>elle</u> perdrix colline *1* S+être sec
"Elle, la perdrix des collines, elle maigrit…"

Dans les quatre exemples ci-dessous, le topique inclut le démonstratif wê(n) / wîŋ ou zê "ce-ci" ou l'anaphorique mᵗá "les (ces) en question". Le topique est donc aussi pleinement identifié :

ŋgwê yì wê à bvúrɪ́ tsɛ̀ʔɛ̀ tì tɔ́ŋɔ̀   yí...
<u>femme</u> sa ce-ci *1* P₂+rester juste sans appeler+Fo le
"Sa femme, elle ne l'a pas encore appelé, depuis le temps…"

wîŋ mɔ́n ámû ndᵗá wᵗên à sě   mᵗɪ́sᵗáŋ mɪ́fɔ̀ ŋgᵗéᵗ́   ntsìŋɔ́
ce-ci <u>enfant</u> dans maison ce-ci *1* P₀+Nég sorgho chef aller+I+Loc surveiller
"Cette enfant-ci, dans cette maison-ci, ne va-t-elle pas surveiller le sorgho du chef ?"

m̀bᵗɔ́m zᵗê ɪ̀ kɛ̀ʔé   bɔ́ŋɔ̀
<u>habitude</u> ce-ci *9* P₀+Nég être bon+Me
"Cette habitude, elle n'est pas bonne."

múŋ mìŋkàʔà mᵗá mᵗɪ́ mɪ́mbáᵗ́ mɪ́ lᵗwéʔᵗétɔ́   ɣô
alors <u>flèches</u> les *Mn* deux *6* P₀+emporter+Fo te+Me
"…alors les deux flèches, elles t'auraient emporté."

Dans l'exemple suivant bàmᵗɔ́ʔɔ́ "les autres" opposent certains frères et sœurs de la locutrice à d'autres de ses frères et sœurs dont elle vient de parler :

bàm ˈɔ́ʔ ˩ɔ́   bɪ́   tʃɛ̂   ndá   ŋwàʔànə̀...
les autres *2*   *S*+rester+*Loc* maison écrire
"Les autres (les frères et les sœurs), ils étaient à l'école…"

Suit un autre exemple où le nom topicalisé est déterminé par l'indéfini spécifique |tsé´| "un certain" : l'oiseau n'a pas encore été mentionné dans le conte, mais ce n'est pas n'importe quel oiseau. La topicalisation de **súŋ wûtsé** "un certain oiseau" est donc possible :

súŋ   wûtsé   á   kɪ̂   ndzúʔɔ́   dzàŋ   wá //...
oiseau certain *1* *S*+aussi *C[-F]*+entendre+*Loc* façon *Rel*
"Un certain oiseau, il entendit, de son côté, comment…"

Notons que la topicalisation d'un syntagme relatif en fonction de sujet est obligatoire :

wérɔ́ //   mbˈáʔà tsɪ̀n ˈɪ́   kˈwébɪ́tɪ́   ŋkˈyérɪ́ ʒě   ɲ ˈê   zúmə̀   tsùmɔ́
lui   que+*1* *P₀*+être+*R* *C[+F]*+changer apparence sa+*Loc* corps chose toute+*Loc*

kɪ̀uʔɪ̀   z ˈɪ́u lá // à   lŏ   ŋk ˈó...
environnement lui   *Ma* *1* *P₀*+Aux *C[-F]*+attraper
"Lui, qui peut changer son apparence en fonction de tout dans son environnement, il a saisi…"

 m̀bâ wá // mbˈáʔà tsɪ̀n ˈɔ́   bv ˈúʔúnɪ́ lá // á tsáɣɪ̀   múɣɪ̀ mɪ́...
type *Rel* que   *P₀*+être+*R*+*Loc* coin   *Ma* *1* *S*+envoyer yeux ses
"Le type qui est dans le coin, il jette un coup d'œil…"

b ˈɔ́m   b ˈɪ́mâ bá bɪ̀làmɔ̂ //mbˈáʔ ˩á bɪ́ tsín ˩ɪ́ [91] // bɪ́ tʃɛ̂   wá
enfants mère   mes aînés   que   *2* *P₀*+être+*R* *2* *S*+être+*Fo* eux+*Loc*

t ˈómə̀   "Mes frères et sœurs, les aînés, ils étaient à l'étranger."
étranger+*Me*

Et, finalement, le topique ci-après renvoie à des éléments d'un lieu unique, donc bien défini, à savoir "Le Pays" (Mankon) :

ɪ̀dɪ̀ʔɪ́ àzúmə̀ tsùm bó mɪ̀ŋkyɪ̀   mɪ́ zómkə̀
endroits chose toute et cours d'eau *6* *S*+être sec+*Me*[92]
"Les terres, toute chose et les cours d'eau, ils étaient desséchés."

Dans tous les exemples donnés jusqu'ici (sauf celui où le topique est extrait de la proposition complétive) le pronom sujet qui reprend le topique suit directement ce dernier. La situation est différente lorsque la négation **ká** est utilisée. En effet cette négation se place en tête de proposition :

ká   bɪ̀ʃ ˈwí b ˩ɪ́mb ˩ô k ˈúʔ ˩únɔ́   yɛ́
Neg doigts   mains   *P₀*+s'atteindre+*Fo* eux+*Me*
"Les doigts des mains ne sont pas égaux." (Proverbe).

---

[91] Il s'agit d'une relative existentielle : mot à mot : "que ils sont", qui n'apparaît pas dans la traduction libre.
[92] Le pronom **mɪ́** (cl. 6) correspond à la classe du dernier nom du topique.

425

Lorsque le sujet est topicalisé, il se retrouve en dehors de la proposition, devant la négation et il est alors séparé du pronom sujet qui le représente dans la proposition :

àbébí kâ   fúɔ̀   yí fᵗíŋgᵗwáŋɔ̀   "Un bouc, ne produit pas de sel."
bouc   Nég+_7_ sortir+_I_+Fo lui sel+_Me_   (Proverbe).

m̀bᵗó mᵗímbᵗá ká mì sámɔ̀   yé zúmɔ̀
mains deux   Nég _6_ manquer+_I_ elles chose+_Me_
"Deux mains, elles ne manquent jamais rien." (Proverbe).

ìfɔ̀ tì bèn kâ   bé yí fɔ̀ ɣè   "Un chef sans sujets, ce n'est pas un chef."
chef sans gens Nég+_1_ être le   chef _Me_

Ces exemples illustrent aussi le fait qu'un terme indéfini peut être topicalisé s'il a une valeur générique.

10.1.3. Topicalisation des compléments

Les compléments topicalisés ne sont jamais régis par un fonctionnel, ce qui prouve bien que le topique n'a pas de fonction syntaxique. En revanche, le pronom qui reprend le topique est marqué, d'une façon ou d'une autre, pour sa fonction syntaxique. (A noter que, dans cette section, on ne revient pas sur le caractère défini du topique).

ǹdzâ ntùʔɔ̀   fɔ̀   bí kwíʔìtì   ŋkyì wɔ́
soupe retardataire champ _2_ _P₀_+ajouter eau là+_Me_
"La soupe de celui qui arrive tard du champ, on y rajoute de l'eau." (Proverbe).

ndzâ "soupe" n'est pas régi par le fonctionnel locatif |á|, mais est repris par le pronom (pro-syntagme) |ɣóˊ| wú à valeur locative ici.

mú ɣà ntsùm wá // mbᵗáʔᵗá mà kɔ̀ŋní //   búŋ mà mᵗí ɣᵗá   wú ámbᵗô
enfant mon tout Rel que   je _P₀_+aimer+_R_ alors je Fut donner lui à+_Me_
"N'importe lequel de mes enfants que j'aime, alors je le lui donnerai."

mú "enfant" est repris |ɣóˊ| wú suivi du syntagme locatif á mbô "à" (_litt._ : "aux mains (de)").

ǹdzàm zê à tìʔí   ŋgè //   ntʃé   yí ní zérɔ́...
hache ce-ci _1_ _P₀_+alors C[-F]+aller C[-F]+être+Fo elle avec elle
"Cette hache, elle l'a emportée et la garde…"

Enfin, dans ce dernier exemple, ǹdzàm "hache" (cl. 9) est repris par le pronom indépendant zérɔ́ (cl. 9) régi par le fonctionnel ní "avec".

Un topique issu d'un complément objet n'est pas repris par un pronom, sauf, facultativement, si la référence est à un être humain ou à un animal personnifié (mais rappelons qu'on a affaire ici à une règle générale) :

ŋkábì tsé   mà kàʔá mbᵗó ŋwɔ̀   kî   ŋkwárɔ́
argent un certain je S+Nég à   personne aussi C[-F]+prendre+_Me_
"De l'argent, je n'[en] ai emprunté à personne non plus."

àzúm tsè?é   ts⌐ô   ŋkábí mà tsǐ //   kà?á   zè
chose juste   comme argent je P₀+être C[+F]+Nég voler+Me
"Quelque chose comme de l'argent, je ne peux pas [le] voler."

ìdzúm tsɩ̀γ̀ùnɔ́ ʃy⌐é   nî mbó mà yɯ́u   tɩ̀ //   nts⌐át↓ɔ́...
choses faites+Loc sol avec mains je S+faire beaucoup C[-F]+passer
"Ce qu'on fait au sol de ses mains, j'[en] ai fait vraiment beaucoup."

àfà?à tsùm tsùm zǎ // mb⌐á?↓ó lɔ̀nɩ́   ŋgà⌐   mb↓ó màŋgyè wê //
travail tout tout Rel que+tu P₀+vouloir+R C[-F]+donner à femme ce-ci
ò   γá   mb⌐ô   bù?ù   tsê...
tu S+donner à   esclaves ces-ci
"Tout travail que tu veux donner (à faire) à cette femme, tu [le] donnes à ces esclaves-
ci…"

bèm bá // mb⌐á?↓á   bɩ̀ k⌐wár↓ínɩ́   ŋkyì w⌐á l↓á // bɩ́ tí?ɔ̀
gens Rel que   2 P₂+prendre+R eau la Ma 2 S+alors+I
ntɔ́ŋɔ̀   wá nɩ́ bɩ̀kɩ̀rítènɔ̀...
C[-F]+appeler+I+Fo les avec chrétiens
"Les gens qui s'étaient fait baptiser, on les appelait alors des chrétiens…"

ìɲàm zâ // fòmnɩ́   ŋkù?ɔ́   d⌐í?ɔ́ l↓áŋ wá // nts↓í   wá t↓ú //
animal Rel+9 P₀+premier C[-F]+atteindre+Loc endroit chaise le C[-F]+être là sur
múŋ bɩ́ m⌐í ts↓ɔ́?ɔ́   yé   ɲ↓ê fɔ̀   γè
alors 2 Fut retirer+Fo le+Loc contre chef Me
"Le premier animal à arriver à la chaise et à s'y asseoir dessus, alors on le choisira comme
chef."

Dans ces deux derniers exemples, le topique est repris par un pronom objet régi
par le fonctionnel objet |á|. A noter que ìɲàm "animal" (cl. 9) est personnifié puis-
qu'il est repris par yé pronom objet de cl. 1, et non par zérɔ́ pronom indépendant de
cl. 9.

REMARQUE 2 : dans les deux exemples qui suivent les compléments locatifs (exprimant respectivement le temps et le but) ne sont pas des topiques bien que placés en tête d'énoncé. En
effet ils sont régis par le fonctionnel locatif |á| et ils ne sont pas repris par la suite. On peut dire
qu'ils constituent le cadre de la proposition à laquelle ils appartiennent :
á   ntǔuŋ   tʃù?ú ò tsì⌐   z↓ú?ú   ádzàŋ zǎ // mb⌐á?↓á wérɔ́
Loc être fort nuit tu P₀+être C[+F]+entendre façon Rel que lui+I
tɔ́ŋn↓í   bèm byí // ŋgɔ́ bɩ̀ y⌐é↓`//   nts↓í   bó b↓ó γé
Pr+appeler+I gens ses que+que 2 Exh+venir C[-F]+être eux eux Me
"Au plus profond de la nuit, on peut entendre comment il appelle ses sujets pour qu'ils viennent
et vivent tous ensemble."

á   ndzɔ̀ŋ⌐ɔ́ ɲ↓ê   kàn   dzá // bô γ⌐úun↓í lá // bó tsî   nɩ̀ ntsɔ̀?ɔ́
Loc suivre contre accord Rel eux P₂+faire+R Ma eux S+être avec tirer
n⌐íná?á áɲ↓ê fɔ̀   γè
caméléon contre chef Me
"Pour respecter l'accord qu'ils avaient conclu, ils durent prendre Caméléon comme chef."

427

10.1.4. Topicalisation du nom déterminant dans la construction associative N_1+N_2

Le nom topicalisé (N_2) est représenté dans le syntagme d'où il est extrait, par un possessif, s'accordant avec le nom qu'il détermine :

àdzɔ̀ŋɔ́ l⁺á?⁺á   zê   ìkûm yî   b⁺é   àdzɔ̀ŋɔ́   fɔ̀míŋgòmɔ́
<u>géant</u> pays ce-ci nom <u>son</u> P_2+être Géant   Fomingom+*Me*
"Le géant de ce pays, son nom était Géant Fomingom."

ŋwɔ̀ŋ   gwă // íf⁺éɣ⁺í   kón⁺í   tísɔ́ // ìɲê   ʒí   f⁺úɣɔ́   ɣé
<u>personne</u> *Rel* froid P_0+prendre+*R* trop corps <u>son</u> *Pr*+être blanc+*I Me*
"Une personne qui a eu trop froid, son corps est blanc."

10.1.5. Locutions locatives introduisant le topique

On a relevé deux locutions locatives pouvant introduire le topique. Il s'agit de á mb⁺ô "quant à" (*litt.* : "aux mains (de)"), qui sert à opposer une entité à une autre (*cf.* le premier exemple) et á ɲ⁺ê "en ce qui concerne" (mot à mot : "à corps (de)"), utilisée dans les énumérations (les exemples avec á ɲ⁺ê donnés ci-dessous font partie d'une même énumération). Dans tous les cas le topique est repris :

zé //   mb⁺á?⁺á mà kɔ̀ʔɔ̀nɔ́   ɣ⁺ɔ́⁺ t⁺úɔ́ // ámb⁺ó yò ò númà
Imp+voir que   je P_0+grimper+*R*+*Fo* moi+*Loc* haut+*Me* quant à toi tu *S*+errer

ŋkárà m⁺ú mìbà?à ŋgɔ̀ŋ ŋkfù ntsùm lá...
tourner+*I* dans brousse type temps tout   *Ma*
"Vois comment je me perche en hauteur ; quant à toi, tu erres en rond dans la brousse tout le temps..."

áɲ⁺é àdì?ɔ́   nù //   ŋg⁺ú ŋwò̩   tsê   kwátɔ́   wɔ́ŋ gwú // bí   tsɔ́ʔɔ́tì
<u>contre</u> <u>endroit</u> chose que personne certaine *Exh*+aider+*Fo* vous là   2   *S*+retirer

nù   wú tsùm tsùm...
chose <u>là</u> tout   tout
"Là où il fallait que vous soyez aidés, absolument tout a été réglé..."

áɲ⁺é ànùɔ́ t⁺ú⁺ɔ́ lûm ká bùyí ŋwò̩   tʃé   wúɣí zú nɔ́ nù wɔ́
<u>contre chose</u> tête Lum *Nég* nous personne être+*Fo* nous lui avec chose <u>là</u>+*Me*
"En ce qui concerne la dot de Lum, personne n'était avec moi."

10.2. Focalisation

La focalisation est la mise en relief d'un des termes de l'énoncé. Elle peut être neutre, contrastive ou restrictive.

Différents procédés sont mis en jeu selon le terme focalisé (le foyer) et la valeur de la focalisation : changement dans l'ordre relatif des éléments, clivage, utilisation de "particules", et procédés morphologiques (redoublement et suffixation).

RAPPEL : L'ordre relatif des éléments constitutifs de tout énoncé affirmatif non marqué par la focalisation est : S prédicat (O) (C).
S : sujet. Sa présence est obligatoire ;
O : complément objet (correspondant à l'actant "patient") ;

C : autres compléments. Le complément correspondant à l'actant "bénéficiaire" vient en tête. Le prédicat est représenté par un verbe[93] précédé éventuellement d'auxiliaires (*cf.* IV.7.1.1.).

10.2.1. Focalisation du sujet

La focalisation du sujet a des conséquences syntaxiques non seulement au niveau du sujet, mais aussi au niveau des compléments.

10.2.1.A. Traitement du sujet

Pour focaliser le sujet, on le place juste derrière le verbe. Syntaxiquement parlant, il n'est plus le sujet, puisqu'il ne commande plus l'accord du verbe. Comme la présence d'un sujet est obligatoire, on utilise le pronom sujet de la cl. 1, |à| – qu'on peut qualifier, dans cet emploi, de pronom vide – quelle que soit la classe à laquelle appartient le foyer (classes 1, 2 et 7 dans les exemples ci-dessous) :

|à zɔ̀bɨ́ `   ǹ-kúm´ a| à zɔ̀bɨ̂ ŋkùmɔ́[94]
1 P₀+chanter 1-notable Me
"C'est un notable qui a chanté."

|à zɔ̀bɨ́ `   bì-kúm´ a| à zɔ̀bɨ́ bìkùmɔ́
1 P₀+chanter 2-notable Me
"Ce sont des notables qui ont chanté."

à tʃɛ̃́   (à)zᵗúmᵗɔ́   dàŋɔ́   mᵗû   ndᵗá wᵗá…
1 P₀+être (7) chose+7 diférent+Loc intérieur maison ce-là
"Il y a quelque chose de différent dans cette maison…"

Lorsque le sujet focalisé est un pronom (pronom qui appartient forcément au paradigme des pronoms sujets), il est remplacé, en tant que foyer, par un pronom indépendant (dans les exemples ci-dessous on a **mê** "moi" au lieu de **mà** "je", **ɣô** "toi" au lieu de **ò** "tu") :

témɔ̀ //   ámbyì súŋɔ̀   à bᵗɨ́[95] tᵗíʔí   tsà   mê ɣè
Imp+être debout devant aujourd'hui 1 Fut alors C[+F]+passer moi Me
"Attends! C'est moi qui irai devant, aujourd'hui."

ìmòɣɨ́ tʃé   tᵗú mè // mà kàʔá kúɨ // á búŋɔ̀   mbɔ́ɣɔ́   ɣô lé
feu+3 P₀+être+Loc tête moi je S+Nég brûler 1 S+encore+I C[-F]+craindre+I toi hein
"Il y a du feu sur ma tête, je ne brûle pas, et en plus c'est toi qui as peur, hein!"

Tous les exemples donnés ci-dessus relèvent de la focalisation neutre (*i.e.* ni restrictive ni contrastive).

---

[93] Le prédicat peut être complexe (*cf.* 1.2.2.). Le verbe qui entre dans la composition d'un tel prédicat peut aussi être précédé d'auxiliaires.

[94] Il est possible d'employer la particule de focalisation |lá` | (*cf.* 10.2.2.) devant le sujet focalisé, mais, d'après les informateurs, le sens est le même qu'en l'absence de cette particule : **à zɔ̀bɨ́ lᵗâ ŋkùmɔ́** "C'est un notable qui a chanté."

[95] Le formatif du futur est **mᵗɨ́** ou **bᵗɨ́**.

– Pour que la focalisation ait une valeur restrictive, il faut faire précéder le foyer de l'adverbe |tsὲʔˋ| "juste" :

áɲˈέ   m˩âŋkɯ́ɔ́ á   númɔ́   ŋgˈɔ̌˩ˊ   tsὲʔὲ   mὲ...
contre enfants   1   Pr+vaquer+I   C[-F]+faire+I   juste   moi
"En ce qui concerne les enfants, il n'y a que moi qui m'applique à faire quelque chose..."

à ɣˈέ   ndzˣón   tsὲʔὲ   bùɣí   zˈɯ́ bítsùm //   ŋgá   wˈábˣ
1 P₂+aller C[-F]+acheter juste   nous+et lui   2+tous   C[-F]+donner   à lui+Me
"C'est seulement lui et moi, en tout et pour tout, qui allèrent l'acheter (la chèvre), et je la lui[96] donnai."

> REMARQUE 3 : dans le dernier exemple ci-dessus, le foyer est un syntagme coordinatif (*cf.* III.7.1.).

– Pour que la focalisation ait une valeur contrastive, le foyer doit être précédé de la locution |á béˋ| :

à yìŋɔ́   bˈê fùrɔ́
1 P₀+chanter *Foc* Fru+Me
"C'est Fru qui est venu (alors que j'attendais quelqu'un d'autre!)."

> REMARQUE 4 : Cette locution |á béˋ| est selon toute vraisemblance la forme figée du verbe |bé| "être" (utilisé dans l'énoncé identificateur, *cf.* 1.2.2.), au successif. A l'origine on a dû avoir affaire à une chaîne de deux propositions, le verbe de la deuxième |bé| "être" étant conjugué au successif ou à l'exhortatif en fonction de la forme du verbe de la première proposition (*cf.* 3.1.). Selon cette hypothèse la traduction littérale de l'énoncé ci-dessus était : "Il (impersonnel) est venu, et c'est Fru". Le |á| de |á béˋ| (sujet de la proposition avant sa grammaticalisation) est réalisé [á] si les informateurs marquent une pause devant la locution. Autrement sa présence est souvent décelable à travers les phonèmes de sandhi (*cf.* le ɔ́ en finale de yìŋɔ́ dans l'exemple ci-dessus). Les deux tons B de la locution rendent compte de la plupart des réalisations tonales (*cf.* en IV.3.5.1. le problème tonal que pose tout verbe à ton lexical H conjugué au successif). Néanmoins pour certaines réalisations, il suffirait de poser un seul ton B (*cf.* la remarque 9 en 10.2.2.). Cette locution sert aussi à la focalisation contrastive des compléments (*cf.* en 10.2.2.)

> REMARQUE 5 : on peut placer devant le pronom vide |à| une particule déictique |láˋ| "cela" (mais aussi, plus marginalement, |lánˋ| "ceci" ou |líˋ| "cela, là-bas") qui se combine ou même s'amalgame à lui (ces particules ont été présentées à propos de l'énoncé identificateur en 1.2.2.A. remarque 4, et à propos de la relative en 9.4. remarque 6) :
>
> lâ   zɔ̀bí   bì-kùmɔ́   "Ce sont des notables qui ont chanté."
> Pd+1 chanter 2-notable+Me

Les procédés décrits dans ce chapitre ne sont pas spécifiques à l'énoncé assertif. C'est ainsi que, pour s'en tenir à la focalisation du sujet, dans la question partielle, on observe les faits suivants :

ìwä̌   yìŋɔ̂   "Qui est venu ?"
1-qui P₀+venir+Me

Cette question est qualifiée de « plate » par les informateurs. Le sujet précède le verbe comme dans l'énoncé assertif. On peut répondre à cette question par : "Personne n'est venu." (l'information présupposée est niée), ou par : "(C'est) X (qui est venu)", si quelqu'un est effectivement venu.

---

[96] Les deux "lui" ne renvoient pas à la même personne.

En revanche, si le nom interrogatif sujet est focalisé, comme il l'est dans l'exemple ci-dessous, l'information présupposée ne peut pas être niée : la personne qui pose cette question est certaine de la venue de quelqu'un. La seule réponse possible est : "(C'est) X (qui est venu)."

à yĭŋ   wǎ   "Qui est venu ?"
1 P₀+venir qui

Et si |á bé`| est utilisé, la focalisation est contrastive :

à yìŋɔ́   bᵗê wǎ   "Mais qui est venu ? (si ce n'est pas X)"
1 P₀+venir Foc qui

10.2.1.B. Traitement du complément d'objet

Le sujet focalisé se retrouve derrière le verbe, à la place "normale" de l'objet, en quelque sorte. Or l'objet ne peut absolument pas apparaître directement après le sujet focalisé. Il y a deux solutions à cette contrainte :

10.2.1.B.a. L'objet est placé en tête d'énoncé.

Il est régi par le fonctionnel objet |á| s'il appartient à la cl. 1 ; son préfixe porte un ton H s'il appartient à une autre classe :

á ŋwɔ̂ŋ   gwá à ʒwìtí   mè yè
Fo 1+personne la   1 P₀+tuer moi Me
"C'est moi qui ai tué la personne (en question)."

í-fùɣí   ʒì lâ yŭ   bìlɔmɔ
9-cécité   sa   Pd+1 P₀+faire sorciers+Me
"Ce sont les sorciers qui sont la cause de sa cécité."

ní-vᵗúɣˡí   nímâŋgyè yî lâ yŭ   nìyɔ̀
5-petitesse de femme ce-là Pd+1 P₀+faire maladie+Me
"C'est la maladie qui est la cause de la petitesse de cette femme-là."

REMARQUE 6 : bien que placé en tête de l'énoncé, l'objet n'est pas ici topicalisé. En effet, malgré sa position, il conserve sa fonction syntaxique, d'où la rection des noms de cl. 1 par le fonctionnel objet |á|. D'autre part, les noms topicalisés appartenant aux autres classes ne portent pas de ton H sur leur Pn (*cf.* 10.1.3.).

10.2.1.B.b. Formation d'un énoncé complexe

Il y a formation d'une chaîne constituée de deux propositions. Le foyer se trouve dans la première proposition. Le verbe de la première proposition est repris, au consécutif, dans la deuxième, et il régit le complément d'objet :

bé mú   yàn ɲᵗéʔˡétɔ́   yí bày fɔ́rs⁹⁷ // mà tʃúɔ̀   yé // á bé ŋgᵗɔ́
si enfant mon Cd+abandonner+Fo le   de force   je S+payer+Fo le+Me si

à ɲèʔètí   zᵗúɪ // ɲéʔˡétɔ́   mú   yàn // á tʃúɔ̀   yɔ̂
1 P₀+abandonner lui   C[-F]+abandonner+Fo enfant mon   1 S+payer+Fo me+Me

⁹⁷ Il s'agit d'un emprunt direct à l'anglais.

431

"Si mon enfant l'abandonne sans son consentement, je le paye. (Mais) si c'est lui qui abandonne mon enfant, il me rembourse."

nə̂[98]   zěn   tsɛ̀ʔɛ̀   zúu ∥ ndzɛ́ᵗˊ   mˣɔ́n   dˣê
Pd̃+1   P₀+voir juste   lui   C[-F]+voir+Fo   enfant   hein!+Me

"C'est bien lui qui a vu un enfant, hein!"

> REMARQUE 7 : il est possible d'utiliser une chaîne de deux propositions même s'il n'y a pas de complément d'objet :
>
> á   tíʔì   ŋgᵗyé   mâ   ntŭ   nìsɔ̀ŋ ∥ ŋgᵗyé…
> 1   S+alors   C[-F]+venir   mère   piquant   dent   C[-F]+venir
>
> "Alors c'est la Femme à la longue dent (et non son mari) qui arriva…"

Les exemples recueillis dans les textes (*cf. supra*), aussi bien que les réponses et les commentaires fournis par les informateurs lors de diverses études sur question-naires[99], vont dans le même sens : la focalisation est neutre lorsque l'objet est placé en tête d'énoncé, mais elle est contrastive lorsqu'il est dans une deuxième propo-sition (si, en plus |tsɛ̀ʔˋ| "juste" est utilisé, la focalisation est restrictive) :

A l'énoncé **ífùuɣí ʒì lâ yŭu bìlə̀mə̀** "Ce sont les sorciers qui sont la cause de sa cécité", correspondent deux questions possibles (dans les deux cas, la focalisation est neutre) :

ífùuɣí   ʒɛ̃̀   yŭu   wǎ
cécité   sa+1   P₀+faire   qui+Me

"Qui est la cause de sa cécité ?" (*litt.* : "Qui a fait sa cécité ?")

à   yŭu   wà ∥ á   fúuɣə̀[100]
1   P₀+faire   qui   1   S+être aveugle+Me

"Qui est la cause de sa cécité ?" (*litt.* : "Qui a fait [qu']il est aveugle.")

A l'énoncé **à zŭŋ fùrù ndzúŋ mílùʔə̀** "C'est Fru qui a acheté du vin (pas moi)", correspond, par exemple, la question suivante :

mílùʔɔ́   zŭŋ   ɣó   "Est-ce toi qui as acheté du vin ?"
vin+1   P₀+acheter   toi

La focalisation dans la question (totale) est neutre, mais la focalisation dans la réponse est contrastive.

10.2.1.C. Traitement des autres compléments

A la différence de l'objet, les autres compléments peuvent se placer directement après le foyer. Mais ils peuvent aussi se placer en tête de proposition, à condition d'y être précédés de l'objet, ou dans la deuxième proposition d'une chaîne (la focalisa-tion est alors contrastive, *cf.* le dernier exemple ci-dessous) :

---

[98] Le **n** initial de **nə̂** résulte de la nasalisation du **l** de la particule déictique |lánˋ| qui indique la proximité. On a affaire ici à un énoncé au style indirect dans lequel le locuteur rapporte ses propres paroles, ce qui justifie l'emploi obligatoire du pronom logophorique |zúu| "lui", et facultatif de |lánˋ|.

[99] Je fournissais des énoncés à mes informateurs de référence et leur demandais à quelle(s) question(s) ces énoncés étaient des réponses.

[100] On a affaire ici à une construction factitive (*cf.* 3.5.3.)

mílù?ə̀	yǎ	fùrù	ní	bìɔ́	"C'est Fru qui a donné du vin à Bi."
vin+1	P₀+donner	Fru	avec	Bi+Me	

mílù?ù	ní	bìɔ̂	yǎ	fùrɔ́	"C'est Fru qui a donné du vin à Bi."
vin	avec	Bi+1	P₀+donner	Fru+Me	

à	yǎ	fùrù //	ŋgá	mílù?ù	ní	bìɔ́
1	P₀+donner	Fru	C[-F]+donner	vin	avec	Bi+Me

"C'est Fru (et pas quelqu'un d'autre) qui a donné du vin à Bi."

A noter que si le complément est un locatif nécessaire, il peut se placer en tête de proposition, tout comme un complément d'objet (on a alors une focalisation neutre du sujet), ou dans une deuxième proposition (et on a une focalisation contrastive du sujet) :

áɲ↑έ↓′	mɔ́ŋ	g↓wá	l↓â	tsǐ	nìkùə̀	"C'est la purge qui gêne l'enfant."
contre	enfant	le	Pd+1	P₀+être	purge+Me	

á	m↑ít↓ə̂	yě	bìɔ́	"C'est Bi qui est allée au marché."
Loc	marché+1	P₀+aller	Bi+Me	

à	yě	bì //	ŋg↑έ↓′	mít↓ə̂
1	P₀+aller	Bi	C[-F]+aller+Loc	marché+Me

"C'est Bi (et non Nde) qui est allée au marché."

Les deux énoncés donnés ci-après se suivent dans un même conte.

La civette et le coq ont l'habitude de se promener ensemble. Ils marchent l'un derrière l'autre, et jusqu'ici la civette a toujours refusé de marcher en tête. Puis un beau jour, elle décrète que c'est elle qui marchera devant (focalisation neutre : compléments antéposés) :

témə̀ //	ámbyì súŋə̀	à	b↑í	t↓í?í	tsà	mê	yè
Imp+être debout	devant aujourd'hui	1	Fut	alors	C[+F]+passer	moi	Me

"Attends! C'est moi qui irai devant, aujourd'hui."

Ce qui surprend le coq qui lui rappelle que d'habitude c'était lui, et non elle, la civette, qui était censé marcher en tête (focalisation constrastive : le complément se retrouve dans une deuxième proposition) :

à	bě //	tsǎ	mê //	tsǎ	mbyì	lé
1	P₀+être	C[+F]+passer	moi	C[+F]+passer+Loc	devant	hein

"[N'as-tu pas dit auparavant que] c'était moi (et non pas toi) qui aurais dû passer devant, hein ?"

REMARQUE 8 : dans l'exemple ci-dessous, on a une focalisation neutre du sujet en même temps qu'une topicalisation du complément ŋ̀gìù?ù ʒ↑έ↓′ ŋkàmŋgɔ̀m "cette courge là-bas dans la bananeraie". En effet, en tant que topique, il n'est pas précédé du fonctionnel nì (il n'a donc pas de fonction syntaxique) et il est représenté dans la proposition qui le suit par le pronom indépendant de classe 9 zérɔ́ "elle", régi, lui, par le fonctionnel nì :

ŋ̀gìù?ù ʒ↑έ↓′	ŋkàmŋgɔ̀m	lâ	yíŋ	mè	ní	zérɔ́	yé
courge ce-là bas+Loc	bananeraie	Pd+1	P₂+venir	moi	avec	elle	Me

"Cette courge là-bas dans la bananeraie, c'est moi qui l'ai apportée."

10.2.2. Focalisation des compléments

Les compléments focalisés, éventuellement régis par un fonctionnel, occupent la même place que dans l'énoncé non marqué. Ils (le nom ou le syntagme à fonctionnel) sont précédés de la particule |lá`| (focalisation neutre), de |tsè?`| "juste" (focalisation restrictive) ou de la locution |á bé``| (focalisation contrastive) :

CONTEXTE : Y demande à X de l'argent. Pour X il est évident que si Y fait cette demande, c'est qu'il a une idée derrière la tête. Mais laquelle ?

mà ɣ⬆ɔ́ //	á b⬆ítɔ́	lá //	nd⬇ɔ́btɔ́	lâ	nùɔ̀
je S+dire 1	Pr+demander+I Ma	C[-F]+penser+I	Foc	chose+Me	

"Je me dis : alors qu'il demande ça, il a <u>quelque chose en tête</u>."

CONTEXTE : une jeune fille, Silum, s'est installée chez l'une des femmes d'un chef, Ngubi. Personne ne lui a jamais posé de question sur son origine, jusqu'au jour où une autre femme du chef l'entend chanter une chanson dans laquelle elle parle de sa sœur Ngubi. La femme du chef qui l'a entendue en informe Ngubi, qui du coup s'intéresse à l'origine de Silum et lui pose la question suivante :

ŋgwé	ò lǒ	l⬆á	ɣ⬇é	"Jeune fille, d'où viens-tu donc ?"
jeune fille	tu Pr+venir de+I	Foc	où	

CONTEXTE : Fomingom a préparé trois flèches alors qu'une seule lui suffisait pour fendre la noix de cola posée sur la tête de son fils. Tameting est intrigué, et lui demande la raison pour laquelle il a préparé trois flèches :

lá	ò lǒ	f⬆úɣí	mîŋkà?à	mîŋk⬆yérɔ́	m⬇íntárɔ́	lâ	nùɔ́	ké
mais	tu P₀+Aux	retirer	flèche	arc	trois	Foc	chose	quoi

"Mais pourquoi donc as-tu sorti trois flèches ?"

CONTEXTE : la locutrice sait que pour ne pas souffrir, c'est près de sa mère qu'elle aurait dû être. Alors elle dit :

mà	bè⬆' //	ts⬇í	lá	mbyě	nìmúŋɔ̀ //	múŋ	ká	mà	ndzḛ̂
je	P₀+être	C[+F]+être	Foc+Loc	côté	mère	alors	Nég	je	voir+I+Fo

ɣḛ̂	zíŋɔ̀
moi+Fo	ceci+Me

"Si j'étais restée près de ma mère, alors je ne vivrais pas ceci (cette souffrance)."

CONTEXTE : X a mangé l'aubergine de Y et propose de lui en donner une autre à la place, mais Y refuse car l'aubergine qu'elle veut ... c'est celle qui a été mangée :

zúu lǒ̰	tsè?é	ɲyérɔ́	wâ
il Pr+vouloir+I	juste+Fo	aubergine	la+Me

"Ce n'est que cette aubergine qu'il veut."

CONTEXTE : la locutrice veut insister sur le fait qu'elle n'a jamais vécu ailleurs :

mà tsí	tsè?è	ɣḛ̂	ntsùnd⬆á	bùɣí	z⬆úu…
je S+être	juste	ici+Loc	maison	nous	lui

"Je restai seulement ici, dans notre maison …

Dans tous les exemples qui suivent, la focalisation est contrastive :

múŋ	mà	zùŋɔ́	b⬆ê	kúkà	ɣè
alors	je	P₀+acheter+I	Foc+Fo	cuisinière	Me

"…alors j'achèterais une cuisinière à gaz (et pas un réchaud à pétrole, etc.)."

434

ǹdʒí nùɔ́ l‍ꜛá?á tsɛ̀?ɛ̀ tsó ǹtsàɣî ŋkùŋ wǎ // mbꜛa?ꜜá
C[-F]+savoir chose pays juste comme envoyer nouvelle *Rel* que

bì kɔ́ tsàɣìnɔ̂ mbú?ɔ́ bê kꜛwíŋꜜɔ́...
2 Pas envoyer+*R+I C[-F]*+taper+*I Foc+Fo* tambour

"...et on avait des connaissances traditionnelles comme envoyer un message tambouriné (au lieu d'envoyer des lettres par la poste)..."

bɨ́ tꜛámɔ́ bê sɔ̰̂ mìsɔ̀ŋɔ́ // ká bì ntámɔ̀ yé ŋkꜛɔ́mɔ̀
2 Pr+tromper+*I+I Foc+Fo* tailleur dents+*Me Nég 2 Pr*+tromper+*Fo* lui+*Fo* tondeur

túɔ̀
tête+*Me*

"On trompe le tailleur de dents. Pas le coiffeur." (Proverbe).

ŋkꜛán ꜜî // ntí?í ntémɔ́ yé bꜛé ntꜜá?à
C[-F]+sauter *C[-F]*+alors *C[-F]*+se tenir+*Fo* lui+*I Foc+Loc* terre ferme+*Me*

"...et il sauta (dans le lac), mais se retrouva sur de la terre ferme (et non dans de l'eau)."

ǹtsꜛáɣꜜî ntsù yé bꜛé ndꜜóm bꜜáɣɔ̀ ntꜛúŋ // ntꜜɔ́ŋtɔ́
C[-F]+diriger bouche sa+*I Foc+Loc* chemin côté bas *C[-F]*+appeler+*Fo*

yí wúɔ́
le là+*Me*

"...et elle orienta sa bouche, mais vers le bas, et l'appela par là (au lieu de l'appeler vers le haut)."

bɨ́ kûŋ ŋgvꜛwó ndꜜá bꜜé nà kwḛ́ ɲámɔ̀
2 P₀+boucher trou maison+*I Foc* avec os viande+*Me*

"On a bouché le trou de la maison, mais avec un os de viande." (Proverbe).

REMARQUE 9 : les deux tons B de la locution |á bé`` | sont nécessaires pour rendre compte des réalisations tonales des trois premiers exemples ci-dessus. En revanche, les réalisations tonales des trois derniers exemples ne demandent qu'un seul ton B structurel (| a bé` |).

10.2.3. Focalisation du prédicat nominal

Rappelons que le nom ne peut constituer à lui seul le prédicat. Il doit être précédé de la copule |ní` | ou du verbe |bé| (*cf.* 1.2.2.). En cas de focalisation, c'est le nom qui est précédé de |lá` | pour une focalisation neutre, de |tsɛ̀?` | pour une focalisation restrictive et de |á bé`` | pour une focalisation contrastive :

CONTEXTE : une course est organisée pour choisir un chef : le premier animal à atteindre la chaise et à s'y asseoir sera le chef. L'antilope arrive la première à la chaise, mais au moment de s'asseoir, à la grande surprise de tous, on entend quelqu'un dire : "Attends! J'étais là le premier". Et on découvre qu'il s'agit du caméléon, qui s'était dissimulé dans la queue de l'antilope :

lɔ̰̂ bꜛé lꜜá nínáʔá   "Et voici que c'était le caméléon!"
Pd+I P₂+être *Foc* caméléon+*Me*

REMARQUE 10 : lorsque la particule déictique |lá` | est utilisée comme marque de focalisation, |lá` | ne peut pas apparaître en tête d'énoncé. Dans l'exemple ci-dessus, c'est la particule déictique |lán` | "ceci" qui est employée.

ɨ̀kǔm yɔ̰̂ ní lꜛâ bìɔ́   "Mon nom est Bi."
nom mon+*I* être *Foc* Bi+*Me*

435

mà nɪ́	lᵗâ	ŋwɔ̀	mbɔ̀mɔ́	"Je suis potier."
je	être *Foc*	personne	pétrir+*Me*	

ntsí	nɪ̂	bɔ̂	bɪ́bᵗá↓′ //	bɪ́ bé	tsɛ̀ʔɛ̀	bàŋgyè	bâŋgyě[101]
C[-F]+être	avec	enfants	deux	*2* S+être *juste*		femmes	femmes+*Me*

"…et elle avait deux enfants, que des filles."

mà nɔ́	bᵗé	ŋwɔ̀	mbɔ̀mɔ́	"Je suis potier (et pas autre chose)."
je+*1*	être *Foc*	personne	pétrir+*Me*	

bɪ́ bɛ̂	bé	bɪ̀tá	bá	bámbyè //	ŋkɛ̀ʔé	bé	tàʔà	ŋwì	wê…
2 S+être+*1* *Foc*		pères	leurs	devant	*C[-F]*+*Nég*	être	un	dieu	ce-ci

"Ils n'étaient autres que leurs ancêtres et non ce dieu unique…"

10.2.4. Focalisation du prédicat verbal

10.2.4.A. Traitement du verbe

Le verbe se conjugue librement et il est repris sous la forme [ɪ̀ + racine + nɪ́]. La réalisation tonale de cette forme dépend des tons qui la précèdent. Prenons comme exemples les verbes |búʔ| "défricher" et |fùʔ| "récolter", on a :

au P$_0$ de l'indicatif :

    bɪ́ búʔù bùʔùnɔ́   "Ils ont <u>défriché</u>."

    bɪ́ fᵗúʔù fùʔùnɔ́   "Ils ont <u>récolté</u>."

au futur de l'indicatif :

    bɪ́ mᵗɪ́ bᵗúʔú bᵗúʔúnɔ́   "Ils <u>défricheront</u>"

    bɪ́ mᵗɪ́ fùʔú fùʔùnɔ́   "Ils <u>récolteront</u>."

La forme [ɪ̀ + racine + nɪ́] est très souvent précédée de |tsɛ̀ʔ`| "juste" dans les textes dépouillés.

Les deux premiers exemples ci-après sont extraits d'un même conte. La focalisation du prédicat marque dans les deux cas un point culminant dans le récit, le résultat d'une série d'événements :

CONTEXTE : un personnage X vient régulièrement dans la maison de Y quand celui-ci est absent et y fait plein de saletés. Résultat : la maison sent très mauvais :

ǹdᵗá↓′	tíʔɔ̀	ɲúʔɔ́	tsɛ̀ʔɛ̀	ɲùʔùnɔ́…
maison+*9*	S+alors+*I*	*C[-F]*+<u>puer</u>+*I*	*juste*	<u>puer</u>

"La maison était alors une vraie puanteur."

CONTEXTE : Y décide alors de rester chez lui, de se cacher pour voir qui fait ces dégâts. Quand il constate les agissements de Y, il est pris de peur et en crotte bruyamment dans son coin, ce qui effraie X. Résultat : tous deux s'enfuient en courant :

bó	bɪ́tsùm	bɪ́	tíʔì	ŋkᵗúᵗɪ́	ŋgèn	tsɛ̀ʔɛ̀	yɛ̀nɔ́
eux	tous	*2*	S+alors	courir	*C[-F]*+<u>aller</u>	*juste*	<u>aller</u>+*Me*

"Alors tous, ils s'enfuirent vraiment en courant."

Dans les deux exemples ci-dessous, la focalisation du prédicat indique le caractère inévitable du procès :

---

[101] La répétition d'un terme est un processus d'insistance très souvent utilisé (*cf.* 10.3.1.).

ŋwɔ̀ŋ   g[↑]wá ɣ[↓]ɔ́ //   zʉ̀ m[↑]í kf[↓]wó   kf[↓]wónɔ́
personne la   *S*+dire elle *Fut*   <u>mourir</u>   <u>mourir</u>+*Me*
"La personne dit qu'elle allait mourir, c'est tout." (Autrement dit : si on ne lui donne pas l'argent, il ne lui reste plus qu'à mourir).

bé í t[↑]ɔ́^{↓′}   ŋwɔ̀ //   á kî   ŋkúʉ tsɛ̀ʔɛ̀   kʉ̀nɔ́
si *3* *Cd*+brûler+*Fo* personne *1* *S*+aussi <u>brûler</u> <u>juste</u> <u>brûler</u>+*Me*
"Si elle (la crête du coq) brûle quelqu'un, elle (la civette) ne peut , quant à elle, que brûler." (c'est-à-dire : si la crête du coq brûle, il est inévitable qu'elle, la civette, soit brûlée par la crête si elle la touche)

ŋ̀gà zò bàŋɔ́   ɣ[↑]í bàŋnɔ́   "Ta crête est rouge (et non pas de feu)."
crête ta+*9* *P₀*+être rouge+*Fo* elle être rouge+*Me*

má ɣɛ̌   ɣán tsɛ̀ʔɛ̀   ɣènɔ́
je *Pr*+<u>aller</u>+*I*+*Fo* moi <u>juste</u>   <u>aller</u>+*Me*
"Je m'en vais, c'est tout." (la civette ne veut pas rester avec le coq comme celui-ci le lui propose)

ò kî   nts[↑]á //   ŋgɛ̌   ɣó tsɛ̀ʔɛ̀   ɣèní lá   ŋgɔ̌ kɛ̌
tu *S*+aussi passer <u>aller</u>+*Fo* toi <u>juste</u>   <u>aller</u> *Foc* que quoi
"Mais pourquoi donc ne fais-tu (la civette) que passer ton chemin ? (au lieu de rester avec moi (le coq))"

> REMARQUE 11 : dans le dernier exemple, il semble bien qu'il y ait deux termes focalisés : le prédicat et "pourquoi ?".

10.2.4.B. Traitement des compléments

> REMARQUE 12 : les exemples donnés ci-après en 10.2.4.B.a. ont été relevés dans des contes. Ceux qui sont utilisés en 10.2.4.B.b. et 10.2.4.B.c. ont été obtenus par questionnaire. Aucune différence énonciative n'a été dégagée entre les diverses constructions.

10.2.4.B.a. Le complément d'objet

Le complément d'objet se place directement après le verbe conjugué, jamais après la forme redoublée du verbe [ì + racine + ní].

CONTEXTE : des frères poursuivent un animal. Certains se lassent de la poursuite et décident de rentrer, mais, par contre, l'un d'eux refuse de rentrer car il tient à continuer la poursuite :

m[↑]úm[↓]â wà wúmɔ̀ʔɔ́ túŋɔ̀   yí // ŋg[↑]ʉ́ z[↓]ʉ̀u m[↑]í k[↓]ɔ́ zɔ̌ŋnɔ̀   ɲàm   zên
frère   leur autre+*1* *S*+refuser+*Fo* lui que   lui *Fut* aussi <u>suivre</u>+*I* animal ce-ci
tsɛ̀ʔɛ̀ zɔ̀ŋnɔ́…
<u>juste</u> <u>suivre</u>
"Un des frères refusa (de rentrer) pour la raison qu'il ne ferait (rien d'autre) que continuer à suivre cet animal…"

CONTEXTE : un oiseau vient avertir un homme que sa mère maltraite sa femme. L'homme ne prête pas attention à l'oiseau et continue à fendre son bois :

á kɔ̂   sɔ̌   ŋkwîŋ tʃí tsá tsɛ̀ʔɛ̀   sànɔ́…
1 *S*+aussi <u>fendre</u> bois   ses les <u>juste</u>   <u>fendre</u>
"Il continua juste à fendre son bois…"

CONTEXTE : X distribue en héritage des terrains à ses enfants. Il ne sait pas si Y restera dans sa famille (et donc pourra toujours être considéré comme un de ses enfants) mais malgré celà il lui donne aussi un terrain.

mà kǐ		ŋg˥á	zâwérɔ́	tsɛ̀ʔɛ̀	γànɔ́
je	P_0+aussi	<u>donner</u>	le sien	<u>juste</u>	<u>donner</u>+*Me*

"Je lui ai bien aussi donné le sien (de terrain)."

10.2.4.B.b. Traitement des autres compléments

Les autres compléments peuvent se trouver aussi bien après le verbe conjugué, obligatoirement derrière l'objet s'il y en a un, que derrière la forme redoublée du verbe [ì + racine + **nɪ́**] :

bǐ	à	γǎ		mìlù?ù	nɪ́	fùrú	γànɔ́	
Bi	*1*	P_0+<u>donner</u>		vin	avec	Fru	<u>donner</u>+*Me*	Bi a donné du vin à Fru."

bǐ	à	γǎ		mìlù?ù	γànɪ́	nɪ́	fùrɔ́	
Bi	*1*	P_0+<u>donner</u>		vin	<u>donner</u>	avec	Fru+*Me*	Bi a donné du vin à Fru."

10.2.4.B.c. Il y a formation d'un énoncé complexe

Il y a formation d'une chaîne constituée de deux propositions. La forme redoublée du verbe est dans la première proposition. Le complément d'objet peut se trouver dans la première proposition derrière le verbe conjugué, ou dans la deuxième proposition après le verbe conjugué au consécutif. Le(s) autre(s) complément(s) ne peuvent se placer que dans la deuxième proposition, après l'objet :

bǐ	à	γǎ	mìlù?ù	γànɪ́ //	ŋgá		nɪ́	fùrɔ́
Bi	*1*	P_0+donner	vin	donner	*C[-F]*+<u>donner</u>	<u>avec</u>	<u>Fru</u>+*Me*	

Bi a donné du vin à Fru."

bǐ	à	γǎ	γànɪ́	ŋgá		mílù?ù	nɪ́	fùrɔ́
Bi	*1*	P_0+donner	donner	*C[-F]*+<u>donner</u>	<u>vin</u>		<u>avec</u>	<u>Fru</u>+*Me*

Bi a donné du vin à Fru."

10.2.5. Focalisation par clivage

REMARQUE 13 : aucune occurrence de focalisation par clivage n'a été relevée dans les textes dépouillés. L'analyse qui suit repose donc sur des données obtenues par questionnaire.

Le terme focalisé forme avec la copule |**nɪ̀ˋ**| "être" (ou avec le verbe |**bé**| "être") le prédicat d'un énoncé identificateur (*cf.* 1.2.2.).

Le terme focalisé est déterminé par une proposition relative qui présente les caractéristiques internes de toute proposition relative (*cf.* 9.). Les exemples ci-dessous illustrent successivement la focalisation du sujet, des compléments et du prédicat verbal :

à	nɪ́	fùrù //	mb˥á?à	yèn˥ɔ́	
1	être	*1*+Fru	que+*1*	P_0+venir+*R*+*Me*	"C'est Fru qui est venu."

à	nɪ́	mìlù?ù //	mb˥á?˩á	mà	zòn˥ɔ́	
1	être	vin	que	je	P_0+acheter+*R*+*Me*	"C'est du vin que j'ai acheté."

438

à ní mìtà // mbˈá?ˡá fùrɔ̂ yèn ˈɔ́¹⁰²   "C'est au marché que Fru est allé."
1 être marché que   Fru *P₀+aller+R+Me*

à ní ŋwì // mbˈá?ˡá mà sèní   ɲâm wúɔ́
1 être couteau que   je *P₀+couper+R* viande avec lui+*Me*
"C'est avec un couteau que j'ai coupé la viande."

à ní bì // mbˈá?ˡá mà yàní   mˈílù?ù wú á mbˈô
1 être Bi que   je *P₀+donner+R* vin   elle *Loc* mains+*Me*
"C'est à Bi que j'ai donné du vin."

à ní fùrù // mbˈá?ˡá mà yèní   nˈí wˡérɔ́ yé
1 être *1*+Fru que   je *P₀+aller+R* avec *1*+lui *Me*
"C'est Fru que j'ai amené."

Quant au prédicat, pour pouvoir être focalisé il doit être représenté sous sa forme nominale (cl. 9). Il est éventuellement déterminé par un nom au sein d'une construction associative (**mìlù?ù** "vin" dans l'exemple ci-après), et il est repris, conjugué (et sans objet) dans la relative :

à ní ndzùŋɔ́ // mbˈá?ˡá bìɔ́ lòn ˈɔ́   ndzˡúŋɔ́ yé
1 être acheter que   Bi+*1* *P₀+Aux+R* acheter+*I Me*
"C'est acheter, que faisait Bi."

à ní tsɛ̀?ɛ̀ ndzǔŋ mìlù?ù // mbˈá?ˡá bìɔ̂ lòn ˈɔ́   ndzˡúŋɔ́ yé
1 être juste acheter . vin que   Bi+*1* *P₀+Aux+R* acheter+*I Me*
"C'est juste acheter du vin, que faisait Bi."

Le point intéressant illustré par tous les exemples ci-dessus, est que la relative est toujours introduite par la conjonction **mbˈá?ˡá** "que", mais qu'en revanche, le morphème relatif |-à´|, qui s'accorde en classe avec l'antécédent n'est jamais utilisé. Or on a vu en III.4.4.3. que ce morphème relatif ne s'employait pas lorsque la relative n'était pas nécessaire à l'identification de son antécédent. Et c'est bien le cas dans la construction clivée : le contenu de la relative est présupposé et ne sert pas à identifier le terme focalisé. La relative pourrait aussi bien ne pas s'employer. Le terme focalisé est identifié du fait même qu'il est prédicat d'un énoncé identicateur. C'est ainsi que :

— à ní fùrù // mbˈá?à yèn ˈɔ́ "C'est Fru qui est venu.", tout comme **fùrɔ́** "Fru.", est la réponse à la question à yĭŋ wǎ "Qui est venu ?" (focalisation neutre).

— à ní mìlù?ù // mbˈá?ˡá mà zòn ˈɔ́ "C'est du vin que j'ai acheté.", tout comme **mílù?ɔ̂** "du vin", est la réponse à la question ò zǒn dˈâ kě "Qu'as-tu acheté ?" (focalisation neutre).

— à ní ndzùŋɔ́ // mbˈá?ˡá bìɔ́ lòn ˈɔ́ ndzˡúŋɔ́ yé "C'est acheter que faisait Bi." est la réponse à bìɔ́ lǒ ŋgǔ lˈá kě "Qu'a fait Bi ?" (focalisation neutre).

---

¹⁰² Cet énoncé est à comparer à l'énoncé ci-dessous dans lequel la relative est nécessaire à l'identification du lit, d'où l'utilisation du morphème relatif |-à´| :
à ní kòŋ gwǎ / mà kì nɔ̀ɲní   wˈá tˡúɔ̀   "C'est le lit sur lequel j'ai dormi."
1 être lit <u>*Rel*</u> je *P₁* allonger+*R* là   sur+*Me*

10.2.6. Focalisation et négation

Dans une proposition dont aucun constituant n'est focalisé, la négation porte sur les constituants qui la suivent. Les négations |sè´ |, |kè?´´| et |tú| portent donc sur tout, sauf sur le sujet et éventuellement, sur certains auxiliaires (*cf.* IV.7.). Et on peut supposer que la particule négative |ká| porte sur tous les constituants de la proposition puisqu'elle se trouve en tête :

fùrɔ̀	sě	ɣ↑â	mɨ̀lù?ù	ní	bɨ̀ɔ́	"Fru n'a pas donné de vin à Bi."
Fru+*1*	*P₀*+*Nég*	donner	vin	avec	Bi+*Me*	

ká	fùrɔ̀	ɣá	yí	mɨ́lù?ù	ní	bɨ̀ɔ́	"Fru n'a pas donné de vin à Bi."
Nég	Fru+*1*	donner+*Fo*	lui	vin		avec Bi+*Me*	

(ou plus exactement : "le fait que Fru donne du vin à Bi n'a pas eu lieu.")

La focalisation d'un constituant restreint le champ de la négation, puisque c'est seulement sur le constituant focalisé que porte la négation ; ainsi :

à	sě	mê	ʒwítɔ̀	"Ce n'est pas moi qui l'ai tué."
1	*P₀*+*Nég*	<u>moi</u>	tuer+*Me*	

mɨ́lù?ɔ̀	sě	ɣ↑á	fùrù	ní	bɨ̀ɔ́	"Ce n'est pas Fru qui a donné du vin à Bi."
vin+*1*	*P₀*+*Nég*	donner	<u>Fru</u>	avec	Bi+*Me*	

fùrɔ̀	sě	ɣ↑á	yànɨ́ //	ŋgá	mɨ́lù?ù	ní	bɨ̀ɔ́
Fru+*1*	*P₀*+*Nég*	<u>donner</u>	<u>donner</u>	*C[-F]*+donner	vin		avec Bi+*Me*

"Fru n'a pas donné du vin à Bi." (il le lui a peut-être vendu)

fùrɔ̀	sě	ɣ↑á	l↓á	mɨ̀lù?ù	ní	bɨ̀ɔ́
Fru+*1*	*P₀*+*Nég*	donner	*Foc*	<u>vin</u>		avec Bi+*Me*

"Ce n'est pas du vin que Fru a donné à Bi."

fùrɔ̀	sě	ɣ↑á	mɨ̀lù?ɔ́	bê	ní	bɨ̀ɔ́
Fru+*1*	*P₀*+*Nég*	donner	vin+*1*	*Foc*	<u>avec Bi</u>+*Me*	

"Ce n'est pas à Bi que Fru a donné du vin."

kâ	ʒwítɔ́	yí	mê	ɣè	"Ce n'est pas moi qui l'ai tué."
Nég+*1*	tuer+*Fo*	lui	<u>moi</u>	*Me*	

k↑á	m↓ɨ́lù?ɔ̀	ɣá	yí	mê	ní	bɨ̀ɔ́
Nég	vin+*1*	donner+*Fo*	lui	<u>moi</u>	avec	Bi+*Me*

"Ce n'est pas moi qui ai donné du vin à Bi."

etc.

REMARQUE 14 : pour les informateurs consultés, il n'y a pas de différence entre |lá`| et |á bé``| dans un énoncé négatif. On aurait toujours affaire à une focalisation contrastive. D'autre part, les énoncés ci-dessus ne représentent qu'un petit nombre des énoncés produits par les informateurs. En effet, ils ont aussi produit des énoncés avec le verbe en finale (comme c'est le cas pour les énoncés négatifs non marqués par la focalisation). Si bien que par exemple, là où pour un énoncé affirmatif dont l'un des constituant est focalisé on a deux possibilités, on en a quatre pour l'énoncé négatif correspondant. Les informateurs affirment que toutes ces possibilités sont équivalentes, mais étant donné qu'elles ont été obtenues hors contexte on peut en douter.

Suivent les quelques énoncés négatifs relevés dans les textes dépouillés, dont l'un des constituants est focalisé. La focalisation est dans tous les cas contrastive.

CONTEXTE : avant de mourir une mère donne des consignes à sa fille : quand elle mourra au lieu de rester pleurer avec les autres, il faudra qu'elle aille planter une graine sur sa tombe (ce qui est dit dans la suite du récit) :

á bé ŋg↑ɯ↓ˊ zɯ́ ɣ↑ɯ́ ŋkf↓wó yí ∥ á kè?é láŋɔ̀
quand elle *Cd+Aux* *C[-F]*+mourir+*Fo* elle *1* *S+Nég* passer du temps+*1*

bê nízè?è
Foc Loc+pleurer+*Me*

"Quand elle (la mère mourra, elle (la fille) ne restera pas à pleurer."

à nf mbé (á)bé ∥ ŋgǔ à sě t↑ɔ́ŋɔ̀ yé bé ↑áɲ↓ê
1 être fait d'être *Foc* que *1 P₀+Nég* appeler+*Fo* le+*1 Foc* contre

dzàŋɔ́ ∥ zɯ́ kɔ̀ tʃìn↑ɟ fɯ̀?ùtɔ̀ l↑á l↓é
façon+*Rel* lui *P₁ Aux+R* *C[-F]*+informer *Ma* hein

"Est-ce qu'elle ne l'avait donc pas appelé de la façon qu'il lui avait indiquée, hein ?"

REMARQUE 15 : dans l'énoncé ci-dessus, et la complétive qui développe le nom verbal prédicat **mbé** "le fait d'être", et le syntagme "de la façon" qui se trouve dans la complétive, sont focalisés grâce à |á bé` |.

á bé àf↑ún↓ɔ́ nù ∥ ŋg↑ɯ↓ˊ à s↑é↓ˊ bɔ̀ ndzén tsé?è
1 S+être surprise chose que *1 P₂+Nég* encore *C[-F]*+voir juste

tá?à màŋgyě
une femme+*Me*

"La chose la [plus] surprenante est qu'il n'aperçut même plus une seule femme."

Dans les trois exemples ci-dessus l'ordre des constituants dans les propositions négatives est [S + Nég + V + O + C]. Or on a vu en 1.4.1., que le contenu d'une proposition dont les constituants s'articulaient selon cet ordre était moins informatif que le contenu d'une proposition dont les constituants s'articulent selon l'ordre [S + Nég + O + C + V]. Ceci semble compatible avec la présence d'un constituant focalisé : un des constituants apporte l'information la plus importante de l'énoncé (on peut l'identifier grâce aux différents moyens de focalisation utilisés), et le reste de la proposition est moins informatif ; il forme un arrière-plan au constituant focalisé.

Dans le dernier exemple ci-dessous le constituant focalisé l'est grâce à la construction clivée.

à s↑ɟ m↓ê bé ∥ mbá?↓á mà k↑ɔ́ l↓ánɔ̀ tú áɲ↑é m↑ún d↓á...
1 P₂+Nég moi être que je *Pas* être clair+*I* tête contre enfant *Ma*

"Ce n'était pas moi qui m'occupais de l'enfant…"

REMARQUE 16 : alors que je n'ai relevé aucun exemple de construction clivée affirmative dans les textes dépouillés, cet exemple a été produit spontanément dans un récit de vie.

10.3. Emphase

On a relevé plusieurs procédés qui permettent d'insister sur un terme de l'énoncé. Outre l'emploi de l'auxiliaire |láni̠| "vraiment" (*cf.* IV.7.5.3.), l'utilisation d'idéophones (*cf.* remarque 8 en 1.3.2.D.), l'utilisation de l'expression (tsè?é) ŋkɔ̀ "(juste) vraiment", il y a la possibilité d'insister sur un terme en le répétant, d'insister sur l'impact d'un procès en utilisant un pronom objet à valeur réfléchi, ou encore au sein du syntagme nominal, en préposant certains déterminants au nom déterminé.

10.3.1. Répétition d'un terme

ntsí	nî	bǒ	bíb ᵀá↓ʹ //	bí	bé	tsèʔè	bàŋgyè	bâŋgyě
C[-F]+être	avec	enfants	deux	2	S+être	juste	femmes	femmes+Me

"…et elle avait deux enfants, que des filles."

lá	bí	ɲéʔètɔ̀		yí	tsèʔè	zʉ́ zʉ́ɔ́
mais	2	Pr+laisser+I+Fo	le	juste		lui lui+Me

"Mais ils le laissent tout seul."

mà tíʔì	ntʃé		ntsú	nd ᵀá	tsèʔè	mè mè…
je	S+alors	C[-F]+rester+Loc	bouche	maison	juste	moi moi

"Je restai alors toute seule à la maison…"

ì̩ɲàm	tsùm	tsùm	tíʔɔ̀	mb ᵀóm ↓ɔ́ //	ǹtíʔɔ́	mb ᵀóm ↓ɔ́ //
animaux	tous	tous	S+alors+I	C[-F]+réunir+I	C[-F]+alors+I	C[-F]+réunir+I

ǹtíʔɔ́	mb ᵀóm ↓ɔ́	ǹtíʔɔ́	mb ᵀóm ↓ɔ́…
C[-F]+alors+I	C[-F]+réunir+I	C[-F]+alors+I	C[-F]+réunir+I

"Tous les animaux étaient en train de se rassembler, se rassembler…"

10.3.2. Emploi des pronoms objets à valeur réfléchie

L'emploi de ces pronoms (*cf.* III.6.3.) n'est possible que si le verbe est intransitif ou employé intransitivement (comme le sont les verbes |nó| "boire" et |dzʉ́| "manger" dans un des exemples ci-dessous). Les pronoms objets sont des pronoms personnels. Lorsque le sujet ne réfère pas à une personne, c'est invariablement le pronom personnel objet de 3ème pers. sg. qu'on utilise (*cf.* les exemples avec "la perdrix" (cl. 1), "la fourmi" (cl. 3) ; "la bouillie" (cl. 6) et "le lac" (cl. 7) ci-dessous). L'utilisation de ces pronoms permet, semble-t-il, d'insister sur l'impact que peut avoir sur l'entité sujet le procès exprimé par le verbe :

bìm ᵀúm ↓â	byí	bâm ᵀɔ́ʔɔ́	bí	búŋɔ̀	wá	ntsǔndâ
frères	ses	autres	2	S+retourner+Fo	eux+Loc	maison+Me

"Ses frères, ils s'en retournèrent chez eux."

m̀bá	w ᵀá	f ↓úɔ̀	yé	fò	"Le type se rendit à son champ."
type	le+I	S+sortir+Fo	lui+Loc	champ+Me	

á	tíʔì	ŋkfwó	yí //	n ᵀɔ́ŋ ↓ɔ́	díʔí wâ
I	S+alors	C[-F]+mourir+Fo	elle	C[-F]+être couché+Loc	endroit le+Me

"Alors elle mourut (la perdrix des collines) et resta allongée à cet endroit."

sílùm	á	wê	yé	"Silum, elle rit."
Silum	I	S+rire+Fo	elle+Me	

ɑ̀ ᵀʉ́↓ʹ	nô	y ᵀí //	ŋkí	ndzʉ́ɔ́	yí	tsèʔé	ŋkɔ̀
fourmi+3	S+boire+Fo	elle	C[-F]+aussi	C[-F]+manger+Fo	elle	juste	vraiment+Me

"La fourmi but et mangea vraiment."

àtsùm zá kè?é wú bâ mbé // àtsùm z†á b↓yê yí…
lac le+7 S+Nég là encore être+Me lac le+7 S+être perdu+Fo lui
"Le lac n'est plus là. Le lac a disparu…"

ŋg†ú z↓ú z↓ɛ̌ // mìwàŋ m†á mí míɜ̀ yí…
C[-F]+dire lui Pr+voir+I bouillie la 6 S+être fini+Fo elle
"A sa surprise, la bouillie, elle est finie…"

REMARQUE 17 : si l'objet d'un verbe transitif est exprimé, le pronom réfléchi laisse la place à un possessif qui détermine le nom objet. En partant, par exemple, de l'énoncé ìl†ú↓´nô y†í / ŋkí ndzúɔ́ yí tsè?é ŋkɜ̀ "La fourmi but et mangea vraiment beaucoup", on obtient : ìl†ú↓´ nô mìlù?ù myí / ŋkí ndzú†ɔ́ tʃ↓ú?ɜ̀ ʒí tsè?é ŋkɜ̀ "La fourmi but son vin et mangea son *atchou* en grande quantité."

REMARQUE 18 : il est possible d'employer un pronom objet à valeur réfléchie après un verbo-nominal de cl. 9 (alors que s'il n'y a pas de phénomène d'insistance, le verbo-nominal ne peut être déterminé que par un possessif correspondant à l'agent, ou par un pronom indépendant correspondant au patient (*cf.* III.4.5.3.B. et III.6.4.2.B.) :

m̀bâ w†á k↓í ntsí nî ŋg†ɛ́↓´ yé níy↓ɜ̀
type le+I S+aussi être avec 9+aller+Fo lui+Loc voyage+Me
"D'un autre côté, le type devait partir en voyage."

REMARQUE 19 : rappelons que l'emploi d'un pronom objet à valeur réfléchie est obligatoire lorsque la négation utilisée dans un énoncé est |ká| (*cf.* IV.4.3.1.A.).

10.3.3. Antéposition du déterminant au nom déterminé

L'ordre non marqué à l'intérieur du syntagme nominal est : déterminé + déterminant(s). Les démonstratifs, les possessifs, l'indéfini spécifique |tsé´| "un certain", |-mɔ̀?á| "autre", l'interrogatif sélectif |-úŋá| "lequel" et le complément de nom (le N₂ de la construction associative) peuvent être antéposés au nom qu'ils déterminent pour mettre ce nom en relief (notons qu'on ne peut pas antéposer plus d'un déterminant à la fois) :

wîŋ mɔ́n ám†ú nd↓á w↓ên à sɛ̌ m†ís↓áŋ m↓ífɔ̃ ŋg†ɛ́↓´ // ntsìŋɔ́
ce-ci enfant dans maison ce-ci I P₀+Nég sorgho chef aller+I surveiller+I
"Cette enfant-ci, dans cette maison, ne va-t-elle pas surveiller le sorgho du chef ?"

tsɜ̂ fà?à bé // ŋgɜ̌ mà s†úɣ↓ú ɲê zɜ̀ s†úɣ↓ú ndzúm
10-mes 10-tâches S+être que+que je Exh+laver corps mon C[-F]+laver choses
tsè?é m†ɔ́n // ìɲɔ́ŋt†ɔ́ m↓úɜ̀ // n†ɔ́ŋ // nd↓yé
tissus enfant C[-F]+allaiter+Fo enfant C[-F]+s'allonger C[-F]+dormir+Me
"Mes tâches à moi étaient de me laver, de laver les couches de l'enfant, d'allaiter l'enfant, de m'allonger et de dormir."

tákfúrɜ̀ bé zìmɔ̀?ɔ́ ɲàm zǎ // bí t†ɔ́ŋt↓ínɔ́
Léopard+I P₂+être 9+autre 9+animal Rel 2 P₂+appeler+R+Me
"Léopard fut un autre animal à être proposé."

REMARQUE 20 : |tsùm| "tout", les numéraux et l'interrogatif |sé?´| "combien", précédés ou non du morphème numéral, et la relative peuvent être rejetés en fin de proposition, mais les exemples, obtenus par questionnaires, ne permettent pas d'attribuer une valeur à cette position. Les adjectifs et participes ne peuvent être ni antéposés au nom qu'ils déterminent, ni rejetés en fin de proposition.

RÉFÉRENCES BIBLIOGRAPHIQUES

ANDERSON Stephen C., 1983, *Tone and morpheme rules in Ngyemboon-Bamileke*, Ph.D. dissertation, University of Southern California.

— 1985, Animate and inanimate pronominal systems in Ngyemboon-bamileke, *The Journal of West African Languages* XV/2, p. 61-74.

AYUNINJAM Funwi, 1998, *A Reference Grammar of Mbili*, University Press of America.

BENVENISTE Emile, 1966, *Problèmes de linguistique générale*, Gallimard (NRF), 356 p.

— 1974, *Problèmes de linguistique générale*, Gallimard (TEL, 47), 288 p.

CARON Bernard, 2000, *Topicalisation et Focalisation dans les langues africaines*, Louvain, Peeters (Afrique et Langage 1).

CHAFE Wallace L., 1970, *Meaning and the Structure of Language*, Chicago, University of Chicago Press.

— 1976, Givenness, Contrastiveness, Definiteness, Subjects, Topics and Point of View, *in* C. Li (ed.), *Subject and Topic*, New York/San Francisco/London, Academic Press Inc.

CHUMBOW Beba, 1977, Relatives as determiners : a case from Ngemba, *in* P. P. A. Kotey & D. H. Houssikian (eds), *Language and Linguistics Problems in Africa*, Columbia, Hornbeam Press, p. 283-302.

CLEMENTS G. N. & J. GOLDSMITH, 1984, Autosegmental Studies in Bantu Tone : Introduction, *in* G. N. Clements & J. Goldsmith (eds), *Autosegmental Studies in Bantu Tone*, Dordrecht, Foris (Publications in African Languages and Linguistics 3), p. 2-17.

CLOAREC-HEISS France, 1986, *Dynamique et équilibre d'une syntaxe : le banda-linda de Centrafrique*, Paris-Cambridge, SELAF-Cambridge University Press (DLME 2).

— 2000, Focalisation et topicalisation en banda-linda, *in* B. Caron (éd.), *Topicalisation et focalisation dans les langues afrcaines*, Louvain-Paris, Peeters (A. & L. 1), p. 45-72.

COMRIE Bernard, 1976, *Aspects*, Cambridge, CUP (Cambridge Textbooks in Linguistics), 142 p.

— 1981, *Language Universals and Linguistics Typology*, Oxford, Basil Blackwell, 252 p.

— 1985, *Tense*, Cambridge, CUP (Cambridge Textbooks in Linguistics), 139 p.

COMRIE Bernard & Norval SMITH, 1977, Lingua descriptive studies : questionnaire, *Lingua* 42/1.

DELL François & Jean-Pierre VERGNAUD, 1984, Les développements récents en phonologie : quelques idées centrales, *in* F. Dell, D. Hirst & J.-P. Vergnaud (éds), *Forme sonore du langage*, Paris, Hermann, p. 1-42.

DIEU Michel & Patrick RENAUD, 1983, *Atlas linguistique de l'Afrique centrale. Inventaire préliminaire : le Cameroun* (ALCAM), Yaoundé, ACCT/CERDOTOLA/ DGRST.

DIK Simon C, 1978, *Functional Grammar*, Amsterdam, North Holland Company.

DIXON R. M. W., 1977, Where have all the adjectives gone?, *Studies in Language* 1, p. 19-80.

EASTLACK Charles L., 1968, The noun classes of Ngemba, *Journal of African Languages* 7/1, p. 33-40.

ELIAS Philippe, Jacqueline LEROY & Jan VOORHOEVE, 1984, Mbam-Nkam or Eastern Grassfields [en collaboration avec E. Domche, E. Sadembuo & R. Breton], *Afrika und Übersee* LXVII, p. 31-107.

FRANSEN Margo A. E., 1995, *A Grammar of Limbum a Grassfields Bantu language spoken in the North-West Province of Cameroon*, PhD Thesis, Amsterdam, Vrije Universiteit .

FUCHS Catherine, 1978, L'aspect, un problème de linguistique générale : élément de réponse dans une perspective énonciative, *Quelques aspects de l'aspect*, Université de Paris VIII (Papier du DRLAV 16), p. 1-30.

FUCHS Catherine & Judith MILNER, 1979, *A propos des relatives*, Paris, SELAF (NS 7), 150 p.

445

GREENBERG Joseph, 1970³, *The Languages of Africa*, The Hague, Mouton.

GRÉGOIRE Claire, 1983, Quelques hypothèses comparatives sur les locatifs dans les langues bantoues du Cameroun, *The Journal of West African Languages* 13/2, p. 139-163.

GUARISMA Gladys, 1978, *Le nom en Bafia : Etude du syntagme nominal d'une langue bantoue du Cameroun*, Paris, SELAF (BS 35-36-37).

GUARISMA Gladys, Gabriel NISSIM & Jan VOORHOEVE (éds), 1982, *Le verbe bantou*, Paris, SELAF (Oralité-Documents 4).

HAGÈGE Claude, 1982, *La structure des Langues*, Paris, PUF (Que sais-je ? 2006).

HYMAN Larry, 1980, Relative Time Reference in the Bamileke Tense System, *Studies in African Linguisitcs* 11/2, p. 227-237.

HYMAN Larry M. & Maurice TADADJEU, 1976, Floating tones in Mbam-Nkam, *in* L. Hyman (ed.), *Studies in Bantu Tonology*, Los Angeles (Southern Californian Occasional Papers in Linguistics 3), p. 57-111.

HYMAN Larry & Jan VOORHOEVE (éd.), 1980, *L'expansion bantoue. Actes du Colloque International du CNRS, Viviers (France) - 4-16 avril 1977*, Vol. 1 : *Les classes nominales dans le bantou des Grassfields*, Paris, SELAF (NS 9).

KADIMA Marcel, 1969, *Le système des classes en Bantou*, Leuven, Vander.

LEROY Jacqueline, 1977, *Morphologie et classes nominales en mankon (Cameroun)*, Paris, SELAF (BS 61-62).

— 1979, A la recherche de tons perdus : structure tonale du nom en ngemba, *Journal of African Languages and Linguistics* 1/1, p. 55-71.

— 1980a, Les numéraux cardinaux en mankon, *in* L. Bouquiaux (éd.), *L'expansion bantoue. Actes du Colloque International du CNRS, Viviers (France) - 4-16 avril 1977*, Vol. 2 : *L'expansion bantoue*, Paris, SELAF (NS 9), p. 527-542.

— 1980b, The Ngemba group : Mankon, Babangou, Mundum I, Bafut, Nkwen, Bambui, Pinyin, Awing, *in* L. Hyman & J. Voorhoeve (eds), *L'expansion bantoue. Actes du Colloque International du CNRS, Viviers (France) - 4-16 avril 1977*, Vol. 1 : *Les classes nominales dans le bantou des Grassfields*, Paris, SELAF (NS 9), p. 111-141.

— 1982, Extensions en mankon langue bantoue des Grassfields, *in* G. Guarisma, G. Nissim & J. Voorhoeve (eds), *Le verbe bantou*, Paris, SELAF (Oralité-Documents 4), p. 125-138.

— 1983, Système locatif mankon et classes locatives proto-bantoues, *The Journal of West African Languages* 13/2, p. 91-114.

— 1994, La nasalité en mankon, langue bantu des Grassfields (Cameroun), *Linguistique africaine* 13, p. 61-81.

— 1997, Qualification en mankon (langue bantoue des Grassfields), *Linguistique Africaine* Hors série, p. 183-196.

— 2004, Pourquoi la fourmi ne dort pas : conte mankon, *in* P. Boyeldieu & P. Nougayrol (éds) *Langues et cultures : terrain d'Afrique, Hommage à France Cloarec-Heiss*, Paris-Louvain, Peeters, (A. & L. 7), p. 231-237.

LI Charles N. (ed.) 1976, *Subject and Topic*, New York/San Francisco/London, Academic Press.

LONGRACRE Robert E, 1976, *An anatomy of Speech Notions*, Lisse, The Peter De Ridder Press.

LYONS John, 1977, *Semantics*, Cambridge, CUP, 2 vol.

MARCHESE Lynell, 1977, Subordinate Clause as Topics in Godie, *Studies in African Linguistics* Suppl. 7, p. 157-164.

MEEUSSEN A. E., 1967, Bantu Grammatical Reconstructions, *Africana Linguistica* III, Tervuren, Musée Royal de l'Afrique Centrale (Annales du Musée Royal de l'Afrique Centrale, Sciences Humaines 61), p. 81-121.

MFONYAM Joseph Ngwa, 1982, *Tone in the orthography of Bafut*, Doctorat de 3ᵉ cycle, Yaoundé.

NKEMNJI Michael, 1995, *Heavy Piping in Nweh,* UCLA, (Dissertations in Linguistics 3).

PARKER Elizabeth, 1991, Complex sentences and subordination in Mundani, *in* S. C. Anderson & B. Comrie (eds), *Tense and Aspect in Eight Languages of Cameroon*, Dallas, SIL, p. 189-210.

PAULIAN Christiane, 1975, *Le kukuya, langue teke du Congo*, Paris, SELAF (BS 49-50).

PHILIPPSON Gérard, 1991, *Tons et accents dans les langues bantu d'Afrique orientale*, Doctorat d'État ès-Lettres et Sciences Humaines, Paris V-René Descartes.

PIRON Pascale, 1995, Identification lexicostatistique des groupes bantoïdes stables, *The Journal of West African Languages* 25/2, p. 3-39.

SCHAUB Willi, 1985, *Babungo*, London/Sydney/Dover (New Hampshire), Croom Helm (Croom Helm Descriptive Grammars).

SHOPEN Timothy (ed.) 1985, *Language typology and syntactic description*, Cambridge, CUP, 3 vol.

STALLCUP Kenneth, 1980, La géographie linguistique des Grassfields, *in* L. Hyman & J. Voorhoeve (eds), *L'expansion bantoue. Actes du Colloque International du CNRS, Viviers (France) - 4-16 avril 1977*, Vol. 1 : *Les classes nominales dans le bantou des Grassfields*, Paris, SELAF (NS 9), p. 43-57.

TESNIÈRE Lucien, 1976³, *Éléments de syntaxe structurale*, Paris, Klincksieck.

THOMAS Jacqueline M. C. & Luc BOUQUIAUX, 1976, *Enquête et description des langues à tradition orale*, Paris, SELAF (NS 1), 3 vol.

VAN DER HULST H. & Norval SMITH, 1982, An Overview of Autosegmental and Metrical Phonology, *in* H. Van der Hulst & N. Smith (eds), *The structure of phonological representations* (Part I), Dordrecht, Foris (Linguistic Models 2), p. 2-45.

VAN SPAANDONK M., 1971, *L'analyse morphotonologique dans les langues bantoues*, Paris, SELAF (BS 23-24).

VOORHOEVE Jan, 1971, The linguistic Unit Mbam-Nkam (Bamileke, Bamun and Related Languages), *Journal of African Linguistics* 10/2, p. 1-12.

WARNIER Jean-Pierre, 1975, *Pre-colonial Mankon : The Development of a Cameroon Chiefdom in its Regional Setting*, Ann Arbor (Michigan, U.S.A.)/London (England), University Microfilms International.

WARNIER(-LEROY) Jacqueline & Jan VOORHOEVE, 1975, Vowel contraction and vowel reduction in Mankon, *Studies in African Linguistics* 6, p. 125-149.

WATTERS John R., 1979, Focus in Aghem : A study of its formal correlates and typology, *in* L. M. Hyman (ed.), *Aghem Grammatical Structure*, Los Angeles, UCLA (Southern Californian Occasional Papers in Linguistics 7), p. 137-197.

— 2004, Grassfields Bantu, *in* D. Nurse & G. Philippson (eds), *The Bantu Languages*, London, Routledge, p. 225-256.

WATTERS John R. & Jacqueline LEROY, 1989, Southern Bantoid, *in* J. Bendor-Samuel (ed.), *The Niger-Congo Languages*, New York, University Press of America, p. 430-449.

WILLIAMSON Kay, 1971, The Benue-Congo Languages and Ijo, *in* T. A. Sebeok (ed.), *Current Trends in Linguistics* 7, The Hague, Mouton, p. 245-306.

TABLE DES MATIÈRES

II. MORPHOPHONOLOGIE

III. NOMS, SYNTAGME NOMINAL, SUBSTITUTS, PRONOMS

IV. LE VERBE

TABLE DES TABLEAUX